여러분의 합격을 응원하는
해커스PSAT의 특별 혜택

JN397991

해커스PSAT 온라인 단과강의 20% 할인쿠폰

BKAFDD2CKAKDF000

해커스PSAT 사이트(psat.Hackers.com) 접속 후 로그인 ▶
우측 퀵배너 [쿠폰/수강권등록] 클릭 ▶ 위 쿠폰번호 입력 후 이용

* 등록 후 15일간 사용 가능(ID당 1회에 한해 등록 가능)

PSAT 패스 10% 할인쿠폰

3059DD2DK02CF000

해커스PSAT 사이트(psat.Hackers.com) 접속 후 로그인 ▶
우측 퀵배너 [쿠폰/수강권등록] 클릭 ▶ 위 쿠폰번호 입력 후 이용

* 등록 후 15일간 사용 가능(ID당 1회에 한해 등록 가능)

쿠폰 이용 관련 문의 **1588-4055**

해커스PSAT
길규범 자료해석 기출유형공략 1

길규범

이력
- (현) 해커스 5급, 7급 공채 PSAT 상황판단 강사
- (현) 해커스 7급 공채 PSAT 자료해석 강사
- (전) 베리타스 법학원 5급 공채 PSAT 상황판단 강사

저서
- 해커스 PSAT 길규범 상황판단 올인원 1, 2, 3권
- 해커스PSAT 7급 PSAT 유형별 기출 200제 상황판단
- 해커스PSAT 7급+민경채 PSAT 17개년 기출문제집 상황판단
- 해커스PSAT 7급 PSAT 기출문제집
- 해커스PSAT 7급 PSAT 기본서 상황판단
- 해커스PSAT 7급 PSAT 입문서
- PSAT 민간경력자 기출백서
- PSAT 상황판단 전국모의고사 400제
- 길규범 PSAT 상황판단 봉투모의고사
- PSAT 엄선 전국모의고사
- 30개 공공기관 출제위원이 집필한 NCS
- 국민건강보험공단 NCS 직업기초능력평가 봉투모의고사
- 547 5급 for 7급 엄선 봉투모의고사 (언어논리,상황판단)
- 길규범 상황판단 7급 PSAT 합격으로 가는 최종점검 봉투모의고사
- 길규범 PSAT 상황판단 텍스트 법조문 Workbook
- 최신 3개년 PSAT 피셋 가장 완벽한 올인원 기출해설집(언어논리, 자료해석, 상황판단)

서문

고득점을 위한 올바른 방향과 정확한 방법!

PSAT를 강의하는 입장에서 어떻게 해야 수험생의 실력이 근본적으로 향상될 수 있을지, 그리고 그 실력이 어떻게 점수 상승으로 이어질 수 있을지를 항상 고민하면서 살고 있다. 그런데 상황판단을 만 12년 동안 강의해 오면서 상황판단의 고득점을 위해서 투자해야 하는 노력이 다른 두 과목에 비해 과도하다는 생각을 지울 수가 없었다. 상황판단 80점대까지는 쉽게 올릴 수 있지만, 80점대에서 90점대로 올라가기 위해서는 10년에 한번 정도 나오는 문제까지도 대비가 필요하기 때문이다. 상황판단을 하면 할수록 정말 그 범위가 광대하다는 생각을 하게 된다. 그런데 그런 고민에 대한 답이 가장 명쾌한 과목이 자료해석이 아닐까 싶다. 자료해석은 주어지는 자료의 형식도 거의 정형화 되어있다. 그리고 이를 해결하기 위한 스킬도 보다 한정적이다. 물론 간혹 출제되는 자료의 형식, 간혹 고난도의 계산을 위한 스킬도 있기는 하지만, 그것까지 대비하지 않더라도 80점 이상은 누구나 안정적으로 확보할 수 있다.

자료해석을 하게 된 가장 중요한 이유는 과목간의 밸런스 때문이다. 수험생 각자가 목표로 하는 합격컷 이상의 목표점수가 있고, 이를 위해서는 언어 – 상황 – 자료 간의 밸런스를 잘 맞춰야 한다. 이는 한 사람이 지도할 때만 더 정확하게 밸런스 조절을 조언해 줄 수 있기도 하다. 더군다나 상황과 자료 간에는 유사한 문제도 많이 출제되고 있어 실제로 함께 준비할 때 폭발적인 시너지가 발생한다. 따라서 수험생들의 안정적인 합격을 위해 상황 – 자료를 함께 준비하는 것이 더 바람직하다는 결론을 얻었다. 더군다나 역대 기출문제의 난도를 보면 상황판단보다는 자료해석이 훨씬 안정적이다(7급은 최근 도입되어 도입 초창기에 따른 변화의 과정을 거쳤기 때문에). 더 안정적으로 시행되고 있는 5급 기출문제의 18년~25년까지 최근 8년간 합격예측시스템의 평균점수를 보면 자료해석은 최고 74점, 최저 67점으로 약 7점 정도 차이가 나는데 반해, 상황판단은 상황판단 최고 80점, 최저 65점으로 15점 정도 차이가 난다. 따라서 자료해석에서 안정적인 고득점이 가능해야 내 평생에 한두 번 경험할 1차 시험에서 백전백승 합격을 기대해 볼 수 있다. 이처럼 세 과목 중에 가장 중요한 과목이 자료해석이라 해도 과언이 아닐 것이다. 또한 상황판단은 유형구분이 어렵다는 고민을 계속 해왔다. 그리고 유형이 너무 많아서 유형을 기억하고 이를 새로운 문제에 적용하는 것도 쉽지 않다. 그렇기 때문에 상황판단에서 점수를 올리기 위해 필요한 노력보다 같은 점수를 자료해석에서 올리기 위해 필요한 노력이 훨씬 적다. 그래서 자료해석은 외형상 분류를 최우선으로 하여, 누구나 분류를 일관적으로 간편하게 할 수 있게 하였고, 각 유형별로 주로 무엇을 묻는지, 어떤 스킬을 주로 써야하는지 등을 강의할 계획이다.

자료해석의 안정적인 고득점을 위해서는 무엇보다 안심하면 안 된다. 계산을 통해 누구나 답은 구할 수 있기 때문에 답이 도출되었다는 것에 안심하면 안 된다는 것이다. 같은 결과를 더 빠르게 도출할 수 있는 수험생이 더 유리한 시험이다. 따라서 내가 푼 방법이 가장 효율적인 방법인지를 고민해보는 과정이 반드시 필요하다.

두 번째로는 PSAT의 모든 과목이 그렇듯 기출분석을 철저하게 하는 것이 필요하다. 그리고 그 문제를 해결할 수 있는 가능한 많은 무기를 만들어 두는 것이 안정적인 고득점을 위한 비결이다. 우리가 학창 시절 수학 시간에 몇 가지 공식을 배우고 이를 다양한 수치에 적용했듯, 자료해석도 이와 유사하다. 우리가 쓸 수 있는 다양한 계산법이 있다. 같은 계산을 하더라도 방법은 여러 가지가 있으므로 이를 다양하게 연습해 두는 것이, 하나의 길이 막히더라도 또 다른 길로 우리를 안내할 것이다.

자료해석은 처음 진입점수는 수험생 각자 천차만별일 수 있지만, 고득점을 위한 과정은 결국 하나로 귀결된다. 문제를 해결할 수 있는 스킬을 최대한 많이 갖추고 이를 자신의 무기로 체화하는 것이다. 기본적인 문제를 효율적으로 해결하기 위해서는 '① 분수비교, ② 곱셈비교, ③ 비중, 비율, 부분상대비, ④ 배율, ⑤ 증가율, 감소율, 증감률, 변화율' 이 기본적인 다섯 가지의 연산을 효율적으로 할 수 있으면 된다. 여기에 각 특정 세부유형별 묻는 바들을 추가적으로 대비하면 된다. 이것만 가지고도 80점대의 점수는 안정적으로 받을 수 있다.

복잡하기만 하던 상황판단은 이미 어느정도의 체계를 다 잡아둔 상황이고, 그 과정에서 기출분석의 눈은 더 정교해 졌다. 상황판단으로 단련된 기출분석의 눈이 자료해석을 향했을 때, 마치 1,000pcs 조각퍼즐을 풀다가 300pcs 조각퍼즐을 푸는 느낌이었다. 자료해석 역대 기출문제를 체계적으로 분류하고 연계시킬 것이다. 이를 통해 결국 자료와 상황의 동반 상승 효과의 시너지를 폭발시킬 것이고, 이를 통해 길규범과 함께 준비하는 수험생들의 안정적인 1차 합격을 담보하고자 한다.

아무쪼록 이 책이 적성시험에서 고민이 많은 수험생들에게 많은 도움이 되길 바란다.

길규범

목차

이 책의 특별한 구성　6 ｜ 기간별 맞춤 학습 플랜　8 ｜ PSAT 자료해석 고득점 가이드　10

유형 1 표

Ⅰ. 일반　　　　　　　　　　　　　　　　　　　　　　　16

Ⅱ. 표 多　　　　　　　　　　　　　　　　　　　　　　52

Ⅲ. 정보량 多　　　　　　　　　　　　　　　　　　　　64

Ⅳ. 공식　　　　　　　　　　　　　　　　　　　　　　76

Ⅴ. 빈칸　　　　　　　　　　　　　　　　　　　　　　94

Ⅵ. 공식+빈칸　　　　　　　　　　　　　　　　　　　114

유형 2 차트

Ⅰ. 일반　　　　　　　　　　　　　　　　　　　　　　130

Ⅱ. 차트 多　　　　　　　　　　　　　　　　　　　　146

Ⅲ. 공식　　　　　　　　　　　　　　　　　　　　　　158

유형 3 표+차트

Ⅰ. 일반　　　　　　　　　　　　　　　　　　　　　　174

Ⅱ. 공식　　　　　　　　　　　　　　　　　　　　　　192

Ⅲ. 빈칸　　　　　　　　　　　　　　　　　　　　　　200

Ⅳ. 공식+빈칸　　　　　　　　　　　　　　　　　　　204

Ⅴ. 표-차트 변환　　　　　　　　　　　　　　　　　　208

유형 4 보고서

Ⅰ. 보고서로 부합 240
Ⅱ. 표·차트로 부합 256
Ⅲ. 추가 272
Ⅳ. 사용× 288

유형 5 매칭

Ⅰ. 일반 300
Ⅱ. 항목이 더 308
Ⅲ. 일부만 매칭 312
Ⅳ. 항목이 더+일부 318

유형 6 개념

Ⅰ. 지수 326
Ⅱ. 상위 0개 334
Ⅲ. A당 B 346
Ⅳ. 설문조사 352

유형 7 기타

Ⅰ. 해당하는 360
Ⅱ. 플로우차트 364
Ⅲ. 인포형 368
Ⅳ. 기타 374

이 책의 특별한 구성

문제 구성

유형별 집중 학습
- 누구나 쉽고 동일하게 자료해석 유형을 분류할 수 있도록, 외형상의 특징을 최우선으로 하여 유형을 구분하였습니다.
- 각 유형을 집중 학습하여 취약한 유형을 기본부터 탄탄하게 보완할 수 있습니다.

V. 표-차트 변환

표의 형식으로 주어진 수치자료를 여러 형식의 차트로 변환하는 유형이다. 하나의 선지에도 확인해야 할 정보가 많기 때문에 이 유형의 문제를 해결하기에는 계산량이 상당히 요구된다. 기존 민경채 기출문제에서는 자료의 가공 없이 주어진 수치를 형식만 달리하여 차트로 변환하는 선지의 비중을 매우 높았으나, 7급 기출문제의 경우는 표가 2개 이상 주어지는 경우도 많고, 약간의 연산을 통해 차트로 변환해야 하는 경우도 많다. 그렇다 하더라도 역대 7급·민경채에 출제된 기출문제의 경우는 난도가 높지 않은 편이고, 어떤 선지부터 확인하는가에 따라 소요시간도 매우 길어질 수 있는 유형인 만큼, 전략적으로 우선 스킵하고 다른 문제부터 해결한 후, 시험 후반에 어느 정도 시간을 확보한 뒤에 해결하는 것이 바람직하다.

V. 표-차트 변환

표의 형식으로 주어진 수치자료를 여러 형식의 차트로 변환하는 유형이다. 하나의 선지에도 확인해야 할 정보가 많기 때문에 이 유형의 문제를 해결하기에는 계산량이 상당히 요구된다. 기존 민경채 기출문제에서는 자료의 가공 없이 주어진 수치를 형식만 달리하여 차트로 변환하는 선지의 비중을 매우 높았으나, 7급 기출문제의 경우는 표가 2개 이상 주어지는 경우도 많고, 약간의 연산을 통해 차트로 변환해야 하는 경우도 많다. 그렇다 하더라도 역대 7급·민경채에 출제된 기출문제의 경우는 난도가 높지 않은 편이고, 어떤 선지부터 확인하는가에 따라 소요시간도 매우 길어질 수 있는 유형인 만큼, 전략적으로 우선 스킵하고 다른 문제부터 해결한 후, 시험 후반에 어느 정도 시간을 확보한 뒤에 해결하는 것이 바람직하다.

177 다음 〈표〉는 2007~2009년 방송사 A~D의 방송심의규정 위반에 따른 제재 현황을 나타낸 것이다. 이 〈표〉를 이용하여 작성한 그래프로 옳지 않은 것은? 〈민경채 12년 인책형 11번〉

〈표〉 방송사별 제재 건수
(단위: 건)

연도 제재 방송사	2007		2008		2009	
	법정제재	권고	법정제재	권고	법정제재	권고
A	21	1	12	36	5	15
B	25	3	13	29	20	20
C	12	1	8	25	14	20
D	32	1	14	30	24	34
전체	90	6	47	120	63	89

※ 제재는 법정제재와 권고로 구분됨.

① 방송사별 법정제재 건수 변화

② 연도별 방송사 전체의 법정제재 및 권고 건수

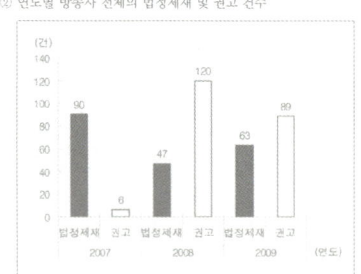

③ 2007년 법정제재 건수의 방송사별 구성비

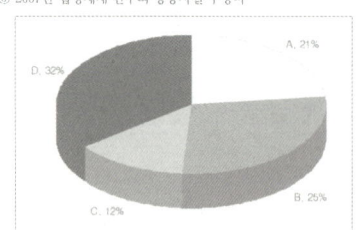

177 다음 〈표〉는 2007~2009년 방송사 A~D의 방송심의규정 위반에 따른 제재 현황을 나타낸 것이다. 이 〈표〉를 이용하여 작성한 그래프로 옳지 않은 것은? 〈민경채 12년 인책형 11번〉

〈표〉 방송사별 제재 건수
(단위: 건)

연도 제재 방송사	2007		2008		2009	
	법정제재	권고	법정제재	권고	법정제재	권고
A	21	1	12	36	5	15
B	25	3	13	29	20	20
C	12	1	8	25	14	20
D	32	1	14	30	24	34
전체	90	6	47	120	63	89

※ 제재는 법정제재와 권고로 구분됨.

엄선된 7급 및 민간경력자 기출문제
- 7급 및 민간경력자 기출문제 중 자료해석 기본기 학습에 적합한 기출문제만을 엄선하여 수록하였습니다.
- 이를 통해 자료해석 문제에 대한 이해를 높이고, 적정한 난이도의 문제를 풀기 위해 필요한 스킬만을 정확하게 체화할 수 있습니다.

해설 구성

전 선택지 완벽 해설
정답뿐 아니라 오답 선택지에 대해서도 상세한 해설을 제공하여 문제 전체를 완벽하게 이해할 수 있습니다.

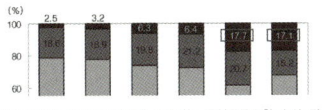

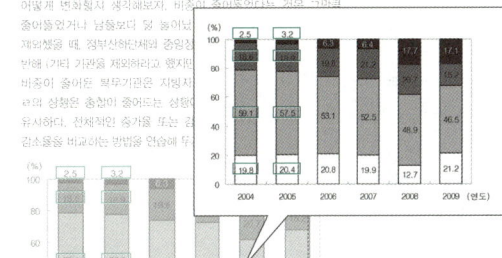

시각적 이해 도구
단순 텍스트 해설을 넘어 표, 그림, 음영 등 시각적 요소를 적극 활용하여 복잡한 내용도 직관적으로 이해할 수 있습니다.

합격으로 가는 Tip
길규범 선생님이 알려주는 다양한 문제 풀이 방법과 더욱 효과적인 문제 풀이 스킬을 확인해 볼 수 있습니다.

해커스PSAT 길규범 자료해석 기출유형공략 1

이 책의 특별한 구성 7

기간별 맞춤 학습 플랜

자신의 학습 기간에 맞는 학습 플랜을 선택하여 계획을 수립하고, 그 날에 해당하는 분량을 공부합니다.

■ 2주 완성 학습 플랜

PSAT 자료해석 준비 시간이 부족하여 단기간에 대비하여 하거나, 자료해석의 기본기가 탄탄하여 문제풀이 감각을 집중적으로 높이고 싶은 분들에게 추천합니다.

진도		날짜	학습 내용			
1주	1일		유형 1.	일반	1번~35번	35문제
	2일			표 多, 정보량 多	36번~57번	22문제
	3일			공식, 빈칸	58번~82번	25문제
	4일			빈칸, 공식+빈칸	83번~107번	25문제
	5일		유형 2.	일반, 차트 多	108번~128번	21문제
	6일			차트 多, 공식	129번~148번	20문제
2주	7일		유형 3.	일반, 공식	149번~170번	22문제
	8일			빈칸, 공식+빈칸, 표-차트변환	171번~192번	22문제
	9일		유형 4.	보고서로 부합, 표·차트로 부합	193번~214번	22문제
	10일			추가, 사용×	215번~237번	23문제
	11일		유형 5.	매칭형 전 문항	238번~258번	21문제
	12일		유형 6.	개념형 전 문항	259번~286번	28문제
	13일		유형 7.	기타형 전 문항	287번~304번	18문제

■ 4주 완성 학습 플랜

자료해석의 기본기가 부족하여, 유형별 문제풀이 스킬을 기본부터 꼼꼼하게 학습하고, 모든 선지, 보기를 하나하나 철저하게 분석하고 싶은 분들에게 추천합니다.

진도		날짜	학습 내용			
1주	1일		유형 1.	일반	1번~18번	18문제
	2일				19번~35번	17문제
	3일			표 多	36번~46번	11문제
	4일			정보량 多	47번~57번	11문제
	5일			공식	57번~75번	18문제
	6일			빈칸	76번~94번	19문제
2주	7일			공식+빈칸	95번~107번	13문제
	8일		유형 2.	일반	108번~123번	16문제
	9일			차트 多	124번~135번	12문제
	10일			공식	136번~148번	13문제
	11일		유형 3	일반	149번~163번	15문제
	12일			공식, 빈칸, 공식+빈칸	164번~176번	13문제
3주	13일		유형 4.	표-차트변환	177번~192번	16문제
	14일			보고서로 부합	193번~206번	14문제
	15일			표·차트로 부합	207번~214번	8문제
	16일			추가	215번~228번	14문제
	17일			사용×	229번~237번	9문제
	18일		유형 5.	일반, 항목이 더	238번~248번	11문제
4주	19일			일부만 매칭, 항목이 더+일부	249번~258번	10문제
	20일		유형 6.	지수	259번~265번	7문제
	21일			상위 0개	266번~277번	12문제
	22일			A당 B, 설문조사	278번~286번	9문제
	23일		유형 7.	해당하는, 플로우차트	287번~293번	7문제
	24일			인포형, 기타	294번~304번	11문제

*문항 수가 적은 날은 앞에서 푼 문제 중 잘 안 풀린 문제 복습

PSAT 자료해석 고득점 가이드

■ PSAT 알아보기

1. PSAT란?

PSAT(Public Service Aptitude Test, 공직적격성평가)는 공직과 관련된 상황에서 발생하는 여러 가지 문제에 신속히 대처할 수 있는 문제해결의 잠재력을 가진 사람을 선발하기 위해 도입된 시험입니다. 즉, 특정 과목에 대한 전문 지식 보유 수준을 평가하는 것이 아니라 공직자로서 지녀야 할 기본적인 자질과 능력 등을 종합적으로 평가하는 시험입니다. 이에 따라 PSAT는 이해력, 추론 및 분석능력, 문제해결능력 등을 평가하는 언어논리, 상황판단, 자료해석 세 가지 영역으로 구성됩니다.

2. 응시자격

PSAT는 인사혁신처에서 실시하는 7·5급 국가공무원 공개경쟁채용시험에 접수한 모두가 치르는 제1차시험으로, 7·5급 국가공무원 공개경쟁채용시험은 20세 이상의 연령이면서 국가공무원법 제33조에서 정한 결격사유에 저촉되지 않는 한, 누구나 학력 및 경력 제한 없이 시험에 응시할 수 있습니다.

※ 2024년부터 7·5급 국가공무원 공개경쟁채용시험의 응시연령이 '18세 이상'으로 조정됨(단, 교정 및 보호직렬은 '20세 이상'으로 유지)

3. 평가 영역 및 평가 내용

평가 영역	평가 내용
언어논리	글의 이해, 표현, 추론, 비판과 논리적 사고력 등
상황판단	제시문과 표의 이해 및 상황·조건의 적용, 판단과 의사결정을 통한 문제해결능력 등
자료해석	표, 그래프, 보고서 형태로 제시된 수치자료의 이해, 계산, 자료 간 연관성 분석, 정보 도출 능력 등

■ 시험장 Tip

1. 시험장 준비물

- 필수 준비물: 신분증(주민등록증, 운전면허증, 여권, 주민등록번호가 포함된 장애인등록증 등), 응시표, 컴퓨터용 사인펜
- 기타: 수정테이프(수정액 사용 불가), 손목시계, 무음 스톱워치, 클리어 파일, 풀이용 필기구(연필, 지우개) 등

2. 시험장 실전 전략

- PSAT 문제의 배점은 모두 같으므로 잘 풀리지 않는 문제를 오래 붙잡고 있기보다는 자신이 정확하게 풀 수 있는 문제를 먼저 풀어서 시간 관리를 합니다. 특히 영역별 문제풀이 시간이 구분되지 않는 7급 PSAT 언어논리&상황판단 영역은 한 문제를 풀이하는 데 너무 많은 시간을 쓰지 않도록 주의해야 합니다.
- 시험 종료 후에는 별도의 OCR 답안지 작성 시간이 주어지지 않으므로 시험 시간 내에 OCR 답안지 작성을 완료할 수 있도록 답안지 작성 시간을 고려하여 문제풀이 시간을 조절합니다.
- 시험 시간 중 화장실 사용은 지정된 시간(시험 시작 20분 이후~시험 종료 10분 전)에 1회에 한하여 사용할 수 있습니다.
  - 지정된 화장실만 사용 가능하고 사용 전·후 소지품 검사를 실시하며, 소지품 검사, 대기시간 등 화장실 사용과 관련된 모든 시간은 시험시간에 포함되므로 시험시간 관리에 유념해야 합니다.

PSAT 자료해석 고득점 가이드

■ 자료해석 알아보기

PSAT는 특정 과목에 대한 전문지식의 성취도 검사를 지양하고 신임관리자로서 필요한 기본적인 소양과 자질을 측정하기 위해 도입된 시험으로, 그 중 자료해석은 통계처리 및 해석능력, 수치자료의 정리 및 분석능력, 정보화능력 등을 측정하기 위해 도입된 시험이다.

1. 출제 유형

자료해석은 발문을 통해 문제에서 묻고자 하는 바와 주어진 자료의 외형을 종합적으로 고려하면 다음과 같이 구분할 수 있다.

구분	세부 유형	유형 설명
표형	- 일반 - 표 多 - 정보량 多 - 공식 - 빈칸 - 공식+빈칸	표 형식의 자료를 제시하고, 이를 토대로 필요한 통계처리 및 해석능력, 분석능력을 평가하는 유형이다.
차트형	- 일반 - 차트 多 - 공식	차트형식의 자료를 제시하고, 이를 토대로 해석능력 및 통계처리, 분석능력 등을 평가하는 유형이다.
표+차트형	- 일반 - 공식 - 빈칸 - 공식+빈칸 - 표-차트 변환	표 형식과 차트형식의 자료를 함께 제시하고, 이를 토대로 통계처리 및 해석능력, 수치자료의 정리 및 분석능력, 정보화 능력 등을 종합적으로 평가하는 유형이다.
보고서형	- 보고서로 부합 - 표·차트로 부합 - 추가 - 사용×	자료를 보고서로 작성하거나, 보고서를 표·차트로 변환하는 능력을 평가하는 유형이다. 응용하여 추가로 필요한 자료를 찾거나, 사용되지 않은 자료를 확인할 수 있는지도 평가한다.
매칭형	- 일반 - 항목이 더 - 일부만 매칭 - 항목이 더+일부	주어진 해석을 토대로 자료의 빈칸을 완성하는 유형이다. 어떤 형식의 자료를 주고, 어느 수준까지 해결해야 하는가에 따라 유형을 세부적으로 구분할 수 있다.
개념형	- 지수 - 상위 0개 - A당 B - 설문조사	자료를 해석하는데 있어 꼭 알아야 할 중요한 개념을 반복적으로 묻는 유형이다. 출제장치나 함정이 반복되고, 이를 해결할 수 있는 해결스킬도 정형화 되어 있어, 대비가 가능한 유형이다.
기타형	- 해당하는 - 플로우차트 - 인포형 - 기타	출제비중은 높지 않지만, 최근 반복해서 출제되고 있는 유형을 기타유형으로 분류한 것이다.

2. 대비전략

① **자료해석에 출제되는 유형을 파악하고, 유형별 주로 묻는 포인트를 정리하여야 한다.**

자료해석에서 출제되는 유형은 어느정도 한정적이다. 다만 그 유형에 사용되는 자료가 문제마다 새롭게 계속 바뀌어 출제되고 있는 것이라고 생각해도 좋다. 그렇지만 각 유형별로 주로 묻는 포인트가 있고, 이를 해결하기 위한 효과적인 풀이법이 존재한다. 따라서 주어진 자료의 특징을 찾아내어 그에 따른 적절한 풀이법을 준비해 두는 것이 중요하다.

② **요구되는 통계처리 및 해석, 분석, 수치자료의 정리 등을 하기 위한 적절한 계산능력을 길러야 한다.**

주로 수치자료가 주어지기 때문에 이를 통계처리하고 해석·분석하고 정리하기 위한 적절한 계산능력을 길러야 한다. 단순히 곱셈을 하더라도 여러 방법이 있고, 보다 더 복잡한 자료를 처리하기 위해서는 더 여러 방법이 있다. 풀 수 있는 하나의 방법만을 준비하는 것으로는 경쟁에서 이기기 어렵다. 다른 수험생보다 더 많은 무기를 가지고 그 무기를 적절하게 활용할 수 있는 연습을 한다면, 자료해석이 가장 안정적인 고득점이 보장되는 과목이다.

③ **유형별 난도 차이와 각자의 장단점을 파악해두어야 한다.**

유형별로 난도차이가 심하고, 그리고 각자의 장단점도 모두 다르기 때문에 이를 준비과정에서 파악 후 적절히 보완하여야 하고, 시험장에서는 적절한 전략을 구사하여야 한다. '내가 많이 아는 것'과 '아는것을 잘 활용해서 문제를 푸는 것'과 '높은 점수를 받는 것'은 어떻게 보면 전자가 후자를 담보하지 못한다. 많이 안다고 해도 이를 활용하는 연습이 안된다면 모든 문제가 다 낯설게 느껴질 것이고, 아는 게 많다고 해도 전략이 준비가 안된다면 점수는 높지 않을 수 있다. 따라서 많이 알고, 아는 만큼 활용하고, 그에 따라 높은 점수를 받을 수 있도록 아는 게 점수로 연결될 수 있는 공부를 하여야 한다.

PSAT 교육 1위, 해커스PSAT
psat.Hackers.com

해커스PSAT 길규범 자료해석 기출유형공략 1

유형 1
표

I. 일반
II. 표 多
III. 정보량 多
IV. 공식
V. 빈칸
VI. 공식+빈칸

I. 일반

자료해석에서 가장 기본이 되는 유형이다. 표 1개가 주어지고, 주로 가장 기본적인 계산능력을 평가하고, 단순확인을 통해 해결되는 선지, 보기의 비중도 매우 높은 유형이다. 그렇기 때문에 PSAT에서 우리가 추구해야 할 가장 기본적인 가치가 '속도'와 '정확성'인데, '속도'와 '정확성'을 모두 잡을 수 있는 유형이기도 하다.

01 다음 <표>는 2007~2011년 A국의 금융서비스 제공방식별 업무처리 건수 비중 현황이다. 이에 대한 <보기>의 설명 중 옳은 것을 모두 고르면?

민경채 12년 인책형 22번

<표> 금융서비스 제공방식별 업무처리 건수 비중 현황

(단위: %)

구분 연도	대면거래	비대면거래			합
		CD/ATM	텔레뱅킹	인터넷뱅킹	
2007	13.6	38.0	12.2	36.2	100.0
2008	13.8	39.5	13.1	33.6	100.0
2009	13.7	39.3	12.6	34.4	100.0
2010	13.6	39.8	12.4	34.2	100.0
2011	12.2	39.1	12.4	36.3	100.0

<보기>

ㄱ. 2011년의 비대면거래 건수 비중은 2009년 대비 1.5%p 증가하였다.
ㄴ. 2008~2011년 동안 대면거래 건수는 매년 감소하였다.
ㄷ. 2007~2011년 동안 매년 비대면거래 중 업무처리 건수가 가장 적은 제공방식은 텔레뱅킹이다.
ㄹ. 2007~2011년 중 대면거래 금액이 가장 많았던 연도는 2008년이다.

① ㄱ, ㄷ
② ㄱ, ㄹ
③ ㄴ, ㄷ
④ ㄴ, ㄹ
⑤ ㄷ, ㄹ

해설

ㄱ. (○) <표>에 따르면 대면거래 건수 비중과 비대면거래 건수 비중의 합은 100%이다. 따라서 2011년의 비대면거래 건수 비중이 2009년 대비 1.5%p 증가하였다면, 대면거래 건수 비중은 1.5%p 감소하여야 한다. 2011년의 대면거래 건수 비중은 12.2%로 2009년의 13.7%보다 1.5%p 감소하였다.

ㄴ. (×) <표>에서는 연도별로 A국의 금융서비스 업무처리 건수 중 대면거래 업무처리 건수 비중과 비대면거래 업무처리 건수 비중 등을 알 수 있다. 하지만 서로 다른 연도인 2008~2011년 동안 대면거래 건수를 직접적으로 비교할 수는 없다.
주어진 자료는 실수자료가 아닌 비중자료이기 때문에 연도 내에서는 비교가 가능하지만, 연도 간에는 주어진 자료만으로는 비교가 불가능하다.

ㄷ. (○) <표>에서 연도별로 제공방식별 업무처리 건수 비중이 주어져 있으므로 같은 연도 안에서는 업무처리 건수 비중이 높은 제공방식이 업무처리 건수도 많다. 2007~2011년 동안 매년 비대면거래 중 업무처리 건수 비중이 가장 낮은 제공방식은 텔레뱅킹이므로 비대면거래 중 업무처리 건수가 가장 적은 제공방식은 텔레뱅킹이라는 것을 알 수 있다.

구분 연도	대면거래	비대면거래			합
		CD/ATM	텔레뱅킹	인터넷뱅킹	
2007	13.6	38.0	12.2	36.2	100.0
2008	13.8	39.5	13.1	33.6	100.0
2009	13.7	39.3	12.6	34.4	100.0
2010	13.6	39.8	12.4	34.2	100.0
2011	12.2	39.1	12.4	36.3	100.0

보기 ㄴ과 달리 연도 내에서 비교하는 것이므로 어떤 업무처리 건수가 가장 적은 지는 비교할 수 있다.

ㄹ. (×) <표>에서는 연도별로 A국의 금융서비스 업무처리 건수 중 대면거래 업무처리 건수 비중과 비대면거래 업무처리 건수 비중 등을 알 수 있다. 하지만 업무처리 '건수 비중'이 높다고 해서 '거래 금액'이 많은 것은 아니므로 2007~2011년 중 대면거래 금액이 가장 많았던 연도는 알 수 없다.

[정답] ①

02 다음 <표>는 2000~2007년 7개 도시 실질 성장률에 대한 자료이다. 이에 대한 설명으로 옳은 것은?

민경채 13년 인책형 6번

<표> 7개 도시 실질 성장률

(단위: %)

연도 도시	2000	2001	2002	2003	2004	2005	2006	2007
서울	9.0	3.4	8.0	1.3	1.0	2.2	4.3	4.4
부산	5.3	7.9	6.7	4.8	0.6	3.0	3.4	4.6
대구	7.4	1.0	4.4	2.6	3.2	0.6	3.9	4.5
인천	6.8	4.9	10.7	2.4	3.8	3.7	6.8	7.4
광주	10.1	3.4	9.5	1.6	1.5	6.5	6.5	3.7
대전	9.1	4.6	8.1	7.4	1.6	2.6	3.4	3.2
울산	8.5	0.5	15.8	2.6	4.3	4.6	1.9	4.6

① 2005년 서울, 부산, 광주의 실질 성장률은 각각 2004년의 2배 이상이다.
② 2004년과 2005년 실질 성장률이 가장 높은 도시는 동일하다.
③ 2001년 각 도시의 실질 성장률은 2000년에 비해 감소하였다.
④ 2002년 대비 2003년 실질 성장률이 5%p 이상 감소한 도시는 모두 3개이다.
⑤ 2000년 실질 성장률이 가장 높은 도시가 2007년에는 실질 성장률이 가장 낮았다.

03 다음 <표>는 2013년 어느 금요일과 토요일 A씨 부부의 전체 양육활동유형 9가지에 대한 참여시간을 조사한 자료이다. 이에 대한 설명으로 옳지 않은 것은?

민경채 13년 인책형 16번

<표> 금요일과 토요일의 양육활동유형별 참여시간

(단위: 분)

유형	금요일		토요일	
	아내	남편	아내	남편
위생	48	4	48	8
식사	199	4	234	14
가사	110	2	108	9
정서	128	25	161	73
취침	55	3	60	6
배설	18	1	21	2
외출	70	5	101	24
의료간호	11	1	10	1
교육	24	1	20	3

① 토요일에 남편의 참여시간이 가장 많았던 양육활동유형은 정서활동이다.
② 아내의 총 양육활동 참여시간은 금요일에 비해 토요일에 감소하였다.
③ 남편의 양육활동 참여시간은 금요일에는 총 46분이었고, 토요일에는 총 140분이었다.
④ 금요일에 아내는 식사, 정서, 가사, 외출활동의 순으로 양육활동 참여시간이 많았다.
⑤ 아내의 양육활동유형 중 금요일에 비해 토요일에 참여시간이 가장 많이 감소한 것은 교육활동이다.

해설

① (○) <표>에 따르면 토요일에 남편의 참여시간이 가장 많았던 양육활동유형은 정서활동으로 73분이다.

② (×) <표>에서 금요일과 토요일의 아내의 총 양육활동 참여시간을 직접 더해서 구할 수도 있다. 그러나 금요일과 토요일의 총 양육활동 참여시간을 비교해보면 다음과 같다.

유형	금요일		토요일	
	아내	남편		아내	남편
위생	48	4	0	48	8
식사	199	4	+35	234	14
가사	110	2	−2	108	9
정서	128	25	+33	161	73
취침	55	3	+5	60	6
배설	18	1	+3	21	2
외출	70	5	+31	101	24
의료간호	11	1	−1	10	1
교육	24	1	−4	20	3

참여시간이 감소하는 일부 유형이 있으나 증가하는 유형의 증가폭이 훨씬 크므로 아내의 총 양육활동 참여시간은 금요일에 비해 토요일에 감소하지 않고 증가하였음을 알 수 있다.

③ (○) 남편의 양육활동 참여시간은 금요일에 4+4+2+25+3+1+5+1+1=46분이고, 토요일에는 8+14+9+73+6+2+24+1+3=140분이다.

④ (○) <표>에 따르면 금요일에 아내는 식사(199분), 정서(128분), 가사(110분), 외출(70분) 활동의 순으로 양육활동 참여시간이 많았다.

⑤ (○) 선지 ②에서 확인한 바와 같이 아내의 양육활동유형 중 금요일에 비해 토요일에 참여시간이 가장 많이 감소한 것은 4분 감소한 교육활동이다.

[정답] ②

04 다음 <표>는 대학 졸업생과 산업체 고용주를 대상으로 12개 학습성과 항목별 보유도와 중요도를 설문조사한 자료이다. 이에 대한 설명으로 옳지 않은 것은?

민경채 14년 A책형 20번

<표> 학습성과 항목별 보유도 및 중요도 설문결과

학습성과 항목	대학 졸업생		산업체 고용주	
	보유도	중요도	보유도	중요도
기본지식	3.7	3.7	4.1	4.2
실험능력	3.7	4.1	3.7	4.0
설계능력	3.2	3.9	3.5	4.0
문제해결능력	3.3	3.0	3.3	3.8
실무능력	3.6	3.9	4.1	4.0
협업능력	3.3	3.9	3.7	4.0
의사전달능력	3.3	3.9	3.8	3.8
평생교육능력	3.5	3.4	3.3	3.3
사회적 영향	3.1	3.6	3.2	3.3
시사지식	2.6	3.1	3.0	2.5
직업윤리	3.1	3.3	4.0	4.1
국제적 감각	2.8	3.7	2.8	4.0

※ 1) 보유도는 대학 졸업생과 산업체 고용주가 각 학습성과 항목에 대해 대학 졸업생이 보유하고 있다고 생각하는 정도를 조사하여 평균한 값임.
2) 중요도는 대학 졸업생과 산업체 고용주가 각 학습성과 항목에 대해 중요하다고 생각하는 정도를 조사하여 평균한 값임.
3) 값이 클수록 보유도와 중요도가 높음.

① 대학 졸업생의 보유도와 중요도 간의 차이가 가장 큰 학습성과 항목과 산업체 고용주의 보유도와 중요도 간의 차이가 가장 큰 학습성과 항목은 모두 '국제적 감각'이다.
② 대학 졸업생 설문결과에서 중요도가 가장 높은 학습성과 항목은 '실험능력'이다.
③ 산업체 고용주 설문결과에서 중요도가 가장 높은 학습성과 항목은 '기본지식'이다.
④ 대학 졸업생 설문결과에서 보유도가 가장 낮은 학습성과 항목은 '시사지식'이다.
⑤ 학습성과 항목 각각에 대해 대학 졸업생 보유도와 산업체 고용주 보유도 차이를 구하면, 그 값이 가장 큰 학습성과 항목은 '실무능력'이다.

해설

각주 3)에서 <표>에 주어진 값이 클수록 보유도와 중요도가 높다는 것을 확인한다.

① (○) 우선 <표>의 '국제적 감각' 항목에서 대학 졸업생의 보유도와 중요도 간의 차이와 산업체 고용주의 보유도와 중요도 간의 차이를 확인해보면 다음과 같다.

학습성과 항목	대학 졸업생		산업체 고용주	
	보유도	중요도	보유도	중요도
	⋮ =−0.9		⋮ =−1.2	
국제적 감각	2.8	− 3.7	2.8	− 4.0

0.9를 기준으로 다른 모든 학습성과 항목에 대해 대학 졸업생의 보유도와 중요도 간의 차이를 비교해보면 모두 0.9 미만이고, 1.2를 기준으로 다른 모든 학습성과 항목에 대해 산업체 고용주의 보유도와 중요도 간의 차이를 확인해보면 모두 1.2 미만이라는 것을 확인할 수 있다.

② (○) <표>에 따르면 대학 졸업생 설문결과에서 '실험능력' 학습성과 항목의 중요도는 4.1이다. 나머지 모든 학습성과 항목의 중요도는 4.1 미만이다.

③ (○) <표>에 따르면 산업체 고용주 설문결과에서 '기본지식' 학습성과 항목의 중요도는 4.2이다. 나머지 모든 학습성과 항목의 중요도는 4.2 미만이다.

④ (○) <표>에 따르면 대학 졸업생 설문결과에서 '시사지식' 학습성과 항목의 보유도는 2.6이다. 나머지 모든 학습성과 항목의 중요도는 2.6을 초과한다.

⑤ (×) 우선 '실무능력' 학습성과 항목에 대해 대학 졸업생 보유도와 산업체 고용주 보유도 차이를 구해보면 0.5이다.

학습성과 항목	대학 졸업생		산업체 고용주	
	보유도	중요도	보유도	중요도
	⋮		=−0.5	
실무능력	3.6	3.9	4.1	4.0
	⋮		=−0.5	
의사전달능력	3.3	3.9	3.8	3.8
	⋮		=−0.9	
직업윤리	3.1	3.3	4.0	4.1
	⋮			

0.5를 기준으로 다른 모든 학습성과 항목에 대해 대학 졸업생 보유도와 산업체 고용주 보유도 차이를 비교해보면 '의사전달능력' 항목은 그 차이가 0.5로 같고, '직업윤리' 항목의 경우 0.9로 차이가 더 크다. 대학 졸업생 보유도와 산업체 고용주 보유도의 차이가 가장 큰 학습성과 항목은 '실무능력'이 아니다.

[정답] ⑤

05 다음 <표>는 쥐 A~E의 에탄올 주입량별 렘(REM) 수면시간을 측정한 결과이다. 이에 대한 <보기>의 설명 중 옳은 것만을 모두 고르면?

민경채 15년 인책형 15번

<표> 에탄올 주입량별 쥐의 렘수면시간

(단위: 분)

에탄올 주입량(g) \ 쥐	A	B	C	D	E
0.0	88	73	91	68	75
1.0	64	54	70	50	72
2.0	45	60	40	56	39
4.0	31	40	46	24	24

─〈보기〉─

ㄱ. 에탄올 주입량이 0.0g일 때 쥐 A~E 렘수면시간 평균은 에탄올 주입량이 4.0g일 때 쥐 A~E 렘수면시간 평균의 2배 이상이다.

ㄴ. 에탄올 주입량이 2.0g일 때 쥐 B와 쥐 E의 렘수면시간 차이는 20분 이하이다.

ㄷ. 에탄올 주입량이 0.0g일 때와 에탄올 주입량이 1.0g일 때의 렘수면시간 차이가 가장 큰 쥐는 A이다.

ㄹ. 쥐 A~E는 각각 에탄올 주입량이 많을수록 렘수면시간이 감소한다.

① ㄱ, ㄴ
② ㄱ, ㄷ
③ ㄴ, ㄷ
④ ㄴ, ㄹ
⑤ ㄷ, ㄹ

06 다음 <표>는 OECD 주요 국가별 삶의 만족도 및 관련 지표를 나타낸 것이다. 이에 대한 설명으로 옳지 않은 것은?

민경채 17년 나책형 1번

<표> OECD 주요 국가별 삶의 만족도 및 관련 지표

(단위: 점, %, 시간)

국가 \ 구분	삶의 만족도	장시간 근로자비율	여가·개인 돌봄시간
덴마크	7.6	2.1	16.1
아이슬란드	7.5	13.7	14.6
호주	7.4	14.2	14.4
멕시코	7.4	28.8	13.9
미국	7.0	11.4	14.3
영국	6.9	12.3	14.8
프랑스	6.7	8.7	15.3
이탈리아	6.0	5.4	15.0
일본	6.0	22.6	14.9
한국	6.0	28.1	14.6
에스토니아	5.4	3.6	15.1
포르투갈	5.2	9.3	15.0
헝가리	4.9	2.7	15.0

※ 장시간근로자비율은 전체 근로자 중 주 50시간 이상 근무한 근로자의 비율임.

① 삶의 만족도가 가장 높은 국가는 장시간근로자비율이 가장 낮다.
② 한국의 장시간근로자비율은 삶의 만족도가 가장 낮은 국가의 장시간근로자비율의 10배 이상이다.
③ 삶의 만족도가 한국보다 낮은 국가들의 장시간근로자비율의 산술평균은 이탈리아의 장시간근로자비율보다 높다.
④ 여가·개인돌봄시간이 가장 긴 국가와 가장 짧은 국가의 삶의 만족도 차이는 0.3점 이하이다.
⑤ 장시간근로자비율이 미국보다 낮은 국가의 여가·개인돌봄시간은 모두 미국의 여가·개인돌봄시간보다 길다.

해설

① (○) <표>에 따르면 삶의 만족도가 가장 높은 국가는 덴마크(7.6점)이고, 장시간근로자비율이 가장 낮은 국가도 덴마크(2.1%)이다. <표>는 삶의 만족도가 높은 국가부터 내림차순으로 정리되어 있음을 알 수 있다면 삶의 만족도가 가장 높은 국가를 보다 수월하게 확인할 수 있을 것이다.

② (○) <표>에 따르면 한국의 장시간근로자비율은 28.1%이고, 삶의 만족도가 가장 낮은 국가는 헝가리로 장시간근로자비율이 2.7%이다. 한국의 장시간근로자비율은 헝가리의 10배 이상이다.

③ (×) 삶의 만족도가 한국보다 낮은 국가들은 에스토니아, 포르투갈, 헝가리이고, 이 국가들의 장시간근로자비율의 산술평균은 $\frac{3.6+9.3+2.7}{3}=5.2\%$이다.

국가 \ 구분	삶의 만족도	장시간 근로자비율	여가·개인 돌봄시간
⋮			
이탈리아	6.0	5.4	15.0
⋮			
한국	6.0	28.1	14.6
에스토니아	5.4	3.6	15.1
포르투갈	5.2	9.3	15.0
헝가리	4.9	2.7	15.0

이는 이탈리아의 장시간근로자비율 5.4%보다 낮다. 물론 산술평균을 정확하게 구하지 않고, 총합으로 비교하는 것도 가능하다.

④ (○) 여가·개인돌봄시간이 가장 긴 국가는 덴마크로 16.1시간이고 가장 짧은 국가는 멕시코로 13.9시간이다. 각각 삶의 만족도는 7.6점, 7.4점으로 삶의 만족도 차이는 0.2점이다. 0.3점 이하이다.

국가 \ 구분	삶의 만족도	장시간 근로자비율	여가·개인 돌봄시간
덴마크	7.6	2.1	16.1
⋮			
멕시코	7.4	28.8	13.9
⋮			

⑤ (○) 장시간근로자비율이 미국(11.4)보다 낮은 국가는 덴마크, 프랑스, 이탈리아, 에스토니아, 포르투갈, 헝가리이고, 이 국가들의 여가·개인돌봄시간은 모두 미국(14.3시간)보다 길다.

국가 \ 구분	삶의 만족도	장시간 근로자비율	여가·개인 돌봄시간
덴마크	7.6	2.1	16.1
⋮			
미국	7.0	11.4	14.3
⋮			
프랑스	6.7	8.7	15.3
이탈리아	6.0	5.4	15.0
⋮			
에스토니아	5.4	3.6	15.1
포르투갈	5.2	9.3	15.0
헝가리	4.9	2.7	15.0

[정답] ③

07 다음 <표>는 2012~2018년 '갑'국의 지가변동률에 대한 자료이다. 이에 대한 <보기>의 설명 중 옳은 것만을 모두 고르면?

민경채 19년 나책형 4번

<표> 연도별 지가변동률

(단위: %)

연도\지역	수도권	비수도권
2012	0.37	1.47
2013	1.20	1.30
2014	2.68	2.06
2015	1.90	2.77
2016	2.99	2.97
2017	4.31	3.97
2018	6.11	3.64

―<보기>―
ㄱ. 비수도권의 지가변동률은 매년 상승하였다.
ㄴ. 비수도권의 지가변동률이 수도권의 지가변동률보다 높은 연도는 3개이다.
ㄷ. 전년대비 지가변동률 차이가 가장 큰 연도는 수도권과 비수도권이 동일하다.

① ㄱ
② ㄴ
③ ㄱ, ㄷ
④ ㄴ, ㄷ
⑤ ㄱ, ㄴ, ㄷ

해설

ㄱ. (×) 2013년 비수도권의 지가변동률은 1.30%로 전년의 1.47% 대비 하락하였고, 2018년 비수도권의 지가변동률은 3.64%로 2017년 3.97% 대비 하락하였다.

ㄴ. (○) 비수도권의 지가변동률이 수도권의 지가변동률보다 높은 연도는 2012년, 2013년, 2015년 3개이다.

연도\지역	수도권		비수도권
2012	0.37	<	1.47
2013	1.20	<	1.30
2014	2.68	>	2.06
2015	1.90	<	2.77
2016	2.99	>	2.97
2017	4.31	>	3.97
2018	6.11	>	3.64

ㄷ. (×) 전년대비 지가변동률 차이가 가장 큰 연도는 수도권의 경우 2018년으로 전년대비 6.11−4.31=1.80%p 차이가 난다. 비수도권의 경우 2017년이 3.97−2.97=1.00%p 차이로 전년대비 지가변동률 차이가 가장 크다.

연도\지역	수도권		비수도권	
2012	0.37		1.47	
2013	1.20	=0.83	1.30	=−0.17
2014	2.68	=1.48	2.06	=0.76
2015	1.90	=−0.78	2.77	=0.71
2016	2.99	=1.09	2.97	=0.20
2017	4.31	=1.32	3.97	=1.00
2018	6.11	=1.80	3.64	=−0.33

[정답] ②

08
다음 <표>는 A대학 재학생 교육 만족도 조사 결과에 관한 자료이다. 이에 대한 <보기>의 설명 중 옳은 것만을 고르면?

민경채 20년 가책형 12번

<표> A대학 재학생 교육 만족도 조사 결과

(단위: 명, 점)

학년 \ 항목 응답인원	전공	교양	시설	기자재	행정
1	2,374	3.90	3.70	3.78	3.73	3.63
2	2,349	3.95	3.75	3.76	3.71	3.64
3	2,615	3.96	3.74	3.74	3.69	3.66
4	2,781	3.94	3.77	3.75	3.70	3.65

※ 점수는 5점 만점이며, 점수가 높을수록 만족도가 높음.

<보기>

ㄱ. '시설'과 '기자재' 항목은 응답인원이 많은 학년일수록 항목별 교육 만족도가 높다.
ㄴ. 항목별로 교육 만족도가 높은 순서대로 학년을 나열할 때, 순서가 일치하는 항목들이 있다.
ㄷ. 학년이 높아질수록 항목별 교육 만족도가 높아지는 항목은 1개이다.
ㄹ. 각 학년에서 교육 만족도가 가장 높은 항목은 모두 '전공'이다.

① ㄱ, ㄴ
② ㄱ, ㄷ
③ ㄴ, ㄷ
④ ㄴ, ㄹ
⑤ ㄷ, ㄹ

09 다음 <표>는 '갑'국의 2022년 4~6월 A~D정유사의 휘발유와 경유 가격에 관한 자료이다. 이에 대한 설명으로 옳은 것은?

7급 공채 23년 인책형 24번

<표> 정유사별 휘발유와 경유 가격

(단위: 원/L)

정유사\유종	휘발유			경유		
월	4	5	6	4	5	6
A	1,840	1,825	1,979	1,843	1,852	2,014
B	1,795	1,849	1,982	1,806	1,894	2,029
C	1,801	1,867	2,006	1,806	1,885	2,013
D	1,807	1,852	1,979	1,827	1,895	2,024

※ 가격은 해당 월의 정유사별 공시가임.

① 휘발유와 경유의 가격 차이가 가장 큰 정유사는 매월 같다.
② 4월에 휘발유 가격보다 경유 가격이 낮은 정유사는 1개이다.
③ 5월 휘발유 가격이 가장 높은 정유사는 5월 경유 가격도 가장 높다.
④ 각 정유사의 경유 가격은 매월 높아졌다.
⑤ 각 정유사의 5월과 6월 가격 차이는 경유가 휘발유보다 크다.

해설

① (×) <표>에서 정유사별로 휘발유와 경유의 가격 차이를 확인해보면 4월은 D(20원/L), 5월은 B(45원/L), 6월은 B(47원/L)가 가장 크다.

정유사\유종	휘발유			경유		
월	4	5	6	4	5	6
A	1,840 [3]	1,825 [27]	1,979 [35]	1,843	1,852	2,014
B	1,795 [11]	1,849 [45]	1,982 [47]	1,806	1,894	2,029
C	1,801 [5]	1,867 [18]	2,006 [7]	1,806	1,885	2,013
D	1,807 [20]	1,852 [43]	1,979 [45]	1,827	1,895	2,024

② (×) <표>에 따르면 4월의 A~D정유사 모두 휘발유 가격이 경유 가격보다 낮다. 4개 정유사 모두 휘발유 가격보다 경유 가격이 높다.

③ (×) <표>에 따르면 5월 휘발유 가격이 가장 높은 정유사는 C(1,867원/L)이고, 경유가격이 가장 높은 정유사는 D(1,895원/L)이다.

④ (○) <표>에 따르면 각 정유사의 경유 가격은 매월 높아졌다.

정유사\유종	휘발유			경유		
월	4	5	6	4	5	6
A	1,840	1,825	1,979	1,843	1,852	2,014
B	1,795	1,849	1,982	1,806	1,894	2,029
C	1,801	1,867	2,006	1,806	1,885	2,013
D	1,807	1,852	1,979	1,827	1,895	2,024

⑤ (×) C정유사 휘발유의 5월과 6월 가격 차이는 139(원/L)이고, 경유의 가격 차이는 128(원/L)이다. 경유의 가격 차이가 휘발유보다 작다.

정유사\유종	휘발유			경유		
월	4	5	6	4	5	6
A	1,840	1,825 [154]	1,979	1,843	1,852 [162]	2,014
B	1,795	1,849 [133]	1,982	1,806	1,894 [135]	2,029
C	1,801	1,867 [139]	2,006	1,806	1,885 [128]	2,013
D	1,807	1,852 [127]	1,979	1,827	1,895 [129]	2,024

[정답] ④

10 다음 <표>는 2004년부터 2010년까지 친환경 농산물 생산량에 대한 자료이다. 이에 대한 설명 중 옳은 것은?

민경채 11년 경책형 6번

<표> 친환경 농산물 생산량 추이

(단위: 백톤)

구분	2004년	2005년	2006년	2007년	2008년	2009년	2010년
유기 농산물	1,721	2,536	2,969	4,090	7,037	11,134	15,989
무농약 농산물	6,312	9,193	10,756	14,345	25,368	38,082	54,687
저농약 농산물	13,766	20,198	23,632	22,505	18,550	–	–
계	21,799	31,927	37,357	40,940	50,955	49,216	70,676

※ 1) 모든 친환경 농산물은 유기, 무농약, 저농약 중 한 가지 인증을 받아야 함.
  2) 단, 2007년 1월 1일부터 저농약 신규 인증은 중단되며, 2009년 1월 1일부터 저농약 인증 자체가 폐지됨.

① 저농약 신규 인증 중단 이후 친환경 농산물 총생산량은 매년 감소하였다.
② 저농약 인증 폐지 전 저농약 농산물 생산량은 매년 친환경 농산물 총생산량의 절반 이상을 차지하였다.
③ 저농약 신규 인증 중단 이후 매년 무농약 농산물 생산량은 친환경 농산물 총생산량의 50% 이상을 차지하였다.
④ 2005년 이후 전년에 비해 친환경 농산물 총생산량이 처음으로 감소한 시기는 저농약 인증이 폐지된 해이다.
⑤ 2005년 이후 전년에 비해 무농약 농산물 생산량의 증가폭이 가장 큰 시기는 2008년이다.

해설

각주 2)에 따르면 2007년 1월 1일부터 저농약 신규 인증은 중단되며, 2009년 1월 1일부터 저농약 인증 자체가 폐지됨을 확인한다.

① (×) 각주 2)에 따르면 저농약 신규 인증 중단은 2007년이다. <표>에 따르면 2008년의 친환경 농산물 총생산량은 50,955백톤으로 2007년의 40,940백톤 대비 증가하였으며, 2010년의 친환경 농산물 총생산량은 70,676백톤으로 2009년의 49,216백톤 대비 증가하였다.

구분	2004년	2005년	2006년	2007년	2008년	2009년	2010년
⋮							
계	21,799	31,927	37,357	40,940	50,955	49,216	70,676

② (×) '이전'이 아니라 '전'이라고 묻고 있고, 저농약 인증 폐지 전 저농약 농산물 생산량에 대해서 묻고 있으므로 2004년부터 2008년까지 저농약 농산물 생산량 및 친환경 농산물 총생산량을 확인한다.

구분	2004년	2005년	2006년	2007년	2008년	2009년	2010년
⋮							
저농약 농산물	13,766	20,198	23,632	22,505	18,550	–	–
계	21,799	31,927	37,357	40,940	50,955	49,216	70,676

2008년의 경우 저농약 농산물 생산량이 친환경 농산물 총생산량의 절반 미만이다.

③ (×) 2007년의 경우 무농약 농산물 생산량은 14,345백톤이고, 친환경 농산물 총생산량은 40,940백톤이다. 무농약 농산물 생산량이 친환경 농산물 총생산량의 50% 미만이다. 또한 2008년의 무농약 농산물 생산량인 25,368백톤은 50,955백톤의 50% 이하이다.

④ (○) <표>에 따르면 2005년 이후 전년에 비해 친환경 농산물 총생산량이 처음으로 감소한 해는 2009년으로, 2008년의 친환경 농산물 총생산량 50,955백톤에서 49,216백톤으로 감소하였다. 각주 2)에 따르면 2009년은 저농약 인증이 폐지된 해이다.

⑤ (×) 2008년의 무농약 농산물 생산량은 25,368백톤으로 전년의 14,345백톤에 비해 생산량이 약 11,000백톤 증가했다. 그러나 2009년의 무농약 농산물 생산량은 38,082백톤으로 진년에 비해 약 12,7xx백톤 이상, 2010년은 전년에 비해 약 16,6xx백톤 이상 증가하였다. 전년에 비해 무농약 농산물 생산량의 증가폭이 가장 큰 시기는 2008년이 아니라 2010년이다.

[정답] ④

11 다음 <표>는 약물 투여 후 특정기간이 지나 완치된 환자수에 관한 자료이다. 이에 대한 <보기>의 설명 중 옳은 것을 모두 고르면?

민경채 11년 경책형 12번

<표> 약물종류별, 성별, 질병별 완치 환자의 수

(단위: 명)

약물종류		약물 A		약물 B		약물 C		약물 D	
성별		남	여	남	여	남	여	남	여
질병	가	2	3	2	4	1	2	4	2
	나	3	4	6	4	2	1	2	5
	다	6	3	4	6	5	3	4	6
계		11	10	12	14	8	6	10	13

※ 1) 세 가지 질병(가~다) 중 한 가지 질병에만 걸린 환자를 각 질병별로 40명씩, 총 120명을 선정하여 실험함.
　 2) 각 질병별 환자 40명을 무작위로 10명씩 4개 집단으로 나눠, 각 집단에 네 가지 약물(A~D) 중 하나씩 투여함.

〈보기〉

ㄱ. 완치된 전체 남성 환자수가 완치된 전체 여성 환자수보다 많다.
ㄴ. 네 가지 약물 중 완치된 환자수가 많은 약물부터 나열하면 B, D, A, C이다.
ㄷ. '다' 질병의 경우 완치된 환자수가 가장 많다.
ㄹ. 전체 환자수 대비 약물 D를 투여 받고 완치된 환자수의 비율은 25% 이상이다.

① ㄱ
② ㄱ, ㄷ
③ ㄴ, ㄷ
④ ㄴ, ㄹ
⑤ ㄷ, ㄹ

해설

각주 1), 2)의 내용을 다음과 같이 이해할 수 있다.

약물종류		약물 A		약물 B		약물 C		약물 D		전체
성별	10명 중	남	여	남	여	남	여	남	여	
질병	가	2	3	2	4	1	2	4	2	40
	나	3	4	6	4	2	1	2	5	40
	다	6	3	4	6	5	3	4	6	40
계		11	10	12	14	8	6	10	13	120

ㄱ. (X) <표>에 따르면 완치된 전체 남성 환자수는 11+12+8+10=41명이고, 완치된 전체 여성 환자수는 10+14+6+13=43명이다. 완치된 전체 남성 환자수가 완치된 전체 여성 환자수보다 적다.
차이값을 보면 더 쉽게 계산할 수 있다.

ㄴ. (○) 각 약물별로 완치된 환자수를 계산해보면 다음과 같다.

약물종류	약물 A	약물 B	약물 C	약물 D
	=21	=26	=14	=23
계	11 + 10	12 + 14	8 + 6	10 + 13

네 가지 약물 중 완치된 환자수가 많은 약물부터 나열하면 B(26명), D(23명), A(21명), C(14명)이다.

ㄷ. (○) 질병별 완치된 환자수를 모두 더해서 구할 수도 있지만 약물별로 비교해서 판단해본다.

약물종류		약물 A		약물 B		약물 C		약물 D	
질병	가	2	3	2	4	1	2	4	2
	나	3	4	6	4	2	1	2	5
	다	6	3	4	6	5	3	4	6

약물 A, C, D의 경우 '다' 질병의 완치된 환자수가 가장 많다. 약물 B의 경우 '나' 질병과 '다' 질병의 완치된 환자수가 10명으로 가장 많다. 따라서 '다' 질병의 완치된 환자수가 다른 질병보다 많거나 같으므로, 완치된 환자수가 가장 많은 질병은 '다'라고 판단할 수 있다.

ㄹ. (X) 각주 1)에 따르면 전체 환자수는 120명이고, 보기 ㄴ에서 확인한 바와 같이 약물 D를 투여받고 완치된 환자의 수는 23명이다. 120의 25%는 30이므로, 전체 환자수 대비 약물 D를 투여 받고 완치된 환자수의 비율은 25% 미만이다.

[정답] ③

12 다음 <표>는 A시 주철 수도관의 파손원인별 파손 건수에 대한 자료이다. 이에 대한 설명으로 옳지 않은 것은?

민경채 13년 인책형 17번

<표> A시 주철 수도관의 파손원인별 파손 건수

(단위: 건)

파손원인	주철 수도관 유형		합
	회주철	덕타일주철	
시설노후	105	71	176
부분 부식	1	10	11
수격압	51	98	149
외부충격	83	17	100
자연재해	1	1	2
재질불량	6	3	9
타공사	43	22	65
부실시공	1	4	5
보수과정 실수	43	6	49
계	334	232	566

※ 파손원인의 중복은 없음.

① 덕타일주철 수도관의 파손 건수가 50건 이상인 파손원인은 2가지이다.
② 회주철 수도관의 총 파손 건수가 덕타일주철 수도관의 총 파손 건수보다 많다.
③ 주철 수도관의 파손원인별 파손 건수에서 '자연재해' 파손 건수가 가장 적다.
④ 주철 수도관의 '시설노후' 파손 건수가 주철 수도관의 총 파손 건수에서 차지하는 비율은 30% 이상이다.
⑤ 회주철 수도관의 '보수과정 실수' 파손 건수가 회주철 수도관의 총 파손 건수에서 차지하는 비율은 10% 미만이다.

해설

① (○) <표>에 따르면 덕타일주철 수도관의 파손 건수가 50건 이상인 파손원인은 '시설노후'(71건)와 '수격압'(98건)으로 2가지이다.

② (○) <표>에 따르면 회주철 수도관의 총 파손 건수는 334건이고 덕타일주철 수도관의 총 파손 건수는 232건이다. 회주철 수도관의 총 파손 건수가 덕타일주철 수도관의 총 파손 건수보다 많다.

③ (○) <표>에 따르면 주철 수도관의 파손원인별 파손 건수에서 '자연재해' 파손 건수가 2건으로 가장 적다. '자연재해' 다음으로 파손 건수가 적은 파손원인은 '부실시공'으로 5건이다.

④ (○) <표>에 따르면 주철 수도관의 총 파손 건수는 566건이고, 주철 수도관의 '시설노후' 파손 건수는 176건이다. 566의 10%는 56.6이고 30%는 약 170이므로, 주철 수도관의 '시설노후' 파손 건수가 주철 수도관의 총 파손 건수에서 차지하는 비율은 30% 이상이라는 것을 확인할 수 있다.

⑤ (×) 회주철 수도관의 총 파손건수는 334건이고, 회주철 수도관의 '보수과정 실수' 파손 건수는 43건이다. 334의 10%는 33.4이므로, 회주철 수도관의 '보수과정 실수' 파손 건수가 회주철 수도관의 총 파손 건수에서 차지하는 비율은 10% 이상이다.

[정답] ⑤

13 다음 <표>는 2004~2013년 5개 자연재해 유형별 피해금액에 관한 자료이다. 이에 대한 <보기>의 설명 중 옳은 것만을 모두 고르면?

민경채 15년 인책형 16번

<표> 5개 자연재해 유형별 피해금액

(단위: 억원)

연도 유형	2004	2005	2006	2007	2008	2009	2010	2011	2012	2013
태풍	3,416	1,385	118	1,609	9	0	1,725	2,183	8,765	17
호우	2,150	3,520	19,063	435	581	2,549	1,808	5,276	384	1,581
대설	6,739	5,500	52	74	36	128	663	480	204	113
강풍	0	93	140	69	11	70	2	0	267	9
풍랑	0	0	57	331	0	241	70	3	0	0
전체	12,305	10,498	19,430	2,518	637	2,988	4,268	7,942	9,620	1,720

─────<보기>─────

ㄱ. 2004~2013년 강풍 피해금액 합계는 풍랑 피해금액 합계보다 작다.
ㄴ. 2012년 태풍 피해금액은 2012년 5개 자연재해 유형 전체 피해금액의 90% 이상이다.
ㄷ. 피해금액이 매년 10억원보다 큰 자연재해 유형은 호우뿐이다.
ㄹ. 피해금액이 큰 자연재해 유형부터 순서대로 나열하면 2010년과 2011년의 순서는 동일하다.

① ㄱ, ㄴ
② ㄱ, ㄷ
③ ㄷ, ㄹ
④ ㄱ, ㄴ, ㄹ
⑤ ㄴ, ㄷ, ㄹ

해설

ㄱ. (○) <표>에서 2004~2013년 강풍 피해금액 합계를 직접 계산해보면 661억원, 풍랑 피해금액 합계는 702억원으로 강풍 피해금액 합계가 풍랑 피해금액 합계보다 작다. 직접 계산하지 않고 다음과 같이 비교할 수도 있다. 우선 <표>에서 2009년의 강풍 피해금액 70억원과 풍랑 피해금액 70억원을 삭제하고 비교에 필요한 칸만 남겨놓으면 다음과 같다.

연도 유형	2004	2005	2006	2007	2008	2009	2010	2011	2012	2013
강풍	0	93	140	69	11	70	2	0	267	9
풍랑	0	0	57	331	0	241	70	3	0	0

강풍의 93, 140, 11을 더하면 244이므로 풍랑의 241과 거의 상쇄될 수 있고, 69가 57보다 조금 더 크더라도 강풍의 267과 풍랑의 331은 풍랑이 더 크다. 강풍 피해금액 합계는 풍랑 피해금액 합계보다 작다고 대략적으로 판단할 수 있다.

ㄴ. (○) 2012년 태풍의 피해금액은 8,765억원이고 전체 피해금액은 9,620억원이다. 전체 피해금액의 10%는 962억원이므로 전체 피해금액의 90%는 9,620−962=8,658이다. 태풍 피해금액이 전체 피해금액의 90% 이상임을 확인할 수 있다.

ㄷ. (×) <표>에서 피해금액의 단위는 '억원'이므로 매년 피해금액이 10 이상인 자연재해유형을 확인한다. 대설의 경우도 피해금액이 매년 10억원보다 크므로, 피해금액이 매년 10억원보다 큰 자연재해 유형이 호우뿐인 것은 아니다.

ㄹ. (○) 2010년 피해금액이 큰 자연재해 유형부터 순서대로 나열하면 호우−태풍−대설−풍랑−강풍 순이고, 2011년도 마찬가지이다.

연도 유형	2004	2005	2006	2007	2008	2009	2010	2011	2012	2013
태풍	3,416	1,385	118	1,609	9	0	²1,725	²2,183	8,765	17
호우	2,150	3,520	19,063	435	581	2,549	¹1,808	¹5,276	384	1,581
대설	6,739	5,500	52	74	36	128	³663	³480	204	113
강풍	0	93	140	69	11	70	⁵2	⁵0	267	9
풍랑	0	0	57	331	0	241	⁴70	⁴3	0	0
전체	12,305	10,498	19,430	2,518	637	2,988	4,268	7,942	9,620	1,720

[정답] ④

14 다음 <표>는 A국에서 2016년에 채용된 공무원 인원에 관한 자료이다. 이에 대한 <보기>의 설명 중 옳은 것만을 모두 고르면?

민경채 17년 나책형 18번

<표> A국의 2016년 공무원 채용 인원

(단위: 명)

채용방식 공무원구분	공개경쟁채용	경력경쟁채용	합
고위공무원	–	73	73
3급	–	17	17
4급	–	99	99
5급	296	205	501
6급	–	193	193
7급	639	509	1,148
8급	–	481	481
9급	3,000	1,466	4,466
연구직	17	357	374
지도직	–	3	3
우정직	–	599	599
전문경력관	–	104	104
전문임기제	–	241	241
한시임기제	–	743	743
전체	3,952	5,090	9,042

※ 1) 채용방식은 공개경쟁채용과 경력경쟁채용으로만 이루어짐.
　 2) 공무원구분은 <표>에 제시된 것으로 한정됨.

―――〈보기〉―――
ㄱ. 2016년에 공개경쟁채용을 통해 채용이 이루어진 공무원구분은 총 4개이다.
ㄴ. 2016년 우정직 채용 인원은 7급 채용 인원의 절반보다 많다.
ㄷ. 2016년에 공개경쟁채용을 통해 채용이 이루어진 공무원구분 각각에서는 공개경쟁채용 인원이 경력경쟁채용 인원보다 많다.
ㄹ. 2017년부터 공무원 채용 인원 중 9급 공개경쟁채용 인원만을 해마다 전년대비 10%씩 늘리고 그 외 나머지 채용 인원을 2016년과 동일하게 유지하여 채용한다면, 2018년 전체 공무원 채용 인원 중 9급 공개경쟁채용 인원의 비중은 40% 이하이다.

① ㄱ, ㄴ
② ㄱ, ㄷ
③ ㄷ, ㄹ
④ ㄱ, ㄴ, ㄹ
⑤ ㄴ, ㄷ, ㄹ

해설

각주 1)에서 채용방식은 공개경쟁채용과 경력경쟁채용으로만 이루어지고, 각주 2)에서 공무원구분은 <표>에 제시된 것으로 한정됨을 확인한다.

ㄱ. (○) <표>에 따르면 2016년에 공개경쟁채용을 통해 채용이 이루어진 공무원 구분은 5급, 7급, 9급, 연구직으로 총 4개이다.

ㄴ. (○) 2016년 우정직 채용 인원은 599명이고, 7급 채용 인원은 1,148명이다. 599×2=1,198이므로 우정직 채용 인원은 7급 채용 인원의 절반보다 많다.

ㄷ. (×) 보기 ㄱ에서 확인한 바와 같이 2016년에 공개경쟁채용을 통해 채용이 이루어진 공무원 구분은 5급, 7급, 9급, 연구직이다.

채용방식 공무원구분	공개경쟁채용		경력경쟁채용	합
⋮				
5급	296	>	205	501
⋮				
7급	639	>	509	1,148
⋮				
9급	3,000	>	1,466	4,466
연구직	17	<	357	374
⋮				

연구직의 경우 공개경쟁채용 인원이 경력경쟁채용 인원보다 적다.

ㄹ. (○) 2017년부터 공무원 채용 인원 중 9급 공개경쟁채용 인원만을 해마다 전년대비 10%씩 늘린다면 2016년으로부터 2년 뒤인 2018년 9급 공개경쟁채용 인원은 3,000명×1.1^2=3,630명이다. 나머지 채용 인원을 2016년과 동일하게 유지하므로 2018년 전체 공무원 채용 인원은 2016년의 9,042명에 증가한 9급 공개경쟁채용인원 630명을 더한 9,042+630=9,672명이다. 9,672의 10%는 약 967이고, 40%는 약 3,868이므로 3,630명은 9,672명의 40% 이하이다.

[정답] ④

15 다음 <표>는 '갑' 연구소에서 제습기 A~E의 습도별 연간소비전력량을 측정한 자료이다. 이에 대한 <보기>의 설명 중 옳은 것만을 모두 고르면?

민경채 18년 가책형 1번

<표> 제습기 A~E의 습도별 연간소비전력량

(단위: kWh)

습도 제습기	40%	50%	60%	70%	80%
A	550	620	680	790	840
B	560	640	740	810	890
C	580	650	730	800	880
D	600	700	810	880	950
E	660	730	800	920	970

─────<보기>─────

ㄱ. 습도가 70%일 때 연간소비전력량이 가장 적은 제습기는 A이다.
ㄴ. 각 습도에서 연간소비전력량이 많은 제습기부터 순서대로 나열하면, 습도 60%일 때와 습도 70%일 때의 순서는 동일하다.
ㄷ. 습도가 40%일 때 제습기 E의 연간소비전력량은 습도가 50%일 때 제습기 B의 연간소비전력량보다 많다.
ㄹ. 제습기 각각에서 연간소비전력량은 습도가 80%일 때가 40%일 때의 1.5배 이상이다.

① ㄱ, ㄴ
② ㄱ, ㄷ
③ ㄴ, ㄹ
④ ㄱ, ㄷ, ㄹ
⑤ ㄴ, ㄷ, ㄹ

해설

ㄱ. (○) <표>에 따르면 습도가 70%일 때 연간소비전력량이 가장 적은 제습기는 연간소비전력량이 790kWh인 A이다.

습도 제습기	40%	50%	60%	70%	80%
A	550	620	680	790	840
B	560	640	740	810	890
C	580	650	730	800	880
D	600	700	810	880	950
E	660	730	800	920	970

ㄴ. (×) 습도 60%일 때와 습도 70%일 때, 연간소비전력량이 많은 제습기부터 순서대로 나열하면 다음과 같다.

습도 제습기	40%	50%	60%	70%	80%
A	550	620	680 5	790 5	840
B	560	640	740 3	810 3	890
C	580	650	730 4	800 4	880
D	600	700	810 1	880 2	950
E	660	730	800 2	920 1	970

제습기 D와 E의 순서가 동일하지 않음을 알 수 있다.

ㄷ. (○) 습도가 40%일 때 제습기 E의 연간소비전력량은 660kWh이고 습도가 50%일 때 제습기 B의 연간소비전력량은 640kWh이다. 습도가 40%일 때 제습기 E의 연간소비전력량은 습도가 50%일 때 제습기 B의 연간소비전력량보다 많다.

ㄹ. (×) 제습기 E의 습도가 40%일 때 연간소비전력량은 660kWh이고, 습도가 80%일 때 970kWh이다.

습도 제습기	40%	50%	60%	70%	80%
E	660	×1.5=990	730	800	920	970

660×1.5=990이므로, 연간소비전력량은 습도가 80%일 때가 40%일 때의 1.5배 미만이다.

[정답] ②

16 다음 <표>는 지역별 마약류 단속에 관한 자료이다. 이에 대한 설명으로 옳은 것은?

민경채 17년 나책형 13번

<표> 지역별 마약류 단속 건수

(단위: 건, %)

마약류 지역	대마	마약	향정신성 의약품	합	비중
서울	49	18	323	390	22.1
인천·경기	55	24	552	631	35.8
부산	6	6	166	178	10.1
울산·경남	13	4	129	146	8.3
대구·경북	8	1	138	147	8.3
대전·충남	20	4	101	125	7.1
강원	13	0	35	48	2.7
전북	1	4	25	30	1.7
광주·전남	2	4	38	44	2.5
충북	0	0	21	21	1.2
제주	0	0	4	4	0.2
전체	167	65	1,532	1,764	100.0

※ 1) 수도권은 서울과 인천·경기를 합한 지역임.
   2) 마약류는 대마, 마약, 향정신성의약품으로만 구성됨.

① 대마 단속 전체 건수는 마약 단속 전체 건수의 3배 이상이다.
② 수도권의 마약류 단속 건수는 마약류 단속 전체 건수의 50% 이상이다.
③ 마약 단속 건수가 없는 지역은 5곳이다.
④ 향정신성의약품 단속 건수는 대구·경북 지역이 광주·전남 지역의 4배 이상이다.
⑤ 강원 지역은 향정신성의약품 단속 건수가 대마 단속 건수의 3배 이상이다.

17 다음 <표>는 1930~1934년 동안 A지역의 곡물 재배면적 및 생산량을 정리한 자료이다. 이에 대한 설명으로 옳은 것은?

민경채 18년 가책형 14번

<표> A지역의 곡물 재배면적 및 생산량

(단위: 천 정보, 천 석)

곡물	연도 구분	1930	1931	1932	1933	1934
미곡	재배면적	1,148	1,100	998	1,118	1,164
	생산량	15,276	14,145	13,057	15,553	18,585
맥류	재배면적	1,146	773	829	963	1,034
	생산량	7,347	4,407	4,407	6,339	7,795
두류	재배면적	450	283	301	317	339
	생산량	1,940	1,140	1,143	1,215	1,362
잡곡	재배면적	334	224	264	215	208
	생산량	1,136	600	750	633	772
서류	재배면적	59	88	87	101	138
	생산량	821	1,093	1,228	1,436	2,612
전체	재배면적	3,137	2,468	2,479	2,714	2,883
	생산량	26,520	21,385	20,585	25,176	31,126

① 1931~1934년 동안 재배면적의 전년대비 증감방향은 미곡과 두류가 동일하다.
② 생산량은 매년 두류가 서류보다 많다.
③ 재배면적은 매년 잡곡이 서류의 2배 이상이다.
④ 1934년 재배면적당 생산량이 가장 큰 곡물은 미곡이다.
⑤ 1933년 미곡과 맥류 재배면적의 합은 1933년 곡물 재배면적 전체의 70% 이상이다.

해설

① (×) <표>에 미곡과 두류의 1931~1934년 동안 재배면적의 전년대비 증감방향을 증가한 경우 ↑, 감소한 경우 ↓로 표시해보면 다음과 같다.

곡물	연도 구분	1930	1931	1932	1933	1934
미곡	재배면적	1,148	↓ 1,100	↓ 998	↑ 1,118	↑ 1,164
	생산량	15,276	14,145	13,057	15,553	18,585
	⋮					
두류	재배면적	450	↓ 283	↑ 301	↑ 317	↑ 339
	생산량	1,940	1,140	1,143	1,215	1,362
	⋮					

1932년의 경우 미곡의 재배면적은 감소하였지만, 두류의 재배면적은 증가하였다.

② (×) <표>에 따르면 1932년, 1933년, 1934년의 두류 생산량은 각각 1,143, 1,215, 1,362로 서류 생산량 1,228, 1,436, 2,612보다 적다.

③ (×) <표>에 따르면 1934년 잡곡의 재배면적은 208천 정보이고, 서류의 재배면적은 138천 정보이다. 138×2=276이므로, 1934년 잡곡의 재배면적은 서류의 2배 미만이다.

④ (×) 1934년 재배면적당 생산량을 미곡을 기준으로 판단해본다. 미곡의 생산량은 18,585(천 석)이고 재배면적은 1,164(천 정보)이므로, 생산량이 재배면적의 10배 이상이다. 맥류, 두류, 잡곡은 생산량이 재배면적의 10배 미만이고, 서류는 10배 이상이므로 서류만 미곡과 구체적으로 비교해본다. 서류의 생산량 2,612는 재배면적 138의 20배에 가깝고, 보다 구체적으로는 약 19배, 확실하게 18배 이상이다. 미곡의 경우 18,585는 1,164의 18배인 약 20,000에 미치지 못하므로, 1934년 재배면적당 생산량이 가장 큰 곡물은 미곡이 아니라 서류이다.

⑤ (○) 1933년 미곡의 재배면적은 1,118(천 정보), 맥류의 재배면적은 963으로 재배면적의 합은 1,118+963=2,081이다. 1933년 전체 곡물 재배면적은 2,714이고, 10%는 약 271, 70%는 약 1,9000이므로, 1933년 미곡과 맥류 재배면적의 합은 1933년 곡물 재배면적 전체의 70% 이상임을 확인할 수 있다.

[정답] ⑤

18 다음 <표>는 2017~2019년 '갑'대학의 장학금 유형(A~E)별 지급 현황에 관한 자료이다. 이에 대한 <보기>의 설명 중 옳은 것만을 고르면?

민경채 20년 가책형 3번

<표> 2017~2019년 '갑'대학의 장학금 유형별 지급 현황

(단위: 명, 백만 원)

학기		장학금 유형 구분	A	B	C	D	E
2017년	1학기	장학생 수	112	22	66	543	2,004
		장학금 총액	404	78	230	963	2,181
	2학기	장학생 수	106	26	70	542	1,963
		장학금 총액	379	91	230	969	2,118
2018년	1학기	장학생 수	108	21	79	555	1,888
		장학금 총액	391	74	273	989	2,025
	2학기	장학생 수	112	20	103	687	2,060
		장학금 총액	404	70	355	1,216	2,243
2019년	1학기	장학생 수	110	20	137	749	2,188
		장학금 총액	398	70	481	1,330	2,379
	2학기	장학생 수	104	20	122	584	1,767
		장학금 총액	372	70	419	1,039	1,904

※ '갑'대학의 학기는 매년 1학기와 2학기만 존재함.

─<보기>─

ㄱ. 2017~2019년 동안 매학기 장학생 수가 증가하는 장학금 유형은 1개이다.
ㄴ. 2018년 1학기에 비해 2018년 2학기에 장학생 수와 장학금 총액이 모두 증가한 장학금 유형은 4개이다.
ㄷ. 2019년 2학기 장학생 1인당 장학금이 가장 많은 장학금 유형은 B이다.
ㄹ. E장학금 유형에서 장학생 수와 장학금 총액이 가장 많은 학기는 2019년 1학기이다

① ㄱ, ㄴ
② ㄱ, ㄷ
③ ㄴ, ㄷ
④ ㄴ, ㄹ
⑤ ㄷ, ㄹ

19 다음 <표>는 2004~2011년 우리나라 연령대별 여성 취업자에 관한 자료 중 일부이다. 이에 대한 설명 중 옳지 않은 것은?

민경채 12년 인책형 5번

<표> 연령대별 여성취업자

(단위: 천명)

연도	전체 여성취업자	연령대		
		20대	50대	60대 이상
2004	9,364	2,233	1,283	993
2005	9,526	2,208	1,407	1,034
2006	9,706	2,128	1,510	1,073
2007	9,826	2,096	1,612	1,118
2008	9,874	2,051	1,714	1,123
2009	9,772	1,978	1,794	1,132
2010	9,914	1,946	1,921	1,135
2011	10,091	1,918	2,051	1,191

① 20대 여성취업자는 매년 감소하였다.
② 2011년 20대 여성취업자는 전년대비 3% 이상 감소하였다.
③ 50대 여성취업자가 20대 여성취업자보다 많은 연도는 2011년 한 해이다.
④ 2007~2010년 동안 전체 여성취업자의 전년대비 증감폭은 2010년이 가장 크다.
⑤ 전체 여성취업자 중 50대 여성취업자가 차지하는 비율은 2011년이 2005년보다 높다.

해설

① (○) <표>에서 20대 여성취업자는 매년 감소하였음을 확인할 수 있다.

연도	전체 여성취업자	연령대		
		20대	50대	60대 이상
2004	9,364	2,233	1,283	993
2005	9,526	2,208	1,407	1,034
2006	9,706	2,128	1,510	1,073
2007	9,826	2,096	1,612	1,118
2008	9,874	2,051	1,714	1,123
2009	9,772	1,978	1,794	1,132
2010	9,914	1,946	1,921	1,135
2011	10,091	1,918	2,051	1,191

② (×) <표>에 따르면 2010년 20대 여성취업자는 1,946천명이고, 2011년은 1,918천명이다. 1,946의 1%는 약 19, 3%는 약 58이고, 1,946−1,918=28이므로, 2011년 20대 여성취업자는 전년대비 3% 미만 감소하였음을 알 수 있다.

③ (○) <표>에 따르면 2011년 50대 여성취업자는 2,051천명으로 20대 여성취업자 1,918천명보다 많다. 그리고 2011년을 제외한 나머지 모든 연도에서 20대 여성취업자가 50대 여성취업자보다 많음을 확인할 수 있다.

④ (○) 2007~2010년 전체 여성취업자의 전년대비 증감폭을 정리해보면 다음과 같다.

연도	전체 여성취업자	연령대		
		20대	50대	60대 이상
⋮				
2006	9,706	2,128	1,510	1,073
2007	9,826 =120	2,096	1,612	1,118
2008	9,874 =48	2,051	1,714	1,123
2009	9,772 =−102	1,978	1,794	1,132
2010	9,914 =142	1,946	1,921	1,135
⋮				

전체 여성취업자의 전년대비 증감폭은 2010년이 142천명으로 가장 크다.

⑤ (○) 2005년 전체 여성취업자는 9,526천명, 50대 여성취업자는 1,407천명으로 전체 여성취업자 중 50대 여성취업자가 차지하는 비율은 20% 미만이다.

연도	전체 여성취업자	연령대		
		20대	50대	60대 이상
⋮				
2005	9,526	2,208	1,407	1,034
⋮				
2011	10,091	1,918	2,051	1,191

그리고 2011년 전체 여성취업자는 10,091천명, 50대 여성취업자는 2,051천명으로 여성취업자 중 50대 여성취업자가 차지하는 비율은 20% 이상이다. 전체 여성취업자 중 50대 여성취업자가 차지하는 비율은 2011년이 2005년보다 높다.

[정답] ②

20 다음 <표>는 '갑'국의 2013년 복지종합지원센터, 노인복지관, 자원봉사자, 등록노인 현황에 관한 자료이다. 이에 대한 <보기>의 설명 중 옳은 것만을 모두 고르면?

민경채 15년 인책형 7번

<표> 복지종합지원센터, 노인복지관, 자원봉사자, 등록노인 현황

(단위: 개소, 명)

구분 지역	복지종합 지원센터	노인복지관	자원봉사자	등록노인
A	20	1,336	8,252	397,656
B	2	126	878	45,113
C	1	121	970	51,476
D	2	208	1,388	69,395
E	1	164	1,188	59,050
F	1	122	1,032	56,334
G	2	227	1,501	73,825
H	3	362	2,185	106,745
I	1	60	529	27,256
전국	69	4,377	30,171	1,486,980

<보기>

ㄱ. 전국의 노인복지관, 자원봉사자 중 A지역의 노인복지관, 자원봉사자의 비중은 각각 25% 이상이다.
ㄴ. A~I지역 중 복지종합지원센터 1개소당 노인복지관 수가 100개소 이하인 지역은 A, B, D, I이다.
ㄷ. A~I지역 중 복지종합지원센터 1개소당 자원봉사자 수가 가장 많은 지역과 복지종합지원센터 1개소당 등록노인 수가 가장 많은 지역은 동일하다.
ㄹ. 노인복지관 1개소당 자원봉사자 수는 H지역이 C지역보다 많다.

① ㄱ, ㄴ
② ㄱ, ㄷ
③ ㄱ, ㄹ
④ ㄴ, ㄷ
⑤ ㄴ, ㄹ

21 다음 <표>는 2018년 '갑'국의 대학유형별 현황에 관한 자료이다. 이에 대한 <보기>의 설명 중 옳은 것만을 모두 고르면?

민경채 19년 나책형 12번

<표> 대학유형별 현황

(단위: 개, 명)

구분 \ 유형	국립대학	공립대학	사립대학	전체
학교	34	1	154	189
학과	2,776	40	8,353	11,169
교원	15,299	354	49,770	65,423
여성	2,131	43	12,266	14,440
직원	8,987	205	17,459	26,651
여성	3,254	115	5,259	8,628
입학생	78,888	1,923	274,961	355,772
재적생	471,465	13,331	1,628,497	2,113,293
졸업생	66,890	1,941	253,582	322,413

─<보기>─

ㄱ. 학과당 교원 수는 공립대학이 사립대학보다 많다.
ㄴ. 전체 대학 입학생 수에서 국립대학 입학생 수가 차지하는 비율은 20% 이상이다.
ㄷ. 입학생 수 대비 졸업생 수의 비율은 공립대학이 국립대학보다 높다.
ㄹ. 각 대학유형에서 남성 직원 수가 여성 직원 수보다 많다.

① ㄱ, ㄷ
② ㄱ, ㄹ
③ ㄴ, ㄹ
④ ㄱ, ㄴ, ㄷ
⑤ ㄴ, ㄷ, ㄹ

📝 **해설**

ㄱ. (○) <표>에 따르면 공립대학의 학과 수는 40개, 교원 수는 354명으로 학과당 교원 수는 8 이상이다. 사립대학의 학과 수는 8,353개, 교원 수는 49,770명으로 학과당 교원 수는 8 미만이다.

구분 \ 유형	국립대학	공립대학	사립대학	전체
⋮				
학과	2,776	40	8,353	11,169
교원	15,299	354	49,770	65,423
여성	2,131	43	12,266	14,440
⋮				

학과당 교원 수는 공립대학이 사립대학보다 많다.

ㄴ. (○) <표>에 따르면 전체 대학 입학생 수는 355,772명이고, 국립대학 입학생 수는 78,888명이다.

구분 \ 유형	국립대학	공립대학	사립대학	전체
⋮				
입학생	78,888	1,923	274,961	355,772
⋮				

355,772의 10%는 약 35,577이고 20%는 약 71,1xx이므로, 전체 대학 입학생 수에서 국립대학 입학생 수가 차지하는 비율은 20% 이상임을 알 수 있다.

ㄷ. (○) <표>에 따르면 국립대학의 입학생 수는 78,888명이고 졸업생 수는 66,890명이다. 그리고 공립대학의 입학생 수는 1,923명이고, 졸업생 수는 1,941명이다.

구분 \ 유형	국립대학	공립대학	사립대학	전체
⋮				
입학생	78,888	1,923	274,961	355,772
⋮				
졸업생	66,890	1,941	253,582	322,413

입학생 수 대비 졸업생 수의 비율은 국립대학이 1 미만, 공립대학은 1 이상이므로, 공립대학이 국립대학보다 높다.

ㄹ. (×) <표>에서 여성 직원 수만 주어져 있고, 남성 직원 수는 전체 직원 수에서 여성직원 수를 빼서 구할 수 있다. 공립대학의 경우 전체 직원 수는 205명, 여성 직원 수는 115명이므로 남성 직원 수는 205−115=90명이다. 공립대학은 남성 직원 수가 여성 직원 수보다 적다.

구분 \ 유형	국립대학	공립대학	사립대학	전체
⋮				
직원	8,987	205	17,459	26,651
여성	3,254	115	5,259	8,628
⋮				

남성 직원 수가 여성 직원 수보다 많다면, 여성 직원 수가 50% 미만인지 확인하는 방법도 가능하다.

[정답] ④

22 다음 <표>는 2014~2018년 독립유공자 포상 인원에 관한 자료이다. 이에 대한 <보기>의 설명 중 옳은 것만을 모두 고르면?

민경채 21년 나책형 3번

<표> 연도별 독립유공자 포상 인원

(단위: 명)

훈격 연도	전체	건국 훈장	독립장	애국장	애족장	건국 포장	대통령 표창
2014	341(10)	266(2)	4(0)	111(1)	151(1)	30(2)	45(6)
2015	510(21)	326(3)	2(0)	130(0)	194(3)	74(5)	110(13)
2016	312(14)	204(4)	0(0)	87(0)	117(4)	36(2)	72(8)
2017	269(11)	152(8)	1(0)	43(0)	108(8)	43(1)	74(2)
2018	355(60)	150(11)	0(0)	51(2)	99(9)	51(9)	154(40)

※ ( )안은 포상 인원 중 여성 포상 인원임.

―<보기>―
ㄱ. 여성 건국훈장 포상 인원은 매년 증가한다.
ㄴ. 매년 건국훈장 포상 인원은 전체 포상 인원의 절반 이상이다.
ㄷ. 남성 애국장 포상 인원과 남성 애족장 포상 인원의 차이가 가장 큰 해는 2015년이다.
ㄹ. 건국포장 포상 인원 중 여성 비율이 가장 낮은 해에는 대통령표창 포상 인원 중 여성 비율도 가장 낮다.

① ㄱ, ㄴ
② ㄱ, ㄹ
③ ㄴ, ㄷ
④ ㄱ, ㄷ, ㄹ
⑤ ㄴ, ㄷ, ㄹ

해설

각주에서 ( )안은 포상 인원 중 여성 포상 인원임을 확인한다.

ㄱ. (○) <표>에 따르면 여성 건국훈장 포상 인원은 2014년부터 각각 2, 3, 4, 8, 11명으로 매년 증가한다.

훈격 연도	전체	건국 훈장	독립장	애국장	애족장	건국 포장	대통령 표창
2014	341(10)	266(2)	4(0)	111(1)	151(1)	30(2)	45(6)
2015	510(21)	326(3)	2(0)	130(0)	194(3)	74(5)	110(13)
2016	312(14)	204(4)	0(0)	87(0)	117(4)	36(2)	72(8)
2017	269(11)	152(8)	1(0)	43(0)	108(8)	43(1)	74(2)
2018	355(60)	150(11)	0(0)	51(2)	99(9)	51(9)	154(40)

ㄴ. (×) <표>에서 매년 건국훈장 포상 인원은 전체 포상 인원의 절반 이상임을 확인하기 위해 건국훈장 포상 인원의 2배와 전체 포상인원을 비교한다.

훈격 연도	전체	건국 훈장	독립장	애국장	애족장	건국 포장	대통령 표창
⋮							
2018	355(60)	150(11)	0(0)	51(2)	99(9)	51(9)	154(40)

2018년의 경우 건국훈장 포상 인원 150명의 2배는 300이므로 전체 포상 인원 355명에 미치지 못한다.

ㄷ. (○) <표>에서 연도별로 남성 애국장 포상 인원과 남성 애족장 포상 인원의 차이를 비교해보면 다음과 같다.

훈격 연도	전체	건국 훈장	독립장	애국장	애족장	건국 포장	대통령 표창
2014	341(10)	266(2)	4(0)	111(1)	=(151-1)-(111-1)=40 151(1)	30(2)	45(6)
2015	510(21)	326(3)	2(0)	130(0)	=(194-3)-(130-0)=61 194(3)	74(5)	110(13)
2016	312(14)	204(4)	0(0)	87(0)	=(117-4)-(87-0)=26 117(4)	36(2)	72(8)
2017	269(11)	152(8)	1(0)	43(0)	=(108-8)-(43-0)=57 108(8)	43(1)	74(2)
2018	355(60)	150(11)	0(0)	51(2)	=(99-9)-(51-2)=41 99(9)	51(9)	154(40)

남성 애국장 포상 인원과 남성 애족장 포상 인원의 차이가 가장 큰 해는 2015년이다.

ㄹ. (○) 건국포장 포상 인원 중 여성 비율이 가장 낮은 해는 2017년(1/43)이고, 대통령표창 포상 인원 중 여성 비율이 가장 낮은 해도 2017년(2/74)이다.

훈격 연도	전체	건국 훈장	독립장	애국장	애족장	건국 포장	대통령 표창
2014	341(10)	266(2)	4(0)	111(1)	151(1)	30(2)	45(6)
2015	510(21)	326(3)	2(0)	130(0)	194(3)	74(5)	110(13)
2016	312(14)	204(4)	0(0)	87(0)	117(4)	36(2)	72(8)
2017	269(11)	152(8)	1(0)	43(0)	108(8)	43(1)	74(2)
2018	355(60)	150(11)	0(0)	51(2)	99(9)	51(9)	154(40)

[정답] ④

23 다음 <표>는 2023년 '갑'국의 생활계 폐기물 처리실적에 관한 자료이다. 이에 대한 설명으로 옳은 것은? 7급 공채 24년 사책형 23번

<표> 2023년 처리방법별, 처리주체별 생활계 폐기물 처리실적
(단위: 만 톤)

처리방법 처리주체	재활용	소각	매립	기타	합
공공	403	447	286	7	1,143
자가	14	5	1	1	21
위탁	870	113	4	119	1,106
계	1,287	565	291	127	2,270

① 전체 처리실적 중 '매립'의 비율은 15% 이상이다.
② 기타를 제외하고, 각 처리방법에서 처리실적은 '공공'이 '위탁'보다 많다.
③ 각 처리주체에서 '매립'의 비율은 '공공'이 '자가'보다 높다.
④ 처리주체가 '위탁'인 생활계 폐기물 중 '재활용'의 비율은 75% 이하이다.
⑤ '소각' 처리 생활계 폐기물 중 '공공'의 비율은 90% 이상이다.

해설

① (×) 전체 처리실적 2,270(만 톤) 중 '매립' 291(만 톤)의 비율은 291/2,270×100=약 13%로 15%에 미치지 못한다.

② (×) 처리방법이 '재활용'인 생활계 폐기물의 경우, 처리주체가 '공공'인 처리실적이 403(만 톤)으로 '위탁'의 870(만 톤)보다 적다.

처리방법 처리주체	재활용	소각	매립	기타	합
공공	403	447	286	7	1,143
자가	14	5	1	1	21
위탁	870	113	4	119	1,106

③ (○) 처리주체가 '공공'인 경우 처리실적 대비 '매립'의 비율은 286/1,143×100=약 25%이고, 처리주체가 '자가'인 경우 1/21×100=약 5%이다. '공공'이 '자가'보다 높다.

④ (×) 처리주체가 '위탁'인 생활계 폐기물 1,106(만 톤) 중 '재활용' 870(만 톤)의 비율은 약 78.6%로 75%를 초과한다.
또는 처리주체가 '위탁'인 생활계 폐기물 중 '재활용'이 아닌 처리방법을 구해보면 1,106−870=236인데 1,106의 1/4은 약 276이므로 276>236인 것으로부터, 처리주체가 '위탁'인 생활계 폐기물 중 '재활용'이 아닌 처리방법의 비율이 1/4(=25%)이 안됨을 알 수 있다. 따라서 처리주체가 '위탁'인 생활계 폐기물 중 '재활용'의 비율이 75%를 초과함을 판단할 수 있다.

⑤ (×) '소각' 처리 생활계 폐기물 565(만 톤) 중 '위탁' 113(만 톤)의 비율이 10%를 초과하므로, '자가'와 '위탁'의 비율을 합하면 10%를 초과한다. 따라서 '공공'의 비율은 90% 미만임을 확인할 수 있다.

합격으로 가는 Tip
① 13%를 정확하게 구하는 것 보다 2,270의 15%를 계산하여 검증하는 것이 바람직하다.
④, ⑤ 선지에서 묻는 반대쪽의 확률을 활용해 보는 것도 좋다.

[정답] ③

24 다음 <표>는 시설유형별 에너지 효율화 시장규모의 현황 및 전망에 대한 자료이다. 이에 대한 설명으로 옳은 것은?

민경채 13년 인책형 10번

<표> 시설유형별 에너지 효율화 시장규모의 현황 및 전망

(단위: 억달러)

연도 시설유형	2010	2011	2012	2015(예상)	2020(예상)
사무시설	11.3	12.8	14.6	21.7	41.0
산업시설	20.8	23.9	27.4	41.7	82.4
주거시설	5.7	6.4	7.2	10.1	18.0
공공시설	2.5	2.9	3.4	5.0	10.0
전체	40.3	46.0	52.6	78.5	151.4

① 2010~2012년 동안 '주거시설' 유형의 에너지 효율화 시장규모는 매년 15% 이상 증가하였다.

② 2015년 전체 에너지 효율화 시장규모에서 '사무시설' 유형이 차지하는 비중은 30% 이하일 것으로 전망된다.

③ 2015~2020년 동안 '공공시설' 유형의 에너지 효율화 시장규모는 매년 30% 이상 증가할 것으로 전망된다.

④ 2011년 '산업시설' 유형의 에너지 효율화 시장규모는 전체 에너지 효율화 시장규모의 50% 이하이다.

⑤ 2010년 대비 2020년 에너지 효율화 시장규모의 증가율이 가장 높을 것으로 전망되는 시설유형은 '산업시설'이다.

해설

① (×) 2012년 '주거시설' 유형의 에너지 효율화 시장규모는 7.2억달러이고 2011년은 6.4억달러로 0.8억달러 증가하였다. 0.8억달러는 6.4억달러의 1/8이므로 12.5% 증가하였다. 매년 15% 이상 증가한 것은 아니다. 2011년의 경우에도 2010년의 5.7억달러에서 6.4억달러로 0.7억달러 증가하여 증가율은 약 12%이다.

② (○) 2015년 '사무시설' 유형의 예상 시장규모는 21.7억달러이고 전체 예상 시장규모는 78.5억달러이다. 78.5의 10%는 7.85이고 30%는 23.55이므로, 2015년 전체 에너지 효율화 시장규모에서 '사무시설' 유형이 차지하는 비중은 30% 이하일 것으로 전망된다.

연도 시설유형	2010	2011	2012	2015(예상)	2020(예상)
사무시설	11.3	12.8	14.6	21.7	41.0
⋮					
전체	40.3	46.0	52.6	78.5	151.4

③ (×) 2015년 '공공시설' 유형의 예상 에너지 효율화 시장 규모는 5.0억달러이고, 2020년은 10.0억달러로 2015년의 2배이다. 2015~2020년 동안 '공공시설' 유형의 에너지 효율화 시장 규모가 매년 30% 이상 증가한다면 1.3^5=약 3.7이므로 매년 30% 미만 증가할 것으로 전망된다. 1.3^5의 결과값을 정확하게 계산할 필요는 없고, 2배 이상인지 확인(검증)하면 된다. 1.3^3만 하더라도 이미 2배를 넘게 된다.

④ (×) 2011년 '산업시설' 유형의 에너지 효율화 시장규모는 23.9억달러이고, 전체 에너지 효율화 시장규모는 46.0억달러이다. 23.9의 2배는 47.8로 46.0보다 크므로, 2011년 '산업시설' 유형의 에너지 효율화 시장규모는 전체 에너지 효율화 시장규모의 50% 초과이다. 46.0억달러의 50%는 23.0억달러이므로, '산업시설' 유형의 에너지 효율화 시장규모 23.9억달러는 전체 에너지 효율화 시장규모의 50% 초과이기도 하다.

⑤ (×) 2010년 '산업시설' 유형의 에너지 효율화 시장규모는 20.8억달러이고 2020년은 82.4억달러로 2010년의 4배 미만이다. 2010년 '공공시설'의 에너지 효율화 시장규모는 2.5억달러이고 2020년은 10.0억달러로 2010년의 4배이다. 이에 따라 2010년 대비 2020년 에너지 효율화 시장규모의 증가율이 가장 높을 것으로 전망되는 시설유형이 '산업시설'은 아니다.

[정답] ②

25 다음 <표>는 2005~2012년 A기업의 콘텐츠 유형별 매출액에 관한 자료이다. 이에 대한 설명으로 옳지 않은 것은?

민경채 15년 인책형 4번

<표> 2005~2012년 A기업의 콘텐츠 유형별 매출액

(단위: 백만원)

콘텐츠 유형 / 연도	게임	음원	영화	SNS	전체
2005	235	108	371	30	744
2006	144	175	355	45	719
2007	178	186	391	42	797
2008	269	184	508	59	1,020
2009	485	199	758	58	1,500
2010	470	302	1,031	308	2,111
2011	603	411	1,148	104	2,266
2012	689	419	1,510	341	2,959

① 2007년 이후 매출액이 매년 증가한 콘텐츠 유형은 영화뿐이다.
② 2012년에 전년대비 매출액 증가율이 가장 큰 콘텐츠 유형은 SNS이다.
③ 영화 매출액은 매년 전체 매출액의 40% 이상이다.
④ 2006~2012년 동안 콘텐츠 유형별 매출액이 각각 전년보다 모두 증가한 해는 2012년뿐이다.
⑤ 2009~2012년 동안 매년 게임 매출액은 음원 매출액의 2배 이상이다.

해설

① (○) <표>에 따르면 게임의 경우 2010년에 전년대비 매출액이 감소하였고, 음원의 경우 2008년, SNS의 경우 각각 2009년과 2011년에 전년대비 매출액이 감소하였다. 영화의 경우 2007년 이후 매출액이 매년 증가하였다. 따라서 2007년 이후 매출액이 매년 증가한 콘텐츠 유형은 영화뿐이라는 것을 확인할 수 있다.

콘텐츠 유형 / 연도	게임	음원	영화	SNS	전체
⋮					
2006	144	175	355	45	719
2007	178	186	391	42	797
2008	269	184	508	59	1,020
2009	485	199	758	58	1,500
2010	470	302	1,031	308	2,111
2011	603	411	1,148	104	2,266
2012	689	419	1,510	341	2,959

② (○) <표>에 따르면 2012년 SNS의 전년대비 매출액은 3배 이상 증가하였다.

콘텐츠 유형 / 연도	게임	음원	영화	SNS	전체
⋮					
2011	603	411	1,148	104	2,266
2012	689	419	1,510	341	2,959

나머지 콘텐츠 유형은 모두 전년대비 매출액이 3배 미만 증가하였으므로, 2012년에 전년대비 매출액 증가율이 가장 큰 콘텐츠 유형은 SNS라는 것을 확인할 수 있다.

③ (○) 2005년의 전체 매출액은 744백만원이고 영화 매출액은 371백만원이다. 744의 10%는 74.4이고 40%는 약 298이므로, 2007년 영화 매출액은 전체 매출액의 40% 이상이다. 같은 방식으로 연도별 전체 매출액과 영화 매출액을 비교해보면 다음과 같다.

콘텐츠 유형 / 연도	게임	음원	영화	SNS	전체
2005	235	108	371	30 약 298	744
2006	144	175	355	45 약 288	719
2007	178	186	391	42 약 319	797
2008	269	184	508	59 408	1,020
2009	485	199	758	58 600	1,500
2010	470	302	1,031	308 약 844	2,111
2011	603	411	1,148	104 약 906	2,266
2012	689	419	1,510	341 약 1,184	2,959

영화 매출액은 매년 전체 매출액의 40% 이상임을 확인할 수 있다.
숫자를 안전하게 보수적으로 잡아서 대략적으로 계산해 보는 것도 가능하다. 예를 들어 744의 40%를 계산할 때, 800의 40%인 320과 비교하는 것이다.

④ (○) 2006~2012년 동안 콘텐츠 유형별 매출액이 각각 전년보다 증가했는지 확인해보면 다음과 같다. 전년보다 매출액이 증가한 경우를 ↑로 표시하였다.

콘텐츠 유형 / 연도	게임	음원	영화	SNS	전체
2005	235	108	371	30	744
2006	144	175 ↑	355	45 ↑	719
2007	178 ↑	186 ↑	391 ↑	42	797
2008	269 ↑	184	508 ↑	59 ↑	1,020
2009	485 ↑	199 ↑	758 ↑	58	1,500
2010	470	302 ↑	1,031 ↑	308 ↑	2,111
2011	603 ↑	411 ↑	1,148 ↑	104	2,266
2012	689 ↑	419 ↑	1,510 ↑	341 ↑	2,959

콘텐츠 유형별 매출액이 각각 전년보다 모두 증가한 해는 2012년뿐이라는 것을 알 수 있다.

⑤ (×) 2010년의 게임 매출액은 470백만원이고 음원 매출액은 302백만원이다. 음원 매출액 302의 2배는 604이므로, 게임 매출액은 음원 매출액의 2배 미만이다. 2011년과 2012년의 경우에도 게임 매출액이 음원 매출액의 2배 미만이라는 것을 확인할 수 있다.

콘텐츠 유형 / 연도	게임	음원	영화	SNS	전체
⋮					
2009	485	199	758	58	1,500
2010	470	302	1,031	308	2,111
2011	603	411	1,148	104	2,266
2012	689	419	1,510	341	2,959

[정답] ⑤

26 다음 <표>는 2014~2018년 '갑'국 체류외국인수 및 체류외국인 범죄건수에 대한 자료이다. 이에 대한 <보기>의 설명 중 옳은 것만을 모두 고르면?

민경채 19년 나책형 13번

<표> 체류외국인수 및 체류외국인 범죄건수

(단위: 명, 건)

연도 구분	2014	2015	2016	2017	2018
체류외국인수	1,168,477	1,261,415	1,395,077	1,445,103	1,576,034
합법체류외국인수	990,522	1,092,900	1,227,297	1,267,249	1,392,928
불법체류외국인수	177,955	168,515	167,780	177,854	183,106
체류외국인 범죄건수	21,235	19,445	25,507	22,914	24,984
합법체류외국인 범죄건수	18,645	17,538	23,970	21,323	22,951
불법체류외국인 범죄건수	2,590	1,907	1,537	1,591	2,033

─────<보기>─────

ㄱ. 매년 불법체류외국인수는 체류외국인수의 10% 이상이다.
ㄴ. 불법체류외국인 범죄건수의 전년대비 증가율이 가장 높은 해에 합법체류외국인 범죄건수의 전년대비 증가율도 가장 높다.
ㄷ. 체류외국인 범죄건수가 전년에 비해 감소한 해에는 합법체류외국인 범죄건수와 불법체류외국인 범죄건수도 각각 전년에 비해 감소하였다.
ㄹ. 매년 합법체류외국인 범죄건수는 체류외국인 범죄건수의 80% 이상이다.

① ㄱ, ㄹ
② ㄴ, ㄷ
③ ㄴ, ㄹ
④ ㄱ, ㄴ, ㄷ
⑤ ㄱ, ㄷ, ㄹ

27 다음 <표>는 2006년부터 2010년까지 정부지원 직업훈련 현황에 대한 자료이다. 이에 대한 <보기>의 설명 중 옳은 것을 모두 고르면?

민경채 11년 경책형 4번

<표> 연도별 정부지원 직업훈련 현황

(단위: 천명, 억원)

구분	연도	2006	2007	2008	2009	2010
훈련인원	실업자	102	117	113	153	304
	재직자	2,914	3,576	4,007	4,949	4,243
	계	3,016	3,693	4,120	5,102	4,547
훈련지원금	실업자	3,236	3,638	3,402	4,659	4,362
	재직자	3,361	4,075	4,741	5,597	4,669
	계	6,597	7,713	8,143	10,256	9,031

<보기>

ㄱ. 실업자 훈련인원과 실업자 훈련지원금의 연도별 증감방향은 서로 일치한다.
ㄴ. 훈련지원금 총액은 2009년에 1조원을 넘어 최고치를 기록하였다.
ㄷ. 2006년 대비 2010년 실업자 훈련인원의 증가율은 실업자 훈련지원금 증가율의 7배 이상이다.
ㄹ. 훈련인원은 매년 실업자가 재직자보다 적었다.
ㅁ. 1인당 훈련지원금은 매년 실업자가 재직자보다 많았다.

① ㄱ, ㄴ, ㄷ
② ㄱ, ㄷ, ㄹ
③ ㄱ, ㄹ, ㅁ
④ ㄴ, ㄷ, ㅁ
⑤ ㄴ, ㄹ, ㅁ

해설

ㄱ. (×) <표>에 실업자 훈련인원과 실업자 훈련지원금이 전년대비 증가한 경우 ↑, 감소한 경우 ↓로 표시해보면 다음과 같다.

구분	연도	2006	2007	2008	2009	2010
훈련인원	실업자	102	↑ 117	↓ 113	↑ 153	↑ 304
	재직자	2,914	3,576	4,007	4,949	4,243
	계	3,016	3,693	4,120	5,102	4,547
훈련지원금	실업자	3,236	↑ 3,638	↓ 3,402	↑ 4,659	↓ 4,362
	재직자	3,361	4,075	4,741	5,597	4,669
	계	6,597	7,713	8,143	10,256	9,031

2010년의 경우 실업자 훈련인원은 304천명으로 2009년의 153천명에 비해 증가하였지만, 실업자 훈련지원금은 4,362억원으로 2009년의 4,659억원에 비해 감소하였다.

ㄴ. (○) <표>에 따르면 훈련지원금의 단위는 '억원'이고 2009년의 훈련지원금 총액은 10,256억원이다. 10,256억원=1조 256억 원으로 1조원을 넘고, 2006년부터 2010년까지의 훈련지원금 중 최고치에 해당한다.

ㄷ. (×) <표>에 따르면 2006년의 실업자 훈련인원은 102천명이고, 2010년은 304천명이므로 2006년 대비 2010년 실업자 훈련인원의 증가율은 약 200%이다. 200%에 조금 미치지 못하며 약 3배가 아니라 증가율이 약 200%임에 유의한다.

구분	연도	2006	2007	2008	2009	2010
훈련인원	실업자	102	117	113	153	304
	⋮					
훈련지원금	실업자	3,236	3,638	3,402	4,659	4,362
	⋮					

2006년의 실업자 훈련지원금은 3,236억원, 2010년은 4,362억원이므로 2006년 대비 2010년 실업자 훈련지원금 증가율은 약 35%이다. 어림산해서 약 33%라고 해도 2006년 대비 2010년 실업자 훈련인원의 증가율(약 200%)은 실업자 훈련지원금 증가율(약 35%)의 7배 미만이다.

ㄹ. (○) <표>에 따르면 훈련인원은 매년 실업자가 세 자리, 재직자가 네 자리이므로 훈련인원은 매년 실업자가 재직자보다 적었다는 것을 확인할 수 있다.

ㅁ. (○) 매년 1인당 훈련지원금을 직접 계산하지 않고 훈련인원의 실업자 대비 재직자 비율과 훈련지원금의 실업자 대비 재직자 비율을 비교한다.

구분	연도	2006	2007	2008	2009	2010
훈련인원	실업자	102	117	113	153	304
	재직자	2,914	3,576	4,007	4,949	4,243
	계	3,016	3,693	4,120	5,102	4,547
훈련지원금	실업자	3,236	3,638	3,402	4,659	4,362
	재직자	3,361	4,075	4,741	5,597	4,669
	계	6,597	7,713	8,143	10,256	9,031

<표>에 따르면 2006년부터 2010년까지 매년 훈련인원은 어림산해도 재직자가 실업자의 10배 이상이지만 훈련지원금은 모두 2배 미만이다. 따라서 1인당 훈련지원금은 매년 실업자가 재직자보다 많았음을 알 수 있다.

[정답] ⑤

28 다음 <표>는 '갑'국의 2020년 농업 생산액 현황 및 2021~2023년의 전년 대비 생산액 변화율 전망치에 관한 자료이다. 이에 대한 <보기>의 설명 중 옳은 것만을 모두 고르면?

7급 공채 21년 나책형 13번

<표> 농업 생산액 현황 및 변화율 전망치

(단위: 십억 원, %)

구분		2020년 생산액	전년 대비 생산액 변화율 전망치		
			2021년	2022년	2023년
농업		50,052	0.77	0.02	1.38
재배업		30,270	1.50	−0.42	0.60
축산업		19,782	−0.34	0.70	2.57
	소	5,668	3.11	0.53	3.51
	돼지	7,119	−3.91	0.20	1.79
	닭	2,259	1.20	−2.10	2.82
	달걀	1,278	5.48	3.78	3.93
	우유	2,131	0.52	1.12	0.88
	오리	1,327	−5.58	5.27	3.34

※ 축산업은 소, 돼지, 닭, 달걀, 우유, 오리의 6개 세부항목으로만 구성됨.

─────<보기>─────

ㄱ. 2021년 '오리' 생산액 전망치는 1.2조 원 이상이다.
ㄴ. 2021년 '돼지' 생산액 전망치는 같은 해 '농업' 생산액 전망치의 15% 이상이다.
ㄷ. '축산업' 중 전년 대비 생산액 변화율 전망치가 2022년보다 2023년이 낮은 세부항목은 2개이다.
ㄹ. 2020년 생산액 대비 2022년 생산액 전망치의 증감폭은 '재배업'이 '축산업'보다 크다.

① ㄱ, ㄴ
② ㄱ, ㄷ
③ ㄴ, ㄹ
④ ㄱ, ㄷ, ㄹ
⑤ ㄴ, ㄷ, ㄹ

29 다음 <표>는 2017~2021년 '갑'국의 청구인과 피청구인에 따른 특허심판 청구건수에 관한 자료이다. 이에 대한 <보기>의 설명 중 옳은 것만을 모두 고르면?

7급 공채 22년 가책형 2번

<표> 청구인과 피청구인에 따른 특허심판 청구건수

(단위: 건)

연도	청구인 피청구인	내국인		외국인	
		내국인	외국인	내국인	외국인
2017		765	270	204	172
2018		889	1,970	156	119
2019		795	359	191	72
2020		771	401	93	230
2021		741	213	152	46

―<보기>―

ㄱ. 2019년 청구인이 내국인인 특허심판 청구건수의 전년 대비 감소율은 50% 이상이다.
ㄴ. 2021년 피청구인이 내국인인 특허심판 청구건수는 피청구인이 외국인인 특허심판 청구건수의 3배 이상이다.
ㄷ. 2017년 내국인이 외국인에게 청구한 특허심판 청구건수는 2020년 외국인이 외국인에게 청구한 특허심판 청구건수보다 많다.

① ㄱ
② ㄷ
③ ㄱ, ㄴ
④ ㄴ, ㄷ
⑤ ㄱ, ㄴ, ㄷ

해설

ㄱ. (○) <표>에 따르면 2018년 청구인이 내국인인 특허심판 청구건수는 889+1,970으로 2,800건 이상이고, 2019년은 795+359로 1,200건 미만이다.

연도	청구인 피청구인	내국인		외국인	
		내국인	외국인	내국인	외국인
⋮					
2018		889	1,970	156	119
2019		795	359	191	72

따라서 2019년 청구인이 내국인인 특허심판 청구건수의 전년 대비 감소율은 50% 이상이라는 것을 알 수 있다.

ㄴ. (○) <표>에 따르면 2021년 피청구인이 내국인인 특허심판 청구건수는 741+152로 900건에 가깝고, 피청구인이 외국인인 경우는 213+46으로 300건에 한참 못미친다.

연도	청구인 피청구인	내국인		외국인	
		내국인	외국인	내국인	외국인
⋮					
2021		741	213	152	46

따라서 2021년 피청구인이 내국인인 특허심판 청구건수는 피청구인이 외국인인 특허심판 청구건수의 3배 이상이라는 것을 알 수 있다.

ㄷ. (○) <표>에 따르면 2017년 내국인이 외국인에게 청구한 특허심판 청구건수는 270건이고, 2020년 외국인이 외국인에게 청구한 특허심판 청구건수는 230건이다. 전자가 후자보다 많다는 것을 알 수 있다.

합격으로 가는 Tip

보기 ㄱ과 보기 ㄴ 모두 합쳐서 감소율 또는 3배인지 보는 것보다, 각각으로 판단하는 것이 빠를 수 있다.

[정답] ⑤

30 다음 <표>는 2019~2023년 '갑'국의 양식 품목별 면허어업 건수에 관한 자료이다. 이에 대한 설명으로 옳은 것은?

7급 공채 24년 사책형 14번

<표> 2019~2023년 양식 품목별 면허어업 건수

(단위: 건)

연도 양식 품목	2019	2020	2021	2022	2023
김	781	837	853	880	812
굴	1,292	1,314	1,317	1,293	1,277
새고막	1,076	1,093	1,096	1,115	1,121
바지락	570	587	576	582	565
미역	802	920	898	882	678
전체	4,521	4,751	4,740	4,752	4,453

※ 양식 품목은 '김', '굴', '새고막', '바지락', '미역'뿐임.

① '김' 면허어업 건수는 매년 증가한다.
② '굴'과 '새고막'의 면허어업 건수 합은 매년 전체의 50% 이상이다.
③ '바지락' 면허어업 건수의 전년 대비 증가율은 2020년이 2022년보다 낮다.
④ '미역' 면허어업 건수는 2023년이 2020년보다 많다.
⑤ 2023년에 면허어업 건수가 전년 대비 증가한 양식 품목은 2개이다.

해설

① (×) 2023년 '김' 면허어업 건수는 812건으로 2022년 880건 대비 감소하였다.

② (○) '굴'과 '새고막'의 면허어업 건수 합을 계산해보면 다음과 같다.

연도 양식 품목	2019	2020	2021	2022	2023
⋮					
굴	1,292	1,314	1,317	1,293	1,277
새고막	1,076	1,093	1,096	1,115	1,121
	2,368	2,407	2,413	2,408	2,398
전체	4,521	4,751	4,740	4,752	4,453

매년 전체 면허어업 건수는 '굴'과 '새고막'의 면허어업 건수 합의 2배 미만이므로, '굴'과 '새고막'의 면허어업 건수 합은 매년 전체의 50% 이상임을 알 수 있다.

③ (×) 2020년 '바지락' 면허어업 건수의 전년 대비 증가율은 $\frac{587-570}{570} \times 100 = \frac{17}{570} \times 100$으로 약 3%이다. 그리고 2022년의 경우는 $\frac{582-576}{576} \times 100 = \frac{6}{576} \times 100$으로 약 1%이다. 2020년이 2022년보다 높다.

④ (×) 2023년 '미역' 면허어업 건수는 678건으로 2020년 920건보다 적다.

⑤ (×) 2023년에 면허어업 건수가 전년 대비 증가한 양식 품목은 '새고막' 1개이다.

합격으로 가는 Tip

② 전체가 A의 2배 이하이면 전체 대비 A의 비중은 50% 이상이 된다.

[정답] ②

31 다음 <표>는 조선시대 A지역 인구 및 사노비 비율에 대한 자료이다. 이에 대한 <보기>의 설명 중 옳은 것만을 모두 고르면?

민경채 18년 가책형 7번

<표> A지역 인구 및 사노비 비율

구분 조사 년도	인구(명)	인구 중 사노비 비율(%)			
		솔거노비	외거노비	도망노비	전체
1720	2,228	18.5	10.0	11.5	40.0
1735	3,143	13.8	6.8	12.8	33.4
1762	3,380	11.5	8.5	11.7	31.7
1774	3,189	14.0	8.8	12.0	34.8
1783	3,056	14.9	6.7	9.3	30.9
1795	2,359	18.2	4.3	6.5	29.0

※ 1) 사노비는 솔거노비, 외거노비, 도망노비로만 구분됨.
　2) 비율은 소수점 둘째 자리에서 반올림한 값임.

―〈보기〉―

ㄱ. A지역 인구 중 도망노비를 제외한 사노비가 차지하는 비율은 조사년도 중 1720년이 가장 높다.
ㄴ. A지역 사노비 수는 1774년이 1720년보다 많다.
ㄷ. A지역 사노비 중 외거노비가 차지하는 비율은 1720년이 1762년보다 높다.
ㄹ. A지역 인구 중 솔거노비가 차지하는 비율은 매 조사년도마다 낮아진다.

① ㄱ, ㄴ
② ㄱ, ㄷ
③ ㄷ, ㄹ
④ ㄱ, ㄴ, ㄹ
⑤ ㄴ, ㄷ, ㄹ

해설

각주 1)에서 사노비는 솔거노비, 외거노비, 도망노비로만 구분됨을 확인한다.

ㄱ. (○) A지역 인구 중 도망노비를 제외한 사노비가 차지하는 비율은 1) 인구 중 사노비 비율에서 도망노비의 비율을 빼거나, 2) 솔거노비와 외거노비의 비율을 더해서 구할 수 있다. 2)에 따라 연도별로 계산해보면 다음과 같다.

구분 조사 년도	인구(명)	인구 중 사노비 비율(%)			
		솔거노비	외거노비	도망노비	전체
1720	2,228	18.5	+ 10.0 =28.5	11.5	40.0
1735	3,143	13.8	+ 6.8 =20.6	12.8	33.4
1762	3,380	11.5	+ 8.5 =20.0	11.7	31.7
1774	3,189	14.0	+ 8.8 =22.8	12.0	34.8
1783	3,056	14.9	+ 6.7 =21.6	9.3	30.9
1795	2,359	18.2	+ 4.3 =22.5	6.5	29.0

인구 중 도망노비를 제외한 사노비가 차지하는 비율은 조사년도 중 1720년이 28.5%로 가장 높다.

ㄴ. (○) A지역의 1720년 인구는 2,228명이고 인구 중 사노비 비율은 40.0%이다. 그리고 1774년 인구는 3,189명이고, 인구 중 사노비 비율은 34.8%이다.

구분 조사 년도	인구(명)	인구 중 사노비 비율(%)			
		솔거노비	외거노비	도망노비	전체
1720	2,228	18.5	10.0	11.5	40.0
⋮					
1774	3,189	14.0	8.8	12.0	34.8
⋮					

2,228명의 40.0%는 1,000명 미만이고, 3,189명의 34.8%보다 적은 1/3은 1,000명 이상이므로 A지역 사노비 수는 1774년이 1720년보다 많다.

ㄷ. (×) A지역 사노비 중 외거노비가 차지하는 비율은 1720년이 10.0%/40.0%로 1/4이고, 1762년이 8.5%/31.7%이다.

구분 조사 년도	인구(명)	인구 중 사노비 비율(%)			
		솔거노비	외거노비	도망노비	전체
1720	2,228	18.5	10.0	11.5	40.0
⋮					
1762	3,380	11.5	8.5	11.7	31.7
⋮					

분자 대비 분모의 배율로 비교해 볼 때 8.5×4=34이므로, 8.5/31.7은 1/4↓이다. 따라서 A지역 사노비 중 외거노비가 차지하는 비율은 1720년 1/4이 1762년 1/4↓보다 낮다.

ㄹ. (×) <표>에 따르면 A지역 인구 중 솔거노비가 차지하는 비율은 1774년, 1783년, 1795년에 직전 조사년도보다 높아진다는 것을 확인할 수 있다.

[정답] ①

32 다음 <표>는 2023년 '갑'시 소각시설 현황에 관한 자료이다. 이에 대한 설명으로 옳은 것은?

7급 공채 24년 사책형 19번

<표> 2023년 '갑'시 소각시설 현황

(단위: 톤/일, 톤, 명)

소각시설	시설용량	연간소각실적	관리인원
전체	2,898	689,052	314
A	800	163,785	66
B	48	12,540	34
C	750	169,781	75
D	400	104,176	65
E	900	238,770	74

※ 시설용량은 1일 가동 시 소각할 수 있는 최대량임.

① '연간소각실적'이 많은 소각시설일수록 '관리인원'이 많다.
② '시설용량' 대비 '연간소각실적' 비율이 가장 높은 소각시설은 E이다.
③ '연간소각실적'은 A가 D의 1.5배 이하이다.
④ C의 '시설용량'은 전체 '시설용량'의 30% 이상이다.
⑤ B의 2023년 가동 일수는 250일 미만이다.

해설

① (×) E의 연간소각실적은 238,770톤으로 C의 169,781톤보다 많지만 E의 관리인원은 74명으로 C의 75명보다 적다. 소각시설은 연간소각실적이 많은 순으로 나열해보면 E, C, A, D, B순이고 관리인원이 많은 순으로 나열해보면 C, E, A, D, B 순이다.

② (○) 각 소각시설의 '시설용량' 대비 '연간소각실적' 비율을 어림산 해보면 A, C는 250 미만이고 B, D, E는 250 이상이다. B, D, E만 비교해본다.

$$B: \frac{12,540}{48}, D: \frac{104,176}{400}, E: \frac{238,770}{900}$$

우선 B, D를 다음과 같이 비교해보면

$$\frac{125,400}{480} > \frac{104,176}{400}$$

B는 D보다 분모가 20% 크지만 분자는 20% 이상 크다는 것을 알 수 있다. 그리고 B와 E를 비교해보면

$$\frac{250,800}{960} < \frac{238,770}{900}$$

B는 E보다 분모가 6% 이상 크지만, 분자는 약 5% 크다. 이에 따라 '시설용량' 대비 '연간소각실적' 비율이 가장 높은 소각시설은 E라는 것을 확인할 수 있다.

③ (×) A의 '연간소각실적'은 163,785톤으로 D의 '연간소각실적' 104,176톤의 약 1.57배이다. 즉 1.5배 이상이다.

④ (×) C의 '시설용량'은 750(톤/일)으로 전체 '시설용량' 2,898(톤/일)의 약 1/4를 조금 넘는다. 30% 미만이다.

⑤ (×) 각주에 따르면 시설용량은 1일 가동 시 소각할 수 있는 최대량이다. 따라서 B의 '연간소각실적'을 '시설용량'으로 나누어보면 B의 2023년 최소 가동 일수를 알 수 있다. 선지 ②에서 확인한 바와 같이 '연간소각실적'/'시설용량'은 250 이상이다.

[정답] ②

33 다음 <표>는 2009~2012년 A 추모공원의 신규 안치건수 및 매출액 현황을 나타낸 자료이다. 이에 대한 <보기>의 설명 중 옳은 것만을 모두 고르면?

민경채 16년 5책형 20번

<표> A 추모공원의 신규 안치건수 및 매출액 현황

(단위: 건, 만원)

구분 안치유형		신규 안치건수		매출액	
		2009~2011년	2012년	2009~2011년	2012년
개인단	관내	719	606	291,500	289,000
	관외	176	132	160,000	128,500
부부단	관내	632	557	323,900	330,000
	관외	221	134	291,800	171,000
계		1,748	1,429	1,067,200	918,500

─────<보기>─────

ㄱ. 2012년 개인단의 신규 안치건수는 2009~2012년 개인단 신규 안치건수 합의 50% 이하이다.
ㄴ. 2009~2012년 신규 안치건수의 합은 관내가 관외보다 크다.
ㄷ. 2012년 부부단 관내와 부부단 관외의 매출액이 2011년에 비해 각각 50%가 증가한 것이라면, 2009~2010년 매출액의 합은 부부단 관내가 부부단 관외보다 작다.
ㄹ. 2009~2012년 4개 안치유형 중 신규 안치건수의 합이 가장 큰 안치유형은 부부단 관내이다.

① ㄱ, ㄴ
② ㄴ, ㄷ
③ ㄷ, ㄹ
④ ㄱ, ㄴ, ㄷ
⑤ ㄱ, ㄷ, ㄹ

해설

ㄱ. (○) 2012년 개인단의 신규 안치건수는 음영 처리한 영역의 합이고, 2009~2012년 개인단 신규 안치건수 합은 □로 표시된 영역 내의 합이다. 직접 계산할 필요는 없고 719는 606보다, 176은 132보다 크므로, 2012년 개인단의 신규 안치건수는 2009~2012년 개인단 신규 안치건수 합의 50% 이하라는 것을 판단할 수 있다.

구분 안치유형		신규 안치건수		매출액	
		2009~2011년	2012년	2009~2011년	2012년
개인단	관내	719	606	291,500	289,000
	관외	176	132	160,000	128,500

ㄴ. (○) <표>에 따르면 2009~2011년과 2012년, 개인단과 부부단 모두 관내가 관외보다 신규 안치건수가 많다.

구분 안치유형		신규 안치건수		매출액	
		2009~2011년	2012년	2009~2011년	2012년
개인단	관내	719	606	291,500	289,000
	관외	176	132	160,000	128,500
부부단	관내	632	557	323,900	330,000
	관외	221	134	291,800	171,000

모든 숫자를 직접 더하지 않아도 2009~2012년 신규 안치건수의 합은 관내가 관외보다 크다는 것을 알 수 있다.

ㄷ. (○) 2012년 부부단 관내와 부부단 관외의 매출액이 2011년에 비해 각각 50%가 증가한 것이라면, 2011년의 부부단 관내와 부부단 관외의 매출액을 계산할 수 있다. 2012년 부부단 관내 매출액은 330,000만원이므로 2011년 부부단 관내 매출액은 330,000×2/3 = 220,000만원이고, 2012년 부부단 관외 매출액은 171,000만원이므로 2011년 부부단 관외 매출액은 171,000×2/3=114,000만원이다. 그러므로 2009~2010년 부부단 관내 매출액의 합은 2009~2011년 매출액 323,900만원에서 220,000만원을 뺀 323,900 − 220,000 = 103,900만원이고, 관외 매출액의 합은 291,800−114,000=177,800만원이다. 2009~2010년 매출액의 합은 부부단 관내가 부부단 관외보다 작다.

ㄹ. (×) 2009~2012년 4개 안치유형마다 신규 안치건수의 합을 직접 구할 필요는 없다. 보기 ㄴ의 방법대로 확인해보면 2009~2011년 부부단 관내 신규 안치건수 632건은 개인단 관내 신규 안치건수 719건보다 적고, 2012년 부부단 관내 신규 안치건수 557건은 개인단 관내 신규 안치건수 606건보다 적다.

구분 안치유형		신규 안치건수		매출액	
		2009~2011년	2012년	2009~2011년	2012년
개인단	관내	719	606	291,500	289,000
	관외	176	132	160,000	128,500
부부단	관내	632	557	323,900	330,000
	관외	221	134	291,800	171,000

2009~2012년 4개 안치유형 중 신규 안치건수의 합이 가장 큰 안치유형은 부부단 관내가 아니라 개인단 관내이다.

[정답] ④

34 다음 <표>는 '갑'국의 멸종위기종 지정 현황에 관한 자료이다. 이에 대한 설명으로 옳지 않은 것은? 민경채 20년 가책형 21번

<표> 멸종위기종 지정 현황
(단위: 종)

분류＼지정	멸종위기종	멸종위기 I 급	멸종위기 II 급
포유류	20	12	8
조류	63	14	49
양서·파충류	8	2	6
어류	27	11	16
곤충류	26	6	20
무척추동물	32	4	28
식물	88	11	77
전체	264	60	204

※ 멸종위기종은 멸종위기 I 급과 멸종위기 II 급으로 구분함.

① 멸종위기종으로 '포유류'만 10종을 추가로 지정한다면, 전체 멸종위기종 중 '포유류'의 비율은 10% 이상이다.
② 각 분류에서 멸종위기종 중 멸종위기 I 급의 비율은 '무척추동물'과 '식물'이 동일하다.
③ 각 분류의 멸종위기종에서 5종씩 지정을 취소한다면, 전체 멸종위기종 중 '조류'의 비율은 감소한다.
④ 각 분류에서 멸종위기종 중 멸종위기 II 급의 비율은 '조류'가 '양서·파충류'보다 높다.
⑤ '포유류'를 제외한 모든 분류에서 각 분류의 멸종위기종 중 멸종위기 II 급의 비율은 각 분류의 멸종위기종 중 멸종위기 I 급의 비율보다 높다.

해설

각주에서 멸종위기종은 멸종위기 I 급과 멸종위기 II 급으로 구분한다는 것을 확인한다. 예를 들어 포유류의 멸종위기 I 급 12종과 멸종위기 II 급 8종을 더하면 포유류 멸종위기종 20종이 된다.

① (○) <표>에 따르면 '포유류' 멸종위기종은 20종, 전체 멸종위기종은 264종이다. 멸종위기종으로 '포유류'만 10종을 추가로 지정한다면, '포유류' 멸종위기종은 30종, 전체 멸종위기종은 274종이 된다. 274의 10%는 27.4이므로 전체 멸종위기종 중 '포유류'의 비율은 10% 이상이다.

② (○) <표>에서 '무척추동물'과 '식물'의 멸종위기종 중 멸종위기 I 급의 비율은 각각 4/32, 11/880이다.

분류＼지정	멸종위기종	멸종위기 I 급	멸종위기 II 급
⋮			
무척추동물	32	4	28
식물	88	11	77
전체	264	60	204

각각 1/8로 동일하다. 다른 방법으로는 무척추동물과 식물 모두 멸종위기종이 멸종위기 I 급의 8배로 동일한 것으로 판단할 수도 있고, 멸종위기 II 급이 멸종위기 I 급의 7배로 동일한 것으로도 판단할 수도 있다.

③ (×) <표>에 따르면 '조류' 멸종위기종은 63종, 전체 멸종위기종은 264종이다. 각 분류의 멸종위기종에서 5종씩 지정을 취소한다면, '조류' 멸종위기종은 63-5=58종이 되고, 분류는 총 7가지이므로 전체 멸종위기종은 264-(7×5)=229이다. '조류' 멸종위기종은 10% 미만 감소하였지만, 전체 멸종위기종은 10% 이상 감소하였으므로 전체 멸종위기종 중 '조류'의 비율은 감소하는 것이 아니라 증가한다.

④ (○) <표>에 따르면 '조류' 멸종위기종은 63종, 그중 멸종위기 II 급은 49종이고, '양서·파충류' 멸종위기종은 8종, 그중 멸종위기 II 급은 6종이다.

분류＼지정	멸종위기종	멸종위기 I 급	멸종위기 II 급
⋮			
조류	63	14	49
양서·파충류	8	2	6
⋮			

'양서·파충류' 멸종위기종 중 멸종위기 II 급의 비율은 6/8=3/4이므로, 조류의 비율인 49/63을 3/4과 비교해야 한다. 49/63에서 분자를 1 줄이고, 분모를 1 키워서 48/64로 원래 값보다 작게 가정한다면, 48/64가 3/4이다. 즉, 조류의 값을 줄였을 때 3/4이 되므로, '조류'의 멸종위기종 중 멸종위기 II 급의 비율이 '양서·파충류' 멸종위기종보다 높다는 것을 알 수 있다.

⑤ (○) <표>에서 각 분류의 멸종위기종 중 멸종위기 II 급의 비율과 각 분류의 멸종위기종 중 멸종위기 I 급의 비율을 직접 확인할 필요는 없고, 멸종위기 II 급의 종수가 멸종위기 I 급의 종수보다 많은지만 확인한다. 분모가 동일하므로 분자의 크기로만 비교하면 된다.

분류＼지정	멸종위기종	멸종위기 I 급		멸종위기 II 급
⋮				
조류	63	14	<	49
양서·파충류	8	2	<	6
어류	27	11	<	16
곤충류	26	6	<	20
무척추동물	32	4	<	28
식물	88	11	<	77
전체	264	60		204

'포유류'를 제외한 모든 분류에서 각 분류의 멸종위기종 중 멸종위기 II 급의 비율은 각 분류의 멸종위기종 중 멸종위기 I 급의 비율보다 높다는 것을 확인할 수 있다.

[정답] ③

35 다음 <표>는 2022년 A~E국의 국방비와 GDP, 군병력, 인구에 관한 자료이다. 이에 대한 <보기>의 설명 중 옳은 것만을 모두 고르면?

7급 공채 23년 인책형 19번

<표> 2022년 A~E국의 국방비와 GDP, 군병력, 인구

(단위: 억 달러, 만 명)

구분 국가	국방비	GDP	군병력	인구
A	8,010	254,645	133	33,499
B	195	13,899	12	4,722
C	502	16,652	60	5,197
D	320	20,120	17	6,102
E	684	30,706	20	6,814

─────<보기>─────

ㄱ. 국방비가 가장 많은 국가의 국방비는 A~E국 국방비 합의 80% 이상이다.
ㄴ. 인구 1인당 GDP는 B국이 C국보다 크다.
ㄷ. 국방비가 많은 국가일수록 GDP 대비 국방비 비율이 높다.
ㄹ. 군병력 1인당 국방비는 A국이 D국의 3배 이상이다.

① ㄱ, ㄴ
② ㄱ, ㄹ
③ ㄴ, ㄷ
④ ㄱ, ㄷ, ㄹ
⑤ ㄴ, ㄷ, ㄹ

해설

ㄱ. (○) <표>에 따르면 국방비가 가장 많은 국가는 A 8,010(억 달러)이다. A의 국방비가 A~E국 국방비 합의 80% 이상인지 직접 확인하지 않고, 부분상대비를 활용하여 A의 국방비가 B~E국 국방비 합의 4배 이상인지 확인한다. 195+502+320+684는 어림산 해도 2,000 미만이므로 A의 국방비가 B~E국 국방비 합의 4배 이상이다. 이에 따라 A의 국방비는 A~E국 국방비 합의 80% 이상임을 알 수 있다. A~E국 국방비 합을 직접 계산해보면 9,711(억 달러)이고 A국의 국방비 8,010(억 달러)는 9,711 대비 약 82.5%이다.

ㄴ. (×) <표>에 따르면 B국의 GDP는 13,899(억 달러)로 인구 4,722(만 명)의 3배인 4,722×3=14,166보다 작다. 그리고 C국의 GDP는 16,652(억 달러)로 인구 5,197(만 명)의 3배인 5,197×3=15,591보다 크다. 따라서 인구 1인당 GDP는 B국이 C국보다 작다.

ㄷ. (×) <표>에서 국방비가 많은 국가를 순서대로 나열하면 A, E, C, D, B이다.

구분 국가	국방비		GDP	군병력	인구
A	8,010	1	254,645	133	33,499
B	195	5	13,899	12	4,722
C	502	3	16,652 ×3	60	5,197
D	320	4	20,120	17	6,102
E	684	2	30,706 ×3	20	6,814

이 중 국방비가 각각 두 번째, 세 번째로 많은 E국과 C국의 GDP 대비 국방비 비율을 비교해본다. 편의상 GDP는 앞 세 자리만 비교해보면 C국의 국방비 502는 167의 3배 이상이고, E국의 국방비 684는 307의 3배 미만이다. 따라서 C국의 GDP 대비 국방비 비율이 E국보다 높다.

ㄹ. (○) <표>에 따르면 A국의 국방비는 8,010억 달러로 D국의 320억 달러 대비 25배 이상이다. 그리고 A국의 군병력 133만 명은 D국의 군병력 17만 명의 8배 미만이다. 군병력 1인당 국방비를 비교해보면 분자에 해당하는 국방비는 25배 이상인데 분모에 해당하는 군병력은 8배 미만이므로, 군병력 1인당 국방비는 A국이 D국의 3배 이상이라는 것을 알 수 있다.

[정답] ②

PSAT 교육 1위, 해커스PSAT

psat.Hackers.com

II. 표 多

표가 2개 이상 주어지는 유형이다. 여러 개의 표가 주어지기 때문에 문제 해결에 필요한 표를 혼동하지 않고 정확하고 빠르게 찾아가는 능력이 요구되거나, 이 유형은 표 간 연계를 통해 해석하고 분석하는 능력이 요구되는 유형이다. 이를 대비하기 위해서 표제를 파악해두는 것이 중요해진다.

36 다음 <표>는 어느 해 전국 농경지(논과 밭)의 가뭄 피해 현황에 대한 자료이다. 이에 대한 <보기>의 설명 중 옳은 것만을 모두 고르면?

민경채 14년 A책형 5번

<표 1> 지역별 논 가뭄 피해 현황

(단위: ha)

지역	재배면적	피해면적	피해 발생기간
충북	65,812	1,794	7.26.~7.31.
충남	171,409	106	7.15.~7.31.
전북	163,914	52,399	7.15.~8.9.
전남	221,202	59,953	7.11.~8.9.
경북	157,213	5,071	7.13.~7.31.
경남	130,007	25,235	7.12.~8.9.
대구	1,901	106	7.25.~7.26.
광주	10,016	3,226	7.18.~7.31.
기타	223,621	0	-
전체	1,145,095	147,890	7.11.~8.9.

<표 2> 지역별 밭 가뭄 피해 현황

(단위: ha)

지역	재배면적	피해면적	피해 발생기간
전북	65,065	6,212	7.19.~7.31.
전남	162,924	33,787	7.19.~7.31.
경북	152,137	16,702	7.19.~7.31.
경남	72,686	6,756	7.12.~7.31.
제주	65,294	8,723	7.20.~7.31.
대구	4,198	42	7.25.~7.26.
광주	5,315	5	7.24.~7.31.
기타	347,316	0	-
전체	874,935	72,227	7.12.~7.31.

―<보기>―

ㄱ. 논 가뭄 피해면적이 가장 큰 지역은 밭 가뭄 피해면적도 가장 크다.
ㄴ. 논 가뭄 피해 발생기간이 가장 긴 지역과 밭 가뭄 피해 발생기간이 가장 긴 지역은 같다.
ㄷ. 전체 논 재배면적 대비 전체 논 가뭄 피해면적 비율은 15% 이하이다.
ㄹ. 밭 재배면적 대비 밭 가뭄 피해면적 비율은 경북이 경남보다 크다.

① ㄱ, ㄴ
② ㄱ, ㄷ
③ ㄴ, ㄹ
④ ㄱ, ㄷ, ㄹ
⑤ ㄴ, ㄷ, ㄹ

해설

ㄱ. (○) <표 1>에 따르면 논 가뭄 피해면적이 가장 큰 지역은 전남(59,953ha)이고, <표 2>에 따르면 밭 가뭄 피해면적이 가장 큰 지역도 전남(33,787ha)이다.

ㄴ. (×) <표 1>에 따르면 논 가뭄 피해 발생기간이 가장 긴 지역은 전남(7.11.~8.9.)이고, <표 2>에 따르면 밭 가뭄 피해면적이 가장 큰 지역은 경남(7.12.~7.31.)이다.

ㄷ. (○) <표 1>에 따르면 전체 논 재배면적은 1,145,095ha, 전체 논 가뭄 피해면적은 147,890ha이다.

지역	재배면적	피해면적	피해 발생기간
⋮			
전체	1,145,095	147,890	7.11.~8.9.

1,145,095의 10%는 약 114,510, 5%는 약 57,xxx이므로 15%는 약 171,xxx이다. 그러므로 전체 논 재배면적 대비 전체 논 가뭄 피해면적 비율은 15% 이하임을 확인할 수 있다.

ㄹ. (○) <표 2>에 따르면 경북의 밭 재배면적은 152,137ha, 경남은 72,686ha이고, 경북의 밭 가뭄 피해면적은 16,702ha, 경남은 6,756ha이다. 밭 재배면적 대비 밭 가뭄 피해면적은 경북의 경우 10% 이상이고, 경남의 경우 10% 미만이므로, 경북이 경남보다 크다.

지역	재배면적	피해면적	피해 발생기간
⋮			
경북	152,137	16,702	7.19.~7.31.
경남	72,686	6,756	7.12.~7.31.
⋮			

합격으로 가는 Tip

ㄱ. <표 1>과 <표 2>에 지역 순서가 다름에 주의해야 한다.
ㄷ. 쉬운 수를 기준으로 판단해 보면 100만의 15%가 15만이다. 따라서 100만보다 큰 수의 15%는 15만보다 커야 한다.

[정답] ④

37 다음 <표>는 로봇 시장현황과 R&D 예산의 분야별 구성비에 대한 자료이다. 이에 대한 <보기>의 설명 중 옳은 것만을 모두 고르면?

민경채 15년 인책형 9번

<표 1> 용도별 로봇 시장현황(2013년)

구분 용도	시장규모 (백만달러)	수량 (천개)	평균단가 (천달러/개)
제조용	9,719	178	54.6
전문 서비스용	3,340	21	159.0
개인 서비스용	1,941	4,000	0.5
전체	15,000	4,199	3.6

<표 2> 분야별 로봇 시장규모(2011~2013년)

(단위: 백만달러)

용도	연도 분야	2011	2012	2013
제조용	제조	8,926	9,453	9,719
전문 서비스용	건설	879	847	883
	물류	166	196	216
	의료	1,356	1,499	1,449
	국방	748	818	792
개인 서비스용	가사	454	697	799
	여가	166	524	911
	교육	436	279	231

※ 로봇의 용도 및 분야는 중복되지 않음.

<표 3> 로봇 R&D 예산의 분야별 구성비(2013년)

(단위: %)

분야	제조	건설	물류	의료	국방	가사	여가	교육	합계
구성비	21	13	3	22	12	12	14	3	100

─────<보기>─────

ㄱ. 2013년 전체 로봇 시장규모 대비 제조용 로봇 시장규모의 비중은 70% 이상이다.
ㄴ. 2013년 전문 서비스용 로봇 평균단가는 제조용 로봇 평균단가의 3배 이하이다.
ㄷ. 2013년 전체 로봇 R&D 예산 대비 전문 서비스용 로봇 R&D 예산의 비중은 50%이다.
ㄹ. 개인 서비스용 로봇 시장규모는 각 분야에서 매년 증가했다.

① ㄱ, ㄴ
② ㄱ, ㄹ
③ ㄴ, ㄷ
④ ㄴ, ㄹ
⑤ ㄷ, ㄹ

38 다음 <표>는 2017년과 2018년 주요 10개 자동차 브랜드 가치평가에 관한 자료이다. 이에 대한 <보기>의 설명 중 옳은 것만을 모두 고르면?

민경채 19년 나책형 6번

<표 1> 브랜드 가치평가액

(단위: 억 달러)

연도 브랜드	2017	2018
TO	248	279
BE	200	218
BM	171	196
HO	158	170
FO	132	110
WO	56	60
AU	37	42
HY	35	41
XO	38	39
NI	32	31

<표 2> 브랜드 가치평가액 순위

구분 브랜드	전체 제조업계 내 순위		자동차업계 내 순위	
연도	2017	2018	2017	2018
TO	9	7	1	1
BE	11	10	2	2
BM	16	15	3	3
HO	19	19	4	4
FO	22	29	5	5
WO	56	56	6	6
AU	78	74	8	7
HY	84	75	9	8
XO	76	80	7	9
NI	85	90	10	10

─────<보기>─────

ㄱ. 2017년 대비 2018년 '전체 제조업계 내 순위'가 하락한 브랜드는 2017년 대비 2018년 브랜드 가치평가액도 감소하였다.

ㄴ. 2017년과 2018년의 브랜드 가치평가액 차이가 세 번째로 큰 브랜드는 BE이다.

ㄷ. 2017년 대비 2018년 '전체 제조업계 내 순위'와 '자동차업계 내 순위'가 모두 상승한 브랜드는 2개뿐이다.

ㄹ. 연도별 '자동차업계 내 순위' 기준 상위 7개 브랜드 가치평가액 평균은 2018년이 2017년보다 크다.

① ㄱ, ㄴ
② ㄱ, ㄹ
③ ㄴ, ㄷ
④ ㄴ, ㄹ
⑤ ㄷ, ㄹ

해설

ㄱ. (×) <표 2>에 따르면 2017년 대비 2018년 '전체 제조업계 내 순위'가 하락한 브랜드는 FO, XO, NI이다. <표 1>에 따르면 FO와 NI는 2017년 대비 2018년 브랜드 가치평가액이 각각 132억 달러에서 110억 달러로, 32억 달러에서 31억 달러로 감소하였지만, XO는 38억 달러에서 39억 달러로 증가하였다.

ㄴ. (×) <표 1>에 2017년의 브랜드 가치평가액에서 2018년의 브랜드 가치평가액을 빼 보면 다음과 같다. 그 값이 작은 WO 이하 브랜드는 생략하였다.

연도 브랜드	2017	2018	
TO	248	279	=31
BE	200	218	=18
BM	171	196	=25
HO	158	170	=12
FO	132	110	=-22
⋮			

2017년과 2018년의 브랜드 가치평가액 차이를 묻고 있으므로 절댓값이 가장 큰 순서대로 생각해보면 세 번째로 큰 브랜드는 BE(18)가 아니라 FO(22)이다.

ㄷ. (○) <표 2>에서 '자동차업계 내 순위'의 숫자가 '전체 제조업계 내 순위'보다 단순하므로 우선 2017년 대비 2018년 '자동차업계 내 순위'가 상승한 경우부터 확인해본다. 2017년 대비 2018년 '자동차업계 내 순위'가 상승한 브랜드는 AU, HY뿐이고 해당 브랜드는 2017년 대비 2018년 '전체 제조업계 내 순위'도 상승하였다.

구분 브랜드	전체 제조업계 내 순위		자동차업계 내 순위	
연도	2017	2018	2017	2018
⋮				
AU	78	74	8	7
HY	84	75	9	8
⋮				

ㄹ. (○) <표 2>에 따르면 2017년과 2018년의 연도별 '자동차업계 내 순위' 기준 상위 7개 브랜드는 2017년의 7위인 XO와 2018년의 7위인 AU를 제외하고 1~6위는 모두 같다. 브랜드 가치평가액 평균을 계산할 필요 없이 가치평가액의 합을 비교해보면 다음과 같다.

연도 브랜드	2017		2018
TO	248	<	279
BE	200	<	218
BM	171	<	196
HO	158	<	170
FO	132	>	110
WO	56	<	60
AU	37		42
HY	35		41
XO	38		39
NI	32		31

직접 다 더해서 정확한 값을 구하지 않더라도 각 브랜드별 가치평가액의 크기만 비교해봐도 연도별 '자동차업계 내 순위' 기준 상위 7개 브랜드 가치평가액 '합'은 2018년이 2017년보다 크다는 것을 알 수 있으므로, 연도별 '자동차업계 내 순위' 기준 상위 7개 브랜드 가치평가액 '평균'도 2018년이 2017년보다 크다고 판단할 수 있다.

[정답] ⑤

39 다음 <표>는 지역별, 등급별, 병원유형별 요양기관 수를 나타낸 자료이다. 이에 대한 <보기>의 설명 중 옳은 것만을 모두 고르면?

민경채 16년 5책형 11번

<표 1> 지역별, 등급별 요양기관 수

(단위: 개소)

등급 지역	1등급	2등급	3등급	4등급	5등급
서울	22	2	1	0	4
경기	17	2	0	0	1
경상	16	0	0	1	0
충청	5	2	0	0	2
전라	4	2	0	0	1
강원	1	2	0	1	0
제주	2	0	0	0	0
계	67	10	1	2	8

<표 2> 병원유형별, 등급별 요양기관 수

(단위: 개소)

등급 병원유형	1등급	2등급	3등급	4등급	5등급	합
상급종합병원	37	5	0	0	0	42
종합병원	30	5	1	2	8	46

─────<보기>─────

ㄱ. 경상지역 요양기관 중 1등급 요양기관의 비중은 서울지역 요양기관 중 1등급 요양기관의 비중보다 작다.
ㄴ. 5등급 요양기관 중 서울지역 요양기관의 비중은 2등급 요양기관 중 강원지역 요양기관의 비중보다 크다.
ㄷ. 1등급 '상급종합병원' 요양기관 수는 5등급을 제외한 '종합병원' 요양기관 수의 합보다 적다.
ㄹ. '상급종합병원' 요양기관 중 1등급 요양기관의 비중은 1등급 요양기관 중 '종합병원' 요양기관의 비중보다 크다.

① ㄱ, ㄴ
② ㄱ, ㄷ
③ ㄴ, ㄷ
④ ㄴ, ㄹ
⑤ ㄴ, ㄷ, ㄹ

40 다음 <표>는 조업방법별 어업생산량과 어종별 양식 어획량에 대한 자료이다. 이에 대한 설명 중 옳지 않은 것은?

민경채 11년 경책형 14번

〈표 1〉 조업방법별 어업생산량

(단위: 만톤)

연도 조업방법	2005	2006	2007	2008	2009
해면어업	109.7	110.9	115.2	128.5	122.7
양식어업	104.1	125.9	138.6	138.1	131.3
원양어업	55.2	63.9	71.0	66.6	60.5
내수면어업	2.4	2.5	2.7	2.9	3.0
계	271.4	303.2	327.5	336.1	317.5

※ 조업방법은 해면어업, 양식어업, 원양어업, 내수면어업으로 이루어짐.

〈표 2〉 어종별 양식어획량

(단위: 백만마리)

연도 어종	2005	2006	2007	2008	2009
조피볼락	367	377	316	280	254
넙치류	97	94	97	98	106
감성돔	44	50	48	46	35
참돔	53	32	26	45	37
숭어	33	35	30	26	29
농어	20	17	13	15	14
기타 어류	28	51	39	36	45
계	642	656	569	546	520

① 총어업생산량의 전년대비 증가율은 2007년이 2008년보다 크다.
② 2005년부터 2009년까지 어업생산량이 매년 증가한 조업방법은 내수면어업이다.
③ 2005년부터 2009년까지 연도별 총양식어획량에서 조피볼락이 차지하는 비율은 매년 50% 이상이다.
④ 기타 어류를 제외하고, 2009년 양식어획량이 전년대비 감소한 어종 중 감소율이 가장 작은 어종은 농어이다.
⑤ 기타 어류를 제외하고, 양식어획량이 많은 어종을 순서대로 나열하면, 2005년의 순서와 2009년의 순서는 동일하다.

41 다음 <표>는 2004~2011년 참여공동체 및 참여어업인 현황에 대한 자료이다. 이에 대한 설명 중 옳지 않은 것은?

민경채 12년 인책형 8번

<표 1> 어업유형별 참여공동체 현황

(단위: 개소)

연도 어업유형	2004	2005	2006	2007	2008	2009	2010	2011
마을어업	32	61	159	294	341	391	438	465
양식어업	11	15	46	72	78	80	85	89
어선어업	8	29	52	102	115	135	156	175
복합어업	12	17	43	94	102	124	143	153
내수면어업	0	0	8	17	23	28	41	50
전체	63	122	308	579	659	758	863	932

<표 2> 지역별 참여공동체 현황

(단위: 개소)

연도 지역	2004	2005	2006	2007	2008	2009	2010	2011
부산	1	4	5	15	15	18	21	25
인천	6	7	13	25	29	36	40	43
울산	1	3	10	15	15	16	18	20
경기	2	5	12	23	24	24	29	32
강원	7	15	21	39	47	58	71	82
충북	0	0	5	7	8	12	16	17
충남	4	10	27	49	50	63	74	82
전북	5	9	25	38	41	41	41	44
전남	20	32	99	184	215	236	258	271
경북	7	15	37	69	73	78	87	91
경남	8	16	33	76	100	134	163	177
제주	2	6	21	39	42	42	45	48
전체	63	122	308	579	659	758	863	932

<표 3> 참여어업인 현황

(단위: 명)

연도 구분	2004	2005	2006	2007	2008	2009	2010	2011
참여 어업인	5,107	10,765	24,805	44,061	50,728	56,100	60,902	63,860

① 참여어업인은 매년 증가하였다.
② 2005년 전체 참여공동체 중 전남지역 참여공동체가 차지하는 비율은 30% 이상이다.
③ 충북지역을 제외하고, 2004년 대비 2011년 참여공동체 증가율이 가장 낮은 지역은 인천이다.
④ 2006년 이후 각 어업유형에서 참여공동체는 매년 증가하였다.
⑤ 참여공동체가 많은 지역부터 나열하면, 충남지역의 순위는 2009년과 2010년이 동일하다.

42 다음 <표>는 2015~2019년 '갑'국의 가스사고 현황에 관한 자료이다. 이에 대한 <보기>의 설명 중 옳은 것만을 모두 고르면?

7급 공채 20년 모의평가 3번

<표 1> 원인별 사고건수

(단위: 건)

연도 원인	2015	2016	2017	2018	2019
사용자 취급부주의	41	41	41	38	31
공급자 취급부주의	23	16	22	26	29
제품노후	4	12	19	12	18
고의사고	21	16	16	12	9
타공사	2	6	4	8	7
자연재해	12	9	5	3	3
시설미비	18	20	11	23	24
전체	121	120	118	122	121

<표 2> 사용처별 사고건수

(단위: 건)

연도 사용처	2015	2016	2017	2018	2019
주택	48	50	39	42	47
식품접객업소	21	10	27	14	20
특수허가업소	14	14	16	16	12
공급시설	3	7	5	5	6
차량	4	5	4	5	6
제1종 보호시설	3	8	6	8	5
공장	9	6	7	6	4
다중이용시설	0	0	0	0	1
야외	19	20	14	26	20
전체	121	120	118	122	121

─ <보기> ─

ㄱ. 2015년 대비 2019년 사고건수의 증가율은 '공급자 취급부주의'가 '시설미비'보다 작다.
ㄴ. '주택'과 '차량'의 연도별 사고건수 증감방향은 같다.
ㄷ. 2016년에는 사고건수 기준 상위 2가지 원인에 의한 사고건수의 합이 나머지 원인에 의한 사고건수의 합보다 적다.
ㄹ. 전체 사고건수에서 '주택'이 차지하는 비중은 매년 35% 이상이다.

① ㄱ, ㄴ
② ㄱ, ㄹ
③ ㄴ, ㄷ
④ ㄱ, ㄷ, ㄹ
⑤ ㄴ, ㄷ, ㄹ

43 다음 <표>는 2015~2019년 A~D 지역의 해양수질, 해조류 군집 및 해양 저서동물 출현종수에 관한 자료이다. 이에 대한 설명으로 옳지 않은 것은?

_{7급 공채 20년 모의평가 4번}

〈표 1〉 A~D 지역의 해양수질

(단위: mg/L)

측정항목	지역	2015	2016	2017	2018	2019
용존 산소량 (DO)	A	8.22	8.13	7.95	8.40	7.60
	B	8.18	8.23	8.12	8.60	8.10
	C	10.20	8.06	8.73	8.10	8.50
	D	7.51	6.97	7.39	8.43	8.35
화학적 산소 요구량 (COD)	A	1.73	1.38	1.19	1.54	1.34
	B	1.38	1.40	1.26	1.47	1.54
	C	2.35	2.29	1.71	1.59	1.69
	D	0.96	0.82	0.70	1.30	1.59
총질소 (Total-N)	A	0.16	0.14	0.16	0.15	0.12
	B	0.16	0.13	0.20	0.15	0.12
	C	0.45	0.51	0.68	0.11	0.08
	D	0.20	0.06	0.05	0.57	0.07

※ 해양수질 등급은 아래 기준으로 판정함.
- 1등급은 DO가 7.50mg/L 이상이고 COD는 1.00mg/L 이하이며 Total-N이 0.30mg/L 이하인 경우임.
- 2등급은 1등급에 해당하지 않으면서 DO가 2.00mg/L 이상이고 COD는 2.00mg/L 이하이며 Total-N이 0.60mg/L 이하인 경우임.
- 등급 외는 1, 2등급에 해당하지 않는 경우임.

〈표 2〉 A~D 지역의 해조류 군집 및 해양 저서동물 출현종수

(단위: 개)

항목	지역	2015	2016	2017	2018	2019
해조류 군집 출현종수	A	108	77	46	48	48
	B	102	77	49	49	52
	C	26	27	28	29	27
	D	102	136	199	86	87
해양 저서동물 출현종수	A	147	79	126	134	153
	B	90	73	128	142	141
	C	112	34	58	85	102
	D	175	351	343	303	304

① 2015~2019년 A와 B 지역의 총질소(Total-N)의 연간 증감방향은 매년 동일하다.
② 2016년 B 지역은 해조류 군집 출현종수의 전년대비 증감률이 해양 저서동물 출현종수의 전년대비 증감률보다 크다.
③ 2019년에는 해양 저서동물 출현종수가 가장 많은 지역이 총질소(Total-N)가 가장 낮다.
④ 2015년에 해양수질이 1등급인 지역은 D가 유일하다.
⑤ A와 C 지역의 해양수질은 2015년부터 2017년까지 2등급으로 일정하다.

44 다음 <표>는 2019~2023년 '갑'국 및 A 지역의 식량작물 생산 현황에 관한 자료이다. 이에 대한 설명으로 옳지 않은 것은?

7급 공채 24년 사책형 20번

⟨표 1⟩ 2019~2023년 식량작물 생산량

(단위: 톤)

연도 구분	2019	2020	2021	2022	2023
'갑'국 전체	4,397,532	4,374,899	4,046,574	4,456,952	4,331,597
A 지역 전체	223,472	228,111	203,893	237,439	221,271
미곡	153,944	150,901	127,387	155,501	143,938
맥류	270	369	398	392	201
잡곡	29,942	23,823	30,972	33,535	30,740
두류	9,048	10,952	9,560	10,899	10,054
서류	30,268	42,066	35,576	37,112	36,338

⟨표 2⟩ 2019~2023년 식량작물 생산 면적

(단위: ha)

연도 구분	2019	2020	2021	2022	2023
'갑'국 전체	924,470	924,291	906,106	905,034	903,885
A 지역 전체	46,724	47,446	46,615	47,487	46,542
미곡	29,006	28,640	28,405	28,903	28,708
맥류	128	166	177	180	98
잡곡	6,804	6,239	6,289	6,883	6,317
두류	5,172	5,925	5,940	5,275	5,741
서류	5,614	6,476	5,804	6,246	5,678

※ A 지역 식량작물은 미곡, 맥류, 잡곡, 두류, 서류뿐임.

① 2023년 식량작물 생산량의 전년 대비 감소율은 A 지역 전체가 '갑'국 전체보다 낮다.
② 2019년 대비 2023년 생산량 증감률이 가장 큰 A 지역 식량작물은 맥류이다.
③ 미곡은 매년 A 지역 전체 식량작물 생산 면적의 절반 이상을 차지한다.
④ 2023년 생산 면적당 생산량이 가장 많은 A 지역 식량작물은 서류이다.
⑤ A 지역 전체 식량작물 생산량과 A 지역 전체 식량작물 생산 면적의 전년 대비 증감 방향은 매년 같다.

해설

① (×) ⟨표 1⟩에서 2023년 '갑'국 전체 식량작물 생산량과 A 지역 전체 식량작물 생산량의 전년 대비 감소율을 비교해 본다. '감소율'을 비교하는 것에 유의한다.

연도 구분	2019	2020	2021	2022	2023
'갑'국 전체	4,397,532	4,374,899	4,046,574	4,456,952	4,331,597
A 지역 전체	223,472	228,111	203,893	237,439	221,271

'갑'국 전체의 경우 $\frac{4,456,xxx - 4,331,xxx}{4,456,xxx} = \frac{125,xxx}{4,456,xxx}$로 5% 미만이며, A 지역 전체의 경우 $\frac{237.4xx - 221.2xx}{237.4xx} = \frac{16.16x}{237.4xx}$로 5% 이상이다. A 지역 전체의 전년 대비 감소율이 '갑'국 전체보다 높다.

② (○) 맥류의 2019년 대비 2023년 생산량 증감률은 $\frac{270-201}{270}$로 25% 이상이다. 서류의 2019년 대비 2023년 생산량 증감률은 $\frac{36,338-30,268}{30,268}$로 약 20% 가량이다. 나머지 식량작물의 생산량 증감률은 25%에 한참 미치지 못한다는 것을 확인할 수 있다.

③ (○) ⟨표 2⟩에서 A 지역 전체 식량작물 생산 면적은 매년 미곡 생산 면적의 2배 이하임을 확인할 수 있다. 전체가 미곡의 2배 이하라면 미곡의 비율은 50% 이상이다.

연도 구분	2019	2020	2021	2022	2023
⋮					
A 지역 전체	46,724	47,446	46,615	47,487	46,542
미곡	29,006	28,640	28,405	28,903	28,708

④ (○) 서류의 2023년 생산 면적당 생산량은 36,338/5,678로 6 이상이다. 미곡의 2023년 생산 면적당 생산량은 143,938/28,708로 약 5이며 나머지 식량작물은 6에 미치지 못함을 확인할 수 있다.

⑤ (○) ⟨표 1⟩의 A 지역 전체 식량작물 생산량과 ⟨표 2⟩의 A 지역 전체 식량작물 생산 면적의 전년 대비 증감 방향을 비교해보면 다음과 같다.

| A 지역 전체 | 223,472 증가 228,111 감소 203,893 증가 237,439 감소 221,271 |

| A 지역 전체 | 46,724 증가 47,446 감소 46,615 증가 47,487 감소 46,542 |

전년 대비 증감 방향이 매년 같음을 확인할 수 있다.

합격으로 가는 Tip
② '증감률'을 비교하는 것임에 유의한다.

[정답] ①

45 다음 <표>는 A지역의 저수지 현황에 대한 자료이다. 이에 대한 <보기>의 설명 중 옳은 것만을 모두 고르면?

민경채 16년 5책형 23번

〈표 1〉 관리기관별 저수지 현황

(단위: 개소, 천m³, ha)

구분 관리기관	저수지 수	총 저수용량	총 수혜면적
농어촌공사	996	598,954	69,912
자치단체	2,230	108,658	29,371
전체	3,226	707,612	99,283

〈표 2〉 저수용량별 저수지 수

(단위: 개소)

저수용량 (m³)	10만 미만	10만 이상 50만 미만	50만 이상 100만 미만	100만 이상 500만 미만	500만 이상 1,000만 미만	1,000만 이상	합
저수지 수	2,668	360	100	88	3	7	3,226

〈표 3〉 제방높이별 저수지 수

(단위: 개소)

제방높이 (m)	10 미만	10 이상 20 미만	20 이상 30 미만	30 이상 40 미만	40 이상	합
저수지 수	2,566	533	99	20	8	3,226

〈보기〉

ㄱ. 관리기관이 자치단체이고 제방높이가 '10 미만'인 저수지 수는 1,600개소 이상이다.
ㄴ. 저수용량이 '10만 미만'인 저수지 수는 전체 저수지 수의 80% 이상이다.
ㄷ. 관리기관이 농어촌공사인 저수지의 개소당 수혜면적은 관리기관이 자치단체인 저수지의 개소당 수혜면적의 5배 이상이다.
ㄹ. 저수용량이 '50만 이상 100만 미만'인 저수지의 저수용량 합은 전체 저수지 총 저수용량의 5% 이상이다.

① ㄴ, ㄷ
② ㄷ, ㄹ
③ ㄱ, ㄴ, ㄷ
④ ㄱ, ㄴ, ㄹ
⑤ ㄴ, ㄷ, ㄹ

46 다음 <표>는 2019년 5월 10일 A 프랜차이즈의 지역별 가맹점수와 결제 실적에 관한 자료이다. 이에 대한 설명으로 옳지 않은 것은?

민경채 19년 나책형 7번

<표 1> A 프랜차이즈의 지역별 가맹점수, 결제건수 및 결제금액

(단위: 개, 건, 만 원)

지역	구분	가맹점수	결제건수	결제금액
서울		1,269	142,248	241,442
6대 광역시	부산	34	3,082	7,639
	대구	8	291	2,431
	인천	20	1,317	2,548
	광주	8	306	793
	대전	13	874	1,811
	울산	11	205	635
전체		1,363	148,323	257,299

<표 2> A 프랜차이즈의 가맹점 규모별 결제건수 및 결제금액

(단위: 건, 만 원)

가맹점 규모	구분	결제건수	결제금액
소규모		143,565	250,390
중규모		3,476	4,426
대규모		1,282	2,483
전체		148,323	257,299

① '서울' 지역 소규모 가맹점의 결제건수는 137,000건 이하이다.
② 6대 광역시 가맹점의 결제건수 합은 6,000건 이상이다.
③ 결제건수 대비 결제금액을 가맹점 규모별로 비교할 때 가장 작은 가맹점 규모는 중규모이다.
④ 가맹점수 대비 결제금액이 가장 큰 지역은 '대구'이다.
⑤ 전체 가맹점수에서 '서울' 지역 가맹점수 비중은 90% 이상이다.

해설

① (×) <표 1>에 따르면 A 프랜차이즈의 전체 결제건수는 148,323건, '서울' 지역의 결제건수는 142,248건, 그리고 <표 2>에 따르면 소규모 가맹점 결제건수는 143,565건이다. (142,248＋143,565) － 148,323＝137,490건이므로, '서울' 지역 소규모 가맹점의 결제건수는 137,000건 이상이다.

② (○) <표 1>에서 6대 광역시의 결제건수를 모두 더하면 6,075건이다. 또는 가맹점수와 결제건수, 결제금액 모두 '전체' 수치가 서울＋6대 광역시의 합으로만 이루어져 있음을 확인했다면, 6대 광역시 각각의 결제건수를 모두 더하지 않고 전체 결제건수 148,323건에서 '서울' 지역의 결제건수 142,248건을 빼서 구할 수도 있다. 148,323－142,248＝6,075건이므로, 6대 광역시 가맹점의 결제건수 합은 6,000건 이상임을 알 수 있다.

③ (○) <표 2>에서 결제건수 대비 결제금액을 가맹점 규모별로 비교해본다.

가맹점 규모	구분	결제건수		결제금액
소규모		143,565	1.5배 이상	250,390
중규모		3,476	1.5배 미만	4,426
대규모		1,282	1.5배 이상	2,483
전체		148,323		257,299

가맹점 규모가 중규모인 경우 결제건수 대비 결제금액이 1.5배 미만이지만, 소규모와 대규모의 경우 1.5배 이상이다. 따라서 결제건수 대비 결제금액을 가맹점 규모별로 비교할 때 가장 작은 가맹점 규모는 중규모임을 알 수 있다.

④ (○) <표 1>에서 '대구' 지역의 가맹점수는 8개, 결제금액은 2,431(만 원)로 가맹점수 대비 결제금액 2,431/8은 300 이상이다. '부산'을 제외한 나머지 모든 지역은 가맹점수 대비 결제금액이 200에도 미치지 못하고 '부산' 지역의 가맹점수는 34개, 결제금액은 7,639(만 원)로 약 220배 정도이다. 따라서 가맹점수 대비 결제금액이 가장 큰 지역은 '대구'임을 알 수 있다.

⑤ (○) <표 1>에 따르면 전체 가맹점수는 1,363개, '서울' 지역 가맹점수는 1,269개이다. 1,363의 10%는 약 136이므로, 전체 가맹점수의 90%는 1,363－136＝약 1,227이다. 전체 가맹점수에서 '서울' 지역 가맹점수 비중은 90% 이상임을 알 수 있다.

[정답] ①

PSAT 교육 1위, 해커스PSAT

psat.Hackers.com

Ⅲ. 정보량 多

처음 문제를 마주했을 때, 정보량에 압도당하게 되는 유형이다. 이 때는 많은 정보량을 효율적으로 처리하는 능력이 요구된다.

47 다음 <표>는 15개 종목이 개최된 2018 평창 동계올림픽 참가국 A~D의 메달 획득 결과를 나타낸 자료이다. 이에 대한 설명으로 옳은 것은?

민경채 18년 가책형 5번

<표> 2018 평창 동계올림픽 참가국 A~D의 메달 획득 결과

(단위: 개)

국가 메달 종목	A국 금	A국 은	A국 동	B국 금	B국 은	B국 동	C국 금	C국 은	C국 동	D국 금	D국 은	D국 동
노르딕복합	3	1	1				1					
루지	3	1	2	1							1	1
바이애슬론	3	1	3				1	3	2			
봅슬레이	3	1		1						1		1
쇼트트랙					1					1	1	3
스노보드		1	1	4	2	1				1	2	1
스켈레톤		1										
스키점프	1	3					2	1	2			
스피드스케이팅					1	2	1	1	1			
아이스하키		1		1							1	1
알파인스키				1	1	1	4	2				
컬링				1					1	1		
크로스컨트리				1			7	4	3			
프리스타일스키				1	2	1	1			4	2	1
피겨스케이팅	1				2					2		2

※ 빈 칸은 0을 의미함.

① 동일 종목에서, A국이 획득한 모든 메달 수와 B국이 획득한 모든 메달 수를 합하여 종목별로 비교하면, 15개 종목 중 스노보드가 가장 많다.
② A국이 획득한 금메달 수와 C국이 획득한 동메달 수는 같다.
③ A국이 루지, 봅슬레이, 스켈레톤 종목에서 획득한 모든 메달 수의 합은 C국이 크로스컨트리 종목에서 획득한 모든 메달 수보다 많다.
④ A~D국 중 메달을 획득한 종목의 수가 가장 많은 국가는 D국이다.
⑤ 획득한 은메달 수가 많은 국가부터 순서대로 나열하면 C, B, A, D국 순이다.

해설

① (○) <표>에 따르면 스노보드 종목에서 A국이 획득한 모든 메달 수와 B국이 획득한 모든 메달 수를 합하면 1+1+4+2+1=9개이다.

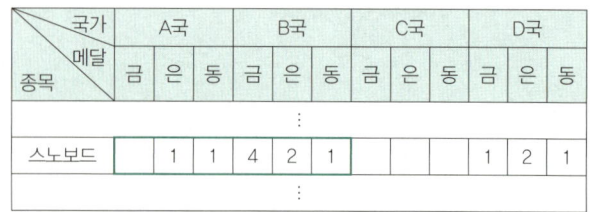

다른 종목을 확인해보면 A국이 획득한 모든 메달 수와 B국이 획득한 모든 메달 수의 합이 9 이상인 종목은 없으므로, 15개 종목 중 스노보드가 가장 많다.

② (×) <표>에 따르면 A국이 획득한 금메달 수는 3+3+3+3+1+1=14개이고, C국이 획득한 동메달 수는 2+2+1+2+1+3=11개이다. A국이 획득한 금메달 수와 C국이 획득한 동메달 수는 같지 않다.

③ (×) <표>에 따르면 A국이 루지, 봅슬레이, 스켈레톤 종목에서 획득한 모든 메달 수의 합은 3+1+2+3+1+1=11개이고, C국이 크로스컨트리 종목에서 획득한 모든 메달 수는 7+4+3=14개이다.

국가 메달 종목	A국 금	A국 은	A국 동	B국 금	B국 은	B국 동	C국 금	C국 은	C국 동	D국 금	D국 은	D국 동
루지	3	1	2	1							1	1
봅슬레이	3	1		1						1		1
스켈레톤		1										
크로스컨트리				1			7	4	3			

A국이 루지, 봅슬레이, 스켈레톤 종목에서 획득한 모든 메달 수의 합은 C국이 크로스컨트리 종목에서 획득한 모든 메달 수보다 적다.

④ (×) 발문에 따르면 <표>에 주어진 종목은 총 15개이고, 국가별로 메달을 획득하지 못한 종목을 확인해본다. A국부터 순서대로 각각 6개, 4개, 7개, 6개이다. A~D국 중 메달을 획득한 종목의 수가 가장 많은 국가는 D국이 아니라 B국이다.

⑤ (×) 각국의 획득한 은메달 수는 A국부터 순서대로 각각 10개, 8개, 14개, 8개이다. 획득한 은메달 수가 많은 국가부터 순서대로 나열하면 C, A, B=D국 순이다.

[정답] ①

48 다음 <표>는 7월 1~10일 동안 도시 A~E에 대한 인공지능 시스템의 예측 날씨와 실제 날씨이다. 이에 대한 <보기>의 설명 중 옳은 것만을 모두 고르면?

민경채 18년 가책형 13번

<표> 도시 A~E에 대한 예측 날씨와 실제 날씨

도시	구분	7.1.	7.2.	7.3.	7.4.	7.5.	7.6.	7.7.	7.8.	7.9.	7.10.
A	예측	☂	☁	☀	☂	☀	☀	☂	☂	☀	☁
	실제	☂	☀	☂	☂	☀	☂	☂	☀	☂	☂
B	예측	☀	☂	☂	☂	☁	☂	☂	☀	☂	☀
	실제	☂	☁	☂	☂	☂	☂	☀	☀	☂	☀
C	예측	☂	☀	☂	☂	☂	☀	☂	☂	☂	☂
	실제	☂	☂	☀	☁	☁	☂	☁	☂	☂	☂
D	예측	☂	☂	☀	☂	☂	☂	☂	☀	☂	☂
	실제	☂	☁	☂	☂	☂	☂	☂	☀	☀	☀
E	예측	☂	☂	☀	☂	☂	☁	☂	☂	☀	☂
	실제	☂	☂	☁	☂	☀	☂	☀	☂	☂	☀

※ ☀: 맑음, ☁: 흐림, ☂: 비

<보기>

ㄱ. 도시 A에서는 예측 날씨가 '비'인 날 실제 날씨도 모두 '비'였다.
ㄴ. 도시 A~E 중 예측 날씨와 실제 날씨가 일치한 일수가 가장 많은 도시는 B이다.
ㄷ. 7월 1~10일 중 예측 날씨와 실제 날씨가 일치한 도시 수가 가장 적은 날짜는 7월 2일이다.

① ㄱ
② ㄴ
③ ㄷ
④ ㄴ, ㄷ
⑤ ㄱ, ㄴ, ㄷ

해설

ㄱ. (X) <표>에 따르면 도시 A에서 예측 날씨가 '비'인 날은 7월 1일, 4일, 7일, 8일이다.

그 중 8일은 예측 날씨가 '비'였지만 실제 날씨는 '맑음'이었다.

ㄴ. (○) <표>에서 예측 날씨와 실제 날씨가 일치한 날을 표시해보면 다음과 같다.

도시 A~E 중 예측 날씨와 실제 날씨가 일치한 일수가 가장 많은 도시는 B(7일)이다.

ㄷ. (○) 보기 ㄴ에서 확인한 바와 같이 7월 1~10일 중 예측 날씨와 실제 날씨가 일치한 도시 수가 가장 적은 날짜는 7월 2일(0회)이다.

[정답] ④

49 다음 <표 1>과 <표 2>는 '갑'국 A~E 5개 도시의 지난 30년 월평균 지상 10m 기온과 월평균 지표면 온도이고, <표 3>과 <표 4>는 도시별 설계적설하중과 설계기본풍속이다. 이에 대한 <보기>의 설명 중 옳은 것만을 모두 고르면? 7급 공채 21년 나책형 22번

<표 1> 도시별 월평균 지상 10m 기온

(단위: ℃)

월\도시	A	B	C	D	E
1	−2.5	1.6	−2.4	−4.5	−2.3
2	−0.3	3.2	−0.5	−1.8	−0.1
3	5.2	7.4	4.5	4.2	5.1
4	12.1	13.1	10.7	11.4	12.2
5	17.4	17.6	15.9	16.8	17.2
6	21.9	21.1	20.4	21.5	21.3
7	25.9	25.0	24.0	24.5	24.4
8	25.4	25.7	24.9	24.3	25.0
9	20.8	21.2	20.7	18.9	19.7
10	14.4	15.9	14.5	12.1	13.0
11	6.9	9.6	7.2	4.8	6.1
12	−0.2	4.0	0.6	−1.7	−0.1

<표 2> 도시별 월평균 지표면 온도

(단위: ℃)

월\도시	A	B	C	D	E
1	−2.4	2.7	−1.2	−2.7	0.3
2	−0.3	4.8	0.8	−0.7	2.8
3	5.6	9.3	6.3	4.8	8.7
4	13.4	15.7	13.4	12.6	16.3
5	19.7	20.8	19.4	19.1	22.0
6	24.8	24.2	24.5	24.4	25.9
7	26.8	27.7	26.8	26.9	28.4
8	27.4	28.5	27.5	27.0	29.0
9	22.5	19.6	22.8	21.4	23.5
10	14.8	17.9	15.8	13.5	16.9
11	6.2	10.8	7.5	5.3	8.6
12	−0.1	4.7	1.1	−0.7	2.1

〈표 3〉 도시별 설계적설하중

(단위: kN/m²)

도시	A	B	C	D	E
설계적설하중	0.5	0.5	0.7	0.8	2.0

〈표 4〉 도시별 설계기본풍속

(단위: m/s)

도시	A	B	C	D	E
설계기본풍속	30	45	35	30	40

―〈보기〉―

ㄱ. '월평균 지상 10m 기온'이 가장 높은 달과 '월평균 지표면 온도'가 가장 높은 달이 다른 도시는 A뿐이다.
ㄴ. 2월의 '월평균 지상 10m 기온'은 영하이지만 '월평균 지표면 온도'가 영상인 도시는 C와 E이다.
ㄷ. 1월의 '월평균 지표면 온도'가 A~E 도시 중 가장 낮은 도시의 설계적설하중은 5개 도시 평균 설계적설하중보다 작다.
ㄹ. 설계기본풍속이 두 번째로 큰 도시는 8월의 '월평균 지상 10m 기온'도 A~E 도시 중 두 번째로 높다.

① ㄱ, ㄴ
② ㄴ, ㄷ
③ ㄴ, ㄹ
④ ㄷ, ㄹ
⑤ ㄱ, ㄷ, ㄹ

해설

ㄱ. (×) 〈표 1〉에 따르면 도시별 '월평균 지상 10m 기온'이 가장 높은 달은 다음과 같다.

월\도시	A	B	C	D	E
⋮					
7	25.9	25.0	24.0	24.5	24.4
8	25.4	25.7	24.9	24.3	25.0

그리고 〈표 2〉에 따르면 도시별 '월평균 지표면 온도'가 가장 높은 달은 다음과 같다.

월\도시	A	B	C	D	E
⋮					
7	26.8	27.7	26.8	26.9	28.4
8	27.4	28.5	27.5	27.0	29.0

'월평균 지상 10m 기온'이 가장 높은 달과 '월평균 지표면 온도'가 가장 높은 달이 다른 도시는 A, D이다.

ㄴ. (○) 〈표 1〉에 따르면 2월의 '월평균 지상 10m 기온'이 영하인 도시는 A, C, D, E이다.

월\도시	A	B	C	D	E
⋮					
2	−0.3	3.2	−0.5	−1.8	−0.1

〈표 2〉에 따르면 A, C, D, E 중 2월의 '월평균 지표면 온도'가 영상인 도시는 C와 E이다.

월\도시	A	B	C	D	E
⋮					
2	−0.3	4.8	0.8	−0.7	2.8

ㄷ. (○) 〈표 2〉에 따르면 A~E 도시 중 1월의 '월평균 지표면 온도'가 가장 낮은 도시는 D(−2.7℃)이다. 〈표 3〉에 따르면 D 도시의 설계적설하중은 0.8(kN/m²)이고, 5개 도시 평균 설계적설하중은 (0.5+0.5+0.7+0.8+2.0)/5=0.9이다. D 도시의 설계적설하중이 5개 도시 평균 설계적설하중보다 작다.

평균을 직접 구하지 않고 다음과 같은 방법으로 판단할 수 있다. 0.8을 기준으로 편차를 확인해보면 −0.3, −0.3, −0.1, 0, +1.2이고, 모두 더하면 편차의 합이 0을 초과한다. 따라서 평균이 0.8보다 큰 것을 알 수 있다.

ㄹ. (×) 〈표 4〉에 따르면 설계기본풍속이 첫 번째로 큰 도시는 B(45m/s)이고, 두 번째로 큰 도시는 E(40m/s)이다. 그리고 〈표 1〉에 따르면 8월의 '월평균 지상 10m 기온'이 첫 번째로 높은 도시는 B(25.7℃)이고, 두 번째로 높은 도시는 A(25.4℃)이다.

월\도시	A	B	C	D	E
⋮					
8	2 25.4	1 25.7	24.9	24.3	3 25.0

[정답] ②

50 다음 <표>는 '갑'국 A 위원회의 24~26차 회의 심의결과에 관한 자료이다. 이에 대한 <보기>의 설명 중 옳은 것만을 모두 고르면?

7급 공채 22년 가책형 4번

<표> A 위원회의 24~26차 회의 심의결과

위원 \ 회차 동의 여부	24 동의	24 부동의	25 동의	25 부동의	26 동의	26 부동의
기획재정부장관	O		O		O	
교육부장관	O			O	O	
과학기술정보통신부장관	O		O			O
행정안전부장관	O			O	O	
문화체육관광부장관	O			O	O	
농림축산식품부장관		O	O		O	
산업통상자원부장관		O	O			O
보건복지부장관	O		O		O	
환경부장관		O	O			O
고용노동부장관		O	O		O	
여성가족부장관	O		O		O	
국토교통부장관	O		O		O	
해양수산부장관	O		O		O	
중소벤처기업부장관		O	O			O
문화재청장	O		O		O	
산림청장	O			O	O	

※ 1) A 위원회는 <표>에 제시된 16명의 위원으로만 구성됨.
  2) A 위원회는 매 회차 개최 시 1건의 안건만을 심의함.

― <보기> ―

ㄱ. 24~26차 회의의 심의안건에 모두 동의한 위원은 6명이다.
ㄴ. 심의안건에 부동의한 위원 수는 매 회차 증가하였다.
ㄷ. 전체 위원의 $\frac{2}{3}$ 이상이 동의해야 심의안건이 의결된다면, 24~26차 회의의 심의안건은 모두 의결되었다.

① ㄱ
② ㄴ
③ ㄱ, ㄷ
④ ㄴ, ㄷ
⑤ ㄱ, ㄴ, ㄷ

해설

ㄱ. (○) 24~26차 회의의 심의안건에 모두 동의한 위원은 기획재정부장관, 보건복지부장관, 여성가족부장관, 국토교통부장관, 해양수산부장관, 문화재청장이다.

위원 \ 회차 동의 여부	24 동의	24 부동의	25 동의	25 부동의	26 동의	26 부동의
기획재정부장관	O		O		O	
교육부장관	O			O	O	
과학기술정보통신부장관	O		O			O
행정안전부장관	O			O	O	
문화체육관광부장관	O			O	O	
농림축산식품부장관		O	O		O	
산업통상자원부장관		O	O			O
보건복지부장관	O		O		O	
환경부장관		O	O			O
고용노동부장관		O	O		O	
여성가족부장관	O		O		O	
국토교통부장관	O		O		O	
해양수산부장관	O		O		O	
중소벤처기업부장관		O	O			O
문화재청장	O		O		O	
산림청장	O			O	O	

총 6명이다.

ㄴ. (×) 심의안건에 부동의한 위원 수는 24회차부터 각각 5명, 6명, 4명이다. 26회차에는 25회차에 비해 감소하였다.

ㄷ. (×) 각주 1)에 따르면 A 위원회 위원은 총 16명이다. 전체 위원의 2/3 이상이 동의해야 심의안건이 의결된다면, 11명 이상이 동의해야 심의안건이 의결된다는 것이다. 반대로 6명 이상이 부동의 하면 의결되지 않는다. 보기 ㄴ에서 확인한 바와 같이 25회차에는 6명이 부동의 하였으므로, 25회차 회의의 심의안건은 의결되지 않았다.

[정답] ①

51 다음 <표>는 농산물을 유전자 변형한 GMO 품목 가운데 전 세계에서 승인받은 200개 품목의 현황에 관한 자료이다. 이에 대한 설명으로 옳은 것은?

민경채 14년 A책형 24번

<표> 승인받은 GMO 품목 현황

(단위: 개)

구분	승인국가 수	전 세계 승인 품목			국내 승인 품목		
		합	A유형	B유형	합	A유형	B유형
콩	21	20	18	2	11	9	2
옥수수	22	72	32	40	51	19	32
면화	14	35	25	10	18	9	9
유채	11	22	19	3	6	6	0
사탕무	13	3	3	0	1	1	0
감자	8	21	21	0	4	4	0
알팔파	8	3	3	0	1	1	0
쌀	10	4	4	0	0	0	0
아마	2	1	1	0	0	0	0
자두	1	1	1	0	0	0	0
치커리	1	3	3	0	0	0	0
토마토	4	11	11	0	0	0	0
파파야	3	2	2	0	0	0	0
호박	2	2	2	0	0	0	0

※ 전 세계 승인 품목은 국내 승인 품목을 포함함.

① 승인 품목이 하나 이상인 국가는 모두 120개이다.
② 국내에서 92개, 국외에서 108개 품목이 각각 승인되었다.
③ 전 세계 승인 품목 중 국내에서 승인되지 않은 품목의 비율은 50% 이상이다.
④ 옥수수, 면화의 국내 승인 품목은 각각 B유형이 A유형보다 많다.
⑤ 옥수수, 면화, 감자의 전 세계 승인 품목은 각각 B유형이 20개 이상이다.

52 다음 <표>는 A국의 흥행순위별 2017년 영화개봉작 정보와 월별 개봉편수 및 관객수에 대한 자료이다. 이에 대한 설명으로 옳지 않은 것은?

민경채 18년 가책형 6번

<표 1> A국의 흥행순위별 2017년 영화개봉작 정보

(단위: 천 명)

흥행순위	영화명	개봉시기	제작	관객수
1	버스운전사	8월	국내	12,100
2	님과 함께	12월	국내	8,540
3	동조	1월	국내	7,817
4	거미인간	7월	국외	7,258
5	착한도시	10월	국내	6,851
6	군함만	7월	국내	6,592
7	소년경찰	8월	국내	5,636
8	더 퀸	1월	국내	5,316
9	투수와 야수	3월	국외	5,138
10	퀸스맨	9월	국외	4,945
11	썬더맨	10월	국외	4,854
12	꾸러기	11월	국내	4,018
13	가랑비	12월	국내	4,013
14	동래산성	10월	국내	3,823
15	좀비	6월	국외	3,689
16	행복의 질주	4월	국외	3,653
17	나의 이름은	4월	국외	3,637
18	슈퍼카인드	7월	국외	3,325
19	아이 캔 토크	9월	국내	3,279
20	캐리비안	5월	국외	3,050

※ 관객수는 개봉일로부터 2017년 12월 31일까지 누적한 값임.

<표 2> A국의 2017년 월별 개봉편수 및 관객수

(단위: 편, 천 명)

제작 월 \ 구분	국내 개봉편수	국내 관객수	국외 개봉편수	국외 관객수
1	35	12,682	105	10,570
2	39	8,900	96	6,282
3	31	4,369	116	9,486
4	29	4,285	80	6,929
5	31	6,470	131	12,210
6	49	4,910	124	10,194
7	50	6,863	96	14,495
8	49	21,382	110	8,504
9	48	5,987	123	6,733
10	35	12,964	91	8,622
11	56	6,427	104	6,729
12	43	18,666	95	5,215
전체	495	113,905	1,271	105,969

※ 관객수는 당월 상영영화에 대해 월말 집계한 값임.

① 흥행순위 1~20위 내의 영화 중 한 편의 영화도 개봉되지 않았던 달에는 국외제작영화 관객수가 국내제작영화 관객수보다 적다.

② 10월에 개봉된 영화 중 흥행순위 1~20위 내에 든 영화는 국내제작영화뿐이다.

③ 국외제작영화 개봉편수는 국내제작영화 개봉편수보다 매달 많다.

④ 국외제작영화 관객수가 가장 많았던 달에 개봉된 영화 중 흥행순위 1~20위 내에 든 국외제작영화 개봉작은 2편이다.

⑤ 흥행순위가 1위인 영화의 관객수는 국내제작영화 전체 관객수의 10% 이상이다.

해설

① (○) <표 1>에서 흥행순위 1~20위 내의 영화 중 한 편의 영화도 개봉되지 않았던 달을 확인해본다. 흥행순위 1위부터 8월, 12월, 1월과 같이 한 달씩 지워나가면 2월만 남게 된다. <표 2>에 따르면 2월의 국외제작영화 관객수(6,282천 명)가 국내제작영화 관객수(8,900천 명)보다 적다.

② (×) <표 1>에 따르면 10월에 개봉된 영화 중 흥행순위 1~20위 내에 든 영화는 '착한도시', '썬더맨', '동래산성'이다. 이중 '썬더맨'은 국외제작영화이다.

③ (○) <표 2>에서 매달 국외제작영화 개봉편수가 국내제작영화 개봉편수보다 많음을 확인할 수 있다.

④ (○) <표 2>에 따르면 국외제작영화 관객수가 가장 많았던 달은 7월(14,495천 명)이다. 7월에 개봉된 영화 중 흥행순위 1~20위 내에 든 국외제작영화 개봉작은 '거미인간', '슈퍼카인드'로 2편이다.

⑤ (○) <표 1>에 따르면 흥행순위가 1위인 영화 '버스운전사'의 관객수는 12,100천 명이고, <표 2>에 따르면 국내제작영화 전체 관객수는 113,905천 명이다. 113,905의 10%는 약 11,3900이므로, 흥행순위가 1위인 영화의 관객수는 국내제작영화 전체 관객수의 10% 이상이다.

[정답] ②

53 다음 <표>는 2019~2023년 '갑'국의 항공편 지연 및 결항에 관한 자료이다. 이에 대한 <보기>의 설명 중 옳은 것만을 모두 고르면?

7급 공채 24년 사책형 11번

<표 1> 2019~2023년 항공편 지연 현황

(단위: 편)

분기	월	국내선 2019	2020	2021	2022	2023	국제선 2019	2020	2021	2022	2023
1	1	0	0	0	0	0	1	0	0	1	0
1	2	0	0	0	0	0	0	0	0	0	2
1	3	0	0	0	0	0	6	0	0	0	0
2	4	0	0	0	0	0	0	0	2	0	1
2	5	1	0	0	0	0	5	0	0	1	0
2	6	0	0	0	0	0	0	0	10	11	1
3	7	40	0	0	3	68	53	23	11	83	55
3	8	3	0	0	3	1	27	58	61	111	50
3	9	0	0	0	0	161	7	48	46	19	368
4	10	0	93	0	23	32	21	45	44	98	72
4	11	0	0	0	1	0	0	0	0	5	11
4	12	0	0	0	0	0	2	1	6	0	17
전체		44	93	0	30	262	122	175	180	329	577

<표 2> 2019~2023년 항공편 결항 현황

(단위: 편)

분기	월	국내선 2019	2020	2021	2022	2023	국제선 2019	2020	2021	2022	2023
1	1	0	0	0	0	0	0	0	0	0	0
1	2	0	0	0	0	0	0	0	0	0	14
1	3	0	0	0	0	0	0	0	0	0	0
2	4	1	0	0	0	0	0	0	0	0	0
2	5	6	0	0	0	0	10	0	0	0	0
2	6	0	0	0	0	0	0	0	0	1	0
3	7	311	0	0	187	507	93	11	5	162	143
3	8	62	0	0	1,008	115	39	11	71	127	232
3	9	0	0	4	0	1,351	16	30	42	203	437
4	10	0	85	0	589	536	4	48	49	112	176
4	11	0	0	0	0	0	0	0	0	0	4
4	12	0	0	0	0	0	0	4	4	0	22
전체		380	85	4	1,784	2,509	162	104	171	605	1,028

<보기>

ㄱ. 2022년 3분기 국제선 지연편수는 전년 동기 대비 100편 이상 증가하였다.
ㄴ. 2023년 9월의 결항편수는 국내선이 국제선의 3배 이상이다.
ㄷ. 매년 1월과 3월에는 항공편 결항이 없었다.

① ㄱ
② ㄷ
③ ㄱ, ㄴ
④ ㄴ, ㄷ
⑤ ㄱ, ㄴ, ㄷ

54 다음 <표>는 2010년 지역별 외국인 소유 토지면적에 대한 자료이다. 이에 대한 <보기>의 설명 중 옳은 것을 모두 고르면?

민경채 11년 경책형 21번

<표> 2010년 지역별 외국인 소유 토지면적

(단위: 천m²)

지역	면적	전년대비 증감면적
서울	3,918	332
부산	4,894	−23
대구	1,492	−4
인천	5,462	−22
광주	3,315	4
대전	1,509	36
울산	6,832	37
경기	38,999	1,144
강원	21,747	623
충북	10,215	340
충남	20,848	1,142
전북	11,700	289
전남	38,044	128
경북	29,756	603
경남	13,173	530
제주	11,813	103
계	223,717	5,262

─〈보기〉─

ㄱ. 2009년 외국인 소유 토지면적이 가장 큰 지역은 경기이다.
ㄴ. 2010년 외국인 소유 토지면적의 전년대비 증가율이 가장 큰 지역은 서울이다.
ㄷ. 2010년에 외국인 소유 토지면적이 가장 작은 지역이 2009년에도 외국인 소유 토지면적이 가장 작다.
ㄹ. 2009년 외국인 소유 토지면적이 세 번째로 큰 지역은 경북이다.

① ㄱ, ㄷ
② ㄴ, ㄷ
③ ㄴ, ㄹ
④ ㄱ, ㄴ, ㄹ
⑤ ㄱ, ㄷ, ㄹ

해설

ㄱ. (×) <표>에 주어진 2010년의 지역별 외국인 소유 토지면적과 전년대비 증감면적으로부터 2009년 외국인 소유 토지면적을 구할 수 있다. 보기에서는 외국인 소유 토지면적이 가장 큰 지역을 묻고 있으므로 다른 지역들과 비교해 상대적으로 토지면적이 큰 경기지역과 전남지역을 우선적으로 비교해본다.

지역	면적	전년대비 증감면적
⋮		
경기	38,999	− 1,144 =37,855
⋮		
전남	38,044	− 128 =37,916
⋮		

2009년 경기지역의 외국인 소유 토지면적은 37,855(천m²)이고 전남지역은 37,916(천m²)이므로, 외국인 소유 토지면적이 가장 큰 지역이 경기는 아니다.

ㄴ. (○) 2010년 외국인 소유 토지면적의 전년대비 증가율을 구하기 위해서는

$$\frac{2010년\ 외국인\ 소유\ 토지면적 - 2009년\ 외국인\ 소유\ 토지면적}{2009년\ 외국인\ 소유\ 토지면적} \times 100$$

을 계산해야 하는데 분자와 분모는 각각

$$\frac{전년대비\ 증감면적}{2010년\ 외국인\ 소유\ 토지면적 - 전년대비\ 증감면적} \times 100\text{이고,}$$

$$\frac{전년대비\ 증감면적}{2010년\ 외국인\ 소유\ 토지면적} \times 100$$

을 통해 대소를 비교할 수 있다. 보기에서 묻고 있는 서울지역을 기준으로 생각해보면 332/3,918은 약 8%이고, 충남지역을 제외한 나머지 지역은 5%에도 미치지 못한다. 충남지역은 약 5%로 8%에 미치지 못한다. 2010년 외국인 소유 토지면적의 전년대비 증가율이 가장 큰 지역은 서울임을 확인할 수 있다.

ㄷ. (×) <표>에 따르면 2010년 외국인 소유 토지면적이 가장 작은 지역은 대구(1,492천m²)이다. 그러나 2009년의 경우 대구는 1,496(=1,492+4), 대전은 1,473(=1,509−36)이므로 대전의 외국인 소유 토지면적이 대구보다 작다.

ㄹ. (○) 먼저 경북의 2009년 외국인 소유 토지면적의 기준값을 잡으면 대략 경북은 약 29,xxx이다. 우선 면적에서 이와 비슷한 숫자를 찾아 비교해보면, <표>에서 정확한 값을 계산하지 않더라도 2009년 외국인 소유 토지면적이 첫 번째, 두 번째로 큰 지역은 전남과 경기이다. 두 지역 모두 30,000(천m²)을 초과한다. 그리고 나머지 다른 지역은 29,xxx에 미치지 못하므로, 2009년 외국인 소유 토지면적이 세 번째로 큰 지역은 경북이라는 것을 확인할 수 있다.

합격으로 가는 Tip

ㄴ. 증가율이 가장 큰 지역을 구해야 하므로, 전년대비 증감면적이 (+)인 지역을 확인해야 한다.

[정답] ③

55 다음 <표>는 2012년 지역별 PC 보유율과 인터넷 이용률에 관한 자료이다. 이에 대한 <보기>의 설명 중 옳은 것만을 모두 고르면?

민경채 15년 인책형 11번

<표> 2012년 지역별 PC 보유율과 인터넷 이용률

(단위: %)

구분 지역	PC 보유율	인터넷 이용률
서울	88.4	80.9
부산	84.6	75.8
대구	81.8	75.9
인천	87.0	81.7
광주	84.8	81.0
대전	85.3	80.4
울산	88.1	85.0
세종	86.0	80.7
경기	86.3	82.9
강원	77.3	71.2
충북	76.5	72.1
충남	69.9	69.7
전북	71.8	72.2
전남	66.7	67.8
경북	68.8	68.4
경남	72.0	72.5
제주	77.3	73.6

─────<보기>─────

ㄱ. PC 보유율이 네 번째로 높은 지역은 인터넷 이용률도 네 번째로 높다.
ㄴ. 경남보다 PC 보유율이 낮은 지역의 인터넷 이용률은 모두 경남의 인터넷 이용률보다 낮다.
ㄷ. 울산의 인터넷 이용률은 인터넷 이용률이 가장 낮은 지역의 1.3배 이상이다.
ㄹ. PC 보유율보다 인터넷 이용률이 높은 지역은 전북, 전남, 경남이다.

① ㄱ, ㄴ
② ㄱ, ㄷ
③ ㄱ, ㄹ
④ ㄴ, ㄷ
⑤ ㄴ, ㄹ

해설

ㄱ. (×) <표>에서 PC 보유율이 높은 지역을 확인해야 하므로 80% 또는 85%를 기준으로 삼아서 해당 지역들만 빠르게 확인한다. PC 보유율이 가장 높은 지역부터 순서대로 네 번째 지역까지 확인해보면 서울(88.4%), 울산(88.1%), 인천(87.0%), 경기(86.3%)이다. 마찬가지로 인터넷 이용률이 높은 지역부터 순서대로 확인해보면 울산(85.0%), 경기(82.9%)이다. 경기지역의 인터넷 이용률은 두 번째로 높다.

ㄴ. (○) <표>에 따르면 경남의 PC 보유율은 72.0이고, 경남보다 PC 보유율이 낮은 지역은 전북(71.8%), 충남(69.9%), 경북(68.8%), 전남(66.7%)이다. 전북의 인터넷 이용률은 72.2%, 충남 69.7%, 경북 68.4%, 전남 67.8로 모두 경남의 인터넷 이용률 72.5%보다 낮다.

구분 지역	PC 보유율	인터넷 이용률
⋮		
충남	69.9	69.7
전북	71.8	72.2
전남	66.7	67.8
경북	68.8	68.4
경남	72.0	72.5
⋮		

ㄷ. (×) 울산의 인터넷 이용률은 85.0%이고 인터넷 이용률이 가장 낮은 지역은 전남(67.8%)이다. 67.8의 1.3배는 약 88로 85.0보다 크다. 울산의 인터넷 이용률은 전남의 1.3배 미만이다.

ㄹ. (○) <표>에서 지역별 PC 보유율과 인터넷 이용률을 비교해보면 PC 보유율보다 인터넷 이용률이 높은 지역은 전북(71.8<72.2), 전남(66.7<67.8), 경남(72.0<72.5)이다.

[정답] ⑤

56 다음 <표>는 2000~2013년 동안 세대문제 키워드별 검색 건수에 대한 자료이다. 이에 대한 <보기>의 설명 중 옳은 것만을 모두 고르면?

민경채 16년 5책형 18번

<표> 세대문제 키워드별 검색 건수

(단위: 건)

연도	부정적 키워드		긍정적 키워드		전체
	세대갈등	세대격차	세대소통	세대통합	
2000	575	260	164	638	1,637
2001	520	209	109	648	1,486
2002	912	469	218	1,448	3,047
2003	1,419	431	264	1,363	3,477
2004	1,539	505	262	1,105	3,411
2005	1,196	549	413	1,247	3,405
2006	940	494	423	990	2,847
2007	1,094	631	628	1,964	4,317
2008	1,726	803	1,637	2,542	6,708
2009	2,036	866	1,854	2,843	7,599
2010	2,668	1,150	3,573	4,140	11,531
2011	2,816	1,279	3,772	4,008	11,875
2012	3,603	1,903	4,263	8,468	18,237
2013	3,542	1,173	3,809	4,424	12,948

─────────── <보기> ───────────

ㄱ. 부정적 키워드 검색 건수에 비해 긍정적 키워드 검색 건수가 많았던 연도의 횟수는 8번 이상이다.
ㄴ. '세대소통' 키워드의 검색 건수는 2005년 이후 매년 증가하였다.
ㄷ. 2001~2013년 동안 전년대비 전체 검색 건수 증가율이 가장 높은 해는 2002년이다.
ㄹ. 2002년에 전년대비 검색 건수 증가율이 가장 낮은 키워드는 '세대소통'이다.

① ㄱ, ㄴ
② ㄱ, ㄷ
③ ㄴ, ㄹ
④ ㄱ, ㄷ, ㄹ
⑤ ㄴ, ㄷ, ㄹ

해설

ㄱ. (O) <표>에서 부정적 키워드 검색 건수와 긍정적 키워드 검색 건수를 일일이 직접 더해서 정확한 값을 구하기에는 시간이 많이 걸린다. 간단하게 판단할 수 있는 기준을 정해 확인해본다. 예를 들어 2002년의 경우 '세대소통'과 '세대통합' 검색 건수의 합은 천의 자리, 백의 자리만 더해도 1,600 이상이고 이는 전체 검색 건수 3,047의 절반 이상이다. 그러므로 부정적 키워드 검색 건수에 비해 긍정적 키워드 검색건수가 많다고 판단할 수 있다. 마찬가지 방법으로 확인할 수 있는 연도는 다음과 같다.

연도	부정적 키워드		긍정적 키워드		전체
	세대갈등	세대격차	세대소통	세대통합	
2000	575	260	164	638	1,637
2001	520	209	109	648	1,486
2002	912	469	218	1,448	3,047
2003	1,419	431	264	1,363	3,477
2004	1,539	505	262	1,105	3,411
2005	1,196	549	413	1,247	3,405
2006	940	494	423	990	2,847
2007	1,094	631	628	1,964	4,317
2008	1,726	803	1,637	2,542	6,708
2009	2,036	866	1,854	2,843	7,599
2010	2,668	1,150	3,573	4,140	11,531
2011	2,816	1,279	3,772	4,008	11,875
2012	3,603	1,903	4,263	8,468	18,237
2013	3,542	1,173	3,809	4,424	12,948

해당 연도만 빠르게 확인하더라도 부정적 키워드 검색 건수에 비해 긍정적 키워드 검색 건수가 많았던 연도의 횟수는 8번이다. 보다 정확하게 계산한다면 2001년을 포함해 총 9번이다.

ㄴ. (X) <표>에 따르면 '세대소통' 키워드의 검색 건수는 2005년 이후 증가하다가, 2013년(3,809건)에는 2012년(4,263건) 대비 감소하였다.

ㄷ. (O) 해당 보기에서는 전년대비 전체 검색 건수 증가율이 가장 높은 해가 2002년인지 묻고 있으므로, 2002년부터 전년대비 전체 검색 건수 증가율을 확인해본다. 2002년의 전체 검색 건수는 3,047건으로 2001년의 1,486건 대비 2배 이상 증가하였다. 다른 모든 연도를 확인해봐도 전체 검색 건수가 전년대비 2배 이상 증가한 연도는 없으므로, 2001~2013년 동안 전년대비 전체 검색 건수 증가율이 가장 높은 해는 2002년이라고 판단할 수 있다.

ㄹ. (X) <표>에 따르면 2002년 '세대소통' 검색건수는 218건으로 2001년의 109건 대비 정확히 2배 증가했다. 증가율은 100%이다.

연도	부정적 키워드		긍정적 키워드		전체
	세대갈등	세대격차	세대소통	세대통합	
⋮					
2001	520	209	109	648	1,486
2002	912	469	218	1,448	3,047
⋮					

2002년 '세대갈등' 검색건수는 912건으로 2001년 520건의 2배 미만이다. 2002년에 전년대비 검색 건수 증가율이 가장 낮은 키워드는 '세대소통'이 아니라 '세대갈등'이다.

합격으로 가는 Tip

ㄱ. 보기형 문제를 해결할 때는, 계산 또는 처리해야 하는 정보량이 많은 보기 ㄱ보다 다른 보기를 우선 검토하는 것도 좋다.

[정답] ②

57 다음 <표>는 2018년과 2019년 14개 지역에 등록된 5톤 미만 어선 수에 관한 자료이다. 이에 대한 설명으로 옳은 것은?

민경채 20년 가책형 7번

<표> 2018년과 2019년 14개 지역에 등록된 5톤 미만 어선 수

(단위: 척)

연도	톤급 지역	1톤 미만	1톤 이상 2톤 미만	2톤 이상 3톤 미만	3톤 이상 4톤 미만	4톤 이상 5톤 미만
2019	부산	746	1,401	374	134	117
	대구	6	0	0	0	0
	인천	98	244	170	174	168
	울산	134	378	83	51	32
	세종	8	0	0	0	0
	경기	910	283	158	114	118
	강원	467	735	541	296	179
	충북	427	5	1	0	0
	충남	901	1,316	743	758	438
	전북	348	1,055	544	168	184
	전남	6,861	10,318	2,413	1,106	2,278
	경북	608	640	370	303	366
	경남	2,612	4,548	2,253	1,327	1,631
	제주	123	145	156	349	246
2018	부산	793	1,412	351	136	117
	대구	6	0	0	0	0
	인천	147	355	184	191	177
	울산	138	389	83	52	33
	세종	7	0	0	0	0
	경기	946	330	175	135	117
	강원	473	724	536	292	181
	충북	434	5	1	0	0
	충남	1,036	1,429	777	743	468
	전북	434	1,203	550	151	188
	전남	7,023	10,246	2,332	1,102	2,297
	경북	634	652	372	300	368
	경남	2,789	4,637	2,326	1,313	1,601
	제주	142	163	153	335	250

① 2019년 경기의 5톤 미만 어선 수의 전년 대비 증감률은 10% 미만이다.

② 2019년 대구를 제외한 각 지역에서 '1톤 미만' 어선 수는 전년보다 감소한다.

③ 2018년 대구, 세종, 충북을 제외한 각 지역에서 '1톤 이상 2톤 미만'부터 '4톤 이상 5톤 미만'까지 톤급이 증가할수록 어선 수는 감소한다.

④ 2018년과 2019년 모두 '1톤 이상 2톤 미만' 어선 수는 충남이 세 번째로 크다.

⑤ 2018년과 2019년 모두 '1톤 미만' 어선 수 대비 '3톤 이상 4톤 미만' 어선 수의 비가 가장 높은 지역은 인천이다.

해설

① (○) 선지에서는 경기의 5톤 미만 어선 수에 대해서 묻고 있는데, 5톤 미만 어선 수는 <표>에 주어진 모든 톤급에 해당한다. 2019년 경기의 5톤 미만 어선 수의 전년 대비 증감률을 판단하기 위해서는 다음과 같이 각 연도별 경기의 모든 어선 수를 더한 후 감소량을 구하거나, 각 톤급별로 증감을 파악한 후 이를 더해 감소량을 구할 수 있다.

연도	톤급 지역	1톤 미만	1톤 이상 2톤 미만	2톤 이상 3톤 미만	3톤 이상 4톤 미만	4톤 이상 5톤 미만
		−36	−47	−17	−21	1
2019	경기	910	283	158	114	118
						1,583
2018	경기	946	330	175	135	117
						1,703

각 톤급별 증감을 모두 더하면 2019년 경기의 5톤 미만 어선 수는 120척 감소했는데 2018년 경기의 5톤 미만 어선 수는 대략 더해보더라도 1,200척 이상이므로, 2019년 경기의 5톤 미만 어선 수는 전년 대비 10% 미만 감소했다. 증감율이 10% 미만이라고 판단할 수 있다.

② (×) <표>에 따르면 2019년 세종의 '1톤 미만' 어선 수는 8척으로, 2018년 7척보다 증가하였다. 대구는 6척으로 유지되었다.

③ (×) <표>에 2018년 대구, 세종, 충북을 제외한 각 지역에서 톤급이 증가할 때 어선 수가 증가한 경우를 표시해보면 다음과 같다.

연도	톤급 지역	1톤 미만	1톤 이상 2톤 미만	2톤 이상 3톤 미만	3톤 이상 4톤 미만	4톤 이상 5톤 미만
2019						
	부산	793	1,412	351	136	117
	대구	6	0	0	0	0
	인천	147	355	184	191	177
	울산	138	389	83	52	33
	세종	7	0	0	0	0
2018	경기	946	330	175	135	117
	강원	473	724	536	292	181
	충북	434	5	1	0	0
	충남	1,036	1,429	777	743	468
	전북	434	1,203	550	151	188
	전남	7,023	10,246	2,332	1,102	2,297
	경북	634	652	372	300	368
	경남	2,789	4,637	2,326	1,313	1,601
	제주	142	163	153	335	250

④ (×) <표>에서 2018년과 2019년 충남의 '1톤 이상 2톤 미만' 어선 수를 확인해본다. 전남과 경남의 어선 수는 다른 지역과 비교해서 확연히 크므로, 두 지역을 제외하고 충남의 어선 수가 가장 큰지 확인해본다. 2019년의 경우 부산의 어선 수는 1,401척으로 충남의 어선 수 1,316척보다 많다. 따라서 2019년 '1톤 이상 2톤 미만' 어선 수는 충남이 세 번째로 크지 않다.

⑤ (×) <표>에 따르면 2018년과 2019년 모두 인천의 '1톤 미만' 어선 수 대비 '3톤 이상 4톤 미만' 어선 수의 비는 2 미만이다.

연도	톤급 지역	1톤 미만	1톤 이상 2톤 미만	2톤 이상 3톤 미만	3톤 이상 4톤 미만	4톤 이상 5톤 미만
2019	인천	98	244	170	174	168
2018	인천	147	355	184	191	177

제주의 경우 2018년과 2019년 모두 '1톤 미만' 어선 수 대비 '3톤 이상 4톤 미만' 어선 수의 비가 2 이상이다.

[정답] ①

Ⅳ. 공식

주로 수치자료가 제시된 표와 이를 가공할 수 있는 공식이 (각주로) 주어지는 유형이다. 공식으로는 주로 분수식이 주어지는 경우가 많다. 제시되는 공식의 형식도 어느 정도 정형화되어 있으므로 주어진 공식의 해석 및 가공처리를 빠르게 할 수 있는가가 빠르고 정확한 해결의 관건이 되는 유형이다.

58 다음 <표>는 세계 주요 터널화재 사고 A~F에 관한 자료이다. 이에 대한 설명으로 옳은 것은? 민경채 17년 나책형 4번

<표> 세계 주요 터널화재 사고 통계

구분 사고	터널길이 (km)	화재규모 (MW)	복구비용 (억원)	복구기간 (개월)	사망자 (명)
A	50.5	350	4,200	6	1
B	11.6	40	3,276	36	39
C	6.4	120	72	3	12
D	16.9	150	312	2	11
E	0.2	100	570	10	192
F	1.0	20	18	8	0

※ 사고비용(억원)=복구비용(억원)+사망자(명)×5(억원/명)

① 터널길이가 길수록 사망자가 많다.
② 화재규모가 클수록 복구기간이 길다.
③ 사고 A를 제외하면 복구기간이 길수록 복구비용이 크다.
④ 사망자가 가장 많은 사고 E는 사고비용도 가장 크다.
⑤ 사망자가 30명 이상인 사고를 제외하면 화재규모가 클수록 복구비용이 크다.

해설

① (×) <표>에 터널길이와 사망자 수의 순위를 매겨보면 다음과 같다.

구분 사고	터널길이 (km)	화재규모 (MW)	복구비용 (억원)	복구기간 (개월)	사망자 (명)
A	50.5 1	350	4,200	6	1 5
B	11.6 3	40	3,276	36	39 2
C	6.4 4	120	72	3	12 3
D	16.9 2	150	312	2	11 4
E	0.2 6	100	570	10	192 1
F	1.0 5	20	18	8	0 6

사고 A의 경우만 해도 터널길이는 가장 길지만 사망자가 가장 많은 것은 아니다.

② (×) <표>에서 사고 A의 경우 화재규모는 350MW로 <표>에 주어진 사고 중 가장 크지만 복구기간은 6개월로 가장 긴 것은 아니다. 다른 사고의 경우에도 화재규모 순위와 복구기간 순위가 일치하지 않는다.

③ (×) <표>에서 사고 D의 경우 복구기간은 2개월로 가장 짧지만 복구비용은 312억원으로 가장 작은 것은 아니다.

④ (×) 각주에 따르면 사고비용은 '복구비용(억원)+사망자(명)×5(억원/명)'이다. 사고 E의 사고비용은 사망자가 192명이므로 5억원을 곱하고 복구비용 570억원을 더해도 1,600억원 미만이다. 사고 A, B의 경우 복구비용만 3,000억원 이상이므로 사고비용도 3,000억원 이상이다. 사고 E가 사고비용이 가장 큰 것은 아니다.

⑤ (○) <표>에서 사망자가 30명 이상인 사고를 제외하고 화재규모와 복구비용의 순위를 매겨보면 다음과 같다.

구분 사고	터널길이 (km)	화재규모 (MW)	복구비용 (억원)	복구기간 (개월)	사망자 (명)
A	50.5	350 1	4,200 1	6	1
⋮					
C	6.4	120 3	72 3	3	12
D	16.9	150 2	312 2	2	11
⋮					
F	1.0	20 4	18 4	8	0

화재규모가 클수록 복구비용이 크다는 것을 확인할 수 있다.

[정답] ⑤

59 다음 <표>는 2019년과 2020년 지역별 전체주택 및 빈집 현황에 관한 자료이다. 이를 바탕으로 작성한 <보고서>의 A~C에 해당하는 내용을 바르게 나열한 것은? 7급 공채 22년 가책형 9번

<표> 2019년과 2020년 지역별 전체주택 및 빈집 현황

(단위: 호, %)

연도	2019			2020		
지역 \ 구분	전체주택	빈집	빈집비율	전체주택	빈집	빈집비율
서울특별시	2,953,964	93,402	3.2	3,015,371	96,629	3.2
부산광역시	1,249,757	109,651	8.8	1,275,859	113,410	8.9
대구광역시	800,340	40,721	5.1	809,802	39,069	4.8
인천광역시	1,019,365	66,695	6.5	1,032,774	65,861	6.4
광주광역시	526,161	39,625	7.5	538,275	41,585	7.7
대전광역시	492,797	29,640	6.0	496,875	26,983	5.4
울산광역시	391,596	33,114	8.5	394,634	30,241	7.7
세종특별자치시	132,257	16,437	12.4	136,887	14,385	10.5
경기도	4,354,776	278,815	6.4	4,495,115	272,358	6.1
강원도	627,376	84,382	13.4	644,023	84,106	13.1
충청북도	625,957	77,520	12.4	640,256	76,877	12.0
충청남도	850,525	107,609	12.7	865,008	106,430	12.3
전라북도	724,524	91,138	12.6	741,221	95,412	12.9
전라남도	787,816	121,767	15.5	802,043	122,103	15.2
경상북도	1,081,216	143,560	13.3	1,094,306	139,770	12.8
경상남도	1,266,739	147,173	11.6	1,296,944	150,982	11.6
제주특별자치도	241,788	36,566	15.1	246,451	35,105	14.2
전국	18,126,954	1,517,815	8.4	18,525,844	1,511,306	8.2

※ 빈집비율(%) = $\frac{빈집}{전체주택} \times 100$

─〈보고서〉─

2020년 우리나라 전체주택 수는 전년 대비 39만 호 이상 증가하였으나 빈집 수는 6천 호 이상 감소하여 빈집비율은 전년 대비 감소하였다. 특히 세종특별자치시의 빈집비율이 가장 큰 폭으로 감소하였다.

하지만 2020년에는 ⎡ A ⎦개 지역에서 빈집 수가 전년 대비 증가하였고, 전년 대비 빈집비율이 가장 큰 폭으로 증가한 지역은 ⎡ B ⎦였다. 빈집비율이 가장 높은 지역과 가장 낮은 지역의 빈집비율 차이는 2019년에 비해 2020년이 ⎡ C ⎦하였다.

	A	B	C
①	5	광주광역시	감소
②	5	전라북도	증가
③	6	광주광역시	증가
④	6	전라북도	증가
⑤	6	전라북도	감소

60 다음 <표>는 2023년 도시 A~E의 '갑' 감염병 현황에 관한 자료이다. 이를 근거로 치명률이 가장 높은 도시와 가장 낮은 도시를 바르게 연결한 것은?

7급 공채 24년 사책형 1번

<표> 2023년 도시 A~E의 '갑' 감염병 현황

(단위: 명)

도시\구분	환자 수	사망자 수
A	300	16
B	20	1
C	50	2
D	100	6
E	200	9

※ 치명률(%) = $\frac{\text{사망자 수}}{\text{환자 수}} \times 100$

	가장 높은 도시	가장 낮은 도시
①	A	C
②	A	E
③	D	B
④	D	C
⑤	D	E

해설

각주에 따라 각 도시의 치명률을 비교한다.

A: 16/300 = 5% 이상 6% 미만
　　15/300과 18/300을 기준으로 판단한다. 약 5.33%이다.
B: 1/20 = 5%
C: 2/50 = 4%
D: 6/100 = 6%
E: 9/200 = 4.5%

치명률이 가장 높은 도시는 D(6%)이고 가장 낮은 도시는 C(4%)이다.
정답은 ④이다.

합격으로 가는 Tip

치명률의 분모에 해당하는 '환자 수'의 숫자가 깔끔하게 주어져 있으므로 환자 수와 사망자 수에 일정한 숫자를 곱하여 다음과 같이 통분해주어도 좋다.

도시\구분	환자 수	사망자 수
A	300×2=600	16×2=32
B	20×30=600	1×30=30
C	50×12=600	2×12=24
D	100×6=600	6×6=36
E	200×3=600	9×3=27

[정답] ④

61 다음 <표>는 2006~2010년 '갑'국 연구개발비에 관한 자료이다. 이에 대한 설명으로 옳은 것은?

민경채 14년 A책형 8번

<표> 연도별 연구개발비

구분 \ 연도	2006	2007	2008	2009	2010
연구개발비(십억원)	27,346	31,301	34,498	37,929	43,855
전년대비 증가율(%)	13.2	14.5	10.2	9.9	15.6
공공부담 비중(%)	24.3	26.1	26.8	28.7	28.0
인구 만명당 연구개발비(백만원)	5,662	6,460	7,097	7,781	8,452

※ 연구개발비=공공부담 연구개발비+민간부담 연구개발비

① 연구개발비의 공공부담 비중은 매년 증가하였다.
② 전년에 비해 인구 만명당 연구개발비가 가장 많이 증가한 해는 2010년이다.
③ 2009년에 비해 2010년 '갑'국 인구는 증가하였다.
④ 전년대비 연구개발비 증가액이 가장 작은 해는 2009년이다.
⑤ 연구개발비의 전년대비 증가율이 가장 작은 해와 연구개발비의 민간부담 비중이 가장 큰 해는 같다.

해설

① (×) <표>에 따르면 2010년 연구개발비의 공공부담 비중은 28.0%로 2009년의 28.7% 대비 감소하였다.

② (×) <표>에 따르면 2010년의 인구 만명당 연구개발비는 8,452(백만원)으로 전년인 2009년의 7,781보다 671 증가하였다. 그러나 2007년의 경우 인구 만명당 연구개발비는 6,460으로 전년인 2006년의 5,662보다 700 이상 증가하였다. 전년에 비해 인구만명당 연구개발비가 가장 많이 증가한 해는 2010년이 아니다.
2009년도 전년대비 684 증가하여 2010년의 증가폭 671 보다 크다.

③ (○) <표>에는 연구개발비와 인구 만명당 연구개발비가 주어져 있으므로 인구를 구할 수 있다. 정확히 식으로 나타내보면 다음과 같다.

연구개발비(십억원) ÷ 인구 만명당 연구개발비(백만원)

= 연구개발비(십억원) × $\frac{인구(만명)}{연구개발비(백만원)}$

= 1,000 × 인구(만명)

이상의 식에 따라 구체적인 값을 계산할 필요는 없고, 2009년과 2010년의 연구개발비와 인구 만명당 연구개발비를 비교한다. 즉, 인구는 연구개발비(십억원)÷인구 만명당 연구개발비(백만원)의 공식으로 비교할 수 있다.

구분 \ 연도	2006	2007	2008	2009	2010
연구개발비(십억원)	27,346	31,301	34,498	37,929	43,855
⋮					
인구 만명당 연구개발비(백만원)	5,662	6,460	7,097	7,781	8,452

2010년의 경우 분모에 해당하는 인구 만명당 연구개발비는 전년대비 10% 미만 증가했지만 분자에 해당하는 연구개발비는 10% 이상 증가했으므로 2009년에 비해 2010년 '갑'국의 인구는 증가하였음을 알 수 있다.

④ (×) <표>에 따르면 2009년의 연구개발비는 37,929(십억원)으로 전년인 2008년의 34,498 대비 3,431 증가하였다. 그러나 2008년의 경우 연구개발비는 34,498로 전년인 2007년의 31,301 대비 3,1xx 증가하였다. 2008년의 증가액이 더 작으므로, 전년대비 연구개발비 증가액이 가장 작은 해는 2009년이 아니다.

⑤ (×) <표>에서 연구개발비의 전년대비 증가폭을 확인해보면 다음과 같다.

구분 \ 연도	2006	2007 3,955	2008 3,197	2009 3,431	2010 5,926
연구개발비(십억원)	27,346	31,301	34,498	37,929	43,855
전년대비 증가율(%)	13.2	14.5	10.2	9.9	15.6
공공부담 비중(%)	24.3	26.1	26.8	28.7	28.0
⋮					

2009년에는 연구개발비가 전년대비 10% 미만 증가했고 나머지 다른 연도에는 10% 이상 증가했으므로, 연구개발의 전년대비 증가율이 가장 작은 해는 2009년이다. 그리고 각주에 따르면 연구개발비는 공공부담 연구개발비와 민간부담 연구개발비의 합이므로 연구개발비의 민간부담 비중이 가장 큰 해는 공공부담 비중이 가장 작은 해이다. <표>에서 연구개발비의 공공부담 비중이 가장 작은 해는 2006년(24.3%)이다.

[정답] ③

62 다음 <표>는 조사년도별 우리나라의 도시수, 도시인구 및 도시화율에 대한 자료이다. 이에 대한 <보기>의 설명 중 옳은 것만을 모두 고르면?

민경채 16년 5책형 10번

<표> 조사년도별 우리나라의 도시수, 도시인구 및 도시화율

(단위: 개, 명, %)

조사년도	도시수	도시인구	도시화율
1910	12	1,122,412	8.4
1915	7	456,430	2.8
1920	7	508,396	2.9
1925	19	1,058,706	5.7
1930	30	1,605,669	7.9
1935	38	2,163,453	10.1
1940	58	3,998,079	16.9
1944	74	5,067,123	19.6
1949	60	4,595,061	23.9
1955	65	6,320,823	29.4
1960	89	12,303,103	35.4
1966	111	15,385,382	42.4
1970	114	20,857,782	49.8
1975	141	24,792,199	58.3
1980	136	29,634,297	66.2
1985	150	34,527,278	73.3
1990	149	39,710,959	79.5
1995	135	39,882,316	82.6
2000	138	38,784,556	84.0
2005	151	41,017,759	86.7
2010	156	42,564,502	87.6

※ 1) 도시화율(%) = $\frac{도시인구}{전체인구} \times 100$

　　2) 평균도시인구 = $\frac{도시인구}{도시수}$

─────<보기>─────

ㄱ. 1949~2010년 동안 직전 조사년도에 비해 도시수가 증가한 조사년도에는 직전 조사년도에 비해 도시화율도 모두 증가한다.

ㄴ. 1949~2010년 동안 직전 조사년도 대비 도시인구 증가폭이 가장 큰 조사년도에는 직전 조사년도 대비 도시화율 증가폭도 가장 크다.

ㄷ. 전체인구가 처음으로 4천만명을 초과한 조사년도는 1970년이다.

ㄹ. 조사년도 1955년의 평균도시인구는 10만명 이상이다.

① ㄱ, ㄴ
② ㄱ, ㄷ
③ ㄴ, ㄷ
④ ㄴ, ㄹ
⑤ ㄱ, ㄷ, ㄹ

63 다음 <표>는 2019년 '갑'회사의 지점(A~E)별 매출 관련 현황에 관한 자료이다. 이에 대한 <보기>의 설명 중 옳은 것만을 모두 고르면?

민경채 20년 가책형 4번

<표> '갑'회사의 지점별 매출 관련 현황

(단위: 억 원, 명)

지점 구분	A	B	C	D	E	전체
매출액	10	21	18	10	12	71
목표매출액	15	26	20	13	16	90
직원수	5	10	8	3	6	32

※ 목표매출액 달성률(%) = $\frac{매출액}{목표매출액} \times 100$

─〈보기〉─

ㄱ. 직원 1인당 매출액이 가장 많은 지점은 D이다.
ㄴ. 목표매출액 달성률이 가장 높은 지점은 C이다.
ㄷ. 지점 매출액이 5개 지점 매출액의 평균을 초과하는 지점은 3곳이다.
ㄹ. 5개 지점의 매출액이 각각 20%씩 증가한다면, 전체 매출액은 전체 목표매출액을 초과한다.

① ㄱ, ㄴ
② ㄱ, ㄷ
③ ㄷ, ㄹ
④ ㄱ, ㄴ, ㄹ
⑤ ㄴ, ㄷ, ㄹ

해설

ㄱ. (○) <표>에 따르면 D지점의 직원 1인당 매출액은 10(억 원)/3(명)으로 3 이상이고, 나머지 다른 모든 지점은 3 미만이다. 직원 1인당 매출액이 가장 많은 지점은 D이다.

지점 구분	A	B	C	D	E	전체
매출액	10	21	18	10	12	71
목표매출액	15	26	20	13	16	90
직원수	5	10	8	3	6	32

ㄴ. (○) 각주에 따르면 목표매출액 달성률은 '매출액/목표매출액×100'이다. <표>에 따르면 C지점의 목표매출액 달성률은 18/20×100 =90%이고, 나머지 다른 모든 지점의 목표매출액 달성률은 90%에 미치지 못한다.

ㄷ. (×) <표>에서 전체 매출액이 71억 원으로 주어져 있으므로 5개 지점 매출액의 평균은 71÷5=14.2억 원이다. 매출액이 14.2억 원을 초과하는 지점은 B(21억 원), C(18억 원)으로 2곳이다.

ㄹ. (×) <표>에서 전체 매출액이 71억 원으로 주어져 있고 5개 지점의 매출액이 각각 20%씩 증가한다면 전체 매출액도 20% 증가한다. 즉, 전체 매출액은 71×1.2=약 85억 원이다. 전체 목표매출액 90억 원을 초과하지 않는다.

[정답] ①

64 다음 <표>는 도입과 출산을 통한 반달가슴곰 복원 현황에 관한 자료이다. 이에 대한 <보기>의 설명 중 옳은 것만을 모두 고르면?

민경채 20년 가책형 10번

<표> 도입과 출산을 통한 반달가슴곰 복원 현황

(단위: 개체)

구분		생존	자연적응	학습장	폐사	전체	폐사원인
도입처	러시아	13	5	8	9	22	자연사: 8 올무: 3 농약: 1 기타: 3
	북한	3	2	1	4	7	
	중국	3	0	3	1	4	
	서울대공원	6	5	1	1	7	
	청주동물원	1	0	1	0	1	
	소계	26	12	14	15	41	
출산방식	자연출산	41	39	2	5	46	자연사: 4 올무: 2
	증식장출산	7	4	3	1	8	
	소계	48	43	5	6	54	
계		74	55	19	21	95	—

※ 1) 도입처(출산방식)별 자연적응률(%)
= $\frac{도입처(출산방식)별 자연적응 반달가슴곰 수}{도입처(출산방식)별 전체 반달가슴곰 수} \times 100$

2) 도입처(출산방식)별 생존율(%)
= $\frac{도입처(출산방식)별 생존 반달가슴곰 수}{도입처(출산방식)별 전체 반달가슴곰 수} \times 100$

3) 도입처(출산방식)별 폐사율(%)
= $\frac{도입처(출산방식)별 폐사 반달가슴곰 수}{도입처(출산방식)별 전체 반달가슴곰 수} \times 100$

<보기>

ㄱ. 도입처가 서울대공원인 반달가슴곰의 자연적응률은 자연출산 반달가슴곰의 자연적응률보다 낮다.
ㄴ. 자연출산 반달가슴곰의 생존율은 90%를 넘는다.
ㄷ. 반달가슴곰의 폐사율은 자연출산이 증식장출산보다 낮다.
ㄹ. 도입처가 러시아인 반달가슴곰 중 적어도 두 개체의 폐사원인은 '자연사'이다.

① ㄱ, ㄴ
② ㄱ, ㄷ
③ ㄴ, ㄹ
④ ㄱ, ㄷ, ㄹ
⑤ ㄴ, ㄷ, ㄹ

65 다음 <표>는 '가' 곤충도감에 기록된 분류군별 경제적 중요도와 '갑~병'국의 종의 수에 관한 자료이다. 이에 대한 <보기>의 설명 중 옳은 것만을 고르면?

민경채 20년 가책형 17번

<표> 분류군별 경제적 중요도와 '갑~병'국의 종의 수

(단위: 종)

분류군	경제적 중요도	국가			전체
		갑	을	병	
무시류	C	303	462	435	11,500
고시류	C	187	307	1,031	8,600
메뚜기목	A	297	372	1,161	34,300
강도래목	C	47	163	400	2,000
다듬이벌레목	B	12	83	280	4,400
털이목	C	4	150	320	2,800
이목	C	22	32	70	500
총채벌레목	A	87	176	600	5,000
노린재목	S	1,886	2,744	11,300	90,000
풀잠자리목	A	52	160	350	6,500
딱정벌레목	S	3,658	9,992	30,000	350,000
부채벌레목	C	7	22	60	300
벌목	S	2,791	4,870	17,400	125,000
밑들이목	C	11	44	85	600
벼룩목	C	40	72	250	2,500
파리목	S	1,594	4,692	18,000	120,000
날도래목	C	202	339	975	11,000
나비목	S	3,702	5,057	11,000	150,000

※ 해당 국가의 분류군별 종 다양성(%) = $\frac{해당\ 국가의\ 분류군별\ 종의\ 수}{분류군별\ 전체\ 종의\ 수} \times 100$

<보기>

ㄱ. 경제적 중요도가 S인 분류군 중, '갑'국에서 종의 수가 세 번째로 많은 분류군은 노린재목이다.
ㄴ. 경제적 중요도가 A인 분류군 중, '을'국에서 종의 수가 두 번째로 많은 분류군은 총채벌레목이다.
ㄷ. 경제적 중요도가 C인 분류군 중, '갑'국의 분류군별 종 다양성이 가장 낮은 분류군은 털이목이다.
ㄹ. 경제적 중요도가 S인 분류군 중, '병'국의 분류군별 종 다양성이 10% 이상인 분류군은 4개이다.

① ㄱ, ㄴ
② ㄱ, ㄷ
③ ㄴ, ㄷ
④ ㄴ, ㄹ
⑤ ㄷ, ㄹ

66 다음 <표>는 '갑'국의 학교급별 여성 교장 수와 비율을 1980년부터 5년마다 조사한 자료이다. 이에 대한 설명으로 옳은 것은?

7급 공채 22년 가책형 15번

<표> 학교급별 여성 교장 수와 비율

(단위: 명, %)

학교급 조사연도	초등학교 여성 교장 수	초등학교 비율	중학교 여성 교장 수	중학교 비율	고등학교 여성 교장 수	고등학교 비율
1980	117	1.8	66	3.6	47	3.4
1985	122	1.9	98	4.9	60	4.0
1990	159	2.5	136	6.3	64	4.0
1995	222	3.8	181	7.6	66	3.8
2000	490	8.7	255	9.9	132	6.5
2005	832	14.3	330	12.0	139	6.4
2010	1,701	28.7	680	23.2	218	9.5
2015	2,058	34.5	713	24.3	229	9.9
2020	2,418	40.3	747	25.4	242	10.4

※ 1) 학교급별 여성 교장 비율(%) = $\frac{\text{학교급별 여성 교장 수}}{\text{학교급별 전체 교장 수}} \times 100$

2) 교장이 없는 학교는 없으며, 각 학교의 교장은 1명임.

① 2000년 이후 중학교 여성 교장 비율은 매년 증가한다.
② 초등학교 수는 2020년이 1980년보다 많다.
③ 고등학교 남성 교장 수는 1985년이 1990년보다 많다.
④ 1995년 초등학교 수는 같은 해 중학교 수와 고등학교 수의 합보다 많다.
⑤ 초등학교 여성 교장 수는 2020년이 2000년의 5배 이상이다.

[정답] ④

67 다음 <표>는 2016년 '갑'국 10개 항공사의 항공기 지연 현황에 대한 자료이다. 이에 대한 <보기>의 설명 중 옳은 것만을 모두 고르면?

민경채 17년 나책형 24번

<표> 10개 항공사의 지연사유별 항공기 지연 대수

(단위: 대)

항공사	총 운항 대수	총 지연 대수	지연사유별 지연 대수			
			연결편 접속	항공기 정비	기상 악화	기타
EK	86,592	21,374	20,646	118	214	396
JL	71,264	12,487	11,531	121	147	688
EZ	26,644	4,037	3,628	41	156	212
WT	7,308	1,137	1,021	17	23	76
HO	6,563	761	695	7	21	38
8L	6,272	1,162	1,109	4	36	13
ZH	3,129	417	135	7	2	273
BK	2,818	110	101	3	1	5
9C	2,675	229	223	3	0	3
PR	1,062	126	112	3	5	6
계	214,327	41,840	39,201	324	605	1,710

※ 지연율(%) = $\dfrac{\text{총 지연 대수}}{\text{총 운항 대수}} \times 100$

─────────〈보기〉─────────
ㄱ. 지연율이 가장 낮은 항공사는 BK항공이다.
ㄴ. 항공사별 총 지연 대수 중 항공기 정비, 기상 악화, 기타로 인한 지연 대수의 합이 차지하는 비중은 ZH항공이 가장 높다.
ㄷ. 기상 악화로 인한 전체 지연 대수 중 EK항공과 JL항공의 기상 악화로 인한 지연 대수 합이 차지하는 비중은 50% 이하이다.
ㄹ. 항공기 정비로 인한 지연 대수 대비 기상 악화로 인한 지연 대수 비율이 가장 높은 항공사는 EZ항공이다.

① ㄱ, ㄴ
② ㄱ, ㄷ
③ ㄴ, ㄹ
④ ㄱ, ㄷ, ㄹ
⑤ ㄴ, ㄷ, ㄹ

68 다음 <표>는 2000년과 2013년 한국, 중국, 일본의 재화 수출액 및 수입액 자료이고, <용어 정의>는 무역수지와 무역특화지수에 대한 설명이다. 이에 대한 <보기>의 설명 중 옳은 것만을 모두 고르면?

민경채 18년 가책형 19번

<표> 한국, 중국, 일본의 재화 수출액 및 수입액

(단위: 억 달러)

연도	국가 수출 입액 재화	한국		중국		일본	
		수출액	수입액	수출액	수입액	수출액	수입액
2000	원자재	578	832	741	1,122	905	1,707
	소비재	117	104	796	138	305	847
	자본재	1,028	668	955	991	3,583	1,243
2013	원자재	2,015	3,232	5,954	9,172	2,089	4,760
	소비재	138	375	4,083	2,119	521	1,362
	자본재	3,444	1,549	12,054	8,209	4,541	2,209

─<용어 정의>─

○ 무역수지 = 수출액 − 수입액
 • 무역수지 값이 양(+)이면 흑자, 음(−)이면 적자이다.
○ 무역특화지수 = $\dfrac{\text{수출액} - \text{수입액}}{\text{수출액} + \text{수입액}}$
 • 무역특화지수의 값이 클수록 수출경쟁력이 높다.

─<보기>─

ㄱ. 2013년 한국, 중국, 일본 각각에서 원자재 무역수지는 적자이다.
ㄴ. 2013년 한국의 원자재, 소비재, 자본재 수출액은 2000년에 비해 각각 50% 이상 증가하였다.
ㄷ. 2013년 자본재 수출경쟁력은 일본이 한국보다 높다.

① ㄱ
② ㄴ
③ ㄱ, ㄴ
④ ㄱ, ㄷ
⑤ ㄴ, ㄷ

69 다음 <표>는 '갑'국의 원료곡종별 및 등급별 가공단가와 A~C 지역의 가공량에 관한 자료이다. 이에 대한 <보기>의 설명 중 옳은 것만을 모두 고르면?

7급 공채 22년 가책형 6번

<표 1> 원료곡종별 및 등급별 가공단가

(단위: 천 원/톤)

등급 원료곡종	1등급	2등급	3등급
쌀	118	109	100
현미	105	97	89
보리	65	60	55

<표 2> A~C 지역의 원료곡종별 및 등급별 가공량

(단위: 톤)

지역	등급 원료곡종	1등급	2등급	3등급	합계
A	쌀	27	35	25	87
	현미	43	20	10	73
	보리	5	3	7	15
B	쌀	23	25	55	103
	현미	33	25	21	79
	보리	9	9	5	23
C	쌀	30	35	20	85
	현미	30	37	25	92
	보리	8	30	2	40
전체	쌀	80	95	100	275
	현미	106	82	56	244
	보리	22	42	14	78

※ 가공비용=가공단가×가공량

─〈보기〉─

ㄱ. A 지역의 3등급 쌀 가공비용은 B 지역의 2등급 현미 가공비용보다 크다.
ㄴ. 1등급 현미 전체의 가공비용은 2등급 현미 전체 가공비용의 2배 이상이다.
ㄷ. 3등급 쌀과 3등급 보리의 가공단가가 각각 90천 원/톤, 50천 원/톤으로 변경될 경우, 지역별 가공비용 총액 감소폭이 가장 작은 지역은 A이다.

① ㄱ
② ㄷ
③ ㄱ, ㄴ
④ ㄱ, ㄷ
⑤ ㄴ, ㄷ

70 다음 <표>는 2006~2011년 어느 나라 5개 프로 스포츠 종목의 연간 경기장 수용규모 및 관중수용률을 나타낸 것이다. 이에 대한 설명 중 옳은 것은?

민경채 12년 인책형 18번

<표> 프로 스포츠 종목의 연간 경기장 수용규모 및 관중수용률

(단위: 천명, %)

종목	구분 \ 연도	2006	2007	2008	2009	2010	2011
야구	수용규모	20,429	20,429	20,429	20,429	19,675	19,450
	관중수용률	30.6	41.7	53.3	56.6	58.0	65.7
축구	수용규모	40,255	40,574	40,574	37,865	36,952	33,314
	관중수용률	21.9	26.7	28.7	29.0	29.4	34.9
농구	수용규모	5,899	6,347	6,354	6,354	6,354	6,653
	관중수용률	65.0	62.8	66.2	65.2	60.9	59.5
핸드볼	수용규모	3,230	2,756	2,756	2,756	2,066	2,732
	관중수용률	26.9	23.5	48.2	43.8	34.1	52.9
배구	수용규모	5,129	5,129	5,089	4,843	4,409	4,598
	관중수용률	16.3	27.3	24.6	30.4	33.4	38.6

※ 관중수용률(%) = $\frac{\text{연간 관중 수}}{\text{연간 경기장 수용규모}} \times 100$

① 축구의 연간 관중 수는 매년 증가한다.
② 관중수용률은 농구가 야구보다 매년 높다.
③ 관중수용률이 매년 증가한 종목은 3개이다.
④ 2009년 연간 관중 수는 배구가 핸드볼보다 많다.
⑤ 2007~2011년 동안 연간 경기장 수용규모의 전년대비 증감 방향은 농구와 핸드볼이 동일하다.

71 다음 <표>는 A발전회사의 연도별 발전량 및 신재생에너지 공급 현황에 관한 자료이다. 이에 대한 <보기>의 설명 중 옳은 것만을 모두 고르면?

민경채 15년 인책형 10번

<표> A발전회사의 연도별 발전량 및 신재생에너지 공급 현황

구분	연도	2012	2013	2014
발전량(GWh)		55,000	51,000	52,000
신재생 에너지	공급의무율(%)	1.4	2.0	3.0
	자체공급량(GWh)	75	380	690
	인증서구입량(GWh)	15	70	160

※ 1) 공급의무율(%) = $\frac{공급의무량}{발전량} \times 100$

2) 이행량(GWh) = 자체공급량 + 인증서구입량

<보기>

ㄱ. 공급의무량은 매년 증가한다.
ㄴ. 2012년 대비 2014년 자체공급량의 증가율은 2012년 대비 2014년 인증서구입량의 증가율보다 작다.
ㄷ. 공급의무량과 이행량의 차이는 매년 증가한다.
ㄹ. 이행량에서 자체공급량이 차지하는 비중은 매년 감소한다.

① ㄱ, ㄴ
② ㄱ, ㄷ
③ ㄷ, ㄹ
④ ㄱ, ㄴ, ㄹ
⑤ ㄴ, ㄷ, ㄹ

해설

ㄱ. (○) 각주 1)에 따르면 공급의무량은 '공급의무율×발전량÷100'이다. <표>에 따르면 2013년의 발전량은 51,000GWh로 2012년의 55,000 GWh 대비 10% 미만 감소하였지만, 2013년의 공급의무율 2.0%는 2012년의 1.4% 대비 10% 이상 증가하였다. 따라서 2013년의 공급의무량은 2012년 대비 증가하였다. 그리고 2014년의 발전량과 공급의무율은 2013년 대비 모두 증가하였으므로 2014년의 공급의무량은 2013년 대비 증가하였다. 공급의무량은 매년 증가함을 알 수 있다.

ㄴ. (○) <표>에 따르면 2014년 자체공급량은 690GWh로 2012년의 75GWh 대비 10배 미만 증가하였다. 그리고 2014년의 인증서구입량은 160GWh으로 2012년의 15GWh 대비 10배 이상 증가하였다. 따라서 2012년 대비 2014년 자체공급량의 증가율은 2012년 대비 2014년 인증서구입량의 증가율보다 작다.

ㄷ. (×) 보기 ㄱ에서 확인한 바와 같이 공급의무량은 '공급의무율×발전량÷100'이다. 그리고 각주 2)에 따르면 이행량은 자체공급량과 인증서구입량의 합이다. <표>에 공급의무량과 이행량을 계산해보면 다음과 같다.

구분	연도	2012	2013	2014
		=770	=1,020	=1,560
발전량(GWh)		55,000	51,000	52,000
신재생 에너지	공급의무율(%)	1.4	2.0	3.0
	자체공급량(GWh)	75	380	690
	인증서구입량(GWh)	15	70	160
		=90	=450	=850

2012년의 공급의무량과 이행량의 차이는 770-90=680이고, 2013년은 1,020-450=570이다. 공급의무량과 이행량의 차이가 매년 증가하는 것은 아니다.

ㄹ. (×) 각주 2)에 따르면 이행량은 자체공급량과 인증서구입량의 합이므로 이행량에서 자체공급량이 차지하는 비중은 다음과 같이 나타낼 수 있다.

$$\frac{자체공급량}{자체공급량+인증서구입량}$$

이를 비교하는 것은

$$\frac{자체공급량}{인증서구입량}$$

을 비교하는 것과 같다. 연도별로 비교해보면 2012년의 자체공급량(75GWh)은 인증서구입량(15GWh)의 5배이다. 그러나 2013년의 자체공급량(380GWh)은 인증서구입량(70GWh)의 5배 이상이므로, 2013년에는 이행량에서 자체공급량이 차지하는 비중이 전년대비 증가하였다. 따라서 이행량에서 자체공급량이 차지하는 비중이 매년 감소한 것은 아니다.

[정답] ①

72 다음 <표>는 '갑'국의 주택보급률 및 주거공간 현황에 대한 자료이다. 이에 대한 <보기>의 설명 중 옳은 것만을 모두 고르면?

민경채 15년 인책형 22번

<표> '갑'국의 주택보급률 및 주거공간 현황

연도	가구수 (천가구)	주택보급률 (%)	주거공간	
			가구당(m²/가구)	1인당(m²/인)
2000	10,167	72.4	58.5	13.8
2001	11,133	86.0	69.4	17.2
2002	11,928	96.2	78.6	20.2
2003	12,491	105.9	88.2	22.9
2004	12,995	112.9	94.2	24.9

※ 1) 주택보급률(%) = $\dfrac{\text{주택수}}{\text{가구수}} \times 100$

2) 가구당 주거공간(m²/가구) = $\dfrac{\text{주거공간 총면적}}{\text{가구수}}$

3) 1인당 주거공간(m²/인) = $\dfrac{\text{주거공간 총면적}}{\text{인구수}}$

─────────<보기>─────────

ㄱ. 주택수는 매년 증가하였다.
ㄴ. 2003년 주택을 두 채 이상 소유한 가구수는 2002년보다 증가하였다.
ㄷ. 2001~2004년 동안 1인당 주거공간의 전년대비 증가율이 가장 큰 해는 2001년이다.
ㄹ. 2004년 주거공간 총면적은 2000년 주거공간 총면적의 2배 이상이다.

① ㄱ, ㄴ
② ㄱ, ㄷ
③ ㄴ, ㄹ
④ ㄱ, ㄷ, ㄹ
⑤ ㄴ, ㄷ, ㄹ

해설

ㄱ. (○) 각주 1)에 따르면 주택수는 '주택보급률×가구수÷100'이다. <표>에 따르면 가구수는 매년 증가하였고, 주택보급률도 매년 증가하였으므로 주택수가 매년 증가하였음을 알 수 있다.

ㄴ. (×) <표>에 따르면 2003년의 주택보급률은 100% 이상인 105.9%이므로, 12,491천가구가 주택을 한 채씩 소유하고 나면 5.9%의 가구가 주택을 두 채씩 소유할 수는 있다. 그러나 이는 12,491천가구가 주택을 고르게 한 채씩 소유한다는 가정이 필요하다. 이러한 가정이 없다면 2002년에 주택을 두 채 이상 소유한 가구가 2003년보다 많을 수도 있다. 즉, 2003년 주택을 두 채 이상 소유한 가구수가 2002년보다 증가하였을 수도 있지만, 단언해서 말할 수는 없다.

ㄷ. (○) <표>에 따르면 2001년의 1인당 주거공간은 17.2(m²/인)으로 전년인 2000년의 13.8(m²/인) 대비 20% 이상 증가했다. 나머지 연도는 모두 20% 미만 증가했으므로 2001~2004년 동안 1인당 주거공간의 전년대비 증가율이 가장 큰 해는 2001년이다.

ㄹ. (○) 각주 2), 3)에 따르면 '가구당 주거공간×가구수' 또는 '1인당 주거공간×인구수'로 주거공간 총면적을 계산할 수 있다. <표>에 가구당 주거공간과 가구수는 직접 주어져 있으므로 '가구당 주거공간×가구수'를 통해 연도별 주거공간 총면적을 비교해본다. 2000년의 주거공간 총면적은 10,167(천가구)×58.5(%)로 단위를 무시하고 단순히 숫자만 계산해보면 60만 미만이다. 2004년의 경우 주거공간 총면적은 12,955(천가구)×94.2(%)이고 숫자만 계산해보면 120만 이상이다. 따라서 2004년 주거공간 총면적은 2000년 주거공간 총면적의 2배 이상임을 알 수 있다.

[정답] ④

73 다음 <표>는 소비자 '갑'의 연도별 소득 및 X재화의 구매량에 대한 자료이다. 아래의 <정보>를 활용한 <보기>의 설명 중 옳은 것을 모두 고르면?

민경채 11년 경책형 13번

<표> '갑'의 연도별 소득 및 X재화의 구매량

연도	소득 (천원)	X재화 구매량 (개)	전년대비 소득변화율 (%)	X재화의 전년대비 구매량 변화율 (%)
2000	8,000	5	–	–
2001	12,000	10	50.0	100.0
2002	16,000	15	33.3	50.0
2003	20,000	18	25.0	20.0
2004	24,000	20	20.0	11.1
2005	28,000	19	16.7	−5.0
2006	32,000	18	14.3	−5.3

─〈정보〉─
○ X재화의 소득탄력성 = $\dfrac{\text{X재화의 전년대비 구매량 변화율}}{\text{전년대비 소득변화율}}$
○ 정상재: 소득이 증가할 때 구매량이 증가하는 재화로 소득탄력성이 0보다 크다. 특히 소득탄력성이 1보다 큰 정상재는 사치재라 한다.
○ 열등재: 소득이 증가할 때 구매량이 감소하는 재화로 소득탄력성이 0보다 작다.

─〈보기〉─
ㄱ. 2000~2004년 동안 '갑'의 소득과 X재화 구매량은 각각 매년 증가하였다.
ㄴ. 2001년 '갑'의 X재화의 전년대비 구매량 증가율은 전년대비 소득증가율보다 크다.
ㄷ. 2004년에 X재화는 '갑'에게 사치재이다.
ㄹ. 2006년에 X재화는 '갑'에게 열등재이다.

① ㄱ, ㄴ
② ㄱ, ㄷ
③ ㄷ, ㄹ
④ ㄱ, ㄴ, ㄹ
⑤ ㄴ, ㄷ, ㄹ

74 다음 <표>는 2013~2016년 '갑' 기업 사원 A~D의 연봉 및 성과평가등급별 연봉인상률에 대한 자료이다. 이에 대한 <보기>의 설명으로 옳은 것만을 모두 고르면? 민경채 16년 5책형 6번

<표 1> '갑' 기업 사원 A~D의 연봉

(단위: 천원)

연도 사원	2013	2014	2015	2016
A	24,000	28,800	34,560	38,016
B	25,000	25,000	26,250	28,875
C	24,000	25,200	27,720	33,264
D	25,000	27,500	27,500	30,250

<표 2> '갑' 기업의 성과평가등급별 연봉인상률

(단위: %)

성과평가등급	Ⅰ	Ⅱ	Ⅲ	Ⅳ
연봉인상률	20	10	5	0

※ 1) 성과평가는 해당연도 연말에 1회만 실시하며, 각 사원은 Ⅰ, Ⅱ, Ⅲ, Ⅳ 중 하나의 성과평가등급을 받음.
2) 성과평가등급을 높은 것부터 순서대로 나열하면 Ⅰ, Ⅱ, Ⅲ, Ⅳ의 순임.
3) 당해년도 연봉
 = 전년도 연봉×(1＋전년도 성과평가등급에 따른 연봉인상률)

─〈보기〉─

ㄱ. 2013년 성과평가등급이 높은 사원부터 순서대로 나열하면 D, A, C, B이다.
ㄴ. 2015년에 A와 B는 동일한 성과평가등급을 받았다.
ㄷ. 2013~2015년 동안 C는 성과평가에서 Ⅰ등급을 받은 적이 있다.
ㄹ. 2013~2015년 동안 D는 성과평가에서 Ⅲ등급을 받은 적이 있다.

① ㄱ, ㄴ
② ㄱ, ㄷ
③ ㄱ, ㄹ
④ ㄴ, ㄷ
⑤ ㄴ, ㄹ

75 다음은 '갑'국의 특허 출원인 A~E의 IT 분야 등록특허별 피인용 횟수에 관한 자료이다. 이를 근거로 영향력 지수가 가장 큰 출원인과 기술력 지수가 가장 작은 출원인을 바르게 연결한 것은?

7급 공채 23년 인책형 12번

〈표〉 '갑'국의 특허 출원인 A~E의 IT 분야 등록특허별 피인용 횟수

(단위: 회)

특허 출원인	등록특허	피인용 횟수
A	A1	3
	A2	25
B	B1	1
	B2	3
	B3	20
C	C1	3
	C2	2
	C3	10
	C4	5
	C5	6
D	D1	12
	D2	21
	D3	15
E	E1	6
	E2	56
	E3	4
	E4	12

※ A~E는 IT 분야 외 등록특허가 없음.

〈정보〉

○ 해당 출원인의 영향력 지수 =
$\dfrac{\text{해당 출원인의 피인용도 지수}}{\text{IT 분야 전체 등록특허의 피인용도 지수}}$

○ 해당 출원인의 기술력 지수 =
해당 출원인의 영향력 지수 × 해당 출원인의 등록특허 수

○ 해당 출원인의 피인용도 지수 =
$\dfrac{\text{해당 출원인의 등록특허 피인용 횟수의 합}}{\text{해당 출원인의 등록특허 수}}$

○ IT 분야 전체 등록특허의 피인용도 지수 =
$\dfrac{\text{IT 분야 전체의 등록특허 피인용 횟수의 합}}{\text{IT 분야 전체의 등록특허 수}}$

	영향력 지수가 가장 큰 출원인	기술력 지수가 가장 작은 출원인
①	A	B
②	D	A
③	D	C
④	E	B
⑤	E	C

해설

〈정보〉의 첫 번째 동그라미부터 각각 ⅰ)~ⅳ)라고 한다. ⅳ)에 따르면 'IT 분야 전체 등록특허의 피인용도 지수'를 직접 구하기 위해서는 'IT 분야 전체의 등록특허 피인용 횟수의 합'과 'IT 분야 전체의 등록특허 수'를 계산해야 한다. 직접 구하는 것보다는 식을 먼저 정리해본다. ⅰ)의 '해당 출원인의 영향력 지수'는 'ⅲ)/ⅳ)'이다. 좀 더 구체적으로 정리해보면 다음과 같다.

해당 출원인의 영향력 지수 = $\dfrac{ⅲ)}{ⅳ)}$

= $\dfrac{\text{해당 출원인의 등록특허 피인용 횟수의 합}}{\text{해당 출원인의 등록특허 수}} \times \dfrac{1}{ⅳ)}$

모든 특허 출원인 A~E에 대해 '1/ⅳ)'는 공통이므로 ⅲ)을 비교하면 영향력 지수를 비교할 수 있다. 선지에 포함되어 있는 A, D, E의 ⅲ)을 비교해보면 다음과 같다.

A: (3+25)/2=28/2=14
D: (12+21+15)/3=48/3=16
E: (6+56+4+12)/4=78/4=19.5

따라서 영향력 지수가 가장 큰 출원인은 E이다. 선지 ①, ②, ③은 제거된다.

ⅱ)를 정리해보면 다음과 같다.

해당 출원인의 기술력 지수 = ⅰ) × 해당 출원인의 등록특허 수

= $\dfrac{\text{해당 출원인의 등록특허 피인용 횟수의 합}}{\text{해당 출원인의 등록특허 수}} \times \dfrac{1}{ⅳ)}$
× 해당 출원인의 등록특허 수

= 해당 출원인의 등록특허 피인용 횟수의 합 × $\dfrac{1}{ⅳ)}$

마찬가지로 모든 특허 출원인 A~E에 대해 '1/ⅳ)'는 공통이므로, 선지 ④, ⑤에 포함되어 있는 B, C의 '해당 출원인의 등록특허 피인용 횟수의 합'을 비교해보면 B는 1+3+20=24회, C는 3+2+10+5+6=26회이다. 기술력 지수가 가장 작은 출원인은 B이다. 정답은 ④이다.

[정답] ④

V. 빈칸

수치자료가 표로 제시될 때 빈칸이 포함되어 있는 유형이다. 따라서 빈칸을 채울 것이 요구되는데, 빈칸을 채우기 위해서 복잡한 연산보다는 덧뺄셈이 주로 요구된다. 따라서 계산을 통해 표를 먼저 채우고 나서 이를 토대로 통계처리, 해석·분석을 하여야 하는 경우가 많다.

76 다음 <표>는 A 성씨의 가구 및 인구 분포에 대한 자료이다. 이에 대한 설명으로 옳은 것은?

민경채 17년 나책형 2번

<표 1> A 성씨의 광역자치단체별 가구 및 인구 분포

(단위: 가구, 명)

광역자치단체		연도	1980		2010	
		구분	가구	인구	가구	인구
특별시	서울		28	122	73	183
광역시	부산		5	12	11	34
	대구		1	2	2	7
	인천		11	40	18	51
	광주		0	0	9	23
	대전		0	0	8	23
	울산		0	0	2	7
	소계		17	54	50	145
도	경기		( )	124	( )	216
	강원		0	0	7	16
	충북		0	0	2	10
	충남		1	5	6	8
	전북		0	( )	4	13
	전남		0	0	4	10
	경북		1	( )	6	17
	경남		1	( )	8	25
	제주		1	( )	4	12
	소계		35	140	105	327
전체			80	316	228	655

※ 광역자치단체 구분과 명칭은 2010년을 기준으로 함.

<표 2> A 성씨의 읍·면·동 지역별 가구 및 인구 분포

(단위: 가구, 명)

지역	연도	1980		2010	
	구분	가구	인구	가구	인구
읍		10	30	19	46
면		10	56	19	53
동		60	230	190	556
전체		80	316	228	655

※ 읍·면·동 지역 구분은 2010년을 기준으로 함.

① 2010년 A 성씨의 전체 가구는 1980년의 3배 이상이다.
② 2010년 경기의 A 성씨 가구는 1980년의 3배 이상이다.
③ 2010년 A 성씨의 동 지역 인구는 2010년 A 성씨의 면 지역 인구의 10배 이상이다.
④ 1980년 A 성씨의 인구가 부산보다 많은 광역자치단체는 4곳 이상이다.
⑤ 1980년 대비 2010년의 A 성씨 인구 증가폭이 서울보다 큰 광역자치단체는 없다.

해설

① (×) <표 1>에 따르면 2010년 A 성씨의 전체 가구는 228가구, 1980년은 80가구이다.

광역자치단체	연도	1980		2010	
	구분	가구	인구	가구	인구
	⋮				
전체		80	316	228	655

228은 80의 3배 미만이다.

② (×) <표 1>에서 1980년과 2010년 경기의 A 성씨 가구는 빈칸으로 주어져 있다. 1980년 경기의 A 성씨 가구는 도 소계 35가구로부터 충남, 경북, 경남, 제주 각 1가구씩 총 4가구를 제하면 31가구임을 쉽게 계산할 수 있다. 2010년 경기의 A 성씨 가구가 1980년의 3배 이상이기 위해서는 93가구 이상이어야 하는데, 도 소계 105가구에서 강원 7가구, 충남 6가구 정도만 빼도 93가구 미만이므로, 2010년 경기의 A 성씨 가구를 정확히 계산하지 않고도 1980년의 3배 미만임을 판단할 수 있다.

③ (○) <표 2>에 따르면 2010년 A 성씨의 동 지역 인구는 556명이고 면 지역 인구는 53명이다. 556은 53의 10배 이상이다.

④ (×) <표 1>에 따르면 1980년 부산의 A 성씨 인구는 12명이다. A 성씨의 인구가 부산보다 많은 광역자치단체는 빈칸으로 주어진 광역자치단체를 제외하면 서울(122명), 인천(40명), 경기(124명)이다. 그리고 빈칸으로 주어진 전북, 경북, 경남, 제주를 고려해 보면, 빈칸의 합은 도 소계 140명에서 경기 124명과 충남 5명을 제외한 140−124−5=11명이다. 즉, 빈칸 중 어느 한 칸도 부산의 A 성씨 인구 12명보다 많을 수 없으므로 1980년 A 성씨 인구가 부산보다 많은 광역자치단체는 3곳이다.

⑤ (×) <표 1>에 따르면 서울의 1980년 대비 2010년 A 성씨 인구 증가폭은 183−122=61명이다. A 성씨의 인구가 많은 경기만 확인해 봐도 216−124=92명으로, A 성씨 인구 증가폭이 서울보다 크다. 1980년 대비 2010년의 A 성씨 인구 증가폭이 서울보다 큰 광역자치단체가 있다.

합격으로 가는 Tip

② 빈칸을 직접 계산해서 해결하는 것보다는 빈칸을 판단할 수 있는 기준을 활용하여 검증할 때 더 빠른 해결이 가능하다.

[정답] ③

77 다음 <표>는 조선전기(1392~1550년) 홍수재해 및 가뭄재해 발생건수에 대한 자료이다. 이에 대한 <보기>의 설명 중 옳은 것만을 모두 고르면?

민경채 17년 나책형 6번

<표 1> 조선전기 홍수재해 발생건수

(단위: 건)

월 분류기간	1	2	3	4	5	6	7	8	9	10	11	12	합
1392~1450년	0	0	0	0	4	12	8	3	0	0	0	0	27
1451~1500년	0	0	0	0	1	3	4	0	0	0	0	0	( )
1501~1550년	0	0	0	0	5	7	9	15	1	0	0	0	37
계	0	0	0	0	( )	22	21	( )	1	0	0	0	( )

<표 2> 조선전기 가뭄재해 발생건수

(단위: 건)

월 분류기간	1	2	3	4	5	6	7	8	9	10	11	12	합
1392~1450년	0	1	1	5	9	8	9	2	1	0	0	1	37
1451~1500년	0	0	0	5	2	5	4	1	0	0	0	0	17
1501~1550년	0	0	0	4	7	7	6	1	0	0	0	0	( )
계	0	1	1	( )	18	( )	19	4	1	0	0	1	( )

―――――――――〈보기〉―――――――――

ㄱ. 홍수재해 발생건수는 총 72건이며, 분류기간별로는 1501~1550년에 37건으로 가장 많이 발생했다.
ㄴ. 홍수재해는 모두 5~8월에만 발생했다.
ㄷ. 2~7월의 가뭄재해 발생건수는 전체 가뭄재해 발생건수의 90% 이상을 차지한다.
ㄹ. 매 분류기간마다 가뭄재해 발생건수는 홍수재해 발생건수보다 많다.

① ㄱ, ㄴ
② ㄱ, ㄷ
③ ㄴ, ㄹ
④ ㄱ, ㄷ, ㄹ
⑤ ㄴ, ㄷ, ㄹ

78 다음 <표>는 국내 입지별 지식산업센터 수에 대한 자료이다. 이에 대한 설명 중 옳지 않은 것은? 민경채 11년 경책형 11번

<표> 국내 입지별 지식산업센터 수

(단위: 개)

지역	구분	개별입지	계획입지	합
서울		54	73	127
6대 광역시	부산	3	6	9
	대구	2	2	4
	인천	7	11	( )
	광주	0	2	2
	대전	( )	4	6
	울산	1	0	1
경기		100	( )	133
강원		1	0	1
충북		0	0	0
충남		0	1	1
전북		0	1	1
전남		1	1	2
경북		2	0	2
경남		2	15	( )
제주		0	0	0
전국 합계		175	149	324

※ 지식산업센터가 조성된 입지는 개별입지와 계획입지로 구분됨.

① 국내 지식산업센터는 60% 이상이 개별입지에 조성되어 있다.
② 수도권(서울, 인천, 경기)의 지식산업센터 수는 전국 합계의 80%가 넘는다.
③ 경기지역의 지식산업센터는 계획입지보다 개별입지에 많이 조성되어 있다.
④ 동남권(부산, 울산, 경남)의 지식산업센터 수는 대경권(대구, 경북)의 4배 이상이다.
⑤ 6대 광역시 중 계획입지에 조성된 지식산업센터 수가 개별입지에 조성된 지식산업센터 수보다 적은 지역은 울산광역시뿐이다.

해설

각주에서 지식산업센터가 조성된 입지는 개별입지와 계획입지로 구분된다는 것을 확인한다.

① (×) <표>에 따르면 지식산업센터 수 전국 합계는 324개이고, 개별입지에 조성된 지식산업센터 수는 175개이다.

지역	구분	개별입지	계획입지	합
		⋮		
전국 합계		175	149	324

324의 60%는 190 이상이므로, 국내 지식산업센터는 60% 미만이 개별입지에 조성되어 있다.

② (○) <표>에서 수도권(서울, 인천, 경기)의 지식산업센터 수를 확인해보면 다음과 같다.

지역	구분	개별입지	계획입지	합
서울		54	73	127
6대 광역시		⋮		
	인천	7	11	(18)
		⋮		
경기		100	( )	133
		⋮		
전국 합계		175	149	324

지식산업센터 수 전국합계는 324개이고, 324의 80%는 259.2이다. 서울과 경기의 지식산업센터 수만 더해보아도 127+133=260이므로 수도권의 지식산업센터 수는 전국 합계의 80%가 넘는다는 것을 판단할 수 있다. 324의 80%를 약 260으로 어림산 했다면 인천의 지식산업센터 수를 더해 확실하게 80%가 넘는다고 판단할 수 있다.

③ (○) <표>에 따르면 경기지역의 개별입지에 조성된 지식산업센터는 100개, 계획입지에 조성된 지식산업센터는 133-100=33개이다. 경기지역의 지식산업센터는 계획입지보다 개별입지에 많이 조성되어 있다는 것을 확인할 수 있다.

④ (○) <표>에 따르면 동남권의 지식산업센터 수는 부산이 9개, 울산이 1개, 경남이 2+15=17개로 총 9+1+17=27개이다. 그리고 대경권의 지식산업센터 수는 대구가 4개, 경북이 2개로 총 4+2=6개이다. 27은 6의 4배 이상이다.

⑤ (○) <표>에서 6대 광역시의 계획입지에 조성된 지식산업센터 수와 개별입지에 조성된 지식산업센터 수를 비교해보면 다음과 같다.

지역	구분	개별입지		계획입지	합
		⋮			
6대 광역시	부산	3	<	6	9
	대구	2	=	2	4
	인천	7	<	11	( )
	광주	0	<	2	2
	대전	(2)	<	4	6
	울산	1	>	0	1
		⋮			

6대 광역시 중 계획입지에 조성된 지식산업센터 수가 개별입지에 조성된 지식산업센터 수보다 적은 지역은 울산광역시뿐이라는 것을 확인할 수 있다.

합격으로 가는 Tip

② 전국 합계에서 수도권(서울+인천+경기)을 제외한 나머지가 20% 미만인지 확인하는 방법도 가능하다.

[정답] ①

79

다음 <표>는 고려시대 왕의 혼인종류별 후비(后妃) 수를 조사한 것이다. 이에 대한 설명으로 옳지 않은 것은?

민경채 19년 나책형 16번

<표> 고려시대 왕의 혼인종류별 후비 수

(단위: 명)

왕\혼인종류	족외혼	족내혼	몽골출신	왕\혼인종류	족외혼	족내혼	몽골출신
1대 태조	29	0	-	19대 명종	0	1	-
2대 혜종	4	0	-	20대 신종	0	1	-
3대 정종	3	0	-	21대 희종	0	1	-
4대 광종	0	2	-	22대 강종	1	1	-
5대 경종	1	( )	-	23대 고종	0	1	-
6대 성종	2	1	-	24대 원종	1	1	-
7대 목종	1	1	-	25대 충렬왕	1	1	1
8대 현종	10	3	-	26대 충선왕	3	1	2
9대 덕종	3	2	-	27대 충숙왕	2	0	( )
10대 정종	5	0	-	28대 충혜왕	3	1	1
11대 문종	4	1	-	29대 충목왕	0	0	0
12대 순종	2	1	-	30대 충정왕	0	0	0
13대 선종	3	1	-	31대 공민왕	3	1	1
14대 헌종	0	0	-	32대 우왕	2	0	0
15대 숙종	1	0	-	33대 창왕	0	0	0
16대 예종	2	2	-	34대 공양왕	1	0	0
17대 인종	4	0	-	전체	( )	28	8
18대 의종	1	1	-				

※ 혼인종류는 족외혼, 족내혼, 몽골출신만으로 구성되며, 몽골출신과의 혼인은 충렬왕부터임.

① 전체 족외혼 후비 수는 전체 족내혼 후비 수의 3배 이상이다.
② 몽골출신 후비 수가 가장 많은 왕은 충숙왕이다.
③ 태조부터 경종까지의 족내혼 후비 수의 합은 문종부터 희종까지의 족내혼 후비 수의 합과 같다.
④ 태조의 후비 수는 광종과 경종의 모든 후비 수의 합의 4배 이상이다.
⑤ 경종의 족내혼 후비 수가 충숙왕의 몽골출신 후비 수보다 많다.

80 다음 〈표〉는 5개국의 발전원별 발전량 및 비중에 관한 자료이다. 이에 대한 설명으로 옳지 않은 것은? 민경채 21년 나책형 10번

〈표〉 5개국의 발전원별 발전량 및 비중

(단위: TWh, %)

국가	발전원 연도	원자력	화력			수력	신재생 에너지	전체
			석탄	LNG	유류			
독일	2010	140.6 (22.2)	273.5 (43.2)	90.4 (14.3)	8.7 (1.4)	27.4 (4.3)	92.5 (14.6)	633.1 (100.0)
	2015	91.8 (14.2)	283.7 (43.9)	63.0 (9.7)	6.2 (1.0)	24.9 (3.8)	177.3 (27.4)	646.9 (100.0)
미국	2010	838.9 (19.2)	1,994.2 (45.5)	1,017.9 (23.2)	48.1 (1.1)	286.3 (6.5)	193.0 (4.4)	4,378.4 (100.0)
	2015	830.3 (19.2)	1,471.0 (34.1)	1,372.6 (31.8)	38.8 (0.9)	271.1 (6.3)	333.3 ( )	4,317.1 (100.0)
프랑스	2010	428.5 (75.3)	26.3 (4.6)	23.8 (4.2)	5.5 (1.0)	67.5 (11.9)	17.5 (3.1)	569.1 (100.0)
	2015	437.4 ( )	12.2 (2.1)	19.8 (3.5)	2.2 (0.4)	59.4 (10.4)	37.5 (6.6)	568.5 (100.0)
영국	2010	62.1 (16.3)	108.8 (28.5)	175.3 (45.9)	5.0 (1.3)	6.7 (1.8)	23.7 (6.2)	381.6 (100.0)
	2015	70.4 (20.8)	76.7 (22.6)	100.0 (29.5)	2.1 (0.6)	9.0 (2.7)	80.9 ( )	339.1 (100.0)
일본	2010	288.2 (25.1)	309.5 (26.9)	318.6 (27.7)	100.2 (8.7)	90.7 (7.9)	41.3 (3.6)	1,148.5 (100.0)
	2015	9.4 (0.9)	343.2 (33.0)	409.8 (39.4)	102.5 (9.8)	91.3 (8.8)	85.1 (8.2)	1,041.3 (100.0)

※ 발전원은 원자력, 화력, 수력, 신재생 에너지로만 구성됨.

① 2015년 프랑스의 전체 발전량 중 원자력 발전량의 비중은 75% 이하이다.
② 영국의 전체 발전량 중 신재생 에너지 발전량의 비중은 2010년 대비 2015년에 15%p 이상 증가하였다.
③ 2010년 석탄 발전량은 미국이 일본의 6배 이상이다.
④ 2010년 대비 2015년 전체 발전량이 증가한 국가는 독일뿐이다.
⑤ 2010년 대비 2015년 각 국가에서 신재생 에너지의 발전량과 비중은 모두 증가하였다.

해설

① (×) 〈표〉에서 2015년 프랑스의 원자력 발전량의 비중이 빈칸으로 주어져 있으므로 원자력 발전량의 비중을 제외한 나머지 발전량의 비중이 25% 이하인지 검토한다.

국가	발전원 연도	원자력	화력			수력	신재생 에너지	전체
			석탄	LNG	유류			
프랑스	2010	428.5 (75.3)	26.3 (4.6)	23.8 (4.2)	5.5 (1.0)	67.5 (11.9)	17.5 (3.1)	569.1 (100.0)
	2015	437.4 ( )	12.2 (2.1)	19.8 (3.5)	2.2 (0.4)	59.4 (10.4)	37.5 (6.6)	568.5 (100.0)

2.1+3.5+0.4+10.4+6.6=23.0%이므로, 2015년 프랑스의 전체 발전량 중 원자력 발전량의 비중은 75% 이상이다.

② (○) 영국의 전체 발전량 중 신재생 에너지 발전량의 비중이 2010년 대비 2015년에 15%p 이상 증가하였다면 2015년의 신재생 에너지 발전량의 비중은 6.2+15.0=21.2% 이상이어야 한다. 〈표〉에 따르면 2015년 전체 에너지 발전량은 339.1(TWh), 신재생 에너지 발전량은 80.9인데, 339.1의 20%는 약 67.x, 22%는 약 74.x이므로 80.9는 22% 이상이다. 영국의 전체 발전량 중 신재생 에너지 발전량의 비중은 2010년 대비 2015년에 15%p 이상 증가하였음을 판단할 수 있다.

③ (○) 〈표〉에 따르면 2010년 미국의 석탄 발전량은 1,994.2(TWh), 일본은 309.5이다. 1,994.2는 309.5의 6배 이상이다.

④ (○) 〈표〉에 따르면 독일의 전체 발전량은 2010년 633.1(TWh)에서 2015년 646.9(TWh)로 증가하였다. 나머지 미국, 프랑스, 영국, 일본은 모두 2010년 대비 2015년에 전체 발전량이 감소하였음을 확인할 수 있다.

⑤ (○) 〈표〉에서 모든 국가의 2010년 대비 2015년 신재생 에너지의 발전량이 증가하였고, 독일, 프랑스, 일본의 2010년 대비 2015년 신재생 에너지 비중은 증가하였음을 확인할 수 있다. 그리고 선지 ②에서 확인한 바에 따르면 영국의 신재생 에너지 비중도 증가하였다. 미국만 2015년의 신재생 에너지 비중이 4.4%를 초과하는지 판단한다. 2015년 미국의 전체 발전량이 4,317.1(TWh)이므로 5%는 약 215이다. 2015년의 신재생 에너지 발전량은 333.3(TWh)로 비중이 5% 이상이므로 2010년 대비 2015년에 미국의 신재생 에너지 비중도 증가하였다.

합격으로 가는 Tip

① 위 해설처럼 괄호 안에 비중을 더하는 방법 외에도, 발전량이 75%인지 직접 계산하는 방법도 가능하다.
⑤ 비중이 빈칸인 미국과 영국 중 영국은 선지 ②에서 확인하였고, 미국의 신재생 에너지 비중을 구할 때, 신재생 에너지의 발전량은 증가했는데, 전체 발전량은 줄었으므로 비중이 증가했다고 판단할 수 있다.

[정답] ①

81 다음 <표>는 2019년 '갑'국 국회의원선거의 당선자 수에 관한 자료이다. 이에 대한 <보기>의 설명 중 옳은 것만을 모두 고르면?

7급 공채 20년 모의평가 16번

<표> '갑'국 국회의원선거의 당선자 수

(단위: 명)

정당 권역	A	B	C	D	E	합
가	48	( )	0	1	7	65
나	2	( )	( )	0	0	( )
기타	55	98	2	1	4	160
전체	105	110	25	2	11	253

※ '갑'국의 정당은 A~E만 존재함.

<보기>

ㄱ. E 정당 전체 당선자 중 '가' 권역 당선자가 차지하는 비중은 60% 이상이다.
ㄴ. 당선자 수의 합은 '가' 권역이 '나' 권역의 3배 이상이다.
ㄷ. C 정당 전체 당선자 중 '나' 권역 당선자가 차지하는 비중은 A 정당 전체 당선자 중 '가' 권역 당선자가 차지하는 비중의 2배 이상이다.
ㄹ. B 정당 당선자 수는 '나' 권역이 '가' 권역보다 많다.

① ㄱ, ㄴ
② ㄱ, ㄷ
③ ㄴ, ㄷ
④ ㄴ, ㄹ
⑤ ㄷ, ㄹ

해설

<표>의 빈칸을 채워보면 다음과 같다.

정당 권역	A	B	C	D	E	합
가	48	9	0	1	7	65
나	2	3	23	0	0	28
기타	55	98	2	1	4	160
전체	105	110	25	2	11	253

ㄱ. (○) <표>에 따르면 E 정당 전체 당선자는 11명이고 '가' 권역 당선자는 7명이다. 7/11은 약 63%로 60% 이상이다.

ㄴ. (×) '가' 권역의 당선자 수의 합은 65명이고, '나' 권역은 28명이다. 28의 3배는 84이므로 당선자 수의 합은 '가' 권역이 '나' 권역의 3배 미만이다.

ㄷ. (○) C 정당 전체 당선자는 25명, '나' 권역 당선자는 23명이므로, C 정당 전체 당선자 중 '나' 권역 당선자가 차지하는 비중은 92%이다. 그리고 A 정당 전체 당선자는 105명, '가' 권역 당선자는 48명이다. 105명의 40%는 42, 6%는 약 6.3이므로 46%는 48.3이다. A 정당 전체 당선자 중 '가' 권역 당선자가 차지하는 비중은 46% 미만이므로 C 정당 전체 당선자 중 '나' 권역 당선자가 차지하는 비중이 2배 이상이다.

ㄹ. (×) B 정당 당선자 수는 '나' 권역이 3명, '가' 권역이 9명이다. '나' 권역이 '가' 권역보다 적다.

합격으로 가는 Tip

ㄱ. 검증하는 방법으로 해결해보면, 11명 기준으로 60%는 6.6명이다. 7명은 그 이상이므로 60% 이상이다.

[정답] ②

82 다음 <표>는 '갑'국의 2008~2013년 연도별 산업 신기술 검증 현황에 대한 자료이다. 이에 대한 설명으로 옳은 것은?

민경채 14년 A책형 12번

<표> 산업 신기술검증 연간건수 및 연간비용

(단위: 건, 천만원)

구분	연도	2008	2009	2010	2011	2012	2013
서류검증	건수	755	691	( )	767	725	812
	비용	54	( )	57	41	102	68
현장검증	건수	576	650	630	691	( )	760
	비용	824	1,074	1,091	( )	2,546	1,609
전체	건수	1,331	1,341	1,395	1,458	1,577	1,572
	비용	878	1,134	1,148	1,745	2,648	( )

※ 신기술검증은 서류검증과 현장검증으로만 구분됨.

① 산업 신기술검증 전체비용은 매년 증가하였다.
② 서류검증 건수는 매년 현장검증 건수보다 많다.
③ 서류검증 건당 비용은 2008년에 가장 크다.
④ 전년에 비해 현장검증 비용이 감소한 연도는 2개이다.
⑤ 전년에 비해 현장검증 건수가 감소한 해에는 전년에 비해 서류검증 건수가 증가하였다.

해설

각주에서 신기술검증은 서류검증과 현장검증으로만 구분됨을 확인 한다.

① (×) <표>에서 빈칸으로 주어진 2013년을 제외한 나머지 연도에서 산업 신기술검증 전체 비용이 매년 증가함을 확인할 수 있다. 그러나 2012년 전체 비용은 2,648(천만원)인데 2013년 서류검증 비용 68(천만원)과 현장검증 비용 1,609(천만원)을 더해도 2,000 미만이므로 산업 신기술검증 전체비용이 매년 증가한 것은 아니다.

② (×) <표>에서 서류검증 건수 또는 현장검증 건수가 빈칸으로 주어진 2010년, 2012년을 제외하면 나머지 연도에서 서류검증 건수는 현장검증 건수보다 많다. 2010년의 전체 건수는 1,395건이고, 현장검증 건수는 630건인데 1,395는 630의 2배 이상이므로 서류검증 건수가 현장검증 건수보다 많다고 판단할 수 있다. 그러나 2012년 전체 건수는 1,577건이고, 서류검증 건수는 725건인데 1,577은 725의 2배 초과이므로 서류검증 건수의 비중이 50% 미만이다. 따라서 서류검증 건수가 현장검증 건수보다 적다.

전체 건수에서 현장검증 건수 또는 서류검증 건수를 빼 빈칸을 직접 계산해보면 다음과 같다.

구분	연도	2008	2009	2010	2011	2012	2013
서류검증	건수	755	691	(765)	767	725	812
	비용	54	( )	57	41	102	68
현장검증	건수	576	650	630	691	(852)	760
	비용	824	1,074	1,091	( )	2,546	1,609
전체	건수	1,331	1,341	1,395	1,458	1,577	1,572
	비용	878	1,134	1,148	1,745	2,648	( )

③ (×) <표>에 따르면 2008년의 서류검증 건당 비용은 54/755로 1/10 이하이다. 2009년과 2010년의 빈칸을 고려하지 않더라도 2012년의 경우 서류검증 건당 비용은 102/725로 1/10 이상이므로 서류검증 건당 비용이 2008년에 가장 큰 것은 아니다.
2012년 외에 2013년의 서류검증 건당 비용도 2008년보다 크다.

④ (×) <표>에서 현장검증 비용이 빈칸으로 주어진 2011년을 제외한 나머지 연도부터 검토해보면 전년에 비해 현장검증 비용이 감소한 연도는 2013년이다. 2011년도 현장검증 비용을 계산해보면 1,745−41은 정확하게 계산하지 않아도 2010년의 현장검증 비용 1,091보다 크고, 2012년의 현장검증 비용 2,546보다는 작으므로 전년에 비해 현장검증 비용이 감소한 연도는 1개이다.

⑤ (○) 단순히 현장검증과 서류검증 두 개 모두 감소와 증가를 확인해서 해결하는 건 수험생 누구나 할 수 있을 것이다. 다른 방법을 고민해 보면, 전년에 비해 현장검증 건수는 증가 또는 감소, 서류검증 건수는 증가 또는 감소하는 경우가 있다. 그렇다면 다음과 같은 총 4가지의 경우가 가능하다.

전년대비 현장검증 건수	전년대비 서류검증 건수
증가	증가
	감소
감소	증가 … A
	감소 … B

선지에서는 이 중 '전년에 비해 현장검증 건수가 감소한 해에는 전년에 비해 서류검증 건수가 증가하였다.'라고 하기 때문에 B의 상황은 없고, A의 상황만 가능하다. 이를 다시 정리하면 다음과 같다.

전년대비 현장검증 건수	전년대비 서류검증 건수
증가	증가
	감소
감소	증가

즉, (대우를 취하는 것처럼 인식해보면) 전년대비 서류검증 건수가 증가했다면, 현장검증 건수는 증가와 감소한 경우가 모두 있다. 그런데 선지 ⑤가 옳기 위해서는 전년대비 서류검증 건수가 감소했다면, 전년대비 현장검증 건수는 반드시 증가해야 한다. 전년대비 서류검증 건수가 증가했다면, 전년대비 현장검증 건수는 확인할 필요가 없다. 즉, 우리가 확인해야 하는 것은 1) 현장검증 건수가 감소한 해에, 서류검증 건수는 증가했는지, 2) 서류검증 건수가 감소했을 때, 현장검증 건수는 증가했는지이다. 이 두 가지 경우 외에는 확인하지 않아도 된다. 빈칸이 없다면 단순 확인하면 되지만, 빈칸이 있는 경우에만 시간단축을 위해 추가되어야 하는 스킬이다.

서류검증 건수 또는 현장검증 건수에 빈칸이 없는 연도는 확인이 쉽고, 2010년과 2012년에만 빈칸이 있으므로, 이 두 개 연도를 보면, 2010년은 선지 ⑤의 표현 그대로 현장검증 건수가 감소한 해이므로 서류검증 건수가 증가했는지 확인해야 한다. 2009년의 서류검증 건수는 691건에서, 2010년의 서류검증건수는 1,395−630으로 700건 이상이므로 전년에 비해 서류검증 건수가 증가하였다.

현장검증 건수가 빈칸으로 주어져 있는 2012년을 고려해 보면, 먼저 빈칸이 아닌 서류검증 건수를 보자. 서류검증 건수가 2011년의 767건에서 2012년 725건으로 감소하였으므로 2012년의 현장검증 건수가 감소하였는지 판단해야 한다. 만약 서류검증 건수를 먼저 확인했을 때 증가하였다면 더 검토할 필요가 없이, 선지 ⑤의 정오 판단에는 영향을 미치지 않는다. 2012년의 현장검증 건수는 1,577−725로 800건 이상이므로 전년인 2011년의 691건에 비해 현장검증 건수가 증가하였다. 따라서 선지 ⑤는 옳다.

[정답] ⑤

83 다음 <표>는 A~D국의 성별 평균소득과 대학진학률의 격차지수만으로 계산한 '간이 성평등지수'에 관한 자료이다. 이에 대한 <보기>의 설명 중 옳은 것만을 모두 고르면?

민경채 18년 가책형 20번

<표> A~D국의 성별 평균소득, 대학진학률 및 '간이 성평등지수'
(단위: 달러, %)

항목 국가	평균소득			대학진학률			간이 성평등 지수
	여성	남성	격차 지수	여성	남성	격차 지수	
A	8,000	16,000	0.50	68	48	1.00	0.75
B	36,000	60,000	0.60	( )	80	( )	( )
C	20,000	25,000	0.80	70	84	0.83	0.82
D	3,500	5,000	0.70	11	15	0.73	0.72

※ 1) 격차지수는 남성 항목값 대비 여성 항목값의 비율로 계산하며, 그 값이 1을 넘으면 1로 함.
2) '간이 성평등지수'는 평균소득 격차지수와 대학진학률 격차지수의 산술 평균임.
3) 격차지수와 '간이 성평등지수'는 소수점 셋째자리에서 반올림한 값임.

<보기>

ㄱ. A국의 여성 평균소득과 남성 평균소득이 각각 1,000달러씩 증가하면 A국의 '간이 성평등지수'는 0.80 이상이 된다.
ㄴ. B국의 여성 대학진학률이 85%이면 '간이 성평등지수'는 B국이 C국보다 높다.
ㄷ. D국의 여성 대학진학률이 4%p 상승하면 D국의 '간이 성평등지수'는 0.80 이상이 된다.

① ㄱ
② ㄴ
③ ㄷ
④ ㄱ, ㄴ
⑤ ㄱ, ㄷ

84 다음 <표>는 2010~2014년 A시의회의 발의 주체별 조례 발의 현황에 관한 자료이다. 이에 대한 설명으로 옳지 않은 것은?

민경채 15년 인책형 18번

<표> A시의회 발의 주체별 조례발의 현황

(단위: 건)

발의 주체 연도	단체장	의원	주민	합
2010	527	( )	23	924
2011	( )	486	35	1,149
2012	751	626	39	( )
2013	828	804	51	1,683
2014	905	865	( )	1,824
전체	3,639	3,155	202	( )

※ 조례발의 주체는 단체장, 의원, 주민으로만 구성됨.

① 2012년 조례발의 건수 중 단체장발의 건수가 50% 이상이다.
② 2011년 단체장발의 건수는 2013년 의원발의 건수보다 적다.
③ 주민발의 건수는 매년 증가하였다.
④ 2014년 의원발의 건수는 2010년과 2011년 의원발의 건수의 합보다 많다.
⑤ 2014년 조례발의 건수는 2012년 조례발의 건수의 1.5배 이상이다.

해설

각주에서 조례발의 주체는 단체장, 의원, 주민으로만 구성됨을 확인한다.

① (○) <표>에서 2012년 조례발의 건수의 합이 빈칸으로 주어져 있다. 그러나 조례발의 건수 중 단체장발의 건수가 50% 이상인지 묻고 있으므로, 단체장발의 건수가 의원발의 건수와 주민발의 건수의 합보다 많은지 판단한다. 2012년 단체장발의 건수는 751건이고, 의원발의 건수와 주민발의 건수의 합은 626+39로 700건 미만이다. 따라서 조례발의 건수 중 단체장발의 건수가 50% 이상이라고 판단할 수 있다.

② (○) <표>에서 2011년 단체장발의 건수는 빈칸으로 주어져 있고, 2013년 의원발의 건수는 804건으로 주어져 있다. 2011년 단체장발의 건수가 804건보다 많다면 의원발의 건수 486건만 더해도 발의 건수의 합이 1,200을 초과하므로 2011년 단체장발의 건수는 804건보다 작다.
2011년 단체장발의 건수를 직접 계산해 보면 1,149-486-35=1,149-(486+35)=628건으로 2013년 의원발의 건수 804건보다 작다.

③ (○) <표>에서 주민발의 건수가 빈칸으로 주어진 2014년을 제외하면 주민발의 건수는 매년 증가하였음을 확인할 수 있다. 2014년 주민발의 건수를 계산해보면 1,824-(905+865)=54건이므로 전년인 2013년의 51건 대비 증가하였다.

④ (○) <표>에서 2014년의 의원발의 건수는 865건, 2011년은 486건으로 주어져 있다. 선지에서 2014년 의원발의 건수가 2010년과 2011년 의원발의 건수의 합보다 많은지 묻고 있으므로, 2010년 의원발의 건수가 865-486=379건 이하인지 확인한다. 2010년의 의원발의 건수를 계산해보면 924-(527+23)=374건이므로 2014년 의원발의 건수는 2010년과 2011년 의원발의 건수의 합보다 많다고 판단할 수 있다.

⑤ (×) <표>에 따르면 2014년 조례발의 건수는 1,824건이고, 2012년은 빈칸으로 주어져 있다. 선지에서 2014년 조례발의 건수가 2012년 조례발의 건수의 1.5배 이상인지 묻고 있으므로 2012년의 조례발의 건수가 1,824×2/3=1,216건 이하인지 확인한다. 2012년 단체장발의 건수는 751건, 의원발의 건수는 626건이므로 구체적으로 계산하지 않고도 2012년 조례발의 건수가 1,300건 이상이라는 것을 알 수 있다. 2014년 조례발의 건수는 2012년 조례발의 건수의 1.5배 미만이다.
1,824가 3의 배수이므로 이상과 같은 방법으로 확인한 것이고 2012년 조례발의 건수를 직접 계산해도 좋다. 건수가 큰 751+6260에서 백의 자리만 더해도 1,3xx가 되고 이를 1.5배 하면 1,950을 초과한다. 따라서 2014년 조례발의 건수 1,824건은 2012년 조례발의 건수의 1.5배 미만이라는 것을 판단할 수 있다.

[정답] ⑤

85 다음 <표>는 2021년 우리나라 17개 지역의 도시재생사업비이다. 이에 대한 <보기>의 설명 중 옳은 것만을 모두 고르면?

민경채 21년 나책형 1번

<표> 지역별 도시재생사업비

(단위: 억 원)

지역	사업비
서울	160
부산	240
대구	200
인천	80
광주	160
대전	160
울산	120
세종	0
경기	360
강원	420
충북	300
충남	320
전북	280
전남	320
경북	320
경남	440
제주	120
전체	( )

─<보기>─
ㄱ. 부산보다 사업비가 많은 지역은 8개이다.
ㄴ. 사업비 상위 2개 지역의 사업비 합은 사업비 하위 4개 지역의 사업비 합의 2배 이상이다.
ㄷ. 사업비가 전체 사업비의 10% 이상인 지역은 2개이다.

① ㄱ
② ㄷ
③ ㄱ, ㄴ
④ ㄴ, ㄷ
⑤ ㄱ, ㄴ, ㄷ

해설

ㄱ. (○) <표>에 따르면 부산의 사업비는 240억 원이고, 사업비가 240억 원보다 많은 지역은 경기(360억 원), 강원(420억 원), 충북(300억 원), 충남(320억 원), 전북(280억 원), 전남(320억 원), 경북(320억 원), 경남(440억 원)으로 총 8개이다.

ㄴ. (○) <표>에 따르면 사업비 상위 2개 지역은 경남(440억 원), 강원(420억 원)으로 사업비 합은 860억 원이다. 그리고 사업비 하위 4개 지역은 세종(0원), 인천(80억 원), 울산(120억 원), 제주(120억 원)로 사업비 합은 320억 원이다. 860은 320의 2배 이상이다.

ㄷ. (○) <표>에서 서울, 부산과 같이 더해서 십의 자리가 0이 되는 숫자를 묶어서 더해보면서 전체 도시재생사업비를 구해본다.

지역	사업비
서울	160
부산	240
대구	200
인천	80
광주	160
대전	160
⋮	

전체 도시재생사업비는 4,000억 원이다. 사업비가 전체 사업비의 10%인 400억 원 이상인 지역은 강원(420억 원), 경남(440억 원)으로 2개이다.

[정답] ⑤

86 다음 <표>는 조선왕조실록에 수록된 1401~1418년의 이상 기상 및 자연재해 발생 건수에 관한 자료이다. 이에 대한 <보기>의 설명 중 옳은 것만을 모두 고르면? 7급 공채 23년 인책형 10번

<표> 1401~1418년 이상 기상 및 자연재해 발생 건수
(단위: 건)

유형\연도	천둥번개	큰비	벼락	폭설	큰바람	우박	한파 및 이상고온	서리	짙은 안개	황충 피해	가뭄 및 홍수	지진 및 해일	전체
1401	2	1	6	0	2	8	3	7	5	1	3	1	39
1402	3	0	5	3	1	3	5	0	( )	2	2	2	41
1403	7	13	12	3	1	3	2	3	9	0	4	0	57
1404	1	18	0	0	1	4	0	3	0	0	0	0	29
1405	8	27	0	6	7	9	5	4	0	5	1	2	74
1406	4	( )	11	3	1	3	3	10	1	0	2	0	59
1407	4	14	8	4	1	3	4	2	2	3	4	0	49
1408	0	4	3	1	3	1	0	( )	3	0	0	0	23
1409	4	7	6	5	2	8	3	2	4	0	2	0	43
1410	14	14	5	1	2	6	1	1	5	2	6	1	58
1411	3	11	6	1	2	6	1	3	1	0	9	1	44
1412	4	8	4	2	5	6	2	3	2	0	2	0	38
1413	5	20	4	3	6	1	0	2	1	5	5	0	52
1414	5	21	7	3	3	5	5	0	0	6	3	0	58
1415	9	18	9	1	3	2	3	3	3	2	2	2	57
1416	5	11	5	1	5	2	0	3	4	1	3	0	40
1417	0	9	5	1	7	4	3	6	1	7	3	0	46
1418	5	17	0	0	6	2	0	2	0	3	3	1	39
합	83	( )	96	38	56	76	43	52	64	37	57	10	846

<보기>
ㄱ. 연도별 전체 발생 건수 상위 2개 연도의 발생 건수 합은 하위 2개 연도의 발생 건수 합의 3배 이상이다.
ㄴ. '큰 비'가 가장 많이 발생한 해에는 '우박'도 가장 많이 발생했다.
ㄷ. 1401~1418년 동안의 발생 건수 합 상위 5개 유형은 '천둥번개', '큰 비', '벼락', '우박', '짙은 안개'이다.
ㄹ. 1402년에 가장 많이 발생한 유형은 1408년에도 가장 많이 발생했다.

① ㄱ, ㄴ
② ㄱ, ㄷ
③ ㄴ, ㄹ
④ ㄷ, ㄹ
⑤ ㄴ, ㄷ, ㄹ

해설

ㄱ. (×) <표>에 따르면 이상 기상 및 자연재해 전체 발생 건수 상위 2개 연도는 1405년(74건), 1406년(59건)이다. 발생 건수 합은 74 + 59 = 133건이다. 그리고 하위 2개 연도는 1408년(23건), 1404년(29건)이다. 발생 건수 합은 23 + 29 = 52건이다. 상위 2개 연도의 발생 건수 합 133은 하위 2개 연도의 발생 건수 합 52의 3배 미만이다.

ㄴ. (○) <표>에서 1406년 '큰 비'는 빈칸으로 주어져 있다. 빈칸을 제외하면 '큰 비'가 가장 많이 발생한 해는 27건이 발생한 1405년이고, 1406년 '큰 비' 발생 건수를 계산해서 비교해본다. 1406년 전체 59건에서 나머지 유형의 발생 건수를 빼보면 59−4−11−3−1−3−3−10−1−2=21건이다.

| 1406 | 4 | 21 | 11 | 3 | 1 | 3 | 3 | 10 | 1 | 0 | 2 | 0 | 59 |

이에 따라 '큰 비'가 가장 많이 발생한 해는 1405년이다. 그리고 '우박'이 가장 많이 발생한 해도 9건이 발생한 1405년이다. 따라서 '큰 비'가 가장 많이 발생한 해에 '우박'도 가장 많이 발생했다.

ㄷ. (○) <표>에 따르면 '큰 비'의 1401~1418년 동안의 발생 건수 합이 빈칸으로 주어져 있다. 우선 '큰 비'를 제외하고 1401~1418년 동안의 발생 건수 합이 가장 큰 유형은 '벼락'(96건)이다. 보기 ㄴ에서 1401~1418년 동안 '큰 비'의 발생 건수를 구하지 않았더라도 주어진 '큰 비' 발생 건수 중 큰 수 일부만 더하면 96건 이상임을 알 수 있다. 예를 들어 두 자리 숫자 일부는 13+18+27=58(1403~1405년)이고, 20+21=41(1413년, 1414년)이므로 이미 96건을 초과한다. 따라서 1401~1418년 동안의 발생 건수 합 상위 5개 유형은 '천둥번개' 83건, '큰 비' 96건 초과, '벼락' 96건, '우박' 76건, '짙은 안개' 64건이다.
참고로 '큰 비'의 1401~1418년 동안 발생 건수 합을 직접 구해보면 234건이다.

ㄹ. (○) <표>에는 1402년과 1408년의 '짙은 안개' 발생 건수가 빈칸으로 주어져 있다. 빈칸을 직접 계산해보면 1402년은 41−3−5−3−1−3−5−2−2−2=15건이고, 1408년은 23−4−3−1−1−3−1−3=7건이다. 1402년에 가장 많이 발생한 유형은 '짙은 안개'이고 1408년에 가장 많이 발생한 유형도 '짙은 안개'이다.

[정답] ⑤

87 다음 <표>는 2017~2022년 '갑'시의 택시 위법행위 유형별 단속건수에 관한 자료이다. 이에 대한 설명으로 옳은 것은?

7급 공채 23년 인책형 23번

<표> 2017~2022년 '갑'시의 택시 위법행위 유형별 단속건수

(단위: 건)

유형 연도	승차 거부	정류소 정차 질서문란	부당 요금	방범등 소등위반	사업구역 외 영업	기타	전체
2017	( )	1,110	125	1,001	123	241	4,166
2018	1,694	701	301	( )	174	382	4,131
2019	1,991	1,194	441	825	554	349	5,354
2020	717	1,128	51	769	2,845	475	( )
2021	130	355	40	1,214	1,064	484	( )
2022	43	193	268	( )	114	187	2,067

① 위법행위 단속건수 상위 2개 유형은 2017년과 2018년이 같다.
② '부당요금' 단속건수 대비 '승차거부' 단속건수 비율이 가장 높은 연도는 2017년이다.
③ 전체 단속건수가 가장 많은 연도는 2020년이다.
④ 전체 단속건수 중 '방범등 소등위반' 단속건수가 차지하는 비중은 매년 감소한다.
⑤ 2017년 '승차거부' 단속건수는 2022년 '방범등 소등위반' 단속건수보다 적다.

해설

<표>에서는 총 5개의 칸이 빈칸으로 주어져 있고, 각 선지에서는 최소 1개 이상의 빈칸과 관련하여 묻고 있으므로 빈칸을 직접 계산하고 선지를 확인한다. <표>의 빈칸을 채워보면 다음과 같다.

유형 연도	승차 거부	정류소 정차 질서문란	부당 요금	방범등 소등위반	사업구역 외 영업	기타	전체
2017	1,566	1,110	125	1,001	123	241	4,166
2018	1,694	701	301	879	174	382	4,131
2019	1,991	1,194	441	825	554	349	5,354
2020	717	1,128	51	769	2,845	475	5,985
2021	130	355	40	1,214	1,064	484	3,287
2022	43	193	268	1,262	114	187	2,067

십의 자리 이하는 어림산 했다가 필요한 경우 구체적으로 계산해도 무방하다.

① (×) 2017년의 위법행위 단속건수 상위 2개 유형은 '승차거부'와 '정류소 정차 질서문란'이고, 2018년의 위법행위 단속건수 상위 2개 유형은 '승차거부'와 '방범등 소등위반'이다. 2017년과 2018년이 같지 않다.

② (×) <표>에서 '승차거부' 단속건수가 '부당요금' 단속건수의 10배 이상인 연도는 2017년, 2020년이다. 2017년과 2020년만 비교해보면 2017년의 '승차거부' 단속건수는 '부당요금' 단속건수의 약 12.5배이고, 2020년은 약 14배이다. '부당요금' 단속건수 대비 '승차거부' 단속건수 비율이 가장 높은 연도는 2020년이다.

③ (○) 전체 단속건수가 가장 많은 연도는 2020년으로 5,985건이다. 만약 위와 같이 전체 단속건수를 직접 계산해놓지 않았다고 해도 유형별 단속건수를 비교해 판단할 수 있다. 우선 빈칸을 제외하면 2019년의 전체 단속건수가 5,354건으로 가장 많다. 2020년과 유형별 편차를 비교해보면 '사업구역 외 영업'이 약 +2,300건이고, 2020년보다 2019년의 단속건수가 많은 유형의 편차를 모두 더해도 2,300 미만이다. 따라서 2020년의 전체 단속건수가 2019년보다 많다. 마찬가지 방법으로 2020년의 단속건수가 2021년보다 많다는 것도 알 수 있다.

④ (×) '방범등 소등위반' 단속건수가 전년대비 증가한 2021년을 확인해본다. 2020년의 전체 단속건수는 5,985건으로 '방범등 소등위반' 769건은 전체의 20% 미만이고, 2021년 전체 단속건수는 3,287건으로 '방범등 소등위반' 1,214건은 전체의 20% 이상이다. 2022년의 경우도 전체 단속건수 중 '방범등 소등위반' 단속건수가 차지하는 비중은 60% 이상으로 전년대비 증가하였다.

⑤ (×) 2017년 '승차거부' 단속건수는 1,566건이고, 2022년 '방범등 소등위반' 단속건수는 1,262건이다. 2017년 '승차거부' 단속건수는 2022년 '방범등 소등위반' 단속건수보다 많다.

[정답] ③

88 다음 <표>는 2016~2019년 '갑'국의 방송통신 매체별 광고매출액에 관한 자료이다. 이에 대한 <보기>의 설명 중 옳은 것만을 고르면?

민경채 20년 가책형 14번

<표> 2016~2019년 방송통신 매체별 광고매출액

(단위: 억 원)

매체	세부 매체	2016	2017	2018	2019
방송	지상파TV	15,517	14,219	12,352	12,310
	라디오	2,530	2,073	1,943	1,816
	지상파DMB	53	44	36	35
	케이블PP	18,537	17,130	16,646	( )
	케이블SO	1,391	1,408	1,275	1,369
	위성방송	480	511	504	503
	소계	38,508	35,385	32,756	31,041
온라인	인터넷(PC)	19,092	20,554	19,614	19,109
	모바일	28,659	36,618	45,678	54,781
	소계	47,751	57,172	65,292	73,890

─────<보기>─────

ㄱ. 2017~2019년 동안 모바일 광고매출액의 전년 대비 증가율은 매년 30% 이상이다.
ㄴ. 2017년의 경우, 방송 매체 중 지상파TV 광고매출액이 차지하는 비중은 온라인 매체 중 인터넷(PC) 광고매출액이 차지하는 비중보다 작다.
ㄷ. 케이블PP의 광고매출액은 매년 감소한다.
ㄹ. 2016년 대비 2019년 광고매출액 증감률이 가장 큰 세부 매체는 모바일이다.

① ㄱ, ㄴ
② ㄱ, ㄷ
③ ㄴ, ㄷ
④ ㄴ, ㄹ
⑤ ㄷ, ㄹ

해설

ㄱ. (×) <표>에 따르면 모바일 광고매출액은 천의 자리 이상만 고려했을 때 전년대비 매년 약 8,000~9,000억 원가량 증가했다. 그렇다면 우선 모바일 광고매출액이 가장 큰 2019년의 전년 대비 증가율을 판단해 본다. 2018년 모바일 광고매출액 45,678억 원의 천의 자리 이상만 고려해도 30%는 약 13,5xx이므로 2019년 모바일 광고매출액의 전년대비 증가율은 30% 미만임을 판단할 수 있다.

ㄴ. (×) <표>에 따르면 2017년 방송매체 광고매출액은 35,385억 원이고, 지상파TV광고매출액은 14,219억 원이다. 그리고 온라인 매체 광고매출액은 57,172억 원, 인터넷(PC) 광고매출액은 20,554억 원이다. 방송 매체 중 지상파TV 광고매출액이 차지하는 비중과 온라인 매체 중 인터넷(PC) 광고매출액이 차지하는 비중을 비교해보면 다음과 같다.

$$\frac{14,219}{35,385} , \frac{20,554}{57,172}$$

천의 자리 이상만 계산해보아도 전자는 약 40%이고, 후자는 40%에 미치지 못하므로 방송 매체 중 지상파TV 광고매출액이 차지하는 비중은 온라인 매체 중 인터넷(PC) 광고매출액이 차지하는 비중보다 크다.

ㄷ. (○) <표>에 따르면 케이블PP의 광고매출액은 빈칸으로 주어진 2019년을 제외하고 매년 감소한다. 2018년 케이블PP 광고매출액은 16,646억 원이고, 2019년의 케이블PP 광고매출액을 계산해 보면 어림산하더라도 31.0xx − 12.3xx − 1.8xx − 1.3xx − 5 = 31.0xx − 15.9xx = 15.1xx이므로 케이블PP의 광고매출액은 매년 감소한다는 것을 확인할 수 있다.

ㄹ. (○) <표>에 따르면 모바일의 광고매출액은 2016년 28,659억 원에서 2019년 54,781억 원으로 2배 가까이 증가하였다. 보기에서 증감률을 묻고 있음에 유의한다. 좀 더 정확히는 약 90%가량 증가하였으므로 증감률이 90% 가량 증가 또는 감소한 세부 매체가 있는지 확인한다. 그러나 모바일을 제외한 모든 세부 매체의 증감률은 50% 미만이므로, 2016년 대비 2019년 광고매출액 증감률이 가장 큰 세부 매체는 모바일이라는 것을 판단할 수 있다.

합격으로 가는 Tip

ㄱ. 증가폭이 비슷하다면, 전년도 값이 가장 클 때 증가율이 가장 작다.
ㄹ. 증가율, 감소율, 증감률을 구분할 수 있어야 한다.

[정답] ⑤

89 다음 <표>는 2021~2027년 시스템반도체 중 인공지능반도체의 세계 시장규모 전망이다. 이에 대한 <보기>의 설명 중 옳은 것만을 모두 고르면?

7급 공채 21년 나책형 8번

<표> 시스템반도체 중 인공지능반도체의 세계 시장규모 전망
(단위: 억 달러, %)

연도 구분	2021	2022	2023	2024	2025	2026	2027
시스템반도체	2,500	2,310	2,686	2,832	( )	3,525	( )
인공지능반도체	70	185	325	439	657	927	1,179
비중	2.8	8.0	( )	15.5	19.9	26.3	31.3

─〈보기〉─
ㄱ. 인공지능반도체 비중은 매년 증가한다.
ㄴ. 2027년 시스템반도체 시장규모는 2021년보다 1,000억 달러 이상 증가한다.
ㄷ. 2022년 대비 2025년의 시장규모 증가율은 인공지능반도체가 시스템반도체의 5배 이상이다.

① ㄷ
② ㄱ, ㄴ
③ ㄱ, ㄷ
④ ㄴ, ㄷ
⑤ ㄱ, ㄴ, ㄷ

해설

ㄱ. (○) <표>에 따르면 2023년 시스템반도체 시장규모는 2,686(억 달러)이고, 10%는 269, 15%는 약 40x이다. 2023년 인공지능반도체 시장규모는 325(억 달러)이므로 비중은 10%와 15% 사이이다. 이는 2022년의 비중 8.0%보다 높고 2024년의 비중 15.5%보다 낮으므로, 인공지능반도체 비중이 매년 증가한다는 것을 알 수 있다.

ㄴ. (○) 2021년의 시스템반도체 시장규모는 2,500(억 달러)이다. 2027년 시스템반도체 시장규모가 2021년보다 1,000억 달러 이상 증가한 것이기 위해서는 2027년 시스템반도체 시장규모가 3,500(억 달러) 이상이어야 한다. 2027년 인공지능반도체 시장규모는 1,179(억 달러)이고, 비중은 31.3이다. 정확한 값을 계산하기 위해서는

$$\frac{1,179}{31.3} \times 100$$

을 계산하여야 한다. 그러나 계산이 지저분하므로 분모를 33.3%라고 생각해본다. 분모를 크게 만든다면 계산값은 정확한 값보다 작을 것이지만 그럼에도 불구하고 3,500 이상이라면 2021년보다 확실하게 1,000 이상 증가했다고 판단할 수 있다. 분모가 33.3이면 약 1/3에 해당하므로 분자에 3을 곱해 1,179×3 = 3,5xx이므로, 2027년 시스템반도체 시장규모는 3,500 이상이다. 2027년 시스템반도체 시장규모는 2021년보다 1,000억 달러 이상 증가한다는 것을 알 수 있다.

ㄷ. (○) 2025년 인공지능반도체 시장규모는 657(억 달러)이고, 비중은 19.9%이므로 시스템반도체 시장규모는 인공지능반도체 시장규모의 약 5배인 3,285이다. 2022년 시스템반도체 시장규모는 2,310이므로 50% 미만 증가하였다. 그리고 2025년 인공지능반도체 시장규모는 657로 2022년의 185의 약 3.5배 이상이다. 185×3=555이고, 657과 100 이상 차이가 난다. 3.5배를 증가율로 환산하면 250% 이상 증가한 것이므로, 2022년 대비 2025년의 시장규모 증가율은 인공지능반도체가 시스템반도체의 5배 이상이라는 것을 알 수 있다.

합격으로 가는 Tip
ㄴ. 3,500 기준으로 31.3%를 구해서 검증하듯이 해결하는 것도 가능하다.

[정답] ⑤

90 다음 <표>는 2019~2021년 '갑'국의 장소별 전기차 급속충전기 수에 관한 자료이다. 이에 대한 <보기>의 설명 중 옳은 것만을 모두 고르면?

7급 공채 22년 가책형 25번

<표> 장소별 전기차 급속충전기 수

(단위: 대)

구분	장소\연도	2019	2020	2021
다중이용시설	쇼핑몰	807	1,701	2,701
	주유소	125	496	( )
	휴게소	( )	( )	2,099
	문화시설	757	1,152	1,646
	체육시설	272	498	604
	숙박시설	79	146	227
	여객시설	64	198	378
	병원	27	98	152
	소계	2,606	5,438	8,858
일반시설	공공시설	1,595	( )	( )
	주차전용시설	565	898	1,275
	자동차정비소	119	303	375
	공동주택	( )	102	221
	기타	476	499	522
	소계	2,784	4,550	6,145
전체		5,390	9,988	15,003

─────────── <보기> ───────────

ㄱ. 전체 급속충전기 수 대비 '다중이용시설' 급속충전기 수의 비율은 매년 증가한다.
ㄴ. '공공시설' 급속충전기 수는 '주차전용시설'과 '쇼핑몰' 급속충전기 수의 합보다 매년 많다.
ㄷ. '기타'를 제외하고, 2019년 대비 2021년 급속충전기 수의 증가율이 가장 큰 장소는 '주유소'이다.
ㄹ. 급속충전기 수는 '휴게소'가 '문화시설'보다 매년 많다.

① ㄱ, ㄴ
② ㄱ, ㄷ
③ ㄱ, ㄹ
④ ㄴ, ㄷ
⑤ ㄴ, ㄹ

91 다음 <표>는 2017~2022년 '갑'국의 병해충 발생면적에 관한 자료이다. 이에 대한 <보기>의 설명 중 옳은 것만을 모두 고르면?

7급 공채 23년 인책형 14번

<표> 2017~2022년 '갑'국의 병해충 발생면적

(단위: ha)

연도 병해충	2017	2018	2019	2020	2021	2022
흰불나방	35,964	32,235	29,325	29,332	28,522	32,627
솔잎혹파리	35,707	38,976	( )	27,530	27,638	20,840
솔껍질깍지벌레	4,043	7,718	6,380	5,024	3,566	3,497
참나무시들음병	1,733	1,636	1,576	1,560	1,240	( )
전체	77,447	( )	69,812	63,446	60,966	58,451

<보기>

ㄱ. 2019~2022년 발생면적이 매년 감소한 병해충은 '솔껍질깍지벌레'뿐이다.
ㄴ. 전체 병해충 발생면적이 전년 대비 증가한 해는 2018년뿐이다.
ㄷ. 2019년 '솔잎혹파리' 발생면적은 2022년 '참나무시들음병' 발생면적의 30배 이상이다.
ㄹ. 2022년 병해충 발생면적의 전년 대비 증가율은 '참나무시들음병'이 '흰불나방'보다 낮다.

① ㄱ
② ㄷ
③ ㄱ, ㄴ
④ ㄷ, ㄹ
⑤ ㄱ, ㄴ, ㄹ

해설

ㄱ. (○) <표>에서 2019~2022년 발생면적이 전년 대비 증가한 병해충을 확인해보면 다음과 같다.

연도 병해충	2017	2018	2019	2020	2021	2022
흰불나방	35,964	32,235	29,325	29,332	28,522	32,627
솔잎혹파리	35,707	38,976	( )	27,530	27,638	20,840
솔껍질깍지벌레	4,043	7,718	6,380	5,024	3,566	3,497
참나무시들음병	1,733	1,636	1,576	1,560	1,240	( )

따라서 '흰불나방'과 '솔잎혹파리'를 제외하고 2022년 '참나무시들음병' 발생면적을 확인하여야 한다. 2022년 '참나무시들음병' 발생면적은 58,451−32,627−20,840−3,497=1,4xx(ha)이므로 2021년 1,240(ha) 대비 증가하였다. 2019~2022년 발생면적이 매년 감소한 병해충은 '솔껍질깍지벌레'뿐이다.

ㄴ. (○) <표>에 따르면 2020년 이후에는 전체 병해충 발생면적이 전년 대비 감소하였다. 2018년의 전체 병해충 발생면적을 계산해보면 32,235+38,976+7,718+1,636=80,xxx(ha)이므로, 전체 병해충 발생면적이 전년 대비 증가한 해는 2018년뿐이라는 것을 알 수 있다.

ㄷ. (×) 보기 ㄱ에서 계산했듯이, 2022년 '참나무시들음병'의 발생면적은 1,4xx(ha)이다. 2019년 '솔잎혹파리' 발생면적이 2022년 '참나무시들음병' 발생면적의 30배 이상이기 위해서는 2019년 '솔잎혹파리' 발생면적이 1,4xx×30=42,xxx 이상이어야 한다. 2019년 '솔잎혹파리' 발생면적은 69,812−29,325−6,380−1,576=32,xxx이므로, 2019년 '솔잎혹파리' 발생면적은 2022년 '참나무시들음병' 발생면적의 30배 미만이다.

ㄹ. (×) <표>에 따르면 2021년 '흰불나방'의 발생면적은 28,522(ha)이고 15%는 약 4,28x이다. 2022년의 발생면적은 32,627(ha)이므로 2021년 대비 15% 미만 증가했다. 보기 ㄱ에서 2022년 '참나무시들음병' 발생면적을 약 1,4xx(ha)로 확인했었는데 정확히는 1,487(ha)이다. 2021년 '참나무시들음병' 발생면적은 1,240(ha)이고 15%는 186이므로 2022년은 2021년 대비 15% 이상 증가했다. 2022년 병해충 발생면적의 전년 대비 증가율은 '참나무시들음병'이 '흰불나방'보다 높다.

[정답] ③

92 다음 <표>는 2017~2022년 '갑'시 공공한옥시설의 유형별 현황에 관한 자료이다. 이에 대한 <보기>의 설명 중 옳은 것만을 모두 고르면?

7급 공채 24년 사책형 16번

<표> 2017~2022년 '갑'시 공공한옥시설의 유형별 현황
(단위: 개소)

연도 유형	2017	2018	2019	2020	2021	2022
문화전시시설	8	8	10	11	12	12
전통공예시설	14	14	11	10	( )	9
주민이용시설	3	3	5	6	8	8
주거체험시설	0	0	1	3	4	( )
한옥숙박시설	2	2	( )	0	0	0
전체	27	27	28	30	34	34

※ 공공한옥시설의 유형은 '문화전시시설', '전통공예시설', '주민이용시설', '주거체험시설', '한옥숙박시설'로만 구분됨.

<보기>

ㄱ. '전통공예시설'과 '한옥숙박시설'의 전년 대비 증감 방향은 매년 같다.
ㄴ. 전체 공공한옥시설 중 '문화전시시설'의 비율은 매년 20% 이상이다.
ㄷ. 2020년 대비 2022년 공공한옥시설의 유형별 증가율은 '주거체험시설'이 '주민이용시설'의 2배이다.
ㄹ. '한옥숙박시설'이 '주거체험시설'보다 많은 해는 2017년과 2018년뿐이다.

① ㄱ, ㄴ
② ㄴ, ㄷ
③ ㄴ, ㄹ
④ ㄱ, ㄷ, ㄹ
⑤ ㄴ, ㄷ, ㄹ

해설

우선 <표>의 빈칸을 채워보면 다음과 같다.

연도 유형	2017	2018	2019	2020	2021	2022
문화전시시설	8	8	10	11	12	12
전통공예시설	14	14	11	10	10	9
주민이용시설	3	3	5	6	8	8
주거체험시설	0	0	1	3	4	5
한옥숙박시설	2	2	1	0	0	0
전체	27	27	28	30	34	34

ㄱ. (×) 2022년 '전통공예시설'은 9개소로 전년 대비 감소하였으나 '한옥숙박시설'은 감소하지 않았다.

연도 유형	2017	2018	2019	2020	2021	2022
전통공예시설	14 유지	14 감소	11 감소	10 유지	10 감소	9
한옥숙박시설	2 유지	2 감소	1 감소	0 유지	0 유지	0

ㄴ. (○) 전체 공공한옥시설 중 '문화전시시설'의 비율이 매년 20% 이상인지 확인하기 위해 매년 전체 공공한옥시설 개소가 '문화전시시설' 개소의 5배 이하인지 검토한다.

연도 유형	2017	2018	2019	2020	2021	2022
문화전시시설	8	8	10	11	12	12
	×5 =40	×5 =40	×5 =50	×5 =55	×5 =60	×5 =60
전체	27	27	28	30	34	34

매년 5배 이하임을 확인할 수 있다. 따라서 전체 공공한옥시설 중 '문화전시시설'의 비율은 매년 20% 이상이다.

ㄷ. (○) 2020년 대비 2022년 '주거체험시설'의 증가율은 $\frac{5-3}{3}=\frac{2}{3}$이고, '주민이용시설'의 증가율은 $\frac{8-6}{6}=\frac{1}{3}$이다. '주거체험시설'의 증가율이 '주민이용시설'의 2배이다.

ㄹ. (○) <표>에 따르면 2017년과 2018년 '한옥숙박시설'은 2개소로 '주거체험시설' 0개소보다 많다. 나머지 해는 '한옥숙박시설'이 '주거체험시설'보다 많지 않음을 확인할 수 있다.

[정답] ⑤

93 다음 <표>는 2018~2020년 '갑'국 방위산업의 매출액 및 종사자 수에 관한 자료이다. 이에 대한 <보기>의 설명 중 옳은 것만을 모두 고르면?

7급 공채 22년 가책형 22번

<표 1> 2018~2020년 '갑'국 방위산업의 국내외 매출액

(단위: 억 원)

구분 \ 연도	2018	2019	2020
총매출액	136,493	144,521	153,867
국내 매출액	116,502	( )	( )
국외 매출액	19,991	21,048	17,624

<표 2> 2020년 '갑'국 방위산업의 기업유형별 매출액 및 종사자 수

(단위: 억 원, 명)

기업유형 \ 구분	총매출액	국내 매출액	국외 매출액	종사자 수
대기업	136,198	119,586	16,612	27,249
중소기업	17,669	16,657	1,012	5,855
전체	153,867	( )	17,624	33,104

<표 3> 2018~2020년 '갑'국 방위산업의 분야별 매출액

(단위: 억 원)

분야 \ 연도	2018	2019	2020
항공유도	41,984	45,412	49,024
탄약	24,742	21,243	25,351
화력	20,140	20,191	21,031
함정	18,862	25,679	20,619
기동	14,027	14,877	18,270
통신전자	14,898	15,055	16,892
화생방	726	517	749
기타	1,114	1,547	1,931
전체	136,493	144,521	153,867

<표 4> 2018~2020년 '갑'국 방위산업의 분야별 종사자 수

(단위: 명)

분야 \ 연도	2018	2019	2020
A	9,651	10,133	10,108
B	6,969	6,948	6,680
C	3,996	4,537	4,523
D	3,781	3,852	4,053
E	3,988	4,016	3,543
화력	3,312	3,228	3,295
화생방	329	282	228
기타	583	726	674
전체	32,609	33,722	33,104

※ '갑'국 방위산업 분야는 기타를 제외하고 항공유도, 탄약, 화력, 함정, 기동, 통신전자, 화생방으로만 구분함.

―<보기>―

ㄱ. 방위산업의 국내 매출액이 가장 큰 연도에 방위산업 총매출액 중 국외 매출액 비중이 가장 작다.
ㄴ. '기타'를 제외하고, 2018년 대비 2020년 매출액 증가율이 가장 낮은 방위산업 분야는 '탄약'이다.
ㄷ. 2020년 방위산업의 기업유형별 종사자당 국외 매출액은 대기업이 중소기업의 4배 이상이다.
ㄹ. 2020년 '항공유도' 분야 대기업 국내 매출액은 14,500억 원 이상이다.

① ㄱ, ㄴ   ② ㄱ, ㄷ   ③ ㄴ, ㄹ
④ ㄷ, ㄹ   ⑤ ㄱ, ㄴ, ㄹ

해설

ㄱ. (○) <표 1>의 빈칸을 어림산 해서 채워보면 다음과 같다.

구분 \ 연도	2018	2019	2020
총매출액	136,493	144,521	153,867
국내 매출액	116,502	123,xxx	136,xxx
국외 매출액	19,991	21,048	17,624

방위산업의 국내 매출액이 가장 큰 연도는 2020년이다. 2020년의 총매출액이 가장 크고 국외 매출액은 가장 작으므로, 방위산업 총매출액 중 국외 매출액 비중이 가장 작다.

ㄴ. (○) <표 3>에 따르면 2018년 '탄약' 분야의 매출액은 24,742억 원이고 3%는 약 741이다. 2020년의 매출액은 25,351억 원으로 2018년 대비 3% 미만 증가하였다. '화생방' 분야를 제외한 나머지 모든 분야는 어림산 해도 2018년 대비 2020년 매출액 증가율이 3% 이상이다. '화생방' 분야만 구체적으로 확인해보면, 2018년 '화생방' 분야의 매출액은 726억 원. 3%는 약 22이므로 2020년 매출액 749억 원은 2018년 대비 3% 이상 증가하였다.

ㄷ. (×) <표 2>에 따르면 대기업의 국외 매출액은 16,612억 원, 종사자 수는 27,249명이고, 중소기업의 국외 매출액은 1,012억 원 종사자 수는 5,855명이다. 16,612/27,249와 1,012/5,855와 같이 분수로 비교하되, 대기업이 중소기업의 4배 이상인지 비교해야 하므로 1,102에 4를 곱해서 대소를 비교한다. 16,612/27,249는 2/3 미만이고, 4,048/5,855은 2/3 이상이다. 따라서 2020년 방위산업의 기업유형별 종사자당 국외 매출액은 대기업이 중소기업의 4배 미만임을 알 수 있다.

ㄹ. (○) <표 2>에 따르면 2020년 대기업 국내 매출액은 119,586억 원이고, 전체 총매출액은 153,867억 원이다. 그리고 <표 3>에 따르면 2020년 '항공유도' 분야 매출액은 49,024억 원이다. 그러므로 2020년 '항공유도' 분야 대기업 국내 매출액은 최소 (119,586+49,024)−153,867=14,743억 원으로, 14,500억 원 이상이다.

합격으로 가는 Tip

ㄱ. 2020년의 국내매출액은 <표 2>에서 구하는 것도 가능하다. 총매출액의 변화폭, 국외 매출액의 변화폭으로 국내 매출액을 구하는 것도 가능하다.
ㄹ. 최소교집합을 구하기 위한 다른 방법으로, 항공유도의 매출액이 대기업 국내 매출액이 아닌 다른 모든 매출액을 채우고도 남는 매출액은 대기업 국내 매출액의 최소 매출액이 된다.

[정답] ⑤

94 다음 <표>는 A 지역 산불피해 복구에 대한 국비 및 지방비 지원금액에 관한 자료이다. 이에 대한 <보기>의 설명 중 옳은 것만을 모두 고르면?

7급 공채 23년 인책형 17번

<표 1> A 지역 산불피해 복구에 대한 지원항목별, 재원별 지원금액

(단위: 천만 원)

재원 지원항목	국비	지방비	합
산림시설 복구	32,594	9,000	41,594
주택 복구	5,200	1,800	7,000
이재민 구호	2,954	532	3,486
상·하수도 복구	10,930	260	11,190
농경지 복구	1,540	340	1,880
생계안정 지원	1,320	660	1,980
기타	520	0	520
전체	55,058	( )	( )

<표 2> A 지역 산불피해 복구에 대한 부처별 국비 지원금액

(단위: 천만 원)

부처	행정 안전부	산림청	국토 교통부	환경부	보건 복지부	그 외	전체
지원 금액	2,930	33,008	( )	9,520	350	240	55,058

─── <보기> ───

ㄱ. 기타를 제외하고, 국비 지원금액 대비 지방비 지원금액 비율이 가장 높은 지원항목은 '주택 복구'이다.
ㄴ. 산림청의 '산림시설 복구' 지원금액은 1,000억 원 이상이다.
ㄷ. 국토교통부의 지원금액은 전체 국비 지원금액의 20% 이상이다.
ㄹ. 전체 지방비 지원금액은 '상·하수도 복구' 국비 지원금액보다 크다.

① ㄱ, ㄴ
② ㄱ, ㄷ
③ ㄴ, ㄷ
④ ㄴ, ㄹ
⑤ ㄷ, ㄹ

해설

ㄱ. (×) <표 1>에 따르면 '주택 복구' 지원항목의 국비 지원금액은 5,200(천만 원)이고, 지방비 지원금액은 1,800(천만 원)으로 국비 지원금액 대비 지방비 지원금액 비율은 50% 미만이다. 그러나 '생계안정 지원' 지원항목의 국비 지원금액은 1,320(천만 원), 지방비 지원금액은 660(백만 원)으로 국비 지원금액 대비 지방비 지원금액 비율은 50%이다. 기타를 제외하고, 국비 지원금액 대비 지방비 지원금액 비율이 가장 높은 지원항목은 '주택 복구'가 아니다.

ㄴ. (○) <표 1>에 따르면 '산림시설 복구' 국비 지원금액은 32,594(천만 원)이고, 전체 국비 지원금액은 55,058(천만 원)이다. 그리고 <표 2>에 따르면 산림청의 국비 지원금액은 33,008(천만 원)이다. 따라서 32,594+33,008−55,058=10,544(천만 원)으로, 산림청의 '산림시설 복구' 국비 지원금액이 1,000억 원 이상이므로, '산림시설 복구' 지원금액도 1,000억 원 이상이다.

ㄷ. (×) <표 2>에서 국토교통부 국비 지원금액을 계산해보면 55,058−2,930−33,008−9,520−350−240=9,010(천만 원)이다. 전체 국비 지원금액은 55,058(천만 원)이므로 국토교통부의 지원금액은 전체 국비 지원금액의 20% 미만이다.

ㄹ. (○) <표 1>에 따르면 '상·하수도 복구' 국비 지원금액은 10,930(천만 원)이다. 전체 지방비 지원금액을 구하기 위해 '산림시설 복구' 지원항목의 지원금액부터 더해보면 '주택 복구' 지원항목까지만 더해도 9,000+1,800=10,800이고, '이재민 구호' 지원항목까지 더하면 10,800+532=11,332(천만 원)이다. 전체 지방비 지원금액은 '상·하수도 복구' 국비 지원금액보다 크다는 것을 알 수 있다. 전체 지방비 지원금액의 정확한 값은 12,592(천만 원)이다.

[정답] ④

PSAT 교육 1위, 해커스PSAT

psat.Hackers.com

VI. 공식+빈칸

수치자료가 표로 제시되면서, 표에는 빈칸이 포함되어 있고, (각주의 형식으로) 공식이 주어지는 문제이다. 앞서 연습한 두 유형이 결합된 유형이라고 생각하면 된다. 따라서 빈칸을 채우고, 공식을 해석하거나 가공하여 문제를 해결해야 한다.

95 다음 <표>는 행정심판위원회 연도별 사건처리현황에 관한 자료이다. 이에 대한 <보기>의 설명 중 옳은 것만을 모두 고르면?

민경채 15년 인책형 2번

<표> 행정심판위원회 연도별 사건처리현황

(단위: 건)

구분 연도	접수	심리·의결				취하·이송
		인용	기각	각하	소계	
2010	31,473	4,990	24,320	1,162	30,472	1,001
2011	29,986	4,640	23,284	( )	28,923	1,063
2012	26,002	3,983	19,974	1,030	24,987	1,015
2013	26,255	4,713	18,334	1,358	24,405	1,850
2014	26,014	4,131	19,164	( )	25,270	744

※ 1) 당해연도에 접수된 사건은 당해연도에 심리·의결 또는 취하·이송됨.

2) 인용률(%) = $\dfrac{\text{인용 건수}}{\text{심리·의결 건수}} \times 100$

─〈보기〉─

ㄱ. 인용률이 가장 높은 해는 2013년이다.
ㄴ. 취하·이송 건수는 매년 감소하였다.
ㄷ. 각하 건수가 가장 적은 해는 2011년이다.
ㄹ. 접수 건수와 심리·의결 건수의 연도별 증감방향은 동일하다.

① ㄱ, ㄴ
② ㄱ, ㄷ
③ ㄷ, ㄹ
④ ㄱ, ㄷ, ㄹ
⑤ ㄴ, ㄷ, ㄹ

해설

ㄱ. (○) 각주 2)에 따르면 인용률은 '인용 건수/심리·의결 건수×100'이다.

구분 연도	접수	심리·의결				취하·이송
		인용	기각	각하	소계	
2010	31,473	4,990	24,320	1,162	30,472	1,001
2011	29,986	4,640	23,284	( )	28,923	1,063
2012	26,002	3,983	19,974	1,030	24,987	1,015
2013	26,255	4,713	18,334	1,358	24,405	1,850
2014	26,014	4,131	19,164	( )	25,270	744

2013년의 인용률과 비교하면 2011년, 2012년, 2014년 모두 2013년보다 분자인 인용 건수는 작고, 분모인 심리·의결 건수는 크다. 2010년과 비교해보면 분자인 인용 건수는 4,990건으로 2013년 대비 10% 미만 크지만, 분모인 심리·의결 건수는 10% 이상 크므로, 2013년의 인용률이 가장 높다고 판단할 수 있다.

ㄴ. (×) <표>에 따르면 2011년의 취하·이송 건수는 1,063건으로 2010년의 1,001건 대비 증가하였고, 2013년은 1,850건으로 2012년의 1,015건 대비 증가하였다.

ㄷ. (○) 2011년의 각하 건수를 계산해보면 28,923-23,284-4,640=999건이다. 2014년은 25,270-19,164-4,131은 어림산해도 1,000건 이상이므로 각하 건수가 가장 적은해는 2011년이라는것을 알 수 있다.

ㄹ. (×) <표>에 접수 건수와 심리·의결 건수의 연도별 증감방향을 표시해보면 다음과 같다.

구분 연도	접수	심리·의결				취하·이송
		인용	기각	각하	소계	
2010	31,473	4,990	24,320	1,162	30,472	1,001
2011	29,986 ↓	4,640	23,284	( )	28,923 ↓	1,063
2012	26,002 ↓	3,983	19,974	1,030	24,987 ↓	1,015
2013	26,255 ↑	4,713	18,334	1,358	24,405 ↓	1,850
2014	26,014 ↓	4,131	19,164	( )	25,270 ↑	744

2013년과 2014년의 접수 건수와 심리·의결 건수의 전년대비 증감방향은 동일하지 않다.

[정답] ②

96 다음 <표>는 2019년 주요 7개 지역(A~G)의 재해 피해 현황이다. 이에 대한 설명으로 옳지 않은 것은?

7급 공채 20년 모의평가 18번

<표> 2019년 주요 7개 지역의 재해 피해 현황

구분 지역	피해액 (천 원)	행정면적 (km²)	인구 (명)	1인당 피해액(원)
전국	187,282,994	100,387	51,778,544	3,617
A	2,898,417	1,063	2,948,542	983
B	2,883,752	10,183	12,873,895	224
C	3,475,055	10,540	3,380,404	1,028
D	7,121,830	16,875	1,510,142	4,716
E	24,482,562	8,226	2,116,770	11,566
F	86,648,708	19,031	2,691,706	32,191
G	( )	7,407	1,604,432	36,199

※ 피해밀도(원/km²) = $\dfrac{\text{피해액}}{\text{행정면적}}$

① G 지역의 피해액은 전국 피해액의 35% 이하이다.
② 주요 7개 지역을 합친 지역의 1인당 피해액은 나머지 전체 지역의 1인당 피해액보다 크다.
③ D 지역과 F 지역을 합친 지역의 1인당 피해액은 전국 1인당 피해액의 5배 이상이다.
④ 피해밀도는 A 지역이 B 지역의 9배 이상이다.
⑤ 주요 7개 지역 중 피해밀도가 가장 낮은 지역은 D 지역이다.

해설

① (○) <표>에 따르면 G 지역의 인구는 1,604,432명, 1인당 피해액은 36,199원이다. 그리고 전국 피해액은 187,282,994(천 원)이고, 35%는 약 65.5xx,xxx(천 원)이다. 전국 피해액은 1인당 피해액과 단위가 다른 것을 확인한다. 1인당 피해액을 약 36(천 원)으로 생각해서 G 지역의 피해액을 어림산 해보면 1.60x,xxx×36 = 약 57.6xx,xxx(천 원)이다. 어림산해도 G 지역의 피해액이 전국 피해액의 35% 이하임을 알 수 있다.

② (○) <표>에서 피해액이 주어지지 않은 G 지역을 제외하고 A~F 지역의 피해액을 만의 자리 이하를 버리고 어림산 해봐도 28+28+34+71+244+866 = 1,271로 피해액이 127.1xx,xxx(천 원) 이상이다. 이는 전국 피해액 187,282,994(천 원)의 2/3 이상이다.

구분 지역	피해액 (천원)	행정면적 (km²)	인구 (명)	1인당 피해액(원)
전국	187,282,994	100,387	51,778,544	3,617
A	2,8̲9̲8,417	1,063	2,9̲4̲8,542	983
B	2,8̲8̲3,752	10,183	12,8̲7̲3,895	224
C	3,4̲7̲5,055	10,540	3,3̲8̲0,404	1,028
D	7,1̲2̲1,830	16,875	1,5̲1̲0,142	4,716
E	24,4̲8̲2,562	8,226	2,1̲1̲6,770	11,566
F	86,6̲4̲8,708	19,031	2,6̲9̲1,706	32,191
G	( )	7,407	1,6̲0̲4,432	36,199
	1,271		268	

마찬가지 방법으로 A~G 지역의 인구도 계산해보면 26,8xx,xxx명으로 전국 인구의 2/3 미만이다. 인구는 전체의 2/3 미만인 A~G 지역의 피해액이 전체 피해액의 2/3 이상이므로, A~G 지역을 합친 지역의 1인당 피해액은 나머지 전체 지역의 1인당 피해액보다 크다는 것을 알 수 있다.

③ (○) D 지역과 F 지역을 합친 지역의 1인당 피해액은 직접 피해액과 인구를 각각 더해 1인당 피해액을 구하거나, 인구가 주어져 있으므로 1인당 피해액을 가중평균하는 방법으로 구할 수 있다. 가중평균을 하는 방법은, D 지역의 인구를 대략 1.5xx,xxx명, F 지역은 대략 2.5xx,xxx명이라고 하면 인구비는 약 3:5이다. 그리고 F 지역의 1인당 피해액은 32,191원, D 지역은 그냥 쉽게 0원이라고 가정해도 1인당 피해액의 가중평균은 20,000원 이상이고, 이는 전국 1인당 피해액 3,617원의 5배 이상이다. D 지역은 실제로 1인당 피해액이 0원보다 크므로, 실제 값으로 가중평균한 결과는 0으로 가중평균을 구했을 때보다 값이 더 커질 것이다.

직접 계산해서 확인해보면 D, F 피해액의 합은 7,121,830 + 86,648,708 = 93,770,538(천 원)이고, 인구의 합은 1,510,142 + 2,691,706 = 4,201,848이므로 1인당 피해액은 약 22.3xx원이다. 이렇게 구하면 계산량이 많아지므로, 실제 문제풀이에서는 과감하게 어림산해서 가중평균으로 판단하는 것이 좋다.

④ (○) 각주로 주어진 공식에 피해밀도는 '피해액/행정면적'으로 주어져 있다. A 지역의 피해액 2,898,417(천 원)은 B 지역의 피해액 2,883,752(천 원)보다 아주 조금 크다. 그리고 A 지역의 행정면적 1,063(km²)은 B 지역의 행정면적 10,183(km²)의 1/9 미만이므로, 피해밀도는 A 지역이 B 지역의 9배 이상이라는 것을 알 수 있다.

⑤ (×) 각주에 따라 피해밀도를 판단해본다. D 지역과 B 지역의 피해액(분자)을 비교해보면 D 지역(7,121,830)이 B 지역(2,883,752)의 2배 이상(약 2.5배)인데, 행정면적(분모)은 D 지역(16,875)이 B 지역(10,183)의 2배 미만이다. 따라서 B 지역이 D 지역보다 피해밀도가 낮으므로 D 지역이 가장 낮은 지역은 아님을 알 수 있다.

마찬가지 방법으로 C 지역의 피해밀도도 D 지역보다 낮다는 것을 확인할 수 있다.

> **합격으로 가는 Tip**
>
> • A~G의 합 = 전국이 아님에 주의해야 한다.
> • 가중평균을 구하는 가장 간단한 방법은 비중이 3:5이면, 두 값 사이 간격을 (작은 값) 5:3 (큰 값)으로 구분하는 값이 가중평균의 결과가 된다. 즉 비중과 거리비는 서로 크로스라고 기억하면 된다. 예를 들면 80명이 상황판단 시험을 봤는데 30명은 80점이고 50명은 96점이라고 하자.
>
> 80점   96점
> (30명)   (50명)
>
> 80점과 96점의 비중이 30명:50명 = 3:5이므로 80점과 96점 사이 16점을 5:3으로 구분하는 값,
>
> 80점 (10점 차이) 90점 (6점 차이) 96점
>   5   :   3
>
> 즉, 90점이 가중평균의 결과가 된다.

[정답] ⑤

97 다음 <표>는 2011~2020년 산불 건수 및 산불 가해자 검거 현황과 2020년 산불 원인별 가해자 검거 현황에 관한 자료이다. 이에 대한 <보기>의 설명 중 옳은 것만을 모두 고르면?

7급 공채 21년 나책형 25번

〈표 1〉 2011~2020년 산불 건수 및 산불 가해자 검거 현황
(단위: 건, %)

구분 연도	산불 건수	가해자 검거 건수	검거율
2011	277	131	47.3
2012	197	73	( )
2013	296	137	46.3
2014	492	167	33.9
2015	623	240	38.5
2016	391	( )	( )
2017	692	305	( )
2018	496	231	46.6
2019	653	239	36.6
2020	620	246	39.7
계	( )	1,973	( )

〈표 2〉 2020년 산불 원인별 산불 건수 및 가해자 검거 현황
(단위: 건, %)

구분 산불 원인	산불 건수	가해자 검거 건수	검거율
입산자 실화	( )	32	( )
논밭두렁 소각	49	45	( )
쓰레기 소각	65	( )	( )
담뱃불 실화	75	17	22.7
성묘객 실화	9	6	( )
어린이 불장난	1	1	100.0
건축물 실화	54	33	61.1
기타	150	52	34.7
전체	( )	246	39.7

※ 1) 산불 1건은 1개의 산불 원인으로만 분류함.
  2) 가해자 검거 건수는 해당 산불 발생 연도를 기준으로 집계함.
  3) 검거율(%) = $\frac{\text{가해자 검거 건수}}{\text{산불 건수}} \times 100$

〈보기〉
ㄱ. 2011~2020년 연평균 산불 건수는 500건 이하이다.
ㄴ. 산불 건수가 가장 많은 연도의 검거율은 산불 건수가 가장 적은 연도의 검거율보다 높다.
ㄷ. 2020년에는 기타를 제외하고 산불 건수가 적은 산불 원인일수록 검거율이 높다.
ㄹ. 2020년 전체 산불 건수 중 입산자 실화가 원인인 산불 건수의 비율은 35%이다.

① ㄱ, ㄴ
② ㄴ, ㄹ
③ ㄷ, ㄹ
④ ㄱ, ㄴ, ㄷ
⑤ ㄱ, ㄴ, ㄹ

98 다음 <표>는 2022년도 '갑'국의 운전면허 종류별 응시자 및 합격자 수에 관한 자료이다. 이에 대한 설명으로 옳은 것은?

7급 공채 23년 인책형 18번

<표> '갑'국의 운전면허 종류별 응시자 및 합격자 수

(단위: 명)

구분 종류	응시자	남자	여자	합격자	남자	여자
전체	71,976	56,330	15,646	44,012	33,150	10,862
1종	29,507	( )	1,316	16,550	15,736	814
대형	4,199	4,149	50	995	991	4
보통	24,388	23,133	1,255	15,346	14,536	810
특수	920	909	11	209	209	0
2종	( )	( )	14,330	27,462	17,414	10,048
보통	39,312	25,047	14,265	26,289	16,276	10,013
소형	1,758	1,753	5	350	349	1
원동기	1,399	1,339	60	823	789	34

※ 합격률(%) = $\frac{합격자 수}{응시자 수} \times 100$

① 2종 면허 응시자 수는 1종 면허 응시자 수의 2배 이상이다.
② 전체 합격률은 60% 미만이다.
③ 1종 보통 면허 합격률은 2종 보통 면허 합격률보다 높다.
④ 1종 면허 남자 응시자 수는 2종 면허 남자 응시자 수보다 많다.
⑤ 1종 대형 면허 여자 합격률은 2종 소형 면허 여자 합격률보다 높다.

해설

① (×) <표>에서 2종 면허 응시자 수를 직접 구할 수 있다. 그러나 전체 응시자 수는 71,976명이고, 1종 면허 응시자 수는 29,507명으로 전체 응시자 수의 1/3 이상이므로 2종 면허 응시자 수는 2/3 이하이고, 2종 면허 응시자 수는 1종 면허 응시자 수의 2배 미만이라는 것을 알 수 있다. 2종 면허 응시자 수를 직접 구해보면 39,312+1,758+1,339=42,469명이다.

② (×) 각주의 합격률을 확인한다. <표>에 따르면 전체 응시자 수는 71,976명이고, 50%는 약 36,xxx, 10%는 7,2xx이므로 60%는 약 43,2xx이다. 전체 합격자는 44,012명으로 전체 응시자의 60% 이상이다.

③ (×) <표>에 따르면 1종 보통 면허 응시자 수는 24,388명이고 60%는 약 14,6xx, 65%는 약 15,9xx이다. 1종 보통 면허 합격자 수는 15,346명이므로 1종 보통 면허 합격률은 65% 미만이다. 그리고 2종 보통 면허 응시자 수는 39,312명이고, 60%는 약 23,6xx, 65%는 25,6xx이다. 2종 보통 면허 합격자 수는 26,289명이므로 2종 보통 면허 합격률은 65% 이상이다. 1종 보통 면허 합격률은 2종 보통 면허 합격률보다 낮다.

④ (○) <표>에서 1종 면허 남자 응시자 수와 2종 면허 남자 응시자 수를 어림산 해보면 상당히 근접한 값이므로 정확한 값을 계산해본다. 1종 면허 남자 응시자 수는 4,149+23,133+909 또는 29,507−1,316=28,191명이고, 2종 면허 남자 응시자 수 25,047+1,753+1,339=28,139명이다. 1종 면허 남자 응시자 수는 2종 면허 남자 응시자 수보다 많다.

1종 또는 2종 면허 남자 응시자 수 중 하나를 구했다면, 전체 남자 응시자 56,330명에서 빼줌으로써 나머지 하나를 구할 수도 있다.

⑤ (×) <표>에 따르면 1종 대형 면허 여자 응시자는 50명, 합격자는 4명이므로 1종 대형 면허 여자 합격률은 8%이다. 그리고 2종 소형 면허 여자 응시자는 5명, 합격자는 1명이므로 2종 소형 면허 여자 합격률은 20%이다. 1종 대형 면허 여자 합격률은 2종 소형 면허 여자 합격률보다 낮다.

[정답] ④

99 다음 <표>는 '갑'국 재외국민의 5개 지역별 투표 결과에 관한 자료이다. 이에 대한 <보기>의 설명 중 옳은 것만을 모두 고르면?

7급 공채 23년 인책형 21번

<표> 재외국민 지역별 투표 결과

(단위: 개소, 명, %)

구분 지역	제20대 선거				제19대 선거	
	투표소 수	선거인 수	투표자 수	투표율	투표자 수	투표율
아주	( )	110,818	78,051	70.4	106,496	74.0
미주	62	( )	50,440	68.7	68,213	71.7
유럽	47	32,591	25,629	( )	36,170	84.9
중동	21	6,818	5,658	83.0	8,210	84.9
아프리카	21	2,554	2,100	82.2	2,892	85.4
전체	219	226,162	161,878	71.6	221,981	75.3

※ 1) 투표율(%) = $\frac{투표자 수}{선거인 수} \times 100$

2) '아주'는 '중동'을 제외한 아시아 및 오세아니아 지역을 의미함.

─────<보기>─────

ㄱ. 제20대 선거에서 투표소 수는 '아주'가 '중동'의 4배 이상이다.

ㄴ. 제20대 선거에서 투표율이 가장 높은 지역과 가장 낮은 지역의 투표율 차이는 15%p 이상이다.

ㄷ. 제20대 선거에서 투표소당 선거인 수는 '미주'가 '유럽'보다 많다.

ㄹ. 제20대 선거와 제19대 선거의 선거인 수 차이가 큰 지역부터 순서대로 나열하면 '아주', '미주', '유럽', '중동', '아프리카' 순이다.

① ㄱ
② ㄹ
③ ㄷ, ㄹ
④ ㄱ, ㄴ, ㄷ
⑤ ㄴ, ㄷ, ㄹ

100 다음 <표>는 2022년 3월 기준 '갑'시 A~L동의 지방소멸위험지수 및 지방소멸위험 수준에 관한 자료이다. 이에 대한 설명으로 옳지 않은 것은?

7급 공채 24년 사책형 22번

<표 1> 2022년 3월 기준 '갑'시 A~L 동의 지방소멸위험지수

(단위: 명)

동	총인구	65세 이상 인구	20~39세 여성 인구	지방소멸 위험지수
A	14,056	2,790	1,501	0.54
B	23,556	3,365	( )	0.88
C	29,204	3,495	3,615	1.03
D	21,779	3,889	2,614	0.67
E	11,224	2,300	1,272	( )
F	16,792	2,043	2,754	1.35
G	19,163	2,469	3,421	1.39
H	27,146	4,045	4,533	1.12
I	23,813	2,656	4,123	( )
J	29,649	5,733	3,046	0.53
K	36,326	7,596	3,625	( )
L	15,226	2,798	1,725	0.62

※ 지방소멸위험지수 = $\dfrac{20\sim39\text{세 여성 인구}}{65\text{세 이상 인구}}$

<표 2> 지방소멸위험 수준

지방소멸위험지수	지방소멸위험 수준
1.5 이상	저위험
1.0 이상 1.5 미만	보통
0.5 이상 1.0 미만	주의
0.5 미만	위험

① 지방소멸위험 수준이 '주의'인 동은 5곳이다.
② '20~39세 여성 인구'는 B동이 G동보다 적다.
③ 지방소멸위험지수가 가장 높은 동의 '65세 이상 인구'는 해당 동 '총인구'의 10% 이상이다.
④ '총인구'가 가장 많은 동은 지방소멸위험지수가 가장 낮다.
⑤ 지방소멸위험 수준이 '보통'인 동의 '총인구' 합은 90,000명 이상이다.

해설

여러 선지에서 지방소멸위험지수를 비교하고 있으므로 우선 각주에 따라 <표 1>의 빈칸을 채워보면 다음과 같다.

동	총인구	65세 이상 인구	20~39세 여성 인구	지방소멸 위험지수
A	14,056	2,790	1,501	0.54
B	23,556	3,365	약 2,960	0.88
C	29,204	3,495	3,615	1.03
D	21,779	3,889	2,614	0.67
E	11,224	2,300	1,272	약 0.55
F	16,792	2,043	2,754	1.35
G	19,163	2,469	3,421	1.39
H	27,146	4,045	4,533	1.12
I	23,813	2,656	4,123	약 1.55
J	29,649	5,733	3,046	0.53
K	36,326	7,596	3,625	약 0.48
L	15,226	2,798	1,725	0.62

이상과 같이 정확하게 계산할 필요는 없다. B동의 '20~39세 여성 인구'는 3,000명에 조금 미치지 못하고, E동의 지방소멸위험지수는 0.5 이상, I동은 1.5 이상, K동은 0.5 미만임을 확인한다.

① (×) <표 2>의 지방소멸위험 수준에 따라 <표 1>의 동을 분류해보면 지방소멸위험 수준이 0.5 이상 1.0 미만에 해당하여 지방소멸위험 수준이 '주의'인 동은 A, B, D, E, J, L동으로 6곳이다.
② (○) B동의 '20~39세 여성 인구'는 3,365×0.88=약 2,960명이다. G동의 3,421명보다 적다.
③ (○) 지방소멸위험지수가 가장 높은 동은 I동으로 1.5 이상이다. I동의 '65세 이상 인구'는 2,656명으로 '총인구' 23,813명의 10% 이상이다.
④ (○) '총인구'가 가장 많은 동은 K동으로 36,326명이다. K동의 지방소멸위험지수는 0.5 미만으로 가장 낮다.
⑤ (○) <표 2>의 지방소멸위험 수준에 따라 <표 1>의 동을 분류해보면 지방소멸위험 수준이 1.0 이상 1.5 미만에 해당하여 지방소멸위험 수준이 '보통'인 동은 C, F, G, H동이다. C, F, G, H동의 '총인구' 합은 29,204+16,792+19,163+27,146=약 92,xxx명으로, 90,000명 이상이다.

[정답] ①

101 다음 <표>는 A 프로세서 성능 평가를 위한 8개 프로그램 수행 결과에 관한 자료이다. 이에 대한 설명으로 옳은 것은?

민경채 21년 나책형 7번

<표> A 프로세서 성능 평가를 위한 8개 프로그램 수행 결과

(단위: 십억 개, 초)

항목 프로그램	명령어 수	CPI	수행시간	기준시간	성능지표
숫자 정렬	2,390	0.70	669	9,634	14.4
문서 편집	221	2.66	235	9,120	38.8
인공지능 바둑	1,274	1.10	( )	10,490	18.7
유전체 분석	2,616	0.60	628	9,357	14.9
인공지능 체스	1,948	0.80	623	12,100	19.4
양자 컴퓨팅	659	0.44	116	20,720	178.6
영상 압축	3,793	0.50	759	22,163	29.2
내비게이션	1,250	1.00	500	7,020	( )

※ 1) CPI(clock cycles per instruction) = $\dfrac{\text{클럭 사이클 수}}{\text{명령어 수}}$

2) 성능지표 = $\dfrac{\text{기준시간}}{\text{수행시간}}$

① 명령어 수가 많은 프로그램일수록 수행시간이 길다.
② CPI가 가장 낮은 프로그램은 기준시간이 가장 길다.
③ 수행시간은 인공지능 바둑이 내비게이션보다 짧다.
④ 기준시간이 짧은 프로그램일수록 클럭 사이클 수가 적다.
⑤ 성능지표가 가장 낮은 프로그램은 내비게이션이다.

해설

① (×) <표>에서 인공지능 바둑의 수행시간은 빈칸으로 주어져 있다. 그러나 인공지능 바둑의 수행시간을 구하지 않고, 다른 각 프로그램의 명령어 수를 먼저 비교해보면 유전체 분석의 명령어 수는 2,616십억 개로 숫자 정렬의 2,390십억 개보다 많지만, 유전체 분석의 수행시간은 628초로 숫자 정렬의 669초보다 짧다. 따라서 빈칸을 계산하지 않고도 명령어 수가 많은 프로그램일수록 수행시간이 긴 것은 아님을 판단할 수 있다.
그 외에도 양자 컴퓨팅의 명령어 수는 659십억 개로 문서 편집의 221십억 개 보다 많지만, 양자 컴퓨팅의 수행시간은 116초로 문서 편집의 235초보다 짧다.

② (×) <표>에 따르면 CPI가 가장 낮은 프로그램은 양자 컴퓨팅(0.44)이고, 기준시간이 가장 긴 프로그램은 영상 압축(22,163)이다.

③ (×) 각주 2)에 따르면 수행시간은 '기준시간/성능지표'이고, <표>에 따르면 인공지능 바둑 프로그램의 수행시간은 빈칸으로 주어져 있다. 내비게이션의 수행시간은 500초로 주어져 있으므로, 인공지능 바둑의 수행시간을 500초와 비교해본다. 쉬운 수를 떠올려 보면, 20×500 = 10,000인데 인공지능 바둑의 성능지표는 18.7이므로 인공지능 바둑의 수행시간 10,490/18.7은 500을 초과한다.

$$20 \times 500 = 10{,}000$$
$$18.7 \,(20\text{보다}\downarrow) \times (\quad) = 10{,}000\text{보다}\uparrow$$
$$18.7 \,(20\text{보다}\downarrow) \times 500\text{보다}\uparrow = 10{,}000\text{보다}\uparrow$$

위와 같이 생각할 수 있다면, 나눗셈을 하지 않고, 인공지능 바둑의 수행시간이 500을 초과할 수밖에 없음을 생각할 수 있다. 수행시간은 인공지능 바둑이 내비게이션보다 길다.

항목 프로그램	명령어 수	CPI	수행시간	기준시간	성능지표
⋮					
인공지능 바둑	1,274	1.10	( )	10,490	/ 18.7
⋮					
내비게이션	1,250	1.00	500	7,020	( )

④ (×) <표>에 클럭 사이클 수가 직접 주어지지는 않지만, 각주 1)에 따르면 클럭 사이클 수는 '명령어 수×CPI'이다. 기준시간이 가장 짧은 프로그램은 내비게이션(7,020초)이고, 클럭 사이클 수는 1,250×1.00이다. 양자 컴퓨팅의 경우 기준시간은 20,720초로 내비게이션보다 길지만, 클럭 사이클 수는 659×0.44로 내비게이션보다 적으므로, 기준시간이 짧은 프로그램일수록 클럭 사이클 수가 적은 것은 아니다.

⑤ (○) <표>에서 내비게이션의 성능지표는 빈칸으로 주어져 있다. 내비게이션을 제외하면 성능지표가 가장 낮은 프로그램은 숫자 정렬(14.4)이므로 내비게이션의 성능지표를 14.4와 비교한다. 각주 2)에 따르면 성능지표는 '기준시간/수행시간'이다. 내비게이션의 수행시간은 500초, 기준시간은 7,020초이고, 500×14 = 7,000이므로, 내비게이션의 성능지표는 14를 살짝 넘되 14.4까지는 미치지 못한다. 성능지표가 가장 낮은 프로그램은 내비게이션이라고 판단할 수 있다.

> **합격으로 가는 Tip**
> 공식이 주어진 경우, 주어진 값과 주어지지 않은 값을 구분하여, 무엇을 물을지를 예상해 볼 수 있다. 이 때 주어지지 않은 값을 구하기 위해 간단한 식변형은 할 수 있어야 한다.

[정답] ⑤

102 다음 <표>는 어느 국가의 지역별 영유아 인구수, 보육시설 정원 및 현원에 관한 자료이다. 이에 대한 <보기>의 설명 중 옳은 것을 모두 고르면?

민경채 11년 경책형 22번

<표> 지역별 영유아 인구수, 보육시설 정원 및 현원

(단위: 천명)

구분 지역	영유아 인구수	보육시설 정원	보육시설 현원
A	512	231	196
B	152	71	59
C	86	( )	35
D	66	28	24
E	726	375	283
F	77	49	38
G	118	67	52
H	96	66	51
I	188	109	84
J	35	28	25

※ 1) 보육시설 공급률(%) = $\frac{\text{보육시설 정원}}{\text{영유아 인구수}} \times 100$

2) 보육시설 이용률(%) = $\frac{\text{보육시설 현원}}{\text{영유아 인구수}} \times 100$

3) 보육시설 정원충족률(%) = $\frac{\text{보육시설 현원}}{\text{보육시설 정원}} \times 100$

─── <보기> ───

ㄱ. A지역의 보육시설 공급률과 보육시설 이용률의 차이는 10%p 미만이다.

ㄴ. 영유아 인구수가 10만명 이상인 지역 중 보육시설 공급률이 50% 미만인 지역은 2곳이다.

ㄷ. 영유아 인구수가 가장 많은 지역과 가장 적은 지역 간 보육시설 이용률의 차이는 40%p 이상이다.

ㄹ. C지역의 보육시설 공급률이 50%라고 가정하면 이 지역의 보육시설 정원충족률은 80% 이상이다.

① ㄱ, ㄴ
② ㄱ, ㄷ
③ ㄷ, ㄹ
④ ㄱ, ㄴ, ㄹ
⑤ ㄴ, ㄷ, ㄹ

해설

ㄱ. (○) 각주 1)에 따르면 보육시설 공급률은 '보육시설 정원/영유아 인구수×100'이고, 각주 2)에 따르면 보육시설 이용률은 '보육시설 현원/영유아 인구수×100'이다. 보육시설 공급률과 보육시설 이용률의 분모는 각각 영유아 인구수로 같으므로, A지역의 보육시설 공급률과 보육시설 이용률의 차이가 10%p 미만이기 위해서는 보육시설 정원과 보육시설 현원의 차이가 영유아 인구수 512(천명)의 10%인 51.2 미만이어야 한다. 231−196=35이므로, A지역의 보육시설 공급률과 보육시설 이용률의 차이는 10%p 미만이라고 판단할 수 있다.

ㄴ. (○) <표>의 단위가 '천명'이므로 영유아 인구수가 10만명 이상인 지역은 A(512), B(152), E(726), G(118), I(188)이다. 보육시설 공급률이 50% 미만인지 판단하기 위해서 보육시설 정원에 2를 곱하여 영유아 인구수에 미치지 못하는지 판단한다. A지역의 보육시설 정원 231(천명)에 2를 곱하면 462이므로 영유아 인구수 512에 미치지 못하고, B지역의 보육시설 정원 71에 2를 곱하면 142이므로 영유아 인구수 152에 미치지 못한다. 나머지는 보육시설 정원에 2를 곱하면 영유아 인구수를 넘는다. 따라서 보육시설 공급률이 50% 미만인 지역은 A, B로 2곳이다.

ㄷ. (×) <표>에 따르면 영유아 인구수가 가장 많은 지역은 E(726천명)이고, 가장 적은 지역은 J(35천명)이다. 각주 2)에 따르면 보육시설 이용률은 '보육시설 현원/영유아 인구수×100'이므로, 이에 따라 E, J지역의 보육시설 이용률을 비교해보면 다음과 같다.

$$\frac{283}{726} \times 100, \quad \frac{25}{35} \times 100$$

전자인 E지역은 약 40%이고, 후자인 J지역은 5/7로 약 71%이므로 E, J지역의 보육시설 이용률의 차이는 40%p 미만임을 알 수 있다.

ㄹ. (○) 각주 3)에 따르면 보육시설 정원충족률은 '보육시설 현원/보육시설 정원×100'이고, 이는 '보육시설 이용률/보육시설 공급률'이다. C지역의 보육시설 이용률은 35/86×100 ≒ 약 41%이고, 보육시설 공급률이 50%라고 가정하면 보육시설 정원충족률은 '약 41%/50%'이므로 약 41%의 2배인 약 82%이다. 80% 이상임을 알 수 있다.

합격으로 가는 Tip

ㄷ. J지역의 보육시설 이용률은 25/35 = 5/7로 단위분수 1/7이 14.3%임을 알고 있다면 5/7가 71.5%임을 더 쉽게 계산할 수 있다. 이를 근거로 E지역 283/726이 31.5%보다 작은지 검토해 보는 것도 좋다.

ㄹ. 위의 해설은 공식 간의 관계에 더 초점을 맞춘 해설이고, 보육시설 공급률이 50%이면 C의 보육시설 정원이 43(천명)이므로, 정원충족률을 35/43이 80% 이상인지 확인하는 방법으로도 해결 가능하다.

[정답] ④

103 다음 <표>는 2014년 '갑'국 지방법원(A~E)의 배심원 출석 현황에 관한 자료이다. 이에 대한 <보기>의 설명 중 옳은 것만을 모두 고르면?

민경채 15년 인책형 20번

<표> 2014년 '갑'국 지방법원(A~E)의 배심원 출석 현황

(단위: 명)

구분 지방 법원	소환인원	송달 불능자	출석취소 통지자	출석의무자	출석자
A	1,880	533	573	( )	411
B	1,740	495	508	( )	453
C	716	160	213	343	189
D	191	38	65	88	57
E	420	126	120	174	115

※ 1) 출석의무자 수=소환인원−송달불능자 수−출석취소통지자 수

2) 출석률(%) = $\frac{출석자 \ 수}{소환인원} \times 100$

3) 실질출석률(%) = $\frac{출석자 \ 수}{출석의무자 \ 수} \times 100$

─────────────< 보기 >─────────────
ㄱ. 출석의무자 수는 B지방법원이 A지방법원보다 많다.
ㄴ. 실질출석률은 E지방법원이 C지방법원보다 낮다.
ㄷ. D지방법원의 출석률은 25% 이상이다.
ㄹ. A~E지방법원 전체 소환인원에서 A지방법원의 소환인원이 차지하는 비율은 35% 이상이다.
──────────────────────────────

① ㄱ, ㄴ
② ㄱ, ㄷ
③ ㄴ, ㄷ
④ ㄴ, ㄹ
⑤ ㄷ, ㄹ

104 다음 <표>는 2022학년도 '갑'대학교 졸업생의 취업 및 진학 현황에 관한 자료이다. 이에 대한 설명으로 옳지 않은 것은?

7급 공채 24년 사책형 12번

<표> 2022학년도 '갑'대학교 졸업생의 취업 및 진학 현황

(단위: 명, %)

구분 계열	졸업생 수	취업자 수	취업률	진학자 수	진학률
A	800	500	( )	60	7.5
B	700	400	57.1	50	7.1
C	500	200	40.0	40	( )
전체	2,000	1,100	55.0	150	7.5

※ 1) 취업률(%) = $\frac{\text{취업자 수}}{\text{졸업생 수}} \times 100$

2) 진학률(%) = $\frac{\text{진학자 수}}{\text{졸업생 수}} \times 100$

3) 진로 미결정 비율(%) = 100 − (취업률 + 진학률)

① 취업률은 A 계열이 B 계열보다 높다.
② 진로 미결정 비율은 B 계열이 C 계열보다 낮다.
③ 진학자 수만 계열별로 20%씩 증가한다면, 전체의 진학률은 10% 이상이 된다.
④ 취업자 수만 계열별로 10%씩 증가한다면, 전체의 취업률은 60% 이상이 된다.
⑤ 진학률은 A~C 계열 중 C 계열이 가장 높다.

해설

① (○) 각주 1)에 따르면 A 계열의 취업률은 500/800×100=62.5%이다. B 계열의 취업률 57.1%보다 높다.

② (○) 각주 2)에 따르면 C 계열의 진학률은 40/500×100=8%이다. 각주 3)에 따라 진로 미결정 비율을 계산할 수 있는데 취업률과 진학률을 더한 값이 B 계열은 57.1+7.1=64.2이고, C 계열은 40.0+8.0=48.0이므로 진로 미결정 비율은 B 계열이 C 계열보다 낮다는 것을 알 수 있다.

③ (×) 진학자 수만 계열별로 20%씩 증가한다면 전체 진학자 수도 20% 증가한다. 전체 진학자 수가 150×1.2=180명이 되므로 전체 진학률은 180/2,000×100=9%이다. 10% 미만이다.

④ (○) 취업자 수만 계열별로 10%씩 증가한다면 전체 취업자 수도 10% 증가한다. 전체 취업자 수가 1,100×1.1=1,210명이 되므로 전체 취업률은 1,210/2,000×100=60.5%이다. 60% 이상이다.

⑤ (○) 선지 ②에서 확인한 바와 같이 C 계열의 진학률은 8%이다. A~C 계열 중 C 계열의 진학률이 가장 높다.

[정답] ③

105 다음 <표>는 2012~2016년 조세심판원의 연도별 사건 처리 건수에 관한 자료이다. 이에 대한 <보기>의 설명 중 옳은 것만을 모두 고르면?

민경채 17년 나책형 22번

<표> 조세심판원의 연도별 사건처리 건수

(단위: 건)

구분	연도	2012	2013	2014	2015	2016
처리대상 건수	전년이월 건수	1,854	( )	2,403	2,127	2,223
	당년접수 건수	6,424	7,883	8,474	8,273	6,003
	소계	8,278	( )	10,877	10,400	8,226
처리 건수	취하 건수	90	136	163	222	163
	각하 건수	346	301	482	459	506
	기각 건수	4,214	5,074	6,200	5,579	4,322
	재조사 건수	27	0	465	611	299
	인용 건수	1,767	1,803	1,440	1,306	1,338
	소계	6,444	7,314	8,750	8,177	6,628

※ 1) 당해 연도 전년이월 건수=전년도 처리대상 건수 − 전년도 처리 건수

2) 처리율(%) = $\dfrac{처리\ 건수}{처리대상\ 건수} \times 100$

3) 인용률(%) = $\dfrac{인용\ 건수}{각하\ 건수 + 기각\ 건수 + 인용\ 건수} \times 100$

─── <보기> ───

ㄱ. 처리대상 건수가 가장 적은 연도의 처리율은 75% 이상이다.
ㄴ. 2013~2016년 동안 취하 건수와 기각 건수의 전년대비 증감방향은 동일하다.
ㄷ. 2013년 처리율은 80% 이상이다.
ㄹ. 인용률은 2012년이 2014년보다 높다.

① ㄱ, ㄴ
② ㄱ, ㄹ
③ ㄴ, ㄷ
④ ㄱ, ㄷ, ㄹ
⑤ ㄴ, ㄷ, ㄹ

106 다음 <표>는 '갑'기업의 사채발행차금 상각 과정을 나타낸 것이다. 이에 대한 설명으로 옳지 않은 것은? 민경채 11년 경책형 2번

<표> 사채발행차금 상각 과정

(단위: 백만원)

구분		연도	1차년도	2차년도	3차년도	4차년도
	이자비용(A) [=(전년도 E)×0.1]		–	900	( )	( )
사채발행차금	액면이자(B)		–	600	600	600
	상각액(C) [=(당해년도 A)−(당해년도 B)]		–	300	( )	( )
	미상각잔액(D) [=(전년도 D)−(당해년도 C)]		3,000	2,700	( )	( )
	사채장부가액(E) [=(전년도 E)+(당해년도 C)]		9,000	9,300	( )	9,993

※ 1차년도의 미상각잔액(3,000백만원)과 사채장부가액(9,000백만원)은 주어진 값임.

① 3차년도의 사채장부가액은 96억원 이하이다.
② 3차년도, 4차년도의 상각액은 전년도 대비 매년 증가한다.
③ 3차년도, 4차년도의 이자비용은 전년도 대비 매년 증가한다.
④ 3차년도, 4차년도의 미상각잔액은 전년도 대비 매년 감소한다.
⑤ 3차년도 대비 4차년도의 사채장부가액 증가액은 4차년도의 상각액과 일치한다.

해설

각주에 따르면 1차년도의 미상각잔액(3,000백만원)과 사채장부가액(9,000백만원)은 주어진 값이다. <표>에 주어진 이자비용(A), 상각액(C), 미상각잔액(D), 사채장부가액(E) 공식에 따라 빈칸을 채워보면 다음과 같다. 우선 3차년도 A는 전년도 E×0.1이므로 2차년도의 E 9,300(백만원)×0.1=930백만원이다. 그리고 3차년도 C는 3차년도 A−B이므로 930−600=330백만원이다. 3차년도 D는 2차년도 D에서 3차년도 C를 뺀 값이므로 2,700−330=2,370백만원이고, 3차년도 E는 2차년도 E와 3차년도 C의 합이므로 9,300+330=9,630백만원이다. 4차년도까지 표를 마저 채워보면 다음과 같다.

구분		연도	1차년도	2차년도	3차년도	4차년도
	이자비용(A) [=(전년도 E)×0.1]		–	900	(930)	(963)
사채발행차금	액면이자(B)		–	600	600	600
	상각액(C) [=(당해년도 A)−(당해년도 B)]		–	300	(330)	(363)
	미상각잔액(D) [=(전년도 D)−(당해년도 C)]		3,000	2,700	(2,370)	(2,007)
	사채장부가액(E) [=(전년도 E)+(당해년도 C)]		9,000	9,300	(9,630)	9,993

① (×) <표>에 따르면 3차년도의 사채장부가액(E)은 9,630백만원으로 96억 3천만원이다. 96억원을 초과한다.
② (○) 3차년도 상각액(C)은 330백만원, 4차년도는 363백만원으로 전년도 대비 증가하였다.
③ (○) 3차년도 이자비용(A)은 930백만원, 4차년도는 963백만원으로 전년도 대비 매년 증가한다.
④ (○) 3차년도의 미상각잔액(D)은 2,370백만원, 4차년도는 2,007백만원으로 전년도 대비 매년 감소한다.
⑤ (○) <표>에 따르면 4차년도의 사채장부가액은 3차년도 사채장부가액에 당해연도(=4차년도) 상각액을 더한 것이므로, 3차년도 대비 4차년도의 사채장부가액 증가액은 4차년도 상각액과 일치할 수밖에 없다.

[정답] ①

107 다음 <표>는 임차인 A~E의 전·월세 전환 현황에 대한 자료이다. 이에 대한 <보기>의 설명 중 옳은 것만을 모두 고르면?

민경채 16년 5책형 17번

<표> 임차인 A~E의 전·월세 전환 현황

(단위: 만원)

임차인	전세금	월세보증금	월세
A	( )	25,000	50
B	42,000	30,000	60
C	60,000	( )	70
D	38,000	30,000	80
E	58,000	53,000	( )

※ 전·월세 전환율(%) = $\frac{월세 \times 12}{전세금 - 월세보증금} \times 100$

─────〈보기〉─────

ㄱ. A의 전·월세 전환율이 6%라면, 전세금은 3억 5천만원이다.
ㄴ. B의 전·월세 전환율은 10%이다.
ㄷ. C의 전·월세 전환율이 3%라면, 월세보증금은 3억 6천만원이다.
ㄹ. E의 전·월세 전환율이 12%라면, 월세는 50만원이다.

① ㄱ, ㄴ
② ㄱ, ㄷ
③ ㄱ, ㄹ
④ ㄴ, ㄹ
⑤ ㄷ, ㄹ

해설

각주에서 전·월세 전환율은 '월세×12/(전세금−월세보증금)×100'임을 확인한다.

ㄱ. (○) <표>에 따르면 A의 전세금은 빈칸으로 주어져 있다. A의 월세보증금은 25,000만원이고, 월세는 50만원이므로 월세×12는 600이다. A의 전·월세 전환율이 6%라면 전·월세 전환율의 분모에 해당하는 '전세금−월세보증금'이 10,000이어야 한다.

$$\frac{50 \times 12}{( )-25,000} \times 100 = \frac{600}{( )-25,000} \times 100 = 6\%$$

즉, 전세금은 25,000 + 10,000 = 35,000이다. 단위가 만원임을 고려하면 35,000은 3억 5천만원이다.

ㄴ. (×) <표>에 따르면 B의 전세금은 42,000만원, 월세보증금은 30,000만원, 월세는 60만원이다. 각주에 따라 식을 세워보면 다음과 같다.

$$\frac{60 \times 12}{42,000-30,000} \times 100 = \frac{720}{12,000} \times 100 = 6\%$$

B의 전·월세 전환율은 10%가 아니라 6%이다.

ㄷ. (×) <표>에 따르면 C의 월세보증금은 빈칸으로 주어져 있고, 전세금은 60,000만원, 월세는 70만원이다. 전·월세 전환율이 3%라면, 각주에 따라 식을 세워보면 다음과 같다.

$$\frac{70 \times 12}{60,000-( )} \times 100 = 3\%$$

월세보증금이 3억 6천만원인 경우, 전·월세 전환율이 3%인지 검증해보면,

$$\frac{840}{60,000-36,000} \times 100 = \frac{840}{24,000} \times 100 = 3.5\%$$

이므로 전·월세 전환율이 3%를 초과한다.

ㄹ. (○) <표>에 따르면 E의 월세는 빈칸으로 주어져 있고, 전세금은 58,000만원, 월세보증금은 53,000만원이다. 전·월세 전환율이 12%라면, 각주에 따라 식을 세워보면 다음과 같다.

$$\frac{( ) \times 12}{58,000-53,000} \times 100 = 12\%$$

월세가 50만원인 경우,

$$\frac{50 \times 12}{58,000-53,000} \times 100 = \frac{600}{5,000} \times 100 = 12\%$$

전·월세 전환율이 12%가 됨을 확인할 수 있다.

[정답] ③

PSAT 교육 1위, 해커스PSAT
psat.Hackers.com

PSAT 교육 1위, 해커스PSAT
psat.Hackers.com

해커스PSAT 길규범 자료해석 기출유형공략 1

유형 2
차트

I. 일반
II. 차트 多
III. 공식

I. 일반

차트형에서 가장 기본이 되는 유형이다. 1개의 차트가 주어지고, 주어진 차트의 특성을 충분히 활용한 선지, 보기가 주어진다. '꺾은선 그래프'는 변화추이를 말한다든지 누적값을 말한다든지, '원그래프'나 '막대그래프'는 구성비를 말한다든지, '막대그래프'는 그 길이를 활용한다든지, 'x축-y축 그래프'는 각 축의 수치를 활용하거나, 기울기를 활용하거나, 기울기가 1인 y=x 그래프를 활용하거나, 사분면을 활용한다든지 각 차트의 기본을 충분히 연습해 두어야 하는 유형이다.

108 다음 <그림>은 2011년과 2012년 A대학 학생들의 10개 소셜미디어 이용률에 관한 설문조사 자료이다. 이에 대한 <보기>의 설명 중 옳은 것만을 모두 고르면? 민경채 14년 A책형 17번

<그림> 소셜미디어 이용률

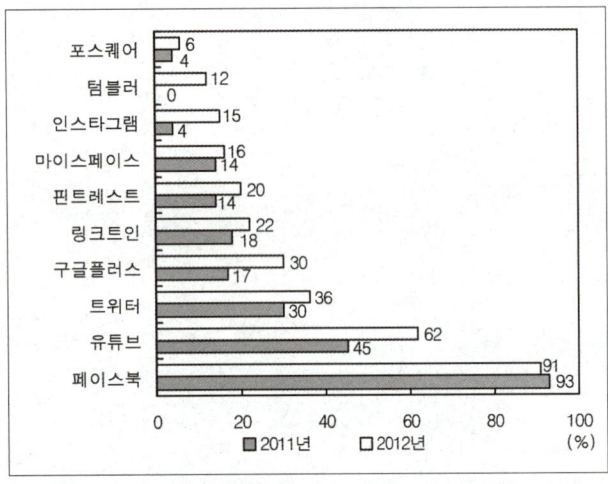

※ 1) 제시된 소셜미디어 외 다른 소셜미디어는 없는 것으로 가정함.
2) 각 소셜미디어 이용률은 전체 응답자 중 해당 소셜미디어를 이용한다고 응답한 학생의 비율임.

〈보기〉
ㄱ. 2011년과 2012년 모두 이용률이 가장 높은 소셜미디어는 페이스북이다.
ㄴ. 2012년 소셜미디어 이용률 상위 5개 순위는 2011년과 다르다.
ㄷ. 2011년에 비해 2012년 이용률이 가장 큰 폭으로 증가한 소셜미디어는 구글플러스이다.
ㄹ. 2011년에 비해 2012년 이용률이 감소한 소셜미디어는 1개이다.
ㅁ. 2011년 이용률이 50% 이상인 소셜미디어는 유튜브와 페이스북이다.

① ㄱ, ㄴ, ㄹ
② ㄱ, ㄴ, ㅁ
③ ㄱ, ㄷ, ㄹ
④ ㄴ, ㄷ, ㅁ
⑤ ㄷ, ㄹ, ㅁ

해설

<그림>의 범례에서 회색음영은 2011년, 흰색은 2012년임을 확인한다.

ㄱ. (O) <그림>에 따르면 페이스북의 이용률은 2011년이 93%, 2012년이 91%로 각각 가장 높다.

ㄴ. (O) <그림>에 따르면 2011년과 2012년 모두 소셜미디어 이용률 1, 2, 3순위는 페이스북, 유튜브, 트위터로 같지만, 4, 5순위는 다르다.

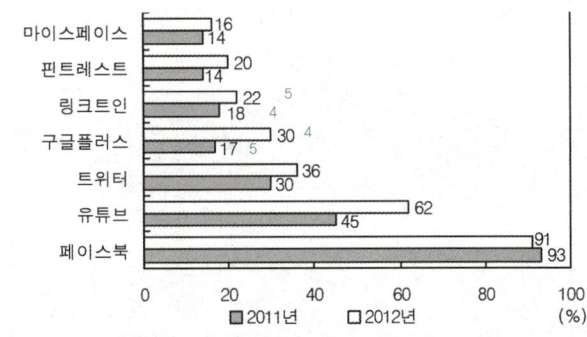

ㄷ. (X) <그림>에 구글플러스와 유튜브의 2011년 대비 2012년 이용률 증가폭을 화살표로 표시해보면 다음과 같다.

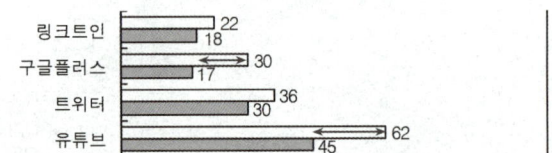

구글플러스의 이용률 증가폭은 13%p이고, 유튜브의 이용률 증가폭은 17%p이다. 2011년에 비해 2012년 이용률이 가장 큰 폭으로 증가한 소셜미디어는 구글플러스가 아니다.

ㄹ. (O) <그림>에 따르면 2011년에 비해 2012년 이용률이 감소한 소셜미디어는 페이스북 1개뿐이다.

ㅁ. (X) <그림>에 따르면 2011년 이용률이 50% 이상인 소셜미디어는 페이스북뿐이다.

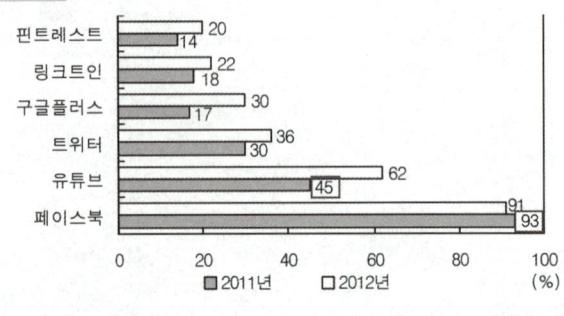

[정답] ①

109 다음 <그림>은 2017~2021년 '갑'국의 반려동물 사료 유형별 특허 출원건수에 관한 자료이다. 이에 대한 <보기>의 설명 중 옳은 것만을 모두 고르면?

7급 공채 22년 가책형 8번

<그림> 반려동물 사료 유형별 특허 출원건수

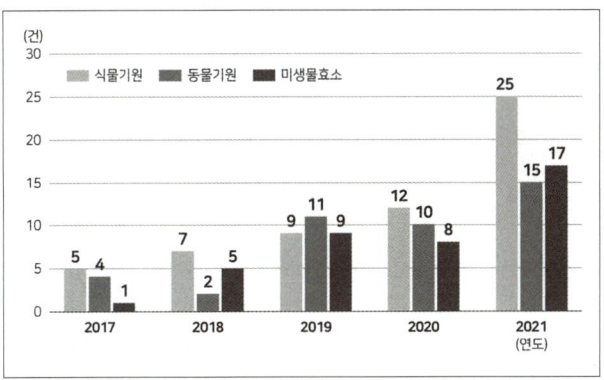

※ 반려동물 사료 유형은 식물기원, 동물기원, 미생물효소로만 구분함.

─── <보기> ───
ㄱ. 2017~2021년 동안의 특허 출원건수 합이 가장 작은 사료 유형은 '미생물효소'이다.
ㄴ. 연도별 전체 특허 출원건수 대비 각 사료 유형의 특허 출원건수 비율은 '식물기원'이 매년 가장 높다.
ㄷ. 2021년 특허 출원건수의 전년 대비 증가율이 가장 높은 사료 유형은 '식물기원'이다.

① ㄱ
② ㄷ
③ ㄱ, ㄴ
④ ㄱ, ㄷ
⑤ ㄴ, ㄷ

110 다음 <그림>은 A강의 지점별 폭수심비의 변화를 나타낸 것이다. 이에 대한 <보기>의 설명 중 옳은 것을 모두 고르면?

민경채 12년 인책형 1번

〈그림〉 A강의 지점별 폭수심비의 변화

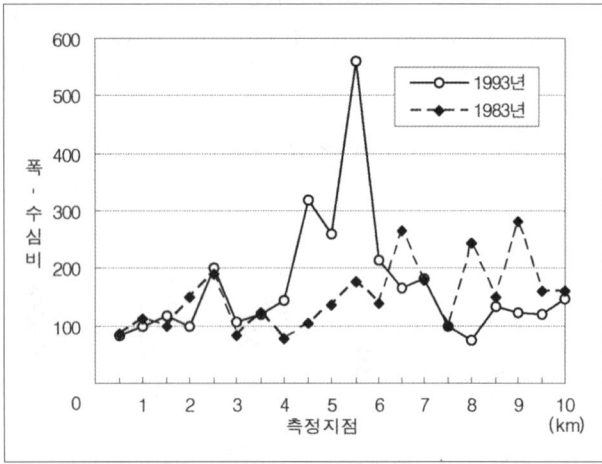

※ 폭수심비는 전체 10km 측정구간 중 하류지점부터 매 500m마다의 측정지점에서 폭과 수심을 측정하여 계산한 결과임.

―〈보기〉―
ㄱ. 1993년 폭수심비 최댓값은 500보다 크다.
ㄴ. 1983년과 1993년의 폭수심비 차이가 가장 큰 측정지점은 6.5km 지점이다.
ㄷ. 1983년 폭수심비 최댓값과 최솟값의 차이는 300보다 크다.

① ㄱ
② ㄴ
③ ㄱ, ㄷ
④ ㄴ, ㄷ
⑤ ㄱ, ㄴ, ㄷ

해설

〈그림〉의 범례에서 실선은 1993년, 점선은 1983년임을 확인한다.

ㄱ. (○) 〈그림〉에서 실선으로 표시된 1993년의 폭-수심비 최댓값을 확인해보면 500 이상임을 확인할 수 있다.

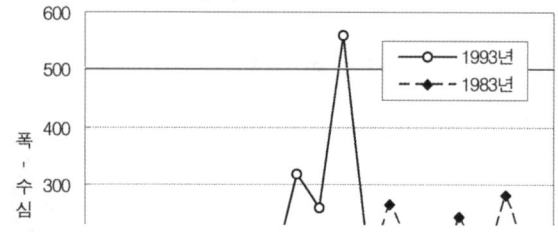

ㄴ. (×) 각주에서 폭수심비는 전체 10km 측정구간 중 하류지점부터 매 500m마다의 측정지점에서 폭과 수심을 측정하여 계산한 결과임을 확인한다. 〈그림〉에서 측정지점이 6.5km지점인 경우의 폭-수심비 차이와 해당 지점보다 폭-수심비 차이가 더 큰 5.5km지점의 폭-수심비 차이를 표시해보면 다음과 같다.

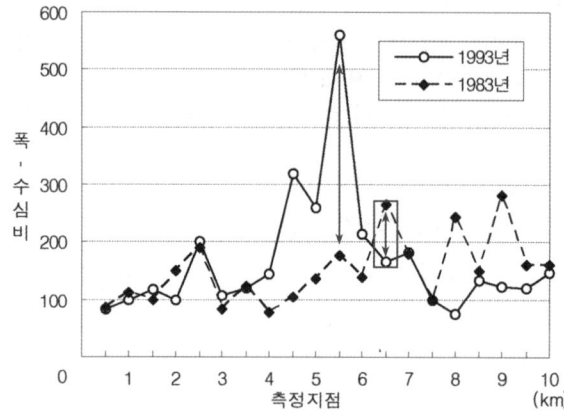

1983년과 1993년의 폭수심비 차이가 가장 큰 측정지점은 6.5km 지점이 아니다.

ㄷ. (×) 〈그림〉에서 1983년 폭-수심비의 최댓값은 9.0km 지점으로 300 미만이다. 다른 모든 지점의 폭-수심비값은 모두 양수이므로 1983년 폭수심비 최댓값과 최솟값의 차이는 300보다 작다.

[정답] ①

111 다음 <그림>은 2019년 '갑'국의 가구별 근로장려금 산정 기준에 관한 자료이다. 이에 대한 <보기>의 설명 중 옳은 것만을 모두 고르면?

민경채 20년 가책형 23번

<그림> 2019년 가구별 근로장려금 산정기준

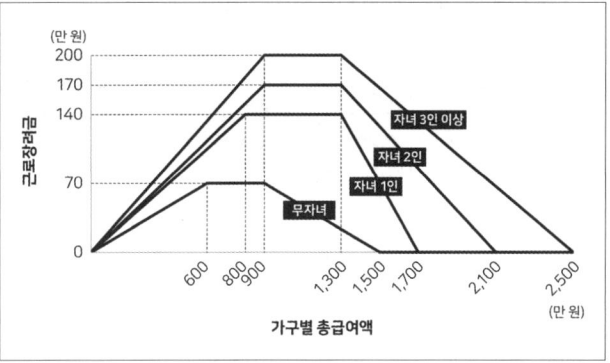

※ 2019년 가구별 근로장려금은 2018년 가구별 자녀수와 총급여액을 기준으로 산정함.

─────────<보기>─────────
ㄱ. 2018년 총급여액이 1,000만 원이고 자녀가 1명인 가구의 2019년 근로장려금은 140만 원이다.
ㄴ. 2018년 총급여액이 800만 원 이하인 무자녀 가구는 2018년 총급여액이 많을수록 2019년 근로장려금도 많다.
ㄷ. 2018년 총급여액이 2,200만 원이고 자녀가 3명 이상인 가구의 2019년 근로장려금은 2018년 총급여액이 600만 원이고 자녀가 1명인 가구의 2019년 근로장려금보다 적다.
ㄹ. 2018년 총급여액이 2,000만 원인 가구의 경우, 자녀가 많을수록 2019년 근로장려금도 많다.

① ㄱ, ㄷ
② ㄱ, ㄹ
③ ㄴ, ㄷ
④ ㄱ, ㄴ, ㄹ
⑤ ㄴ, ㄷ, ㄹ

해설

각주에 따르면 2019년 가구별 근로장려금은 2018년 가구별 자녀수와 총급여액을 기준으로 산정함을 확인한다.

ㄱ. (○) <그림>에 따르면 2018년 총급여액이 1,000만 원인 경우, 자녀가 1명인 가구의 그래프까지 점선으로 연결해보면 다음과 같다.

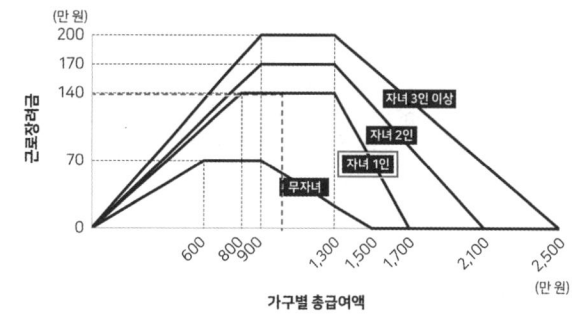

2019년 근로장려금은 140만 원임을 확인할 수 있다.

ㄴ. (×) <그림>에 따르면 2018년 총급여액이 800만 원 이하인 무자녀 가구는 총급여액이 600만 원까지는 2018년 총급여액이 많을수록 2019년 근로장려금도 많다.

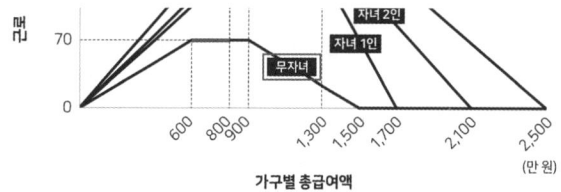

그러나 총급여액이 600만 원부터 800만 원인 경우(그래프에서 연한 회색으로 표시한 구간)에는 총급여액이 증가해도 근로장려금이 증가하지 않는다.

ㄷ. (○) 보기 ㄱ과 마찬가지 방법으로 <그림>에서 2018년 총급여액이 2,200만 원이고 자녀가 3명 이상인 가구의 2019년 근로장려금과 2018년 총급여액이 600만 원이고 자녀가 1명인 가구의 2019년 근로장려금을 비교해보면 다음과 같다.

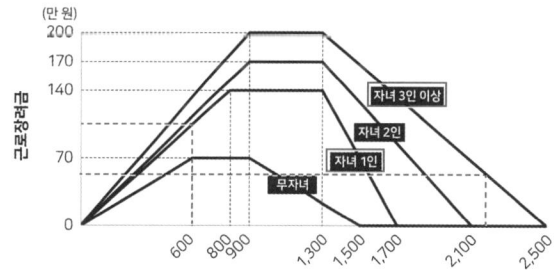

전자의 경우가 후자의 경우보다 적다.

ㄹ. (×) <그림>에 따르면 2018년 총급여액이 2,000만 원일 때, 자녀가 1인인 경우보다 2인인 경우가, 2인인 경우보다 3인인 경우가 근로장려금이 많다.

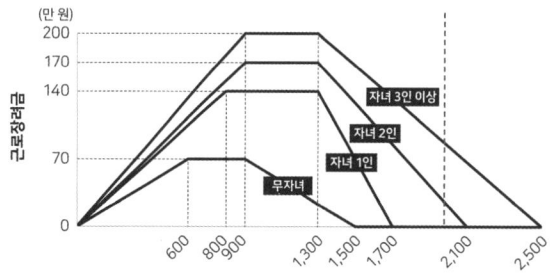

그러나 무자녀인 경우와 자녀가 1인인 경우 근로장려금은 0원으로 같다.

[정답] ①

112 다음 <그림>은 약품 A~C 투입량에 따른 오염물질 제거량을 측정한 자료이다. 이에 대한 <보기>의 설명 중 옳은 것만을 모두 고르면?

민경채 16년 5책형 19번

<그림> 약품 A~C 투입량에 따른 오염물질 제거량

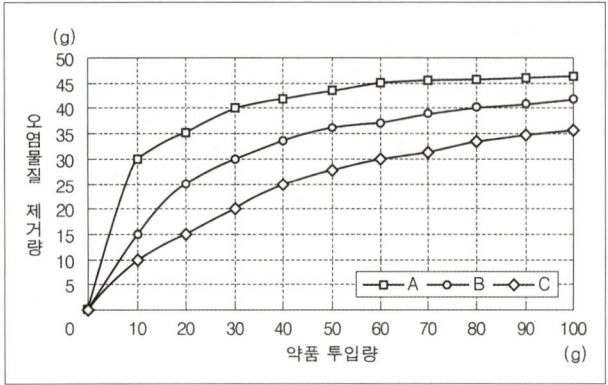

※ 약품은 혼합하여 투입하지 않으며, 측정은 모든 조건이 동일한 가운데 이루어짐.

─────<보기>─────
ㄱ. 각 약품의 투입량이 20g일 때와 60g일 때를 비교하면, A의 오염물질 제거량 차이가 가장 작다.
ㄴ. 각 약품의 투입량이 20g일 때, 오염물질 제거량은 A가 C의 2배 이상이다.
ㄷ. 오염물질 30g을 제거하기 위해 필요한 투입량이 가장 적은 약품은 B이다.
ㄹ. 약품 투입량이 같으면 B와 C의 오염물질 제거량 차이는 7g 미만이다.

① ㄱ, ㄴ
② ㄴ, ㄹ
③ ㄷ, ㄹ
④ ㄱ, ㄴ, ㄷ
⑤ ㄴ, ㄷ, ㄹ

해설

<그림>의 범례에서 약품 A~C가 각각 네모, 동그라미, 마름모로 표시되어 있음을 확인한다.

ㄱ. (O) <그림>에서 약품의 투입량이 20g일 때와 60g일 때 A의 오염물질 제거량 차이를 표시해보면 다음과 같다.

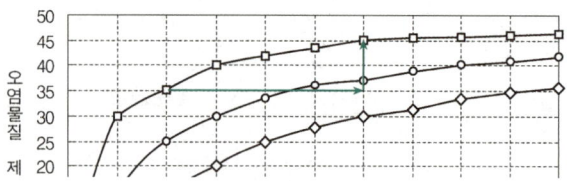

위로 향하는 화살표가 A의 오염물질 제거량 차이인데 세로축의 칸으로 환산하면 두 칸 정도이다. B, C의 경우 오염물질 제거량이 확실히 두 칸 이상이므로, A의 오염물질 제거량 차이가 가장 작다고 판단할 수 있다.

ㄴ. (O) <그림>에 따르면 각 약품의 투입량이 20g일 때, 오염물질 제거량은 A가 약 35g, C가 약 15g이다.

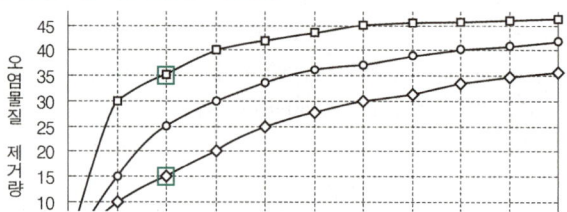

오염물질 제거량은 A가 C의 2배 이상임을 알 수 있다.

ㄷ. (X) <그림>에서 오염물질 30g을 제거하기 위해 필요한 투입량을 오염물질 제거량이 30g인 선분을 기준으로 다음과 같이 비교할 수 있다.

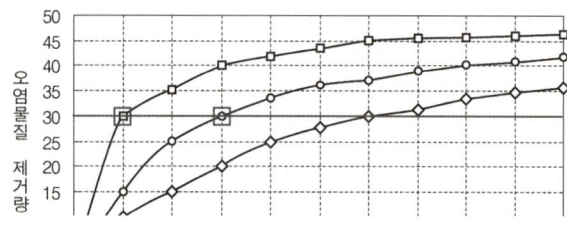

오염물질 30g을 제거하기 위해 필요한 A의 투입량은 약 10g이고, B는 약 30g이므로, 필요한 투입량이 가장 적은 약품은 B가 아니라 A이다.

ㄹ. (X) <그림>에서 B와 C의 오염물질 제거량 차이를 다음과 화살표와 같이 두 곡선의 높이 차이로 비교할 수 있다.

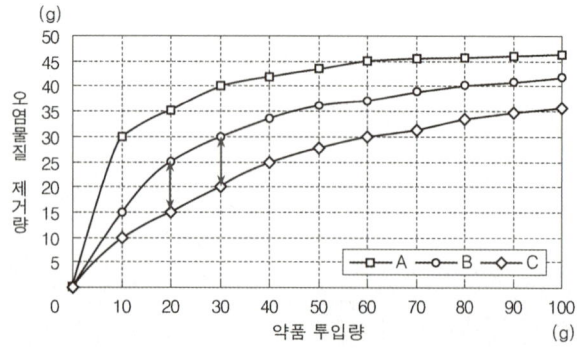

모든 약품 투입량 구간에 화살표를 표시하지 않았지만 약품 투입량이 20g 또는 30g인 경우 화살표의 길이가 세로축 기준 두 칸 가량이므로, B와 C의 오염물질 제거량 차이는 7g 이상인 경우가 있음을 알 수 있다.

[정답] ①

113 A시는 2016년에 폐업 신고한 전체 자영업자를 대상으로 창업교육 이수 여부와 창업부터 폐업까지의 기간을 조사하였다. 다음 <그림>은 조사결과를 이용하여 창업교육 이수 여부에 따른 기간별 생존비율을 비교한 자료이다. 이에 대한 설명으로 옳은 것은?

민경채 17년 나책형 10번

<그림> 창업교육 이수 여부에 따른 기간별 생존비율

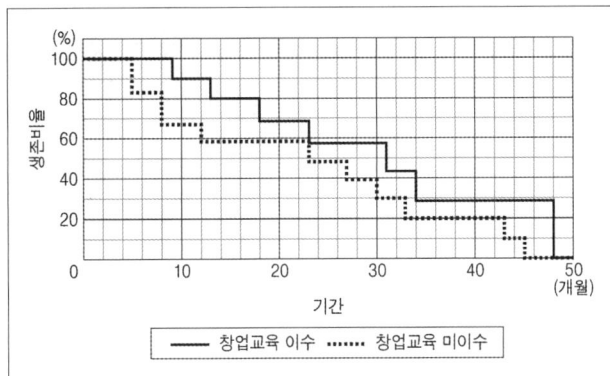

※ 1) 창업교육을 이수(미이수)한 폐업 자영업자의 기간별 생존비율은 창업교육을 이수(미이수)한 폐업 자영업자 중 생존기간이 해당 기간 이상인 자영업자의 비율임.
2) 생존기간은 창업부터 폐업까지의 기간을 의미함.

① 창업교육을 이수한 폐업 자영업자 수가 창업교육을 미이수한 폐업 자영업자 수보다 더 많다.
② 창업교육을 미이수한 폐업 자영업자의 평균 생존기간은 창업교육을 이수한 폐업 자영업자의 평균 생존기간보다 더 길다.
③ 창업교육을 이수한 폐업 자영업자의 생존비율과 창업교육을 미이수한 폐업 자영업자의 생존비율의 차이는 창업 후 20개월에 가장 크다.
④ 창업교육을 이수한 폐업 자영업자 중 생존기간이 32개월 이상인 자영업자의 비율은 50% 이상이다.
⑤ 창업교육을 미이수한 폐업 자영업자 중 생존기간이 10개월 미만인 자영업자의 비율은 20% 이상이다.

해설

① (×) 각주 1)에 따르면 <그림>에 주어진 창업교육을 이수(미이수)한 폐업 자영업자의 기간별 생존비율은 창업교육을 이수(미이수)한 폐업 자영업자 중 생존기간이 해당 기간 이상인 자영업자의 "비율"이다. 창업교육을 이수한 폐업 자영업자 수와 창업교육을 미이수한 폐업 자영업자 수를 비교할 수 있는 내용이 주어져 있지 않으므로 비교할 수 없다.

② (×) <그림>에서 창업교육을 이수(미이수)한 폐업 자영업자의 평균 생존기간은 개념상 각 그래프의 아래 면적에 비례한다. 그러나 이를 직접 구하기는 어렵다. 다만 모든 기간에서 창업교육을 이수한 폐업 자영업자의 생존비율이 창업교육을 미이수한 폐업 자영업자의 생존비율보다 높으므로 창업교육을 미이수한 폐업 자영업자의 평균 생존기간은 창업교육을 이수한 폐업 자영업자의 평균 생존기간보다 더 짧다는 것을 알 수 있다.

③ (×) <그림>에 창업교육을 이수한 폐업 자영업자의 생존비율과 창업교육을 미이수한 폐업 자영업자의 생존비율의 차이가 기간이 20개월인 경우보다 큰 기간을 일부 표시해보면 다음과 같다.

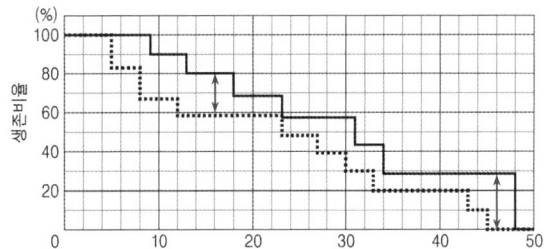

기간이 20개월인 경우 생존비율의 차이는 세로축을 기준으로 두 칸 미만이지만 다른 기간의 경우 두 칸 이상인 경우가 많으므로 창업교육을 이수한 폐업 자영업자의 생존비율과 창업교육을 미이수한 폐업 자영업자의 생존비율의 차이는 창업 후 20개월에 가장 큰 것은 아니다.

④ (×) 각주 1)에서 창업교육을 이수한 폐업 자영업자의 기간별 생존비율은 창업교육을 이수한 폐업 자영업자 중 생존기간이 해당 기간 이상인 자영업자의 비율임을 확인한다. <그림>에서 기간이 32개월인 경우를 표시해보면 다음과 같다.

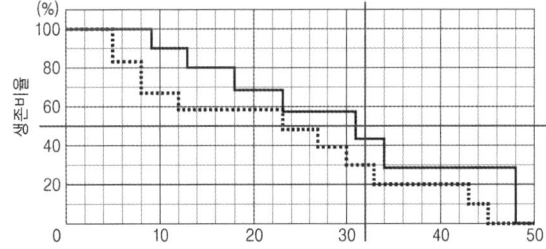

창업교육을 이수한 폐업 자영업자 중 생존기간이 32개월 이상인 자영업자의 비율은 50% 미만임을 알 수 있다.

⑤ (○) 선지 ⑤에서 확인한 바와 같이 <그림>에서 기간이 10개월인 경우를 표시해보면 다음과 같다.

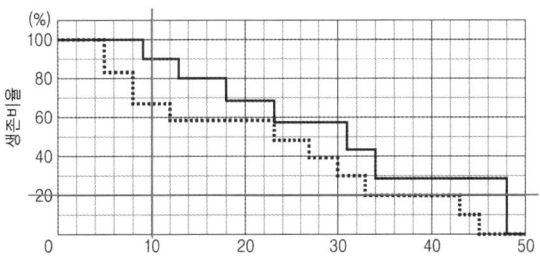

창업교육을 미이수한 폐업 자영업자 중 생존기간이 10개월 미만인 자영업자의 비율은 20% 이상임을 알 수 있다.

[정답] ⑤

114 다음 <그림>은 A국의 2012~2017년 태양광 산업 분야 투자액 및 투자건수에 관한 자료이다. 이에 대한 설명으로 옳지 않은 것은?

민경채 18년 가책형 4번

<그림> 태양광 산업 분야 투자액 및 투자건수

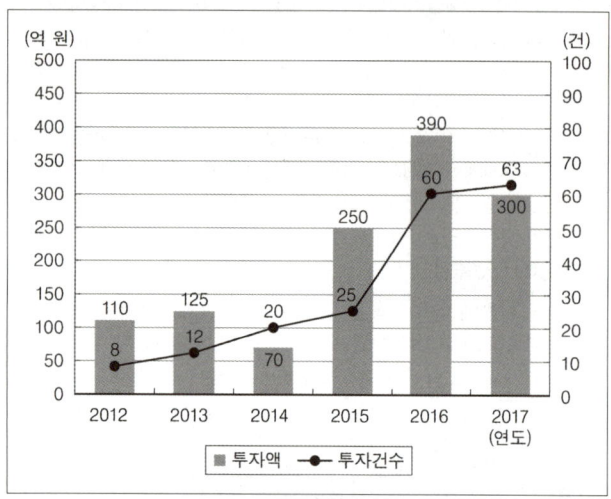

① 2013~2017년 동안 투자액의 전년대비 증가율은 2016년이 가장 높다.
② 2013~2017년 동안 투자건수의 전년대비 증가율은 2017년이 가장 낮다.
③ 2012년과 2015년 투자건수의 합은 2017년 투자건수보다 작다.
④ 투자액이 가장 큰 연도는 2016년이다.
⑤ 투자건수는 매년 증가하였다.

해설

① (×) <그림>에 2016년 투자액의 전년대비 증가율을 다음과 같이 생각할 수 있다.

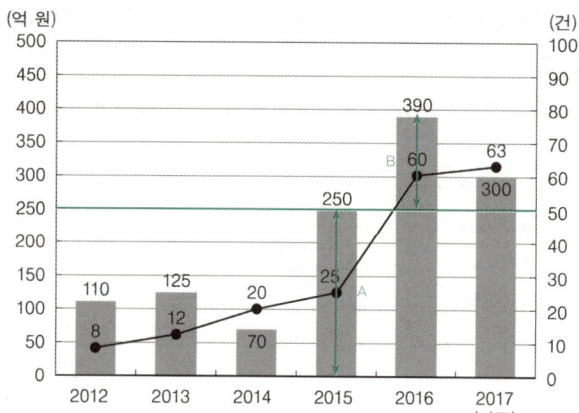

2016년 투자액의 전년대비 증가율은 B/A이다. 마찬가지 방법으로 2015년 투자액의 전년대비 증가율을 비교해보면 2015년의 경우가 더 크다는 것을 알 수 있다. 2013~2017년 동안 투자액의 전년대비 증가율은 2016년이 가장 높은 것은 아니다.

② (○) <그림>의 투자건수와 같이 일정 기간별 양을 나타내는 꺾은선 그래프의 경우 그래프의 기울기가 일정하면 전년대비 증가율과 같은 변화율은 감소한다. 그러므로 2015년과 2017년을 비교해 투자건수의 전년대비 증가율이 가장 낮은 연도를 판단해본다. 2015년의 경우 투자건수는 25건이고 전년인 2014년의 투자건수는 20건이므로 전년대비 증가율은 25%이다. 그리고 2017년의 투자건수는 63건이고 2016년의 투자건수는 60건이므로 전년대비 증가율은 5%이다. 투자건수의 전년대비 증가율은 2017년이 가장 낮다.

③ (○) <그림>의 꺾은선 그래프에 따르면 2012년, 2015년 투자건수는 각각 8건, 25건으로 그 합은 33건이다. 2017년의 투자건수는 63건이므로 2012년과 2015년 투자건수의 합은 2017년 투자건수보다 작다.

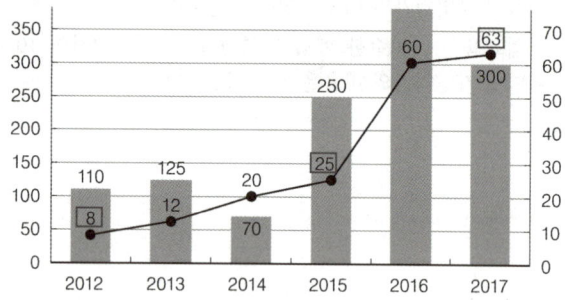

④ (○) <그림>의 막대 그래프에 따르면 2016년의 투자액이 390억 원으로 가장 크다.

⑤ (○) <그림>의 꺾은선 그래프에 따르면 꺾은선 그래프가 매년 우상향하므로 투자건수는 매년 증가하였다.

[정답] ①

115 다음 <그림>은 '갑' 자치구의 예산내역에 관한 자료이다. 이에 대한 <보기>의 설명 중 옳은 것만을 모두 고르면?

민경채 19년 나책형 15번

<그림> '갑' 자치구 예산내역

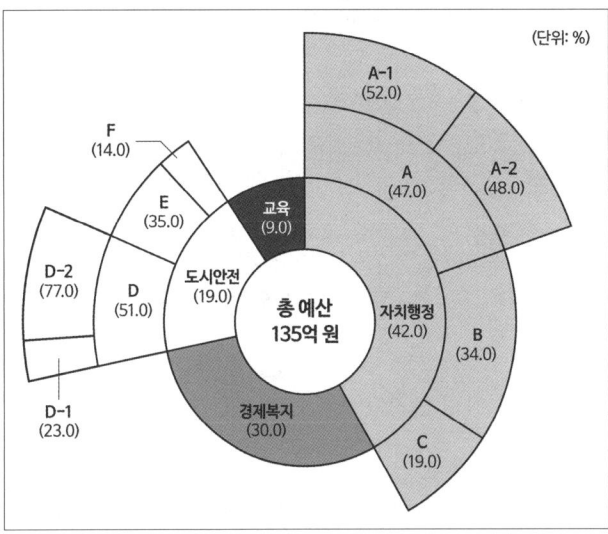

※ 1) 괄호 안의 값은 예산 비중을 의미함.
2) 예를 들어, A(47.0)은 A 사업의 예산이 '자치행정' 분야 예산의 47.0%임을 나타내고, D-1 사업의 예산은 3.0억 원임.

─<보기>─
ㄱ. '교육' 분야 예산은 13억 원 이상이다.
ㄴ. C 사업 예산은 D 사업 예산보다 적다.
ㄷ. '경제복지' 분야 예산은 B 사업과 C 사업 예산의 합보다 많다.
ㄹ. '도시안전' 분야 예산은 A-2 사업 예산의 3배 이상이다.

① ㄱ, ㄴ
② ㄱ, ㄷ
③ ㄴ, ㄷ
④ ㄴ, ㄹ
⑤ ㄷ, ㄹ

해설

ㄱ. (×) <그림>에서 '갑' 자치구의 총예산은 135억 원이고, 각주 1)에 따르면 괄호 안의 값은 예산 비중을 의미함을 확인한다. <그림>에 따르면 '교육' 분야 예산은 135억 원의 9.0%이고, 135의 10%는 13.5, 1%는 1.350이므로 135의 9%는 13.5-1.350이다. 13억 원 미만이다.

ㄴ. (○) <그림>에 따르면 C 사업 예산은 자치행정 예산의 19.0%이므로 전체 예산 135억 원의 42.0%×19.0%이다.

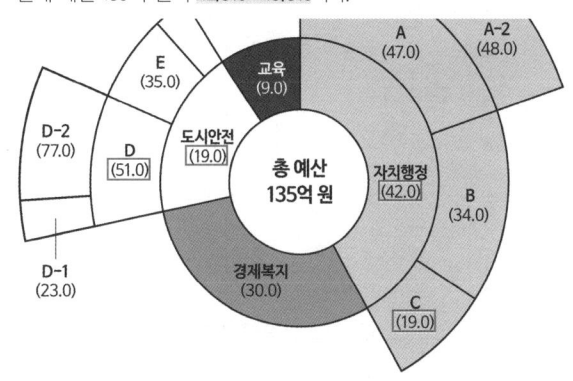

그리고 D 사업 예산은 전체 예산의 19.0%×51.0%이다. 19.0%가 공통적으로 포함되어 있으므로 직접 계산하지 않아도 C 사업 예산이 D 사업 예산보다 적다는 것을 판단할 수 있다.

ㄷ. (○) <그림>에 따르면 '경제복지' 분야 예산은 총 예산의 30.0%이고, B 사업은 42.0%×34.0%, C 사업은 42.0%×19.0%이다. 그러므로 B 사업과 C 사업 예산의 합은 42.0%×34.0%+42.0%×19.0%=42.0%×(34.0%+19.0%)=42.0%×53.0%이다. 정확히 계산하지 않아도 30%에 미치지 못하므로, '경제복지' 분야 예산은 B 사업과 C 사업 예산의 합보다 많다는 것을 알 수 있다.

ㄹ. (×) <그림>에 따르면 '도시안전' 분야 예산은 총 예산의 19.0%이고, A-2 사업의 예산은 총 예산의 42.0%×47.0%×48.0%이다. 42.0%×48.0%은 0.4×0.5와 비교할 때 0.2에 조금 미치지 못하므로 0.2×47.0%는 약 9%라고 어림산할 수 있다. 19.0%는 9%의 3배 미만이다.

합격으로 가는 Tip

- ㄷ. 곱해서 30이 나오는 쉬운 두 수를 떠올려보자. (1, 30), (2, 15), (3, 10), (5, 6) 이 중 하나를 활용하면 보다 쉽게 비교가 가능하다.
- ㄹ. 숫자가 근사치로 경합하지 않기 때문에 대략적으로 계산하더라도 판단 가능한 보기이다.

[정답] ③

116 다음 <그림>은 A사와 B사가 조사한 주요 TV 프로그램의 2011년 7월 넷째주 주간 시청률을 나타낸 자료이다. 이에 대한 <보기>의 설명 중 옳은 것을 모두 고르면? 민경채 11년 경책형 1번

<그림> 주요 TV 프로그램의 주간 시청률(2011년 7월 넷째주)
(단위:%)

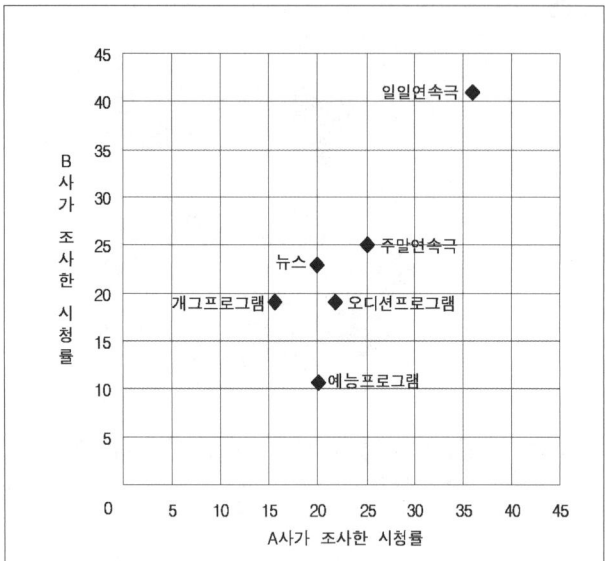

─〈보기〉─

ㄱ. B사가 조사한 일일연속극 시청률은 40% 미만이다.
ㄴ. A사가 조사한 시청률과 B사가 조사한 시청률 간의 차이가 가장 큰 것은 예능프로그램이다.
ㄷ. 오디션프로그램의 시청률은 B사의 조사결과가 A사의 조사결과보다 높다.
ㄹ. 주말연속극의 시청률은 A사의 조사결과가 B사의 조사결과보다 높다.
ㅁ. A사의 조사에서는 오디션프로그램이 뉴스보다 시청률이 높으나 B사의 조사에서는 뉴스가 오디션프로그램보다 시청률이 높다.

① ㄱ, ㄷ
② ㄱ, ㅁ
③ ㄴ, ㄹ
④ ㄴ, ㅁ
⑤ ㄷ, ㄹ

해설

ㄱ. (×) 〈그림〉에서는 B사가 조사한 일일연속극 시청률이 세로축에 표시되어 있다. 세로축 값을 보면 B사가 조사한 일일연속극의 시청률은 40%를 초과한다.

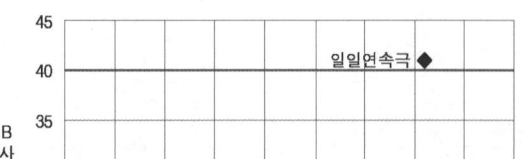

ㄴ. (○) 〈그림〉에서 A사가 조사한 시청률과 B사가 조사한 시청률 간의 차이를 비교하기 위해서는 그래프의 원점에서 시작하여 기울기가 1인 직선을 기준으로 판단한다. 그 직선 위에 있다면 A사가 조사한 시청률과 B사가 조사한 시청률이 같다. 그리고 그 직선과 떨어져 있을수록 A사와 B사가 조사한 시청률 간의 차이가 나는 셈이다.

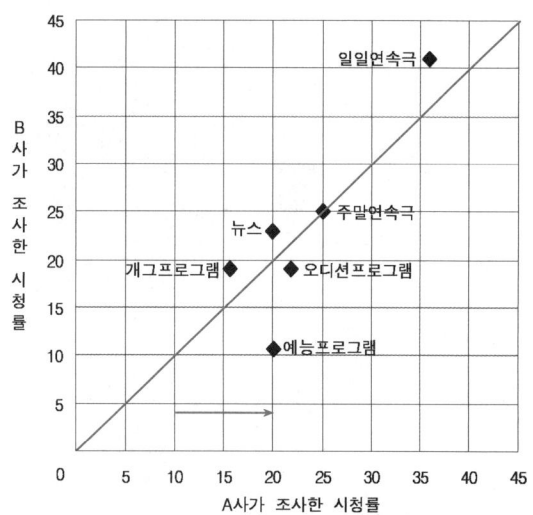

예를 들어 위 그림과 같이 직선을 기준으로 가로 방향으로 떨어진 거리를 비교해보면 A사가 조사한 시청률에서 B사가 조사한 시청률을 뺀 값을 비교해보는 것이다. 예능 프로그램이 가장 멀리 떨어져 있으므로 A사가 조사한 시청률과 B사가 조사한 시청률 간의 차이가 가장 큰 것은 예능프로그램이라는 것을 판단할 수 있다.

ㄷ. (×) 보기 ㄴ의 직선을 기준으로 직선의 왼쪽·위쪽(좌상방)에 있는 프로그램은 B사의 조사결과가 A사의 조사결과보다 높은 프로그램이고, 오른쪽·아래쪽(우하방)에 있는 프로그램은 A사의 조사결과가 B사의 조사결과보다 높은 프로그램이다. 오디션 프로그램은 직선의 오른쪽·아래쪽(우하방)에 있으므로 B사의 조사결과가 A사의 조사결과보다 낮다.

ㄹ. (×) 보기 ㄷ과 마찬가지로 보기 ㄴ의 직선을 기준으로 비교해보면 주말연속극의 시청률은 직선 위에 있고 A사와 B사의 조사결과 모두 시청률이 25%로 같다. A사의 조사결과가 B사의 조사결과보다 높은 것은 아니다.

ㅁ. (○) 〈그림〉에 따르면 A사의 조사에서 오디션프로그램의 시청률은 20%를 초과하고 뉴스는 약 20%이다. 그리고 B사의 조사에 따르면 뉴스의 시청률은 20%를 초과하지만 오디션프로그램은 20% 미만이다. 따라서 A사의 조사에서는 오디션프로그램이 뉴스보다 시청률이 높으나 B사의 조사에서는 뉴스가 오디션프로그램보다 시청률이 높다는 것을 알 수 있다.

뉴스와 오디션프로그램의 시청률이 각각 서로의 왼쪽·위쪽, 오른쪽·아래쪽에 위치한 것으로도 판단할 수 있다. 각 축에서 어떤 값이 더 큰지 묻는 보기이다. A사의 조사(x축)에서는 오디션프로그램이 뉴스보다 더 우측에 있으므로 값이 더 크고, B사의 조사(y축)에서는 뉴스가 오디션프로그램보다 더 위쪽에 있으므로 값이 더 크다.

합격으로 가는 Tip

ㄷ. y=x의 선을 기준으로 할 때 선 위에 있다면 x축의 값과 y축의 값이 동일하다는 의미이고, 선을 기준으로 좌상방에 있다면 y축의 값이 x축의 값보다 크다는 의미이고, 반대로 선을 기준으로 우하방에 있다면 x축의 값이 y축의 값보다 크다는 의미이다. 그리고 이 선으로부터 떨어져 있을수록 x축 값과 y축 값 간에 차이가 크다는 것이다.

[정답] ④

117 다음 <그림>은 20개 국가(A~T)의 1인당 GDP와 자살률의 관계를 나타낸 것이다. 이에 대한 설명 중 옳은 것은?

민경채 12년 인책형 16번

<그림> 20개 국가의 1인당 GDP와 자살률

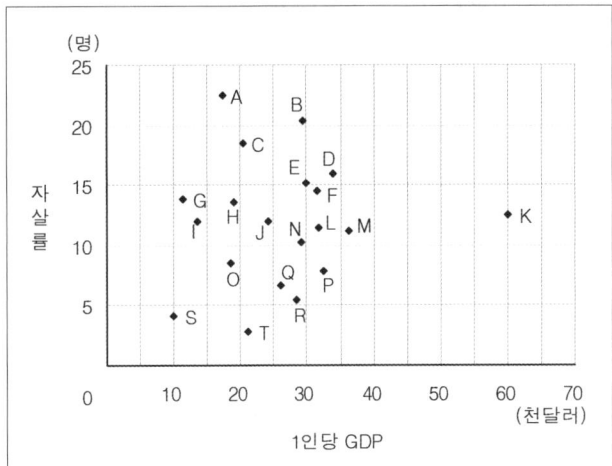

① 1인당 GDP가 가장 낮은 국가는 자살률도 가장 낮다.
② 1인당 GDP가 4만 달러 이상인 국가의 자살률은 10명 미만이다.
③ 자살률이 가장 높은 국가와 가장 낮은 국가의 자살률 차이는 15명 이하이다.
④ 자살률이 가장 높은 국가의 1인당 GDP는 자살률이 두 번째로 높은 국가의 1인당 GDP의 50% 이상이다.
⑤ C국보다 자살률과 1인당 GDP가 모두 낮은 국가의 수는 C국보다 자살률과 1인당 GDP가 모두 높은 국가의 수와 같다.

해설

<그림>에서 가로축은 1인당 GDP, 세로축은 자살률임을 확인한다.

① (×) <그림>에 따르면 1인당 GDP가 가장 낮은 국가는 S국으로 약 10(천달러)이고, 자살률이 가장 낮은 국가는 T국으로 S국보다 낮다.

② (×) <그림>에 따르면 1인당 GDP가 4만 달러 이상인 국가는 약 60(천달러)인 K국 뿐이고, K국의 자살률은 10명 이상이다.

③ (×) <그림>에 따르면 자살률이 가장 높은 국가는 A국, 가장 낮은 국가는 T국이다. 두 국가의 자살률 차이를 화살표로 표시해보면 다음과 같다.

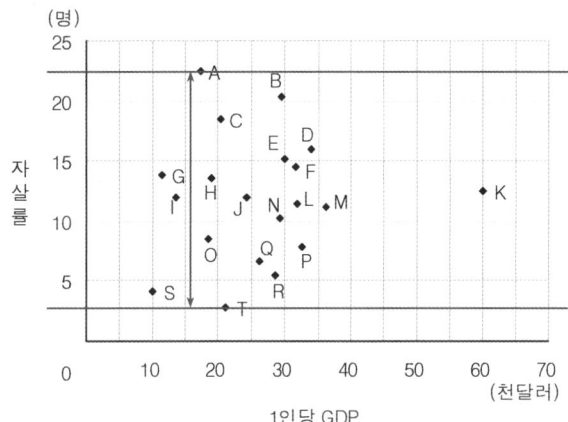

해당 화살표의 길이는 세로축으로 3칸 이상이고 각 칸은 5명이므로, A국과 T국의 자살률 차이는 15명을 초과한다는 것을 알 수 있다.

④ (○) <그림>에 따르면 자살률이 가장 높은 국가는 A국이고 1인당 GDP는 15(천달러) 초과 20 미만이다. 그리고 자살률이 두 번째로 높은 국가는 B국이고 1인당 GDP는 30 미만이다. A국의 1인당 GDP가 가장 낮은 경우라도 B국 1인당 GDP의 절반을 초과하므로 A국의 1인당 GDP는 B국의 50% 이상임을 알 수 있다.

⑤ (×) <그림>에서 C국을 중심으로 C국보다 자살률과 1인당 GDP가 모두 낮은 국가는 C국보다 좌하방에, C국보다 자살률과 1인당 GDP가 모두 높은 국가는 우상방에 위치하여야 한다. <그림>에서 해당 영역을 음영처리해보면 다음과 같다.

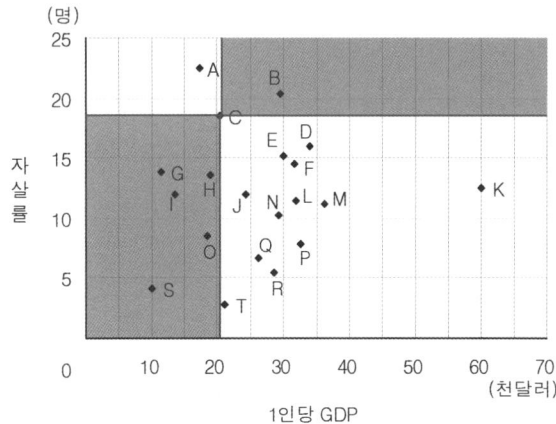

C국보다 자살률과 1인당 GDP가 모두 낮은 국가는 5개국(G, H, I, O, S), C국보다 자살률과 1인당 GDP가 모두 높은 국가는 1개국(B)이다.

[정답] ④

118 다음 <그림>은 국가 A~J의 1인당 GDP와 1인당 의료비지출액을 나타낸 것이다. 이에 대한 <보기>의 설명 중 옳은 것만을 모두 고르면?

민경채 16년 5책형 1번

<그림> 1인당 GDP와 1인당 의료비지출액

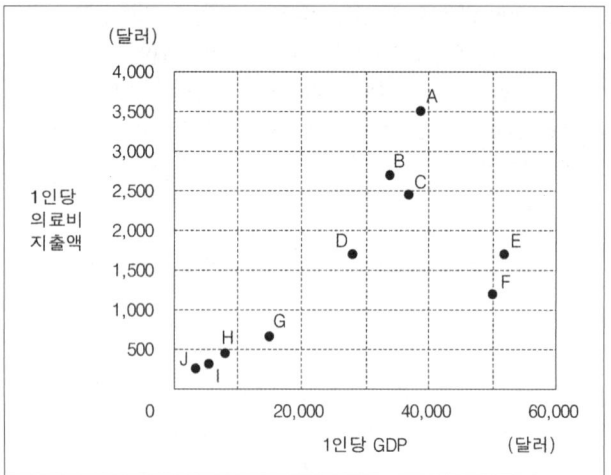

─〈보기〉─

ㄱ. 1인당 GDP가 2만달러 이상인 국가의 1인당 의료비지출액은 1천달러 이상이다.
ㄴ. 1인당 의료비지출액이 가장 많은 국가와 가장 적은 국가의 1인당 의료비지출액 차이는 3천달러 이상이다.
ㄷ. 1인당 GDP가 가장 높은 국가와 가장 낮은 국가의 1인당 의료비지출액 차이는 2천달러 이상이다.
ㄹ. 1인당 GDP 상위 5개 국가의 1인당 의료비지출액 합은 1인당 GDP 하위 5개 국가의 1인당 의료비지출액 합의 5배 이상이다.

① ㄱ, ㄴ
② ㄱ, ㄷ
③ ㄷ, ㄹ
④ ㄱ, ㄴ, ㄹ
⑤ ㄴ, ㄷ, ㄹ

해설

ㄱ. (○) <그림>에서 1인당 GDP가 2만달러 이상인 국가는 A, B, C, D, E, F이고, 해당 국가들의 1인당 의료비지출액은 1천달러 이상임을 확인할 수 있다.

ㄴ. (○) <그림>에 따르면 1인당 의료비지출액이 가장 많은 국가는 A국, 가장 적은 국가는 J국이다. 두 국가의 1인당 의료비지출액 차이를 화살표로 표시해보면 다음과 같다.

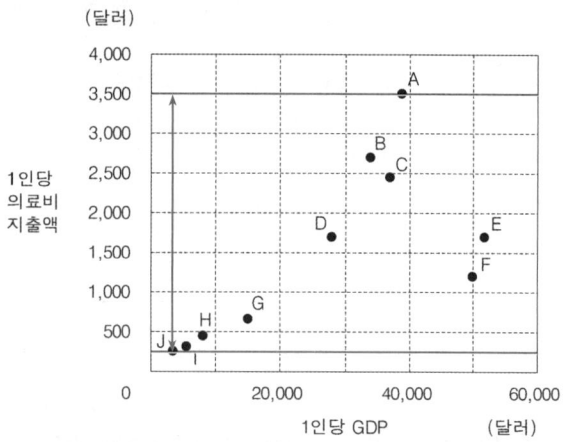

세로축의 각 칸은 500달러이므로 두 국가의 의료비 지출액의 차이는 3천달러 이상임을 확인할 수 있다.

ㄷ. (×) <그림>에 따르면 1인당 GDP가 가장 높은 국가는 E국, 가장 낮은 국가는 J국이다. 보기 ㄴ과 같은 방식으로 두 국가의 1인당 의료비지출액 차이를 비교해보면 두 국가의 1인당 의료비지출액 차이는 2천달러 미만이다.

다른 방식으로 E국의 1인당 의료비지출액이 2천달러 미만이고, J국의 1인당 의료비지출액은 양수이므로 두 국가의 1인당 의료비지출액 차이가 2천달러 미만이라는 것을 알 수 있다.

ㄹ. (×) <그림>에 따르면 1인당 GDP 상위 5개 국가는 A, B, C, E, F이고, 1인당 GDP 하위 5개 국가는 D, G, H, I, J이다. <그림>에서 1인당 GDP 상위 5개 국가의 1인당 의료비지출액 합과 1인당 GDP 하위 5개 국가의 1인당 의료비지출액 합을 직접 계산할 수 있지만 다음과 같이 판단해본다. 우선 1인당 의료비지출액 2,500달러와 500달러를 기준으로 A, B, C, E, F와 D, G, H, I, J의 1인당 의료비지출액 차이를 다음과 같이 표시할 수 있다.

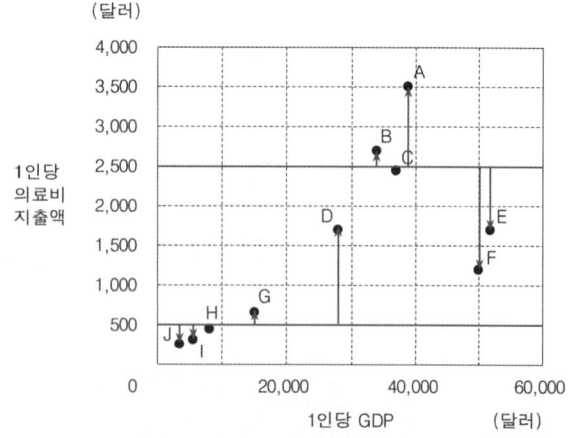

각 화살표의 길이를 비교해보았을 때 1인당 GDP 상위 5개 국가의 1인당 의료비지출액 평균은 2,500 미만이고, 1인당 GDP 하위 5개 국가의 1인당 의료비지출액 평균은 500 이상이라고 판단할 수 있다. 따라서 1인당 GDP 상위 5개 국가의 1인당 의료비지출액 합은 1인당 GDP 하위 5개 국가의 1인당 의료비지출액 합의 5배 미만임을 알 수 있다.

[정답] ①

119 다음 <그림>은 2020년과 2021년 '갑'국의 농림축수산물 종류별 수출입량에 관한 자료이다. 이에 대한 <보기>의 설명 중 옳은 것만을 모두 고르면?

7급 공채 23년 인책형 9번

<그림> 2020년과 2021년 농림축수산물 종류별 수출입량

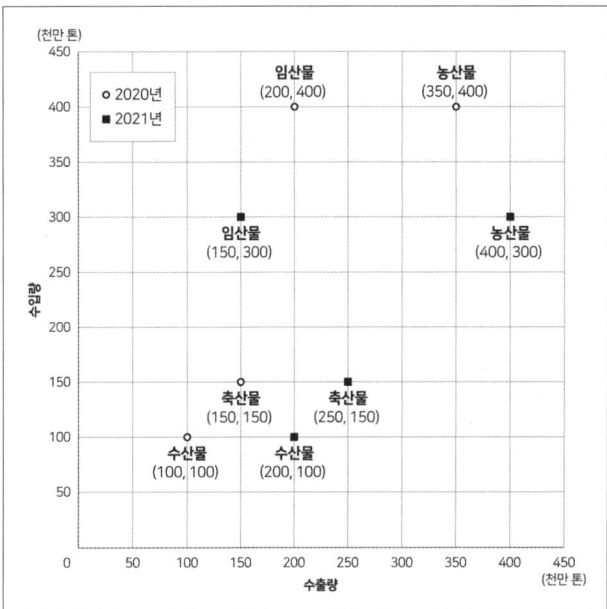

※ 농림축수산물 종류는 농산물, 임산물, 축산물, 수산물로만 구분됨.

─<보기>─

ㄱ. 2021년 농산물, 축산물, 수산물의 수출량은 각각 전년 대비 증가하였다.
ㄴ. 2021년 농림축수산물 총수입량은 전년 대비 증가하였다.
ㄷ. 수출량 대비 수입량 비율이 가장 높은 농림축수산물 종류는 2020년과 2021년이 같다.
ㄹ. 2021년 수출량의 전년 대비 증가율은 축산물이 가장 높다.

① ㄱ, ㄴ
② ㄱ, ㄷ
③ ㄱ, ㄹ
④ ㄴ, ㄷ
⑤ ㄴ, ㄹ

해설

ㄱ. (○) <그림>에서 2020년과 2021년의 농산물, 축산물, 수산물의 수출량을 모두 알 수 있다. 예를 들어 2020년 농산물의 수출량은 350(천만 톤)이고 2021년은 400(천만 톤)이다. 2021년 농산물 수출량은 2020년 대비 증가하였음을 알 수 있다. 그러나 <그림>에 따르면 가로축이 수출량이고, 2021년의 수출량이 전년 대비 증가하였다면 2021년의 점이 2020년의 점 대비 상대적으로 오른쪽에 위치하여야 한다.

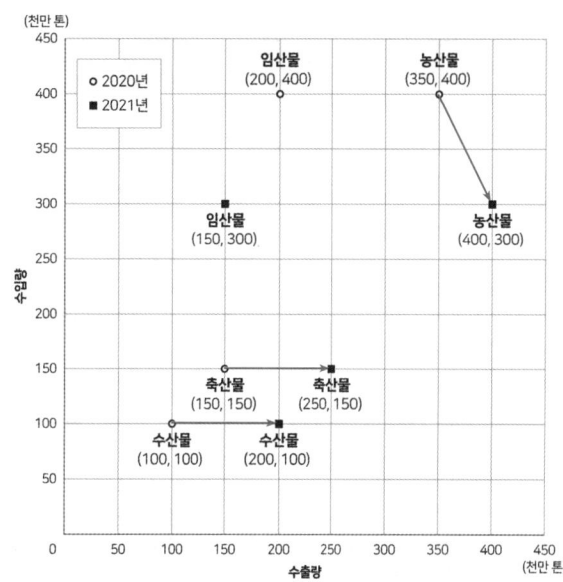

축산물과 수산물 모두 2021년의 점이 2020년 점의 오른쪽에 위치하고 있으므로, 2021년 축산물, 수산물의 수출량은 각각 전년 대비 증가하였음을 알 수 있다.

ㄴ. (×) ㄱ에서 확인한 것과 마찬가지 방법으로 <그림>에 따르면 세로축은 수입량이고, 2021년의 수입량이 전년 대비 증가하였다면 2021년의 점이 2020년의 점 대비 상대적으로 위쪽에 위치하여야 한다. 축산물과 수산물은 같은 높이에 위치하므로 2020년과 2021년의 수입량이 같고, 농산물과 임산물은 2021년의 점이 2020년의 점 대비 상대적으로 아래쪽에 위치하고 있으므로 2021년의 수입량이 2020년 대비 감소하였음을 알 수 있다. 따라서 2021년 농림축수산물 총수입량은 전년 대비 감소하였다.

ㄷ. (○) <그림>에서 가로축이 수출량이고 세로축은 수입량이므로, 수출량 대비 수입량은 원점에서 각 점을 이은 기울기로 파악할 수 있다. 2020년과 2021년 모두 원점에서 각 점을 이은 기울기가 가장 큰 농림축수산물 종류는 매년 임산물이다.

ㄹ. (×) 축산물의 2020년 수출량은 150(천만 톤)이고, 2021년은 250(천만 톤)이다. 2021년은 2020년 대비 2배 미만 증가하였다. 그리고 수산물의 2020년 수출량은 100(천만 톤)이고, 2021년은 200(천만 톤)이다. 2021년은 2020년 대비 2배 증가하였다. 따라서 2021년 수출량의 전년 대비 증가율은 축산물이 가장 높은 것은 아니다. <그림>에서 A의 길이 대비 B의 길이의 비율로도 판단할 수 있다.

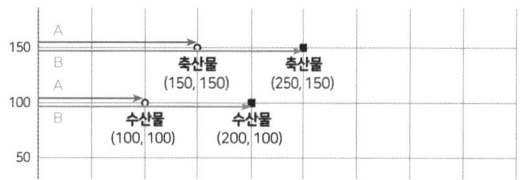

[정답] ②

120 다음 <그림>은 2015년 16개 지역의 초미세먼지 농도, 연령표준화사망률 및 초미세먼지로 인한 조기사망자수를 조사한 자료이다. 이에 대한 <보기>의 설명 중 옳은 것만을 고르면?

민경채 20년 가책형 6번

<그림> 지역별 초미세먼지 농도, 연령표준화사망률 및 초미세먼지로 인한 조기사망자수

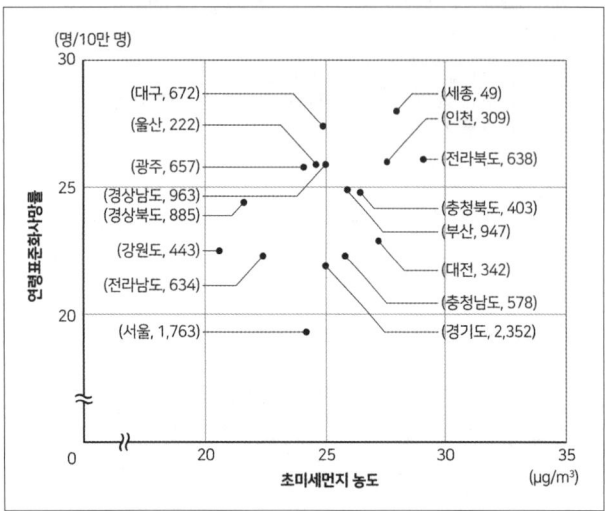

※ 1) (지역, N)은 해당 지역의 초미세먼지로 인한 조기사망자수가 N명임을 의미함.
2) 연령표준화사망률은 인구구조가 다른 집단 간의 사망 수준을 비교하기 위하여 연령 구조가 사망률에 미치는 영향을 제거한 사망률을 의미함.

─〈보기〉─
ㄱ. 초미세먼지로 인한 조기사망자수가 가장 많은 지역은 서울이다.
ㄴ. 연령표준화사망률이 높은 지역일수록 초미세먼지로 인한 조기사망자수는 적다.
ㄷ. 초미세먼지 농도가 가장 낮은 지역의 초미세먼지로 인한 조기사망자수는 충청북도보다 많다.
ㄹ. 대구는 부산보다 연령표준화사망률은 높지만 초미세먼지로 인한 조기사망자수는 적다.

① ㄱ, ㄴ
② ㄱ, ㄷ
③ ㄴ, ㄷ
④ ㄴ, ㄹ
⑤ ㄷ, ㄹ

해설

ㄱ. (✕) 각주 1)에 따르면 (지역, N)은 해당 지역의 초미세먼지로 인한 조기사망자수가 N명임을 의미한다. <그림>에 따르면 서울의 초미세먼지로 인한 조기사망자수는 1,763명이고, 경기도는 2,352명이다.

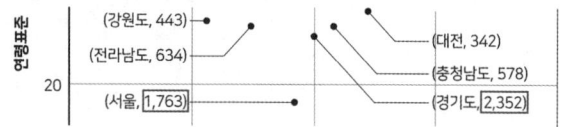

초미세먼지로 인한 조기사망자수가 가장 많은 지역은 서울이 아니라 경기도이다.

ㄴ. (✕) <그림> 두 지역을 비교하여 어느 한 지역이 연령표준화사망률이 높고 초미세먼지로 인한 조기사망자수도 많은지 확인해본다. 예를 들어 전라북도와 충청북도의 경우를 비교해보면 전라북도는 연령표준화사망률이 충청북도보다 높고 초미세먼지로 인한 조기사망자수도 많다. 이는 부산과 대전, 대구와 울산, 경상남도와 경상북도를 비교해도 마찬가지이다. 연령표준화사망률이 높은 지역일수록 초미세먼지로 인한 조기사망자수는 적은 것은 아니다.

ㄷ. (○) <그림>에 따르면 초미세먼지 농도가 가장 낮은 지역은 강원도이고 초미세먼지로 인한 조기사망자수는 443명이다. 충청북도의 초미세먼지로 인한 조기사망자수는 403명이므로, 초미세먼지 농도가 가장 낮은 지역의 초미세먼지로 인한 조기사망자수는 충청북도보다 많다.

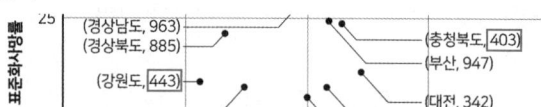

ㄹ. (○) <그림>에 따르면 대구에 해당하는 점은 부산보다 높은 곳에 위치하고 있으므로 대구는 부산보다 연령표준화사망률은 높다. 그리고 대구의 초미세먼지로 인한 조기사망자수는 672명이고, 부산은 947명이므로 대구의 초미세먼지로 인한 조기사망자수는 부산보다 적다.

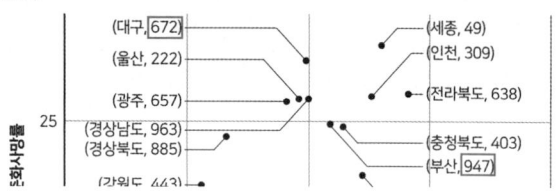

[정답] ⑤

121 다음 <그림>은 W 경제포럼이 발표한 25개 글로벌 리스크의 분류와 영향도 및 발생가능성 지수에 관한 자료이다. 이에 대한 설명으로 옳지 않은 것은?

민경채 20년 가책형 20번

<그림> 글로벌 리스크의 분류와 영향도 및 발생가능성 지수

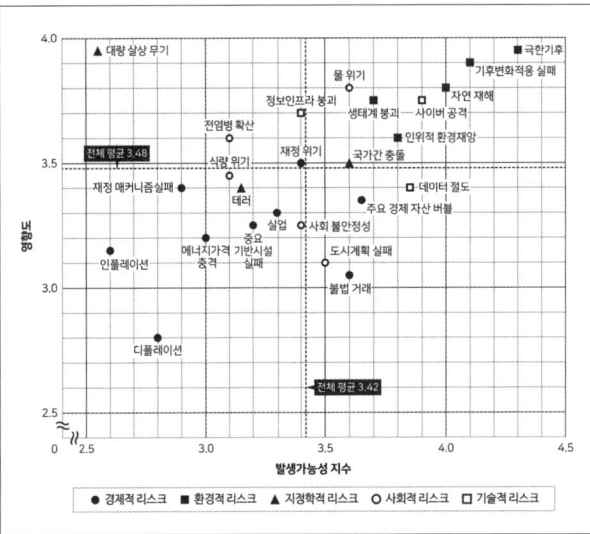

① 모든 환경적 리스크의 발생가능성 지수 대비 영향도의 비는 1 이상이다.
② 영향도와 발생가능성 지수의 차이가 가장 큰 글로벌 리스크는 '대량 살상 무기'이다.
③ '에너지가격 충격'의 영향도 대비 발생가능성 지수의 비는 1 이하이다.
④ 영향도와 발생가능성 지수가 각각의 '전체 평균' 이하인 경제적 리스크의 수는 영향도나 발생가능성 지수가 각각의 '전체 평균' 이상인 경제적 리스크의 수보다 많다.
⑤ 모든 환경적 리스크는 영향도와 발생가능성 지수가 각각의 '전체 평균' 이상이다.

해설

① (×) <그림>의 범례에서 환경적 리스크는 검정색 네모(■)임을 확인한다. <그림>에 발생가능성 지수 대비 영향도의 비가 1인 직선을 그려보면 다음과 같다.

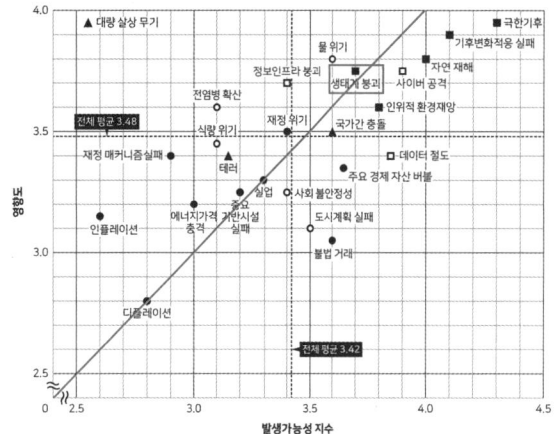

'생태계 붕괴'를 제외한 나머지 모든 환경적 리스크의 발생가능성 지수 대비 영향도의 비는 1 미만이다.

② (○) <그림>에서 영향도와 발생가능성지수의 차이는 각 도형으로부터 선지 ①의 직선까지 수직거리로 판단할 수 있다. '대량 살상 무기'의 영향도와 발생가능성지수의 차이를 <그림>에 나타내보면 다음과 같다.

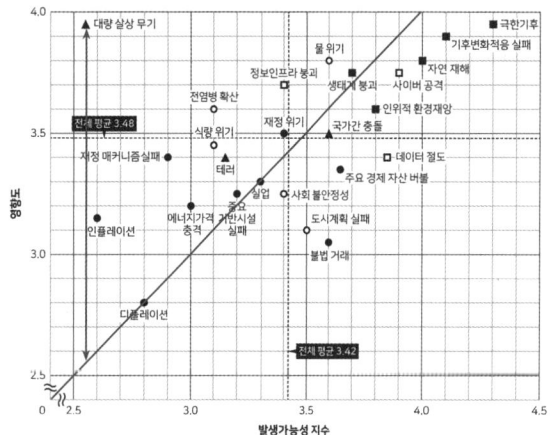

'대량 살상 무기'의 영향도와 발생가능성 지수의 차이가 가장 크다는 것을 알 수 있다.

③ (○) 선지 ①과 달리 영향도 대비 발생가능성 지수의 비를 묻고 있고, '에너지가격 충격'의 영향도 대비 발생가능성 지수의 비가 1 이하인지 묻고 있으므로 선지 ①의 직선 기준 좌상방에 위치하고 있는지 검토한다.

'에너지가격 충격'은 직선 기준 좌상방에 위치하고 있으므로 영향도 대비 발생가능성 지수의 비가 1 이하임을 알 수 있다.

④ (○) <그림>에 주어진 '전체 평균'을 기준으로 비교해보면 영향도와 발생가능성 지수가 각각의 '전체 평균' 이하인 경제적 리스크(●)는 재정 메커니즘 실패, 실업, 중요기반시설 실패, 에너지가격 충격, 인플레이션, 디플레이션으로 총 6개이고, 영향도나 발생가능성 지수가 각각의 '전체 평균' 이상인 경제적 리스크는 총 0개이다.

⑤ (○) 선지 ④와 마찬가지 방법으로 모든 환경적 리스크(■)(극한기후, 기후변화적응실패, 자연 재해, 생태계 붕괴, 인위적 환경재앙)는 영향도와 발생가능성 지수가 각각의 '전체 평균' 이상임을 확인할 수 있다.

[정답] ①

122 다음 <그림>은 국내 7개 시중은행의 경영통계(총자산, 당기순이익, 직원수)를 나타낸 그림이다. 이에 대한 <보기>의 설명으로 옳은 것을 모두 고르면?   민경채 11년 경책형 9번

〈그림〉 국내 7개 시중은행의 경영통계

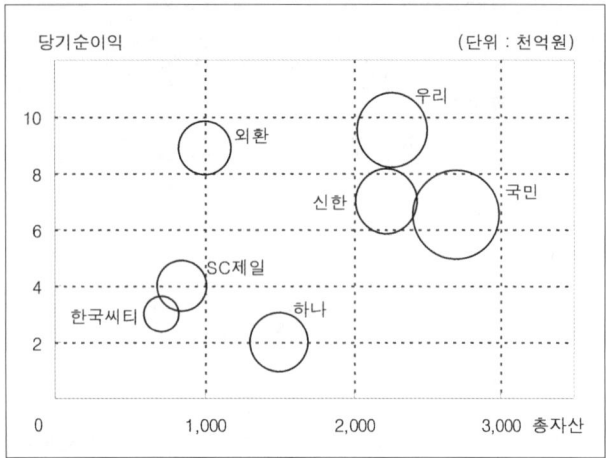

※ 1) 원의 면적은 직원수와 정비례함.
  2) 직원수는 한국씨티은행(3,000명)이 가장 적고, 국민은행(18,000명)이 가장 많음.
  3) 각 원의 중심 좌표는 총자산(X축)과 당기순이익(Y축)을 각각 나타냄.

〈보기〉
ㄱ. 직원 1인당 총자산은 한국씨티은행이 국민은행보다 많다.
ㄴ. 총자산순이익률(= $\frac{당기순이익}{총자산}$)이 가장 낮은 은행은 하나은행이고, 가장 높은 은행은 외환은행이다.
ㄷ. 직원 1인당 당기순이익은 신한은행이 외환은행보다 많다.
ㄹ. 당기순이익이 가장 많은 은행은 우리은행이고, 가장 적은 은행은 한국씨티은행이다.

① ㄱ, ㄴ
② ㄱ, ㄹ
③ ㄴ, ㄷ
④ ㄷ, ㄹ
⑤ ㄱ, ㄴ, ㄹ

해설

〈그림〉에 따르면 차트의 가로축은 총자산, 세로축은 당기순이익이고, 각주 3)에 따르면 각 원의 중심 좌표가 총자산과 당기순이익을 나타낸다. 〈그림〉에 각 원의 중심 좌표를 대략 표시해보면 다음과 같다.

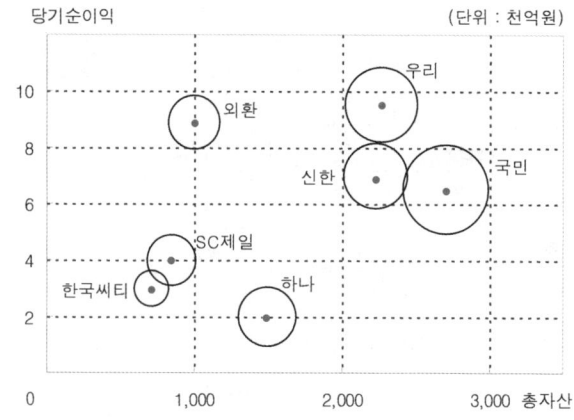

ㄱ. (○) 각주 1)에 따르면 원의 면적은 직원수와 정비례한다. 각주 2)에 따르면 직원수는 한국씨티은행이 3,000명이고, 국민은행이 18,000명으로 국민은행이 6배 많다. 각주 3)에 따르면 한국씨티은행의 총자산은 500(천억원) 이상 1,000 미만으로 약 750이고, 국민은행은 2,500 이상 3,000 미만으로 약 2,750이다. 한국씨티은행이 500이라고 했을 때, 6배가 되려면 3,000을 넘어야 하는데 총자산은 6배가 안된다. 따라서 분모는 6배인데, 분자는 6배가 안되므로 직원 1인당 총자산은 한국씨티은행이 국민은행보다 많다고 판단할 수 있다.

ㄴ. (○) 총자산순이익률은 '당기순이익/총자산'이므로 원점으로부터 각 원의 중심을 연결하는 직선의 기울기로 판단할 수 있다.

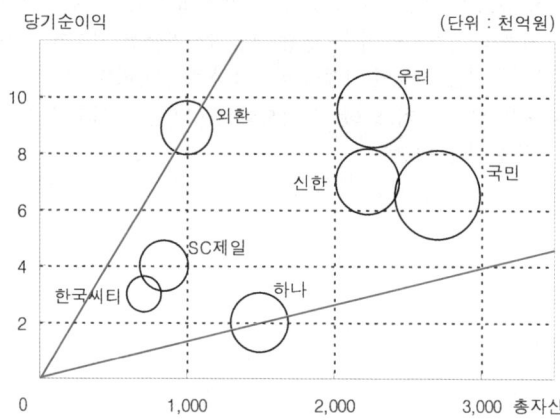

기울기가 가장 완만한 은행은 하나은행이고, 가장 가파른 은행은 외환은행이다.

ㄷ. (×) 보기 ㄱ에서 확인한 바와 같이 원의 면적은 직원수와 정비례한다. 〈그림〉에서 신한은행과 외환은행을 비교해보면 신한은행의 원의 면적이 더 넓으므로 직원수는 신한은행이 더 많고, 당기순이익은 외환은행이 더 많으므로 직원 1인당 당기순이익은 신한은행이 외환은행보다 적다.

ㄹ. (×) 〈그림〉에서 세로축을 기준으로 원의 중심 좌표가 가장 높은 은행을 확인해보면 우리은행의 당기순이익이 9(천억원) 이상으로 가장 많고, 하나은행의 당기순이익이 약 2(천억원)으로 가장 적다.

[정답] ①

123 다음 <그림>은 국가 A~H의 GDP와 에너지사용량에 관한 자료이다. 이에 대한 설명으로 옳지 않은 것은? 민경채 16년 5책형 4번

<그림> 국가 A~H의 GDP와 에너지사용량

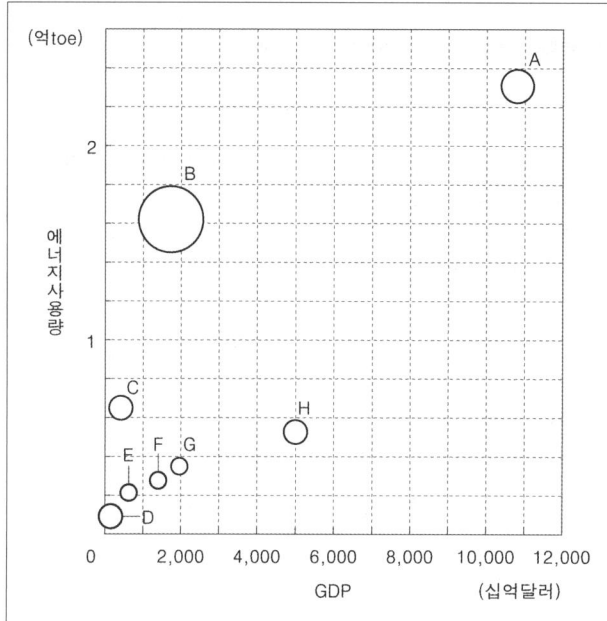

※ 1) 원의 면적은 각 국가 인구수에 정비례함.
2) 각 원의 중심좌표는 각 국가의 GDP와 에너지사용량을 나타냄.

① 에너지사용량이 가장 많은 국가는 A국이고 가장 적은 국가는 D국이다.
② 1인당 에너지사용량은 C국이 D국보다 많다.
③ GDP가 가장 낮은 국가는 D국이고 가장 높은 국가는 A국이다.
④ 1인당 GDP는 H국이 B국보다 높다.
⑤ 에너지사용량 대비 GDP는 A국이 B국보다 낮다.

해설

각주 1)에서 원의 면적은 각 국가 인구수에 정비례하고, 각주 2)에서 각 원의 중심좌표는 각 국가의 GDP와 에너지사용량을 나타냄을 확인한다.

① (○) <그림>에서 세로축은 에너지사용량이고, 각주 2)에 따르면 각 원의 중심좌표는 각 국가의 GDP와 에너지사용량을 나타냄을 확인한다. 원의 중심좌표가 가장 높은 곳에 위치한 국가는 A국이고, 가장 낮은 곳에 위치한 국가는 D국이므로, 에너지사용량이 가장 많은 국가는 A국이고 가장 적은 국가는 D국이라는 것을 알 수 있다.

② (○) 각주 1)에 따르면 원의 면적은 각 국가 인구수에 정비례한다. <그림>에 따르면 C국과 D국의 원의 면적은 거의 차이가 없으므로 인구수는 큰 차이가 없다고 판단할 수 있다. 그리고 원의 중심은 C가 더 높은 곳에 위치하고 있으므로 1인당 에너지 사용량은 C국이 D국보다 많다는 것을 알 수 있다. 따라서 1인당 에너지사용량은 C국이 D국보다 많다고 판단할 수 있다.

③ (○) <그림>에 따르면 가로축은 GDP이고, 선지 ①에서 확인한 바와 같이 각 원의 중심좌표는 각 국가의 GDP와 에너지사용량을 나타낸다. 원의 중심좌표가 가장 왼쪽에 위치한 국가는 D국이고, 가장 오른쪽에 위치한 국가는 A국이므로, GDP가 가장 낮은 국가는 D국이고 가장 높은 국가는 A국이라는 것을 알 수 있다.

④ (○) 선지 ②에서 확인한 바와 같이 원의 면적은 각 국가 인구수에 정비례한다. <그림>에 따르면 H국의 원의 면적은 D국의 원의 면적보다 작으므로 인구수는 H국이 D국보다 적고, 원의 중심은 H국이 D국보다 오른쪽에 위치하고 있으므로 GDP는 H국이 D국보다 높다. 따라서 1인당 GDP는 H국이 B국보다 높다고 판단할 수 있다.

⑤ (×) 에너지사용량 대비 GDP는 'GDP/에너지사용량'이므로 원점으로부터 각 원의 중심을 연결하는 직선의 기울기의 역수로 판단할 수 있다. <그림>에 표시해보면 다음과 같다.

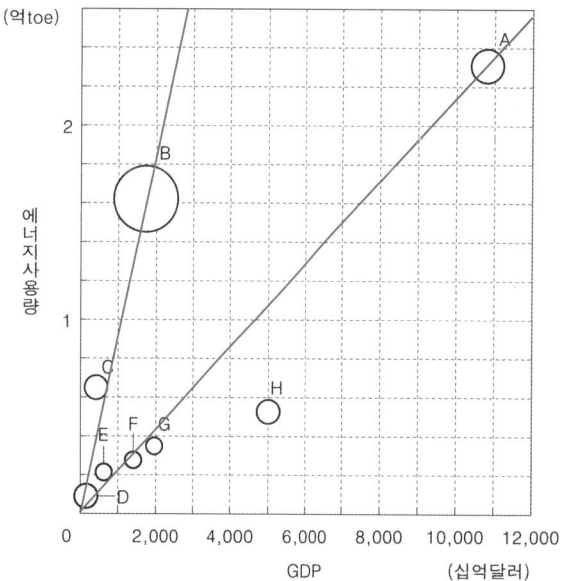

원점으로부터 B국 원의 중심을 연결하는 직선의 기울기가 A국보다 가파르므로 에너지사용량 대비 GDP는 A국이 B국보다 높다고 판단할 수 있다.

[정답] ⑤

Ⅱ. 차트 多

차트가 2개 이상 주어지는 유형이다. 여러 개의 차트가 주어지기 때문에, 문제 해결에 필요한 차트를 빠르고 정확하게 찾아가는 것이 필요하거나, 차트 간 연계를 통해 해석하고 분석하는 것이 필요한 유형이다.

124 다음 <그림>은 우리나라의 직장어린이집 수에 대한 자료이다. 이에 대한 설명으로 옳은 것은? 민경채 13년 인책형 19번

<그림 1> 2000~2010년 전국 직장어린이집 수

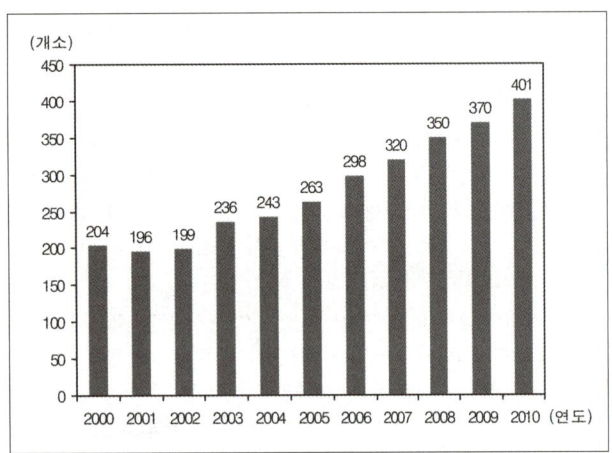

<그림 2> 2010년 지역별 직장어린이집 수
(단위: 개소)

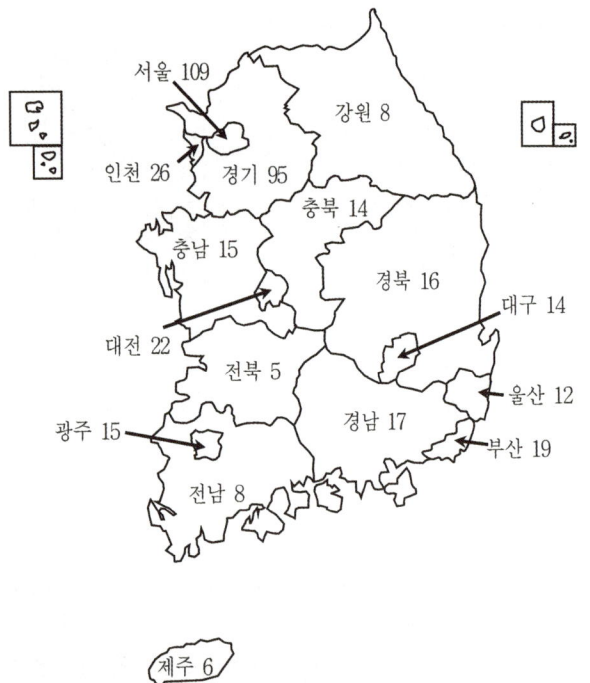

① 2000~2010년 동안 전국 직장어린이집 수는 매년 증가하였다.
② 2006년 대비 2008년 전국 직장어린이집 수는 20% 이상 증가하였다.
③ 2010년 인천 지역 직장어린이집 수는 2010년 전국 직장어린이집 수의 5% 이하이다.
④ 2000~2010년 동안 전국 직장어린이집 수의 전년대비 증가율이 10% 이상인 연도는 2003년뿐이다.
⑤ 2010년 서울과 경기 지역 직장어린이집 수의 합은 2010년 전국 직장어린이집 수의 절반 이상이다.

해설

① (×) <그림 1>에 따르면 2001년의 전국 직장어린이집 수는 196개소로, 2000년의 204개소 대비 감소하였다.
② (×) <그림 1>에 따르면 2006년의 전국 직장어린이집 수는 298개소이고, 2008년은 350개소이다. 298의 20%는 약 60이므로, 2006년 대비 2008년 전국 직장어린이집 수는 20% 미만 증가하였다.
③ (×) <그림 2>에 따르면 2010년 인천 지역 직장어린이집 수는 26개소이고 <그림 1>에 따르면 2010년 전국 직장어린이집 수는 401개소이다. 401의 5%는 약 20이므로, 2010년 인천 지역 직장어린이집 수는 2010년 전국 직장어린이집 수의 5%를 초과한다.
④ (×) <그림 1>에 따르면 2005년의 전국 직장어린이집 수는 263개소이고 2006년은 298개소이다. 2006년의 전년대비 증가폭은 35개소이고 263의 10%는 약 26이므로 2006년의 전국 직장어린이집 수의 전년대비 증가율도 10% 이상이다.
⑤ (○) <그림 1>에 따르면 2010년 전국 직장어린이집 수는 401개소이고, <그림 2>에 따르면 서울과 경기 지역 직장어린이집 수의 합은 109+95=204개소이다. 204×2는 408이므로 2010년 서울과 경기 지역 직장어린이집 수의 합은 2010년 전국 직장어린이집 수의 절반 이상이다.

[정답] ⑤

125 다음 <그림>은 어느 도시의 미혼남과 미혼녀의 인원수 추이 및 미혼남녀의 직업별 분포를 나타낸 자료이다. 이에 대한 설명으로 옳지 않은 것은?

민경채 13년 인책형 11번

<그림 1> 2001~2007년 미혼남과 미혼녀의 인원수 추이

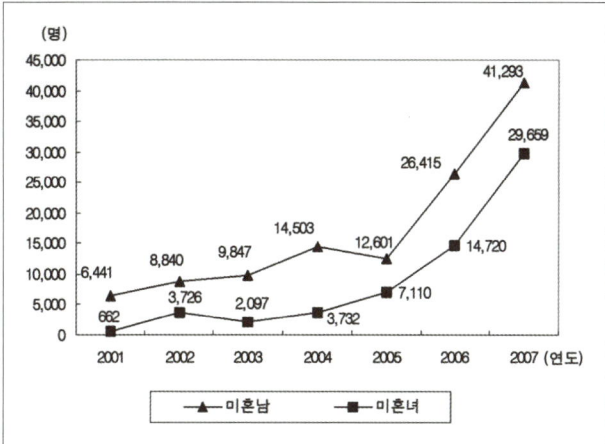

<그림 2> 2007년 미혼남녀의 직업별 분포

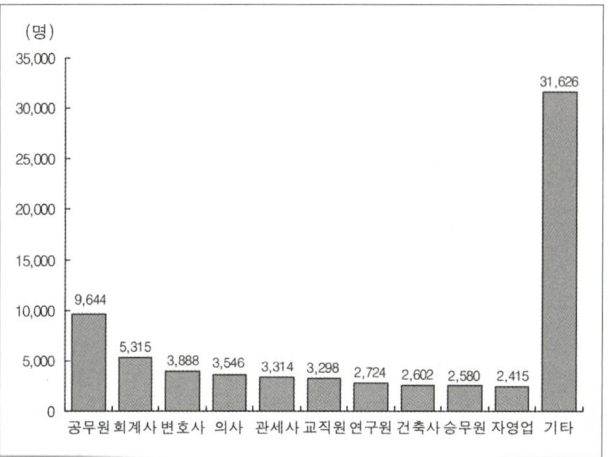

① 2004년 이후 미혼녀 인원수는 매년 증가하였다.
② 2007년 미혼녀 인원수는 2006년의 2배 이상이다.
③ 2007년 미혼녀와 미혼남의 인원수 차이는 2006년의 2배 이상이다.
④ 2007년 미혼남녀의 직업별 분포에서 공무원 수는 변호사 수의 2배 이상이다.
⑤ 2007년 미혼남녀의 직업별 분포에서 회계사 수는 승무원 수의 2배 이상이다.

해설

① (○) <그림 1>에 따르면 2004년부터 2007년까지 미혼녀 인원수는 각각 3,732명, 7,110명, 14,720명, 29,659명으로 매년 증가하였다.

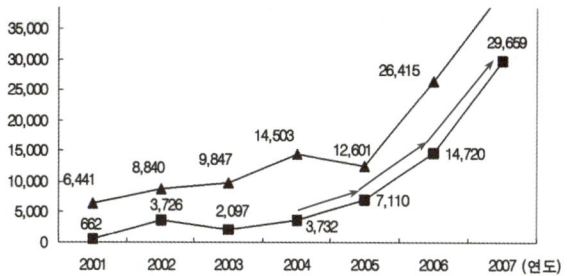

꺾은 선 그래프의 추세만으로 확인할 수 있다.

② (○) <그림 1>에 따르면 2006년의 미혼녀 인원수는 14,720명, 2007년은 29,659명이다. 14,720×2=29,440이므로, 2007년 미혼녀 인원수는 2006년의 2배 이상이라는 것을 판단할 수 있다.

③ (×) <그림 1>에 따르면 2007년 미혼녀 인원수는 29,659명, 미혼남 인원수는 41,293명이다. 그리고 2006년 미혼녀 인원수는 14,720명, 미혼남 인원수는 26,415명이다. 미혼녀와 미혼남 인원수 차이를 <그림 1>에 화살표로 표시해보면 다음과 같다.

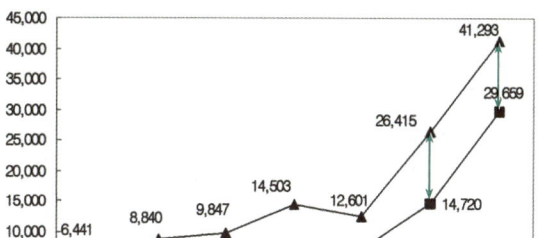

그래프상으로도 2007년 미혼녀와 미혼남의 인원수 차이가 2006년의 2배 미만임을 확인할 수 있다. 구체적으로 확인해보면 2007년의 미혼녀와 미혼남의 인원수 차이는 41,293−29,659=11,634명이고, 2006년은 26,415−14,720=11,695명이다.

④ (○) <그림 2>에 따르면 2007년 미혼남녀 공무원 수는 9,644명이고, 변호사 수는 3,888명이다. 3,888×2는 8천 미만이므로, 2007년 미혼남녀의 직업별 분포에서 공무원 수는 변호사 수의 2배 이상이다.

⑤ (○) <그림 2>에 따르면 2007년 미혼남녀 회계사 수는 5,315명이고, 승무원 수는 2,580명이다 2,580×2=5,160이므로, 2007년 미혼남녀의 직업별 분포에서 회계사 수는 승무원 수의 2배 이상이다.

[정답] ③

126 다음 <그림>은 2011년 영업팀 A~D의 분기별 매출액과 분기별 매출액에서 영업팀 A~D의 매출액이 차지하는 비중에 대한 자료이다. 이를 근거로 A~D 중 2011년 연매출액이 가장 많은 영업팀과 가장 적은 영업팀을 순서에 상관없이 바르게 짝지은 것은?

민경채 13년 인책형 12번

<그림 1> 영업팀 A~D의 분기별 매출액

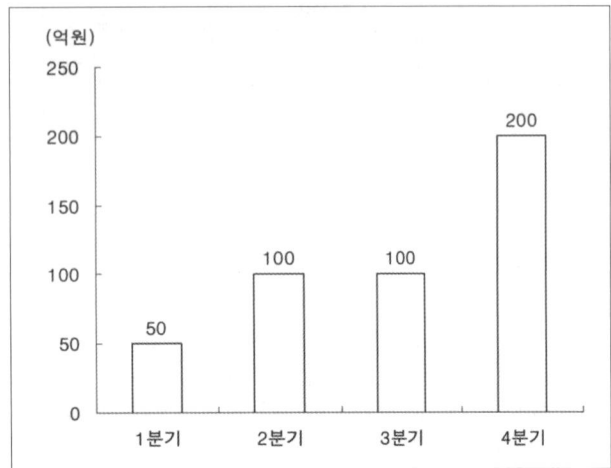

<그림 2> 분기별 매출액의 영업팀별 비중

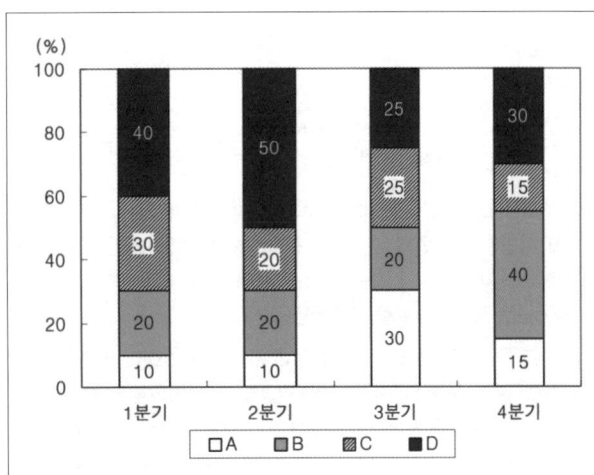

① A, B
② A, C
③ A, D
④ B, C
⑤ C, D

해설

<그림 1>에는 영업팀 A~D의 분기별 매출액이 주어져 있고, <그림 2>에는 분기별 매출액의 영업팀별 비중이 주어져 있다. 그러므로 예를 들어 4분기의 경우, 전체 매출액 200억 원 중 영업팀 D의 비중이 30%이므로 4분기 영업팀 D의 매출액은 200×30%=60억 원임을 알 수 있다. 다른 모든 영업팀의 분기별 매출액도 이상과 같이 직접 구할 수 있다.

그러나 다음과 같이 판단해 본다. <그림 1>에 따르면 영업팀 A~D의 분기별 매출액 비는 1:2:2:4이다.

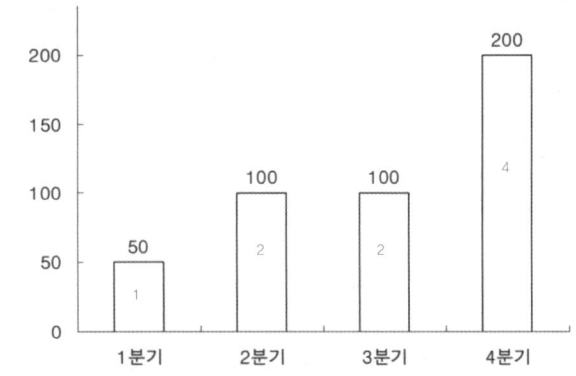

그러므로 <그림 2> 분기별 매출액의 영업팀별 비중에 각 분기별 매출액 비를 곱해서 비교할 수 있다.

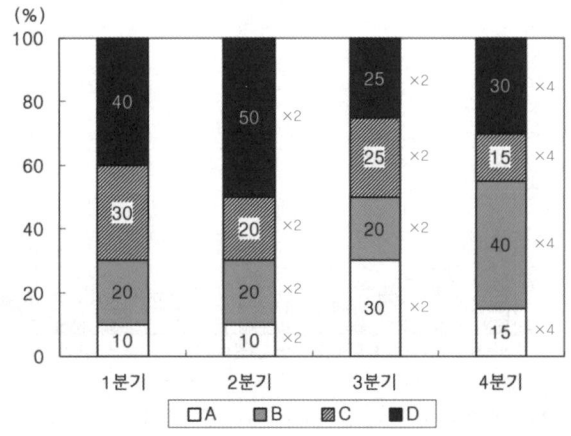

영업팀별 매출액을 계산해보면 다음과 같다.
A: 10+20+60+60=150
B: 20+40+40+160=260
C: 30+40+50+60=180
D: 40+100+50+120=310

2011년 연매출액이 가장 많은 영업팀은 D이고 가장 적은 영업팀은 A이다. 정답은 ③이다.

합격으로 가는 Tip

선지를 활용해 볼 수도 있다. 예를 들어 <그림 2>에서 분기별 매출액의 비중이 C는 1분기에 A보다 크고, 2분기에 10 크다. 3분기에 5 작지만, 4분기는 같으므로 C가 A보다 크므로 C가 가장 작을 수 없다.

또한, C는 모든 분기에 D보다 비중이 작거나 같으므로 C가 가장 클 수 없다. 따라서 C가 포함된 선지를 제거할 수 있다.

[정답] ③

127 다음 <그림>은 2010~2011년 동안 변리사 A와 B의 특허출원 건수에 대한 자료이다. 2011년 변리사 B의 특허출원 건수는 2010년 변리사 B의 특허출원 건수의 몇 배인가? (단, 특허출원은 변리사 A 또는 B 단독으로만 이루어진다)

민경채 12년 인책형 19번

〈그림 1〉 2010~2011년 동안 변리사별 전체 특허출원 건수

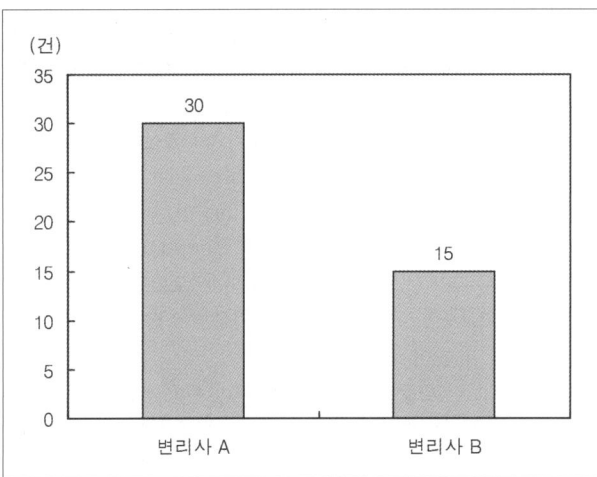

〈그림 2〉 변리사 A와 B의 전체 특허출원 건수 연도별 구성비

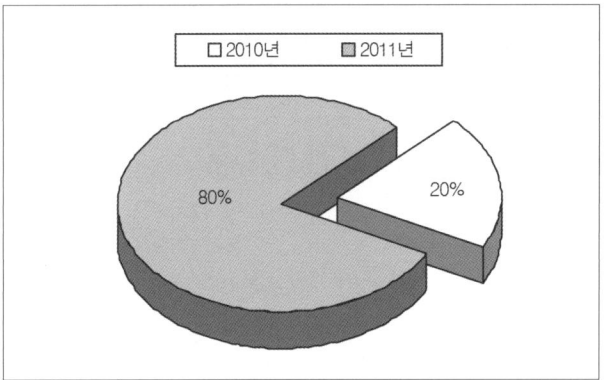

〈그림 3〉 변리사 A의 전체 특허출원 건수 연도별 구성비

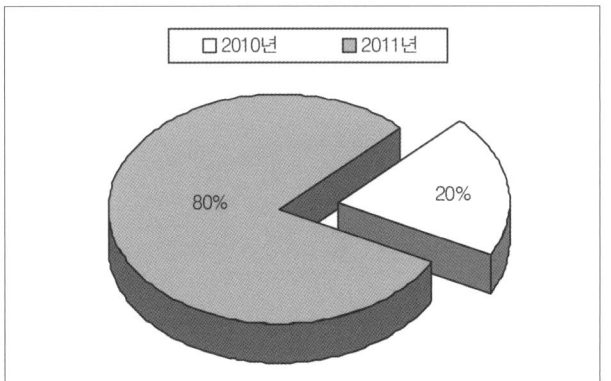

① 2배
② 3배
③ 4배
④ 5배
⑤ 6배

해설

발문에서는 2011년 변리사 B의 특허출원 건수가 2010년 변리사 B의 특허출원 건수의 몇 배인지 묻고 있다. 〈그림 1〉에 따르면 2010~2011년 동안 변리사 A의 전체 특허출원 건수는 30건, 변리사 B는 15건이다. 2010년과 2011년의 변리사 A의 특허출원 건수를 각각 A_{10}, A_{11}, 2010년과 2011년의 변리사 B의 특허출원 건수를 각각 B_{10}, B_{11}이라고 하면, $A_{10}+A_{11}=30$, $B_{10}+B_{11}=15$이다.

〈그림 2〉에 따르면 2010년과 2011년의 변리사 A와 B의 전체 특허출원 건수 구성비는 각각 20%, 80%이므로 $A_{10}+B_{10} : A_{11}+B_{11} = 1 : 4$이다. 즉, $4(A_{10}+B_{10})=A_{11}+B_{11}$이다. 그리고 〈그림 3〉에 따르면 2010년과 2011년의 변리사 A의 특허출원 건수 구성비는 각각 20%, 80%이므로 $A_{10} : A_{11} = 1 : 4$이다. 즉, $4A_{10}=A_{11}$이다. 이를 $4(A_{10}+B_{10})=A_{11}+B_{11}$과 연립하면 $4B_{10}=B_{11}$임을 알 수 있다. $B_{10}+B_{11}=15$와 연립하면 $B_{10}=3$, $B_{11}=12$이다. 2011년 변리사 B의 특허출원 건수 12건, 2010년은 3건이므로, 2011년 변리사 B의 특허출원 건수는 2010년 변리사 B의 특허출원 건수의 4배이다. 정답은 ③이다.

합격으로 가는 Tip

변리사 A의 특허출원 건수 연도별 구성비가 10년 : 11년 = 1 : 4이고, 두 변리사의 특허출원 건수 연도별 구성비 역시 10년 : 11년 = 1 : 4임을 이용하면 쉽게 해결 가능하다.

[정답] ③

128 다음 <그림>은 2012년 1~4월 동안 월별 학교폭력 신고에 대한 자료이다. 이에 대한 설명으로 옳은 것은?

민경채 13년 인책형 13번

<그림 1> 월별 학교폭력 신고 건수

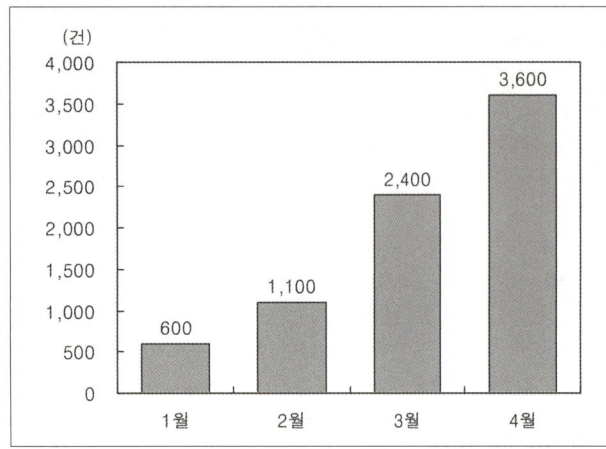

<그림 2> 월별 학교폭력 주요 신고자 유형별 비율

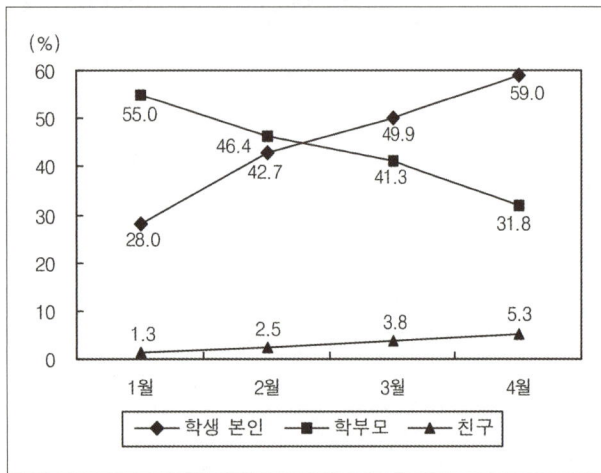

① 1월에 학부모의 학교폭력 신고 건수는 학생 본인의 학교폭력 신고 건수의 2배 이상이다.
② 학부모의 학교폭력 신고 건수는 매월 감소하였다.
③ 2~4월 중에서 전월대비 학교폭력 신고 건수 증가율이 가장 높은 달은 3월이다.
④ 학생 본인의 학교폭력 신고 건수는 1월이 4월의 10% 이상이다.
⑤ 학교폭력 발생 건수는 매월 증가하였다.

해설

① (×) <그림 2>에 따르면 1월에 학부모의 학교폭력 신고 비율은 55.0%이고, 학생 본인은 28.0%이다. 28.0×2=56.0이므로 1월에 학부모의 학교폭력 신고 건수는 학생 본인의 학교폭력 신고 건수의 2배 미만이다.

② (×) <그림 2>에 따르면 3월 학부모의 학교폭력 신고비율은 41.3%로 2월의 46.4% 대비 20% 미만 감소하였으나, <그림 1>에 따르면 3월의 학교폭력 신고 건수는 2,400건으로 2월의 1,100건 대비 2배 이상 증가하였다. 구체적으로 계산하지 않아도 3월 학부모의 학교폭력 신고 건수는 2월 대비 증가하였음을 알 수 있다. 학부모의 학교폭력 신고 건수는 매월 감소한 것은 아니다. 구체적으로 계산해보면 학부모의 학교폭력 신고건수는 매월 증가하였음을 알 수 있다.

③ (○) 선지 ②에서 확인한 바와 같이 <그림 1>에 따르면 3월의 학교폭력 신고 건수는 2,400건으로 2월의 1,100건 대비 2배 이상 증가하였다. 2월과 4월은 각각 전월 대비 2배 미만 증가하였으므로, 2~4월 중에서 전월대비 학교폭력 신고 건수 증가율이 가장 높은 달은 3월임을 알 수 있다.

④ (×) <그림 1>, <그림 2>에서 학생 본인의 학교폭력 신고 건수를 확인해 보면 1월은 600건×28.0%이고, 4월은 3,600건×59.0%이다. 3,600은 600의 6배이고, 59.0%는 28.0%의 2배 이상이므로 4월 학생 본인의 학교폭력 신고 건수가 1월의 10배 이상이다. 따라서 학생 본인의 학교폭력 신고 건수는 1월이 4월의 10% 미만임을 알 수 있다.

⑤ (×) <그림 1>, <그림 2>에는 월별 학교폭력 신고 건수와, 학교폭력 주요 신고자 유형별 비율만 알 수 있을 뿐, 학교폭력 발생 건수는 알 수 없다.

[정답] ③

129 다음 <그림>은 '갑'국의 2003~2019년 교통사고 현황에 관한 자료이다. 이를 근거로 2003년 인구와 2019년 인구 1만 명당 교통사고 건수를 바르게 나열한 것은? 7급 공채 20년 모의평가 23번

〈그림 1〉 교통사고 건수 및 교통사고 사망자 수

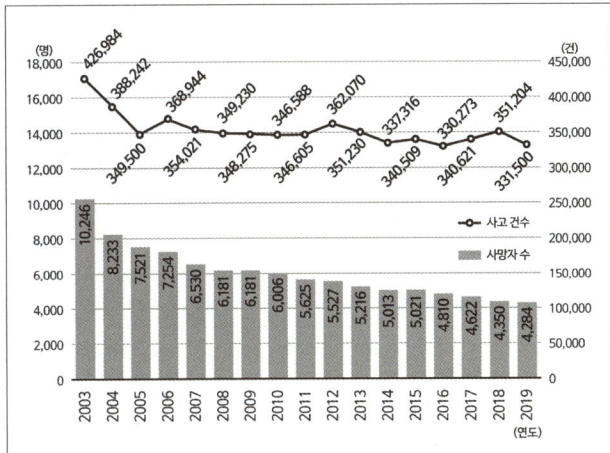

〈그림 2〉 인구 10만 명당 교통사고 사망자 수

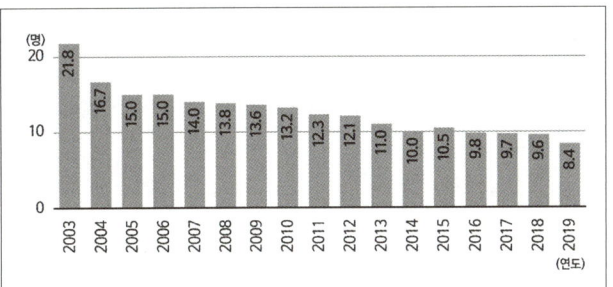

	2003년 인구 (백만 명)	2019년 인구 1만 명당 교통사고 건수(건)
①	44	65
②	44	650
③	47	65
④	47	650
⑤	49	65

해설

발문에서는 2003년 인구와 2019년 인구 1만 명당 교통사고 건수를 묻고 있고, 〈그림 2〉에서는 인구 10만 명당 교통사고 사망자 수가 주어져 있음을 확인한다. 인구 10만 명당 교통사고 사망자 수는

해당 연도 인구 10만 명당 교통사고 사망자 수 =
$$\frac{해당연도 교통사고 사망자 수}{해당 연도 인구 \div 100,000}$$ 이므로,

해당연도 인구 = $$\frac{해당연도 교통사고 사망자 수 \times 100,000}{해당 연도 인구 10만 명당 교통사고 사망자 수}$$

이다. 〈그림 1〉에 따르면 2003년 교통사고 사망자 수는 10,246명이고,

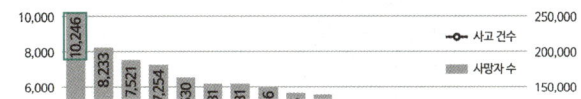

〈그림 2〉에 따르면 2003년 인구 10만 명당 교통사고 사망자 수는 21.8명이다.

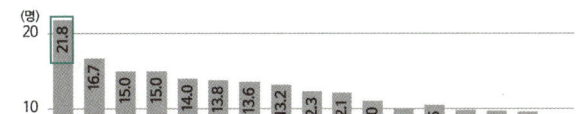

10,246 ÷ 21.8 ≒ 470이므로

2003년 인구 = $\frac{10,246 \times 100,000}{21.8}$ = 470 × 100,000 = 47(백만 명)

이다. 선지 ①, ②, ⑤는 제거된다.

마찬가지 방법으로 2019년의 인구를 계산해보면, 2019년 교통사고 사망자 수는 4,284명이고 인구 10만 명당 교통사고 사망자 수는 8.4이므로

2019년 인구 = $\frac{4,284 \times 100,000}{8.4}$ = 510 × 100,000 = 51(백만 명)

이다. 〈표 1〉에 따르면 2019년 교통사고 건수는 331,500건이므로

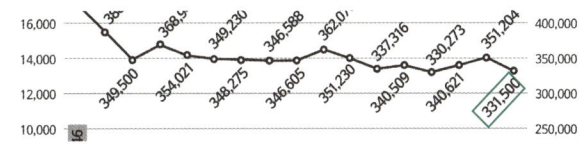

2019년 인구 1만 명당 교통사고 건수는

2019년 인구 1만 명당 교통사고 건수 = $\frac{331,500}{51,000,000 \div 10,000}$ = $\frac{3,315}{51}$ = 65

이다. 선지 ②, ④는 제거된다. 정답은 ③이다.

합격으로 가는 Tip

2003년과 2019년의 인구는 숫자가 나누어 떨어지도록 주어져 있다. 2019년 인구 1만 명당 교통사고 건수는 〈그림 2〉에서 인구 10만 명당 교통사고 사망자 수가 주어져 있음을 이용하여 자릿수를 묻고 있는 것이므로 어림산 하는 것이 좋다.

[정답] ③

130 다음 <그림>은 2013년 전국 지역별, 월별 영상회의 개최 실적에 관한 자료이다. 이에 대한 설명으로 옳지 않은 것은?

민경채 14년 A책형 14번

<그림 1> 전국 지역별 영상회의 개최건수

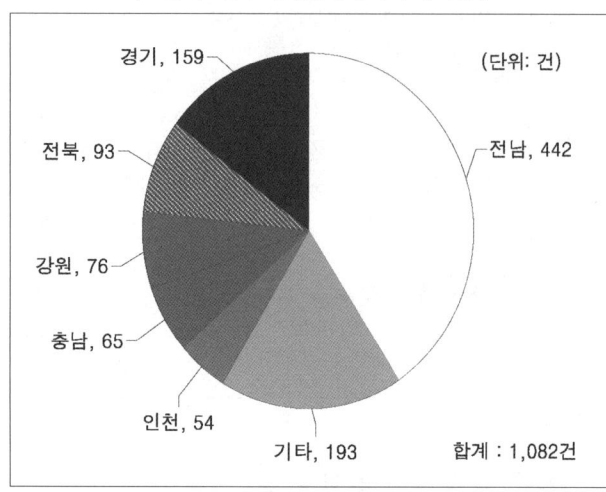

<그림 2> 전국 월별 영상회의 개최건수

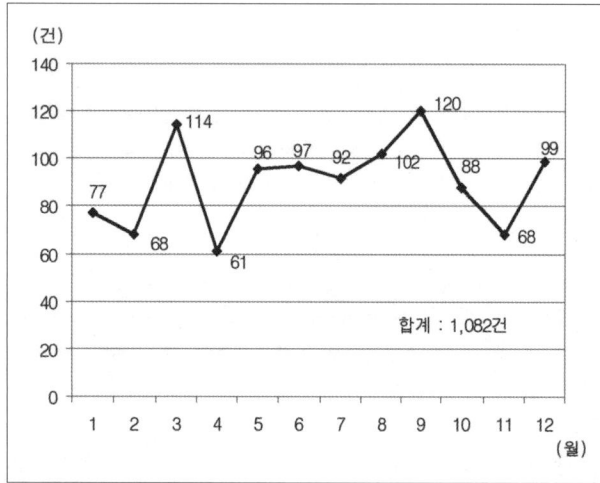

① 전국 월별 영상회의 개최건수의 전월대비 증가율은 5월이 가장 높다.
② 전국 월별 영상회의 개최건수를 분기별로 비교하면 3/4분기에 가장 많다.
③ 영상회의 개최건수가 가장 많은 지역은 전남이다.
④ 인천과 충남이 모든 영상회의를 9월에 개최했다면 9월에 영상회의를 개최한 지역은 모두 3개이다.
⑤ 강원, 전북, 전남의 영상회의 개최건수의 합은 전국 영상회의 개최건수의 50% 이상이다.

해설

① (×) <그림 2>에서 영상회의 개최건수의 전월대비 증가율을 5월을 중심으로 비교해본다. 3월, 5월, 12월 정도만 비교해보면 되고 8월, 9월은 영상회의 개최건수가 전월대비 증가하긴 하였으나 5월과 비교해 개최건수는 많고 꺾은선 그래프의 기울기는 완만하므로 비교할 필요가 없다.

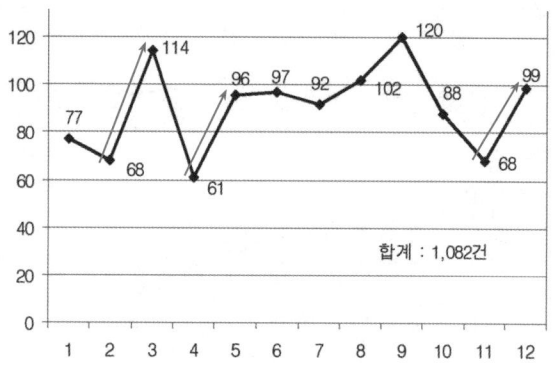

2월의 영상회의 개최건수는 68건이고, 68의 60%는 약 41이다. 3월의 영상회의 개최건수는 114건이므로 전월대비 60% 이상 증가하였다. 5월과 12월의 영상회의 개최건수는 각각 전월대비 60% 미만 증가하였으므로 전국 월별 영상회의 개최건수의 전월대비 증가율은 3월이 가장 높다.

② (○) <그림 2>의 꺾은선 그래프에서 분기별로 나누어 표시해보면 다음과 같다.

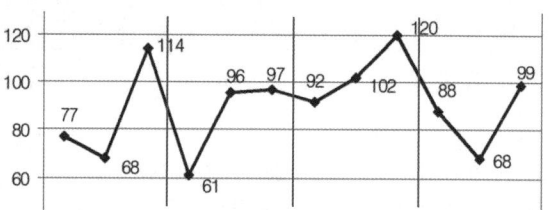

각 분기의 영상회의 개최건수를 분기별로 각각 더해서 구할 필요는 없다. 3/4분기와 1/4분기를 비교해보면 7월의 영상회의 개최건수는 1월보다 많고, 8월은 2월보다, 9월은 3월보다 많으므로 3/4분기의 영상회의 개최건수가 1/4분기보다 많다는 것을 알 수 있다. 마찬가지 방법으로 나머지 분기와 비교해보면 분기별 영상회의 개최건수는 3/4분기에 가장 많다는 것을 알 수 있다.

③ (○) <그림 1>에 따르면 전남의 영상회의 개최건수는 442건이고, 기타 지역은 193건이므로 그래프의 기타에 해당하는 지역이 1개 지역이라고 하더라도, 전남의 영상회의 개최건수가 가장 많다는 것을 알 수 있다.

④ (○) <그림 1>에 따르면 인천의 영상회의 개최건수는 54건, 충남은 65건으로 합계 119건이다. 그리고 <그림 2>에 따르면 9월의 영상회의 개최건수는 120건이므로 9월에 영상회의를 개최한 지역은 모두 3개라는 것을 알 수 있다.

⑤ (○) <그림 1>에 따르면 강원의 영상회의 개최건수는 76건, 전북은 93건, 전남은 442건이다. 그리고 전국 영상회의 개최건수는 1,082건이다. 1,082의 50%는 541이고, 76 + 93 + 442는 541보다 크므로, 강원, 전북, 전남의 영상회의 개최건수의 합은 전국 영상회의 개최건수의 50% 이상이라는 것을 알 수 있다.

[정답] ①

131 다음 <그림>은 2008~2011년 외국기업의 국내 투자 현황에 대한 자료이다. 이에 대한 설명 중 옳은 것은?

민경채 12년 인책형 25번

<그림 1> 외국기업 국내 투자건수의 산업별 비율

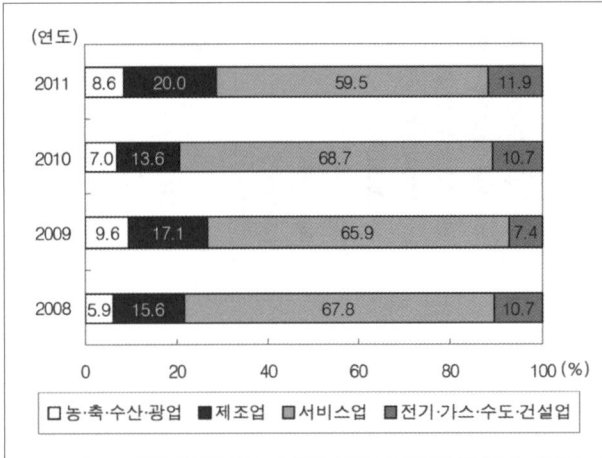

※ 비율은 소수점 아래 둘째자리에서 반올림한 값임.

<그림 2> 외국기업의 국내 서비스업 투자건수 및 총투자금액

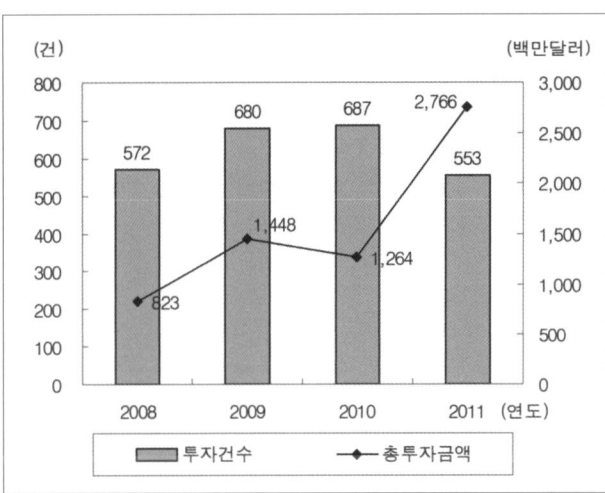

① 외국기업 국내 투자건수는 2010년이 2009년보다 적다.
② 2008년 외국기업의 국내 농·축·수산·광업에 대한 투자건수는 60건 이상이다.
③ 외국기업 국내 투자건수 중 제조업이 차지하는 비율은 매년 증가하였다.
④ 외국기업 국내 투자건수 중 각 산업이 차지하는 비율의 순위는 매년 동일하다.
⑤ 외국기업의 국내 서비스업 투자건당 투자금액은 매년 증가하였다.

해설

① (○) <그림 1>에는 연도별 외국기업 국내 투자건수의 산업별 비율만 주어져 있고, <그림 2>에는 외국기업의 국내 서비스업 투자건수가 주어져 있다.

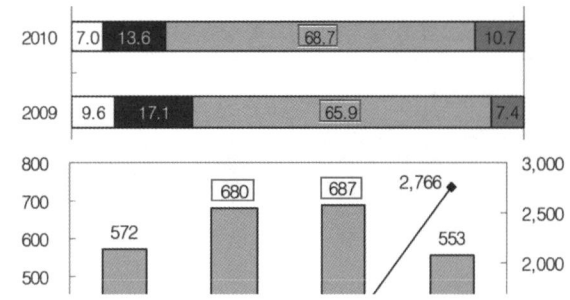

2009년과 2010년의 외국기업의 국내 서비스업 투자건수는 각각 680건과 687건으로 2010년에 1% 가량 증가했는데, 외국기업 국내 투자건수 중 서비스업이 차지하는 비율은 2009년 65.9%보다 2010년 68.7%이 4% 정도 더 증가하였다. 따라서 외국기업 국내 투자건수는 2010년이 2009년보다 적다는 것을 알 수 있다.

② (×) <그림 1>에 따르면 2008년 외국기업 국내 투자건수 중 국내 농·축·수산·광업 투자건수가 차지하는 비율은 5.9%이고, 서비스업은 67.8%이다. 그리고 <그림 2>에 따르면 2008년 외국기업의 국내 서비스업 투자건수는 572건이므로 외국기업 국내 투자건수는 1,000건 미만임을 알 수 있다. 그러므로 2008년 외국기업의 국내 농·축·수산·광업 투자건수는 1,000건 미만의 5.9%이므로 60건 미만임을 알 수 있다.

③ (×) <그림 1>에 따르면 2010년 외국기업 국내 투자건수 중 제조업이 차지하는 비율은 13.6%로 전년인 2009년의 17.1%에 비해 감소하였다.

④ (×) <그림 1>에 외국기업 국내 투자건수 중 각 산업이 차지하는 비율의 순위를 표시해보면 다음과 같다.

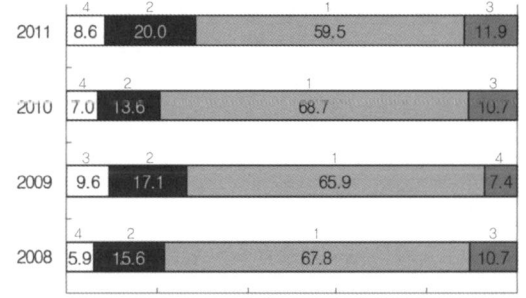

2009년의 순위는 동일하지 않다.

⑤ (×) <그림 2>에 따르면 분모인 2010년의 투자건수는 2009년 대비 증가하였고, 분자인 총 투자금액은 감소하였으므로, 2010년 외국기업의 국내 서비스업 투자건당 투자금액은 전년대비 감소하였다.

[정답] ①

132 다음 <그림>은 개발원조위원회 29개 회원국 중 공적개발원조액 상위 15개국과 국민총소득 대비 공적개발원조액 비율 상위 15개국 자료이다. 이에 대한 <보기>의 설명 중 옳은 것만을 모두 고르면?

7급 공채 21년 나책형 12번

〈그림 1〉 공적개발원조액 상위 15개 회원국

〈그림 2〉 국민총소득 대비 공적개발원조액 비율 상위 15개 회원국

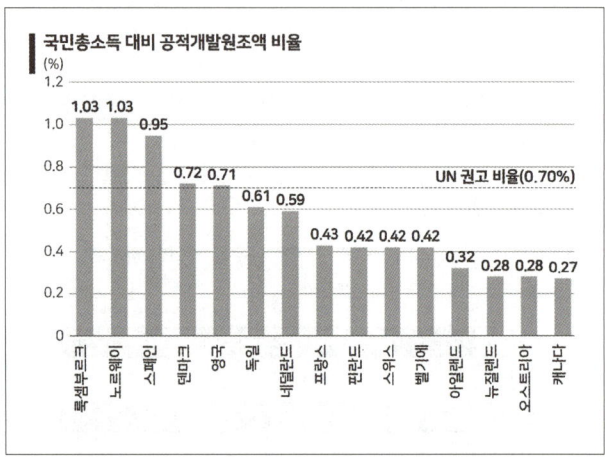

─────〈보기〉─────
ㄱ. 국민총소득 대비 공적개발원조액 비율이 UN 권고 비율보다 큰 국가의 공적개발원조액 합은 250억 달러 이상이다.
ㄴ. 공적개발원조액 상위 5개국의 공적개발원조액 합은 개발 원조위원회 29개 회원국 공적개발원조액 합의 50% 이상이다.
ㄷ. 독일이 공적개발원조액만 30억 달러 증액하면 독일의 국민총소득 대비 공적개발원조액 비율은 UN 권고 비율 이상이 된다.

① ㄱ
② ㄷ
③ ㄱ, ㄴ
④ ㄴ, ㄷ
⑤ ㄱ, ㄴ, ㄷ

해설

ㄱ. (○) <그림 2>에 따르면 국민총소득 대비 공적개발원조액 비율이 UN 권고 비율(0.70%)보다 큰 국가는 룩셈부르크(1.03), 노르웨이(1.03), 스페인(0.95), 덴마크(0.72), 영국(0.71)이다. 해당 국가들을 <그림 1>에서 찾아보면 노르웨이, 스페인, 덴마크, 영국만 확인할 수 있다.

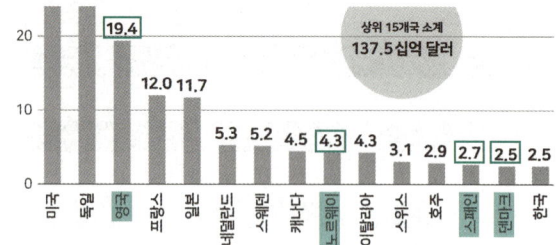

룩셈부르크의 공적개발원조액을 확인할 수 없더라도, 네 국가의 공적개발원조액 합이 19.4+4.3+2.7+2.5=28.9(십억 달러)이므로 다섯 국가의 공적개발원조액 합이 250억 달러 이상임을 알 수 있다.

ㄴ. (○) <그림 1>에 따르면 공적개발원조액 상위 15개국 소계는 137.5(십억 달러)이다. 전체 29개 회원국 중 나머지 14개국의 공적개발원조액을 한국과 같은 2.5(십억 달러)라고 가정하면 29개 회원국 공적개발원조액 합은 최대 137.5+2.5×14=172.5(십억 달러)이다. 공적개발원조액 상위 5개국(미국, 독일, 영국, 프랑스, 일본)의 공적개발원조액 합 33.0+24.1+19.4+12.0+11.7은 90 이상(정확하게 계산하면 100.2)이므로 개발원조위원회 29개 회원국 공적개발원조액 합의 50% 이상이라는 것을 알 수 있다.

ㄷ. (×) <그림 1>에 따르면 독일의 공적개발원조액은 24.1(십억 달러)이다. 보기에 따라 독일이 공적개발원조액만 30억 달러 증액하면, 공적개발원조액은 27.1(십억 달러)이 된다. 단위가 십억 달러임에 유의한다. 공적개발원조액은 24.1십억 달러에서 3억 달러 증가한 것이므로 3/24.1은 약 12.4% 증가한 것이다. 3/24 = 1/8이므로 12.5%보다 조금 적게 증가한 것으로 생각해도 좋다. 그리고 공적개발원조액만 30억 달러 증액한다고 했으므로 독일의 국민총소득은 그대로이다. 공적개발원조액만 약 12.5%보다 조금 적게 증가하고 국민총소득은 그대로이므로, 국민총소득 대비 공적개발원조액 비율도 12.5%보다 조금 적게 증가하게 된다. <그림 2>에 따르면 독일의 국민총소득 대비 공적개발원조액 비율은 0.61%이고, 0.61%가 12.5%=1/8 증가한다고 해도 0.61×1/8은 0.08 미만 증가하는 것이므로 UN 권고 비율 0.70%에 미치지 못한다. 구체적으로 계산하면 약 0.686%이다. UN 권고 비율인 0.70% 미만이다.

합격으로 가는 Tip
ㄴ. 부분상대비 개념을 활용하여 상위 5개국의 합과 나머지 24개국의 합을 비교하는 방법도 사용 가능하다.

[정답] ③

133 다음 <그림>은 2020년 '갑'시의 교통사고에 관한 자료이다. 이에 대한 <보기>의 설명 중 옳은 것만을 모두 고르면?

7급 공채 21년 나책형 16번

<그림 1> 2020년 월별 교통사고 사상자

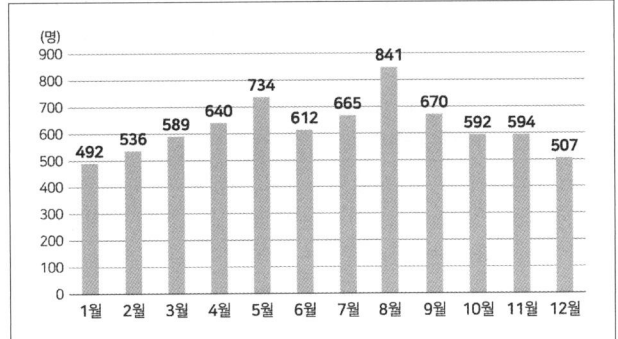

<그림 2> 2020년 월별 교통사고 건수

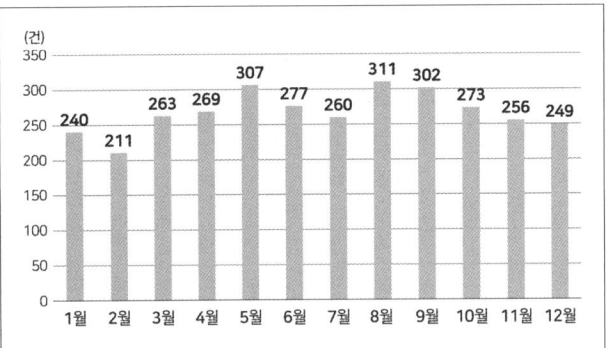

<그림 3> 2020년 교통사고 건수의 사고원인별 구성비

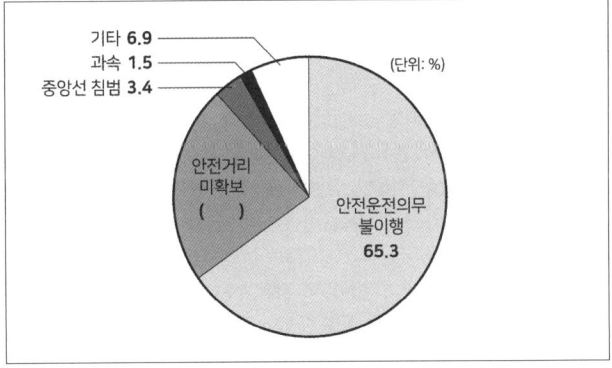

─── <보기> ───

ㄱ. 월별 교통사고 사상자는 가장 적은 달이 가장 많은 달의 60% 이하이다.
ㄴ. 2020년 교통사고 건당 사상자는 1.9명 이상이다.
ㄷ. '안전거리 미확보'가 사고원인인 교통사고 건수는 '중앙선 침범'이 사고원인인 교통사고 건수의 7배 이상이다.
ㄹ. 사고원인이 '안전운전의무 불이행'인 교통사고 건수는 2,000건 이하이다.

① ㄱ, ㄴ
② ㄱ, ㄷ
③ ㄴ, ㄷ
④ ㄷ, ㄹ
⑤ ㄱ, ㄴ, ㄹ

해설

ㄱ. (○) <그림 1>에 따르면 교통사고 사상자가 가장 많은 달은 8월(841명)이고 가장 적은 달은 1월(492명)이다. 841의 60%는 500 이상(84.1×6=504.6)이므로 월별 교통사고 사상자는 가장 적은 달이 가장 많은 달의 60% 이하임을 알 수 있다.

ㄴ. (○) 정확하게 2020년 교통사고 건당 사상자를 계산하기 위해서는 <그림 1>의 2020년 월별 교통사고 사상자 수를 모두 더해서 <그림 2>의 2020년 월별 교통사고 건수를 모두 더한 값으로 나누어 주어야 한다. 그러나 <그림 1>, <그림 2>를 비교해보면 매달 교통사고 사상자 수가 교통사고 건수의 2배 이상임을 확인할 수 있다.

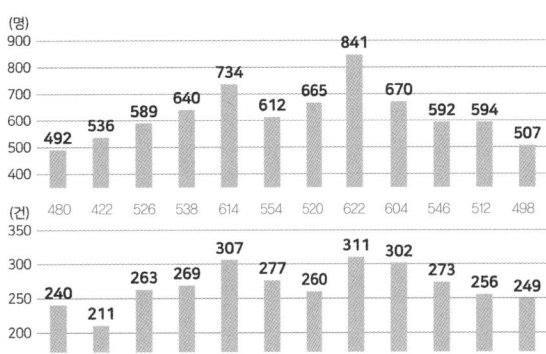

예를 들어 1월의 교통사고 건수는 240건으로, 그 2배는 480이다. 1월의 교통사고 사상자 수는 492명이므로 1월의 교통사고 건당 사상자는 2명 이상이다. 매월 교통사고 건당 사상자가 2명 이상이므로 2020년 교통사고 건당 사상자는 1.9명 이상이라는 것을 알 수 있다.

ㄷ. (×) 사고원인이 '안전거리 미확보', '중앙선 침범'인 교통사고 건수를 직접 구하지 않고, <그림 3>의 구성비를 비교하여 판단할 수 있다. <그림 3>에서 '안전거리 미확보'를 제외한 나머지 사고원인별 구성비의 합은 65.3+3.4+1.5+6.9=77.1%이다. 따라서 '안전거리 미확보'의 구성비는 100-77.1=22.9%이다. '중앙선 침범'의 구성비는 3.4%이고, 7배는 23.8이므로, '안전거리 미확보'가 사고원인인 교통사고 건수는 '중앙선 침범'이 사고원인인 교통사고 건수의 7배 미만이라는 것을 알 수 있다.

ㄹ. (×) <그림 3>에 따르면 사고원인이 '안전운전의무 불이행'인 교통사고의 구성비는 65.3%로 전체 교통사고 건수의 약 2/3이다. 사고원인이 '안전운전의무 불이행'인 교통사고 건수가 2,000건 이하인지 묻고 있으므로, <그림 2>에서 2020년 전체 교통사고 건수가 3,000건 이상인지 확인해본다. 1년은 12개월이므로 월평균 교통사고 건수가 250건이어도 전체 교통사고 건수는 3,000이 된다. 250건을 기준으로 매월 교통사고 건수의 편차의 합은 어림산해도 0 이상이므로 전체 교통사고 건수는 3,000건 이상이다. 좀 더 구체적으로 3,200건 이상이다. 따라서 사고원인이 '안전운전의무 불이행'인 교통사고 건수는 2,000건을 초과한다는 것을 알 수 있다.

[정답] ①

134 다음 <그림>은 A 자선단체의 수입액과 지출액에 관한 자료이다. 이에 대한 설명 중 옳은 것은?

민경채 16년 5책형 21번

<그림 1> 수입액 구성비 (단위:%)

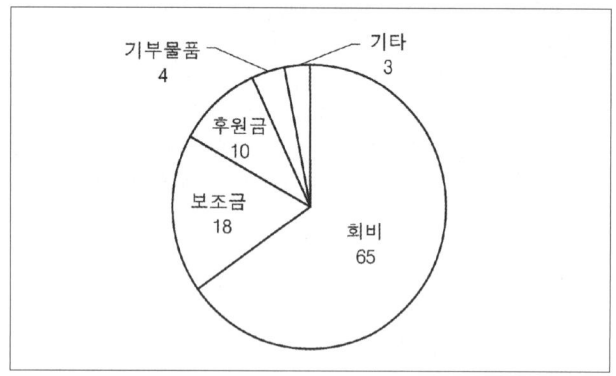

<그림 2> 지출액 구성비 (단위:%)

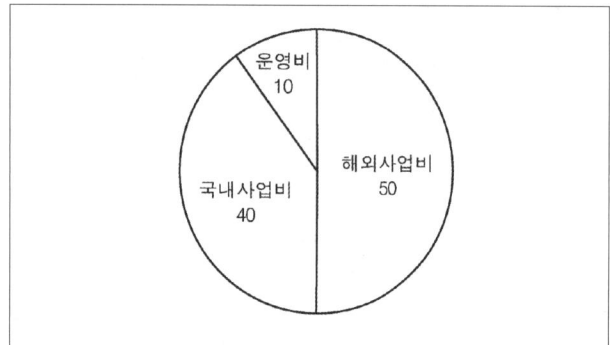

※ A 자선단체의 수입액과 지출액은 항상 같음.

<그림 3> 국내사업비 지출액 세부 구성비 (단위:%)

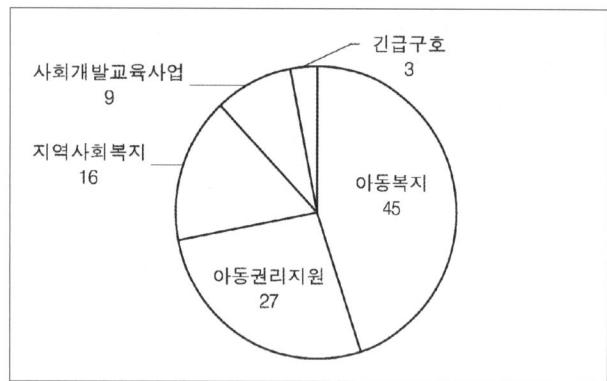

<그림 4> 해외사업비 지출액 세부 구성비 (단위:%)

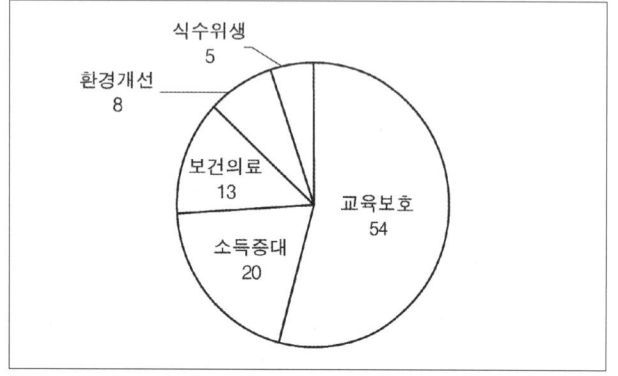

① 전체 수입액 중 후원금 수입액은 국내사업비 지출액 중 아동복지 지출액보다 많다.
② 국내사업비 지출액 중 아동권리지원 지출액은 해외사업비 지출액 중 소득증대 지출액보다 적다.
③ 국내사업비 지출액 중 아동복지 지출액과 해외사업비 지출액 중 교육보호 지출액의 합은 A 자선단체 전체 지출액의 45% 이다.
④ 해외사업비 지출액 중 식수위생 지출액은 A 자선단체 전체 지출액의 2% 미만이다.
⑤ A 자선단체 전체 수입액이 6% 증가하고 지역사회복지 지출액을 제외한 다른 모든 지출액이 동일하게 유지된다면, 지역 사회복지 지출액은 2배 이상이 된다.

해설

<그림 2>의 각주에서 A 자선단체의 수입과 지출액은 항상 같음을 확인한다.

① (×) <그림 1>에 따르면 전체 수입액 중 후원금 수입액은 10%이다. 그리고 <그림 2>에 따르면 전체 지출액 중 국내사업비 지출액은 40%이고, <그림 3>에 따르면 국내사업비 지출액 중 아동복지 지출액은 45%이다. 40%×45%=18%이므로, 전체 수입액 중 후원금 수입액은 국내사업비 지출액 중 아동복지 지출액보다 적다.

② (×) <그림 2>에 따르면 전체 지출액 중 국내사업비 지출액은 40%이고, 해외사업비 지출액은 50%이다. 그리고 <그림 3>에 따르면 국내사업비 지출액 중 아동권리지원 지출액은 27%이고, <그림 4>에 따르면 해외사업비 지출액 중 소득증대 지출액은 20%이다. 국내사업비 지출액 중 아동권리지원 지출액은 40%×27%, 해외사업비 지출액 중 소득증대 지출액은 50%×20%이므로 전자가 후자보다 크다.

③ (○) <그림 2>에 따르면 전체 지출액 중 국내사업비 지출액은 40%이고, 해외사업비 지출액은 50%이다. 그리고 <그림 3>에 따르면 국내사업비 지출액 중 아동복지 지출액은 45%이고, <그림 4>에 따르면 해외사업비 지출액 중 교육보호 지출액은 54%이다. 40%×45%+50%×54%=18%+27%=45%이므로, 국내사업비 지출액 중 아동복지 지출액과 해외사업비 지출액 중 교육보호 지출액의 합은 A 자선단체 전체 지출액의 45%이다.

④ (×) <그림 2>에 따르면 전체 지출액 중 해외사업비 지출액은 50%이고, <그림 4>에 따르면 해외사업비 지출액 중 식수위생 지출액은 5%이다. 50%×5%=2.5%이므로 해외사업비 지출액 중 식수위생 지출액은 A 자선단체 전체 지출액의 2% 이상이다.

⑤ (×) A 자선단체 전체 수입액이 6% 증가한다면 <그림 2>의 각주에 따라 A 자선단체의 지출액도 6% 증가한다. 예를 들어 A 자선단체 전체 수입액이 1,000이었다면 전체 수입액이 1,060이 되고 전체 지출액도 1,060이 된다. <그림 2>에 따르면 전체 지출액 중 국내사업비 지출액은 40%이고, <그림 3>에 따르면 국내사업비 지출액 중 지역사회복지 지출액은 16%이므로 A 자선단체 전체 수입액이 1,000인 경우 지역사회 복지 지출액은 1,000×40%×16%=400×16%=64이다. A 자선단체 전체 수입액이 6% 증가하고 지역사회복지 지출액을 제외한 다른 모든 지출액이 동일하게 유지된다면, 지역사회복지 지출액은 64+60이 되므로 지역사회복지 지출액이 2배 이상이 되지는 않는다.

[정답] ③

135 다음 <그림>은 2020년 기준 A 공제회 현황에 관한 자료이다. 이에 대한 설명으로 옳지 않은 것은?

7급 공채 21년 나책형 14번

<그림> 2020년 기준 A 공제회 현황

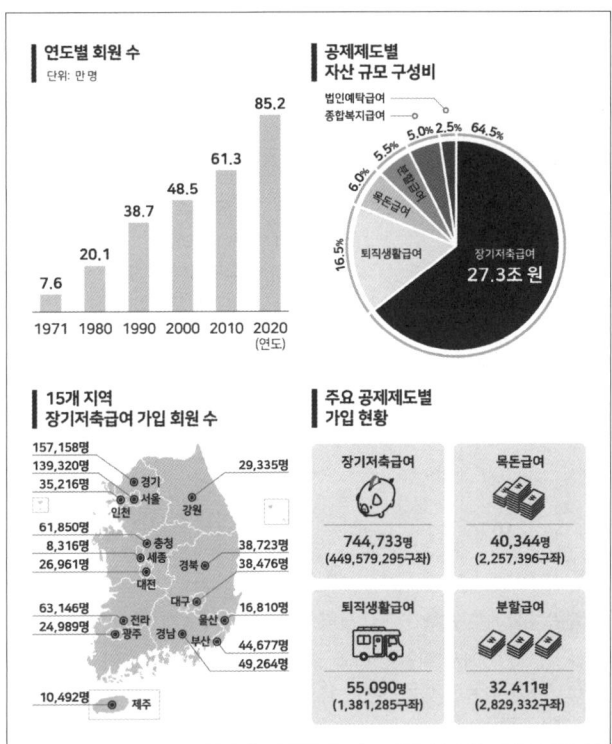

※ 1) 공제제도는 장기저축급여, 퇴직생활급여, 목돈급여, 분할급여, 종합복지급여, 법인예탁급여로만 구성됨.
2) 모든 회원은 1개 또는 2개의 공제제도에 가입함.

① 장기저축급여 가입 회원 수는 전체 회원의 85% 이하이다.
② 공제제도의 총자산 규모는 40조 원 이상이다.
③ 자산 규모 상위 4개 공제제도 중 2개의 공제제도에 가입한 회원은 2만 명 이상이다.
④ 충청의 장기저축급여 가입 회원 수는 15개 지역 평균 장기저축급여 가입 회원 수보다 많다.
⑤ 공제제도별 1인당 구좌 수는 장기저축급여가 분할급여의 5배 이상이다.

📝 **해설**

<그림>에서 '연도별 회원 수'를 ⅰ), '공제제도별 자산 규모 구성비'를 ⅱ), '15개 지역 장기저축급여 가입 회원 수'를 ⅲ), '주요 공제제도별 가입 현황'을 ⅳ)라고 한다.

① (X) ⅰ)에 따르면 2020년 회원 수는 85.2만 명이고, ⅳ)에 따르면 장기저축급여에 가입한 회원은 744,733명이다.

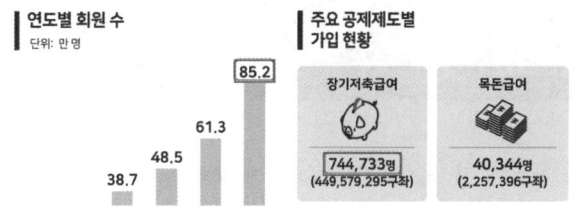

85.2의 80%는 약 68이고, 5%는 약 4.2이므로 85%는 약 72.2이다. 장기저축급여 가입 회원 수는 전체 회원의 85%를 초과한다는 것을 알 수 있다.
ⅲ)의 15개 지역 장기저축급여 가입 회원 수를 모두 더해도 744,733명이지만, ⅳ)에 주어져 있는 값을 활용한다.

② (O) ⅱ)에 따르면 장기저축급여의 자산 규모는 27.3조 원이고, 총자산 규모 대비 구성비는 64.5%이다.

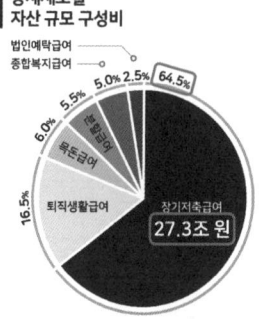

64.5%는 2/3 미만이므로, 공제제도의 총자산 규모는 27.3조 원의 1.5배 이상이다. 27.3×1.5는 40 이상이므로, 공제제도의 총자산 규모는 40조 원 이상이라는 것을 알 수 있다.

③ (O) ⅱ)에 따르면 자산 규모 상위 4개 공제제도는 장기저축급여, 퇴직생활급여, 목돈급여, 분할급여이고, ⅳ)에는 해당 공제제도의 가입 현황이 주어져 있다. ⅰ)에 따르면 2020년 A 공제회 회원 수는 85.2만 명이고, ⅳ)의 4개 공제제도별 가입 회원 수를 모두 더하면 744,7xx + 40,3xx + 55,0xx + 32,4xx = 872,4xx이다. A 공제회 회원 수 85.2(만)보다 2만 명 이상 많으므로, 자산 규모 상위 4개 공제제도 중 2개의 공제제도에 가입한 회원은 최소 2만 명 이상이라는 것을 알 수 있다.

④ (O) 선지 ①에서 확인한 바와 같이 ⅳ)에 따르면 장기저축급여에 가입한 회원은 744,733명이다. 그러므로 15개 지역 평균 장기저축급여 가입 회원 수는 744,733÷15 = 49,xxx으로 5만 명 미만이다. 그리고 ⅲ)에 따르면 충청의 장기저축급여 가입 회원 수는 61,850명이므로, 충청의 장기저축급여 가입 회원 수는 15개 지역 평균 장기저축급여 가입 회원 수보다 많다는 것을 알 수 있다.

⑤ (O) ⅳ)에 따르면 장기저축급여의 가입 회원 1인당 구좌 수는 약 449,579÷744이고, 분할급여는 약 2,829÷32이다. 449,579÷744는 600 이상이고, 2,829÷32는 100 미만이므로, 공제제도별 1인당 구좌 수는 장기저축급여가 분할급여의 5배 이상이라는 것을 넉넉하게 확인할 수 있다.

> **합격으로 가는 Tip**
> ④ 장기저축급여의의 가입 명수가 15개 지역 가입 회원수를 더한 것과 같다면 위 해설처럼 해결할 수 있지만 모두 더해서 같음을 확인하기는 실전에서 어려울 것이다. 따라서 이를 확인하지 않은 경우, 15개 지역 외에 가입 회원수가 없다고 가정할 때 15개 지역 평균 장기저축급여 가입 회원 수는 최대 5만 명 정도일 것이라고 생각하고 해결할 수 있다.

[정답] ①

Ⅲ. 공식

차트와 더불어 이를 가공할 수 있는 공식이 주로 각주의 형식으로 주어지는 유형이다. 단순 수치자료가 포함된 표가 주어지고 이를 공식을 통해 가공하는 '표 – 공식'유형보다는 조금 더 고난도의 가공을 요구하는 경우가 생긴다. 처음 보는 형식의 낯선 공식이야 순간적으로 당황하고 고민해 본다 하더라도, 기존에 기출에 출제되었던 공식은 반드시 대비해두고 자유롭게 공식을 활용하는 수준까지 대비해 두어야 한다.

136 다음 <그림>은 2011년 어느 회사에서 판매한 전체 10가지 제품유형(A~J)의 수요예측치와 실제수요의 관계를 나타낸 자료이다. 이에 대한 설명 중 옳은 것은? 민경채 12년 인책형 14번

<그림> 제품유형별 수요예측치와 실제수요

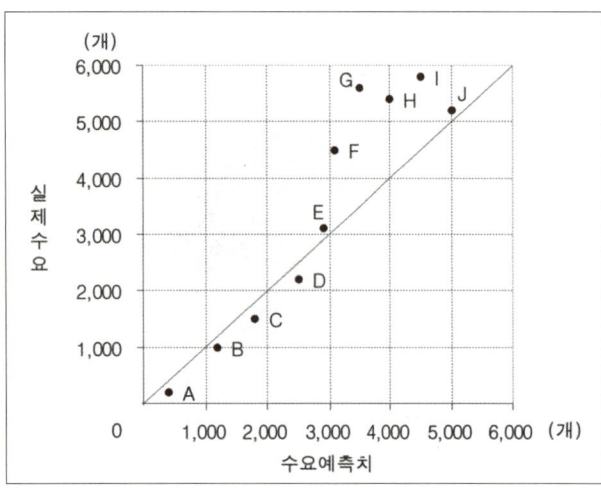

※ 수요예측 오차=|수요예측치 – 실제수요|

① 수요예측 오차가 가장 작은 제품유형은 G이다.
② 실제수요가 큰 제품유형일수록 수요예측 오차가 작다.
③ 수요예측치가 가장 큰 제품유형은 실제수요도 가장 크다.
④ 실제수요가 3,000개를 초과한 제품유형 수는 전체 제품유형 수의 50% 이하이다.
⑤ 실제수요가 3,000개 이하인 제품유형은 각각 수요예측치가 실제수요보다 크다.

해설

① (×) 각주에 따르면 수요예측 오차는 |수요예측치 – 실제수요|이다. 수요예측 오차가 절댓값으로 주어져 있으므로 <그림>에 주어진 대각선으로부터 각 제품유형에 해당하는 점까지 수직 또는 수평거리가 가장 가까운 점이 수요예측 오차가 가장 작은 제품유형이다.

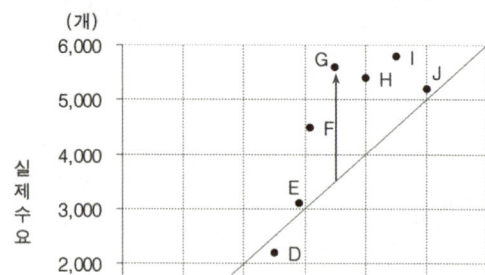

G는 수요예측 오차가 가장 크다.

② (×) 선지 ①에서 확인한 바와 같이 G의 수요예측 오차가 가장 크다. <그림>에 따르면 G는 A~F, H, J보다 실제수요가 크지만 수요예측 오차도 크다.

③ (×) <그림>에 따르면 수요예측치가 가장 큰 제품유형은 J이다. 그러나 J는 G, H, I보다 실제 수요가 작다.

④ (×) 발문에 따르면 전체 제품유형은 10가지이다. 그리고 <그림>에 따르면 실제수요가 3,000개를 초과한 제품유형은 E, F, G, H, I, J이다.

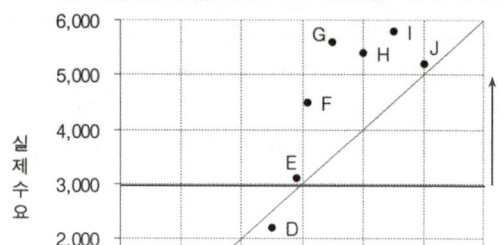

총 6개이므로 전체 제품유형 수의 50%를 초과한다.

⑤ (○) <그림> 따르면 실제수요가 3,000개 이하인 제품유형은 A, B, C, D이다. 수요예측치가 실제수요보다 큰 제품유형은 해당 점이 대각선 기준 우하방에 위치하여야 한다. A, B, C, D 모두 대각선기준 우하방에 위치하고 있다.

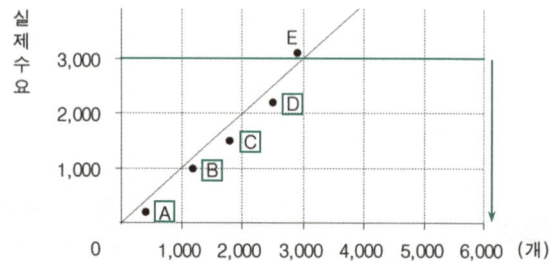

합격으로 가는 Tip

⑤ y=x 축을 기준으로 우하방에 있는 점들은 y축 값보다 x축 값이 더 큰 경우이고, 반대로 y=x 축을 기준으로 좌상방에 있는 점들은 x축 값보다 y축 값이 더 큰 경우이다.

[정답] ⑤

137 다음 <그림>은 2012~2013년 16개 기업(A~P)의 평균연봉 순위와 평균연봉비에 관한 자료이다. 이에 대한 <보기>의 설명 중 옳은 것만을 모두 고르면?

민경채 14년 A책형 25번

<그림> 16개 기업 평균연봉 순위와 평균연봉비

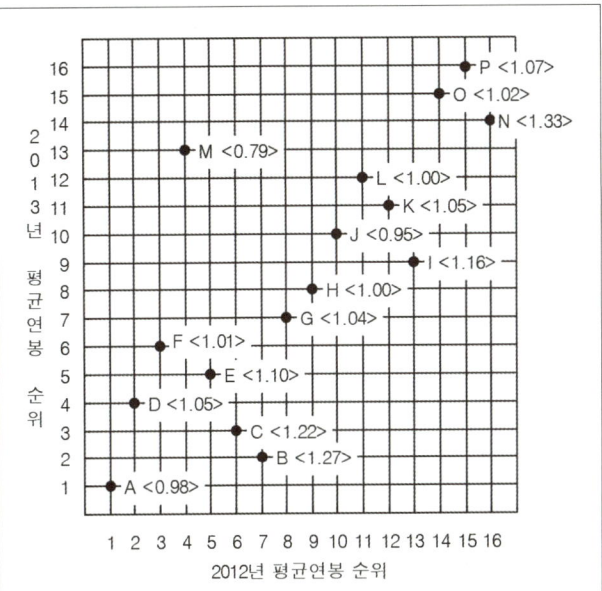

※ 1) < > 안의 수치는 해당기업의 평균연봉비를 나타냄.

평균연봉비 = 2013년 평균연봉 / 2012년 평균연봉

2) 점의 좌표는 해당기업의 2012년과 2013년 평균연봉 순위를 의미함.

―<보기>―

ㄱ. 2012년에 비해 2013년 평균연봉 순위가 상승한 기업은 7개이다.
ㄴ. 2012년 대비 2013년 평균연봉 순위 하락폭이 가장 큰 기업은 평균연봉 감소율도 가장 크다.
ㄷ. 2012년 대비 2013년 평균연봉 순위 상승폭이 가장 큰 기업은 평균연봉 증가율도 가장 크다.
ㄹ. 2012년에 비해 2013년 평균연봉이 감소한 기업은 모두 평균연봉 순위도 하락하였다.
ㅁ. 2012년 평균연봉 순위 10위 이내 기업은 모두 2013년에도 10위 이내에 있다.

① ㄱ, ㄴ
② ㄱ, ㄷ
③ ㄱ, ㄴ, ㅁ
④ ㄴ, ㄷ, ㄹ
⑤ ㄷ, ㄹ, ㅁ

해설

ㄱ. (○) 발문에 따르면 <그림>은 2012~2013년 16개 기업(A~P)의 평균연봉 순위에 관한 것이고 가로축에는 2012년, 세로축에는 2013년의 평균연봉 순위를 나타내고 있다. 그리고 각주 2)에 따르면 점의 좌표는 해당기업의 2012년과 2013년 평균연봉 순위를 의미한다. <그림>에 원점에서 시작하는 기울기가 1인 직선을 표시해보면 다음과 같다.

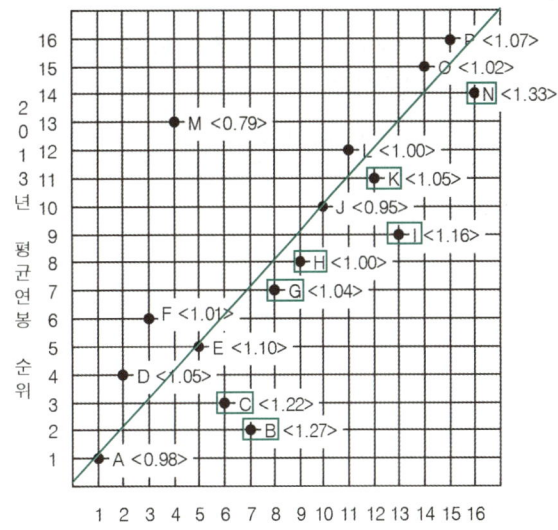

해당 직선의 우하방에 점의 좌표가 위치한 기업은 2012년에 비해 2013년 평균연봉 순위가 상승한 기업임을 의미한다. 예를 들어 기업 B의 경우 2012년 평균연봉 순위는 7위, 2013년은 2위이다. 2012년에 비해 2013년 평균연봉 순위가 상승한 기업은 B, C, G, H, I, K, N으로 총 7개이다.

ㄴ. (○) 보기 ㄱ과 같이 <그림>에 원점에서 시작하는 기울기가 1인 직선을 표시해보면 각 기업의 점의 좌표와 직선과의 수직 또는 수평 거리는 2012년 대비 2013년 평균연봉 순위 상승 또는 하락폭을 의미한다. 그러므로 2012년 대비 2013년 평균연봉 순위 하락폭이 가장 큰 기업은 기업 M이라는 것을 알 수 있다. 그리고 각주 1)에 따르면 < > 안의 수치는 해당기업의 평균연봉비를 나타내는데 평균연봉비와 평균연봉 감소율을 비교해보면 각각

$\dfrac{2013년 평균연봉}{2012년 평균연봉}$, $\dfrac{2013년 평균연봉 - 2012년 평균연봉}{2012년 평균연봉}$

이다. 감소율이므로 증가율에 '-'가 붙어 있음에 유의한다. 즉, 평균연봉비가 작다면 평균연봉 감소율이 크다는 것을 알 수 있다. <그림>에서 평균연봉비가 가장 작은 기업을 확인해보면 M <0.79>이다.

ㄷ. (×) 보기 ㄴ과 마찬가지로 2012년 대비 2013년 평균연봉 순위 상승폭이 가장 큰 기업을 확인해보면 직선을 기준으로 우하방에 있는 기업중 수평(또는 수직) 거리가 가장 먼 기업은 B이다. 그리고 보기 ㄴ에서 확인한 바와 같이 평균연봉비가 크다면 평균연봉 증가율이 크다. <그림>에서 평균연봉비가 가장 큰 기업을 확인해보면 기업 N의 평균연봉비가 1.33으로 가장 크다. 2012년 대비 2013년 평균연봉 순위 상승폭이 가장 큰 기업이 평균연봉 증가율도 가장 큰 것은 아니다.

ㄹ. (×) 각주에 따르면 평균연봉비는 '2013년 평균연봉/2012년 평균연봉'이므로, 평균연봉비가 1보다 작은 기업은 2012년에 비해 2013년 평균연봉이 감소한 것이다. <그림>에서 확인해보면 평균연봉비가 1보다 작은 기업은 A<0.98>, J<0.95>, M<0.79>이다. 이들 기업 중 A와 J는 2012년과 2013년의 평균연봉 순위가 같으므로, 2012년에 비해 2013년 평균연봉이 감소한 기업이 모두 평균연봉 순위가 하락한 것은 아니다.

ㅁ. (×) <그림>에 따르면 2012년 평균연봉 순위 10위 이내 기업은 A~H, J, M이다. <그림>의 2012년 평균연봉 순위 10위에 세로로 직선을 그어 왼쪽에 있는 기업들로 판단할 수 있다. 그리고 2013년 평균연봉 순위 10위 이내 기업은 2013년 평균 연봉 순위 10위에서 가로로 직선을 그어 아래쪽에 있는 기업들로 판단할 수 있는데, 기업 M은 2012년에는 평균연봉 순위 10위 이내이었지만 2013년에는 평균연봉 순위 10위 밖임을 알 수 있다.

[정답] ①

138 다음은 '갑'국의 2017년과 2022년 A~H 학생의 신장 및 체중과 체질량지수 분류기준에 관한 자료이다. 이에 대한 설명으로 옳지 않은 것은?

7급 공채 23년 인책형 15번

〈그림〉 2017년과 2022년 A~H 학생의 신장 및 체중

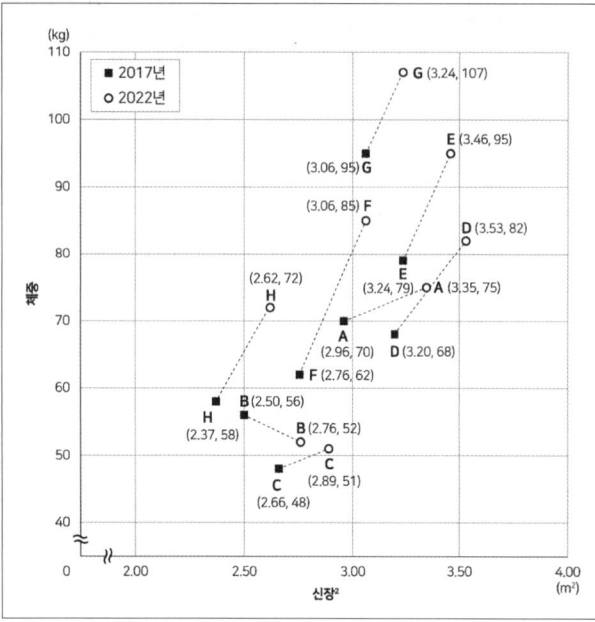

〈표〉 '갑'국의 체질량지수 분류기준

(단위: kg/m²)

체질량지수	분류
20 미만	저체중
20 이상 25 미만	정상
25 이상 30 미만	과체중
30 이상 40 미만	비만
40 이상	고도비만

※ 체질량지수(kg/m²) = $\frac{체중}{신장^2}$

① '저체중'으로 분류된 학생의 수는 2022년이 2017년보다 많다.
② 2022년 A~H 학생 체중의 평균은 2017년 대비 10% 이상 증가하였다.
③ 2017년과 2022년에 모두 '정상'으로 분류된 학생은 2명이다.
④ 2017년과 2022년 신장의 차이가 가장 큰 학생은 A이다.
⑤ 2022년 A~H 학생의 체질량지수 중 가장 큰 값은 가장 작은 값의 2배 이상이다.

📝 **해설**

각주에 주어져 있는 체질량지수를 확인한다. 〈그림〉에서 가로축은 신장²이고 세로축은 체중이다. 가로축과 세로축의 중간이 생략되어 있지만, 체질량지수는 기울기로 이해할 수 있다. 예를 들어 원점으로부터 해당 점을 이은 직선의 기울기가 20 미만이면 저체중에 해당한다. 〈그림〉과 〈표〉를 다음과 같이 이해할 수 있다.

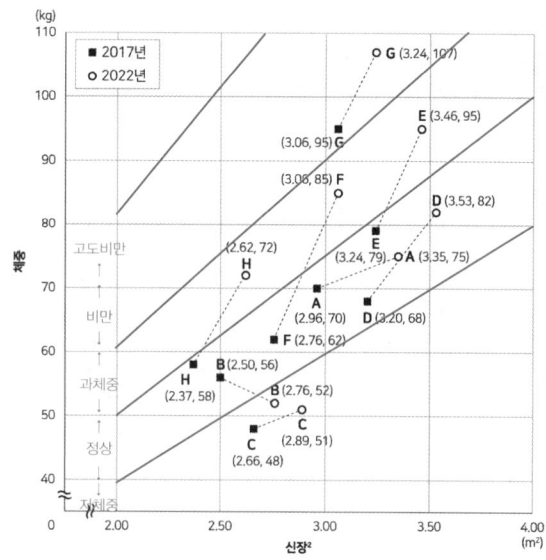

① (○) 〈그림〉에 따르면 2022년 저체중으로 분류된 학생은 B, C 두 명이고, 2017년은 C 1명이다. '저체중'으로 분류된 학생의 수는 2022년이 2017년보다 많다.

② (○) 2017년과 2022년의 A~H 학생 체중의 평균을 직접 구해서 판단해도 무방하다. 그러나 A, B, C를 제외하면 나머지 학생들은 모두 체중이 10kg 이상 증가하였으므로 2022년 체중이 2017년 대비 10% 이상 증가했음을 쉽게 판단할 수 있다. E의 체중은 2017년 79kg에서 2022년 95kg으로 16kg 증가하였는데 8kg만 증가해도 10% 이상 증가한 것이므로 8kg이 남는다고 생각해보자. 그리고 F는 15kg, H는 8kg이 남는다고 생각할 수 있다. 30kg 이상 남게되는데 A는 체중이 2kg 더 증가하였다면 10% 이상 증가한 것이고, B는 10kg, C는 3kg 더 체중이 증가하였다면 2022년 체중이 2017년 대비 10% 이상 증가한 것이다. 여전히 남는 체중이 있으므로 2022년 A~H 학생 체중의 평균은 2017년 대비 10% 이상 증가하였다고 판단할 수 있다. 2017년과 2022년의 A~H 학생 체중의 평균을 직접 구해보면 2017년 2022년 각각 67kg, 약 77.4kg로 약 15%정도 증가하였다.

③ (○) 〈그림〉에 따르면 2017년에 '정상'으로 분류된 학생은 A, B, D, E, F, H이고, 2022년은 A, D이다. 2017년과 2022년에 모두 '정상'으로 분류된 학생은 2명이다.

④ (○) 2017년과 2022년 신장의 차이를 신장²의 차이로 근사할 수 있다. 신장²의 차이가 가장 큰 학생은 3.35 − 2.96 = 0.39인 A이다.

⑤ (×) 2022년 A~H 학생의 체질량지수 중 가장 큰 값은 원점으로부터 해당 점을 이은 직선의 기울기가 가장 가파른 G이다. 체질량지수는 107/3.24(kg/m²)이다. 그리고 가장 작은 값은 직선의 기울기가 가장 완만한 C이다. 체질량 지수는 51/2.89(kg/m²)이다. C의 체질량 지수 분자에 2를 곱하면 102/2.89이고, 두 분수의 분모에 100을 곱해 비교해보면 다음과 같다.

$$\frac{102}{289} > \frac{5}{35} = \frac{107-102}{324-289}$$

그러므로 2022년 G의 체질량 지수가 C의 체질량 지수의 2배 미만이라는 것을 알 수 있다.

> **합격으로 가는 Tip**
> 선지 ④의 경우 신장의 차이를 신장²의 차이로 근사한 것이다. 제곱근을 구하는 것을 의도하지는 않은 문제이므로, '신장²의 차이'를 구해야 한다는 것을 확인한 뒤 넘어가서 다른 선지를 판단하는 것이 좋다.

[정답] ⑤

139 다음 <그림>은 A~F국의 2016년 GDP와 'GDP 대비 국가자산총액'을 나타낸 자료이다. 이에 대한 <보기>의 설명 중 옳은 것만을 모두 고르면?

민경채 18년 가책형 11번

<그림> A~F국의 2016년 GDP와 'GDP 대비 국가자산총액'

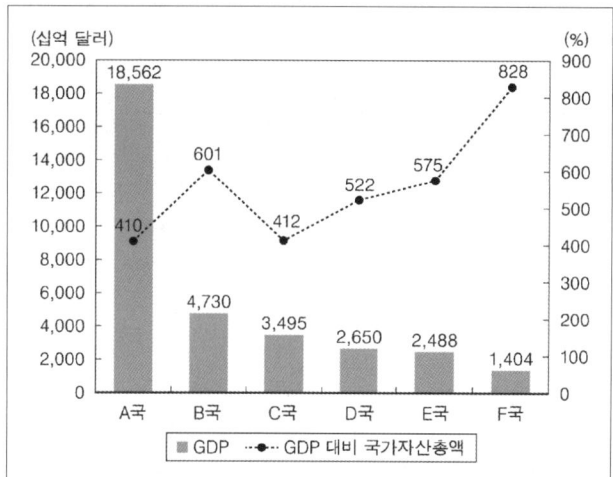

※ GDP 대비 국가자산총액(%) = $\frac{국가자산총액}{GDP} \times 100$

─────<보기>─────

ㄱ. GDP가 높은 국가일수록 'GDP 대비 국가자산총액'이 작다.
ㄴ. A국의 GDP는 나머지 5개국 GDP의 합보다 크다.
ㄷ. 국가자산총액은 F국이 D국보다 크다.

① ㄱ
② ㄴ
③ ㄷ
④ ㄱ, ㄴ
⑤ ㄴ, ㄷ

📝 해설

ㄱ. (×) <그림>에 따르면 GDP는 막대 그래프로 주어져 있고, A국부터 F국까지 GDP가 높은 국가부터 낮은 국가 순으로 정렬되어 있다. 그리고 'GDP 대비 국가자산총액'은 꺾은 선 그래프로 주어져 있다. B국과 C국을 비교해보면 B국은 C국보다 GDP가 높고 'GDP 대비 국가자산총액'도 크므로, GDP가 높은 국가일수록 'GDP 대비 국가자산총액'이 작은 것이 아님을 알 수 있다.

ㄴ. (○) <그림>에서 B~F국의 GDP를 직접 다음과 같이 더해서 판단할 수 있다. B~F국의 GDP를 백의 자리까지만 더하면 4,7xx+3,4xx+2,6xx+2,4xx+1,4xx=14,5xx이고 버려진 십의 자리 이하의 숫자는 500을 넘지 않을 것이므로, A국의 GDP 18,562(십억 달러)는 나머지 5개국 GDP의 합보다 크다.

다음과 같이 생각해볼 수도 있다. 우선 B국의 GDP를 5배 해보면 A국의 GDP보다 크다. 그러나 C국의 GDP를 5배 해보면 3,500으로 어림산해도 3,500×5=17,500이므로 A국의 GDP 18,562보다 작다. 그러므로 나머지 5개국 GDP의 평균이 C국 GDP 3,495(십억 달러)라고 하더라도 A국의 GDP가 나머지 5개국 GDP의 합보다 크다는 것을 알 수 있다.

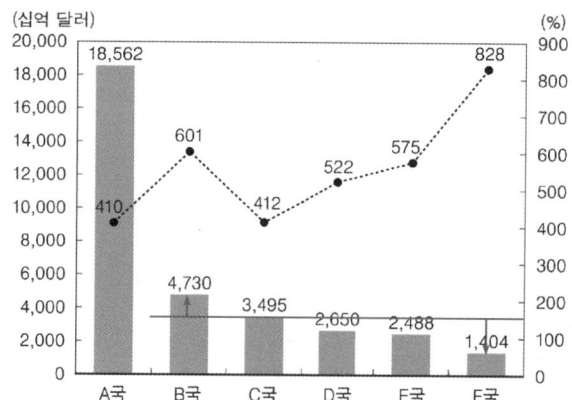

C국의 GDP를 5개국의 가평균과 같이 생각해보면, 위로 향하는 화살표로 나타낸 가평균 대비 B국 GDP 초과분(↑, 약 1,200)이 아래로 향하는 화살표로 나타낸 가평균 대비 F국 GDP 부족분(↓, 약 2,000)보다 작다. 따라서 5개국 평균 GDP는 C국 GDP보다 작다. 그러므로 A국의 GDP가 나머지 5개국 GDP의 합보다 크다고 판단할 수 있다.

ㄷ. (×) 각주에 따르면 국가자산 총액은 'GDP 대비 국가자산총액×GDP/100'이다. <그림>에서 D국과 F국의 GDP, GDP 대비 국가자산총액을 확인해보면 다음과 같다.

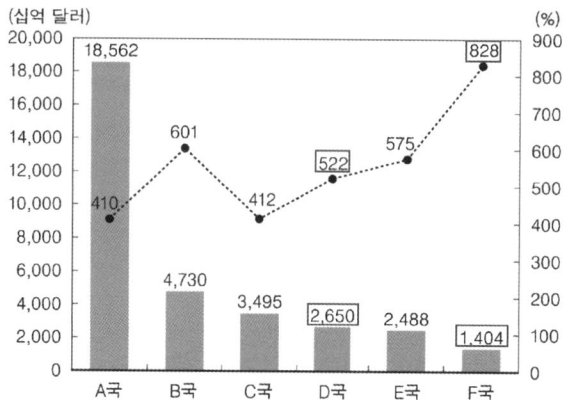

'GDP 대비 국가자산총액×GDP'를 계산하여 국가자산총액을 비교해보면 D국은 5xx×2,6xx로 120,xxx을 초과하지만 F국은 8xx×1,4xx로 120,xxx 미만이다. 국가자산 총액은 F국이 D국보다 작다.

다른 방식으로 비교해볼 수 있다. '522×2,650'과 '828×1,404'를 비교해보아야 하는데 2,650은 828의 3배 이상이지만, 1,404는 522의 3배 미만이므로 전자에 해당하는 D국의 국가자산총액이 F국보다 크다는 것을 알 수 있다.

[정답] ②

140 다음 <그림>은 기업 A, B의 2014~2017년 에너지원단위 및 매출액 자료이다. 이에 대한 <보기>의 설명 중 옳은 것만을 모두 고르면?

민경채 18년 가책형 16번

<그림> 기업 A, B의 2014~2017년 에너지원단위 및 매출액

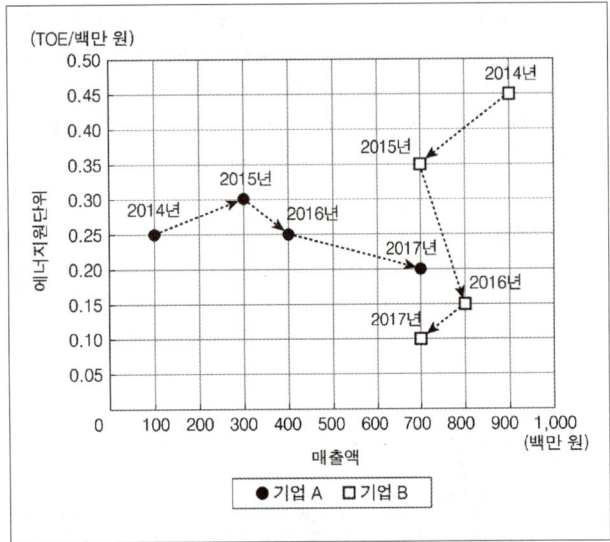

※ 에너지원단위(TOE/백만 원) = 에너지소비량(TOE) / 매출액(백만 원)

─〈보기〉─

ㄱ. 기업 A, B는 각각 에너지원단위가 매년 감소하였다.
ㄴ. 기업 A의 에너지소비량은 매년 증가하였다.
ㄷ. 2016년 에너지소비량은 기업 B가 기업 A보다 많다.

① ㄱ
② ㄴ
③ ㄷ
④ ㄱ, ㄴ
⑤ ㄴ, ㄷ

해설

ㄱ. (×) <그림>에서 에너지원단위는 세로축으로 주어져 있다. 에너지원단위가 감소하기 위해서는 기업 A, B의 각 연도에 해당하는 점의 좌표가 전년보다 아래쪽에 위치하여야 하는데 기업 A의 2015년의 경우 2014년 대비 점의 좌표가 위쪽에 위치하고 있다.

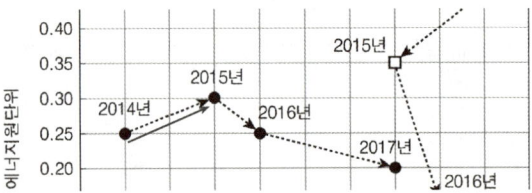

기업 A의 2015년 에너지원단위는 2014년 대비 증가하였다.

ㄴ. (○) 각주에 따르면 에너지소비량은 '에너지원단위×매출액'이고, <그림>에서 각각 세로축과 가로축으로 주어져 있다. 그러므로 예를 들어 기업 A의 2015년 에너지소비량은 다음 음영으로 표시한 사각형의 면적으로 생각할 수 있다.

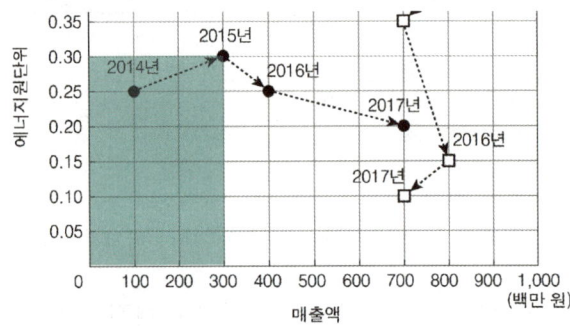

이를 2016년과 비교해보면 2016년에는 2015년 대비 사각형의 면적이 (가)만큼 감소하고 (나)만큼 증가한 것이므로 에너지소비량이 증가하였다고 판단할 수 있다.

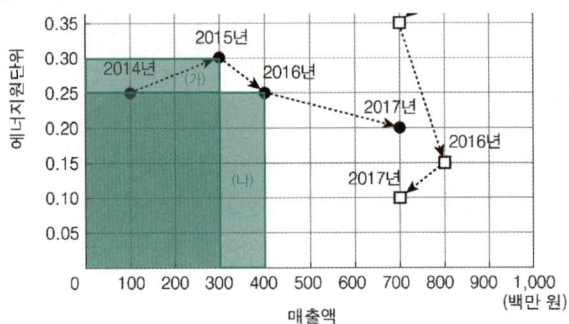

마찬가지 방법으로 나머지 연도들도 확인해보면 기업 A의 에너지소비량이 매년 증가하였음을 알 수 있다.

ㄷ. (○) 보기 ㄴ과 마찬가지 방법으로 2016년 기업 A, B의 에너지소비량을 비교할 수 있다.

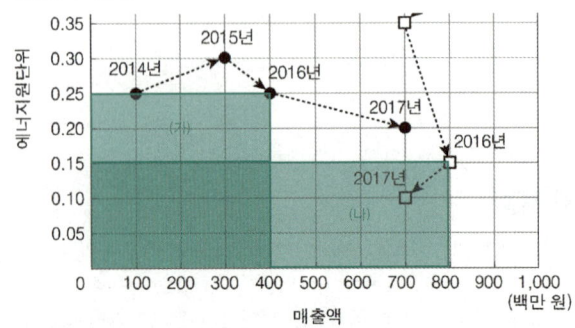

(나)의 면적이 (가)의 면적보다 크므로 2016년 에너지소비량은 기업 B가 기업 A보다 많음을 알 수 있다.

[정답] ⑤

141 다음 <그림>은 2015~2023년 '갑'국의 해외직접투자 규모와 최저개발국 직접투자 비중에 관한 자료이다. 이에 대한 설명으로 옳은 것은?

7급 공채 24년 사책형 17번

<그림> 해외직접투자 규모와 최저개발국 직접투자 비중

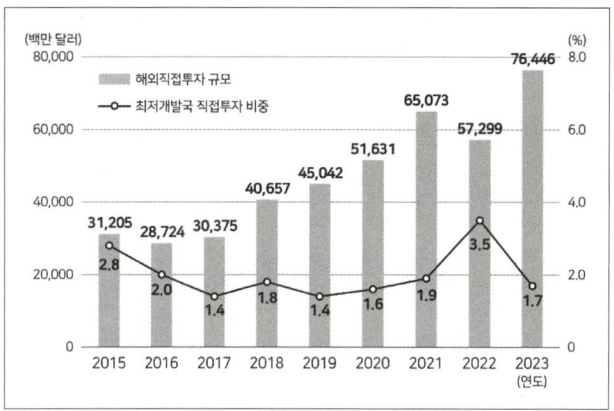

※ 최저개발국 직접투자 비중(%) = $\frac{최저개발국\ 직접투자\ 규모}{해외직접투자\ 규모} \times 100$

① 최저개발국 직접투자 규모는 2023년이 2015년보다 크다.
② 2021년 최저개발국 직접투자 비중은 전년보다 감소하였다.
③ 2018년 최저개발국 직접투자 규모는 10억 달러 이상이다.
④ 2023년 해외직접투자 규모는 전년 대비 40% 이상 증가하였다.
⑤ 2017년에 해외직접투자 규모와 최저개발국 직접투자 비중 모두 전년 대비 증가하였다.

해설

① (○) 각주에 따르면 최저개발국 직접투자 규모는 '최저개발국 직접투자 비중(%)×해외직접투자 규모'이다. <그림>에 따르면 2023년 최저개발국 직접투자 규모는 76,446×1.7이고 2015년은 31,205×2.8이다. 76,446은 31,205의 2배 이상이고, 1.7은 2.8의 절반 이상이므로 최저개발국 직접투자 규모는 2023년이 2015년보다 크다는 것을 알 수 있다.

② (×) 2021년 최저개발국 직접투자 비중은 1.9%로 전년의 1.6%보다 증가하였다.

③ (×) 2018년 최저개발국 직접투자 규모는 40,657(백만 달러)×1.8%=약 730(백만 달러)이다. 약 7억 3천만 달러로 10억 달러 미만이다.

④ (×) 2022년 해외 직접투자 규모는 57,299(백만 달러)이고, 2023년의 해외직접투자 규모가 전년 대비 40% 이상 증가하였다면 2023년의 해외직접투자 규모는 57,299×1.4=약 80,000(백만 달러) 이상이어야 한다. 그러나 2023년의 해외 직접투자 규모는 76,446(백만 달러)으로 80,000에 미치지 못한다.

⑤ (×) 2017년에 해외직접투자 규모는 30,375(백만 달러)로 전년의 28,724 대비 증가하였지만, 최저개발국 직접투자 비중은 1.4%로 전년의 2.0% 대비 감소하였다.

[정답] ①

142 다음 <그림>은 '갑'공업단지 내 8개 업종 업체 수와 업종별 스마트시스템 도입률 및 고도화율에 관한 자료이다. 이에 대한 <보기>의 설명 중 옳은 것만을 모두 고르면? 7급 공채 22년 가책형 17번

<그림 1> 업종별 업체 수

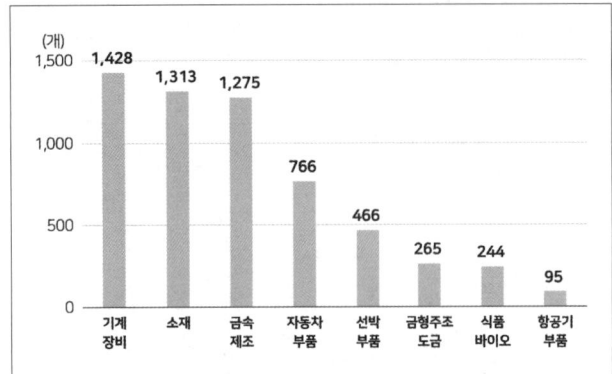

<그림 2> 업종별 스마트시스템 도입률 및 고도화율

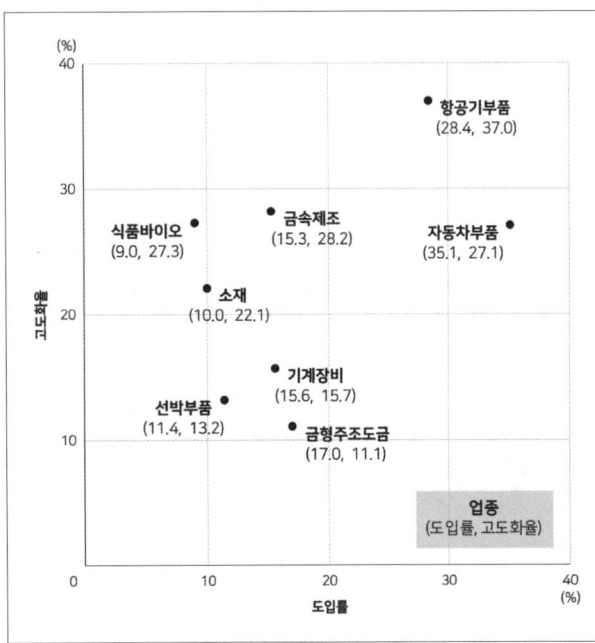

※ 1) 도입률(%) = $\dfrac{\text{업종별 스마트시스템 도입 업체 수}}{\text{업종별 업체 수}} \times 100$

2) 고도화율(%) = $\dfrac{\text{업종별 스마트시스템 고도화 업체 수}}{\text{업종별 스마트시스템 도입 업체 수}} \times 100$

―<보기>―

ㄱ. 스마트시스템 도입 업체 수가 가장 많은 업종은 '자동차부품'이다.
ㄴ. 고도화율이 가장 높은 업종은 스마트시스템 고도화 업체 수도 가장 많다.
ㄷ. 업체 수 대비 스마트시스템 고도화 업체 수가 가장 높은 업종은 '항공기부품'이다.
ㄹ. 도입률이 가장 낮은 업종은 고도화율도 가장 낮다.

① ㄱ, ㄴ   ② ㄱ, ㄷ
③ ㄱ, ㄹ   ④ ㄴ, ㄷ
⑤ ㄴ, ㄹ

해설

ㄱ. (○) 각주 1)에 따르면 도입률은 '스마트시스템 도입 업체 수/업종별 업체 수×100'이고, <그림 1>에는 업종별 업체 수가, <그림 2>에는 업종별 스마트시스템 도입률이 주어져 있다. <그림 1>에 따르면 '자동차부품' 업종의 업체 수는 766개로 8개 업종 중 네 번째로 많다. 그리고 <그림 2>에 따르면 '자동차부품' 업체의 스마트시스템 도입률은 35.1%로 가장 높다.

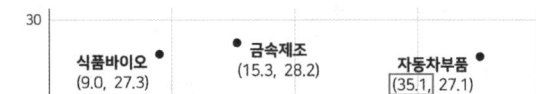

'자동차부품' 업종보다 업체 수가 많은 업종부터 비교해보면 '기계장비', '소재', '금속제조' 업종은 업체 수가 '자동차부품' 업종의 2배 미만이고, 스마트시스템 도입률은 각각 15.6%, 10.0%, 15.3%로 '자동차부품' 업체의 1/2 미만이다. 따라서 '기계장비', '소재', '금속제조' 업종은 '자동차부품' 업종보다 도입 업체 수가 적다는 것을 알 수 있다. '선박부품', '금형주조도금', '식품바이오', '항공기부품' 업종은 '자동차부품' 업종보다 업체 수가 작고, 스마트시스템 도입률도 낮으므로 스마트시스템 도입 업체 수도 적다.

ㄴ. (×) <그림 2>에 따르면 고도화율이 가장 높은 업종은 '항공기부품' 업종이다.

그리고 각주 1), 2)에 따르면 업종별 스마트시스템 고도화 업체 수는 다음과 같이 구할 수 있다.

업종별 업체 수×도입률×고도화율
= 업종별 업체 수 × $\dfrac{\text{업종별 스마트시스템 도입 업체 수}}{\text{업종별 업체 수}}$
× $\dfrac{\text{업종별 스마트시스템 고도화 업체 수}}{\text{업종별 스마트시스템 도입 업체 수}}$
= 업종별 스마트시스템 고도화 업체 수

<그림 2>에 따르면 위의 식에서 '항공기부품' 업종의 '도입률×고도화율'은 '자동차부품' 업종과 비슷하고 나머지 다른 모든 업체보다는 높다. 구체적으로 비교해보면 '항공기부품' 업종의 '도입률×고도화율'은 '자동차부품' 업종의 2배 미만이다. 그러나 <그림 1>에 따르면 '자동차부품' 업종의 업체 수는 766개로 '항공기부품'의 95개 대비 7배 이상이다. 따라서 '항공기부품' 업종의 스마트시스템 고도화 업체 수가 가장 많은 것은 아니라는 것을 알 수 있다.
구체적으로 확인해보면 '항공기부품' 업종의 스마트시스템 고도화 업체 수는 약 10개이고, '기계장비' 업종은 약 35개, '소재' 업종은 약 29개, '금속제조' 업종은 약 55개, '자동차부품' 업종은 약 73개이다.

ㄷ. (○) 업체 수 대비 스마트시스템 고도화 업체 수는 각주 1), 2)에 따라
도입률×고도화율 = $\dfrac{\text{업종별 스마트시스템 도입 업체 수}}{\text{업종별 업체 수}}$
× $\dfrac{\text{업종별 스마트시스템 고도화 업체 수}}{\text{업종별 스마트시스템 도입 업체 수}}$
= $\dfrac{\text{업종별 스마트시스템 고도화 업체 수}}{\text{업종별 업체 수}}$

이다. ㄴ에서 확인한 바와 같이 '항공기부품' 업종의 '도입률×고도화율'은 '자동차부품' 업종과 비슷하고 나머지 다른 모든 업체보다는 높다. '자동차부품' 업종과 구체적으로 비교해보면 '항공기부품' 업종의 도입률 28.4%는 '자동차부품' 업종의 고도화율 27.1%보다 크고, '항공기부품' 업종의 고도화율 37.0%는 '자동차부품' 업종의 도입률 35.1%보다 크므로, 직접 계산하지 않고도 '항공기부품' 업종의 '도입률×고도화율'이 '자동차부품' 업종보다 크다는 것을 알 수 있다.

ㄹ. (×) <그림 2>에 따르면 도입률이 가장 낮은 업종은 '식품바이오'(9.0%)이고, 고도화율이 가장 낮은 업종은 '금형주조도금'(11.1%)이므로 도입률이 가장 낮은 업종이 고도화율도 가장 낮은 것은 아니다.

[정답] ②

143 다음 <표>와 <그림>은 '갑'국 8개 어종의 2020년 어획량에 관한 자료이다. 이에 대한 <보기>의 설명 중 옳은 것만을 모두 고르면?

7급 공채 22년 가책형 19번

<표> 8개 어종의 2020년 어획량

(단위: 톤)

어종	갈치	고등어	광어	멸치	오징어	전갱이	조기	참다랑어
어획량	20,666	64,609	5,453	26,473	23,703	19,769	23,696	482

<그림> 8개 어종 2020년 어획량의 전년비 및 평년비

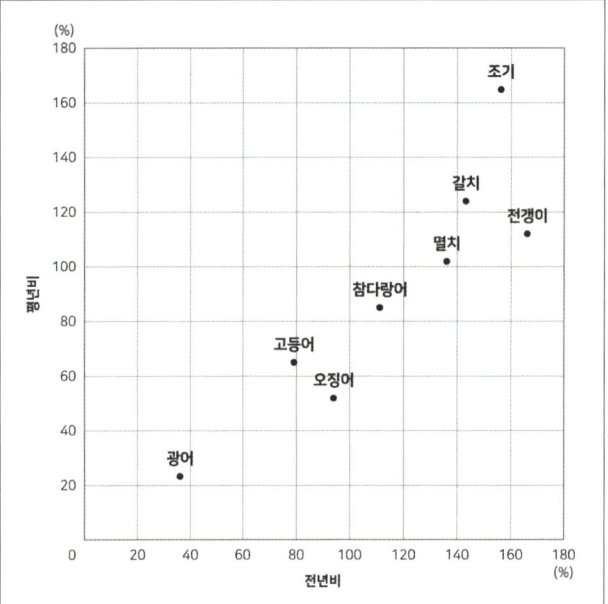

※ 1) 전년비(%) = $\frac{2020년\ 어획량}{2019년\ 어획량} \times 100$

2) 평년비(%) = $\frac{2020년\ 어획량}{2011\sim2020년\ 연도별\ 어획량의\ 평균} \times 100$

─────<보기>─────

ㄱ. 8개 어종 중 2019년 어획량이 가장 많은 어종은 고등어이다.
ㄴ. 8개 어종 각각의 2019년 어획량은 해당 어종의 2011~2020년 연도별 어획량의 평균보다 적다.
ㄷ. 2021년 갈치 어획량이 2020년과 동일하다면, 갈치의 2011~2021년 연도별 어획량의 평균은 2011~2020년 연도별 어획량의 평균보다 크다.

① ㄱ ② ㄴ
③ ㄱ, ㄷ ④ ㄴ, ㄷ
⑤ ㄱ, ㄴ, ㄷ

📝 해설

ㄱ. (○) <표>에는 8개 어종의 2020년 어획량이 주어져 있고, 각주 1)에 따르면 2019년 어획량은 '2020년 어획량÷전년비×100'이다. <그림>에서 전년비 100%를 기준으로 생각해보면 전갱이, 조기, 갈치, 멸치, 참다랑어는 2020년의 어획량이 2019년보다 증가한 것이고, 오징어, 고등어, 광어는 감소한 것이다. <표>에 따르면 2020년 8개 어종 중 고등어의 어획량이 가장 많은데 이는 2019년의 어획량보다 감소한 것이고, 전갱이, 조기, 갈치, 멸치, 참다랑어는 2020년의 어획량이 2019년보다 증가했음에도 여전히 고등어의 어획량보다 적으므로, 2019년 전갱이, 조기, 갈치, 멸치, 참다랑어의 어획량은 고등어보다 적다는 것을 알 수 있다.

오징어도 2020년의 어획량이 고등어보다 적은데 <그림>에 따르면 전년비는 더 크므로 2019년의 어획량이 고등어보다 적다는 것을 알 수 있다. 그리고 <그림>에 따르면 광어의 2020년 전년비는 약 30% 이상 40% 미만으로 보인다. 넉넉잡아 전년비가 20%라고 해도 2019년 광어의 어획량은 30,000톤 미만이므로, 2019년 광어의 어획량이 고등어보다 적다는 것을 알 수 있다. 8개 어종 중 2019년 어획량이 가장 많은 어종은 고등어이다.

ㄴ. (×) 각주 1), 2)에 따르면 특정 어종의 2019년 어획량과 해당 어종의 2011~2020년 연도별 어획량의 평균을 다음과 같이 비교할 수 있다.

평년비÷전년비

$= \frac{2020년\ 어획량}{2011\sim2020년\ 연도별\ 어획량의\ 평균} \times \frac{2019년\ 어획량}{2020년\ 어획량}$

$= \frac{2019년\ 어획량}{2011\sim2020년\ 연도별\ 어획량의\ 평균}$

즉, <그림>의 그래프에서 기울기가 1인 직선과 원점에서 각 점을 이은 직선의 기울기를 비교하여 기울기가 1보다 작다면 2019년 어획량이 해당 어종의 2011~2020년 연도별 어획량의 평균보다 적다고 판단할 수 있다. <그림>으로 확인해보면

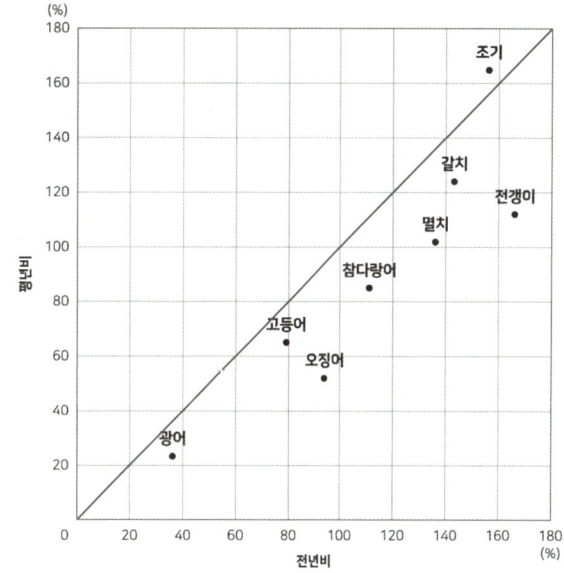

원점으로부터 조기에 해당하는 점까지 이은 선의 기울기는 1보다 크다는 것을 알 수 있으므로 조기의 2019년 어획량은 해당 어종의 2011~2020년 연도별 어획량의 평균보다 많다.

ㄷ. (○) <그림>에 따르면 갈치의 평년비는 120% 이상이다. 그러므로 각주 2)에 따르면 갈치의 2020년 어획량은 2011~2020년 연도별 어획량의 평균보다 20% 이상 많다. 2021년 갈치 어획량이 2020년과 동일하다면 2021년 갈치 어획량도 2011~2020년 연도별 어획량의 평균보다 20% 이상 많은 것이므로, 2021년 갈치 어획량이 포함된 2011~2021년 연도별 어획량의 평균이 2011~2020년 연도별 어획량의 평균보다 크다.

합격으로 가는 Tip

ㄴ. 기울기가 1인 직선을 기준으로 모든 점이 우하방에 위치하거나, 모든 점이 좌상방에 위치하는 게 아니라는 점을 이용하여 빠른 판단이 가능하다.

[정답] ③

144 다음 <그림>은 2011년 어느 회사 사원 A~C의 매출에 관한 자료이다. 2011년 4사분기의 매출액이 큰 사원부터 나열하면?

민경채 12년 인책형 20번

<그림 1> 2011년 1사분기의 사원별 매출액

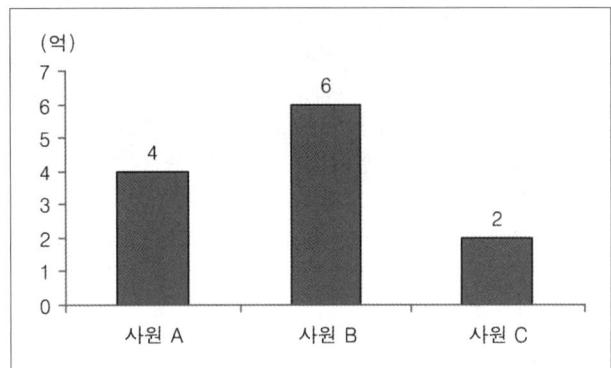

<그림 2> 2011년 2~4사분기 사원별 매출액 증감계수

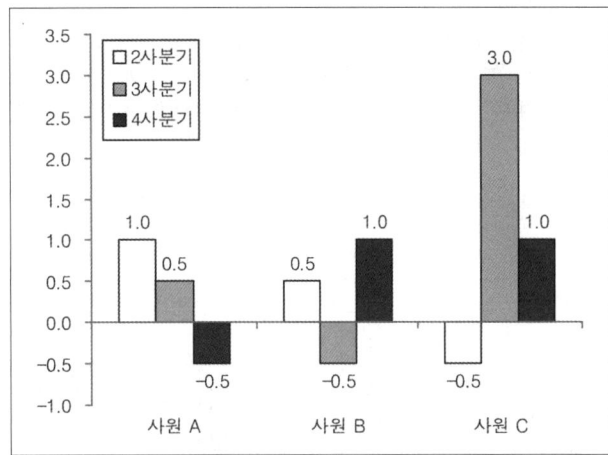

※ 해당 사분기 매출액 증감계수 = $\dfrac{\text{해당 사분기 매출액} - \text{직전 사분기 매출액}}{\text{직전 사분기 매출액}}$

① A, B, C
② A, C, B
③ B, A, C
④ B, C, A
⑤ C, A, B

해설

각주에 따르면 '매출액 증감계수'는 '(해당 사분기 매출액 − 직전 사분기 매출액)/직전 사분기 매출액'이다. 100을 곱하여 증가율로 이해해도 좋다. 또는

$$\dfrac{\text{해당 사분기 매출액} - \text{직전 사분기 매출액}}{\text{직전 사분기 매출액}} = \dfrac{\text{해당 사분기 매출액}}{\text{직전 사분기 매출액}} - 1$$

이므로

$$\text{매출액 증감계수} + 1 = \dfrac{\text{해당 사분기 매출액}}{\text{직전 사분기 매출액}}$$

(매출액 증감계수+1)×직전 사분기 매출액=해당 사분기 매출액

이다. 그러므로 예를 들어 1사분기 매출액에 (2사분기 매출액 증감계수+1)을 곱하면 2사분기 매출액을 구할 수 있다. 따라서 <그림 1>에 주어진 1사분기의 사원별 매출액과 <그림 2>에 주어진 2~4사분기 사원별 매출액 증감계수를 다음과 같이 정리할 수 있다.

A: 4억×2.0×1.5×0.5=6억
B: 6억×1.5×0.5×2.0=9억
C: 2억×0.5×4.0×2.0=8억

20011년 4사분기의 매출액이 가장 큰 사원은 B이고, 두 번째로 큰 사원은 C, 가장 작은 사원은 A이다. 정답은 ④이다.

[정답] ④

145 다음 <그림>은 1~7월 동안 A사 주식의 이론가격과 시장가격의 관계에 대한 자료이다. 이에 대한 <보기>의 설명 중 옳은 것만을 모두 고르면?

민경채 13년 인책형 24번

<그림> A사 주식의 이론가격과 시장가격의 관계

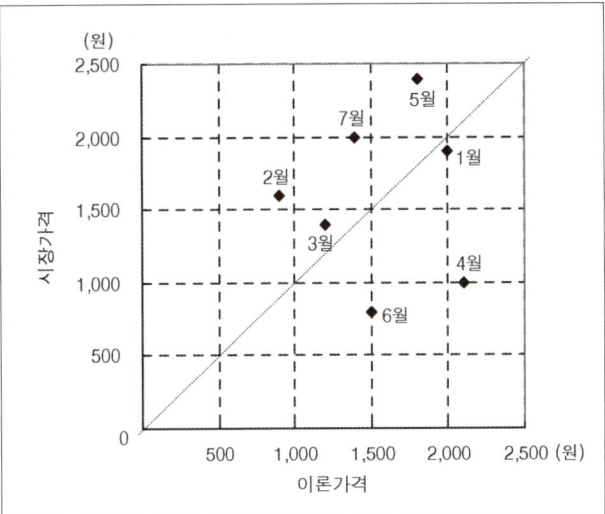

※ 해당 월 가격 괴리율(%) = ($\frac{\text{해당 월 시장가격} - \text{해당 월 이론가격}}{\text{해당 월 이론가격}}$) × 100

─── <보기> ───
ㄱ. 가격 괴리율이 0% 이상인 달은 4개이다.
ㄴ. 전월대비 이론가격이 증가한 달은 3월, 4월, 7월이다.
ㄷ. 전월대비 가격 괴리율이 증가한 달은 3개 이상이다.
ㄹ. 전월대비 시장가격이 가장 큰 폭으로 증가한 달은 6월이다.

① ㄱ, ㄴ
② ㄱ, ㄷ
③ ㄷ, ㄹ
④ ㄱ, ㄴ, ㄷ
⑤ ㄴ, ㄷ, ㄹ

해설

ㄱ. (○) 각주에 따르면 '가격 괴리율'은 '(해당 월 시장가격 − 해당 월 이론가격)/해당 월 이론가격×100'이다. 따라서 가격 괴리율이 0% 이상이 되기 위해서는 해당 월 시장가격이 해당 월 이론가격보다 커야한다. <그림>에서 가로축이 이론가격, 세로축이 시장가격이므로 주어진 대각선을 기준으로 판단해보면 대각선의 좌상방에 있는 2월, 3월, 5월, 7월은 월 시장가격이 월 이론가격보다 크다. 가격 괴리율이 0% 이상인 달은 4개이다.

ㄴ. (×) <그림>에서 가로축이 이론가격이므로 전월대비 이론가격이 증가한 달은 해당 월에 해당하는 점이 전월보다 오른쪽에 있어야 한다.

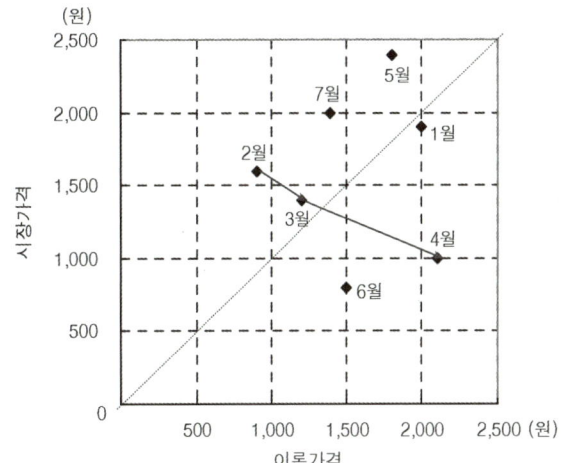

전월대비 이론가격이 증가한 달은 3월, 4월이다.

ㄷ. (○) 보기 ㄱ에서 확인한 바와 같이 가격 괴리율이 0% 이상인 달은 2월, 3월, 5월, 7월이다. 그리고 1월, 4월, 6월은 가격 괴리율이 0% 미만이다. 따라서 최소 2월, 5월, 7월은 전월대비 가격 괴리율이 증가하였음을 알 수 있다. 전월대비 가격 괴리율이 증가한 달은 3개 이상이다.

ㄹ. (×) <그림>에 따르면 전월대비 시장가격이 가장 큰 폭으로 증가한 달은 시장가격이 1,000 이상 증가한 7월이다. 6월은 전월대비 시장가격이 감소하였다.

> **합격으로 가는 Tip**
> ㄷ. 위 해설에서는 (+), (−) 부호만으로 정오판단할 수 있는 방법으로 설명했는데, 다른 방법으로 가격 괴리율 공식의 의미를 식변형을 통해서도 이해해 보자.

[정답] ②

146 다음 <그림>은 가구 A~L의 2020년 1월 주거비와 식비, 필수생활비에 관한 자료이다. 이에 대한 설명으로 옳은 것은?

7급 공채 20년 모의평가 12번

<그림 1> 가구 A~L의 주거비와 식비

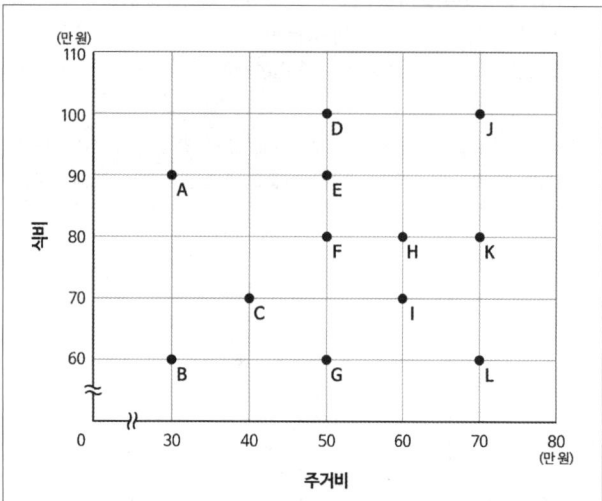

<그림 2> 가구 A~L의 식비와 필수생활비

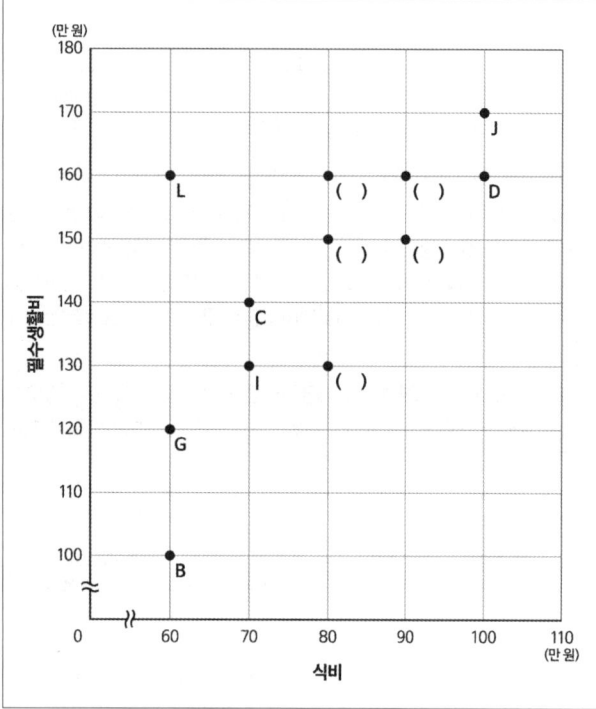

※ 필수생활비=주거비+식비+의복비

① 의복비는 가구 A가 가구 B보다 작다.
② 의복비가 0원인 가구는 1곳이다.
③ 주거비가 40만 원 이하인 가구의 의복비는 각각 10만 원 이상이다.
④ 식비 하위 3개 가구 의복비의 합은 60만 원 이상이다.
⑤ 식비가 80만 원이면서 필수생활비가 130만 원인 가구는 K이다.

해설

각주에서 '필수생활비'는 '주거비+식비+의복비'임을 확인한다. <그림 1>과 <그림 2>를 비교해보면 <그림 1> 그래프의 세로축인 식비가 <그림 2> 그래프에서 가로축임을 확인할 수 있다. <그림 1>에서 식비가 80만 원인 가구는 F, H, K이고, 식비가 90만 원인 가구는 A, E임을 확인한다. <그림 1>에 따르면 가구 H의 주거비와 식비의 합은 60+80=140만 원이고, 가구 K의 주거비와 식비의 합은 70+80=150만 원이다. 그러나 <그림 2>에 따르면 아래 그림에 ✓ 표시한 가구는 필수생활비가 130만 원이므로, 해당 가구는 H, K 가구가 아니다. 해당 가구는 F이다.

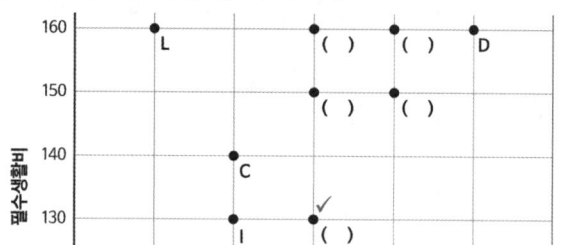

정리하면 다음과 같다. 아직 확정되지 않은 4개의 가구는 다음과 같이 (가)~(라)라고 부르기로 한다.

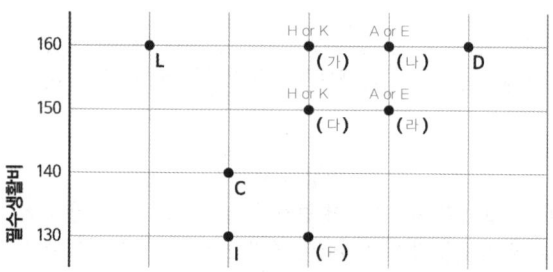

① (×) <그림 1>에 따르면 가구 A의 주거비와 식비의 합은 30+90=120만 원이다. <그림 2>에 따르면 가구 A가 (나)일 경우 필수생활비는 160만 원이므로 의복비는 160-120=40만 원, (라)일 경우 필수생활비는 150만 원이므로 의복비는 150-120=30만 원이다. 가구 B의 주거비와 식비의 합은 30+60=90만 원이고, 필수생활비는 100만 원이므로 의복비는 100-90=10만 원이다. 어떠한 경우에도 의복비는 가구 A가 가구 B보다 크다.

② (×) 선지 ①에서는 A, B가구의 의복비는 0원이 아니라는 것을 확인하였다. 그리고 (가)~(라) 가구의 의복비는 확정할 수 없다. 나머지 의복비를 확인할 수 있는 C, D, G, I, J, L가구에 대해서만 검토해보면, I가구의 주거비와 식비의 합은 60+70=130만 원이고 필수생활비도 130만 원이므로 의복비는 0원이다. 그리고 J가구의 주거비와 식비의 합은 70+100=170만 원이고 필수생활비도 170만 원이므로 의복비는 0원이다. 의복비가 0원인 가구는 1곳이 아니다.

③ (○) <그림 1>에 따르면 주거비가 40만 원 이하인 가구는 A, B, C이다. 선지 ①에서 확인한 바와 같이 A가구의 의복비는 30만 원 또는 40만 원이고, B가구의 의복비는 10만 원이다. C가구의 주거비와 식비의 합은 40+70=110만 원이고, 필수생활비는 140만 원이므로 의복비는 140-110=30만 원이다. 주거비가 40만 원 이하인 가구 A, B, C의 의복비는 각각 10만 원 이상이다.

④ (×) <그림 1>에 따르면 식비 하위 3개 가구는 B, G, L이다. 선지 ①에서 확인한 바와 같이 B가구의 의복비는 10만 원이다. G가구의 주거비와 식비의 합은 50+60=110만 원이고, 필수생활비는 120만 원이므로 의복비는 120-110=10만 원이다. L가구의 주거비와 식비의 합은 70+60=130만 원이고, 필수생활비는 160만 원이므로 의복비는 160-130=30만 원이다. 식비 하위 3개 가구 의복비의 합은 50만 원이다.

⑤ (×) 이상에서 검토한 바와 같이 식비가 80만 원이면서 필수생활비가 130만 원인 가구는 K가 아니라 F이다.

[정답] ③

147 다음 <그림>은 2014~2020년 연말 기준 '갑'국의 국가채무 및 GDP에 관한 자료이다. 이에 대한 <보기>의 설명 중 옳은 것만을 모두 고르면?

7급 공채 21년 나책형 3번

<그림 1> GDP 대비 국가채무 및 적자성채무 비율 추이

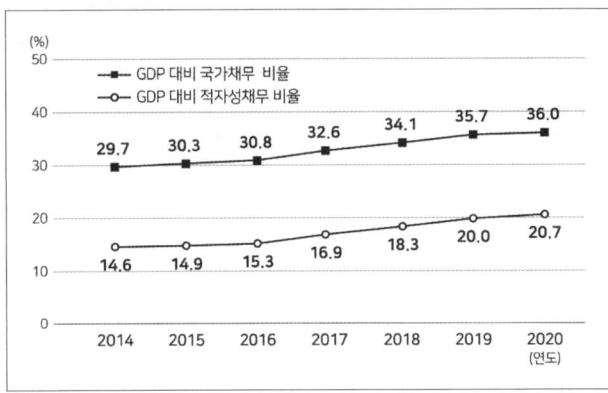

※ 국가채무＝적자성채무＋금융성채무

<그림 2> GDP 추이

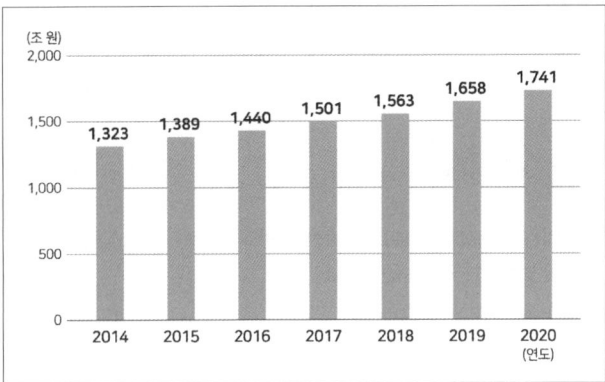

─〈보기〉─
ㄱ. 2020년 국가채무는 2014년의 1.5배 이상이다.
ㄴ. GDP 대비 금융성채무 비율은 매년 증가한다.
ㄷ. 적자성채무는 2019년부터 300조 원 이상이다.
ㄹ. 금융성채무는 매년 국가채무의 50% 이상이다.

① ㄱ, ㄴ
② ㄱ, ㄷ
③ ㄴ, ㄹ
④ ㄱ, ㄷ, ㄹ
⑤ ㄴ, ㄷ, ㄹ

해설

ㄱ. (○) 〈그림 1〉에 따르면 2014년 GDP 대비 국가채무 비율은 29.7%이고, 2020년은 36.0%이다.

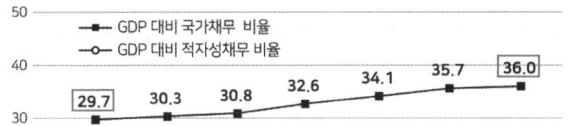

2014년의 GDP 대비 국가채무 비율을 30%라고 하면 2020년에는 20% 증가했다. 그리고 〈그림 2〉에 따르면 2014년 GDP는 1,323(조 원), 2020년은 1,741(조 원)이다.

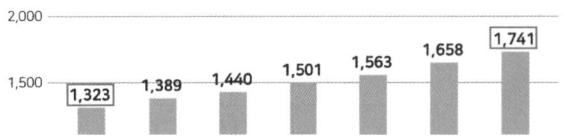

2020년은 2014년 대비 400 이상 증가하였으므로 30% 이상 증가하였다. 따라서 2020년 국가채무는 2014년의 1.5배 이상임을 알 수 있다.

ㄴ. (×) 〈그림 1〉 각주에 따르면 '국가채무＝적자성채무＋금융성채무'이다. 양변을 GDP로 나누면 'GDP 대비 국가채무 비율＝GDP 대비 적자성채무 비율＋GDP 대비 금융성채무 비율'이다. 즉, 〈그림 1〉의 GDP 대비 국가채무 비율에서 GDP 대비 적자성채무 비율을 빼준 값이 매년 증가하는지 확인한다. 그래프에서 소수점 이하가 0이 있는 2019년과 2020년을 비교해보면 2020년 GDP 대비 국가채무 비율은 2019년 대비 0.3%p 증가하였으나, GDP 대비 적자성채무 비율은 0.7%p 증가하였으므로 2020년 GDP 대비 금융성채무 비율이 2019년 대비 감소했음을 알 수 있다.

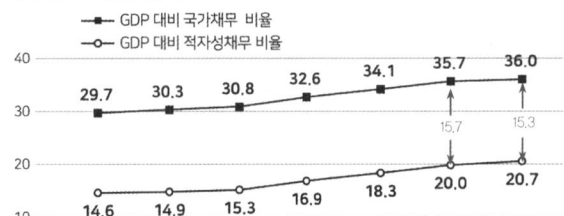

그림에서 직접 차이를 비교해보아도 마찬가지이다. 2020년도 GDP 대비 금융성채무 비율이 2019년 대비 감소하였다.

ㄷ. (○) 〈그림 1〉에 따르면 2019년과 2020년의 GDP 대비 적자성채무 비율은 20% 이상이고 〈그림 2〉에 따르면 2019년과 2020년의 GDP는 1,500(조 원) 이상이다. 따라서 2019년과 2020년의 적자성채무는 300조 원 이상임을 알 수 있다. 그리고 2018년의 GDP 대비 적자성채무 비율은 18.3%이고, GDP는 1,563(조 원)이므로 2018년의 GDP를 1,570×19%로 계산해도 298.3으로 300조 원 미만이다. 2017년 이전은 2018년보다 GDP와 GDP 대비 적자성채무 비율 모두 작으므로 적자성 채무는 300조 원 미만이다. 그러므로 적자성 채무는 2018년 이전은 300조 원 미만이고, 2019년부터 300조 원 이상이다.

ㄹ. (×) ㄴ에서 확인한 바와 같이 'GDP 대비 국가채무 비율＝GDP 대비 적자성채무 비율＋GDP 대비 금융성채무 비율'이다. 금융성채무가 매년 국가채무의 50% 이상인지 확인하기 위해서 〈그림 1〉에 주어진 적자성채무 비율이 50% 이하인지 확인한다. 50% 이하라면 GDP 대비 국가채무 비율이 GDP 대비 적자성채무 비율의 2배 이상인지 확인한다. 2014~2016년은 GDP 대비 국가채무 비율이 GDP 대비 적자성채무 비율의 2배 이상이다.

합격으로 가는 Tip

ㄱ. $(1+a)(1+b) = 1+a+b+ab$이다. 1.2배와 1.3배를 곱하면 $(1+0.2)(1+0.3)=1+0.2+0.3+0.06$이므로 1.5배 이상임을 바로 알 수 있다.

[정답] ②

148 다음 <그림>은 OECD 회원국 중 5개국의 2018년 가정용, 산업용 전기요금 지수를 나타낸 것이다. 이에 대한 <보기>의 설명 중 옳은 것만을 모두 고르면?

7급 공채 20년 모의평가 9번

<그림> OECD 회원국 중 5개국의 가정용, 산업용 전기요금 지수

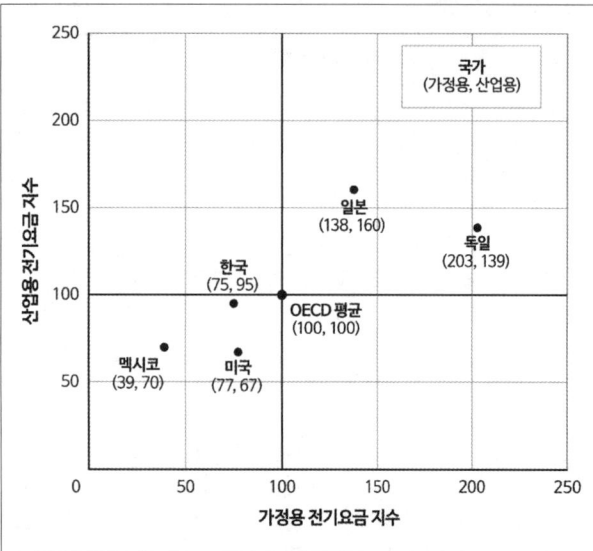

※ 1) OECD 각 국가의 전기요금은 100kWh당 평균 금액($)임.

2) 가정용(산업용) 전기요금 지수 = $\dfrac{\text{해당 국가의 가정용(산업용) 전기요금}}{\text{OECD 평균 가정용(산업용) 전기요금}} \times 100$

3) 2018년 한국의 가정용, 산업용 전기요금은 100kWh당 각각 $120, $95임.

─────<보기>─────

ㄱ. 산업용 전기요금은 일본이 가장 비싸고 가정용 전기요금은 독일이 가장 비싸다.
ㄴ. OECD 평균 전기요금은 가정용이 산업용의 1.5배 이상이다.
ㄷ. 가정용 전기요금이 한국보다 비싼 국가는 산업용 전기요금도 한국보다 비싸다.
ㄹ. 일본은 산업용 전기요금이 가정용 전기요금보다 비싸다.

① ㄱ, ㄴ
② ㄱ, ㄷ
③ ㄴ, ㄹ
④ ㄷ, ㄹ
⑤ ㄱ, ㄴ, ㄹ

해설

<그림>에서 각 국가 명칭 아래 가정용, 산업용 전기요금 지수가 표시되어 있는 것을 확인한다. 각주 1)에서는 전기요금의 단위에 대해서 설명하고 있고, 각주 2)에서는 가정용(산업용) 전기요금 지수에 대해서 설명하고 있다. 해당 지수에서 분모에 해당하는 'OECD 평균 가정용(산업용) 전기요금'은 모든 국가에 공통으로 적용되므로, <그림>에서 주어진 국가들 사이의 가정용 전기요금은 지수만으로 비교할 수 있고, 산업용 전기요금도 지수만으로 비교할 수 있다. 그러나 지수만으로는 가정용 전기요금과 산업용 전기요금 간에 비교할 수 없음에 유의한다. 각주 3)에서는 한국의 가정용, 산업용 전기요금이 주어져 있으므로, 다른 국가들의 가정용과 산업용 전기요금까지 구체적으로 구할 수 있다. 이를 이용해 가정용 전기요금과 산업용 전기요금을 비교한다.

ㄱ. (O) <그림>에 따르면 산업용 전기요금 지수는 일본이 160으로 가장 높고, 가정용 전기요금은 독일이 203으로 가장 높다. 그래프상에서 각 국가에 해당하는 점의 위치가 일본이 가장 위에 있고, 독일이 가장 오른쪽에 있다.

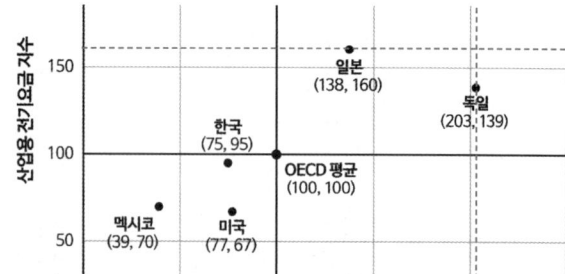

산업용 전기요금은 일본이 가장 비싸고 가정용 전기요금은 독일이 가장 비싸다는 것을 알 수 있다.

ㄴ. (O) 각주 3)에 따르면 한국의 가정용 전기요금은 100kWh당 $120이고, <그림>에 따르면 한국의 가정용 전기요금지수는 75이다. 즉,

$$75 = \dfrac{\$120}{\text{OECD 평균 가정용 전기요금}} \times 100$$

이므로 OECD 평균 가정용 전기요금은 $160이다. 마찬가지 방법으로 OECD 평균 산업용 전기요금을 구해보면 $100이다. OECD 평균 전기요금은 가정용이 산업용의 1.5배 이상이라는 것을 알 수 있다.

ㄷ. (X) <그림>에서 한국과 미국의 가정용 전기요금 지수는 각각 75, 77로 미국의 가정용 전기요금은 한국보다 비싸지만, 산업용 전기요금 지수는 각각 95, 67로 한국의 산업용 전기요금이 미국보다 비싸다.

ㄹ. (X) 보기 ㄴ에서 OECD 평균 가정용, 산업용 전기요금은 각각 $160, $100임을 확인하였다. <그림>에 따르면 일본의 가정용, 산업용 전기요금 지수는 각각 138, 160이므로, 일본의 가정용, 산업용 전기요금은 각각 $160×138, $100×160이다. 구체적으로 계산을 하지 않아도 138:100의 비율로 가정용 전기요금이 산업용 전기요금보다 비싸다는 것을 알 수 있다.

[정답] ①

PSAT 교육 1위, 해커스PSAT

psat.Hackers.com

PSAT 교육 1위, 해커스PSAT
psat.Hackers.com

해커스PSAT 길규범 자료해석 기출유형공략 1

유형 3
표+차트

I. 일반
II. 공식
III. 빈칸
IV. 공식+빈칸
V. 표-차트 변환

I. 일반

7급·민경채에서 출제된 문제에서는 복잡한 계산이 요구된다기 보다는 주어진 자료의 특성을 파악하면 해결가능한 문제가 주로 출제되고 있다. 다만, 표와 차트를 연계하는 방식이 단순하지 않고 독특한 문제가 출제되는 것이 특징이다. 난도가 충분히 높아질 수 있는 유형인만큼 5급 기출문제를 통해 다양한 문제를 충분히 연습해 두는 것이 필요하다.

149 다음 <표>와 <그림>은 2001~2008년 동안 A 국의 비행단계별, 연도별 항공기사고 발생 건수에 대한 자료이다. 이에 대한 <보기>의 설명 중 옳은 것만을 모두 고르면?

민경채 13년 인책형 1번

<표> 비행단계별 항공기사고 발생 건수(2001~2008년)
(단위: 건, %)

단계	발생 건수	비율
지상이동	4	6.9
이륙	2	3.4
상승	7	12.1
순항	22	37.9
접근	6	10.3
착륙	17	29.4
계	58	100.0

<그림> 연도별 항공기사고 발생 건수

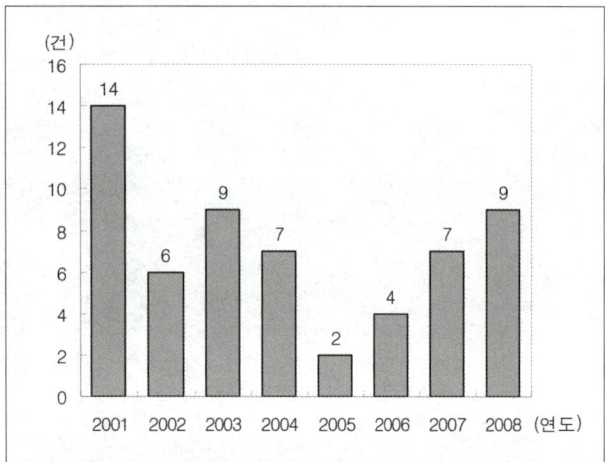

─────<보기>─────
ㄱ. 2005년 이후 항공기사고 발생 건수는 매년 증가하였다.
ㄴ. 비행단계별 항공기사고 발생 건수가 많은 것부터 순서대로 나열하면 순항, 착륙, 접근, 상승 순이다.
ㄷ. 순항단계와 착륙단계의 항공기사고 발생 건수의 합은 총 항공기사고 발생 건수의 60% 이상이다.
ㄹ. 2006~2008년 동안 항공기사고 발생 건수의 전년대비 증가율은 매년 100% 이상이다.

① ㄱ, ㄴ
② ㄱ, ㄷ
③ ㄴ, ㄹ
④ ㄱ, ㄷ, ㄹ
⑤ ㄴ, ㄷ, ㄹ

해설

ㄱ. (○) <그림>에서 2005년 이후 항공기 사고 발생 건수는 매년 증가하였음을 확인할 수 있다.

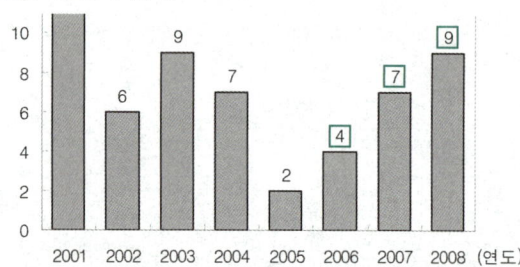

ㄴ. (×) <표>에 항공기사고 발생 건수가 많은 비행단계부터 순위를 매겨보면 다음과 같다. 비율을 기준으로 순위를 매겨도 좋다.

단계	발생 건수		비율
지상이동	4	5	6.9
이륙	2	6	3.4
상승	7	3	12.1
순항	22	1	37.9
접근	6	4	10.3
착륙	17	2	29.4
계	58		100.0

비행단계별 항공기사고 발생 건수가 많은 것부터 순서대로 나열하면 순항, 착륙, 상승, 접근 순이다.

ㄷ. (○) <표>에 따르면 순항단계의 항공기사고 발생 건수의 전체 대비 비율은 37.9%이고, 착륙단계는 29.4%이다.

단계	발생 건수	비율
⋮		
순항	22	37.9
⋮		
착륙	17	29.4
⋮		

두 비율을 더하면 37.9 + 29.4 = 67.3%로 60% 이상이다. 그러므로 순항단계와 착륙단계의 항공기사고 발생 건수의 합이 총 항공기사고 발생 건수의 60% 이상임을 알 수 있다.

ㄹ. (×) 항공기사고 발생 건수의 전년대비 증가율이 100% 이상이기 위해서는 발생 건수가 매년 전년대비 2배 이상이 되어야 한다. 그러나 <그림>에 따르면 2007년의 항공기사고 발생 건수는 7건으로 2006년 4건의 2배 미만이며, 2008년의 발생 건수 9건도 2007년 7건의 2배 미만이다.

[정답] ②

150 다음 <그림>과 <표>는 전산장비(A~F) 연간유지비와 전산장비 가격 대비 연간유지비 비율을 나타낸 자료이다. 이에 대한 설명으로 옳은 것은?

민경채 14년 A책형 15번

<그림> 전산장비 연간유지비

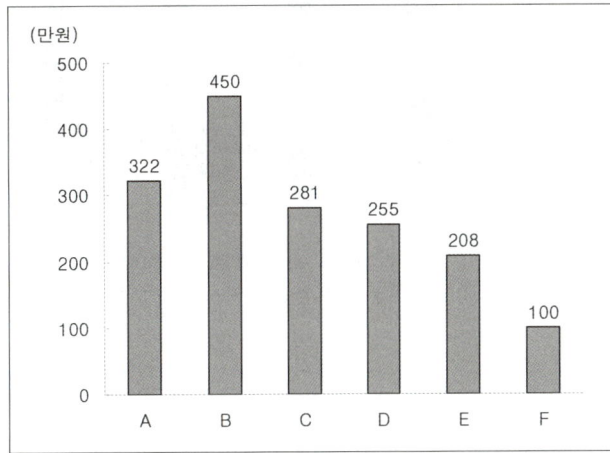

<표> 전산장비 가격 대비 연간유지비 비율

(단위: %)

전산장비	A	B	C	D	E	F
비율	8.0	7.5	7.0	5.0	4.0	3.0

① B의 연간유지비가 D의 연간유지비의 2배 이상이다.
② 가격이 가장 높은 전산장비는 A이다.
③ 가격이 가장 낮은 전산장비는 F이다.
④ C의 가격은 E의 가격보다 높다.
⑤ A를 제외한 전산장비는 가격이 높을수록 연간유지비도 더 높다.

해설

① (×) <그림>에 따르면 B의 연간유지비는 450만원이고, D의 연간유지비는 255만원이다.

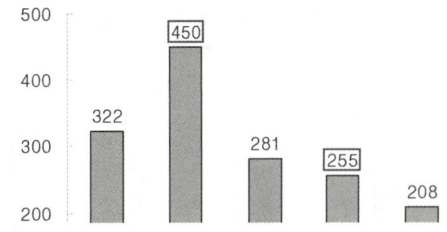

255의 2배는 510이므로 B의 연간유지비는 D 연간유지비의 2배 미만이다.

② (×) <그림>에는 전산장비 연간유지비가 주어져 있고, <표>에는 전산장비 가격 대비 연간유지비 비율이 주어져 있다. 전산장비 가격 대비 연간유지비 비율은

전산장비 가격 대비 연간유지비 비율 = 전산장비 연간유지비 / 전산장비 가격

이므로, <그림>에 주어진 값을 <표>에 주어진 값으로 나누면 '가격'을 구할 수 있다. <그림>에 분수처럼 표시해보면 다음과 같다.

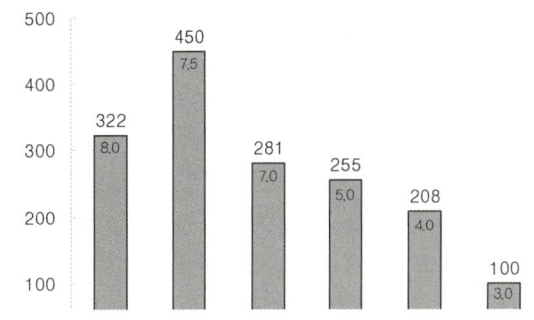

A를 B와 비교해보면 분모(전산장비 가격 대비 연간유지비 비율)는 8.0으로 B의 7.5보다 크고, 분자(전산장비 연간유지비)는 322로 B의 450보다 작으므로, 가격이 가장 높은 전산장비가 A는 아님을 알 수 있다.

③ (○) 선지 ②의 그림을 참고해보면 F의 가격은 100(만원)/3.0(%)로 단위를 고려하지 않고 분수의 값만 확인하면 약 33.33이다. 나머지 모든 장비는 분수의 값이 40 이상이므로 가격이 가장 낮은 전산장비는 F이다.

④ (×) 선지 ②의 그림을 참고해보면 C의 분자는 281로 E의 분자 208 대비 약 40% 가량 크지만, 분모는 7.0으로 E의 분모 4.0 대비 70% 이상 크다. 그러므로 C의 가격은 E의 가격보다 낮다.
또는 C는 분자가 분모의 40배 정도인데, E는 50배 정도이다.

⑤ (×) <그림>의 전산장비 유지비는 A를 제외하면 B부터 연간유지비가 높은 순서대로 정렬되어 있다고 볼 수 있는데, 선지 ②의 그림에서 연간유지비 차이는 작지만 전산장비 가격 대비 연간유지비 비율의 차이는 상대적으로 큰 C와 D에 주목해본다. C의 가격을 계산해보면 281÷7.0 = 약 40이고, D의 가격은 255÷5 = 51이므로 D가 C보다 가격은 높지만 연간유지비는 더 낮다.
또는 선지 ④에서 살펴본 C와 E의 관계도 선지 ⑤의 반례가 될 수 있다.

> **합격으로 가는 Tip**
>
> $A = \dfrac{C}{B}$ 를 물을 때, A는 공식 그대로 구할 수 있고, C=A×B로 구할 수 있다. 선지 ②에서 묻는건 위 공식에서 B이므로 $B = \dfrac{C}{A}$ 로 구할 수 있다.

[정답] ③

151 다음 <그림>과 <표>는 조사연도별 '갑'국 병사의 계급별 월급과 군내매점에서 판매하는 주요품목 가격에 관한 자료이다. 이에 대한 설명으로 옳은 것은?

민경채 20년 가책형 25번

〈그림〉 조사연도별 병사의 계급별 월급

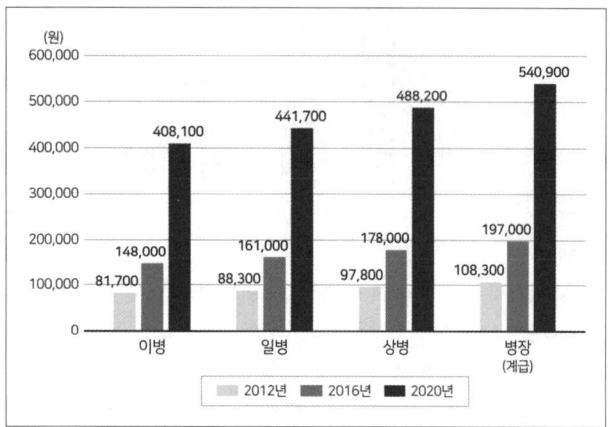

〈표〉 조사연도별 군내매점 주요품목 가격

(단위: 원/개)

품목 조사연도	캔커피	단팥빵	햄버거
2012	250	600	2,400
2016	300	1,000	2,800
2020	500	1,400	3,500

① 이병 월급은 2020년이 2012년보다 500% 이상 증액되었다.
② 2012년 대비 2016년 상병 월급 증가율은 2016년 대비 2020년 상병 월급 증가율보다 더 높다.
③ 군내매점 주요품목 각각의 2012년 대비 2016년 가격인상률은 2016년 대비 2020년 가격인상률보다 낮다.
④ 일병이 한 달 월급만을 사용하여 군내매점에서 해당 연도 가격으로 140개의 단팥빵을 구매하고 남은 금액은 2016년이 2012년보다 15,000원 이상 더 많다.
⑤ 병장이 한 달 월급만을 사용하여 군내매점에서 해당 연도 가격으로 구매할 수 있는 햄버거의 최대 개수는 2020년이 2012년의 3배 이하이다.

해설

① (×) 〈그림〉에 따르면 2020년의 이병 월급은 408,100원이고, 2012년은 81,700원이다.

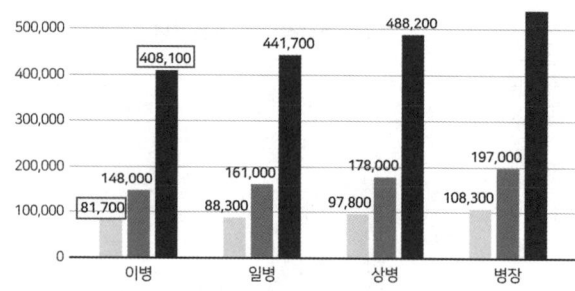

2020년의 이병 월급은 2012년 대비 5배 미만 증가했으므로 500% 이상 증액된 것은 아니다. 500% 이상 증액되기 위해서는 6배 이상이 되어야 한다.

② (×) 〈그림〉에 따르면 상병 월급은 2012년부터 각각 97,800원, 178,000원, 488,200원이다. 상병 월급은 2012년 대비 2016년은 2배 미만이고, 2016년 대비 2020년은 2배 이상이므로 2012년 대비 2016년 상병 월급 증가율은 2016년 대비 2020년 상병 월급 증가율보다 더 낮다.

③ (×) 〈표〉에 따르면 캔커피의 경우 2012년 대비 2016년 가격인상률은 (300−250)/250×100=20%이고, 2016년 대비 2020년 가격인상률은 (500−300)/300×100=약 66%이다. 2012년 대비 2016년 가격인상률이 2016년 대비 2020년 가격인상률보다 낮다.

품목 조사연도	캔커피	단팥빵	햄버거
2012	250	600	2,400
2016	300 20% 증가	1,000	2,800
2020	500 약 66% 증가	1,400	3,500

그런데 단팥빵의 경우 2012년 대비 2016년에, 2016년 대비 2020년에 각각 일정하게 400원씩 가격이 인상되었다. 증가폭이 일정한 경우 증가율은 감소한다. 직접 확인해보면 2012년 대비 2016년 가격인상률은 (1,000−600)/600×100=약 66%이고, 2016년 대비 2020년 가격인상률은 (1,400−1,000)/1,000×100=40%이다.

④ (○) 〈그림〉에 따르면 2016년 일병 월급은 161,000원이고, 〈표〉에 따르면 단팥빵의 가격은 1,000원이다. 140개의 단팥빵을 구매하면 남은 금액은 161,000−(1,000×140)=21,000원이다. 그리고 2012년 일병 월급은 88,300원이고, 단팥빵의 가격은 600원이므로 140개의 단팥빵을 구매하면 남은 금액은 88,300−(600×140)=4,300원이다. 21,000−4,300=16,700원이므로, 140개의 단팥빵을 구매하고 남은 금액은 2016년이 2012년보다 15,000원 이상 더 많다는 것을 알 수 있다.

⑤ (×) 〈그림〉에 따르면 2020년 병장 월급은 540,900원이고, 〈표〉에 따르면 햄버거의 가격은 3,500원이다. 한 달 월급만을 사용하여 구매할 수 있는 햄버거의 최대 개수는 어림산하면 540,xxx÷3,500=150개 이상이다. 그리고 2012년 병장 월급은 108,300원이고, 햄버거의 가격은 2,400원이다. 한 달 월급만을 사용하여 구매할 수 있는 햄버거의 최대 개수는 108,300÷2,400=약 45개이다. 병장이 한 달 월급만을 사용하여 구매할 수 있는 햄버거의 최대 개수는 2020년이 2012년의 3배 이상이다.

또는 이렇게 다 직접 계산 결과를 구하지 않고, 계산값이 3배 이하인지 검증하는 공식을 세워서 검토할 수도 있다.

합격으로 가는 Tip

④ 일병의 월급에서 140개의 단팥빵을 사고 남은 금액을 봐야 한다. 일병의 월급은 72,700원이 증가하는데, 단팥빵 가격은 400원이 상승하므로 140개를 구매하면 구매액은 400×140=56,000원이 증가한다. 따라서 2016년에 구매하고 남은 금액은 72,700−56,000=16,700원이 증가한다고 구할 수도 있다.

[정답] ④

152 다음 <표>와 <그림>은 2002년과 2012년 '갑'국의 국적별 외국인 방문객에 관한 자료이다. 이에 대한 설명으로 옳은 것은?

민경채 16년 5책형 7번

<표> 외국인 방문객 현황

(단위: 명)

연도	2002	2012
외국인 방문객 수	5,347,468	9,794,796

<그림 1> 2002년 국적별 외국인 방문객 수 (상위 10개국)

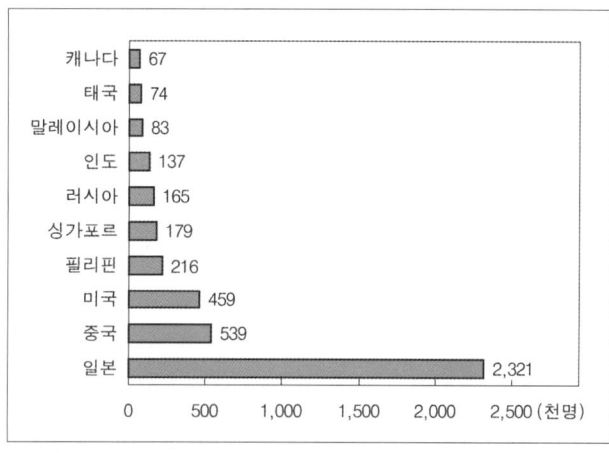

<그림 2> 2012년 국적별 외국인 방문객 수 (상위 10개국)

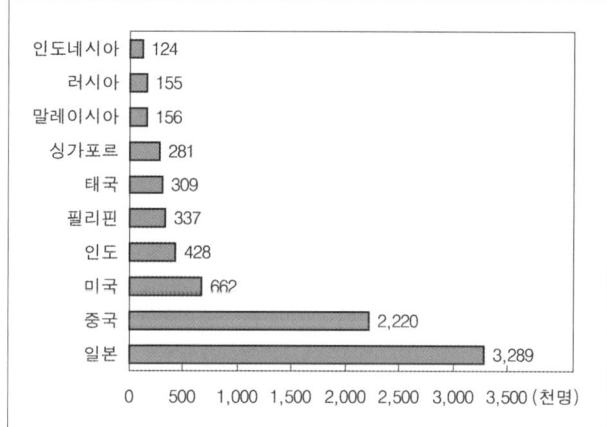

① 미국인, 중국인, 일본인 방문객 수의 합은 2012년이 2002년의 2배 이상이다.
② 2002년 대비 2012년 미국인 방문객 수의 증가율은 말레이시아인 방문객 수의 증가율보다 높다.
③ 전체 외국인 방문객 중 중국인 방문객 비중은 2012년이 2002년의 3배 이상이다.
④ 2002년 외국인 방문객 수 상위 10개국 중 2012년 외국인 방문객 수 상위 10개국에 포함되지 않은 국가는 2개이다.
⑤ 인도네시아인 방문객 수는 2002년에 비해 2012년에 55,000명 이상 증가하였다.

해설

① (×) <그림 1>에 따르면 2002년 미국인, 중국인, 일본인 방문객 수의 합은 백의 자리 이상만 고려했을 때 4xx+5xx+2,3xx=약 3,2xx이다.

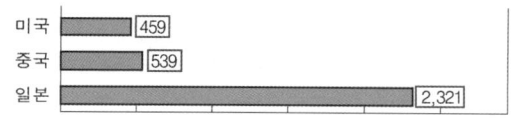

그러므로 2012년의 미국인, 중국인, 일본인 방문객 수의 합이 2002년의 2배 이상이 되기 위해서는 2012년의 경우 약 6,4xx 이상이어야 한다. 그러나 <그림 2>에 따르면 2012년의 미국인, 중국인, 일본인 방문객 수의 합은 6xx+2,2xx+3,2xx=약 6,0xx이다.

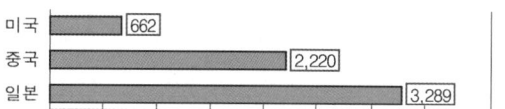

<그림 2>에서 xx로 처리해 버려진 값이 300 이상일수는 없으므로, 미국인, 중국인, 일본인 방문객 수의 합은 2012년이 2002년의 2배 미만임을 알 수 있다.

② (×) <그림 1>에 따르면 2002년의 미국인 방문객 수는 459(천명)이고 말레이시아인 방문객 수는 83이다. 그리고 <그림 2>에 따르면 2012년 미국인 방문객 수는 662이고 말레이시아인 방문객 수는 156이다. 즉, 2002년 대비 2012년 미국인 방문객 수는 459에서 663로 1.5배 미만 증가한 반면, 말레이시아인 방문객 수는 83에서 156으로 1.5배 이상 증가하였다. 따라서 2002년 대비 2012년 미국인 방문객 수의 증가율은 말레이시아인 방문객 수의 증가율보다 낮다.

③ (×) <표>에 따르면 2002년 외국인 방문객 수는 5,347,468명으로 약 5,347(천명)이다. 그리고 <그림 1>에 따르면 2002년 중국인 방문객 수는 539(천명)로, 2002년의 전체 외국인 방문객 중 중국인 방문객 비중은 10% 이상이다. 그리고 <표>에 따르면 2012년 외국인 방문객 수는 9,794(천명)이고, <그림 2>에 따르면 2012년 중국인 방문객 수는 2,220(천명)으로, 2012년의 전체 외국인 방문객 중 중국인 방문객 비중은 30% 미만이다. 그러므로 전체 외국인 방문객 중 중국인 방문객 비중은 2012년이 2002년의 3배 미만이다.

④ (×) <그림 1>과 <그림 2>의 국가를 비교해보면 2002년 외국인 방문객 수 상위 10개국 중 2012년 외국인 방문객 수 상위 10개국에 포함되지 않은 국가는 캐나다 1개이다.

⑤ (○) <그림 1>에는 2002년의 인도네시아인 방문객 수가 직접 주어져 있지 않다. 다만 상위 10개국 중 방문객 수가 가장 작은 캐나다인 67(천명)보다 인도네시아인 방문객 수가 적다는 것은 알 수 있다. 그리고 <그림 2>에 따르면 2012년 인도네시아인 방문객 수는 124이다. 그러므로 인도네시아인 방문객 수는 2002년에 비해 2012년에 124-67=57(천명) 이상 증가하였다.

[정답] ⑤

153 다음 <표>와 <그림>은 A지역 2016년 주요 버섯의 도·소매가와 주요 버섯 소매가의 전년 동분기 대비 등락액을 나타낸 자료이다. 이에 대한 <보기>의 설명 중 옳은 것만을 모두 고르면?

민경채 18년 가책형 17번

<표> 2016년 주요 버섯의 도·소매가

(단위: 원/kg)

버섯종류	분기 구분	1분기	2분기	3분기	4분기
느타리	도매	5,779	6,752	7,505	7,088
	소매	9,393	9,237	10,007	10,027
새송이	도매	4,235	4,201	4,231	4,423
	소매	5,233	5,267	5,357	5,363
팽이	도매	1,886	1,727	1,798	2,116
	소매	3,136	3,080	3,080	3,516

<그림> 2016년 주요 버섯 소매가의 전년 동분기 대비 등락액

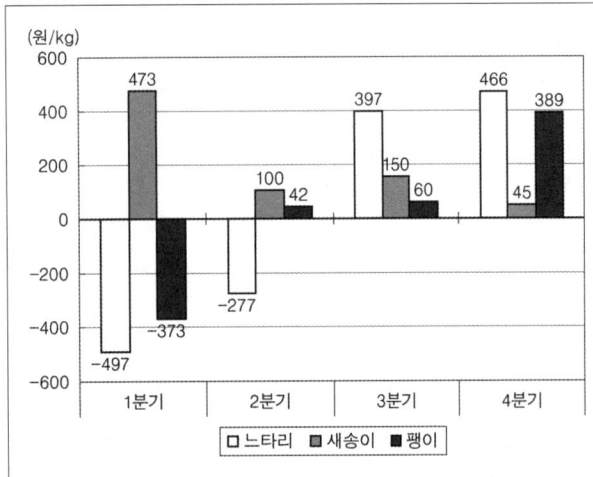

―――――――――<보기>―――――――――

ㄱ. 2016년 매분기 '느타리' 1kg의 도매가는 '팽이' 3kg의 도매가보다 높다.
ㄴ. 2015년 매분기 '팽이'의 소매가는 3,000원/kg 이상이다.
ㄷ. 2016년 1분기 '새송이'의 소매가는 2015년 4분기에 비해 상승했다.
ㄹ. 2016년 매분기 '느타리'의 소매가는 도매가의 1.5배 미만이다.

① ㄱ, ㄴ
② ㄱ, ㄷ
③ ㄴ, ㄷ
④ ㄴ, ㄹ
⑤ ㄷ, ㄹ

해설

ㄱ. (○) <표>에는 2016년 매분기 '느타리' 1kg의 도매가와 '팽이' 1kg의 도매가가 주어져 있다. 그러므로 '팽이' 1kg의 도매가×3을 '느타리' 1kg의 도매가와 비교해본다.

버섯종류	분기 구분	1분기	2분기	3분기	4분기
느타리	도매	5,779	6,752	7,505	7,088
	소매	9,393	9,237	10,007	10,027
⋮					
팽이	도매	3×1,886	3×1,727	3×1,798	3×2,116
	소매	3,136	3,080	3,080	3,516

2~4분기는 어림산 해보아도 '느타리' 1kg의 도매가가 '팽이' 3kg의 도매가의 3배 이상이다. 1분기는 1,886을 어림산해서 1,900으로 크게 잡더라도 3배는 5,700이다. 따라서 1분기도 '느타리' 1kg의 도매가가 '팽이' 3kg의 도매가의 3배 이상이다.

ㄴ. (○) <그림>에는 2016년 '팽이'의 분기별 소매가의 전년 동분기 대비 등락액이 주어져 있다.

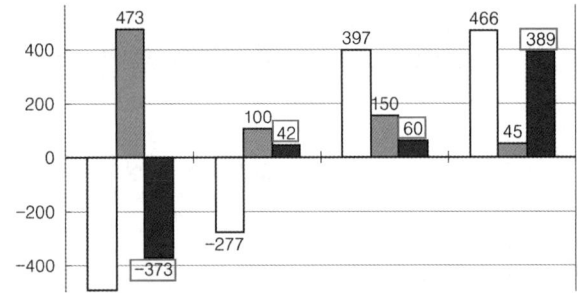

이를 <표>의 2016년 '팽이' 1kg의 소매가에 적용하여 2015년 분기별 '팽이'의 소매가를 계산해본다.

버섯종류	분기 구분	1분기	2분기	3분기	4분기
⋮					
팽이	도매	1,886	1,727	1,798	2,116
	소매	3,136	3,080	3,080	3,516
		+373 =3,509	−42 =3,038	−60 =3,020	−389 =3,127

2015년 매분기 '팽이'의 소매가는 3,000원/kg 이상이다.

ㄷ. (×) <표>에 따르면 2016년 1분기 '새송이'의 소매가는 5,233(원/kg)이고, 4분기는 5,363이다. <그림>에 따르면 2016년 4분기 '새송이'의 전년 동분기 대비 등락액은 45이므로 2015년 4분기 '새송이'의 소매가는 5,363−45=5,318이다. 2016년 1분기 '새송이'의 소매가는 2015년 4분기에 비해 하락했다.

ㄹ. (×) <표>에 따르면 2016년 1분기 '느타리'의 소매가는 9,393(원/kg)이고 도매가는 5,779이다. 도매가를 6,000이라고 생각해도 소매가 9,393은 도매가의 1.5배 이상이다.

합격으로 가는 Tip

ㄴ. 보기를 해결할 때, 2015년 매분기 '팽이'의 소매가를 3,000원으로 가정하고 해결하는 방법도 가능하다.

[정답] ①

154 다음 <표>와 <그림>은 복무기관별 공익근무요원 현황에 대한 자료이다. 이에 대한 <보기>의 설명 중 옳은 것을 모두 고르면?

민경채 11년 경책형 17번

<표> 복무기관별 공익근무요원 수 추이

(단위: 명)

복무기관 \ 연도	2004	2005	2006	2007	2008	2009
중앙정부기관	6,536	5,283	4,275	4,679	2,962	5,872
지방자치단체	19,514	14,861	10,935	12,335	11,404	12,837
정부산하단체	6,135	4,875	4,074	4,969	4,829	4,194
기타 기관	808	827	1,290	1,513	4,134	4,719
계	32,993	25,846	20,574	23,496	23,329	27,622

<그림> 공익근무요원의 복무기관별 비중

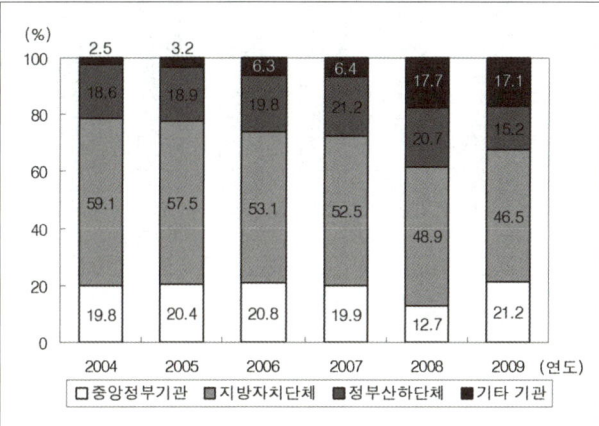

─<보기>─

ㄱ. 전체 공익근무요원 수 중 기타 기관에 복무하는 공익근무요원 수가 차지하는 비중은 매년 증가하였다.

ㄴ. 2005년부터 2009년까지 중앙정부기관에 복무하는 공익근무요원 수의 증감방향은 전체 공익근무요원 수의 증감방향과 일치한다.

ㄷ. 정부산하단체에 복무하는 공익근무요원 수는 2004년 대비 2009년에 30% 이상 감소하였다.

ㄹ. 기타 기관을 제외하고, 2005년 공익근무요원 수의 전년 대비 감소율이 가장 큰 복무기관은 지방자치단체이다.

① ㄱ, ㄴ
② ㄱ, ㄹ
③ ㄴ, ㄷ
④ ㄷ, ㄹ
⑤ ㄴ, ㄷ, ㄹ

해설

ㄱ. (×) 〈그림〉에 따르면 2009년의 전체 공익근무요원 수 중 기타 기관에 복무하는 공익근무요원 수가 차지하는 비중은 17.1%로 2008년의 17.7% 대비 감소하였다.

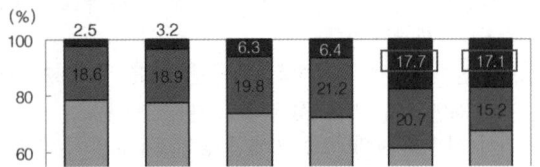

ㄴ. (○) 〈표〉의 중앙정부기관에 복무하는 공익근무요원 수와 전체 공익근무요원 수에 전년 대비 증감방향을 증가한 경우 '↑'로, 감소한 경우 '↓'로 표시해보면 다음과 같다.

연도 복무기관	2004	2005	2006	2007	2008	2009
		↓	↓	↑	↓	↑
중앙정부기관	6,536	5,283	4,275	4,679	2,962	5,872
		↓	↓	↑	↓	↑
계	32,993	25,846	20,574	23,496	23,329	27,622

매년 중앙정부기관에 복무하는 공익근무요원 수의 증감방향이 감소-감소-증가-감소-증가 순으로 전체 공익근무요원 수의 증감방향과 일치함을 확인할 수 있다.

ㄷ. (○) 〈표〉에 따르면 2004년 정부산하단체에 복무하는 공익근무요원의 수는 6,135명이고, 2009년은 4,194명이다.

연도 복무기관	2004	2005	2006	2007	2008	2009
			⋮			
정부산하단체	6,135	4,875	4,074	4,969	4,829	4,194
			⋮			

6,135보다 작은 6,000의 70%가 4,200인데, 4,194는 4,200보다도 작다. 4,194는 6,135의 70% 미만이므로 30% 이상 감소하였음을 알 수 있다.

ㄹ. (○) 〈표〉에서 기타기관을 제외한 2005년 공익근무요원 수는 전년인 2004년 대비 약 20% 가량씩 감소했음을 확인한다.

연도 복무기관	2004	2005	2006	2007	2008	2009
중앙정부기관	6,536	5,283	4,275	4,679	2,962	5,872
지방자치단체	19,514	14,861	10,935	12,335	11,404	12,837
정부산하단체	6,135	4,875	4,074	4,969	4,829	4,194
			⋮			

중앙정부기관부터 더 자세히 확인해보면 6,5xx의 20%는 약 1,3xx이고 6,536 − 1,300은 5,236이므로, 중앙정부기관의 2005년 공익근무요원 수의 전년대비 감소율은 20% 미만이다. 같은 방법으로 지방자치단체도 확인해보면 19,5xx의 20%는 약 3,9xx이고 19,514 − 3,900은 15,614이므로 지방자치단체의 감소율은 20% 이상, 정부산하단체의 경우도 6,1xx의 20%는 약 1,2xx이므로 정부산하단체의 감소율은 약 20%이다. 지방자치단체와 정부산하단체의 경우만 자세히 비교해보면, 비교의 편의를 위해 정부산하단체의 2004년, 2005년 공익근무요원 수에 각각 3을 곱해 다음과 같이 생각할 수 있다.

$$\frac{14,861}{19,514}, \quad \frac{14,625(=4,875\times3)}{18,405(=6,135\times3)}$$

왼쪽의 지방자치단체에 해당하는 분수가 2005년에 해당하는 분자는 약 2% 크지만, 2004년에 해당하는 분모는 약 5% 이상 크므로, 기타 기관을 제외하고 2005년 공익근무요원 수의 전년대비 감소율이 가장

큰 복무기관은 지방자치 단체라는 것을 확인할 수 있다.

보기 ㄹ을 해결할 수 있는 다른 방법으로는, 비중의 변화를 보는 것이다. 만약 100이 A 40, B 30, C 20, D 10의 항목으로 구성되었다고 하자. 그렇다면 각 항목의 비중은 40%, 30%, 20%, 10%이었을 것이다. 그런데 100이 200으로 2배가 될 때, A는 2배가 되고, B는 1.5배가 되고, C는 3배가 되었다고 가정해보자. 그렇다면 이때 각 항목의 비중은 어떻게 변화할지 생각해보자. 비중이 줄어들었다는 것은 그만큼 줄어들었거나 남들보다 덜 늘어났다는 의미이다. 따라서 기타를 제외했을 때, 정부산하단체와 중앙정부기관은 그 비중이 증가하는데 반해 (기타 기관을 제외하라고 했지만, 기타 기관도 비중은 증가했다.) 비중이 줄어든 복무기관은 지방자치단체뿐이다. 이 문제의 보기 ㄹ의 상황은 총합이 줄어드는 상황이지만, 기본적으로 사고 원리는 유사하다. 전체적인 증가율 또는 감소율과 각 항목의 증가율 또는 감소율을 비교하는 방법을 연습해 두자.

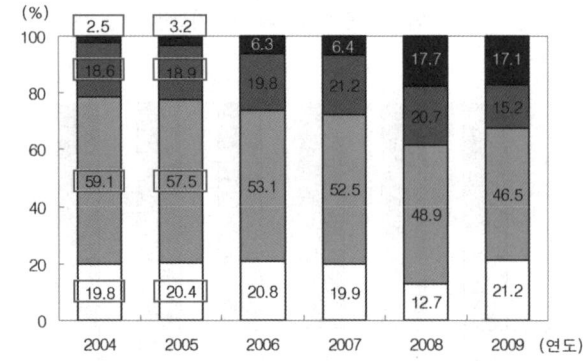

합격으로 가는 Tip

표 또는 차트가 2개 이상 등장하는 경우에는, 표나 그림의 제목을 확인하여, 필요한 정보를 빠르고 정확하게 찾아갈 수 있어야 한다. 이 문제의 경우 보기 ㄱ에서만 '비중'이 언급되고 보기 ㄴ~ㄷ에서는 공익근무요원의 '수'만 확인하면 된다.

[정답] ⑤

155 다음 <표>와 <그림>은 수종별 원목생산량과 원목생산량 구성비에 관한 자료이다. 이에 대한 <보기>의 설명 중 옳은 것만을 모두 고르면?

민경채 16년 5책형 8번

<표> 2006~2011년 수종별 원목생산량

(단위: 만m³)

연도 수종	2006	2007	2008	2009	2010	2011
소나무	30.9	25.8	28.1	38.6	77.1	92.2
잣나무	7.2	6.8	5.6	8.3	12.8	( )
전나무	50.4	54.3	50.4	54.0	58.2	56.2
낙엽송	22.7	23.8	37.3	38.7	50.5	63.3
참나무	41.4	47.7	52.5	69.4	76.0	87.7
기타	9.0	11.8	21.7	42.7	97.9	85.7
전체	161.6	170.2	195.6	( )	372.5	( )

<그림> 2011년 수종별 원목생산량 구성비

(단위: %)

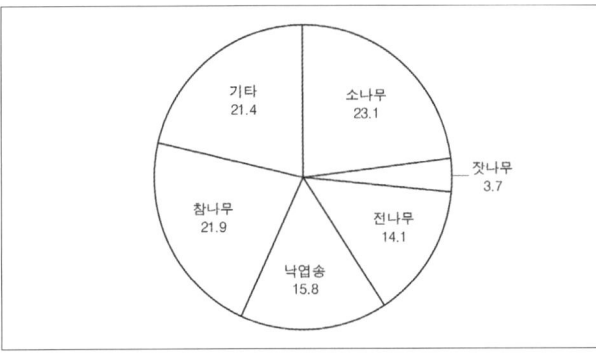

─────<보기>─────

ㄱ. '기타'를 제외하고 2006년 대비 2011년 원목생산량 증가율이 가장 큰 수종은 소나무이다.
ㄴ. '기타'를 제외하고 2006~2011년 동안 원목생산량이 매년 증가한 수종은 3개이다.
ㄷ. 2010년 참나무 원목생산량은 2010년 잣나무 원목 생산량의 6배 이상이다.
ㄹ. 전체 원목생산량 중 소나무 원목생산량의 비중은 2011년이 2009년보다 크다.

① ㄱ, ㄴ   ② ㄱ, ㄷ
③ ㄱ, ㄹ   ④ ㄴ, ㄷ
⑤ ㄷ, ㄹ

해설

ㄱ. (○) <표>에서 2006년과 2011년 원목생산량을 비교해보면 소나무의 경우 2006년의 30.9(만m³) 대비 2011년 92.2로 3배 이상 증가하였다.

연도 수종	2006	2007	2008	2009	2010	2011
소나무	30.9	25.8	28.1	38.6	77.1	92.2
잣나무	7.2	6.8	5.6	8.3	12.8	( )
전나무	50.4	54.3	50.4	54.0	58.2	56.2
낙엽송	22.7	23.8	37.3	38.7	50.5	63.3
참나무	41.4	47.7	52.5	69.4	76.0	87.7

전나무, 낙엽송, 참나무의 경우 3배 미만 증가하였으므로 잣나무만 <그림>으로 확인해본다. <그림>에 따르면 2011년 잣나무의 원목생산량 구성비는 3.7%이고, 6배하면 22.2로 참나무의 구성비보다 조금 크다. 따라서 2011년 참나무 원목생산량 87.7과 비교하면, 2011년 잣나무 원목생산량은 87.7÷6 = 약 14.6이다. 2006년 잣나무 원목생산량은 7.2로 어림산해도 3배 미만 증가하였음을 알 수 있다. '기타'를 제외하고 2006년 대비 2011년 원목생산량 증가율이 가장 큰 수종은 소나무이다.

ㄴ. (×) <표>에 원목생산량이 전년대비 감소한 경우를 표시해보면 다음과 같다.

연도 수종	2006	2007	2008	2009	2010	2011
소나무	30.9	> 25.8	28.1	38.6	77.1	92.2
잣나무	7.2	> 6.8	> 5.6	8.3	12.8	( )
전나무	50.4	54.3	> 50.4	54.0	58.2	> 56.2
낙엽송	22.7	23.8	37.3	38.7	50.5	63.3
참나무	41.4	47.7	52.5	69.4	76.0	87.7

'기타'를 제외하고 2006~2011년 동안 원목생산량이 매년 증가한 수종은 낙엽송, 참나무 2개이다.

ㄷ. (×) <표>에 따르면 2010년 참나무 원목생산량은 76.0(만m³)이고 잣나무는 12.8이다. 12.8×6 = 76.8이므로 2010년 참나무 원목생산량은 2010년 잣나무 원목생산량의 6배 미만이다.

ㄹ. (○) <표>에서 2009년과 2011년의 수종별 원목생산량을 비교해본다.

연도 수종	2006	2007	2008	2009	2010	2011
소나무	30.9	25.8	28.1	38.6	77.1	92.2
잣나무	7.2	6.8	5.6	8.3	12.8	( )
전나무	50.4	54.3	50.4	54.0	58.2	56.2
낙엽송	22.7	23.8	37.3	38.7	50.5	63.3
참나무	41.4	47.7	52.5	69.4	76.0	87.7
기타	9.0	11.8	21.7	42.7	97.9	85.7

보기 ㄱ에서 확인한 바와 같이 2011년 잣나무 원목생산량은 14.6이므로, 소나무를 제외한 나머지 모든 수종별 원목생산량은 2009년 대비 2011년에 2배 미만 증가하였고, 소나무는 2배 이상 증가하였다. 그러므로 전체 원목생산량 중 소나무 원목생산량의 비중은 2011년이 2009년보다 크다는 것을 알 수 있다.

또는 다음과 같은 방식으로 확인할 수 있다. <표>에 따르면 2009년 소나무 원목생산량은 38.6으로 잣나무를 제외하더라도 전나무(54.0), 낙엽송(38.7), 참나무(69.4), 기타(42.7)보다 작다. 따라서 전체 원목생산량 중 소나무 원목생산량의 비중은 20% 미만임을 알 수 있다. 그리고 <그림>에 따르면 2011년 소나무 원목생산량의 비중은 23.1%이다. 그러므로 전체 원목생산량 중 소나무 원목생산량의 비중은 2011년이 2009년보다 크다는 것을 알 수 있다.

이상과 같은 방법으로 구하지 못하였다면 2009년의 전체 원목생산량 38.6+8.3+54.0+38.7+69.4+42.7 = 251.7(만m³)을 직접 구한다. 2009년 소나무 원목생산량은 38.9이므로 2009년 소나무의 원목생산량 구성비는 20% 미만이고, <그림>에 따르면 2011년 소나무 원목생산량은 23.1%이므로, 전체 원목생산량 중 소나무 원목생산량의 비중은 2011년이 2009년보다 크다는 것을 알 수 있다.

[정답] ③

156 다음 <표>와 <그림>은 A국 초·중·고등학생 평균 키 및 평균 체중과 비만에 대한 자료이다. 이에 대한 <보기>의 설명 중 옳은 것만을 모두 고르면?

민경채 18년 가책형 10번

〈표 1〉 학교급별 평균 키 및 평균 체중 현황

(단위: cm, kg)

학교급	성별	2017년		2016년		2015년		2014년		2013년	
		키	체중	키	체중	키	체중	키	체중	키	체중
초	남	152.1	48.2	151.4	46.8	151.4	46.8	150.4	46.0	150.0	44.7
	여	152.3	45.5	151.9	45.2	151.8	45.1	151.1	44.4	151.0	43.7
중	남	170.0	63.7	169.7	62.3	169.2	61.9	168.9	61.6	168.7	60.5
	여	159.8	54.4	159.8	54.3	159.8	54.1	159.5	53.6	160.0	52.9
고	남	173.5	70.0	173.5	69.4	173.5	68.5	173.7	68.3	174.0	68.2
	여	160.9	57.2	160.9	57.1	160.9	56.8	161.1	56.2	161.1	55.4

〈표 2〉 2017년 학교급별 비만학생 구성비

(단위: %)

구분 학교급	성별	비만 아닌 학생	비만학생			학생 비만율
			경도 비만	중등도 비만	고도 비만	
초	남	82.6	8.5	7.3	1.6	17.4
	여	88.3	6.5	4.4	0.8	11.7
중	남	81.5	9.0	7.5	2.0	18.5
	여	86.2	7.5	4.9	1.4	13.8
고	남	79.5	8.7	8.4	3.4	20.5
	여	81.2	8.6	7.5	2.7	18.8
전체		83.5	8.1	6.5	1.9	16.5

※ '학생비만율'은 학생 중 비만학생(경도 비만+중등도 비만+고도 비만)의 구성비임.

〈그림〉 연도별 초·중·고 전체의 비만학생 구성비

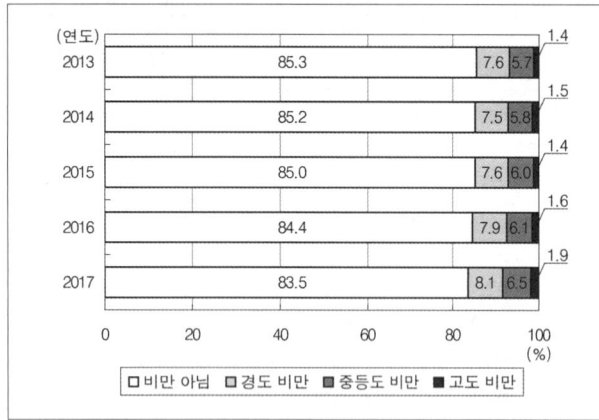

─〈보기〉─
ㄱ. 중학교 여학생의 평균 키는 매년 증가하였다.
ㄴ. 초·중·고 전체의 '학생비만율'은 매년 증가하였다.
ㄷ. 고등학교 남학생의 '학생비만율'은 2013년이 2017년보다 작다.
ㄹ. 2017년 '학생비만율'의 남녀 학생 간 차이는 중학생이 초등학생보다 작다.

① ㄱ, ㄴ
② ㄴ, ㄷ
③ ㄴ, ㄹ
④ ㄷ, ㄹ
⑤ ㄱ, ㄷ, ㄹ

해설

ㄱ. (×) 〈표 1〉에 따르면 2014년 중학교 여학생의 평균 키는 159.5(cm)로 2013년 160.0 대비 감소하였다. 그리고 2016년과 2017년의 평균 키도 159.8로 2015년 대비 증가하지 않았다.

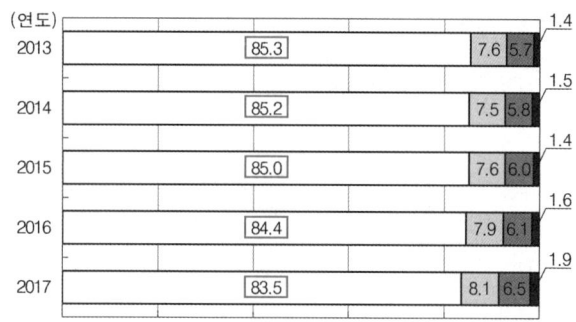

ㄴ. (○) 〈표 2〉의 각주에 따르면 '학생비만율'은 학생 중 비만학생(경도 비만+중등도 비만+고도 비만)의 구성비이고, 〈그림〉에는 연도별 초·중·고 전체의 비만학생 구성비가 주어져 있다. 전체 학생 중 비만학생을 제외한 나머지 학생이 '비만 아님'으로 주어져 있는 것이므로, '비만 아님'의 비율이 전년대비 감소하였다면 '학생비만율'은 증가한 것이다.

〈그림〉에 따르면 초·중·고 전체의 '비만 아님' 학생의 구성비는 매년 감소하였으므로, 초·중·고 전체의 '학생비만율'은 매년 증가하였음을 알 수 있다.

ㄷ. (×) 〈표 2〉에서 2017년 고등학교 남학생의 '학생비만율'은 20.5%로 주어져 있으나, 〈표〉와 〈그림〉에서 2013년 고등학교 남학생의 '학생비만율'은 주어져 있지 않다. 그러므로 고등학교 남학생의 '학생비만율'은 2013년이 2017년보다 작은지 판단할 수 없다. 〈그림〉의 초·중·고 전체의 비만학생 구성비로 고등학교 남학생의 '학생비만율'을 판단해서는 안된다.

ㄹ. (○) 〈표 2〉에 따르면 2017년 중학생 '학생비만율'의 남녀 학생 간 차이는 18.5−13.8=4.7%p이고, 초등학생은 17.4−11.7=5.7%p이다.

구분 학교급	성별	비만 아닌 학생	비만학생			학생 비만율
			경도 비만	중등도 비만	고도 비만	
초	남	82.6	8.5	7.3	1.6	17.4
	여	88.3	6.5	4.4	0.8	11.7
중	남	81.5	9.0	7.5	2.0	18.5
	여	86.2	7.5	4.9	1.4	13.8

2017년 '학생비만율'의 남녀 학생 간 차이는 중학생이 초등학생보다 작다는 것을 확인할 수 있다.

합격으로 가는 Tip
보기 ㄱ을 처리할 때 연도 방향의 함정에 주의하자.

[정답] ③

157 다음 <표>는 2020년 '갑'국 관세청의 민원 상담 현황에 관한 자료이고, <그림>은 상담내용 A와 B의 민원인별 상담건수 구성비를 나타낸 자료이다. 이를 근거로 A와 B를 바르게 나열한 것은?

민경채 21년 나책형 4번

<표> 2020년 민원 상담 현황

(단위: 건)

민원인 상담내용	관세사	무역 업체	개인	세관	선사/ 항공사	기타	합계
전산처리	24,496	63,475	48,658	1,603	4,851	4,308	147,391
수입	24,857	5,361	4,290	7,941	400	664	43,513
사전검증	22,228	5,179	1,692	241	2,247	3,586	35,173
징수	9,948	5,482	3,963	3,753	182	476	23,804
요건신청	4,944	12,072	380	37	131	251	17,815
수출	6,678	4,196	3,053	1,605	424	337	16,293
화물	3,846	896	36	3,835	2,619	3,107	14,339
환급	3,809	1,040	79	1,815	13	101	6,857

<그림> 상담내용 A와 B의 민원인별 상담건수 구성비(2020년)

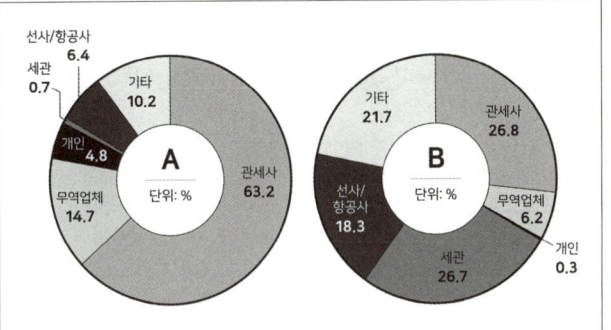

	A	B
①	수입	요건신청
②	사전검증	화물
③	사전검증	환급
④	환급	요건신청
⑤	환급	화물

158 다음 <표>와 <그림>은 2008~2016년 A국의 국세 및 지방세에 관한 자료이다. 이에 대한 설명으로 옳지 않은 것은?

민경채 17년 나책형 7번

〈표〉 국세 및 지방세 징수액과 감면액

(단위: 조원)

구분	연도	2008	2009	2010	2011	2012	2013	2014	2015	2016
국세	징수액	138	161	167	165	178	192	203	202	216
	감면액	21	23	29	31	30	30	33	34	33
지방세	징수액	41	44	45	45	49	52	54	54	62
	감면액	8	10	11	15	15	17	15	14	11

〈그림〉 국세 및 지방세 감면율 추이

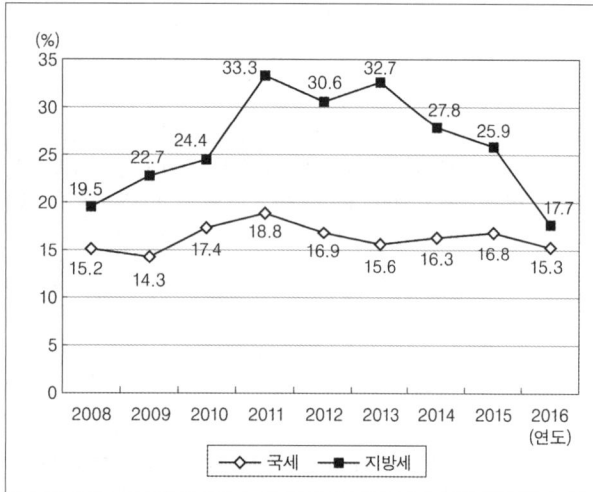

① 감면액은 국세가 지방세보다 매년 많다.
② 감면율은 지방세가 국세보다 매년 높다.
③ 2008년 대비 2016년 징수액 증가율은 국세가 지방세보다 높다.
④ 국세 징수액과 지방세 징수액의 차이가 가장 큰 해에는 국세 감면율과 지방세 감면율의 차이도 가장 크다.
⑤ 2014~2016년 동안 국세 감면액과 지방세 감면액의 차이는 매년 증가한다.

해설

① (○) 〈표〉에서 국세와 지방세의 감면액을 비교해보면, 매년 국세가 지방세보다 많다는 것을 확인할 수 있다.

구분	연도	2008	2009	2010	2011	2012	2013	2014	2015	2016
국세	징수액	138	161	167	165	178	192	203	202	216
	감면액	21	23	29	31	30	30	33	34	33
지방세	징수액	41	44	45	45	49	52	54	54	62
	감면액	8	10	11	15	15	17	15	14	11

② (○) 〈그림〉에서 '■'로 표시된 지방세의 꺾은선 그래프가 '◇'로 표시된 국세의 꺾은선 그래프보다 매년 위쪽에 위치하고 있다. 따라서 감면율은 지방세가 국세보다 매년 높다는 것을 알 수 있다.

③ (○) 〈표〉에 따르면 2008년의 국세 징수액은 138(조원), 2016년은 216이다. 그리고 2008년 지방세 징수액은 41, 2016년은 62이다. 2008년 대비 2016년 징수액 증가율을 어림잡아 비교해보면 국세와 지방세 모두 2008년 대비 2016년에 약 1.5배 가량 증가하였으므로 정확하게 비교해야 한다. 지방세 징수액에 각각 3을 곱해 다음과 같이 분수로 나타낼 수 있다.

$$\frac{186}{123}, \quad \frac{216}{138}$$
(지방세) (국세)

$$\frac{186}{123} < \frac{30}{15} = \frac{216-186}{138-123}$$

이므로 2008년 대비 2016년 징수액 증가율은 국세가 지방세보다 높다는 것을 알 수 있다.

④ (×) 〈표〉에서 우선 국세 징수액과 지방세 징수액의 차이가 가장 큰 해부터 확인해본다. 국세는 징수액이 2011년, 2015년을 제외하면 거의 지속적으로 증가하였고, 지방세 징수액은 감소한 해가 없다. 징수액의 전년대비 증가폭은 국세가 지방세보다 크므로 2016년의 국세 징수액과 지방세 징수액의 차이를 확인해본다. 216-62=154(조원)이고 나머지 연도의 차이는 150 미만이므로, 국세 징수액과 지방세 징수액의 차이가 가장 큰 해는 2016년이다. 국세 감면과 지방세 감면율의 차이는 〈그림〉에서 국세와 지방세 꺾은선 그래프의 높이 차이로 확인할 수 있다.

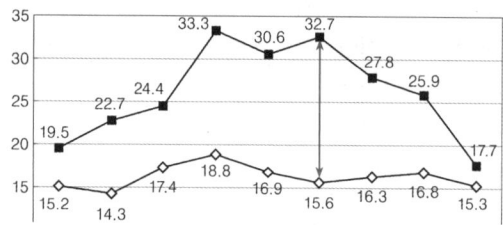

국세 감면율과 지방세 감면율의 차이가 가장 큰 해는 2016년이 아님을 알 수 있다.

⑤ (○) 〈표〉에서 2014~2016년 동안 국세 감면액과 지방세 감면액의 차이를 계산해보면 2014년부터 18(조원), 20, 22이다. 매년 증가한다는 것을 확인할 수 있다.

구분	연도	2008	2009	2010	2011	2012	2013	2014	2015	2016
국세	징수액	138	161	167	165	178	192	203	202	216
	감면액	21	23	29	31	30	30	33	34	33
지방세	징수액	41	44	45	45	49	52	54	54	62
	감면액	8	10	11	15	15	17	15	14	11
								18	20	22

합격으로 가는 Tip

선지 ④에서는 위 해설처럼 선지에서 언급된 순서대로 해결하는 것보다, 더 해결하기 쉬운 것부터 처리하는 것이 더 바람직하다.

[정답] ④

159 다음 <그림>과 <표>는 '갑'국을 포함한 주요 10개국의 학업성취도 평가 자료이다. 이에 대한 설명으로 옳은 것은?

민경채 19년 나책형 5번

<그림> 1998~2018년 '갑'국의 성별 학업성취도 평균점수

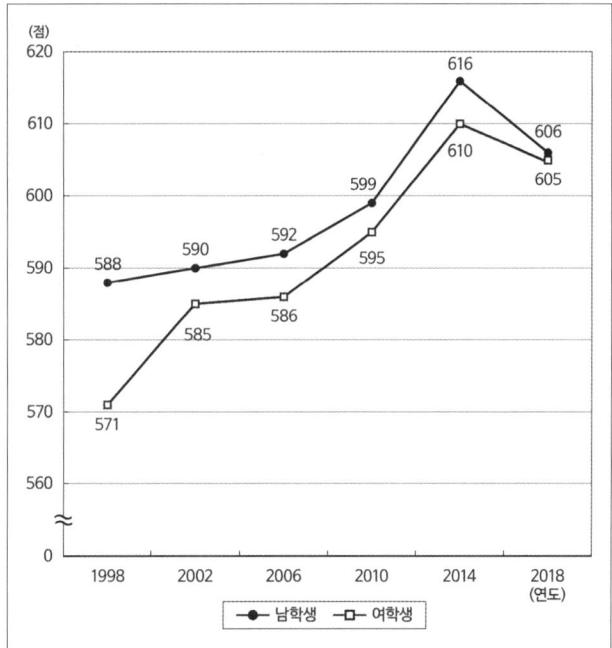

※ 학업성취도 평균점수는 소수점 아래 첫째 자리에서 반올림한 값임.

<표> 2018년 주요 10개국의 학업성취도 평균점수 및 점수대별 누적 학생비율

(단위: 점, %)

구분 국가	평균 점수	학업성취도 점수대별 누적 학생비율			
		625점 이상	550점 이상	475점 이상	400점 이상
A	621	54	81	94	99
갑	606	43	75	93	99
B	599	42	72	88	97
C	594	37	75	92	98
D	586	34	67	89	98
E	538	14	46	78	95
F	528	12	41	71	91
G	527	7	39	78	96
H	523	7	38	76	94
I	518	10	36	69	93

※ 학업성취수준은 수월수준(625점 이상), 우수수준(550점 이상 625점 미만), 보통수준(475점 이상 550점 미만), 기초수준(400점 이상 475점 미만), 기초수준 미달(400점 미만)로 구분됨.

① '갑'국 남학생과 여학생의 평균점수 차이는 2018년이 1998년보다 크다.
② '갑'국의 평균점수는 2018년이 2014년보다 크다.
③ 2018년 주요 10개 국가는 '수월수준'의 학생비율이 높을수록 평균점수가 높다.
④ 2018년 주요 10개 국가 중 '기초수준 미달'의 학생비율이 가장 높은 국가는 I국이다.
⑤ 2018년 '우수수준'의 학생비율은 D국이 B국보다 높다.

160 다음 <그림>과 <표>는 주요 10개국의 인간개발지수와 시민지식 평균점수 및 주요 지표에 관한 자료이다. 이에 대한 <보기>의 설명 중 옳은 것만을 모두 고르면? 민경채 19년 나책형 2번

<그림> 국가별 인간개발지수와 시민지식 평균점수의 산포도

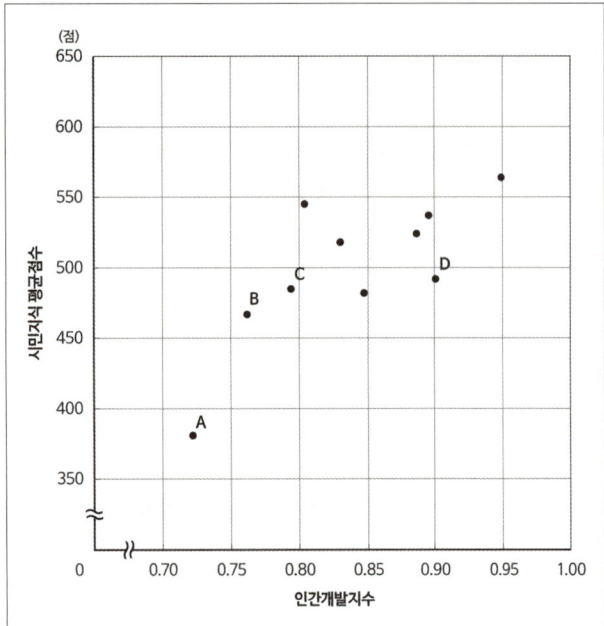

<표> 국가별 주요 지표

구분 국가	인간개발 지수	최근 국회의원 선거 투표율 (%)	GDP 대비 공교육비 비율 (%)	인터넷 사용률 (%)	1인당 GDP (달러)
벨기에	0.896	92.5	6.4	85	41,138
불가리아	0.794	54.1	3.5	57	16,956
칠레	0.847	49.3	4.6	64	22,145
도미니카 공화국	0.722	69.6	2.1	52	13,375
이탈리아	0.887	75.2	4.1	66	33,587
대한민국	0.901	58.0	4.6	90	34,387
라트비아	0.830	58.9	4.9	79	22,628
멕시코	0.762	47.7	5.2	57	16,502
노르웨이	0.949	78.2	7.4	97	64,451
러시아	0.804	60.1	4.2	73	23,895

─────<보기>─────
ㄱ. A국의 인터넷 사용률은 60% 미만이다.
ㄴ. B국은 C국보다 GDP 대비 공교육비 비율이 낮다.
ㄷ. D국은 최근 국회의원 선거 투표율 하위 3개국 중 하나이다.
ㄹ. 1인당 GDP가 가장 높은 국가는 시민지식 평균점수도 가장 높다.

① ㄱ, ㄴ ② ㄱ, ㄷ
③ ㄱ, ㄹ ④ ㄴ, ㄷ
⑤ ㄴ, ㄹ

해설

인간개발지수를 통해 <그림>과 <표>의 정보를 연계할 수 있어야 한다.

ㄱ. (○) <그림>에서 A국의 인간개발지수는 0.70 이상 0.75 미만이다.

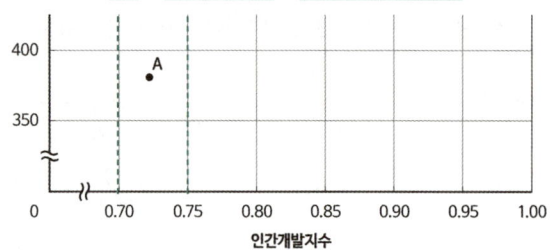

<표>에서 인간개발지수가 0.70 이상 0.75 미만인 국가는 도미니카공화국(0.722) 밖에 없으므로, A국은 도미니카공화국이다. 도미니카공화국의 인터넷 사용률은 52%로 60% 미만이다.

ㄴ. (×) <그림>에서 B국과 C국의 인간개발지수는 0.75 이상 0.80 미만이다. <표>에서 인간개발지수가 0.75 이상 0.80 미만인 국가는 불가리아와 멕시코이고, 불가리아의 인간개발지수가 높으므로 B국이 멕시코, C국이 불가리아이다. 멕시코의 GDP 대비 공교육비 비율은 5.2%이고 불가리아는 3.5%이므로, B국(멕시코)는 C국(불가리아)보다 GDP 대비 공교육비 비율이 높다.

ㄷ. (×) <그림>에 따르면 D국의 인간개발지수는 0.90 이상 0.95 미만이고, 0.90을 조금 넘는다. <표>에 따르면 인간개발지수가 0.90 이상 0.95 미만인 국가는 대한민국(0.901)과 노르웨이(0.949)인데 0.90을 조금 넘는 국가는 대한민국이다. 대한민국의 최근 국회의원 선거 투표율은 58.0%이고 다른 국가들과 비교해보면 대한민국보다 최근 국회의원 선거 투표율이 낮은 국가가 불가리아(54.1%), 칠레(49.3%), 멕시코(47.7%)로 3개가 있으므로, 대한민국은 최근 국회의원 선거 투표율 하위 3개국이 아니다.

ㄹ. (○) <표>에 따르면 1인당 GDP가 가장 높은 국가는 노르웨이(64,451달러)이다. 노르웨이의 인간개발지수는 0.949로 <그림>에서 가장 오른쪽에 있는 점에 해당하는데, 이 점은 세로축 값인 시민지식 평균점수도 가장 높다.

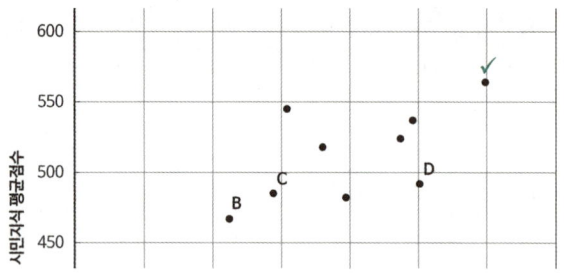

[정답] ③

161 다음 <표>와 <그림>은 2019년 '갑'국의 A~J 지역별 산불 피해 현황에 관한 자료이다. 이에 대한 <보기>의 설명 중 옳은 것만을 모두 고르면?

<표> A~J 지역별 산불 발생건수

(단위: 건)

지역	A	B	C	D	E	F	G	H	I	J
산불 발생건수	516	570	350	277	197	296	492	623	391	165

<그림 1> A~J 지역별 산불 발생건수 및 피해액

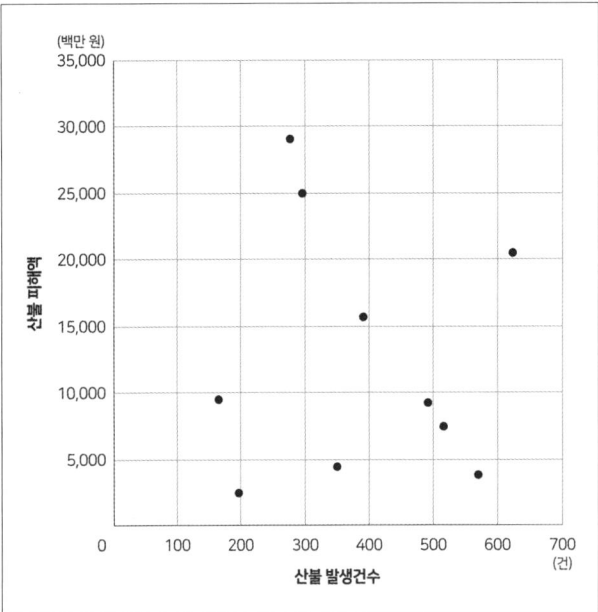

※ 산불 피해액은 산불로 인한 손실 금액을 의미함.

<그림 2> A~J 지역별 산불 발생건수 및 피해재적

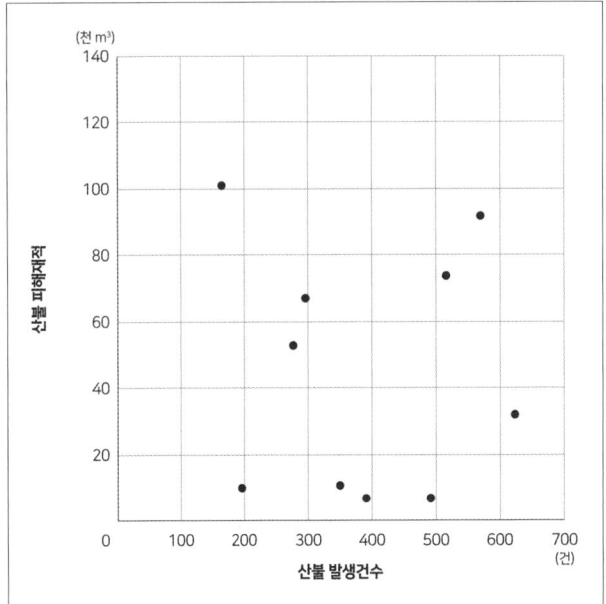

※ 산불 피해재적은 산불 피해를 입은 입목의 재적을 의미함.

<그림 3> A~J 지역별 산불 발생건수 및 발생건당 피해면적

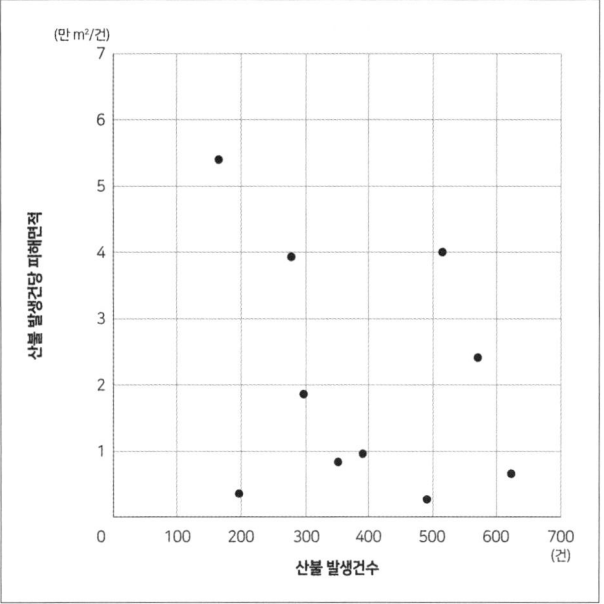

※ 산불 피해면적은 산불이 발생하여 지상입목, 관목, 시초 등을 연소시키면서 지나간 면적을 의미함.

─<보기>─

ㄱ. 산불 발생건당 피해면적은 J 지역이 가장 크다.
ㄴ. 산불 발생건당 피해재적은 B 지역이 가장 크고 E 지역이 가장 작다.
ㄷ. 산불 발생건당 피해액은 D 지역이 가장 크고 B 지역이 가장 작다.
ㄹ. 산불 피해면적은 H 지역이 가장 크고 E 지역이 가장 작다.

① ㄱ, ㄴ
② ㄱ, ㄷ
③ ㄴ, ㄷ
④ ㄴ, ㄷ
⑤ ㄷ, ㄹ

📝 **해설**

ㄱ. (○) 〈그림〉들에서 공통적으로 산불 발생건수가 200건 미만인 지역은 두 지역이고 한 지역은 200건에 근접한다. 구체적으로 〈그림 3〉에서 산불 발생건수가 200건 미만인 두 지역 중 200건에 근접한 지역은 〈표〉에 따르면 산불 발생건수가 197건인 E 지역이고, 나머지 한 지역은 165건인 J 지역이라는 것을 알 수 있다.

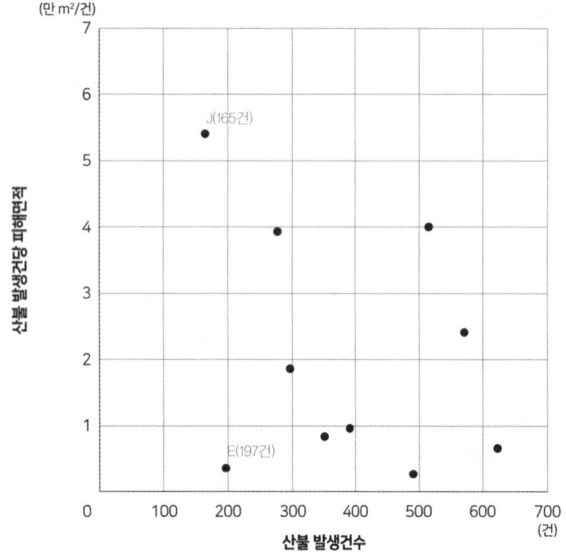

〈그림 3〉의 세로축은 산불 발생건당 피해면적이고 J 지역에 해당하는 점이 평면상에서 가장 높은 곳에 위치하고 있으므로, 산불 발생건당 피해면적은 J 지역이 가장 크다.

ㄴ. (×) 〈그림 2〉의 가로축은 산불 발생건수이고, 세로축은 산불 피해재적이므로, 산불 발생건당 피해재적은 원점에서 각 점을 이은 직선의 기울기에 비례한다. 〈그림 2〉에 직선을 그려 확인해보면 다음과 같다.

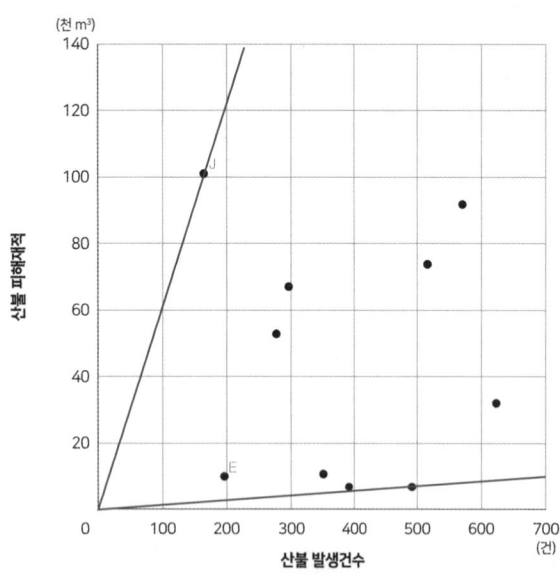

산불 발생건당 피해재적이 가장 큰 지역은 직선의 기울기가 가장 가파른 지역인 J 지역이고, 가장 작은 지역은 E 지역이 아니다.

ㄷ. (○) 〈그림 1〉의 가로축은 산불 발생건수이고, 세로축은 산불 피해액이므로, 보기 ㄴ과 마찬가지로 산불 발생건당 피해액은 원점에서 각 점을 이은 직선의 기울기에 비례한다.

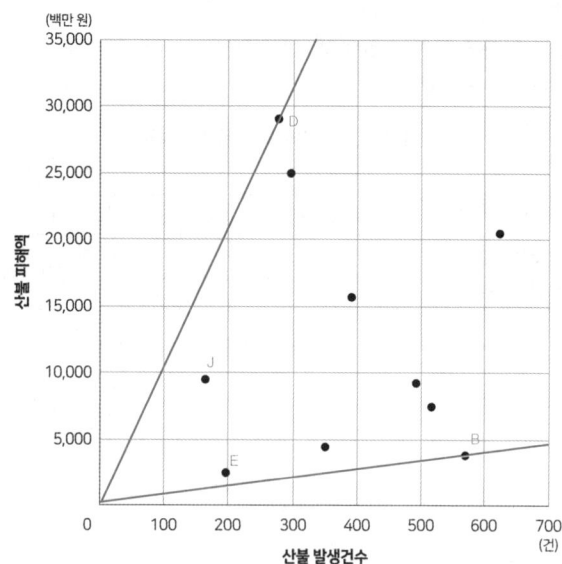

〈표〉에서 산불 발생건수가 200건 이상이고 300건에 근접하지 않은 지역을 확인해보면 D 지역의 산불 발생건수는 277건이다. 원점에서 해당 지역을 잇는 직선의 기울기가 가장 가파르므로, 산불 발생건당 피해액이 가장 큰 지역은 D 지역이다. 그리고 산불 발생건수가 약 550건 이상인 지역을 확인해보면 B 지역이 570건이다. 해당 지역을 잇는 직선의 기울기가 가장 완만하므로, 산불 발생건당 피해액이 가장 작은 지역은 B 지역이다.

ㄹ. (×) 〈그림 3〉의 가로축은 산불 발생건수이고, 세로축은 산불 발생건당 피해면적이므로 산불 피해면적은 원점과 각 점을 이은 선분을 대각선으로하는 직사각형의 면적이다.

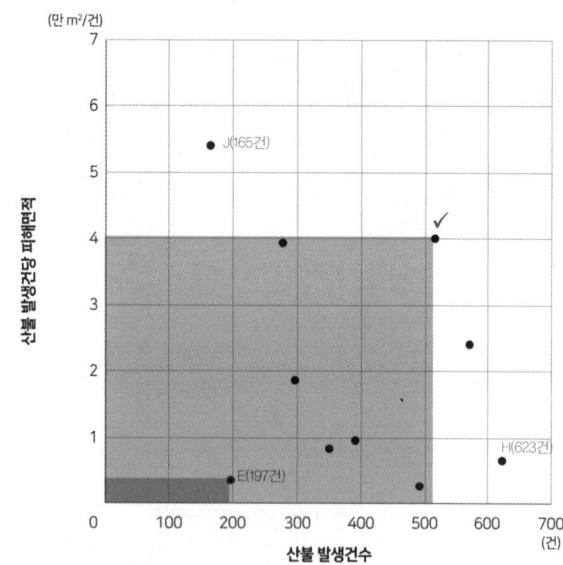

보기에서 산불 피해면적은 H 지역이 가장 큰지 묻고 있는데, 〈표〉에 따르면 H 지역의 산불 발생 건수는 623건이므로 H 지역에 해당하는 점은 좌표 평면상에서 가장 오른쪽에 있는 점이다. 그리고 직사각형의 면적으로 비교한 산불 피해면적이 가장 큰 지역은 ✓로 표시한 점에 해당하는 지역이므로 산불 피해면적이 가장 큰 지역은 H 지역이 아니다.

[정답] ②

162 다음 <표>와 <그림>은 2018년 A 대학의 학생상담 현황에 대한 자료이다. 이에 대한 <보기>의 설명 중 옳은 것만을 모두 고르면?

민경채 19년 나책형 9번

<표> 상담자별, 학년별 상담건수

(단위: 건)

상담자\학년	1학년	2학년	3학년	4학년	합
교수	1,085	1,020	911	1,269	4,285
상담직원	154	97	107	56	414
진로컨설턴트	67	112	64	398	641
전체	1,306	1,229	1,082	1,723	5,340

<그림 1> 상담횟수별 학생 수

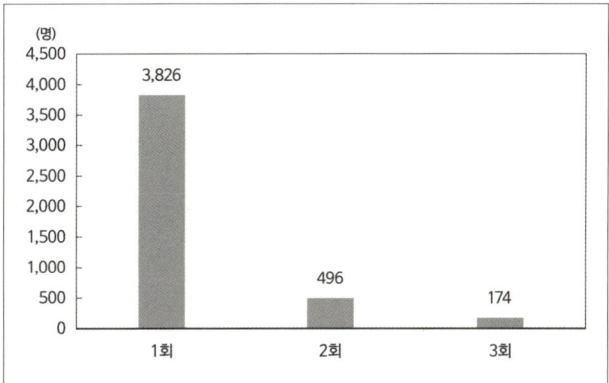

<그림 2> 전체 상담건수의 유형별 구성비

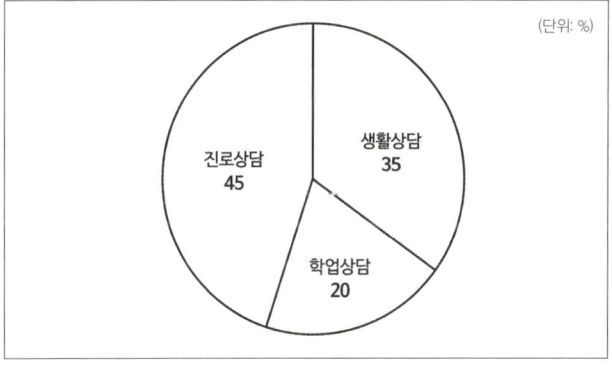

―<보기>―

ㄱ. 학년별 전체 상담건수 중 '상담직원'의 상담건수가 차지하는 비중이 큰 학년부터 순서대로 나열하면 1학년, 2학년, 3학년, 4학년 순이다.
ㄴ. '진로컨설턴트'가 상담한 유형이 모두 진로상담이고, '상담직원'이 상담한 유형이 모두 생활상담 또는 학업상담이라면, '교수'가 상담한 유형 중 진로상담이 차지하는 비중은 30% 이상이다.
ㄷ. 상담건수가 많은 학년부터 순서대로 나열하면 4학년, 1학년, 2학년, 3학년 순이다.
ㄹ. 최소 한 번이라도 상담을 받은 학생 수는 4,600명 이하이다.

① ㄱ, ㄷ
② ㄴ, ㄹ
③ ㄱ, ㄴ, ㄷ
④ ㄱ, ㄷ, ㄹ
⑤ ㄴ, ㄷ, ㄹ

해설

ㄱ. (×) <표>에서 학년별 전체 상담건수 중 '상담직원'의 상담건수가 차지하는 비중을 확인해보면 우선 1학년은 전체 1,306건 중 154건으로 10% 이상이다.

상담자\학년	1학년	2학년	3학년	4학년	합
교수	1,085	1,020	911	1,269	4,285
상담직원	154	97	107	56	414
진로컨설턴트	67	112	64	398	641
전체	1,306	1,229	1,082	1,723	5,340

그런데 2학년의 경우는 전체 1,229건 중 97건으로 10%에 미치지 못하며, 정확히 계산해보면 1,229의 1%인 약 12의 8배는 12×8=96이므로 약 8%이다. 그리고 3학년의 경우는 전체 1,082건 중 107건으로 약 10%이다. 그러므로 전체 상담건수 중 '상담직원'의 상담건수가 차지하는 비중이 큰 학년부터 순서대로 나열하면 1학년이 가장 크지만, 2학년, 3학년 순은 아니다. 3학년의 비중이 2학년보다 크다.

ㄴ. (○) <표>에 따르면 '진로컨설턴트'가 상담한 상담건수는 641건으로 전체 5,340건의 10% 이상 15% 미만이다. 그런데 '진로컨설턴트'가 상담한 유형이 모두 진로상담이라면, 아래 <그림 2>에서 색칠된 부분처럼, 전체 중 10% 이상 15% 미만은 진로컨설턴트가 한 진로상담이 된다.

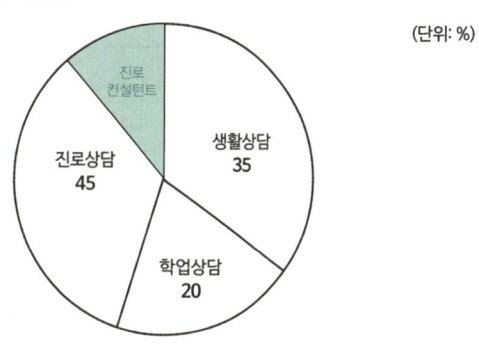

그리고 '상담직원'이 상담한 유형이 모두 생활상담 또는 학업상담이라면, 진로상담중에 상담직원이 한 상담은 없다. 즉 전체 상담건수 중 45%가 진로상담인데 위 <그림 2>에서 색칠된 부분을 제외한 나머지, 즉 전체 상담건수 중 30% 이상 35% 미만이 '교수'가 상담한 진로상담이다. 전체 상담건수 중 30% 이상이 '교수'가 상담한 진로상담이므로, '교수'가 상담한 유형 중 진로상담이 차지하는 비중은 당연히 30% 이상이다.

ㄷ. (○) <표>에서 학년별 상담건수를 확인해 상담건수가 많은 순서대로 나열해 보면 4학년(1,723건), 1학년(1,306건), 2학년(1,229건), 3학년(1,082건)이다.

ㄹ. (○) <그림 1>에서 1회 상담한 학생 수는 3,826명, 2회는 496명, 3회는 174명으로 주어져 있다. 2회, 3회 상담한 학생은 모두 최소 한 번이라도 상담을 받은 학생에 해당하므로 최소 한 번이라도 상담을 받은 학생 수는 3,826+496+174=4,496명이다. 4,600명 이하이다.

[정답] ⑤

163 다음 <그림>과 <표>는 2017~2018년 A, B 기업이 '갑' 자동차회사에 납품한 엔진과 변속기에 관한 자료이다. 이에 대한 설명으로 옳은 것은?

민경채 19년 나책형 22번

〈그림 1〉 연도별 '갑' 자동차회사가 납품받은 엔진과 변속기 개수의 합

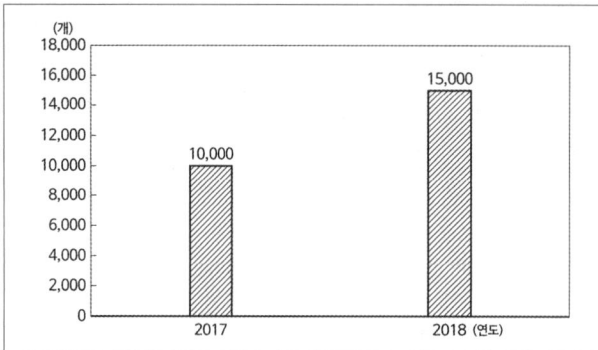

〈그림 2〉 2018년 기업별 엔진과 변속기 납품 개수의 합

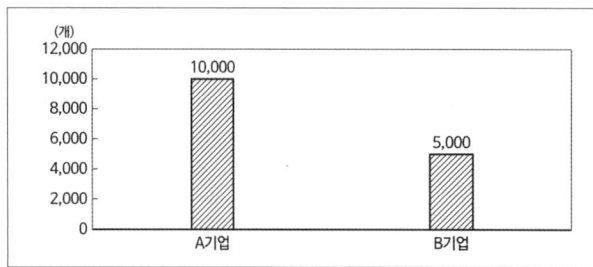

〈그림 3〉 A 기업의 연도별 엔진과 변속기 납품 개수 비율

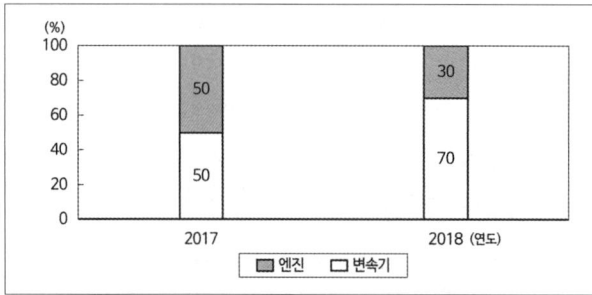

※ 1) '갑' 자동차회사는 엔진과 변속기를 2017년에는 A 기업으로부터만 납품받았으며, 2018년에는 A, B 두 기업에서만 납품받았음.
2) A, B 기업은 '갑' 자동차회사에만 납품함.
3) 매년 '갑' 자동차회사가 납품받는 엔진 개수는 변속기 개수와 같음.

〈표〉 A, B 기업의 연도별 엔진과 변속기의 납품 단가

(단위: 만 원/개)

연도 \ 구분	엔진	변속기
2017	100	80
2018	90	75

① A 기업의 엔진 납품 개수는 2018년이 2017년의 80%이다.
② 2018년 B 기업은 변속기 납품 개수가 엔진 납품 개수의 12.5%이다.
③ '갑' 자동차회사가 납품받은 엔진과 변속기 납품액 합은 2018년이 2017년에 비해 30% 이상 증가하였다.
④ '갑' 자동차회사가 납품받은 변속기 납품 개수는 2018년이 2017년의 2배 이상이다.
⑤ 2018년 A, B 기업의 엔진 납품액 합은 변속기 납품액 합보다 작다.

해설

각주 1)에 따르면 '갑' 자동차회사는 엔진과 변속기를 2017년에는 A 기업으로부터만 납품받았으며, 2018년에는 A, B 두 기업에서만 납품받았다. 이를 다음과 같이 표로 정리할 수 있다.

연도	A기업 엔진	A기업 변속기	B기업 엔진	B기업 변속기	합계
2017			0	0	
2018					

〈그림 1〉에 따르면 2017년에 '갑' 자동차회사가 납품받은 엔진과 변속기 개수의 합은 10,000개이고 2018년에는 15,000이므로 다음과 같이 정리할 수 있다.

연도	A기업 엔진	A기업 변속기	B기업 엔진	B기업 변속기	합계
2017	5,000	5,000	0	0	10,000
2018					15,000

그리고 〈그림 2〉에 따르면 A기업은 2018년에 납품한 엔진과 변속기 개수의 합이 10,000이고, 〈그림 3〉에 따르면 2018년 엔진과 변속기 납품 개수 비율이 엔진과 변속기 각각 30%, 70%이므로 이를 다음과 같이 정리할 수 있다.

연도	A기업 엔진	A기업 변속기	B기업 엔진	B기업 변속기	합계
2017	5,000	5,000	0	0	10,000
2018	3,000	7,000			15,000

각주 3)에 따르면 매년 '갑' 자동차회사가 납품받는 엔진 개수는 변속기 개수와 같으므로 2018년에 '갑' 자동차회사가 납품받은 엔진과 변속기의 개수는 각각 15,000의 절반인 7,500개이어야 한다. 다음과 같이 정리할 수 있다.

연도	A기업 엔진	A기업 변속기	B기업 엔진	B기업 변속기	합계
2017	5,000	5,000	0	0	10,000
2018	3,000	7,000	4,500	500	15,000

① (×) A 기업의 2018년 엔진 납품 개수는 3,000개로 2017년 5,000개의 60%이다.
② (×) 2018년 B 기업은 변속기 납품 개수가 500개로 엔진 납품 개수 4,500개의 1/9이다. 1/9는 약 11%이다.
③ (○) '갑' 자동차회사가 납품받은 엔진과 변속기 납품액 합을 다음과 같이 정리할 수 있다.
  2017: 100×5,000+80×5,000=(100+80)×5,000=180×5,000
    =900,000(만 원)
  2018: 90×7,500+75×7,500=(90+75)×7,500=165×7,500
    =1,237,500(만 원)
  900,000의 30%는 270,000이고 1,237,500은 900,000보다 270,000 이상 크다. 따라서 '갑' 자동차회사가 납품받은 엔진과 변속기 납품액 합은 2018년이 2017년에 비해 30% 이상 증가하였다는 것을 알 수 있다.
④ (×) '갑' 자동차회사가 납품받은 변속기 납품 개수는 2018년이 7,500개로 2017년 5,000개의 2배 미만이다.
⑤ (×) 각주 3)에서 매년 '갑' 자동차회사가 납품받는 엔진 개수는 변속기 개수와 같다는 것만 확인한다면, 〈표〉에서 엔진의 가격이 90(만 원)으로 변속기 가격 75보다 높으므로 2018년 A, B 기업의 엔진 납품액 합은 변속기 납품액 합보다 크다는 것을 알 수 있다. 2018년 A, B 기업의 엔진 납품액 합은 90×7,500이고 변속기 납품액 합은 75×7,500이다.

[정답] ③

PSAT 교육 1위, 해커스PSAT
psat.Hackers.com

Ⅱ. 공식

표 형식과 차트 형식의 자료가 함께 주어지고, 주어진 자료를 가공할 수 있는 공식이 주로 각주의 형식으로 주어지는 유형이다. 간혹 새로운 형식의 공식이 주어지기도 하나, 기존에 출제된 분수식이 소재만 바뀌어 출제되는 경우도 많으므로, 기존에 기출에 출제되었던 공식은 반드시 대비해두고 자유롭게 공식을 활용하는 수준까지 대비해 두어야 한다.

164 다음 <표>와 <그림>은 '갑'국 정당 A~D의 지방의회 의석수에 관한 자료이다. 이에 대한 <보기>의 설명 중 옳은 것만을 모두 고르면?

민경채 17년 나책형 23번

<표> 정당별 전국 지방의회 의석수

(단위: 석)

정당 연도	A	B	C	D	합
2010	224	271	82	39	616
2014	252	318	38	61	669

<그림> 정당별 수도권 지방의회 의석수

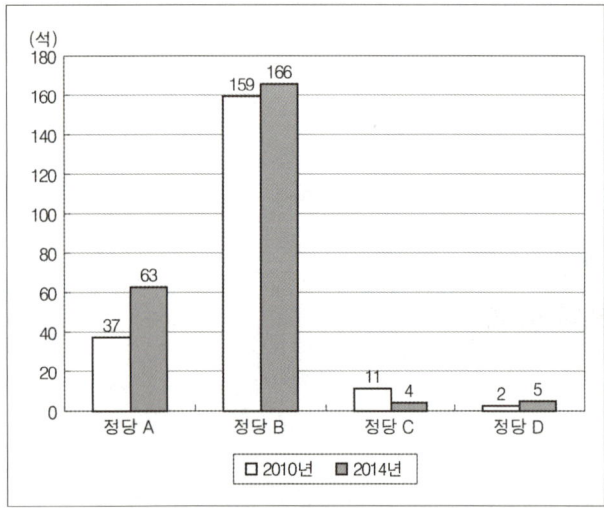

※ 1) '갑'국 지방의회 의원은 정당 A, B, C, D 소속만 있고, 무소속은 없음.
2) 전국 지방의회 의석수=수도권 지방의회 의석수+비수도권 지방의회 의석수
3) 정당별 지방의회 의석점유율(%)= $\frac{\text{정당별 지방의회 의석수}}{\text{지방의회 의석수}} \times 100$

─────〈보기〉─────

ㄱ. 정당 D의 전국 지방의회 의석점유율은 2014년이 2010년보다 높다.
ㄴ. 2010년에 비해 2014년 모든 정당의 전국 지방의회 의석수는 증가하였다.
ㄷ. 2014년 비수도권 지방의회 의석수는 정당 B가 정당 A보다 많다.
ㄹ. 정당 B의 수도권 지방의회 의석점유율은 2014년이 2010년보다 낮다.

① ㄱ, ㄴ
② ㄱ, ㄹ
③ ㄴ, ㄷ
④ ㄱ, ㄷ, ㄹ
⑤ ㄴ, ㄷ, ㄹ

해설

ㄱ. (○) 각 정당의 정당별 지방의회 의석점유율의 구하는 공식은 각주 3)으로 주어져 있다. <표>에서 보면 2010년 총 의석수는 616석이고 그 중 D의 의석수는 39석으로 점유율은 5~10% 사이에서 5%에 보다 가깝다. 2014년 총 의석수는 669석이고 그 중 D의 의석수는 61석으로 점유율은 역시나 5~10% 사이인데, 이번에는 10%에 보다 가깝다. 따라서 정당 D의 전국 지방의회 의석점유율은 2014년이 2010년보다 높다.

정당 연도	A	B	C	D	합
2010	224	271	82	39	616
2014	252	318	38	61	669

ㄴ. (×) <표>에서 각 정당별로 2014년에 의석수가 증가하였는지 단순히 확인하면 해결되는 보기이다. 정당 C는 2010년에 82석에서 2014년에 38석으로 의석수가 감소하였다. 따라서 2010년에 비해 2014년 모든 정당의 전국 지방의회 의석수는 증가한 것은 아니다.

ㄷ. (×) 각주 2)를 보면 '전국 지방의회 의석수=수도권 지방의회 의석수+비수도권 지방의회 의석수'의 공식이 주어져 있다. 따라서 전국 지방의회 의석수에서 수도권 지방의회 의석수를 빼면 나머지 비수도권 지방의회 의석수를 도출할 수 있다. 아래 표를 채우는 방법은 정당 B의 2014년 의석수는 <표>에서 보면 318석이고 그 중 수도권 지방의회 의석수는 <그림>에서 보면 166석이다. 따라서 정당 B의 비수도권 지방의회 의석수는 152석이 된다.

구분	전국	수도권	비수도권
정당 A	252	63	189
정당 B	318	166	152

따라서 2014년 비수도권 지방의회 의석수는 정당 B가 정당 A보다 적다.

ㄹ. (○) 각주 3)에 따라서 정당 B의 수도권 지방의회 의석점유율을 구해보면, 2010년은 수도권 총 209석 중 정당 B의 의석수는 159석으로 70%를 크게 넘는다. 2014년에는 수도권 총 238석 중 정당 B의 의석수는 166석으로 약 70%이다. 따라서 정당 B의 수도권 지방의회 의석점유율은 2014년이 2010년보다 낮다. 이 때 수도권 지방의회 의석점유율을 구해야 하므로 수도권 지방의회 의석수 중에 각 정당별 수도권 지방의회 의석수의 비율을 구해야 한다는 점에 주의하자.
총합이 주어져 있지 않은 경우에는 부분상대비를 이용하는 것이 더 좋다. 정당 B의 의석점유율이 높아질수록 나머지 정당의 의석점유율 대비 정당 B의 의석점유율이 커질 것이다. 2010년에는 나머지 정당 50석 대비 정당 B 159석으로 3배를 넘는다. 2014년에는 나머지 72석 대비 정당 B 166석으로 2배는 넘지만 3배에는 미치지 못한다.

합격으로 가는 Tip

- 보기 ㄱ을 풀 때, 정당 D는 2014년에 2.5배가 되었는데, 다른 정당은 2.5배가 된 정당이 없다. 그렇기 때문에 정당 D의 의석점유율이 2014년에 더 높아졌음을 쉽게 판단할 수 있다.
- 마찬가지로 보기 ㄹ을 풀 때, 정당 B의 수도권 지방의회 의석수는 크게 변화가 없는데, 정당 B를 나머지 정당의 수도권 의석수는 2010년 37+11+2=50석에서 2014년 63+4+5=72석으로 1.4배 정도 증가하였다. 그렇다면 수도권 지방의회에서 정당 B의 의석점유율은 낮아졌을 것임을 판단할 수 있다.

[정답] ②

165 다음 <그림>과 <표>는 A은행의 영업수익 추이와 2008년 주요은행의 영업수익 현황에 대한 자료이다. 이에 대한 <보기>의 설명 중 옳은 것을 모두 고르면?

민경채 11년 경책형 16번

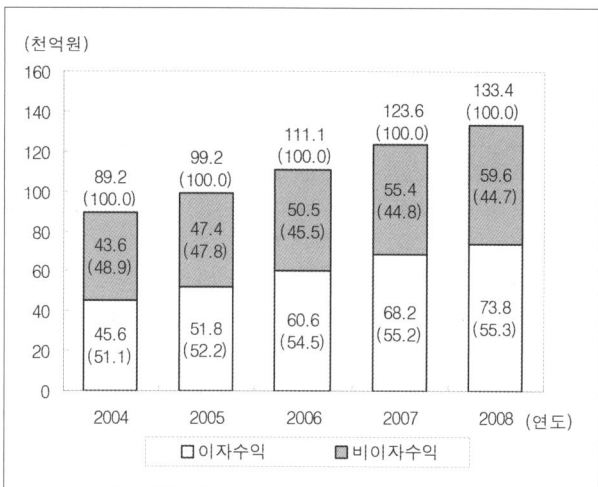

〈그림〉 A은행의 영업수익 추이

※ 1) 영업수익=이자수익+비이자수익
   2) 괄호 안은 연도별 영업수익에서 차지하는 구성비(%)임.

〈표〉 2008년 주요 은행의 영업수익 현황

(단위: %)

구분 \ 은행	A	B	C	D	E	시중은행 평균
총자산 대비 영업수익 비율	5.2	12.8	8.6	4.7	5.6	7.2
총자산 대비 이자수익 비율	2.9	6.1	5.0	2.2	4.1	5.2

―〈보기〉―
ㄱ. 2008년 총자산 대비 이자수익 비율은 A은행이 B은행의 절반에 미치지 못한다.
ㄴ. 2008년 총자산 대비 비이자수익 비율은 A은행이 시중은행 평균에 미치지 못한다.
ㄷ. 2005년부터 2008년까지 A은행 영업수익의 전년대비 증가율은 매년 10%를 상회하였다.
ㄹ. A은행은 영업수익에서 이자수익이 차지하는 비중이 2004년에 비해 2008년에 3.0%p 이상 증가하였다.

① ㄱ, ㄷ
② ㄱ, ㄹ
③ ㄴ, ㄷ
④ ㄴ, ㄹ
⑤ ㄷ, ㄹ

해설

ㄱ. (○) <표>에 따르면 2008년 A은행의 총자산 대비 이자수익 비율은 2.9%이고, B은행은 6.1%이다. 2.9×2=5.8로 6.1보다 작으므로, 2008년 A은행의 총자산 대비 이자수익 비율은 B은행의 절반에 미치지 못한다는 것을 알 수 있다.

ㄴ. (×) <그림>의 각주 1)에 따르면 '영업수익=이자수익+비이자수익'이고, <표>에는 총자산 대비 영업수익 비율과 총자산 대비 이자수익 비율, 즉 '$\frac{영업수익}{총자산}\times 100$'과 '$\frac{이자수익}{총자산}\times 100$'이 주어져 있다.

$\frac{영업수익}{총자산} = \frac{이자수익+비이자수익}{총자산} = \frac{이자수익}{총자산} + \frac{비이자수익}{총자산}$

이므로

$\frac{영업수익}{총자산} - \frac{이자수익}{총자산} = \frac{비이자수익}{총자산}$

이다. 2008년 A은행의 총자산 대비 영업수익 비율은 5.2%, 총자산 대비 이자수익 비율은 2.9%로 주어져 있으므로, 총자산 대비 비이자수익 비율은 5.2-2.9=2.3%이고, 시중은행 평균은 7.2-5.2=2.0%이므로, 2008년 총자산 대비 비이자수익 비율은 A은행이 시중은행 평균보다 높다.

ㄷ. (×) <그림>에 따르면 2004~2008년 동안 A은행의 영업수익은 거의 매년 약 10(천억원) 가량씩 일정하게 증가하는 추세를 보인다.

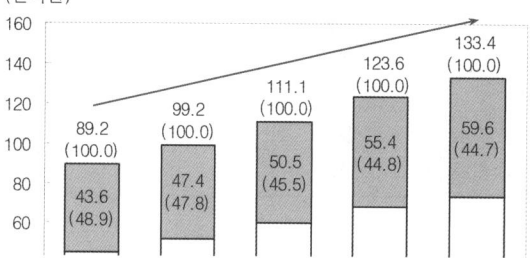

증가폭이 일정하면 증가율은 감소하므로 2008년 영업수익의 2007년 대비 증가율이 10%를 상회하는지 비교해본다. 2007년의 영업이익은 123.6(천억원)이고 10%는 약 12.4이다. 그런데 2008년 영업이익은 133.4로 2007년 대비 10 미만 증가했으므로 2008년 A은행 영입수익의 2007년 대비 증가율은 10% 미만이다.

ㄹ. (○) <그림>의 각주 2)에 따르면 <그림>에서 각 막대 그래프에 영업수익에서 이자수익이 차지하는 비중이 주어져 있다. 2004년 A은행의 영업수익에서 이자수익이 차지하는 비중은 51.1%이고, 2008년은 55.3%이다.

A은행의 영업수익에서 이자수익이 차지하는 비중은 2004년에 비해 2008년에 55.3-51.1=4.2%p 증가하여, 3.0%p 이상 증가하였다.

[정답] ②

166 다음 <표>와 <그림>은 2018년 테니스 팀 A~E의 선수 인원수 및 총 연봉과 각각의 전년대비 증가율에 대한 자료이다. 이에 대한 설명으로 옳지 않은 것은?

민경채 18년 가책형 21번

<표> 2018년 테니스 팀 A~E의 선수 인원수 및 총 연봉
(단위: 명, 억 원)

테니스 팀	선수 인원수	총 연봉
A	5	15
B	10	25
C	8	24
D	6	30
E	6	24

※ 팀 선수 평균 연봉 = $\dfrac{총 연봉}{선수 인원수}$

<그림> 2018년 테니스 팀 A~E의 선수 인원수 및 총 연봉의 전년대비 증가율

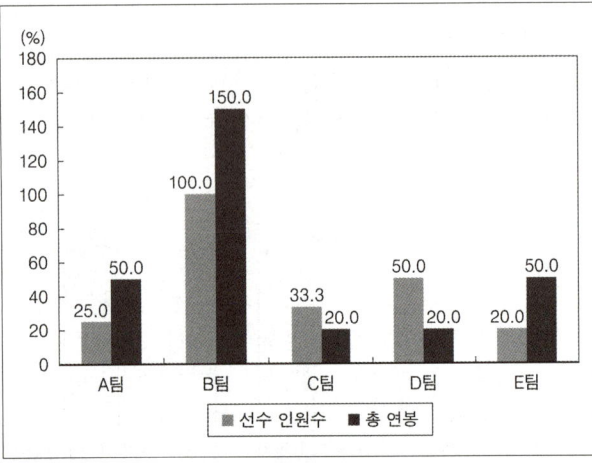

※ 전년대비 증가율은 소수점 둘째자리에서 반올림한 값임.

① 2018년 '팀 선수 평균 연봉'은 D팀이 가장 많다.
② 2018년 전년대비 증가한 선수 인원수는 C팀과 D팀이 동일하다.
③ 2018년 A팀의 '팀 선수 평균 연봉'은 전년대비 증가하였다.
④ 2018년 선수 인원수가 전년대비 가장 많이 증가한 팀은 총 연봉도 가장 많이 증가하였다.
⑤ 2017년 총 연봉은 A팀이 E팀보다 많다.

해설

① (○) 팀 선수 평균 연봉을 구하는 공식은 <표> 아래 각주로 주어져 있다.

테니스 팀	선수 인원수	총 연봉	팀 선수 평균 연봉
A	5	15	3
B	10	25	2.5
C	8	24	3
D	6	30	5
E	6	24	4

따라서 D팀이 팀 선수 평균 연봉이 5억 원으로 가장 높다. 실전에서 풀 때는 D팀을 먼저 계산해서 '5억 원'이라는 기준을 먼저 잡은 후 이를 다른 테니스 팀과 비교하도록 하자.

② (○) <표>에 2018년의 선수 인원수가 나와있고, <그림>에는 막대그래프를 통해 전년대비 증가율이 나와있다. 이를 결합하여 2018년 전년대비 증가한 선수 인원수를 구할 수 있다.

테니스 팀	전년대비 증가율	선수 인원수
C	33.3%	8
D	50%	6

C팀은 2017년 선수 인원수에서 33.3% 증가하여 8명이 되었으므로, 2017년 6명에서 2명(33.3%)이 증가하여 8명이 된 것이다. D팀은 2017년 선수 인원수에서 50% 증가하여 6명이 되었으므로, 2017년 4명에서 2명(50%)이 증가하여 6명이 된 것이다. 따라서 두 팀은 동일하게 2명씩 증가하였다.

③ (○) 2018년 A팀의 팀 선수 평균 연봉은 선지 ①에서 구했듯이 3억원이다. <그림>에서의 전년대비 증가율을 통해 2017년의 선수 인원수와 총 연봉을 구해보면, 2017년 선수는 4명이고, 총 연봉은 10억이다. 따라서 2017년 A팀의 팀 선수 평균 연봉은 2.5억이므로, 2.5억에서 3억으로 증가하였다.

또는 팀 선수 평균 연봉 = $\dfrac{총 연봉}{선수 인원수}$ 의 공식에서 분자, 분모의 증가율로도 구할 수 있다. 분자의 증가율 50%가 분모의 증가율 25%보다 크기 때문에 팀 선수 평균 연봉이 증가했음을 빠르게 판단할 수 있다.

④ (○) 선수 인원수가 전년대비 가장 많이 증가한 팀은 B팀으로 전년대비 5명 증가하였고, 전년대비 총 연봉이 가장 많이 증가한 팀도 B팀으로 전년대비 15억이 증가하였다.

⑤ (×) 2017년 총 연봉은 A팀이 10억원, E팀이 16억원으로 E팀이 A팀보다 더 많다.

합격으로 가는 Tip

일반형 선지의 경우 4개의 선지만 정확하게 처리하면 정답을 구할 수 있다. 이 문제의 경우 선지 ④를 두고 나머지 선지들을 처리했어야 한다.

[정답] ⑤

167 다음 <표>와 <그림>은 어느 지역의 교통사고 발생건수에 대한 자료이다. 이에 대한 <보기>의 설명 중 옳은 것을 모두 고르면?

민경채 11년 경책형 8번

<표> 연도별 교통사고 발생건수 현황

(단위: 천건)

연도 구분	2006	2007	2008	2009	2010
전체교통사고	231	240	220	214	213
음주교통사고	25	31	25	26	30

<그림> 2010년 교통사고 발생건수의 월별 구성비

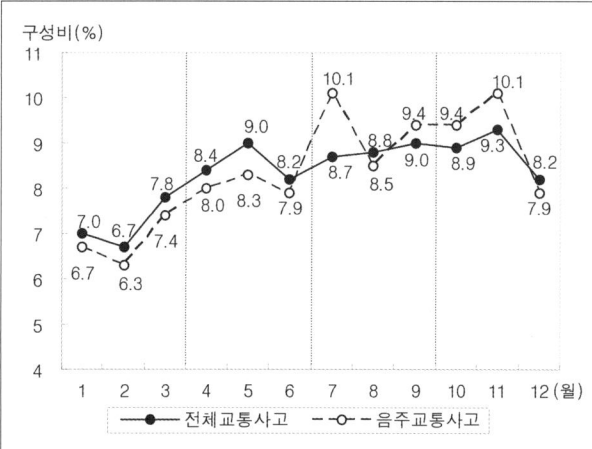

※ 전체(음주)교통사고 발생건수의 월별 구성비(%)
= 해당월 전체(음주)교통사고 발생건수 / 해당연도 전체(음주)교통사고 발생건수 × 100

─〈보기〉─

ㄱ. 2008년 이후 전체교통사고 발생건수는 매년 감소하였다.
ㄴ. 2010년 음주교통사고 발생건수는 2006년 대비 30% 이상 증가하였다.
ㄷ. 전체교통사고 발생건수 중 음주교통사고 발생건수의 비중은 2010년에 가장 높았다.
ㄹ. 2010년 음주교통사고의 분기별 발생건수는 3사분기(7, 8, 9월)에 가장 많았다.

① ㄱ, ㄹ
② ㄴ, ㄷ
③ ㄴ, ㄹ
④ ㄱ, ㄴ, ㄷ
⑤ ㄱ, ㄷ, ㄹ

해설

ㄱ. (○) <표>에 따르면 2008년부터 2010년까지 전체교통사고 발생건수는 각각 220(천건), 214, 213으로 매년 감소하였다.

연도 구분	2006	2007	2008	2009	2010
전체교통사고	231	240	220	214 ↓	213 ↓
음주교통사고	25	31	25	26	30

ㄴ. (×) <표>에 따르면 2006년 음주교통사고 발생건수는 25(천건), 2010년은 30이다. 5건 증가한 것이고, 5는 25의 20%이므로 정확히 20% 증가하였다. 2010년 음주교통사고 발생건수는 2006년 대비 30% 미만 증가하였다.

ㄷ. (○) <표>에서 전체교통사고 발생건수 중 음주교통사고 발생건수의 비중을 2010년과 비교한다. 전체교통사고 발생건수 중 음주교통사고 발생건수의 비중의 분모에 해당하는 전체교통사고 발생건수는 2010년이 213건으로 가장 작고, 분자에 해당하는 음주교통사고 발생건수는 2010년의 30건이 2006년, 2008년, 2009보다 크다. 분모는 2010년보다 크지만 분자는 작은 2007년만 조금 더 비교해본다.

연도 구분	2006	2007	2008	2009	2010
전체교통사고	~~231~~	240	~~220~~	~~214~~	213
음주교통사고	~~25~~	31	~~25~~	~~26~~	30

2007년의 $\frac{31}{240}$은 2010년의 $\frac{30}{213}$보다 분자는 약 3% 크지만 분모는 10% 이상 크므로 전체교통사고 발생건수 중 음주교통사고 발생건수의 비중은 2010년이 가장 높음을 확인할 수 있다.

ㄹ. (○) <그림>의 교통사고 발생건수의 월별 구성비를 주어진 각주에 따라 이해해보면 음주교통사고 발생건수의 월별 구성비는 '해당월 음주교통사고 발생건수 ÷ 해당연도 음주교통사고 발생건수 × 100'이므로 꺾은선 그래프에서 각 점이 나타내는 값의 분모(해당연도 음주교통사고 발생건수)는 모두 같다. 따라서 각 점의 높이는 해당월 음주교통사고 발생건수에 비례하므로 각 월의 음주교통사고 발생건수를 직접적으로 비교할 수 있다.

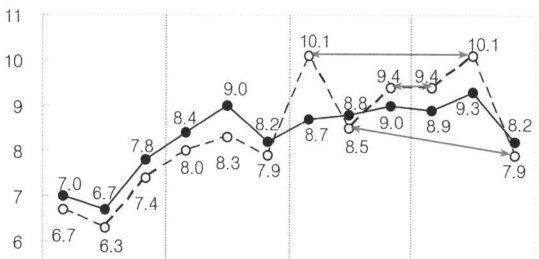

3사분기의 음주교통사고 발생건수를 4사분기와 비교해보면 7월의 음주교통사고 발생건수는 11월과 같고, 9월은 10월과 같다. 그리고 8월은 12월보다 많으므로, 3사분기 음주교통사고 발생건수는 4사분기보다 많다. 마찬가지 방법으로 1, 2사분기와 비교해보면, 음주교통사고의 분기별 발생건수는 3사분기에 가장 많다는 것을 알 수 있다.

<표>에는 2010년의 전체교통사고 발생건수, 음주교통사고 발생건수가 주어져 있으므로 이를 활용하면 2010년 각 월의 전체교통사고 발생건수, 음주교통사고 발생건수를 직접 구할 수도 있으나 위와 같이 그래프에서 각 점의 값을 비교하는 것으로 충분하다.

[정답] ⑤

168 다음 <그림>과 <표>는 어느 도시의 엥겔계수 및 슈바베계수 추이와 소비지출 현황을 나타낸 것이다. 빈 칸 A~E에 들어갈 값으로 잘못 짝지어진 것은?

민경채 12년 인책형 10번

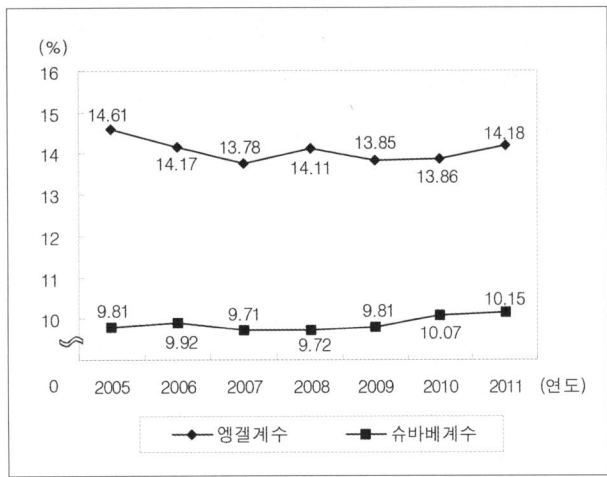

<그림> 엥겔계수 및 슈바베계수 추이(2005~2011년)

<표> 연도별 소비지출 현황(2008~2011년)

(단위: 억원, %p)

구분 연도	총소비지출	식료품·비주류 음료 소비지출	주거·수도·광열 소비지출	계수 차이
2008	100,000	(A)	9,720	4.39
2009	120,000	16,620	(B)	4.04
2010	150,000	20,790	15,105	(C)
2011	(D)	(E)	20,300	4.03

※ 1) 엥겔계수(%) = $\frac{식료품·비주류음료 소비지출}{총소비지출} \times 100$

2) 슈바베계수(%) = $\frac{주거·수도·광열 소비지출}{총소비지출} \times 100$

3) 계수 차이 = |엥겔계수 - 슈바베계수|

① A: 14,110
② B: 11,772
③ C: 3.79
④ D: 200,000
⑤ E: 27,720

해설

A: 2008년의 식료품·비주류음료 소비지출을 구해야하는데, 이는 공식 1)의 분자에 들어가 있다. 따라서 식변형을 통해 다음과 같은 공식을 도출할 수 있다.

식료품·비주류음료 소비지출 = $\frac{총소비지출 \times 엥겔계수(\%)}{100}$

<표>에서 2008년의 총소비지출 100,000(억원)과 <그림>에서 2008년 엥겔계수 14.11을 대입해보면

2008년의 식료품·비주류음료 소비지출 = $\frac{100,000 \times 14.11}{100}$ = 14,110(억원)이다.

B: 2009년의 주거·수도·광열 소비지출을 구해야 하는데, 이는 공식 2)의 분자에 들어가 있다. 따라서 앞서 A를 구한 것과 유사한 과정으로 구할 수 있다.

주거·수도·광열 소비지출 = $\frac{총소비지출 \times 슈바베계수(\%)}{100}$

<표>에서 2009년의 총소비지출 120,000(억원)과 <그림>에서 2009년 슈바베계수 9.81을 대입해 보면,

2009년의 주거·수도·광열 소비지출 = $\frac{120,000 \times 9.81}{100}$ = 11,772(억원)이다.

C: 계수 차이를 계산하는 공식은 각주 3)에 있다. 2010년의 엥겔계수와 슈바베계수 간의 간격(차이)을 계산하면 되고, 이는 <그림>에서 두 꺾은선 그래프 간의 간격을 계산하면 된다. 2010년의 엥겔계수는 13.86이고, 슈바베계수는 10.07이므로 계수 차이는 3.79%p이다.

D: 2011년의 총소비지출을 계산해야 하는데, 총소비지출은 각주 1) 공식의 분모 또는 각주 2) 공식의 분모에 포함되어 있다. <그림>에 2011년의 엥겔계수와 슈바베계수 값이 주어져 있고, <표>에 2011년의 주거·수도·광열 소비지출이 주어져 있으므로, 주어진 값을 통해 총소비지출을 구할 수 있는 것은 각주 2) 공식을 활용하는 것이다.

각주 2) 공식을 식변형해보면,

총소비지출 = $\frac{주거·수도·광열 소비지출}{슈바베계수(\%)} \times 100$

이므로, 2011년의 주어진 값들을 대입해 보면,

2011년의 총소비지출 = $\frac{20,300}{10.15} \times 100$ = 200,000

따라서 2011년의 총소비지출은 200,000(억원)이다.

E: 2011년의 식료품·비주류음료 소비지출을 구하기 위해서는 위에서 A를 구할 때처럼 각주 1) 공식을 활용하여야 한다. 2011년의 총소비지출은 앞에서 D에서 계산한 결과 200,000(억원)이다.

2011년의 식료품·비주류음료 소비지출 = $\frac{200,000 \times 14.18}{100}$ = 28,360

2011년의 식료품·비주류음료 소비지출은 28,360(억원)이다.

따라서 빈 칸 A~E에 들어갈 값으로 잘못 짝지어진 것은 ⑤ E: 27,720이다.

[정답] ⑤

169 다음 <표>와 <그림>은 1991년과 2010년의 품목별 항만 수출 실적 및 A항만 처리 분담률에 대한 자료이다. 이에 대한 <보기>의 설명 중 옳은 것만을 모두 고르면? 민경채 13년 인책형 9번

<표> 품목별 항만 수출 실적

(단위: 백만달러)

품목	1991년		2010년	
	총 항만 수출액	A항만 수출액	총 항만 수출액	A항만 수출액
전기·전자	16,750	10,318	110,789	19,475
기계류	6,065	4,118	52,031	23,206
자동차	2,686	537	53,445	14,873
광학·정밀기기	766	335	37,829	11,415
플라스틱제품	1,863	1,747	23,953	11,878
철강	3,287	766	21,751	6,276
계	31,417	17,821	299,798	87,123

<그림 1> 1991년 품목별 A항만 처리 분담률

(단위: %)

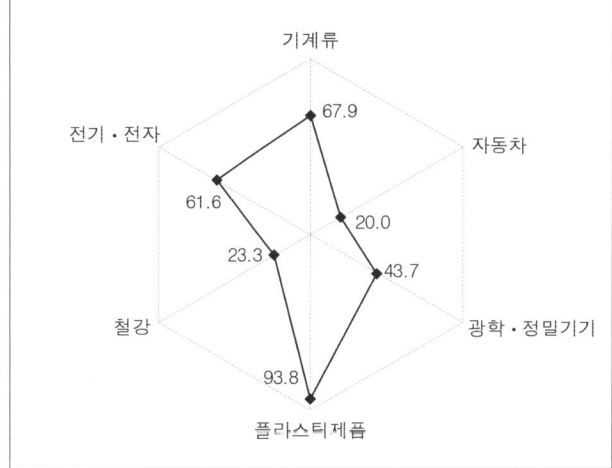

<그림 2> 2010년 품목별 A항만 처리 분담률

(단위: %)

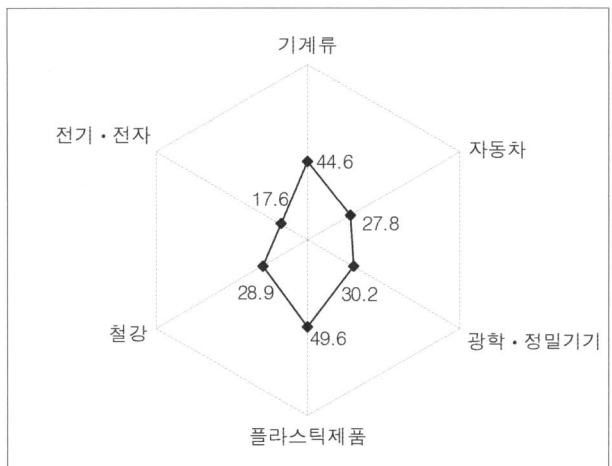

※ 해당 항만 처리 분담률(%) = $\dfrac{\text{해당 항만 수출액}}{\text{총 항만 수출액}} \times 100$

─<보기>─

ㄱ. 품목별 총 항만 수출액과 A항만 수출액은 1991년 대비 2010년에 각각 증가하였다.
ㄴ. A항만 처리 분담률이 1991년 대비 2010년에 감소한 품목은 모두 4개이다.
ㄷ. 1991년 대비 2010년의 A항만 수출액 증가율이 가장 큰 품목은 자동차이다.
ㄹ. 플라스틱제품의 A항만 처리 분담률은 1991년 대비 2010년에 70% 이상 감소하였다.

① ㄱ, ㄴ   ② ㄱ, ㄹ   ③ ㄷ, ㄹ
④ ㄱ, ㄴ, ㄷ   ⑤ ㄴ, ㄷ, ㄹ

170 다음 <표>와 <그림>은 묘목(A~E)의 건강성을 평가하기 위한 자료이다. 아래의 <평가방법>에 따라 묘목의 건강성 평가점수를 계산할 때, 평가점수가 두 번째로 높은 묘목과 가장 낮은 묘목을 바르게 나열한 것은?

민경채 14년 A책형 21번

<표> 묘목의 활착률과 병해충 감염여부

구분 \ 묘목	A	B	C	D	E
활착률	0.7	0.7	0.7	0.9	0.8
병해충 감염여부	감염	비감염	감염	감염	비감염

<그림> 묘목의 줄기길이와 뿌리길이

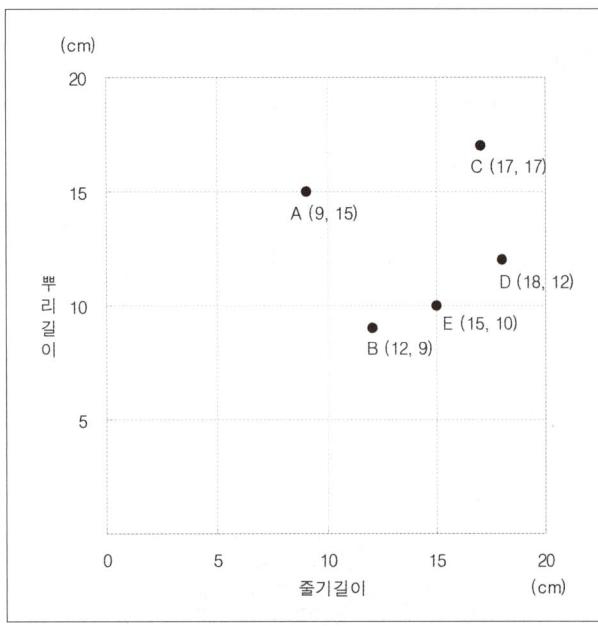

※ (,) 안의 수치는 각각 해당묘목의 줄기길이, 뿌리길이를 의미함.

―――― <보기> ――――
○ 묘목의 건강성 평가점수
  = 활착률×30 + $\dfrac{뿌리길이}{줄기길이}$×30 + 병해충 감염여부×40
○ '병해충 감염여부'는 '감염'이면 0, '비감염'이면 1을 부여함.

	두 번째로 높은 묘목	가장 낮은 묘목
①	B	A
②	C	A
③	C	D
④	E	A
⑤	E	D

해설

상황판단에서 연습하듯이, 상대적 계산 스킬을 사용하면서, 선지를 활용하여 묘목의 건강성 평가점수가 가장 낮은 묘목을 A와 D만 비교해서 계산해보자

묘목의 건강성 평가점수를 구하는 공식은 다음과 같다.

활착률×30 + $\dfrac{뿌리길이}{줄기길이}$×30 + 병해충 감염여부×40

A와 D의 각 항에 들어갈 값을 비교해 보면

구분	활착률	줄기길이	뿌리길이	병해충 감염여부
A	0.7	9	15	감염
D	0.9	18	12	감염

이때 병해충 감염여부는 공통이므로 비교하는 계산에 포함시킬 이유가 없다. 그러면 묘목의 건강성 평가점수를 구하는 공식이 다음과 같이 변형된다.

건강성 평가점수 = 활착률×30 + $\dfrac{뿌리길이}{줄기길이}$×30

이때 두 개의 항에서 ×30을 하는 부분도 공통이다. 따라서 공식은 다음과 같이 간단하게 변형된다.

건강성 평가점수 = 활착률 + $\dfrac{뿌리길이}{줄기길이}$ ··· 식 1)

이제 값을 대입해서 비교하면,

A의 건강성 평가점수 = 0.7 + $\dfrac{15}{9}$ = 0.7 + 1.67 = 약 2.37

D의 건강성 평가점수 = 0.9 + $\dfrac{12}{18}$ = 0.9 + 0.67 = 약 1.57

따라서 가장 낮은 묘목은 D이다.

다음 두 번째로 높은 묘목을 구하기 위해 B, C, E의 값을 비교해 보면 다음과 같다.

구분	활착률	줄기길이	뿌리길이	병해충 감염여부
B	0.7	12	9	비감염
C	0.7	17	17	비감염
E	0.8	15	10	비감염

이번에도 병해충 감염여부는 비감염으로 공통이어서 제외하고, 이를 제외하고 나면 나머지 항에서 ×30 하는 계산도 공통이므로, 위에서 도출해 놓은 식 1)을 사용하되 이번에는 절대값과 차이값을 섞어 비교해보면,

구분	활착률	뿌리길이/줄기길이	총합
B	0	0.75	0.75
C	0	1.0	1.0
E	+0.1	0.67	0.77

따라서 E가 평가점수가 두 번째로 높은 묘목이다.

합격으로 가는 Tip
- A와 D의 건강성 평가점수를 비교할 때 위에서는 계산 결과를 도출했지만, 차이값으로 비교하는 방법도 물론 가능하다.
- 이 문제는 상황판단과 마찬가지로 최대, 최소를 비교할 때 두 가지로 그룹을 구분하여 계산하는 장치가 활용된 문제이다. 감염 묘목이라면 건강성 평가점수에서 마지막 병해충 감염여부가 0점이고, 비감염 묘목이라면 40점이다. 여기에서 매우 큰 점수 차이가 나게 된다.

[정답] ⑤

PSAT 교육 1위, 해커스PSAT

psat.Hackers.com

Ⅲ. 빈칸

표 형식과 차트 형식의 자료가 함께 제시될 때, 자료 중 빈칸이 포함되어 있는 유형이다. 따라서 빈칸을 채울 것이 요구되는데, 빈칸을 채우기 위해서 덧뺄셈을 하거나 비례관계를 활용한 곱셈 등의 연산이 주로 요구된다. 따라서 계산을 통해 빈칸을 먼저 채우고 나서 이를 토대로 통계처리, 해석·분석을 하여야 하는 경우가 많다.

171 다음 <표>는 '갑' 박물관 이용자를 대상으로 12개 평가항목에 대해 항목별 중요도와 만족도를 조사한 결과이다. 이를 바탕으로 평가항목을 <그림>과 같이 4가지 영역으로 분류할 때, 이에 대한 설명으로 옳은 것은?

7급 공채 예시문항 A책형 1번

<표> 평가항목별 중요도와 만족도 조사결과

(단위: 점)

구분 평가항목	중요도	만족도
홈페이지	4.45	4.51
안내 직원	( )	4.23
안내 자료	4.39	4.13
안내 시설물	4.32	4.42
전시공간 규모	4.33	4.19
전시공간 환경	4.46	4.38
전시물 수	4.68	4.74
전시물 다양성	4.59	4.43
전시물 설명문	4.34	4.44
기획 프로그램	4.12	4.41
휴게 시설	4.18	4.39
교통 및 주차	4.29	4.17
평균	4.35	4.37

<그림> 중요도와 만족도에 따른 평가항목 영역 분류

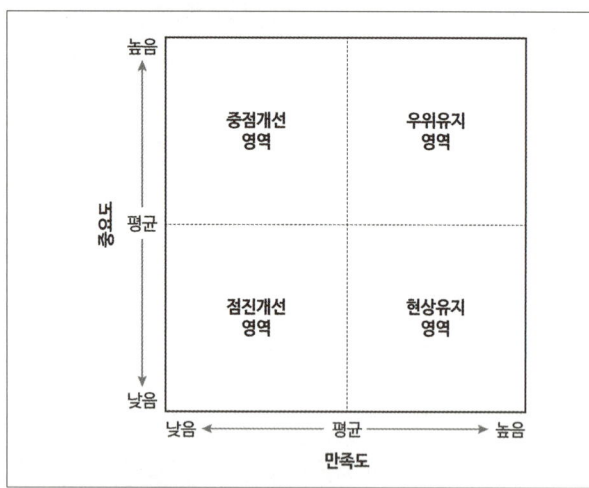

① '안내 직원'의 중요도는 중요도 평균보다 높다.
② '교통 및 주차'는 '현상유지 영역'으로 분류된다.
③ '점진개선 영역'으로 분류되는 항목은 2개이다.
④ '우위유지 영역'으로 분류되는 항목의 수는 '현상유지 영역'으로 분류되는 항목의 수와 같다.
⑤ '중점개선 영역'으로 분류된 항목은 없다.

해설

① (×) <표>에 12개 항목 점수의 평균이 주어져 있음을 확인한다. '안내 직원' 항목의 중요도 점수는 평균 4.35점×12에서 '안내 직원' 항목을 제외한 나머지 모든 항목 점수를 빼주면 구할 수 있다. 그러나 중요도 평균보다 높은지 묻고 있으므로 평균을 기준으로 한 편차의 합이 0보다 큰지 확인한다. 각 항목의 중요도 평균을 기준으로 한 편차를 정리해보면 다음과 같다.

구분 평가항목	중요도		만족도
홈페이지	4.45	+0.10	4.51
안내 직원	( )		4.23
안내 자료	4.39	+0.04	4.13
안내 시설물	4.32	−0.03	4.42
전시공간 규모	4.33	−0.02	4.19
전시공간 환경	4.46	+0.11	4.38
전시물 수	4.68	+0.33	4.74
전시물 다양성	4.59	+0.24	4.43
전시물 설명문	4.34	−0.01	4.44
기획 프로그램	4.12	−0.23	4.41
휴게 시설	4.18	−0.17	4.39
교통 및 주차	4.29	−0.06	4.17
평균	4.35		4.37

편차의 합은 0.30으로 양수이므로 '안내 직원'의 중요도는 중요도 평균보다 낮다는 것을 알 수 있다.

② (×) <표>에 따르면 '교통 및 주차'의 중요도 점수는 4.29점으로 평균 4.35점보다 낮고, 만족도 점수는 4.17점으로 평균 4.37점보다 낮다. '점진개선 영역'으로 분류된다.

③ (×) <표>에서 중요도 점수와 만족도 점수가 모두 평균보다 낮은 항목을 확인한다. 선지 ②에서 '교통 및 주차'가 '점진개선 영역'에 해당함은 확인했다. 우선 중요도 점수를 확인해보면 선지 ①에서 '안내 직원' 항목의 중요도 점수가 평균보다 낮은 것을 확인했고, '안내 시설물', '전시공간 규모', '전시물 설명문', '기획 프로그램', '휴게 시설' 항목의 중요도 점수도 평균보다 낮다. 해당 항목 중 만족도 점수도 평균보다 낮은 항목을 확인해보면 '안내 직원', '전시공간 규모' 항목은 만족도 점수도 평균보다 낮다. 따라서 '점진개선 영역'으로 분류되는 항목은 총 3개이다.

④ (○) <표>에서 중요도 점수와 만족도 점수가 모두 평균보다 높아 '우위유지 영역'으로 분류되는 항목은 4개('홈페이지', '전시공간 환경', '전시물 수', '전시물 다양성')이고, 중요도 점수는 평균보다 낮지만 만족도 점수는 평균보다 높아 '현상유지 영역'으로 분류되는 항목도 4개('안내 시설물', '전시물 설명문', '기획 프로그램', '휴게 시설')이다.

⑤ (×) '안내 자료' 항목의 중요도 점수는 평균보다 높지만, 만족도 점수는 평균보다 낮으므로 '중점개선 영역'으로 분류된다.

[정답] ④

172 다음 <그림>은 2006~2010년 동남권의 양파와 마늘 재배면적 및 생산량 추이를 나타낸 것이고, <표>는 2010년, 2011년 동남권의 양파와 마늘 재배면적의 지역별 분포를 나타낸 것이다. 이에 대한 설명으로 옳은 것은?

민경채 13년 인책형 7번

<그림> 동남권의 양파와 마늘 재배면적 및 생산량 추이

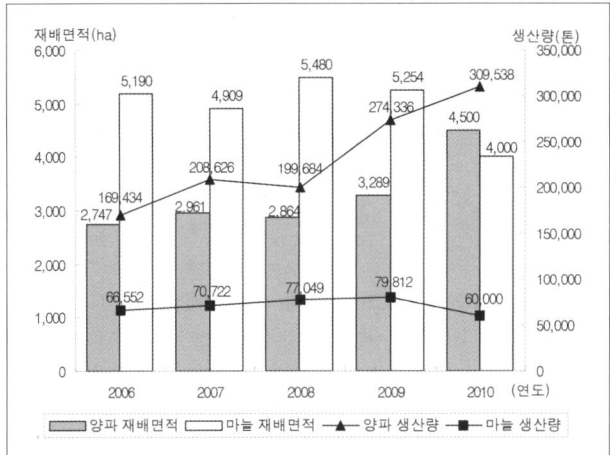

<표> 동남권의 양파와 마늘 재배면적의 지역별 분포

(단위: ha)

재배작물	지역	연도 2010	연도 2011
양파	부산	56	40
	울산	( )	( )
	경남	4,100	4,900
	소계	( )	5,100
마늘	부산	24	29
	울산	42	66
	경남	3,934	4,905
	소계	4,000	5,000

※ 동남권은 부산, 울산, 경남으로만 구성됨.

① 2006~2010년 동안 동남권의 마늘 생산량은 매년 증가 하였다.
② 2006~2010년 동안 동남권의 단위 재배면적당 양파 생산량은 매년 증가하였다.
③ 2011년 울산의 양파 재배면적은 전년에 비해 증가하였다.
④ 2006~2011년 동안 동남권의 마늘 재배면적은 양파 재배면적보다 매년 크다.
⑤ 2011년 동남권의 단위 재배면적당 마늘 생산량이 2010년과 동일하다면 2011년 동남권의 마늘 생산량은 75,000톤이다.

해설

각주에서 동남권은 부산, 울산, 경남으로만 구성됨을 확인한다.

① (×) <그림>에 따르면 2010년 동남권의 마늘 생산량은 60,000톤으로 2009년의 79,812톤 대비 감소하였다.

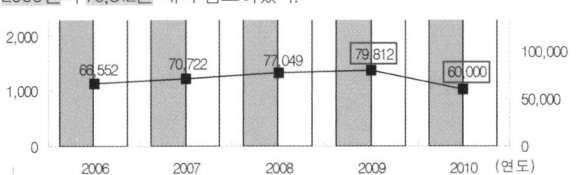

2006~2010년 동안 동남권의 마늘 생산량이 매년 증가한 것은 아니다.

② (×) <그림>에는 2006~2010년 동안 동남권의 양파 재배면적과 양파 생산량이 주어져 있으므로 단위 재배면적당 양파 생산량을 확인할 수 있다. 2009년의 양파 재배면적은 3,289ha, 2010년은 4,500ha인데 3,289의 30%는 1,000 미만이므로 2010년의 양파 재배면적은 2009년 대비 30% 이상 증가했다. 그리고 2009년의 양파 생산량은 274,336톤, 2010년은 309,538톤이므로 2010년의 양파 생산량은 2009년 대비 30% 미만 증가했다. 단위 재배면적당 양파 생산량에서 분모에 해당하는 양파 재배면적의 증가율이 분자에 해당하는 양파 생산량의 증가율보다 크므로 2010년의 단위 면적당 양파 생산량은 2009년 대비 감소하였다.

③ (×) <그림>에 따르면 2010년 동남권의 양파 재배면적은 4,500ha이다. <표>에는 2010년 부산의 양파 재배면적이 56ha, 경남은 4,100ha로 주어져 있으므로 울산의 양파 재배면적은 4,500 − 56 − 4,100 = 344ha이다. 그리고 2011년 동남권의 양파 재배면적은 5,100ha인데 부산의 양파 재배면적은 40ha, 경남은 4,900ha로 주어져 있으므로 울산의 양파 재배면적은 5,100 − 40 − 4,900 = 160ha이다.

재배작물	지역	연도 2010	연도 2011
양파	부산	56	40
	울산	(344)	(160)
	경남	4,100	4,900
	소계	(4,500)	5,100

2011년 울산의 양파 재배면적은 전년에 비해 감소하였다.

④ (×) <그림>에 따르면 2010년 동남권의 마늘 재배면적은 4,000ha로 양파 재배면적 4,500ha보다 작다.

이는 <표>에서도 확인할 수 있는데, 2010년 동남권의 마늘 재배면적은 4,000ha이고 양파 재배면적은 4,100ha이상이므로 마늘 재배면적이 양파 재배면적보다 작다고 판단할 수 있다.

⑤ (○) <그림>에 따르면 2010년 동남권의 마늘 재배면적은 4,000ha, 마늘 생산량은 60,000톤이다. 그러므로 2010년 동남권의 단위 재배면적당 마늘 생산량은 60,000/4,000 = 15톤/ha이다. 2011년 동남권의 단위 재배면적당 마늘 생산량이 2010년과 동일하다면, <표>에 따르면 2011년 동남권의 마늘 재배면적은 5,000ha이므로 2011년 동남권의 마늘 생산량은 15톤/ha × 5,000ha = 75,000톤이다.

합격으로 가는 Tip

- 선지 ②를 구할 때, 분모인 양파의 재배면적이 2009년에서 2010년에 가파르게 증가함을 볼 수 있다. 그에 반해 분자 꺾은선 그래프는 그 정도로 가파른 것은 아니기에 2009년에서 2010년으로의 증가를 먼저 의심해 볼 수 있다.
- 선지 ③을 구하기 위해 각 지역별 +, −를 따져볼 수도 있다. 부산은 −16, 경남은 +800인데, 전체 소계는 +600이 되었다. 그렇다면 남은 울산은 (−)가 될 수밖에 없다.

[정답] ⑤

173 다음은 2016~2022년 '갑'국의 스마트농업 정부연구비에 관한 자료이다. 이에 대한 <보기>의 설명 중 옳은 것만을 모두 고르면?

〈그림〉 연도별 스마트농업 정부연구비 및 연구과제 수

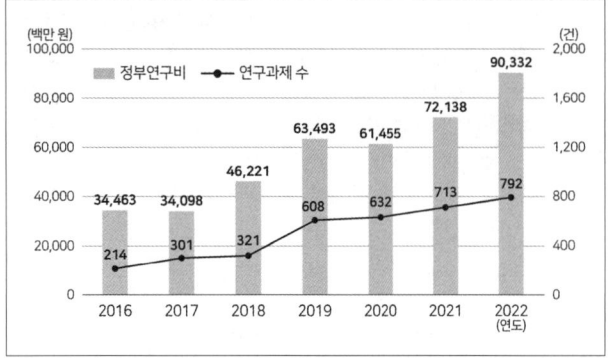

〈표〉 연도별·분야별 스마트농업 정부연구비

(단위: 백만 원)

연도 분야	2016	2017	2018	2019	2020	2021	2022	전체
데이터기반구축	3,520	4,583	8,021	10,603	11,677	16,581	18,226	73,211
자동화설비기기	27,082	19,975	23,046	25,377	22,949	24,330	31,383	( )
융합연구	3,861	9,540	15,154	27,513	26,829	31,227	40,723	( )

※ 스마트농업은 데이터기반구축, 자동화설비기기, 융합연구 분야로만 구분됨.

〈보기〉
ㄱ. 스마트농업의 연구과제당 정부연구비가 가장 많은 해는 2016년이다.
ㄴ. 전체 정부연구비가 가장 많은 스마트농업 분야는 '자동화설비기기'이다.
ㄷ. 스마트농업 정부연구비의 전년 대비 증가율이 가장 높은 해는 2022년이다.
ㄹ. 2019년 대비 2022년 정부연구비 증가율이 가장 높은 스마트농업 분야는 '데이터기반구축'이다.

① ㄱ, ㄴ
② ㄱ, ㄷ
③ ㄷ, ㄹ
④ ㄱ, ㄴ, ㄹ
⑤ ㄴ, ㄷ, ㄹ

PSAT 교육 1위, 해커스PSAT

psat.Hackers.com

IV. 공식+빈칸

표 형식과 차트 형식의 자료가 함께 제시될 때, 자료 중 빈칸이 포함되어 있고, (주로 각주의 형식으로) 공식이 주어지는 유형이다. 빈칸을 채우기 위해서 평균을 계산하거나 조금 더 응용된 계산이 요구되는 문제가 출제되었다. 따라서 계산을 통해 빈칸을 먼저 채우고 나서 공식을 해석하거나 가공하여 이를 토대로 통계처리, 해석·분석을 하여야 하는 경우가 많다.

174 다음 <표>와 <그림>은 A~E국의 국민부담률, 재정적자 비율 및 잠재적부담률과 공채의존도를 나타낸 자료이다. 이에 대한 <보기>의 설명 중 옳은 것만을 모두 고르면?

민경채 15년 인책형 13번

〈표〉 국민부담률, 재정적자 비율 및 잠재적부담률

(단위: %)

국가 구분	A	B	C	D	E
국민부담률	38.9	34.7	49.3	( )	62.4
사회보장부담률	( )	8.6	10.8	22.9	24.6
조세부담률	23.0	26.1	( )	29.1	37.8
재정적자 비율	8.8	9.9	6.7	1.1	5.1
잠재적부담률	47.7	( )	56.0	53.1	( )

※ 1) 국민부담률(%)=사회보장부담률+조세부담률
  2) 잠재적부담률(%)=국민부담률+재정적자 비율

〈그림〉 공채의존도

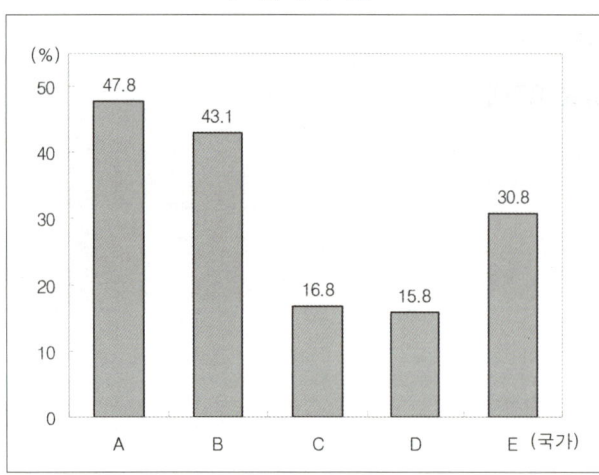

─────〈보기〉─────
ㄱ. 잠재적부담률이 가장 높은 국가의 조세부담률이 가장 높다.
ㄴ. 공채의존도가 가장 낮은 국가의 국민부담률이 두 번째로 높다.
ㄷ. 사회보장부담률이 가장 높은 국가의 공채의존도가 가장 높다.
ㄹ. 잠재적부담률이 가장 낮은 국가는 B이다.

① ㄱ, ㄴ
② ㄱ, ㄷ
③ ㄴ, ㄷ
④ ㄴ, ㄹ
⑤ ㄷ, ㄹ

해설

ㄱ. (×) 각주 1), 2) 공식을 활용하여, 〈표〉의 빈칸을 채워보면 다음과 같다.

국가 구분	A	B	C	D	E
국민부담률	38.9	34.7	49.3	(52.0)	62.4
사회보장부담률	(15.9)	8.6	10.8	22.9	24.6
조세부담률	23.0	26.1	(38.5)	29.1	37.8
재정적자 비율	8.8	9.9	6.7	1.1	5.1
잠재적부담률	47.7	(44.6)	56.0	53.1	(67.5)

잠재적부담률이 가장 높은 국가는 E이고, 조세부담률이 가장 높은 국가는 C이다.

ㄴ. (○) 공채의존도가 가장 낮은 국가는 〈그림〉에서 보면 D이다. 국민부담률은 〈표〉에서 보면 높은 국가부터 E국 62.4 - D국 52.0 순이다. 따라서 D국이 공채의존도가 가장 낮은 국가이면서 국민부담률이 두 번째로 높은 국가이다.

ㄷ. (×) 〈표〉에서 사회보장부담률이 가장 높은 국가는 E국이다. 그리고 공채의존도가 가장 높은 국가는 〈그림〉에서 보면 A국으로 다르다.

ㄹ. (○) 잠재적 부담률이 가장 낮은 국가는 B국이다.

합격으로 가는 Tip

- 빈칸을 채우지 않고도 해결이 가능한 보기부터 보는 것이 좋다.
- 상황판단에서의 순서 idea를 활용하여 가장 높을 수 있는, 가장 낮을 수 있는, 3번째로 높을 수 있는 국가 등을 추릴 수 있는데, 이 문제는 간단한 덧셈 뺄셈만으로 괄호를 채울 수 있으므로 간단한 사칙연산을 빠르게 하는 것도 좋다.
- 자료해석에서는 한 문장에 확인 또는 해결해야 할 것이 두 개 이상이면, 뒤쪽에 확인 또는 해결하는 것부터 보는 것이 더 쉬운 경우가 많다. 예를 들어 보기 ㄷ의 경우도 사회보장부담률이 가장 높은 국가와 공채의존도가 가장 높은 국가를 찾은 후 두 국가가 같은지를 확인해야 한다. 이 때 사회보장부담률은 〈표〉의 괄호를 채워야 하지만, 공채의존도는 〈그림〉의 수치를 단순히 확인하면 된다. 따라서 공채의존도가 가장 높은 국가가 〈그림〉에서 A국이라는 것을 먼저 확인하고 난 후, 〈표〉에서 A국의 국민부담률이 가장 높은지를 확인해 보면, 괄호를 채우지 않고도, C국이나 E국이 A국보다 국민부담률이 더 크다는 것을 확인할 수 있다.

[정답] ④

175 다음 <표>와 <그림>은 '갑'국의 방송사별 만족도지수, 질평가지수, 시청자평가지수를 나타낸 자료이다. 이에 대한 <보기>의 설명 중 옳은 것만을 모두 고르면?

민경채 19년 나책형 8번

<표> 방송사별 전체 및 주시청 시간대의 만족도지수와 질평가지수

구분 유형	방송사	전체 시간대 만족도지수	전체 시간대 질평가지수	주시청 시간대 만족도지수	주시청 시간대 질평가지수
지상파	A	7.37	7.33	( )	7.20
	B	7.22	7.05	7.23	( )
	C	7.14	6.97	7.11	6.93
	D	7.32	7.16	( )	7.23
종합편성	E	6.94	6.90	7.10	7.02
	F	7.75	7.67	( )	7.88
	G	7.14	7.04	7.20	( )
	H	7.03	6.95	7.08	7.00

<그림> 방송사별 주시청 시간대의 시청자평가지수

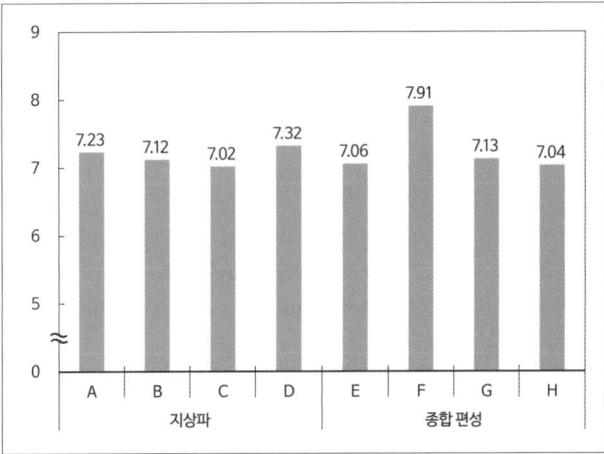

※ 전체(주시청)시간대 시청자평가지수 =
$$\frac{전체(주시청)시간대\ 만족도지수 + 전체(주시청)시간내\ 질평가지수}{2}$$

─────〈보기〉─────

ㄱ. 각 지상파 방송사는 전체 시간대와 주시청 시간대 모두 만족도지수가 질평가지수보다 높다.
ㄴ. 각 종합편성 방송사의 질평가지수는 주시청 시간대가 전체 시간대보다 높다.
ㄷ. 각 지상파 방송사의 시청자평가지수는 전체 시간대가 주시청 시간대보다 높다.
ㄹ. 만족도지수는 주시청 시간대가 전체 시간대보다 높으면서 시청자평가지수는 주시청 시간대가 전체 시간대보다 낮은 방송사는 2개이다.

① ㄱ, ㄴ
② ㄱ, ㄷ
③ ㄴ, ㄹ
④ ㄱ, ㄷ, ㄹ
⑤ ㄴ, ㄷ, ㄹ

176 다음 <그림>과 <표>는 세계 및 국내 조선업 현황에 대한 자료이다. 다음 <표>에 근거한 <보기>의 설명 중 옳은 것만을 모두 고르면?

7급 공채 20년 모의평가 25번

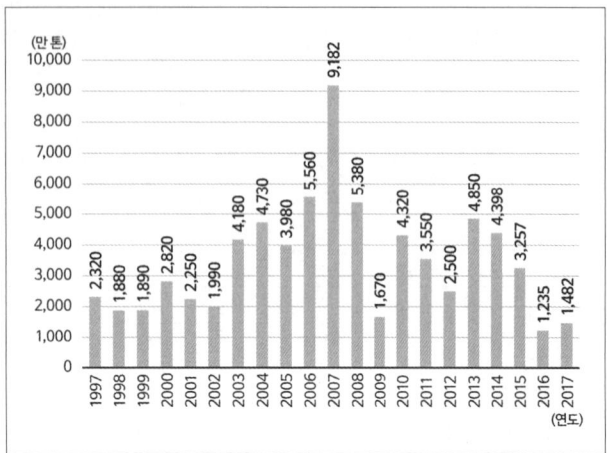

〈그림〉 세계 조선업 수주량 추이

〈표 1〉 2014~2017년 국내 조선업 수주량 및 수주잔량

(단위: 만 톤, %)

구분 연도	수주량	전년대비 증가율	수주잔량	전년대비 증가율
2014	1,286	−30.1	3,302	−1.6
2015	1,066	( )	3,164	−4.2
2016	221	( )	2,043	( )
2017	619	( )	1,761	−13.8

※ 해당 연도 수주잔량=전년도 수주잔량+해당 연도 수주량 − 해당 연도 건조량

〈표 2〉 2014~2016년 국내 조선기자재업체 기업규모별 업체 수 및 이자보상배율이 1 미만인 업체 비율

(단위: 개, %)

기업규모	연도 업체 수	2014	2015	2016
대형	20	15.0	20.0	25.0
중형	35	25.7	17.1	34.3
소형	96	19.8	28.1	38.5
전체	151	20.5	24.5	35.8

※ 1) 2014년 이후 기업규모별 업체 수는 변화 없음.
2) 비율은 소수 둘째 자리에서 반올림한 값임.

─〈보기〉─

ㄱ. 2014~2016년 중 국내 조선업 건조량이 가장 적은 해는 2016년이다.
ㄴ. 2014년 이후 국내 조선업 수주량의 전년대비 증감률이 가장 큰 해는 2017년이다.
ㄷ. 2014년 이자보상배율이 1 미만인 국내 조선기자재업체 수는 중형이 대형의 3배이다.
ㄹ. 이자보상배율이 1 미만인 국내 조선기자재업체 수의 2015년 대비 2016년 증감폭이 가장 큰 기업규모는 중형이다.

① ㄱ, ㄴ ② ㄴ, ㄷ ③ ㄴ, ㄹ
④ ㄷ, ㄹ ⑤ ㄱ, ㄷ, ㄹ

PSAT 교육 1위, 해커스PSAT
psat.Hackers.com

V. 표-차트 변환

표의 형식으로 주어진 수치자료를 여러 형식의 차트로 변환하는 유형이다. 하나의 선지에도 확인해야 할 정보가 많기 때문에 이 유형의 문제를 해결하기에는 계산량이 상당히 요구된다. 기존 민경채 기출문제에서는 자료의 가공 없이 주어진 수치를 형식만 달리하여 차트로 변환하는 선지의 비중도 매우 높았으나, 7급 기출문제의 경우는 표가 2개 이상 주어지는 경우도 많고, 약간의 연산을 통해 차트로 변환해야 하는 경우도 많다. 그렇다 하더라도 역대 7급·민경채에 출제된 기출문제의 경우는 난도가 높지 않은 편이다. 그렇지만 5급 기출문제에서는 난도도 높은 편이고, 어떤 선지부터 확인하는가에 따라 소요시간도 매우 길어질 수 있는 유형인 만큼, 전략적으로 우선 스킵하고 다른 문제부터 해결한 후, 시험 후반에 어느 정도 시간을 확보한 뒤에 해결하는 것이 바람직하다.

177 다음 <표>는 2007~2009년 방송사 A~D의 방송심의규정 위반에 따른 제재 현황을 나타낸 것이다. 이 <표>를 이용하여 작성한 그래프로 옳지 않은 것은? 민경채 12년 인책형 11번

〈표〉 방송사별 제재 건수

(단위: 건)

연도 제재 방송사	2007		2008		2009	
	법정제재	권고	법정제재	권고	법정제재	권고
A	21	1	12	36	5	15
B	25	3	13	29	20	20
C	12	1	8	25	14	20
D	32	1	14	30	24	34
전체	90	6	47	120	63	89

※ 제재는 법정제재와 권고로 구분됨.

① 방송사별 법정제재 건수 변화

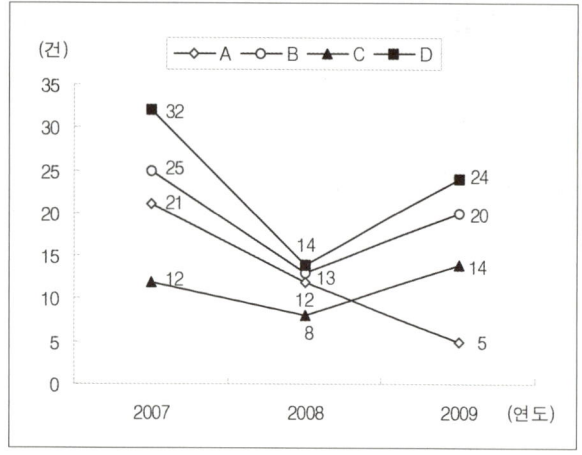

② 연도별 방송사 전체의 법정제재 및 권고 건수

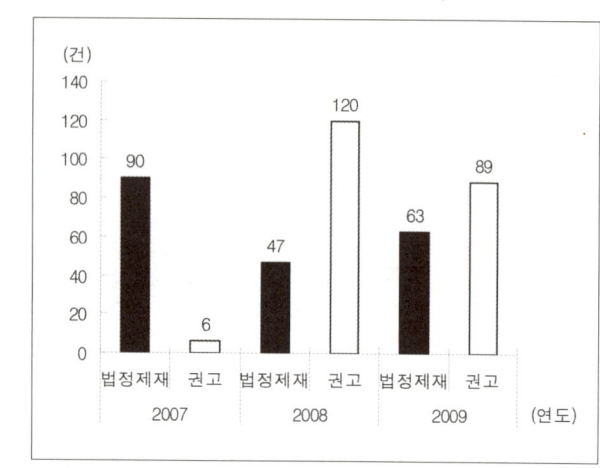

③ 2007년 법정제재 건수의 방송사별 구성비

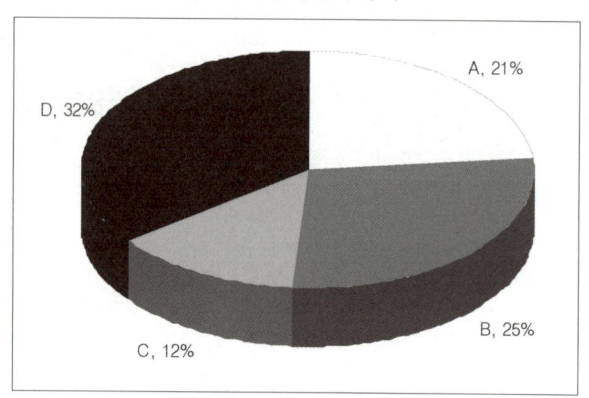

④ 2008년 방송사별 법정제재 및 권고 건수

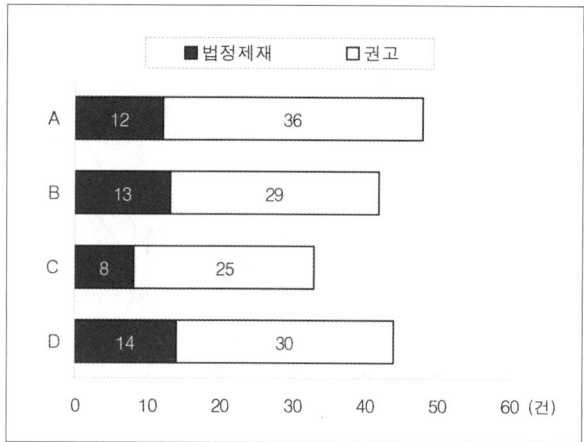

⑤ 2008년과 2009년 방송사별 권고 건수

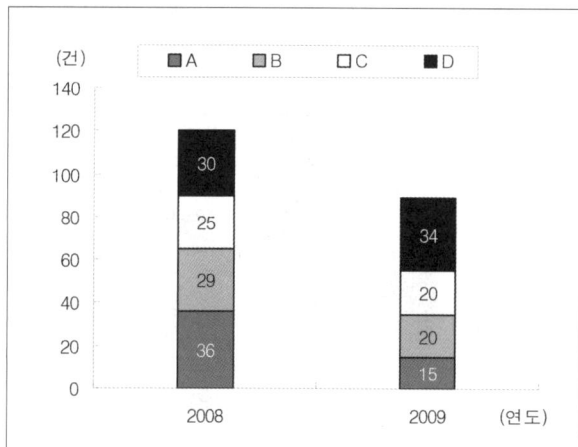

해설

① (○) 선지의 연도별 방송사별 법정제재 건수 그래프는 〈표〉의 연도별 방송사별 법정제재 건수의 값과 일치한다.

연도 방송사	2007		2008		2009	
	법정제재	권고	법정제재	권고	법정제재	권고
A	21	1	12	36	5	15
B	25	3	13	29	20	20
C	12	1	8	25	14	20
D	32	1	14	30	24	34
⋮						

② (○) 선지의 연도별 방송사 전체의 법정제재 및 권고 건수 그래프는 〈표〉의 연도별 전체 법정제재 및 권고 건수의 값과 일치한다.

연도 방송사	2007		2008		2009	
	법정제재	권고	법정제재	권고	법정제재	권고
⋮						
전체	90	6	47	120	63	89

③ (×) 〈표〉에 따르면 2007년 방송사 전체의 법정제재 건수는 90건이다. 그러므로 법정제재 건수의 방송사별 구성비 그래프를 작성한다면 90건이 100%이므로 1건은 약 1.1%이어야 한다. 예를 들어 A 방송사의 2007년 법정제재 건수는 21건이므로 A 방송사의 2007년 법정제재 건수의 구성비는 21건×1.1 = 약 23%이어야 한다. 그러나 선지의 2007년 법정제재 건수의 방송사별 구성비 그래프에는 A 방송사의 구성비가 21%로 주어져 있다. 나머지 다른 방송사의 구성비도 모두 〈표〉의 법정제재 건수와 같이 주어져 있으므로 〈표〉를 이용하여 작성한 그래프로 옳지 않다고 판단할 수 있다.

④ (○) 선지의 2008년 방송사별 법정제재 및 권고 건수 그래프는 〈표〉의 2008년 방송사별 법정제재 및 권고 건수의 값과 일치한다.

⑤ (○) 선지의 2008년 방송사별 권고 건수 그래프는 〈표〉의 2008년, 2009년 방송사별 권고 건수의 값과 일치한다.

합격으로 가는 Tip

③ 해당 문제에서는 선지에 주어진 그래프의 법정제재 건수의 방송사별 구성비가 〈표〉의 법정제재 건수와 같은 숫자로 주어져 있으므로 옳지 않다고 판단하기 쉽다. 그러나 다른 숫자로 주어져 있는 경우에도 그래프의 구성비 합이 100%가 되지 않으면 옳지 않다고 확인할 수 있다.

[정답] ③

178 다음 <표>는 2018~2022년 '갑'국의 양자기술 분야별 정부 R&D 투자금액에 관한 자료이다. <표>를 이용하여 작성한 자료로 옳지 않은 것은?

7급 공채 23년 인책형 13번

<표> 양자기술 분야별 정부 R&D 투자금액

(단위: 백만 원)

연도 분야	2018	2019	2020	2021	2022	합
양자컴퓨팅	61	119	200	285	558	1,223
양자내성암호	102	209	314	395	754	1,774
양자통신	110	192	289	358	723	1,672
양자센서	77	106	125	124	209	641
계	350	626	928	1,162	2,244	5,310

※ 양자기술은 양자컴퓨팅, 양자내성암호, 양자통신, 양자센서 분야로만 구분됨.

① 2019~2022년 양자통신 분야 정부 R&D 투자금액의 전년 대비 증가율

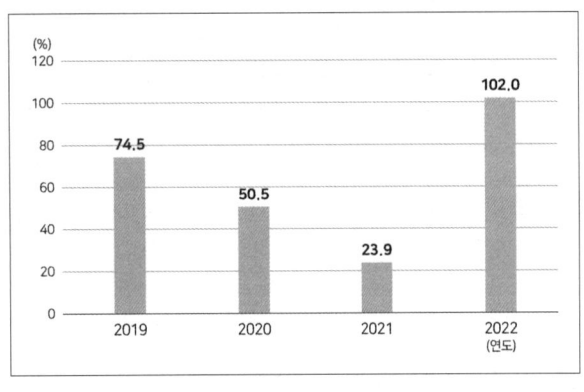

② 연도별 양자컴퓨팅, 양자통신 분야 정부 R&D 투자금액

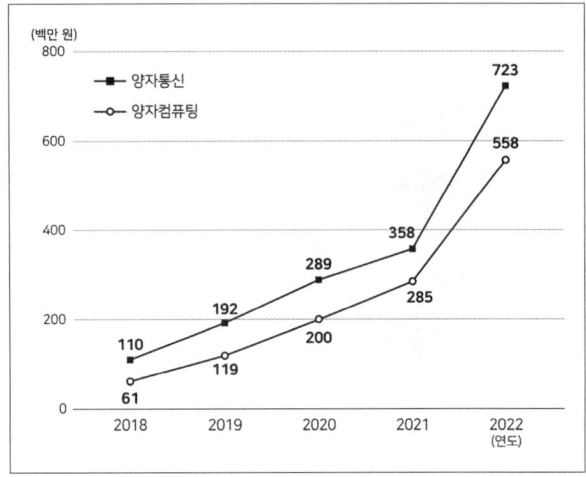

③ 2018~2022년 양자기술 정부 R&D 총투자금액의 분야별 구성비

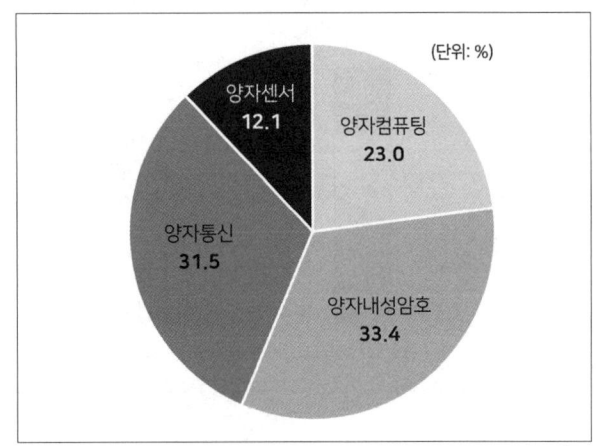

④ 연도별 양자내성암호 분야 정부 R&D 투자금액 대비 양자센서 분야 정부 R&D 투자금액 비율

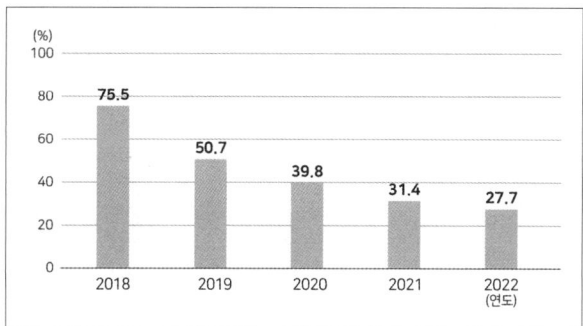

⑤ 2018~2022년 양자기술 정부 R&D 투자금액의 분야별 비중

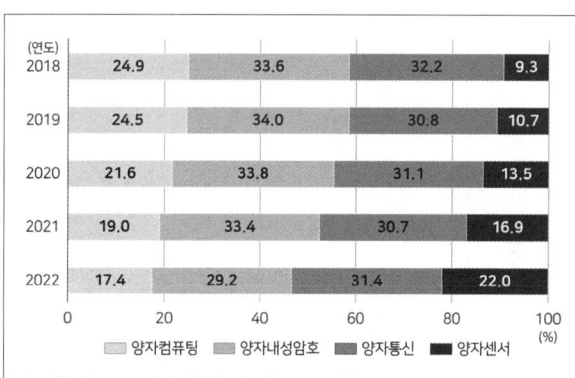

해설

① (○) 선지의 그래프에서 2019~2022년 양자통신 분야 정부 R&D 투자금액의 전년 대비 증가율 중 〈표〉의 값과 비교하기 편한 연도의 증가율을 일부만 비교해본다. 예를 들어 그래프에서 2020년의 전년 대비 증가율을 약 50%라고 하고, 〈표〉에 따르면 2019년의 양자통신 투자금액은 192(백만 원), 50%는 96이므로 2020년의 양자통신 투자금액 289(백만 원)은 약 50% 조금 넘게 증가했음을 알 수 있다. 또 다른 예로 그래프에서 2022년의 전년 대비 증가율을 약 100%라고 하고, 〈표〉에 따르면 2021년 양자통신 투자금액은 358(백만 원), 2022년은 723(백만 원)으로 두 배 조금 넘게 증가하였다.

② (○) 선지의 그래프 '연도별 양자컴퓨팅, 양자통신 분야 정부 R&D 투자금액'의 값은 〈표〉의 값과 일치한다.

연도 분야	2018	2019	2020	2021	2022	합
양자컴퓨팅	61	119	200	285	558	1,223
⋮						
양자통신	110	192	289	358	723	1,672

③ (○) 선지의 그래프에서 양자기술 정부 R&D 총투자금액의 분야별 구성비 중 〈표〉의 값과 비교하기 편한 연도의 구성비를 일부만 비교해본다. 예를 들어 그래프에서 '양자내성암호'의 구성비는 33.4%로 약 총투자금액 대비 약 1/3이다. 〈표〉에 따르면 2018~2022년 양자내성암호 분야 투자금액의 합은 1,774(백만 원)이고 3배는 1,774×3=5,322이다. 2018~2022년 정부 R&D 투자금액의 합은 5,310(백만 원)이므로 1,774는 5,310의 약 1/3이다.

④ (○) 선지의 그래프에서 양자내성암호 분야 정부 R&D 투자금액 대비 양자센서 분야 정부 R&D 투자금액 비율 중 〈표〉의 값과 비교하기 편한 연도의 비율을 일부만 비교해본다. 예를 들어 그래프에서 2020년 양자내성암호 분야 정부 R&D 투자금액 대비 양자센서 분야 정부 R&D 투자금액 비율을 40%라고 하고, 〈표〉에 따르면 2020년 양자내성암호 분야 투자금액은 314(백만 원), 40%는 약 126이므로 양자센서 분야 투자금액 125(백만 원)의 비율은 약 40%이다.

⑤ (×) 선지의 그래프에 따르면 2018년 정부 R&D 투자금액 대비 양자컴퓨팅 분야의 비중은 24.9%라고 한다. 〈표〉에 따르면 2018년 양자컴퓨팅 투자금액은 61(백만 원)로 전체 투자금액 350(백만 원)의 20% 미만이다. 2020년을 제외한 나머지 연도의 값도 모두 틀렸음을 확인할 수 있다. 해당 그래프는 〈표〉를 이용하여 작성한 자료로 옳지 않다. 해당 그래프는 〈표〉의 값에서 연도를 역순으로 하여 작성한 것이다.

합격으로 가는 Tip

실제 문제풀이에서는 선지 ①, ③, ④의 모든 값을 정확하게 확인하기는 어렵고 일부만 확인한 후 다른 선지를 검토한다

[정답] ⑤

179 다음 <표>는 2016년과 2017년 A~F 항공사의 공급석 및 탑승객 수를 나타낸 자료이다. <표>를 이용하여 작성한 그래프로 옳지 않은 것은?

민경채 18년 가책형 3번

<표> 항공사별 공급석 및 탑승객 수

(단위: 만 개, 만 명)

항공사\연도	공급석 수 2016	공급석 수 2017	탑승객 수 2016	탑승객 수 2017
A	260	360	220	300
B	20	110	10	70
C	240	300	210	250
D	490	660	410	580
E	450	570	380	480
F	250	390	200	320
전체	1,710	2,390	1,430	2,000

① 연도별 A~F 항공사 전체의 공급석 및 탑승객 수

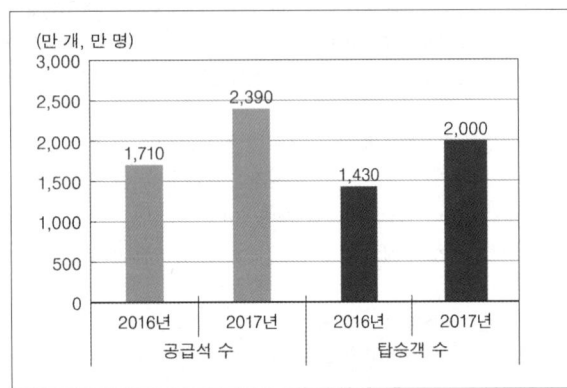

② 항공사별 탑승객 수

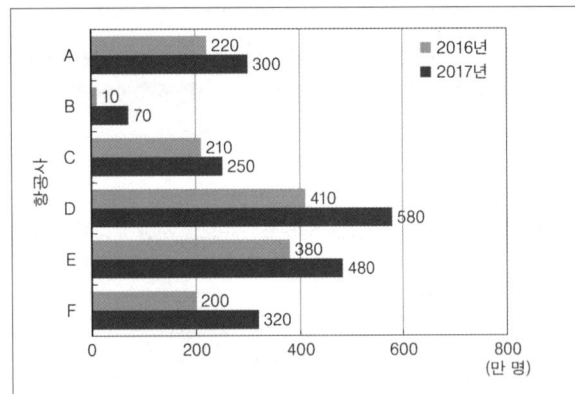

③ 2017년 탑승객 수의 항공사별 구성비

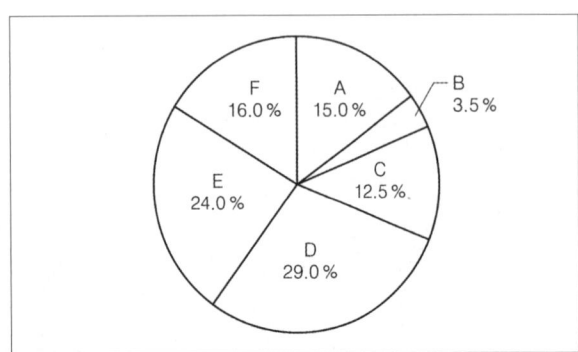

④ 2016년 대비 2017년 항공사별 공급석 수 증가량

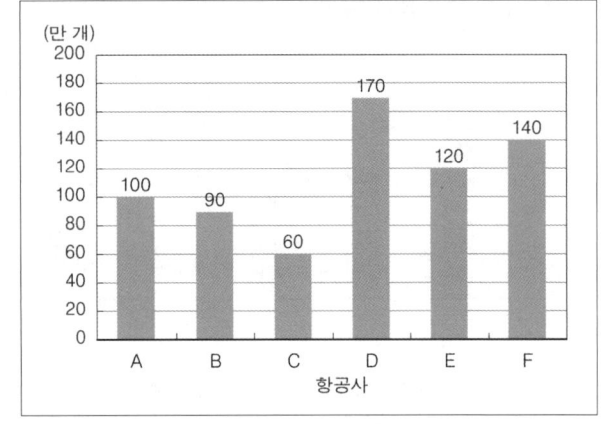

⑤ 2017년 항공사별 잔여석 수

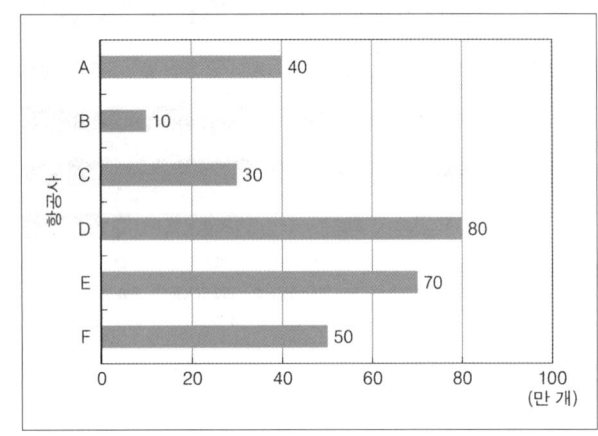

※ 잔여석 수 = 공급석 수 − 탑승객 수

해설

① (○) <표>의 맨 아랫줄 전체의 수치를 그대로 옮겨 그래프로 가공한 것이다.

② (○) <표>의 우측 열 2016년과 2017년 탑승객 수를 그대로 옮겨 그래프로 가공한 것이다.

③ (○) <표>의 맨 우측 열의 2017년 탑승객 수의 항공사별 구성비를 원그래프로 가공한 것이다.

④ (○) <표>의 좌측 열 2016년과 2017년 공급석 수의 증가량을 구해서 막대 그래프로 가공한 것이다.

⑤ (×) 각주로 잔여석을 구하는 공식이 주어졌고, 이는 <표>에 주어진 공급석 수에서 탑승객 수를 빼서 구해야 한다. 이 때 2016년과 2017년의 정보가 있다는 점에 주의하자. 선지 ⑤에서는 2017년 값을 구해야 하는데, 2016년의 값을 구해서 잘못 적은 선지이다.

합격으로 가는 Tip
- 선지 ③을 해결할 때, 직접 구성비를 계산하지 않도록 하자.
- 선지 ④를 해결할 때도, 직접 계산하지 않도록 하자.

[정답] ⑤

180 다음 <표>는 2012~2017년 '갑'국의 화재발생 현황에 대한 자료이다. 이를 이용하여 작성한 그래프로 옳지 않은 것은?

민경채 19년 나책형 3번

<표> '갑'국의 화재발생 현황

(단위: 건, 명)

구분 연도	화재발생건수	인명피해자수	구조활동건수
2012	43,249	2,222	427,735
2013	40,932	2,184	400,089
2014	42,135	2,180	451,050
2015	44,435	2,093	479,786
2016	43,413	2,024	609,211
2017	44,178	2,197	655,485
평균	43,057	2,150	503,893

① 화재발생건수

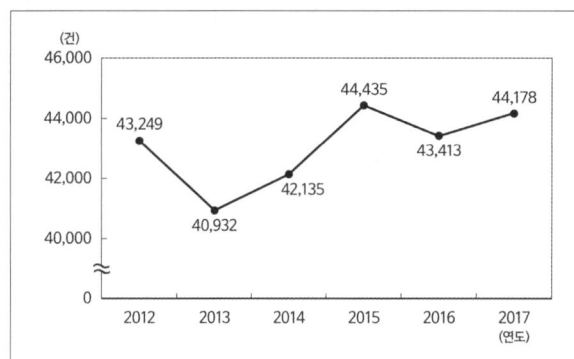

② 인명피해자수 편차의 절대값

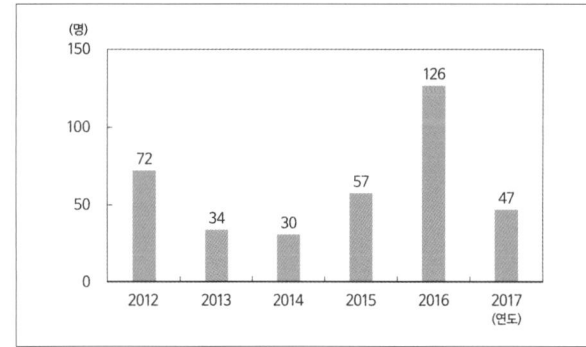

※ 인명피해자수 편차는 해당년도 인명피해자수에서 평균 인명피해자수를 뺀 값임.

③ 구조활동건수의 전년대비 증가량

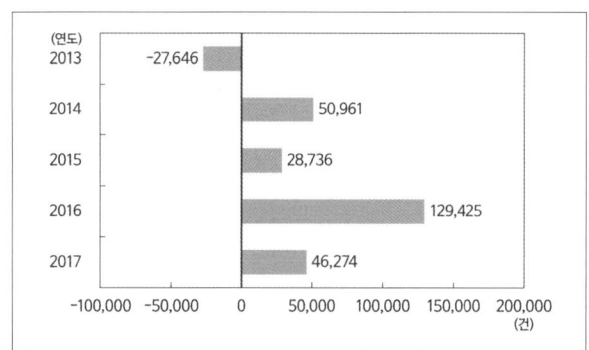

④ 화재발생건수 대비 인명피해자수 비율

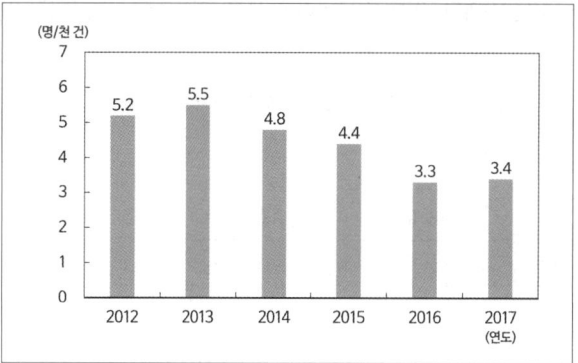

⑤ 화재발생건수의 전년대비 증가율

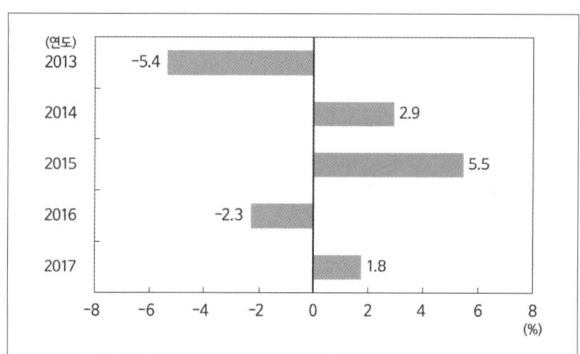

해설

① (○) <표>의 맨 왼쪽 열의 화재발생건수를 그대로 옮겨서 꺾은선 그래프로 가공한 것이다.

② (○) 각주로 인명피해자수 편차를 구하는 방법을 알려주고 있다. <표>의 각 연도의 인명피해자수와 맨 아랫줄 평균과의 차이를 구하여 그래프로 가공한 것이다.

③ (○) <표>의 맨 오른쪽 열의 구조활동건수의 전년대비 증가량을 계산하여 막대그래프로 가공한 것이다.

④ (×) <표>의 화재발생건수 대비 인명피해자수의 비율을 구해보면 다음과 같다.

구분 연도	화재발생건수	인명피해자수	화재발생건수 대비 인명피해자수의 비율 (명/천 건)
2012	43,249	2,222	51.38
2013	40,932	2,184	53.36
2014	42,135	2,180	51.74
2015	44,435	2,093	47.10
2016	43,413	2,024	46.62
2017	44,178	2,197	49.73
평균	43,057	2,150	49.93

단위를 신경썼다면 결과값의 자릿수부터 잘못되었다는 것으로도 틀린 선지임을 확인할 수 있다. 우리가 구해야 하는 값은 (명/천 건)의 단위이다. 자릿수를 봐도 틀린 선지이고, 유효자리만 인식하더라도, 유효자리의 시작은 4x이어야 하기 때문에 2016년과 2017년의 3x의 값은 틀리다는 것도 판단할 수 있다.

⑤ (○) <표>의 맨 왼쪽 열 화재발생건수의 전년대비 증가율을 구한 것이다. 예를 들어 2013년의 증가율은 (2013년 화재발생건수 − 2012년 화재발생건수) ÷ 2012년 화재발생건수 ×100으로 구할 수 있다.

[정답] ④

181 다음 <표>는 2009~2014년 건설공사 공종별 수주액 현황을 나타낸 것이다. 이를 이용하여 작성한 그래프로 옳지 않은 것은?

민경채 15년 인책형 17번

<표> 건설공사 공종별 수주액 현황

(단위: 조원, %)

구분 연도	전체	전년대비 증감률	토목	전년대비 증감률	건축	전년대비 증감률	주거용	비주거용
2009	118.7	-1.1	54.1	31.2	64.6	-18.1	39.1	25.5
2010	103.2	-13.1	41.4	-23.5	61.8	-4.3	31.6	30.2
2011	110.7	7.3	38.8	-6.3	71.9	16.3	38.7	33.2
2012	99.8	-9.8	34.0	-12.4	65.8	-8.5	34.3	31.5
2013	90.4	-9.4	29.9	-12.1	60.5	-8.1	29.3	31.2
2014	107.4	18.8	32.7	9.4	74.7	23.5	41.1	33.6

① 건축 공종의 수주액

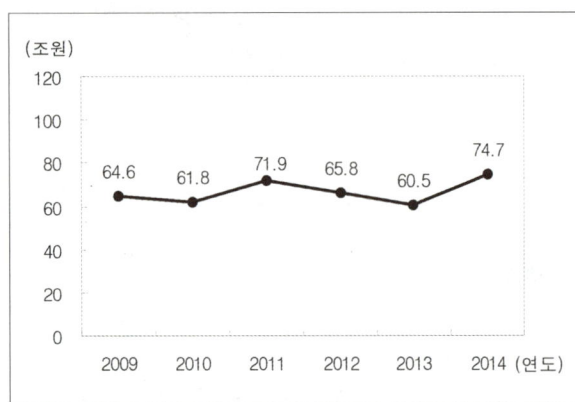

② 토목 공종의 수주액 및 전년대비 증감률

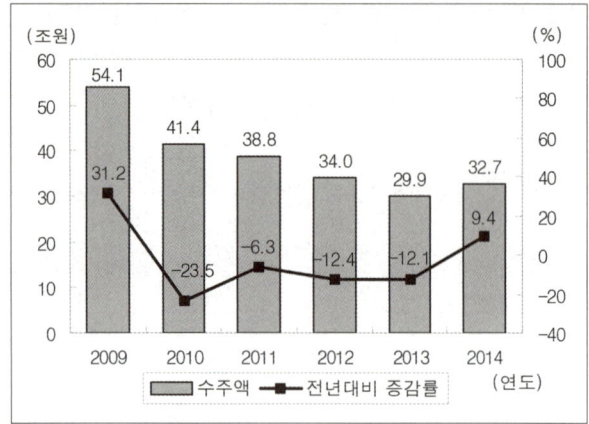

③ 건설공사 전체 수주액의 공종별 구성비

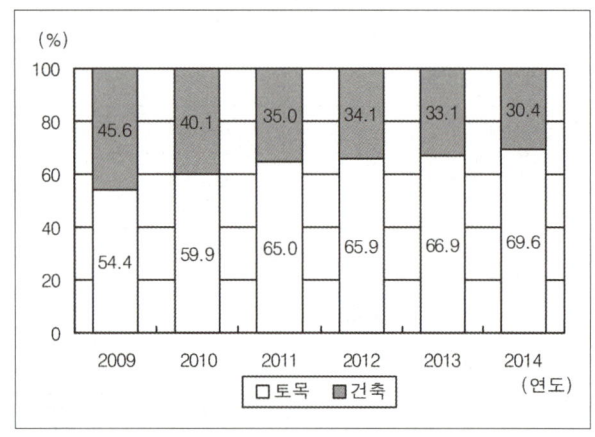

④ 건축 공종 중 주거용 및 비주거용 수주액

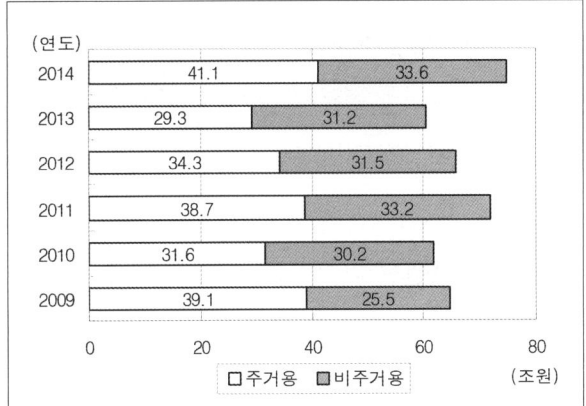

⑤ 건설공사 전체 및 건축 공종 수주액의 전년대비 증감률

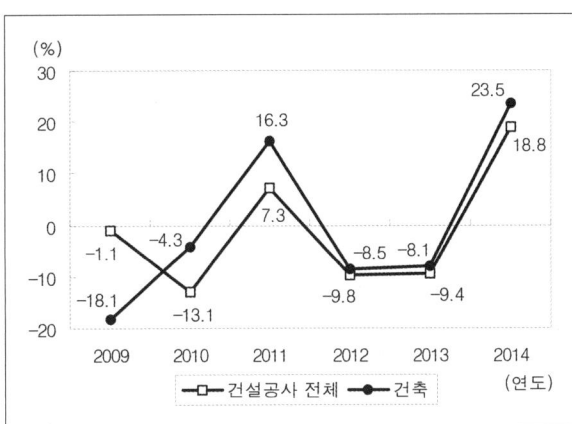

📝 해설

① (○) 〈표〉에서 건축 공종의 연도별 수주액을 확인해보면 선지의 건축 공종의 수주액 그래프의 값과 일치한다.

구분 연도	전체	전년대비 증감률	토목	전년대비 증감률	건축	전년대비 증감률	주거용	비주거용
2009	118.7	-1.1	54.1	31.2	64.6	-18.1	39.1	25.5
2010	103.2	-13.1	41.4	-23.5	61.8	-4.3	31.6	30.2
2011	110.7	7.3	38.8	-6.3	71.9	16.3	38.7	33.2
2012	99.8	-9.8	34.0	-12.4	65.8	-8.5	34.3	31.5
2013	90.4	-9.4	29.9	-12.1	60.5	-8.1	29.3	31.2
2014	107.4	18.8	32.7	9.4	74.7	23.5	41.1	33.6

② (○) 〈표〉에서 토목 공종의 연도별 수주액과 전년대비 증감률을 확인해보면 선지의 토목 공종의 수주액 및 전년대비 증감률 그래프의 값과 일치한다.

③ (×) 〈표〉에서 건설공사 전체 수주액의 공종별 구성비를 파악하기 위해 전체 및 토목, 건축의 수주액을 확인해보면 다음과 같다.

구분 연도	전체	전년대비 증감률	토목	전년대비 증감률	건축	전년대비 증감률	주거용	비주거용
2009	118.7	-1.1	54.1	31.2	64.6	-18.1	39.1	25.5
2010	103.2	-13.1	41.4	-23.5	61.8	-4.3	31.6	30.2
2011	110.7	7.3	38.8	-6.3	71.9	16.3	38.7	33.2
2012	99.8	-9.8	34.0	-12.4	65.8	-8.5	34.3	31.5
2013	90.4	-9.4	29.9	-12.1	60.5	-8.1	29.3	31.2
2014	107.4	18.8	32.7	9.4	74.7	23.5	41.1	33.6

매년 토목의 수주액이 건축의 수주액보다 더 적다. 그러나 선지의 건설공사 전체 수주액의 공종별 구성비 그래프에 따르면 토목의 구성비가 건축의 구성비보다 크다고 하므로 〈표〉를 이용하여 작성한 그래프로 옳지 않다.

④ (○) 〈표〉에서 연도별 건축 공종 중 주거용 및 비주거용 수주액을 확인해보면 선지의 건축 공종 중 주거용 및 비주거용 수주액 그래프의 값과 일치한다.

⑤ (○) 〈표〉에서 연도별 건설공사 전체 및 건축 공종 수주액의 전년대비 증감률을 확인해보면 선지의 건설공사 전체 및 건축 공종 수주액의 전년대비 증감률 그래프 값과 일치한다.

[정답] ③

182 다음 <표>는 농산물 도매시장의 품목별 조사단위당 가격에 대한 자료이다. 이를 이용하여 작성한 그래프로 옳지 않은 것은?

민경채 14년 A책형 4번

<표> 품목별 조사단위당 가격

(단위: kg, 원)

구분	품목	조사단위	조사단위당 가격		
			금일	전일	전년 평균
곡물	쌀	20	52,500	52,500	47,500
	찹쌀	60	180,000	180,000	250,000
	검정쌀	30	120,000	120,000	106,500
	콩	60	624,000	624,000	660,000
	참깨	30	129,000	129,000	127,500
채소	오이	10	23,600	24,400	20,800
	부추	10	68,100	65,500	41,900
	토마토	10	34,100	33,100	20,800
	배추	10	9,500	9,200	6,200
	무	15	8,500	8,500	6,500
	고추	10	43,300	44,800	31,300

① 쌀, 찹쌀, 검정쌀의 조사단위당 가격

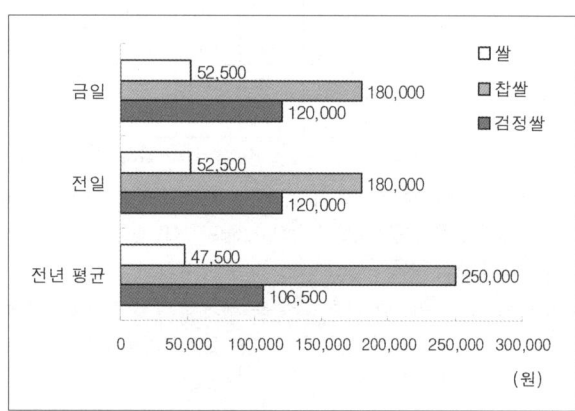

② 채소의 조사단위당 전일가격 대비 금일가격 등락액

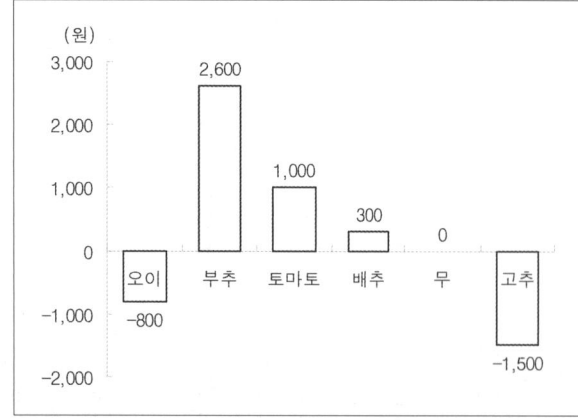

③ 채소 1kg당 금일가격

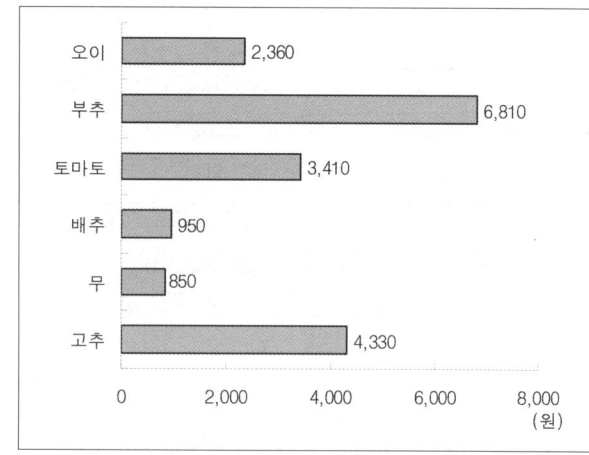

④ 곡물 1kg당 금일가격

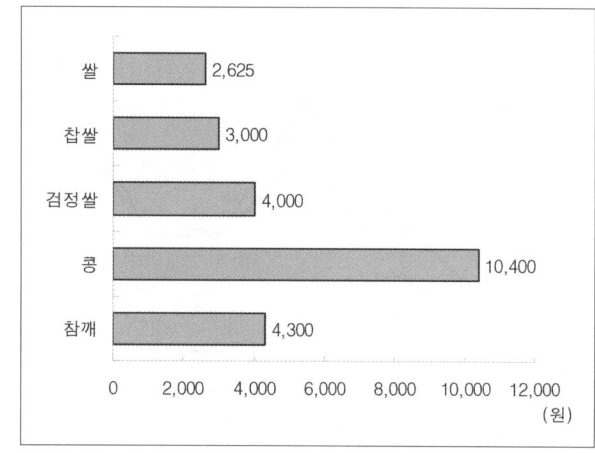

⑤ 채소의 조사단위당 전년 평균가격 대비 금일가격 비율

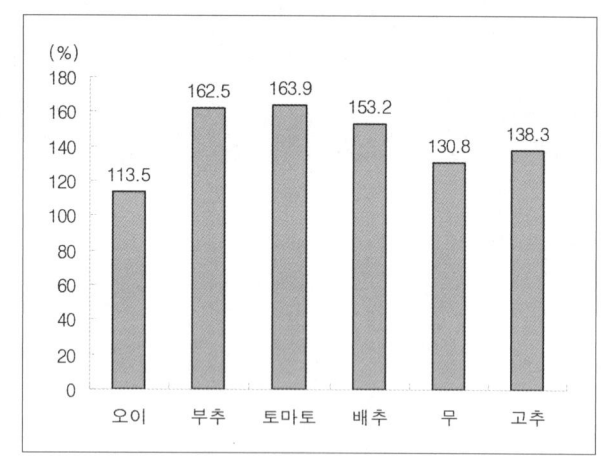

해설

① (○) 〈표〉의 쌀, 찹쌀, 검정쌀의 조사단위당 금일, 전일, 전년 평균 가격은 선지의 쌀, 찹쌀, 검정쌀의 조사단위당 가격 그래프의 값과 일치한다.

구분	품목	조사단위	조사단위당 가격		
			금일	전일	전년 평균
곡물	쌀	20	52,500	52,500	47,500
	찹쌀	60	180,000	180,000	250,000
	검정쌀	30	120,000	120,000	106,500
	⋮				

② (○) 〈표〉에서 채소별 조사단위당 금일가격에서 조사단위당 전일가격을 뺀 값을 확인해보면 선지의 채소의 조사단위당 전일가격 대비 금일가격 등락액 그래프 값과 일치한다.

구분	품목	조사단위	조사단위당 가격		
			금일	전일	전년 평균
	⋮				
채소	오이	10	23,600	24,400 −800	20,800
	부추	10	68,100	65,500 2,600	41,900
	토마토	10	34,100	33,100 1,000	20,800
	배추	10	9,500	9,200 300	6,200
	무	15	8,500	8,500 0	6,500
	고추	10	43,300	44,800 −1,500	31,300

③ (✕) 〈표〉에서 채소별 조사단위당 금일가격을 조사단위로 나눈 값을 확인해보면 다음과 같다.

구분	품목	조사단위	조사단위당 가격		
			금일	전일	전년 평균
	⋮				
채소	오이	10	23,600 2,360	24,400	20,800
	부추	10	68,100 6,810	65,500	41,900
	토마토	10	34,100 3,410	33,100	20,800
	배추	10	9,500 950	9,200	6,200
	무	15	8,500 약 566	8,500	6,500
	고추	10	43,300 4,330	44,800	31,300

선지의 그래프의 값 중 무의 채소 1kg당 금일가격은 850원으로 주어져 있으므로 해당 그래프는 〈표〉를 이용하여 작성한 그래프로 **옳지 않다**.

④ (○) 〈표〉에서 곡물별 조사단위당 금일가격을 조사단위로 나눈 값을 확인해보면 선지의 곡물 1kg당 금일가격 그래프 값과 일치한다.

구분	품목	조사단위	조사단위당 가격		
			금일	전일	전년 평균
곡물	쌀	20	52,500 2,625	52,500	47,500
	찹쌀	60	180,000 3,000	180,000	250,000
	검정쌀	30	120,000 4,000	120,000	106,500
	콩	60	624,000 10,400	624,000	660,000
	참깨	30	129,000 4,300	129,000	127,500
	⋮				

⑤ (○) 〈표〉에서 채소별 조사단위당 금일가격을 조사단위당 전년 평균가격으로 나눈 값을 확인해보면 선지의 채소의 조사단위당 전년 평균가격 대비 금일가격 비율그래프 값과 일치한다.

구분	품목	조사단위	조사단위당 가격			
			금일	전일	전년 평균	
	⋮					
채소	오이	10	23,600	24,400	20,800	113.5
	부추	10	68,100	65,500	41,900	162.5
	토마토	10	34,100	33,100	20,800	163.9
	배추	10	9,500	9,200	6,200	153.2
	무	15	8,500	8,500	6,500	130.8
	고추	10	43,300	44,800	31,300	138.3

[정답] ③

183 다음 <표>는 2013~2016년 기관별 R&D 과제 건수와 비율에 관한 자료이다. <표>를 이용하여 작성한 그래프로 옳지 않은 것은?

민경채 17년 나책형 15번

<표> 2013~2016년 기관별 R&D 과제 건수와 비율

(단위: 건, %)

연도 구분 기관	2013 과제건수	2013 비율	2014 과제건수	2014 비율	2015 과제건수	2015 비율	2016 과제건수	2016 비율
기업	31	13.5	80	9.4	93	7.6	91	8.5
대학	47	20.4	423	49.7	626	51.4	526	49.3
정부	141	61.3	330	38.8	486	39.9	419	39.2
기타	11	4.8	18	2.1	13	1.1	32	3.0
전체	230	100.0	851	100.0	1,218	100.0	1,068	100.0

① 연도별 기업 및 대학 R&D 과제 건수

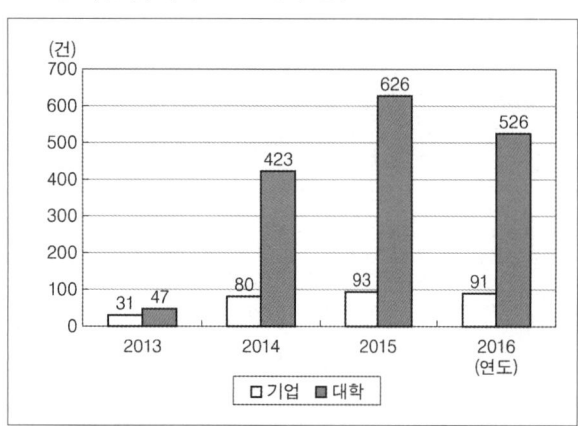

② 연도별 정부 및 전체 R&D 과제 건수

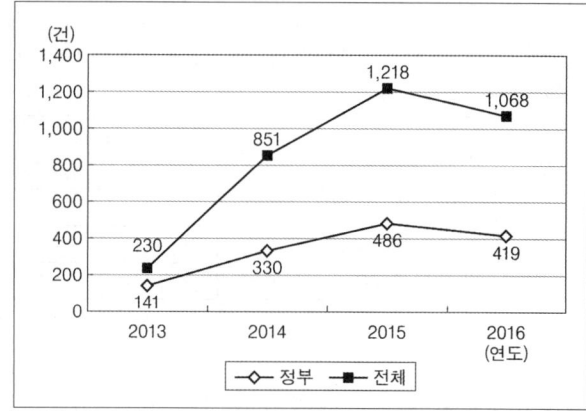

③ 2016년 기관별 R&D 과제 건수 구성비

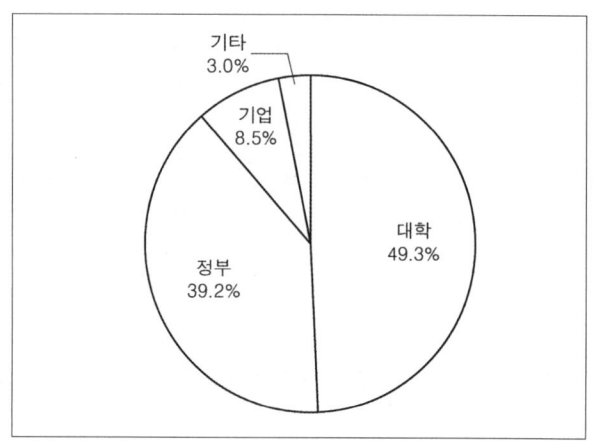

④ 전체 R&D 과제 건수의 전년대비 증가율(2014~2016년)

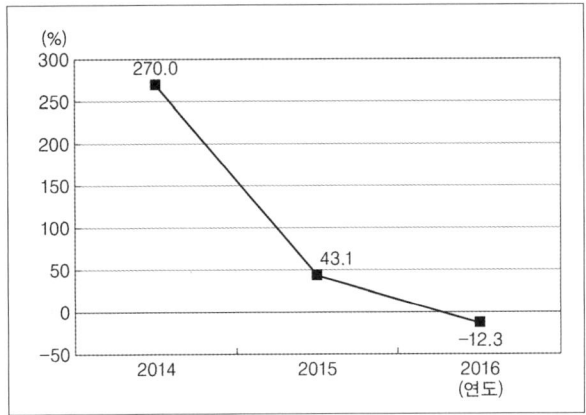

⑤ 연도별 기업 및 정부 R&D 과제 건수의 전년대비 증가율 (2014~2016년)

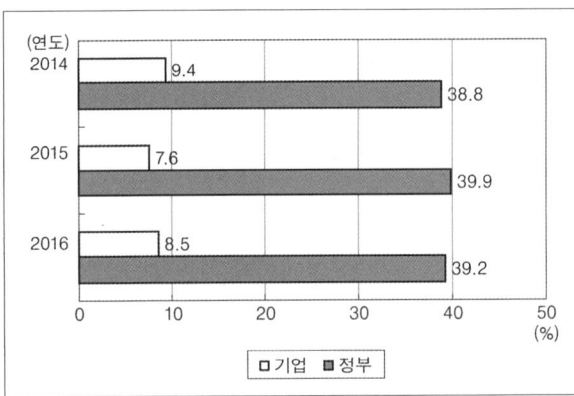

해설

① (○) 〈표〉에서 연도별 기업 및 대학 R&D 과제 건수를 확인해보면 선지의 연도별 기업 및 대학 R&D 과제 건수 그래프의 값과 일치한다.

연도 구분 기관	2013		2014		2015		2016	
	과제 건수	비율	과제 건수	비율	과제 건수	비율	과제 건수	비율
기업	31	13.5	80	9.4	93	7.6	91	8.5
대학	47	20.4	423	49.7	626	51.4	526	49.3
⋮								

② (○) 〈표〉에서 연도별 정부 및 전체 R&D 과제 건수를 확인해보면 선지의 연도별 정부 및 전체 R&D 과제 건수 그래프의 값과 일치한다.

연도 구분 기관	2013		2014		2015		2016	
	과제 건수	비율	과제 건수	비율	과제 건수	비율	과제 건수	비율
⋮								
정부	141	61.3	330	38.8	486	39.9	419	39.2
⋮								
전체	230	100.0	851	100.0	1,218	100.0	1,068	100.0

③ (○) 〈표〉에서 2016년 기관별 R&D 과제 건수의 비율을 확인해보면 선지의 2016년 기관별 R&D 과제 건수 구성비 그래프의 값과 일치한다.

④ (○) 〈표〉에서 전체 R&D 과제 건수의 증가율을 확인해보면 다음과 같다.

연도 구분 기관	2013		2014		2015		2016	
	과제 건수	비율	과제 건수	비율	과제 건수	비율	과제 건수	비율
			270.0%		43.1%		-12.3%	
전체	230	100.0	851	100.0	1,218	100.0	1,068	100.0

선지의 전체 R&D 과제 건수의 전년대비 증가율 그래프의 값과 일치한다.

⑤ (×) 〈표〉에서 연도별 기업 및 정부의 R&D 과제 건수를 확인해보면 다음과 같다.

연도 구분 기관	2013		2014		2015		2016	
	과제 건수	비율	과제 건수	비율	과제 건수	비율	과제 건수	비율
기업	31	13.5	80	9.4	93	7.6	91	8.5
⋮								
정부	141	61.3	330	38.8	486	39.9	419	39.2
⋮								

2014년 기업과 정부의 R&D 과제 건수는 2013년 대비 2배 이상 증가하였으나 선지의 그래프에는 2014년 기업 및 정부 R&D 과제 건수의 전년대비 증가율이 100% 미만으로 주어져 있고, 2016년 기업과 정부의 R&D 과제 건수는 2015년 대비 감소하였으나 선지의 그래프에서는 전년대비 증가율이 양수로 주어져 있다. 〈표〉를 이용하여 작성한 그래프로 옳지 않다.

[정답] ⑤

184 다음 <표>는 2008~2018년 '갑'국의 황산화물 배출권 거래 현황에 대한 자료이다. <표>를 이용하여 작성한 그래프로 옳지 않은 것은?

민경채 20년 가책형 8번

<표> 2008~2018년 '갑'국의 황산화물 배출권 거래 현황

(단위: 건, kg, 원/kg)

연도	전체		무상거래		유상거래				
	거래건수	거래량	거래건수	거래량	거래건수	거래량	거래가격		
							최고	최저	평균
2008	10	115,894	3	42,500	7	73,394	1,000	30	319
2009	8	241,004	4	121,624	4	119,380	500	60	96
2010	32	1,712,694	9	192,639	23	1,520,055	500	50	58
2011	25	1,568,065	6	28,300	19	1,539,765	400	10	53
2012	32	1,401,374	7	30,910	25	1,370,464	400	30	92
2013	59	2,901,457	5	31,500	54	2,869,957	600	60	180
2014	22	547,500	1	2,000	21	545,500	500	65	269
2015	12	66,200	5	22,000	7	44,200	450	100	140
2016	10	89,500	3	12,000	7	77,500	500	150	197
2017	20	150,966	5	38,100	15	112,866	160	100	124
2018	28	143,324	3	5,524	25	137,800	250	74	140

① 2010~2013년 연도별 전체 거래의 건당 거래량

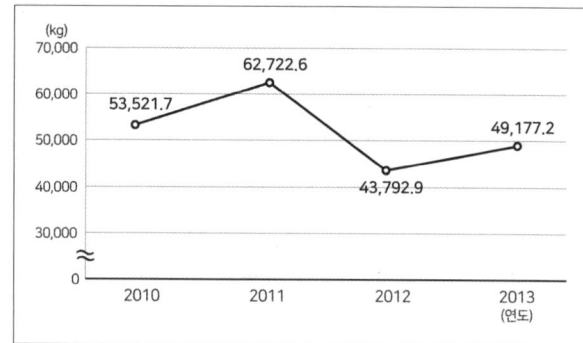

② 2009~2013년 유상거래 최고 가격과 최저 가격

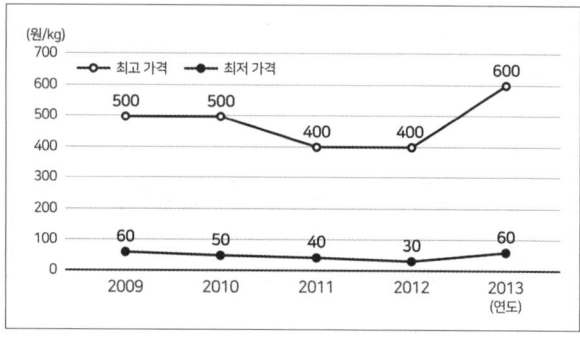

③ 2013~2017년 유상거래 평균 가격

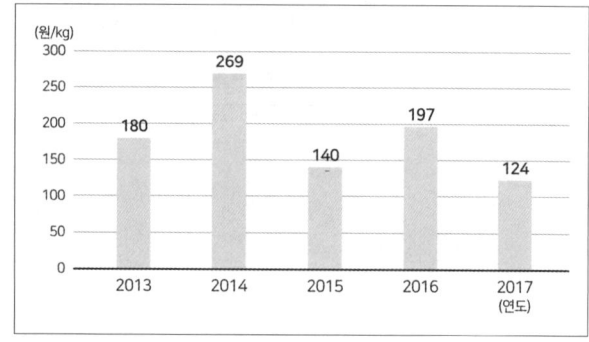

④ 2008년 전체 거래량 구성비

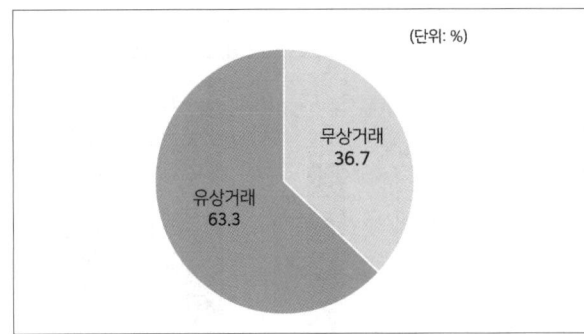

⑤ 2010~2013년 무상거래 건수와 유상거래 건수

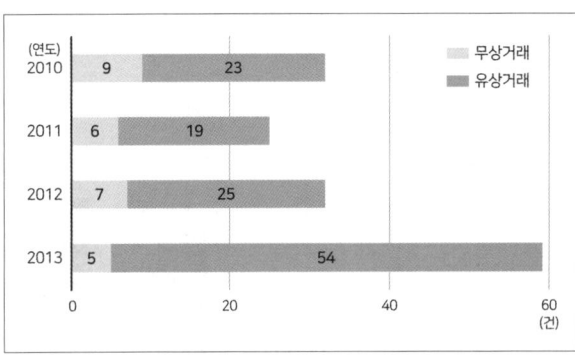

해설

① (○) <표> 왼쪽 열의 전체 거래의 거래 건수 대비 거래량을 계산한 결과이다. 예를 들어 2010년은 (2010년 거래량÷2010년 거래 건수)=(1,712,694÷32)=53,521.7의 결과값이 도출된다.

② (×) <표>의 맨 오른쪽 열에서 유상거래의 거래가격에서 최고 가격과 최저 가격을 찾아서 꺾은선 그래프로 가공한 것이다. 선지 ②에서는 2011년의 최저가격이 40(원/kg)으로 되어 있는데, <표>에서 확인해보면 10(원/kg)으로 다르다.

③ (○) <표>의 맨 오른쪽 열에서 유상거래의 거래가격 중 평균가격을 그대로 옮겨 막대 그래프로 가공한 것이다.

④ (○) <표>에서 맨 윗줄 2008년의 전체 거래량 대비 무상거래와 유상거래의 각 비율을 원 그래프로 가공한 것이다. 무상거래의 비율을 계산해 보면 42,500/115,894×100으로 계산할 수 있고 그 결과는 약 36.7%로 옳다.

⑤ (○) <표>에서 2010~2013년의 거래 건수를 유상거래와 무상거래를 합하여 막대 그래프로 가공한 것이다.

[정답] ②

185 다음 <표>는 성별에 따른 2008년도 국가별 암 발생률에 대한 자료이다. 이에 근거하여 정리한 것 중 옳지 않은 것은?

민경채 11년 경책형 3번

<표 1> 국가별 암 발생률(남자)

(단위: 명)

한국		일본		미국		영국	
위	63.8	위	46.8	전립선	83.8	전립선	62.1
폐	46.9	대장	41.7	폐	49.5	폐	41.6
대장	45.9	폐	38.7	대장	34.1	대장	36.2
간	38.9	전립선	22.7	방광	21.1	방광	13.0
전립선	23.0	간	17.6	림프종	16.3	림프종	12.0
기타	95.7	기타	79.8	기타	130.2	기타	115.9
계	314.2	계	247.3	계	335.0	계	280.8

※ 암 발생률: 특정기간 동안 해당 집단의 인구 10만명당 새롭게 발생한 암 환자 수

<표 2> 국가별 암 발생률(여자)

(단위: 명)

한국		일본		미국		영국	
갑상선	68.6	유방	42.7	유방	76.0	유방	87.9
유방	36.8	대장	22.8	폐	36.2	대장	23.7
위	24.9	위	18.2	대장	25.0	폐	23.5
대장	24.7	폐	13.3	자궁체부	16.5	난소	12.8
폐	13.9	자궁경부	9.8	갑상선	15.1	자궁체부	11.1
기타	72.7	기타	60.8	기타	105.6	기타	90.5
계	241.6	계	167.6	계	274.4	계	249.5

① 성별에 따른 국가별 암 발생률의 계

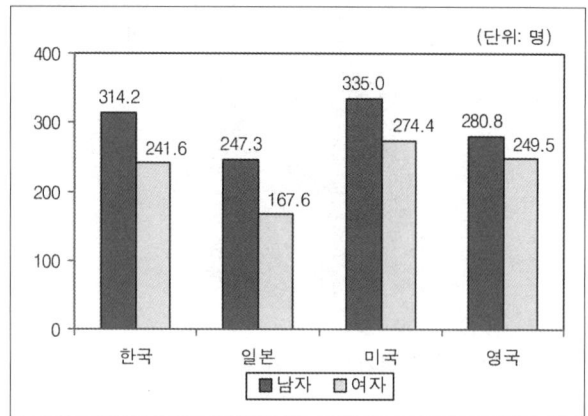

② 국가별 여성 유방암 발생자 수

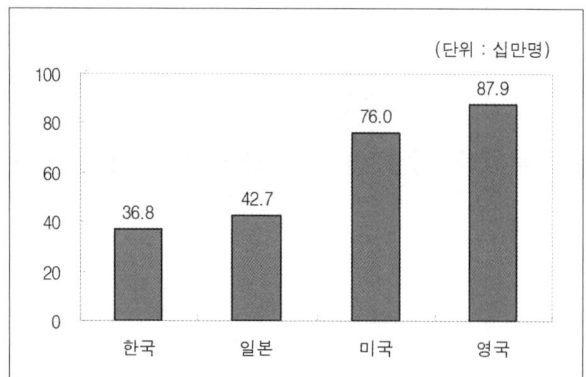

③ 한국의 성별 암 발생률

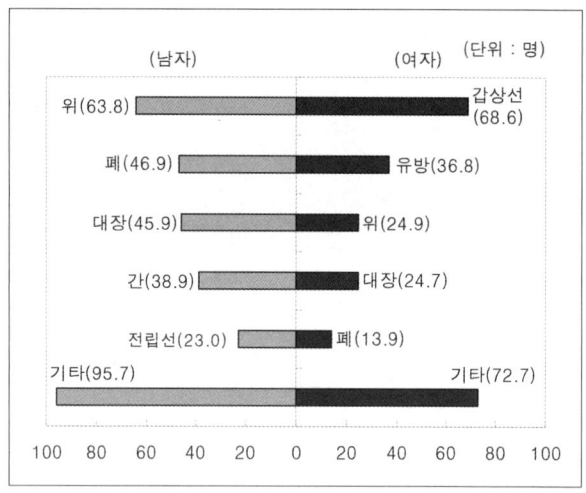

④ 한국과 일본의 암 발생률(남자)

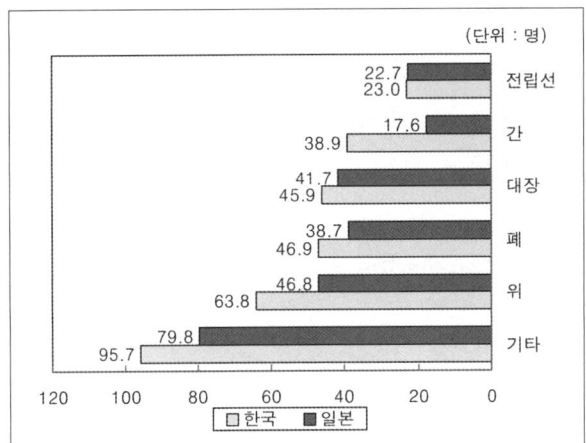

⑤ 한국 여성의 암 발생률의 구성비

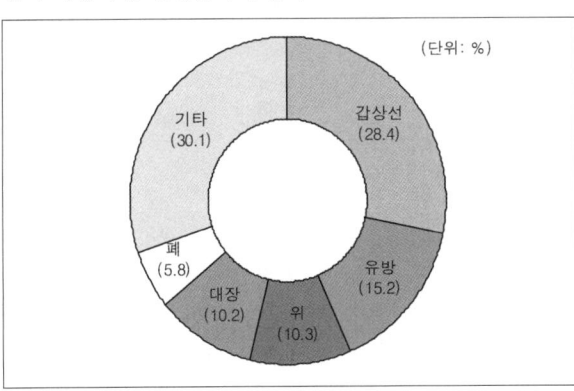

해설

두 개의 표에는 국가별 암 발생률이 제시되어 있는데 〈표 1〉은 남자의 자료이고, 〈표 2〉는 여자의 자료라는 차이점이 있다.

① (○) 〈표 1〉과 〈표 2〉의 맨 아래 '계'에 적힌 수치를 그대로 옮겨 적은 것이다.

한국		일본		미국		영국	
⋮	⋮	⋮	⋮	⋮	⋮	⋮	⋮
계	314.2	계	247.3	계	335.0	계	280.8

한국		일본		미국		영국	
⋮	⋮	⋮	⋮	⋮	⋮	⋮	⋮
계	241.6	계	167.6	계	274.4	계	249.5

② (×) 〈표 1〉 아래 각주에서 암 발생률을 정의하고 있다. 암 발생률은 특정기간 동안 해당 집단의 인구 10만명당 새롭게 발생한 암 환자 수이다. 즉, 10만 명당의 비율인데, 이걸로 발생자 수라는 절대값 수치를 도출해내기 위해서는 인구가 몇 명인지의 정보가 필요하다.

③ (○) 〈표 1〉에서 한국 남성의 암 발생률 수치를, 〈표 2〉에서 한국 여성의 암 발생률 수치를 그대로 옮겨 적은 것이다.

한국		일본		미국		영국	
위	63.8	위	46.8	전립선	83.8	전립선	62.1
폐	46.9	대장	41.7	폐	49.5	폐	41.6
대장	45.9	폐	38.7	대장	34.1	대장	36.2
간	38.9	전립선	22.7	방광	21.1	방광	13.0
전립선	23.0	간	17.6	림프종	16.3	림프종	12.0
기타	95.7	기타	79.8	기타	130.2	기타	115.9
계	314.2	계	247.3	계	335.0	계	280.8

한국		일본		미국		영국	
갑상선	68.6	유방	42.7	유방	76.0	유방	87.9
유방	36.8	대장	22.8	폐	36.2	대장	23.7
위	24.9	위	18.2	대장	25.0	폐	23.5
대장	24.7	폐	13.3	자궁체부	16.5	난소	12.8
폐	13.9	자궁경부	9.8	갑상선	15.1	자궁체부	11.1
기타	72.7	기타	60.8	기타	105.6	기타	90.5
계	241.6	계	167.6	계	274.4	계	249.5

④ (○) 〈표 1〉의 한국 남성과 일본 남성의 암 발생률 수치를 막대 그래프로 변형해 그대로 적은 것이다.

⑤ (○) 〈표 2〉의 한국 여성의 암 발생률을 구성비로 바꾸어 원 그래프로 정리한 것이다. 예를 들어 갑상선은 68.6/241.6×100≒28.4의 값으로 구성한 것이다.

[정답] ②

186 다음 <표>는 4개 국가의 여성과 남성의 흡연율과 기대수명에 대한 자료이다. 이를 이용하여 작성한 그래프로 옳지 않은 것은?

<표 1> 여성과 남성의 흡연율

(단위: %)

연도 국가 성별	1980		1990		2000		2010	
	여성	남성	여성	남성	여성	남성	여성	남성
덴마크	44.0	57.0	42.0	47.0	29.0	33.5	20.0	20.0
일본	14.4	54.3	9.7	53.1	11.5	47.4	8.4	32.2
영국	37.0	42.0	30.0	31.0	26.0	28.0	20.7	22.3
미국	29.3	37.4	22.8	28.4	17.3	21.2	13.6	16.7

<표 2> 여성과 남성의 기대수명

(단위: 세)

연도 국가 성별	1980		1990		2000		2010	
	여성	남성	여성	남성	여성	남성	여성	남성
덴마크	77.3	71.2	77.8	72.0	79.2	74.5	81.4	77.2
일본	78.8	73.3	81.9	75.9	84.6	77.7	86.4	79.6
영국	76.2	70.2	78.5	72.9	80.3	75.5	82.6	78.6
미국	77.4	70.0	78.8	71.8	79.3	74.1	81.1	76.2

① 국가별 여성의 흡연율

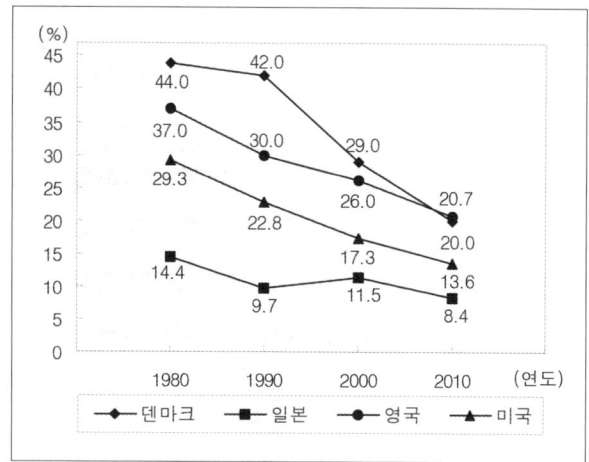

② 국가별 여성과 남성의 흡연율 차이

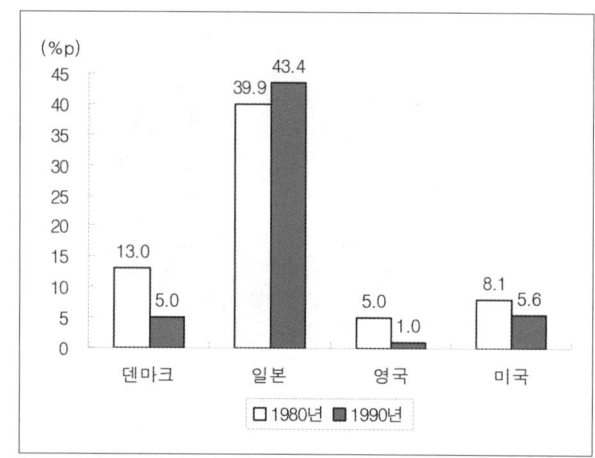

③ 국가별 흡연율

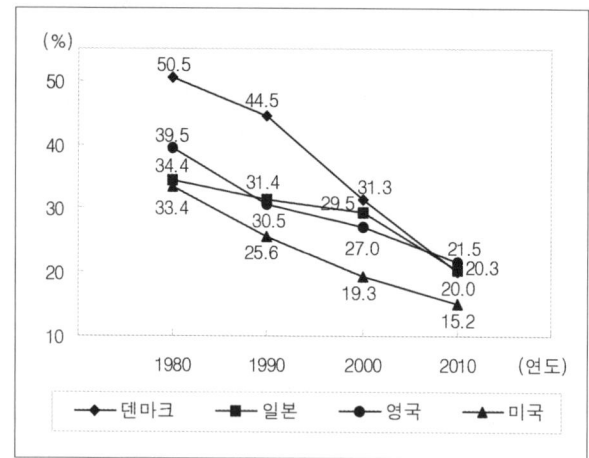

④ 국가별 여성과 남성의 기대수명 차이

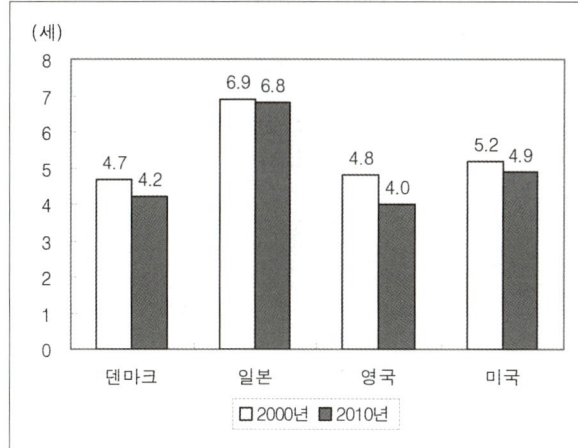

⑤ 일본 남성과 미국 남성의 흡연율과 기대수명

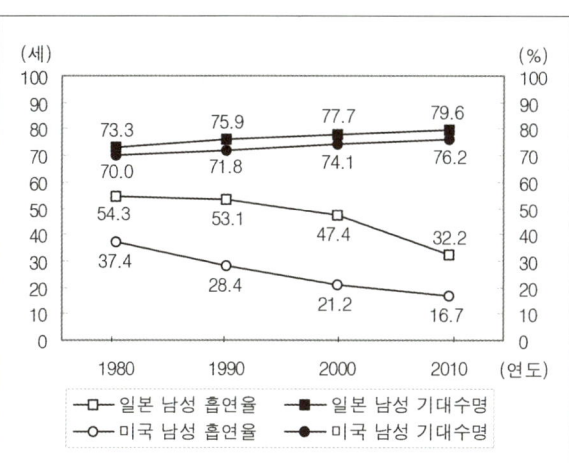

해설

① (○) <표 1>의 국가별 여성의 흡연율은 선지의 국가별 여성의 흡연율 그래프의 값과 일치한다.

연도 성별 국가	1980		1990		2000		2010	
	여성	남성	여성	남성	여성	남성	여성	남성
덴마크	44.0	57.0	42.0	47.0	29.0	33.5	20.0	20.0
일본	14.4	54.3	9.7	53.1	11.5	47.4	8.4	32.2
영국	37.0	42.0	30.0	31.0	26.0	28.0	20.7	22.3
미국	29.3	37.4	22.8	28.4	17.3	21.2	13.6	16.7

② (○) <표 1>에서 1980년과 1990년 국가별 여성과 남성의 흡연율 차이를 확인해보면 선지의 국가별 여성과 남성의 흡연율 차이 그래프 값과 일치한다.

연도 성별 국가	1980		1990		2000		2010	
	여성	남성	여성	남성	여성	남성	여성	남성
덴마크	13.0 44.0	57.0	42.0	47.0	5.0	33.5	20.0	20.0
일본	39.9 14.4	54.3	9.7	53.1	43.4	47.4	8.4	32.2
영국	5.0 37.0	42.0	30.0	31.0	1.0	28.0	20.7	22.3
미국	8.1 29.3	37.4	22.8	28.4	5.6	21.2	13.6	16.7

③ (×) <표 1>에는 국가별 여성과 남성의 흡연율이 주어져 있으나, 국가별 여성과 남성의 인구수 또는 비율이 주어져 있지 않으므로 국가별 흡연율은 알 수 없다. 선지의 그래프는 <표 1>의 국가별 여성과 남성의 흡연율을 단순히 산술평균한 값으로 작성하였다.

④ (○) <표 2>에서 2000년과 2010년 여성과 남성의 기대수명 차이를 확인해보면 선지의 국가별 여성과 남성의 기대수명 차이 그래프 값과 일치한다.

연도 성별 국가	1980		1990		2000		2010		
	여성	남성	여성	남성	여성	남성	여성	남성	
덴마크	77.3	71.2	77.8	4.7	79.2	74.5	81.4	77.2	4.2
일본	78.8	73.3	81.9	6.9	84.6	77.7	86.4	79.6	6.8
영국	76.2	70.2	78.5	4.8	80.3	75.5	82.6	78.6	4.0
미국	77.4	70.0	78.8	5.2	79.3	74.1	81.1	76.2	4.9

⑤ (○) <표 1>에서 일본 남성과 미국 남성의 흡연율, <표 2>에서 일본 남성과 미국 남성의 기대수명을 확인해보면 선지의 일본 남성과 미국 남성의 흡연율과 기대수명 그래프 값과 일치한다.

[정답] ③

187 다음 <표>는 2019~2023년 '갑'국 및 A 지역의 식량작물 생산 현황에 관한 자료이다. 다음 <표>를 이용하여 작성한 <보기>의 자료 중 옳은 것만을 모두 고르면?   7급 공채 24년 사책형 21번

<표 1> 2019~2023년 식량작물 생산량

(단위: 톤)

연도\구분	2019	2020	2021	2022	2023
'갑'국 전체	4,397,532	4,374,899	4,046,574	4,456,952	4,331,597
A 지역 전체	223,472	228,111	203,893	237,439	221,271
미곡	153,944	150,901	127,387	155,501	143,938
맥류	270	369	398	392	201
잡곡	29,942	23,823	30,972	33,535	30,740
두류	9,048	10,952	9,560	10,899	10,054
서류	30,268	42,066	35,576	37,112	36,338

<표 2> 2019~2023년 식량작물 생산 면적

(단위: ha)

연도\구분	2019	2020	2021	2022	2023
'갑'국 전체	924,470	924,291	906,106	905,034	903,885
A 지역 전체	46,724	47,446	46,615	47,487	46,542
미곡	29,006	28,640	28,405	28,903	28,708
맥류	128	166	177	180	98
잡곡	6,804	6,239	6,289	6,883	6,317
두류	5,172	5,925	5,940	5,275	5,741
서류	5,614	6,476	5,804	6,246	5,678

※ A 지역 식량작물은 미곡, 맥류, 잡곡, 두류, 서류뿐임.

<보기>

ㄱ. 2020~2023년 '갑'국 전체 식량작물 생산 면적의 전년 대비 감소량

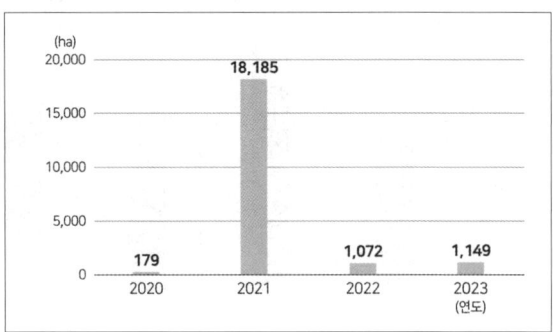

ㄴ. 연도별 A 지역 잡곡, 두류, 서류 생산량

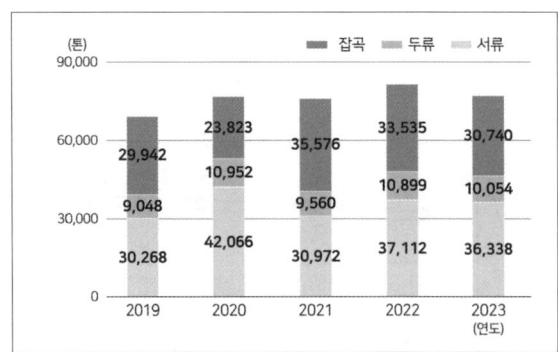

ㄷ. 2019년 대비 연도별 A 지역 맥류 생산 면적 증가율

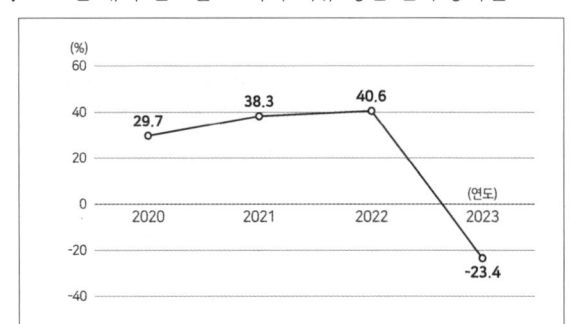

ㄹ. 2023년 A 지역 식량작물 생산량 구성비

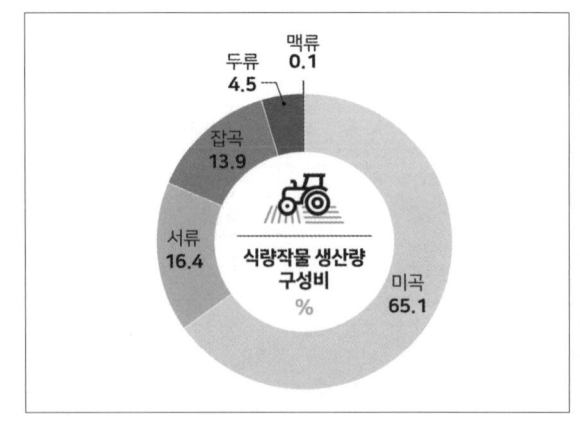

① ㄱ, ㄴ
② ㄱ, ㄷ
③ ㄴ, ㄹ
④ ㄱ, ㄷ, ㄹ
⑤ ㄴ, ㄷ, ㄹ

해설

ㄱ. (○) 〈표 2〉에서 2020~2023년 '갑'국 전체 식량작물 생산 면적의 전년 대비 감소량이 2020년부터 각각 179, 18,185, 1,072, 1,149(ha)임을 확인할 수 있다.

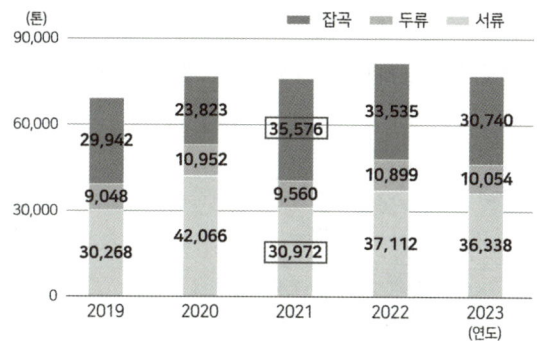

ㄴ. (×) 〈표 1〉에 따르면 2021년 잡곡의 생산량은 30,972톤, 서류의 생산량은 35,576톤이다.

보기의 그래프에 따르면 2021년 잡곡의 생산량은 35,376톤, 서류의 생산량은 30,972톤으로 숫자가 서로 바뀌어 표기되어 있음을 확인할 수 있다.

ㄷ. (○) 〈표 2〉에서 2019년 대비 연도별 A 지역 맥류 생산 면적 증가율을 확인해보면 다음과 같다. '전년 대비'가 아니라 '2019년 대비'임에 유의한다.

2020년: $\frac{166-128}{128} \times 100 =$ 약 29.7%

2021년: $\frac{177-128}{128} \times 100 =$ 약 38.3%

2022년: $\frac{180-128}{128} \times 100 =$ 약 40.6%

2023년: $\frac{98-128}{128} \times 100 =$ 약 -23.4%

ㄹ. (○) 〈표 1〉에서 2023년 A 지역 식량작물 생산량 구성비를 확인해보면 다음과 같다.

미곡: $\frac{143,938}{221,271} \times 100 =$ 약 65.1%

맥류: $\frac{201}{221,271} \times 100 =$ 약 0.1%

잡곡: $\frac{30,740}{221,271} \times 100 =$ 약 13.9%

두류: $\frac{10,054}{221,271} \times 100 =$ 약 4.5%

서류: $\frac{36,338}{221,271} \times 100 =$ 약 16.4%

> **합격으로 가는 Tip**
> ㄱ, ㄴ을 판단하고 나서 ㄹ만 판단하면 정답을 도출할 수 있다. ㄷ, ㄹ과 같은 보기를 판단하는 경우에는 과감하게 어림산한다.

[정답] ④

188 다음 <표>는 2014~2018년 공공기관 신규채용 합격자 현황에 관한 자료이다. 이를 이용하여 작성한 그래프로 옳지 않은 것은?

<표 1> 공공기관 신규채용 합격자 현황
(단위: 명)

합격자\연도	2014	2015	2016	2017	2018
전체	17,601	19,322	20,982	22,547	33,832
여성	7,502	7,664	8,720	9,918	15,530

<표 2> 공공기관 유형별 신규채용 합격자 현황
(단위: 명)

유형	합격자\연도	2014	2015	2016	2017	2018
공기업	전체	4,937	5,823	5,991	6,805	9,070
	여성	1,068	1,180	1,190	1,646	2,087
준정부기관	전체	5,055	4,892	6,084	6,781	9,847
	여성	2,507	2,206	2,868	3,434	4,947
기타공공기관	전체	7,609	8,607	8,907	8,961	14,915
	여성	3,927	4,278	4,662	4,838	8,496

※ 공공기관은 공기업, 준정부기관, 기타공공기관으로만 구성됨.

① 공공기관 유형별 신규채용 합격자 현황

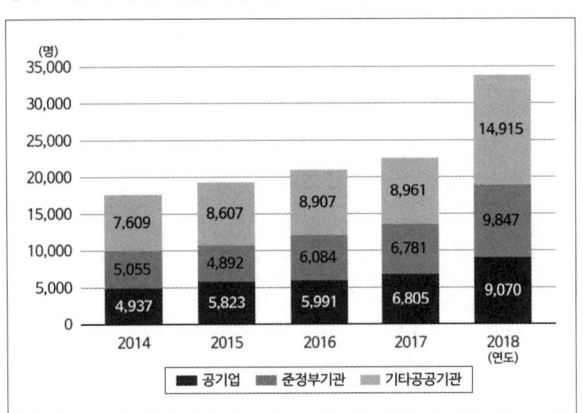

② 2016년 공공기관 유형별 신규채용 남성 합격자 현황

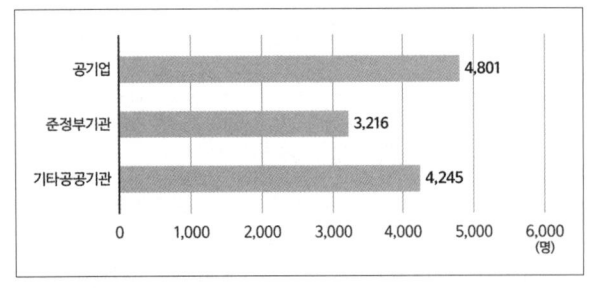

③ 공공기관 유형별 신규채용 합격자 중 여성 비중

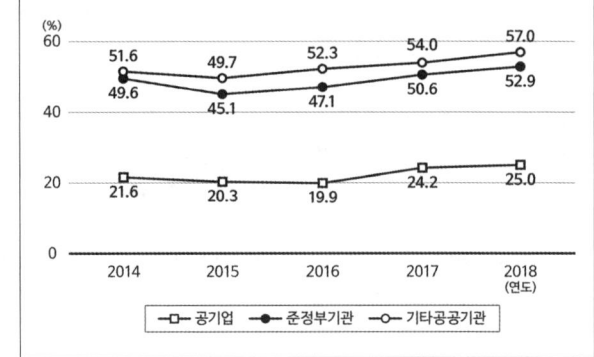

④ 공공기관 신규채용 합격자의 전년대비 증가율

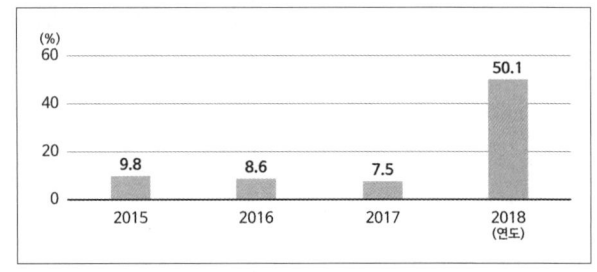

⑤ 2018년 공공기관 신규채용 합격자의 공공기관 유형별 구성비

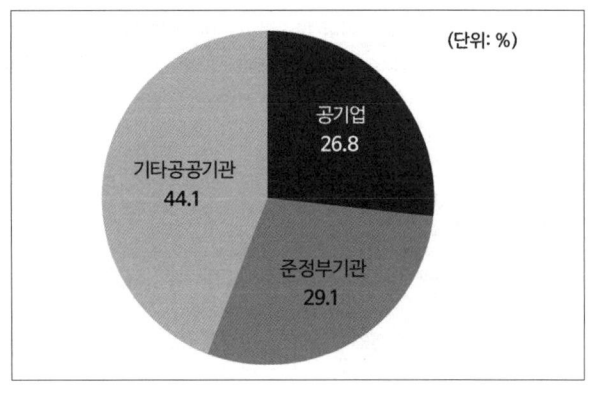

해설

① (○) 선지의 '공공기관 유형별 신규채용 합격자 현황' 그래프는 〈표 2〉의 공공기관 유형별 전체 신규채용 합격자 현황과 일치한다.

유형	연도 합격자	2014	2015	2016	2017	2018
공기업	전체	4,937	5,823	5,991	6,805	9,070
	여성	1,068	1,180	1,190	1,646	2,087
준정부기관	전체	5,055	4,892	6,084	6,781	9,847
	여성	2,507	2,206	2,868	3,434	4,947
기타공공기관	전체	7,609	8,607	8,907	8,961	14,915
	여성	3,927	4,278	4,662	4,838	8,496

② (○) 선지의 '2016년 공공기관 유형별 신규채용 남성 합격자 현황' 그래프는 〈표 2〉의 2016년 공공기관 유형별 전체 신규채용 합격자에서 여성 합격자를 뺀 값과 일치한다.

유형	연도 합격자	2014	2015	2016	2017	2018
공기업	전체	4,937	5,823	5,991	6,805	9,070
	여성	1,068	1,180	─ 1,190	≒4,801	2,087
준정부기관	전체	5,055	4,892	6,084	6,781	9,847
	여성	2,507	2,206	─ 2,868	≒3,216	4,947
기타공공기관	전체	7,609	8,607	8,907	8,961	14,915
	여성	3,927	4,278	─ 4,662	≒4,245	8,496

③ (×) 〈표 2〉에서 공공기관 유형별 전체 신규채용 합격자 대비 여성 합격자의 비중을 계산해보아야 한다. 모두 정확하게 계산하기보다는 선지의 '공공기관 유형별 신규채용 합격자 중 여성 비중' 그래프에서 우선 판단하기 쉬운 값들을 어림산 해본다. 예를 들어 2015년 기타공공기관의 경우 49.7%이므로 전체 신규채용 합격자 대비 여성 합격자의 비중이 약 1/2인지, 공기업의 경우 20.3%이므로 약 1/5인지, 2016년 공기업의 경우 19.9%이므로 약 1/5인지 판단해본다.

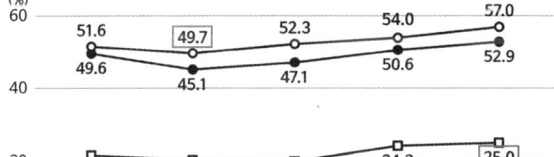

만약 이렇게 어림산한 값들이 표와 일치한다면 다른 선지를 우선 확인하여야 한다. 그러나 2018년의 경우 공기업의 전체 신규채용 합격자 대비 여성 합격자의 비중이 25%이므로, 여성 합격자 2,087명의 4배는 전체 합격자이어야 한다. 여성 합격자의 4배는 약 8,3xx인데 전체 합격자는 9,070명이므로 해당 그래프는 〈표 2〉를 이용하여 작성한 그래프로 옳지 않다는 것을 알 수 있다.

④ (○) 〈표 1〉에서 연도별로 전년대비 공공기관 전체 신규채용 합격자 증가율을 어림산 해보면 2015년부터 각각 약 10%, 약 9%, 7.5%(3/4의 1/10로 계산), 약 50%이다. 만약 다른 선지에서 정답을 찾지 못했다면 보다 구체적으로 계산한다.

⑤ (○) 〈표 1〉에 따르면 2018년 공공기관 전체 신규채용 합격자는 33,832명이고, 〈표 2〉에 따르면 공기업, 준정부기관, 기타공공기관 신규채용 합격자는 각각 9,070명, 9,847명, 14,915명이다. 우선 상대적인 크기를 비교해보면 공기업, 준정부기관, 기타공공기관 순이고, 구성비를 계산해보면 공기업부터 각각 약 27%, 약 29%, 약 44%이다. 선지의 '2018년 공공기관 신규채용 합격자의 공공기관 유형별 구성비' 그래프는 〈표〉의 내용과 일치한다.

[정답] ③

189 다음 <표>는 2017~2019년 '갑'국 A~D 지역의 1인 1일당 단백질 섭취량과 지역별 전체 인구에 대한 자료이다. <표>를 이용하여 작성한 그래프로 옳지 않은 것은?

<표 1> 지역별 1인 1일당 단백질 섭취량
(단위: g)

지역\연도	2017	2018	2019
A	50	60	75
B	100	100	110
C	100	90	80
D	50	50	50

※ 단백질은 동물성 단백질과 식물성 단백질로만 구성됨.

<표 2> 지역별 1인 1일당 식물성 단백질 섭취량
(단위: g)

지역\연도	2017	2018	2019
A	25	25	25
B	10	30	50
C	20	20	20
D	10	5	5

<표 3> 지역별 전체 인구
(단위: 명)

지역\연도	2017	2018	2019
A	1,000	1,000	1,100
B	1,000	1,000	1,000
C	800	700	600
D	100	100	100

① 2017~2019년 B와 D 지역의 1인 1일당 동물성 단백질 섭취량

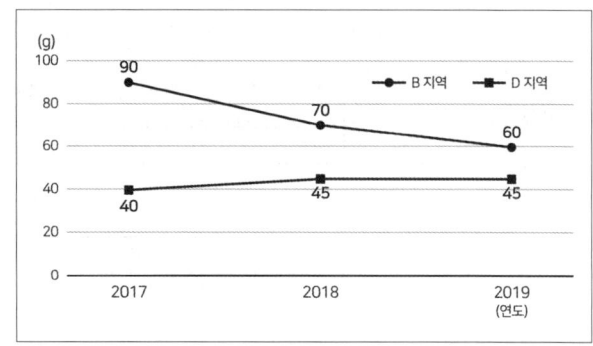

② 2019년 지역별 1일 단백질 총섭취량

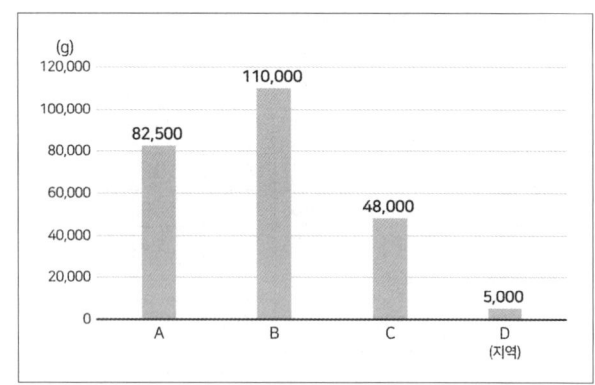

③ 2017년 지역별 1인 1일당 단백질 섭취량 구성비

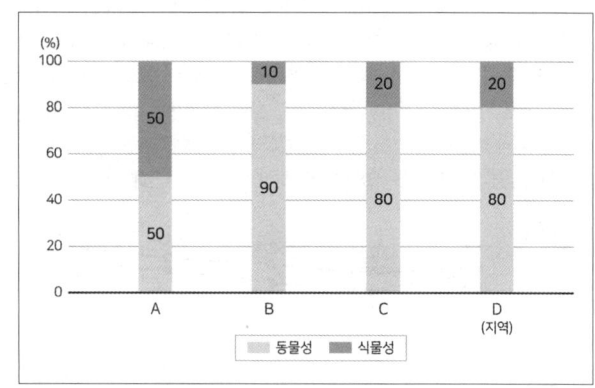

④ 2017~2019년 A와 C 지역의 1인 1일당 동물성 단백질 섭취량과 1인 1일당 식물성 단백질 섭취량의 차이

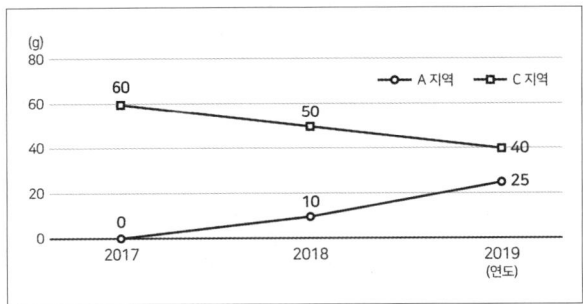

⑤ 지역별 2017년 대비 2018년 1인 1일당 식물성 단백질 섭취량 증감률

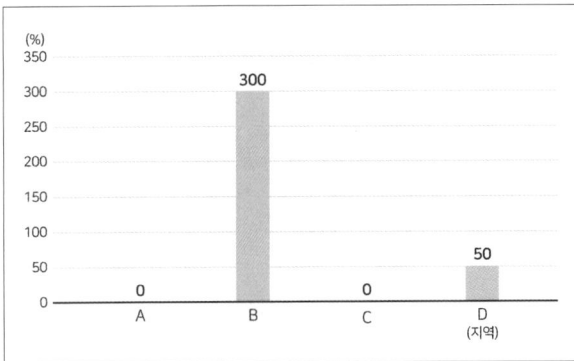

해설

① (O) 〈표 1〉의 각주를 통해 '동물성 단백질+식물성 단백질=단백질'임을 알 수 있다. 따라서 각 지역의 동물성 단백질 섭취량은 〈표 1〉의 단백질 섭취량에서 〈표 2〉의 식물성 단백질 섭취량을 빼서 구할 수 있다. 예를 들어 2017년 B지역의 동물성 단백질은 100−10=90이고, D지역의 동물성 단백질은 50−10=40이다.

② (O) 2019년 지역별 1일 단백질 '총'섭취량을 구해야 한다. 〈표 1〉에서는 지역별 1인 1일당 단백질 섭취량이 주어져 있고, 이를 통해 지역별 1일 단백질 총섭취량을 구해야 한다.
따라서 〈표 1〉에 〈표 3〉의 지역별 전체 인구를 곱해서 2019년의 값을 구할 수 있다. 예를 들어, A지역은 75g×1,100명=82,500g이다. B지역은 110×1,000=11,000g 등이다.

③ (O) 〈표 1〉의 단백질 섭취량 대비 〈표 2〉의 식물성 단백질 섭취량의 비중을 구하고, 나머지가 동물성 단백질 섭취량의 비중이라고 보면 된다. 예를 들어, 2017년 A지역의 단백질 섭취량 50g 중 식물성 단백질 섭취량이 25g이므로, 동물성과 식물성이 각각 50%의 비중을 갖는다. B지역은 총 100g 중 식물성이 10g이므로 식물성 10%, 동물성이 90%의 비중을 갖는다.

④ (O) 〈표 1〉과 〈표 2〉에서 구할 수 있다. C지역의 경우 단백질 섭취량 100g 중 식물성 섭취량이 20g이므로, 동물성 섭취량이 80g이고, 두 섭취량의 차이는 60g이다.

⑤ (X) 〈표 2〉에서 보면 각 지역별 2017년 대비 2018년 1인 1일당 식물성 단백질 섭취량 증감률은 A와 C는 값이 그대로여서 증감률이 0%이고, D는 10에서 5로 50% 감소하였다. 그런데 B는 10에서 30으로 3배가 되었기 때문에 300%가 아닌 200%가 증가한 것이다. 증가율도 감소율을 모두 포괄하는 증감률을 묻고 있음에 주의하자.

연도 지역	2017	2018	2019
A	25	25	25
B	10	30	50
C	20	20	20
D	10	5	5

[정답] ⑤

190 다음 <표>는 2017년과 2018년 '갑'국에 운항하는 항공사의 운송실적 및 피해구제 현황에 관한 자료이다. <표>를 이용하여 작성한 그래프로 옳지 않은 것은?

<표 1> 2017년과 2018년 국적항공사의 노선별 운송실적
(단위: 천 명)

국적항공사		노선	국내선		국제선	
		연도	2017	2018	2017	2018
대형항공사		태양항공	7,989	6,957	18,925	20,052
		무지개항공	5,991	6,129	13,344	13,727
저비용항공사		알파항공	4,106	4,457	3,004	3,610
		에어세종	0	0	821	1,717
		청렴항공	3,006	3,033	2,515	2,871
		독도항공	4,642	4,676	5,825	7,266
		참에어	3,738	3,475	4,859	5,415
		동해항공	2,935	2,873	3,278	4,128
합계			32,407	31,600	52,571	58,786

<표 2> 2017년 피해유형별 항공사의 피해구제 접수 건수 비율
(단위: %)

항공사 \ 피해유형	취소환불 위약금	지연 결항	정보제공 미흡	수하물 지연 파손	초과 판매	기타	합계
국적항공사	57.14	22.76	5.32	6.81	0.33	7.64	100.00
외국적항공사	49.06	27.77	6.89	6.68	1.88	7.72	100.00

<표 3> 2018년 피해유형별 항공사의 피해구제 접수 건수
(단위: 건)

항공사		피해유형	취소환불 위약금	지연 결항	정보제공 미흡	수하물 지연 파손	초과 판매	기타	합계	전년 대비 증가
대형항공사		태양항공	31	96	0	7	0	19	153	13
		무지개항공	20	66	0	5	0	15	106	-2
저비용항공사		알파항공	9	9	0	1	0	4	23	-6
		에어세종	19	10	2	1	0	12	44	7
		청렴항공	12	33	3	4	0	5	57	16
		독도항공	34	25	3	9	0	27	98	-35
		참에어	33	38	0	6	0	8	85	34
		동해항공	19	32	1	10	0	10	72	9
국적항공사			177	309	9	43	0	100	638	36
외국적항공사			161	201	11	35	0	78	486	7

① 2017년 피해유형별 외국적항공사의 피해구제 접수 건수 대비 국적항공사의 피해구제 접수 건수 비

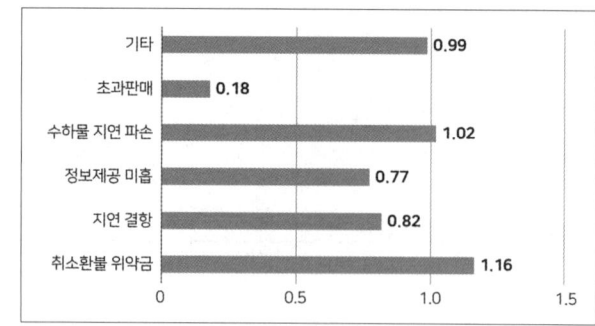

② 2017년 국적항공사별 피해구제 접수 건수 비중

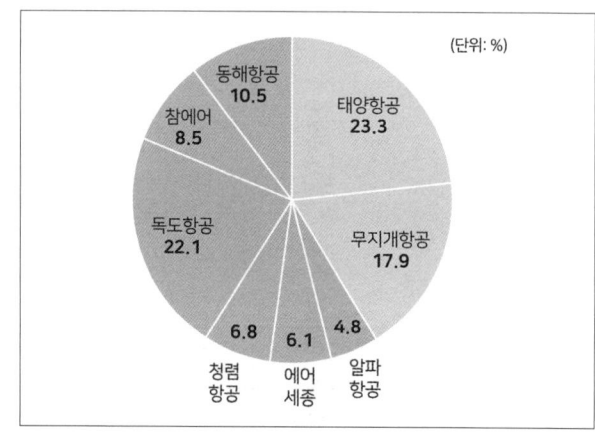

③ 2017년 피해유형별 국적항공사의 피해구제 접수 건수

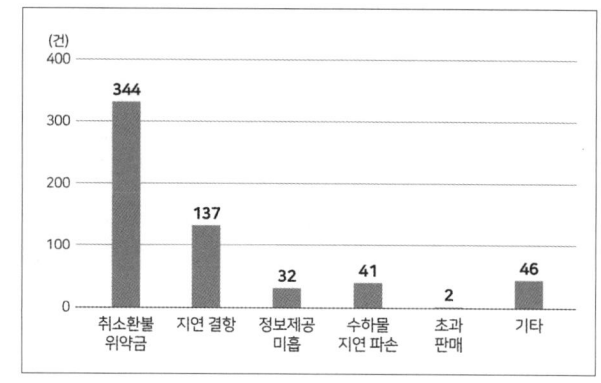

④ 2017년 대비 2018년 저비용 국적항공사의 전체 노선 운송실적 증가율

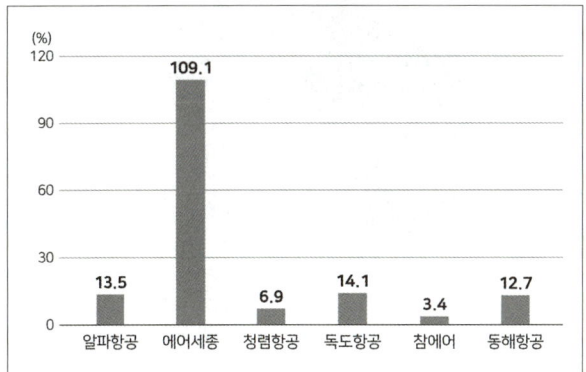

⑤ 대형 국적항공사의 전체 노선 운송실적 대비 피해구제 접수 건수 비

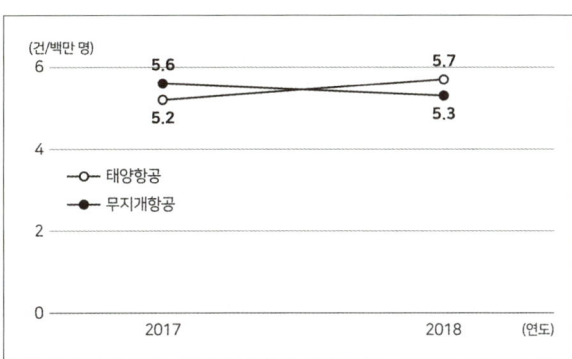

해설

① (×) 〈표 3〉에는 2018년 국적항공사와 외국적항공사의 전체 피해구제 접수 건수가 주어져 있고 전년 대비 증가 건수가 주어져 있다. 따라서 2017년 국적항공사의 전체 피해구제 접수 건수는 638－36＝602건이고, 외국적항공사는 486－7＝479건이다. 그리고 〈표 2〉에서는 2017년 피해유형별 항공사의 피해구제 접수 건수 비율이 주어져 있다. 따라서 선지의 '2017년 피해유형별 외국적항공사의 피해구제 접수 건수 대비 국적항공사의 피해구제 접수 건수 비'를 구할 수 있다. 예를 들어 2017년 외국적항공사의 기타 피해구제 접수 건수 대비 국적항공사의 기타 피해구제 접수 건수 비는 602×7.64% 대비 479×7.72%이므로 약 1.2 이상이라고 어림산할 수 있다. 이는 선지에서 주어진 그래프의 값 0.99와 일치하지 않는다.

기타 0.99

선지의 그래프는 〈표 2〉의 비율을 외국적항공사 대비 국적항공사의 비로 계산하여 작성한 것이다. 〈표〉를 이용하여 작성한 그래프로 옳지 않다.

② (○) 〈표 3〉에서는 2018년 항공사별 피해구제 접수 건수와 전년 대비 증가 건수가 주어져 있다. 우선 2017년 국적항공사의 전체 피해구제 접수 건수는 638－36＝602건이다. 그리고 예를 들어 태양항공의 2017년 피해구제 접수 건수는 153－13＝140건이고, 전체 피해구제 접수 건수 대비 비중은 약 23.3%이다. 선지의 '2017년 국적항공사별 피해구제 접수 건수 비중' 그래프의 값과 일치한다.

③ (○) ①, ②에서 확인한 바와 같이 2017년 국적항공사의 전체 피해구제 접수 건수는 602건이다. 그리고 〈표 2〉의 2017년 피해유형별 항공사의 피해구제 접수 건수 비율로부터 2017년 피해유형별 국적항공사의 피해구제 접수 건수를 구할 수 있다. 예를 들어 2017년 피해유형이 취소환불위약금인 피해구제 접수 건수는 602×57.14%＝약 344건이다.

④ (○) 〈표 1〉에는 저비용 국적항공사의 2017년, 2018년 국내선, 국제선 운송실적이 주어져 있으므로 선지의 '2017년 대비 2018년 저비용 국적항공사의 전체 노선 운송실적 증가율'을 구할 수 있다. 예를 들어 알파항공의 2017년 전체 노선 운송실적은 4,106＋3,004＝7,110(천 명)이고, 2018년에는 2017년 대비 운송실적이 (4,457－4,106)＋(3,610－3,004)＝957(천 명) 증가하였으므로 증가율은 약 13.5%이다.

⑤ (○) 〈표 1〉에는 대형 국적항공사의 2017년, 2018년 국내선, 국제선 운송실적이 주어져 있고, 〈표 3〉에서는 2017년, 2018년 대형 국적항공사의 전체 피해구제 접수 건수를 구할 수 있다. 예를 들어 태양항공의 경우 2017년 전체 노선 운송실적은 7,989＋18,925＝26,914(천 명)≈26.9(백만 명)이고, 2017년 전체 피해구제 접수 건수는 153－13＝140건이므로 전체 노선 운송실적 대비 피해구제 접수 건수 비는 약 5.2이다.

합격으로 가는 Tip

정답인 ①을 제외하고 나머지 선지 ②, ③, ④, ⑤는 확인해야 할 계산의 양이 매우 많다. 실제 문제 풀이에서는 의미를 이해하면 상대적으로 간단한 비교로 정오를 판단할 수 있는 ①을 정확히 판단해야 하고, 나머지 선지를 모두 꼼꼼하게 판단하려고 해서는 안 된다. 선지 ①을 판단하고 끝내야 하지만, 다른 선지를 판단하려고 했다면 일부만 확인하고 다른 선지로 넘어간다.

[정답] ①

191 다음 <표>와 <그림>은 2010년 대전광역시 행정구역별 교통 관련 현황 및 행정구역도이다. 이를 이용하여 작성한 그래프로 옳지 않은 것은?

민경채 13년 인책형 3번

〈표〉 2010년 대전광역시 행정구역별 교통 관련 현황

행정구역 구분	전체	동구	중구	서구	유성구	대덕구
인구(천명)	1,506	249	265	500	285	207
가구수(천가구)	557	99	101	180	102	75
주차장 확보율(%)	81.5	78.6	68.0	87.2	90.5	75.3
승용차 보유대수(천대)	569	84	97	187	116	85
가구당 승용차 보유대수(대)	1.02	0.85	0.96	1.04	1.14	1.13
승용차 통행 발생량(만통행)	179	28	32	61	33	25
화물차 수송 도착량에 대한 화물차 수송 발생량 비율(%)	51.5	46.8	36.0	30.1	45.7	91.8

※ 승용차 1대당 통행발생량(통행) = $\dfrac{승용차 통행발생량}{승용차 보유대수}$

〈그림〉 대전광역시 행정구역도

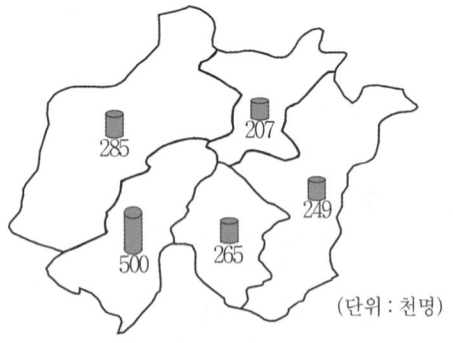

① 행정구역별 인구

(단위: 천명)

② 행정구역별 주차장 확보율

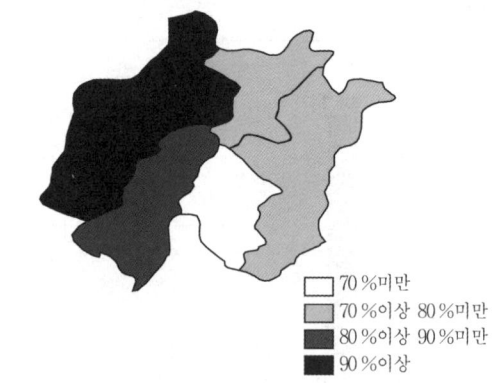

70%미만
70%이상 80%미만
80%이상 90%미만
90%이상

③ 행정구역별 가구당 승용차 보유대수

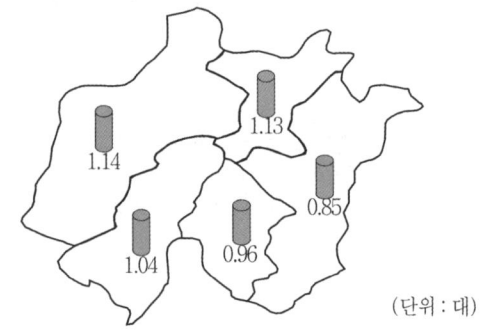

(단위: 대)

④ 행정구역별 화물차 수송도착량에 대한 화물차 수송발생량 비율

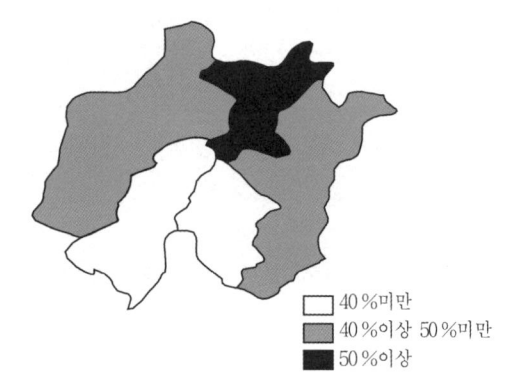

40%미만
40%이상 50%미만
50%이상

⑤ 행정구역별 승용차 1대당 통행발생량

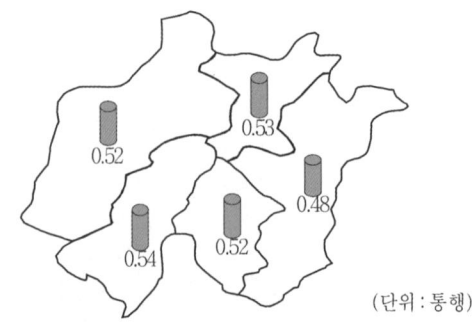

(단위: 통행)

해설

① (○) 〈표〉에서 행정구역별 인구를 확인하여 〈그림〉의 행정구역에 대응시켜 본다.

구분 \ 행정구역	전체	동구	중구	서구	유성구	대덕구
인구(천명)	1,506	249	265	500	285	207

선지의 행정구역별 인구 그래프와 일치함을 알 수 있다.

② (○) 〈표〉의 주차장 확보율을 70% 미만부터 10% 구간별로 정리해보면 다음과 같다.

구분 \ 행정구역	전체	동구	중구	서구	유성구	대덕구
		70% 이상 80% 미만	70% 미만	80% 이상 90% 미만	90% 이상	70% 이상 80% 미만
주차장 확보율(%)	81.5	78.6	68.0	87.2	90.5	75.3

선지 ①과 마찬가지 방식으로 〈그림〉의 행정구역에 대응시켜보면 선지의 행정구역별 주차장 확보율 그래프와 일치함을 알 수 있다.

③ (○) 〈표〉에서 행정구역별 가구당 승용차 보유대수를 확인하여 〈그림〉의 행정구역에 대응시켜 보면 선지의 행정구역별 가구당 승용차 보유대수 그래프와 일치함을 알 수 있다.

구분 \ 행정구역	전체	동구	중구	서구	유성구	대덕구
가구당 승용차 보유대수(대)	1.02	0.85	0.96	1.04	1.14	1.13

④ (○) 〈표〉의 화물차 수송도착량에 대한 화물차 수송발생량 비율을 40% 미만부터 10% 구간별로 50%까지 정리해보면 다음과 같다.

구분 \ 행정구역	전체	동구	중구	서구	유성구	대덕구
		40% 이상 50% 미만	40% 미만	40% 미만	40% 이상 50% 미만	50% 이상
화물차 수송도착량에 대한 화물차 수송발생량 비율(%)	51.5	46.8	36.0	30.1	45.7	91.8

〈그림〉의 행정구역에 대응시켜보면 선지의 행정구역별 화물차 수송도착량에 대한 화물차 수송발생량 비율 그래프와 일치함을 알 수 있다.

⑤ (×) 〈표〉에 행정구역별 승용차 보유대수와 승용차 통행발생량이 주어져 있으므로 행정구역별 가구당 승용차 1대당 통행발생량을 확인해보면 다음과 같다.

구분 \ 행정구역	전체	동구	중구	서구	유성구	대덕구
		28/84 =약 0.33	32/97 =약 0.33	61/187 =약 0.33	33/116 =약 0.28	25/85 =약 0.29
승용차 보유대수 (천대)	569	84	97	187	116	85
승용차 통행 발생량(만통행)	179	28	32	61	33	25

정확하게 계산하지 않더라도 선지의 행정구역별 승용차 1대당 통행발생량 그래프에 주어진 값과 다르다는 것을 알 수 있다.

[정답] ⑤

192 다음 <표>는 2013년 수도권 3개 지역의 지역 간 화물 유동량에 대한 자료이다. 이를 이용하여 작성한 그림으로 옳지 않은 것은?

민경채 14년 A책형 18번

<표> 2013년 수도권 3개 지역 간 화물 유동량

(단위: 백만톤)

도착 지역 출발 지역	서울	인천	경기	합
서울	59.6	8.5	0.6	68.7
인천	30.3	55.3	0.7	86.3
경기	78.4	23.0	3.2	104.6
계	168.3	86.8	4.5	-

※ 수도권 외부와의 화물 이동은 고려하지 않음.

① 수도권 출발 지역별 경기 도착 화물 유동량

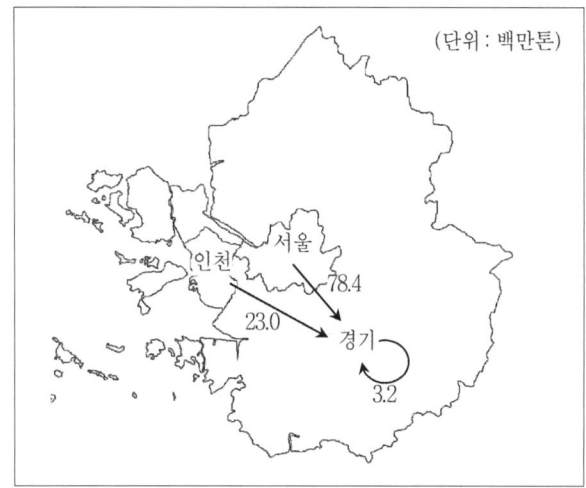

② 수도권 3개 지역별 도착 화물 유동량

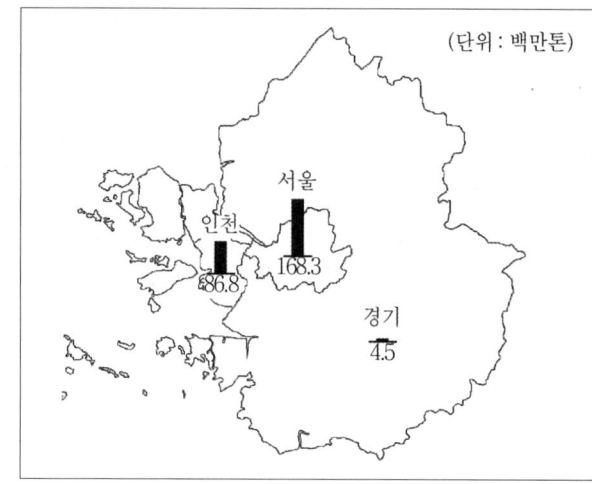

③ 수도권 3개 지역의 상호 간 화물 유동량

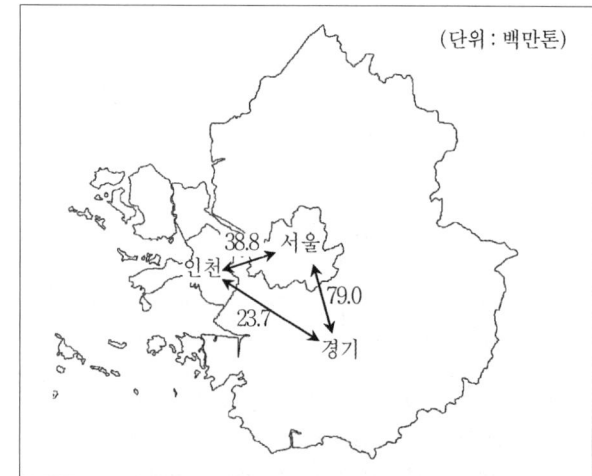

※ '상호 간 화물 유동량'은 두 지역 간 출발 화물 유동량과 도착 화물 유동량의 합임.

④ 수도권 3개 지역별 출발 화물 유동량

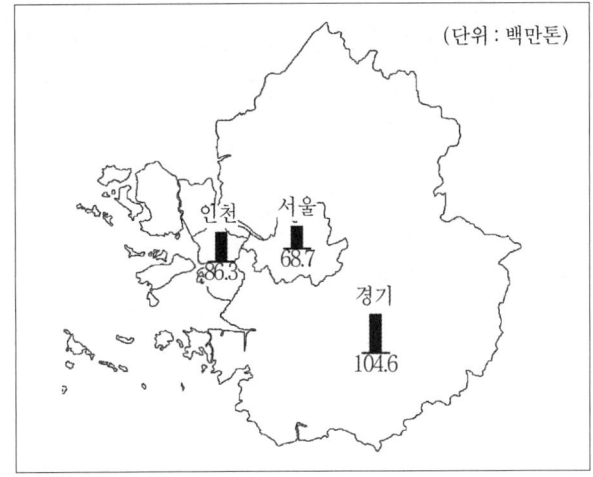

(단위: 백만톤)

⑤ 인천 도착 화물 유동량의 수도권 출발 지역별 비중

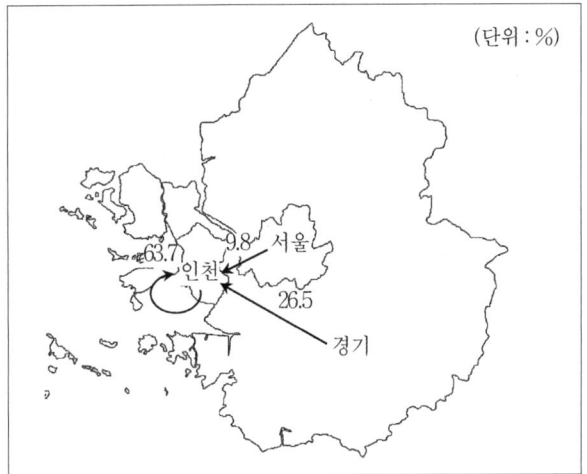

(단위: %)

해설

① (×) 〈표〉에서 도착 지역이 경기인 화물 유동량을 확인해보면 출발 지역이 서울인 경우 0.6백만톤, 인천 0.7백만톤, 경기 3.2백만톤이다.

도착 지역 / 출발 지역	서울	인천	경기	합
서울	59.6	8.5	0.6	68.7
인천	30.3	55.3	0.7	86.3
경기	78.4	23.0	3.2	104.6
계	168.3	86.8	4.5	−

그러나 선지의 수도권 출발 지역별 경기 도착 화물 유동량 그래프에서는 출발 지역이 서울인 경우 78.4백만톤, 인천 23.0백만톤, 경기 3.2백만톤이다. 〈표〉를 이용하여 작성한 그래프로 옳지 않다.

② (○) 〈표〉에서 수도권 3개 지역별 도착 화물 유동량을 확인해보면 선지의 수도권 3개 지역별 도착 화물 유동량 그래프의 값과 일치한다.

도착 지역 / 출발 지역	서울	인천	경기	합
⋮				
계	168.3	86.8	4.5	−

③ (○) 선지의 각주에 따르면 '상호 간 화물 유동량'은 두 지역 간 출발 화물 유동량과 도착 화물 유동량의 합이다. 〈표〉에서 상호 간 화물 유동량을 확인해보면 다음과 같다.

도착 지역 / 출발 지역	서울	인천 38.8	경기 79.0	합
서울	59.6	8.5	0.6	68.7
인천	30.3	55.3	0.7	23.7 86.3
경기	78.4	23.0	3.2	104.6
계	168.3	86.8	4.5	−

선지의 수도권 3개 지역의 상호 간 화물 유동량 그래프의 값과 일치한다.

④ (○) 〈표〉에서 수도권 3개 지역별 출발 화물 유동량을 확인해보면 선지의 수도권 3개 지역별 출발 화물 유동량 그래프의 값과 일치한다.

도착 지역 / 출발 지역	서울	인천	경기	합
서울	59.6	8.5	0.6	68.7
인천	30.3	55.3	0.7	86.3
경기	78.4	23.0	3.2	104.6
계	168.3	86.8	4.5	−

⑤ (○) 〈표〉에서 인천 도착 화물 유동량의 출발 지역별 비중을 확인해보면 다음과 같다.

도착 지역 / 출발 지역	서울	인천	경기	합
서울	59.6	8.5 / 86.8×100=9.8	0.6	68.7
인천	30.3	55.3 / 86.8×100=63.7	0.7	86.3
경기	78.4	23.0 / 86.8×100=26.5	3.2	104.6
계	168.3	86.8	4.5	−

선지의 인천 도착 화물 유동량의 수도권 출발 지역별 비중 그래프의 값과 일치한다.

[정답] ①

PSAT 교육 1위, 해커스PSAT
psat.Hackers.com

유형 4
보고서

I. 보고서로 부합
II. 표·차트로 부합
III. 추가
IV. 사용×

I. 보고서로 부합

가장 기본이 되는 유형으로 주어진 표나 차트에 기반하여 줄글 형식의 보고서를 작성하는 유형이다. 보고서가 길게 주어진다 하더라도 그중 밑줄 쳐진 부분 위주로 확인하면 해결할 수 있다. 보고서를 작성하기 위해 우리가 직접해야 하는 계산도 우리가 어려워하는 분수비교나 곱셈비교라기 보다는 주로 비중·비율의 계산이어서 어렵지 않게 해결할 수 있는 유형이기도 하다. 줄글 형식의 보고서라고는 하나, 각 선지·보기마다 계산해야 하는 자료는 병렬적이기 때문에 보고서 중 어느 부분을 먼저 확인하는가가 문제 해결의 소요시간에 영향을 미치는 유형이기도 하다.

193 다음 <표>는 전분기 대비 2분기의 권역별 지역경제 동향을 부문별로 정리한 자료이다. 이에 대한 <보고서>의 내용이 <표>와 부합하지 않은 부문은?

민경채 21년 나책형 2번

<표> 전분기 대비 2분기의 권역별 지역경제 동향

부문\권역	수도권	동남권	충청권	호남권	대경권	강원권	제주권
제조업 생산	▲	—	▲	▲	▲	—	▽
서비스업 생산	—	▽	—	▽	—	—	▲
소비	▲	▽	—	—	—	—	—
설비투자	▲	—	▲	▲	▲	—	—
건설투자	—	▲	▽	▽	—	▽	▽
수출	▲	▽	▲	▲	▲	▲	—

※ 전분기 대비 경제동향은 ▲(증가), —(보합), ▽(감소)로만 구분됨.

<보고서>

제조업 생산은 수도권과 충청권, 호남권, 대경권이 '증가'이고, 동남권 및 강원권이 '보합', 제주권이 '감소'였다. 서비스업 생산은 제주권이 '증가'이고, 동남권과 호남권이 '감소'인 가운데 나머지 권역이 '보합'이었다. 소비는 수도권이 '증가'이고 동남권이 '감소'였으며, 나머지 권역의 소비는 모두 '보합'이었다. 설비투자는 수도권과 충청권, 호남권, 대경권이 '증가'이고 나머지 권역이 '보합'이었다. 건설투자는 동남권만 '증가'인 반면, 수출은 동남권을 제외한 모든 권역이 '증가'였다.

① 제조업 생산
② 서비스업 생산
③ 소비
④ 건설투자
⑤ 수출

해설

전분기 대비 경제동향은 ▲(증가), —(보합), ▽(감소)로 해석한다.

제조업 생산은 수도권과 충청권, 호남권, 대경권이 '증가'이고, 동남권 및 강원권이 '보합', 제주권이 '감소'였다.

부문\권역	수도권	동남권	충청권	호남권	대경권	강원권	제주권
제조업 생산	▲	—	▲	▲	▲	—	▽

서비스업 생산은 제주권이 '증가'이고, 동남권과 호남권이 '감소'인 가운데 나머지 권역이 '보합'이었다.

부문\권역	수도권	동남권	충청권	호남권	대경권	강원권	제주권
서비스업 생산	—	▽	—	▽	—	—	▲

소비는 수도권이 '증가'이고 동남권이 '감소'였으며, 나머지 권역의 소비는 모두 '보합'이었다.

부문\권역	수도권	동남권	충청권	호남권	대경권	강원권	제주권
소비	▲	▽	—	—	—	—	—

설비투자는 수도권과 충청권, 호남권, 대경권이 '증가'이고 나머지 권역이 '보합'이었다.

부문\권역	수도권	동남권	충청권	호남권	대경권	강원권	제주권
설비투자	▲	—	▲	▲	▲	—	—

건설투자는 동남권만 '증가'인 반면, 수출은 동남권을 제외한 모든 권역이 '증가'였다.

부문\권역	수도권	동남권	충청권	호남권	대경권	강원권	제주권
건설투자	—	▲	▽	▽	—	▽	▽
수출	▲	▽	▲	▲	▲	▲	—

수출에서 동남권을 제외한 모든 권역이 증가라고 했는데, 제주권이 '—(보합)'이므로 옳지 않다.

[정답] ⑤

194 다음 <표>는 2013~2022년 '갑'국의 농업진흥지역 면적에 관한 자료이다. 이에 대한 <보고서>의 설명 중 옳은 것만을 모두 고르면?

7급 공채 23년 인책형 7번

〈표〉 2013~2022년 '갑'국의 농업진흥지역 면적

(단위: 만 ha)

구분 연도	전체 농지	농업진흥지역		
			논	밭
2013	180.1	91.5	76.9	14.6
2014	175.9	81.5	71.6	9.9
2015	171.5	80.7	71.0	9.7
2016	173.0	80.9	71.2	9.7
2017	169.1	81.1	71.4	9.7
2018	167.9	81.0	71.3	9.7
2019	164.4	78.0	67.9	10.1
2020	162.1	77.7	67.9	9.8
2021	159.6	77.8	68.2	9.6
2022	158.1	77.6	68.7	8.9

─〈보고서〉─

'갑'국은 우량농지를 보전하고 농지이용률을 높인다는 취지로 농업진흥지역을 지정하고 있다. 그러나, ㉠ 2014년부터 2022년까지 매년 농업진흥지역 면적은 전체 농지 면적의 50% 이하에 그치고 있다. 또한, ㉡ 같은 기간 농업진흥지역 면적은 매년 감소하여, 농업기반이 취약해지는 것으로 분석된다.
농업진흥지역 면적은 2013년 91.5만 ha에서 2022년 77.6만 ha로 15% 이상 감소했으며, 이는 같은 기간 전체 농지 면적의 감소율보다 크다. 한편, ㉢ 농업진흥지역 면적에서 밭 면적이 차지하는 비중은 2013년 이후 매년 15% 이하이다.

① ㄱ
② ㄴ
③ ㄱ, ㄴ
④ ㄱ, ㄷ
⑤ ㄴ, ㄷ

195 다음 <표>는 2013년 '갑'국의 수도권 집중 현황에 관한 자료이다. <보고서>의 내용 중 <표>의 자료에서 도출할 수 있는 것은?

민경채 14년 A책형 7번

<표> 수도권 집중 현황

구분		전국 (A)	수도권 (B)	$\frac{B}{A} \times 100$ (%)
인구 및 주택	인구(천 명)	50,034	24,472	48.9
	주택 수(천 호)	17,672	8,173	46.2
산업	지역 총 생산액(십억 원)	856,192	408,592	47.7
	제조업체 수(개)	119,181	67,799	56.9
	서비스업체 수(개)	765,817	370,015	48.3
금융	금융예금액(십억 원)	592,721	407,361	68.7
	금융대출액(십억 원)	699,430	469,374	67.1
기능	4년제 대학 수(개)	175	68	38.9
	공공기관 수(개)	409	345	84.4
	의료기관 수(개)	54,728	26,999	49.3

─── <보고서> ───

○ 전국 대비 수도권 인구 비중은 48.9%이다. ㉠ 수도권 인구밀도는 전국 인구밀도의 2배 이상이고, ㉡ 수도권 1인당 주택면적은 전국 1인당 주택면적보다 작다.
○ 산업측면에서 ㉢ 수도권 제조업과 서비스업 생산액이 전국 제조업과 서비스업 생산액에서 차지하는 비중은 각각 50% 이상이다.
○ 수도권 금융예금액은 전국 금융예금액의 65% 이상을 차지하고, ㉣ 수도권 1인당 금융대출액은 전국 1인당 금융대출액보다 많다.
○ 전국 대비 수도권의 의료기관 수 비중은 49.3%이고 공공기관 수 비중은 84.4%이다. ㉤ 4년제 대학 재학생 수는 수도권이 비수도권보다 적다.

① ㄱ
② ㄴ
③ ㄷ
④ ㄹ
⑤ ㅁ

196 다음 <표>는 아프리카연합이 주도한 임무단의 평화유지 활동에 관한 자료이다. 이를 바탕으로 작성한 <보고서>의 설명 중 옳지 않은 것은?

7급 공채 21년 나책형 2번

<표> 임무단의 평화유지활동(2021년 5월 기준)

(단위: 명)

임무단	파견지	활동기간	주요 임무	파견규모
부룬디 임무단	부룬디	2003. 4. ~ 2004. 6.	평화협정 이행 지원	3,128
수단 임무단	수단	2004. 10. ~ 2007. 12.	다르푸르 지역 정전 감시	300
코모로 선거감시 지원 임무단	코모로	2006. 3. ~ 2006. 6.	코모로 대통령 선거 감시	462
소말리아 임무단	소말리아	2007. 1. ~ 현재	구호 활동 지원	6,000
코모로 치안 지원 임무단	코모로	2007. 5. ~ 2008. 10.	앙주앙 섬 치안 지원	350
다르푸르 지역 임무단	수단	2007. 7. ~ 현재	민간인 보호	6,000
우간다 임무단	우간다	2012. 3. ~ 현재	반군 소탕작전	3,350
말리 임무단	말리	2012. 12. ~ 2013. 7.	정부 지원	1,450
중앙아프리카 공화국 임무단	중앙아프리카 공화국	2013. 12. ~ 2014. 9.	안정 유지	5,961

─── <보고서> ───

아프리카연합은 아프리카 지역 분쟁 해결 및 평화 구축을 위하여 2021년 5월 현재까지 9개의 임무단을 구성하고 평화유지활동을 주도하였다. ㉠ 평화유지활동 중 가장 오랜 기간 동안 활동한 임무단은 '소말리아 임무단'이다. 이 임무는 소말리아 과도 연방정부가 아프리카연합에 평화유지군을 요청한 것을 계기로 시작되어 현재에 이르고 있다. 한편, ㉡ '코모로 선거감시 지원 임무단'은 가장 짧은 기간 동안 활동하였다. 2006년 코모로는 대통령 선거를 앞두고 아프리카연합에 지원을 요청하였고 같은 해 3월 시작된 평화유지활동은 선거가 끝난 6월에 임무가 종료되었다. ㉢ 아프리카연합이 현재까지 평화유지활동을 위해 파견한 임무단의 총규모는 25,000명 이상이며, 현재 활동 중인 임무단의 규모는 소말리아 6,000명, 수단 6,000명, 우간다 3,350명으로 총 15,000여 명이다.
아프리카연합은 아프리카 내의 문제를 자체적으로 해결하기 위해 다양한 임무단 활동을 활발히 수행하였다. 특히 ㉣ 수단과 코모로에서는 각각 2개의 임무단이 활동하였다.
현재 평화유지활동을 수행 중인 임무단은 3개이지만 ㉤ 2007년 10월 기준 평화유지활동을 수행 중이었던 임무단은 5개였다.

① ㄱ
② ㄴ
③ ㄷ
④ ㄹ
⑤ ㅁ

197 다음 <표>는 11개 전통 건축물에 대해 조사한 자료이다. 이에 대한 <보고서>의 설명 중 옳은 것만을 모두 고르면?

민경채 14년 A책형 19번

<표> 11개 전통 건축물의 공포양식과 주요 구조물 치수

(단위: 척)

명칭	현 소재지	공포 양식	기둥 지름	처마 서까래 지름	부연	
					폭	높이
숭례문	서울	다포	1.80	0.60	0.40	0.50
관덕정	제주	익공	1.50	0.50	0.25	0.30
봉정사 화엄강당	경북	주심포	1.50	0.55	0.40	0.50
문묘 대성전	서울	다포	1.75	0.55	0.35	0.45
창덕궁 인정전	서울	다포	2.00	0.70	0.40	0.60
남원 광한루	전북	익공	1.40	0.60	0.55	0.55
화엄사 각황전	전남	다포	1.82	0.70	0.50	0.60
창의문	서울	익공	1.40	0.50	0.30	0.40
장곡사 상대웅전	충남	주심포	1.60	0.60	0.40	0.60
무량사 극락전	충남	다포	2.20	0.80	0.35	0.50
덕수궁 중화전	서울	다포	1.70	0.70	0.40	0.50

<보고서>

문화재연구소는 11개 전통 건축물의 공포양식과 기둥 지름, 처마서까래 지름, 그리고 부연의 치수를 조사하였다. 건축물 유형은 궁궐, 사찰, 성문, 누각 등으로 구분된다.

㉠ 11개 전통 건축물을 공포양식별로 구분하면 다포양식 6개, 주심포양식 2개, 익공양식 3개이다. 건축물의 현 소재지는 서울이 5곳으로 가장 많다.
㉡ 11개 전통 건축물의 기둥 지름은 최소 1.40척, 최대 2.00척이고, 처마서까래 지름은 최소 0.50척, 최대 0.80이다. 각 건축물의 기둥 지름 대비 처마서까래 지름 비율은 0.30보다 크고 0.50보다 작다.
㉢ 11개 전통 건축물의 부연은 폭이 최소 0.25척, 최대 0.55척이고 높이는 최소 0.30척, 최대 0.60척으로, 모든 건축물의 부연은 높이가 폭보다 크다. ㉣ 기둥 지름 대비 부연 폭의 비율은 0.15보다 크고 0.40보다 작다.

① ㄱ, ㄴ
② ㄱ, ㄹ
③ ㄴ, ㄷ
④ ㄱ, ㄷ, ㄹ
⑤ ㄴ, ㄷ, ㄹ

해설

ㄱ. (○) 단순 확인을 통해 쉽게 해결할 수 있는 보기이다. 다포양식은 숭례문, 문묘 대성전, 창덕궁 인정전, 화엄사 각황전, 무량사 극락전, 덕수궁 중화전으로 총 6개이고, 주심포양식은 봉정사 화엄강당, 장곡사 상대웅전으로 2개이고, 익공양식은 관덕정, 남원 광한루, 창의문으로 3개이다.

ㄴ. (×) 최대, 최소라는 표현을 사용하고 있는데, 표에 주어진 값 중 가장 큰 값 또는 가장 작은 값을 확인만 하면 해결 가능한 보기이다. 기둥지름은 2.20의 무량사 극락전이 최대이고, 1.40의 남원 광한루, 창의문이 최소이다. 따라서 최대 2.00이 옳지 않다.
처마서까래 지름은 0.80의 무량사 극락전이 최대이고, 0.50의 관덕정, 창의문이 최소이다. 처마서까래 관련 서술은 옳다.

ㄷ. (×) 보기 ㄴ과 마찬가지로 부연 폭의 최솟값, 최댓값, 높이의 최솟값, 최댓값을 확인하고, 모든 건축물에서 부연의 높이가 폭보다 큰지 단순 확인해야 한다. 폭은 0.55의 남원 광한루가 최대이고, 0.25의 관덕정이 최소이다. 따라서 최소 0.25에서 최대 0.55는 맞다.
높이는 0.60의 창덕궁 인정전, 화엄사 각황전, 장곡사 상대웅전이 최대이고, 0.30의 관덕정이 최소이다. 따라서 최소 0.30에서 0.60은 맞다.
모든 건축물의 부연이 높이가 폭보다 큰지를 확인해보면, 남원 광한루는 0.55로 같다.

ㄹ. (○) 기둥 지름 대비 부연 폭의 비율을 구해보면 다음과 같다.

명칭	...	기둥 지름	...	부연		부연 폭 / 기둥 지름
				폭	높이	
숭례문	...	1.80	...	0.40	0.50	0.222
관덕정	...	1.50	...	0.25	0.30	0.167
봉정사 화엄강당	...	1.50	...	0.40	0.50	0.267
문묘 대성전	...	1.75	...	0.35	0.45	0.2
창덕궁 인정전	...	2.00	...	0.40	0.60	0.2
남원 광한루	...	1.40	...	0.55	0.55	0.393
화엄사 각황전	...	1.82	...	0.50	0.60	0.275
창의문	...	1.40	...	0.30	0.40	0.214
장곡사 상대웅전	...	1.60	...	0.40	0.60	0.25
무량사 극락전	...	2.20	...	0.35	0.50	0.159
덕수궁 중화전	...	1.70	...	0.40	0.50	0.235

따라서 기둥 지름 대비 부연 폭의 비율은 관덕정이 최소 0.167에서 남원 광한루가 최대 0.393이므로, 0.15보다 크고 0.40보다 작다.

합격으로 가는 Tip

- 보기조합형 문제는 어떤 보기부터 해결하는지가 중요할 수 있다.
- '크다'는 '같거나 작은 경우'가 있다면 옳지 못한 것이 된다.

[정답] ②

198 다음 <표>는 2018년 행정구역별 공동주택의 실내 라돈 농도에 대한 자료이다. 이에 대한 <보고서>의 설명 중 옳은 것만을 모두 고르면?

민경채 19년 나책형 19번

<표> 행정구역별 공동주택 실내 라돈 농도

항목 행정구역	조사대상 공동주택수 (호)	평균값 (Bq/m^3)	중앙값 (Bq/m^3)	$200Bq/m^3$ 초과 공동주택수 (호)
서울특별시	532	66.5	45.4	25
부산광역시	434	51.4	35.3	12
대구광역시	437	61.5	41.6	16
인천광역시	378	48.5	33.8	9
광주광역시	308	58.3	48.2	6
대전광역시	201	110.1	84.2	27
울산광역시	247	55.0	35.3	7
세종특별자치시	30	83.8	69.8	1
경기도	697	74.3	52.5	37
강원도	508	93.4	63.6	47
충청북도	472	86.3	57.8	32
충청남도	448	93.3	59.9	46
전라북도	576	85.7	56.7	40
전라남도	569	75.5	51.5	32
경상북도	610	72.4	48.3	34
경상남도	640	57.5	36.7	21
제주특별자치도	154	68.2	40.9	11
전국	7,241	−	−	403

─ <보고서> ─

우리나라에서는 2018년 처음으로 공동주택에 대한 '실내 라돈 권고 기준치'를 $200Bq/m^3$ 이하로 정하고 공동주택의 실내 라돈 농도를 조사하였다.

이번 공동주택 실내 라돈 농도 조사에서 ㉠ <u>조사대상 공동주택의 실내 라돈 농도 평균값은 경기도가 서울특별시의 1.1배 이상이다.</u> 한편, ㉡ <u>행정구역별로 비교했을 때 실내 라돈 농도의 평균값이 클수록 중앙값도 컸으며 두 항목 모두 대전광역시가 가장 높았다.</u> ㉢ <u>조사대상 공동주택 중 실내 라돈 농도가 실내 라돈 권고 기준치를 초과하는 공동주택의 비율이 5% 이상인 행정구역은 9곳이며, 10% 이상인 행정구역은 2곳으로 조사되었다.</u>

① ㄱ
② ㄴ
③ ㄱ, ㄷ
④ ㄴ, ㄷ
⑤ ㄱ, ㄴ, ㄷ

해설

ㄱ. (○) 평균값은 경기도가 74.3이고 서울특별시가 66.5이다. 우리가 판단해야 하는 것은 경기도가 서울특별시의 1.1배 이상인지에 대한 것이지 몇 배인지를 직접 구하는 것이 아니므로, 서울특별시 값에 1.1배를 해서 검증해본다.
66.5+6.65= 73.15이므로 경기도의 평균값 74.3은 1.1배 이상이다.

ㄴ. (×) 광주광역시와 제주특별자치도를 비교해보면,
  평균값: 광주광역시(58.3) < 제주특별자치도(68.2)
  중앙값: 광주광역시(48.2) > 제주특별자치도(40.9)
광주광역시와 대구광역시를 비교해보면,
  평균값: 광주광역시(58.3) < 대구광역시(61.5)
  중앙값: 광주광역시(48.2) > 대구광역시(41.6)
광주광역시와 서울특별시를 비교해보면,
  평균값: 광주광역시(58.3) < 서울특별시(66.5)
  중앙값: 광주광역시(48.2) > 서울특별시(45.4)
그 밖에도 경기도와 전라남도를 비교해봐도, 세종특별자치시와 전라북도, 세종특별자치시와 충청북도, 세종특별자치시와 충청남도, 세종특별자치시와 강원도 등을 비교해 보더라도 반례를 찾을 수 있다.

ㄷ. (○) 조사대상 공동주택 중 실내 라돈 농도가 실내 라돈 권고 기준치를 초과하는 공동주택의 비율이 5% 이상인 행정구역을 구해야 하는데, 5%의 기준을 잡을 때는 10%의 절반으로 계산할 수도 있고, 5%를 20배 하면 100%가 되므로 이를 활용하여 계산할 수도 있다. 권고 기준치를 초과하는 공동주택수×20 ≥ 조사대상 공동주택수라면 권고 기준치를 초과하는 공동주택수가 5% 이상인 것이다.

항목 행정구역	조사대상 공동주택수 (호)	...	$200Bq/m^3$ 초과 공동주택수 (호)	비율
서울특별시	532	...	25	4.70
부산광역시	434	...	12	2.76
대구광역시	437	...	16	3.66
인천광역시	378	...	9	2.38
광주광역시	308	...	6	1.95
대전광역시	201	...	27	13.43
울산광역시	247	...	7	2.83
세종특별자치시	30	...	1	3.33
경기도	697	...	37	5.31
강원도	508	...	47	9.25
충청북도	472	...	32	6.78
충청남도	448	...	46	10.27
전라북도	576	...	40	6.94
전라남도	569	...	32	5.62
경상북도	610	...	34	5.57
경상남도	640	...	21	3.28
제주특별자치도	154	...	11	7.14

표에 음영처리한 총 9곳이다. 개수를 셀 때 전국까지 포함해서 세지 않도록 주의하자.

[정답] ③

199 다음 <표>는 '갑'국 대학 기숙사 수용 및 기숙사비 납부 방식에 관한 자료이다. 이에 대한 <보고서>의 설명 중 옳은 것만을 모두 고르면?

7급 공채 21년 나책형 18번

<표 1> 2019년과 2020년 대학 기숙사 수용 현황

(단위: 명, %)

대학유형 \ 연도 구분	2020 수용가능인원	2020 재학생수	2020 수용률	2019 수용가능인원	2019 재학생수	2019 수용률
전체(196개교)	354,749	1,583,677	22.4	354,167	1,595,436	22.2
설립주체 국공립(40개교)	102,025	381,309	26.8	102,906	385,245	26.7
설립주체 사립(156개교)	( )	1,202,368	21.0	251,261	1,210,191	20.8
소재지 수도권(73개교)	122,099	672,055	18.2	119,940	676,479	( )
소재지 비수도권(123개교)	232,650	911,622	25.5	234,227	918,957	25.5

※ 수용률(%) = (수용가능 인원 / 재학생 수) × 100

<표 2> 2020년 대학 기숙사비 납부 방식 현황

(단위: 개교)

대학유형 \ 납부 방식 기숙사유형	카드납부 가능 직영	민자	공공	합계	현금분할납부 가능 직영	민자	공공	합계
전체(196개교)	27	20	0	47	43	25	9	77
설립주체 국공립(40개교)	20	17	0	37	18	16	0	34
설립주체 사립(156개교)	7	3	0	10	25	9	9	43
소재지 수도권(73개교)	3	2	0	5	16	8	4	28
소재지 비수도권(123개교)	24	18	0	42	27	17	5	49

※ 각 대학은 한 가지 유형의 기숙사만 운영함.

─────<보고서>─────

2020년 대학 기숙사 수용률은 22.4%로, 2019년의 22.2%에 비해 증가하였지만 여전히 20%대 초반에 그쳤다. 대학유형별 기숙사 수용률은 사립대학보다는 국공립대학이 높고, 수도권 대학보다는 비수도권 대학이 높았다. 한편, ㉠ 2019년 대비 2020년 대학유형별 기숙사 수용률은 국공립 대학보다 사립 대학이, 비수도권대학보다 수도권대학이 더 큰 폭으로 증가하였다.

2020년 대학 기숙사 수용가능 인원의 변화를 설립주체별로 살펴보면, ㉡ 국공립대학은 전년 대비 800명 이상 증가하였으나, 사립대학은 전년 대비 1,400명 이상 감소하였다. 소재지별로 살펴보면 수도권 대학의 기숙사 수용가능 인원은 2019년 119,940명에서 2020년 122,099명으로 2,100명 이상 증가하였으나, 비수도권 대학은 2019년 234,227명에서 2020년 232,650명으로 1,500명 이상 감소하였다.

2020년 대학 기숙사비 납부 방식을 살펴보면, ㉢ 전체 대학 중 기숙사비 카드납부가 가능한 대학은 37.9%에 불과하였다. 이를 기숙사 유형별로 자세히 보면, ㉣ 카드납부가 가능한 공공기숙사는 없었고, 현금분할납부가 가능한 공공기숙사도 사립대학 9개교뿐이었다.

① ㄱ   ② ㄱ, ㄴ   ③ ㄱ, ㄹ   ④ ㄷ, ㄹ   ⑤ ㄴ, ㄷ, ㄹ

200 다음 <표>는 A국에 출원된 의약품 특허출원에 관한 자료이다. 이를 바탕으로 작성된 <보고서>의 내용 중 옳은 것을 모두 고르면?

민경채 11년 경책형 24번

<표 1> 의약품별 특허출원 현황

(단위: 건)

연도 구분	2008	2009	2010
완제의약품	7,137	4,394	2,999
원료의약품	1,757	797	500
기타 의약품	2,236	1,517	1,220
계	11,130	6,708	4,719

<표 2> 의약품별 특허출원 중 다국적기업 출원 현황

(단위: 건)

연도 구분	2008	2009	2010
완제의약품	404	284	200
원료의약품	274	149	103
기타 의약품	215	170	141
계	893	603	444

<표 3> 완제의약품 특허출원 중 다이어트제 출원 현황

(단위: 건)

연도 구분	2008	2009	2010
출원건수	53	32	22

─── <보고서> ───

㉠ 2008년부터 2010년까지 의약품의 특허출원은 매년 감소하였다. 그러나 기타 의약품이 전체 의약품 특허출원에서 차지하는 비중은 매년 증가하여 ㉡ 2010년 전체 의약품 특허출원의 30% 이상이 기타 의약품 특허출원이었다. 다국적기업의 의약품 특허출원 현황을 보면, 원료의약품에서 다국적기업 특허출원이 차지하는 비중이 다른 의약품에 비해 매년 높아 ㉢ 2010년 원료의약품 특허출원의 20% 이상이 다국적기업 특허출원이었다. 한편, ㉣ 2010년 다국적기업에서 출원한 완제의약품 특허출원 중 다이어트제 특허출원은 11%였다.

① ㄱ, ㄴ
② ㄱ, ㄷ
③ ㄴ, ㄹ
④ ㄱ, ㄷ, ㄹ
⑤ ㄴ, ㄷ, ㄹ

201 다음 <표>는 2013년과 2014년 '갑'국 국제협력단이 공여한 공적개발원조액에 관한 자료이다. 이에 대한 <보고서>의 내용 중 옳은 것만을 모두 고르면?

민경채 16년 5책형 3번

<표 1> 지원형태별 공적개발원조액

(단위: 백만원)

연도 지원형태	2013	2014
양자	500,139	542,725
다자	22,644	37,827
전체	522,783	580,552

<표 2> 지원분야별 공적개발원조액

(단위: 백만원, %)

구분 지원분야	2013년 금액	2013년 비중	2014년 금액	2014년 비중
교육	153,539	29.4	138,007	23.8
보건	81,876	15.7	97,082	16.7
공공행정	75,200	14.4	95,501	16.5
농림수산	72,309	13.8	85,284	14.7
산업에너지	79,945	15.3	82,622	14.2
긴급구호	1,245	0.2	13,879	2.4
기타	58,669	11.2	68,177	11.7
전체	522,783	100.0	580,552	100.0

<표 3> 사업유형별 공적개발원조액

(단위: 백만원, %)

구분 사업유형	2013년 금액	2013년 비중	2014년 금액	2014년 비중
프로젝트	217,624	41.6	226,884	39.1
개발조사	33,839	6.5	42,612	7.3
연수생초청	52,646	10.1	55,214	9.5
봉사단파견	97,259	18.6	109,658	18.9
민관협력	35,957	6.9	34,595	6.0
물자지원	5,001	1.0	6,155	1.1
행정성경비	42,428	8.1	49,830	8.6
개발인식증진	15,386	2.9	17,677	3.0
국제기구사업	22,643	4.3	37,927	6.5
전체	522,783	100.0	580,552	100.0

<표 4> 지역별 공적개발원조액

(단위: 백만원, %)

구분 지역	2013년 금액	2013년 비중	2014년 금액	2014년 비중
동남아시아	230,758	44.1	236,096	40.7
아프리카	104,940	20.1	125,780	21.7
중남미	60,582	11.6	63,388	10.9
중동	23,847	4.6	16,115	2.8
유럽	22,493	4.3	33,839	5.8
서남아시아	22,644	4.3	37,827	6.5
기타	57,519	11.0	67,507	11.6
전체	522,783	100.0	580,552	100.0

─<보고서>─

㉠ 2014년 '갑'국 국제협력단이 공여한 전체 공적개발원조액(이하 원조액)은 전년대비 10% 이상 증가하여 5,800억원을 상회하였다. ㉡ 2013년과 2014년 '양자' 지원형태로 공여한 원조액은 매년 전체 원조액의 90% 이상이다. ㉢ 지원분야별 원조액을 살펴보면, '기타'를 제외하고 2013년과 2014년 지원분야의 원조액 순위는 동일하였다. ㉣ 2013년에 비해 2014년에 공적개발원조액 전체에서 차지하는 비중이 낮아진 사업유형은 모두 3개였다. 지역별 원조액을 살펴보면, 2013년 대비 2014년 동남아시아에 대한 원조액은 증가한 반면에, 전체 원조액에서 동남아시아가 차지하는 비중은 감소하였다. ㉤ 2014년 지역별 원조액은 '기타'를 제외하고 살펴보면, 모든 지역에서 각각 전년대비 증가하였다.

① ㄱ, ㄴ, ㄹ
② ㄱ, ㄴ, ㅁ
③ ㄱ, ㄷ, ㅁ
④ ㄴ, ㄷ, ㄹ
⑤ ㄷ, ㄹ, ㅁ

해설

⟨표 1⟩~⟨표 4⟩가 주어져 있음을 확인하고, 각 표를 구분해 두어 필요한 정보를 빠르게 찾을 수 있어야 한다.

ㄱ. (○) ⟨표 1⟩에서 '전체'를 확인해보면 2013년 522,783(백만원)에서 2014년 580,552(백만원)로 증가하였다. 5,800억원을 상회하는 것은 맞으므로 전년대비 10% 이상 증가하였는지 확인해보자. 검증할 때 머리에 떠올려야 하는 이미지는 다음과 같다.

```
  522,783
+  52,278
---------
  574,xxx
```

만약 10%가 증가했다고 가정해서 앞자리(왼쪽)부터 계산해보면 574,000+α의 숫자가 확인된다. 백의 자리에서 숫자가 넘어오더라도 최대 576,xxx정도일 것이다. 따라서 10% 이상 증가해야 580,522가 됨을 알 수 있다.

ㄴ. (○) ⟨표 1⟩에서 확인 가능하다. '전체=양자+다자'인데 양자가 비중이 90% 이상인지를 묻는다. 90%의 계산보다는 반대쪽을 보는 것이 더 수월할 수 있다. 양자의 비중이 90% 이상이라는 것은 나머지 다자의 비중이 10% 이하인지를 확인하면 된다. 10%는 522,783에서 52,278.3처럼 소수점 한자리만 이동해 주면 되므로 2013년과 2014년 모두 다자의 비중이 10% 이하임을 쉽게 확인할 수 있다.

ㄷ. (×) ⟨표 2⟩에서 확인 가능하다. 원조액 금액 숫자 자체보다는 비중 숫자로 순위를 따지는 것이 더 쉬울 수 있다.

구분 지원분야	2013년		2014년	
	금액	비중	금액	비중
교육	153,539	29.4 1	138,007	23.8 1
보건	81,876	15.7 2	97,082	16.7 2
공공행정	75,200	14.4 4	95,501	16.5 3
농림수산	72,309	13.8 5	85,284	14.7 4
산업에너지	79,945	15.3 3	82,622	14.2 5
긴급구호	1,245	0.2 6	13,879	2.4 6
기타	58,669	11.2	68,177	11.7
전체	522,783	100.0	580,552	100.0

순위는 동일하지 않다.

ㄹ. (○) ⟨표 3⟩에서 확인 가능하다. 2014년에 비중이 낮아진 사업유형은 다음과 같다.

구분 사업유형	2013년		2014년	
	금액	비중	금액	비중
프로젝트	217,624	41.6	226,884	39.1 ∨
개발조사	33,839	6.5	42,612	7.3
연수생초청	52,646	10.1	55,214	9.5 ∨
봉사단파견	97,259	18.6	109,658	18.9
민관협력	35,957	6.9	34,595	6.0 ∨
물자지원	5,001	1.0	6,155	1.1
행정성경비	42,428	8.1	49,830	8.6
개발인식증진	15,386	2.9	17,677	3.0
국제기구사업	22,643	4.3	37,927	6.5
전체	522,783	100.0	580,552	100.0

따라서 2013년에 비해 2014년에 공적개발원조액 전체에서 차지하는 비중이 낮아진 사업유형은 프로젝트, 연수생초청, 민관협력까지 총 3개이다.

ㅁ. (×) ⟨표 4⟩에서 확인 가능하다. 이때는 '전년대비'를 묻고 있어 2013년과 2014년을 비교해야 하므로 보기 ㄷ과 달리 비중이 아닌 원조액을 보는 것이 좋다. 표 가운데쯤 중동 지역은 2013년 23,847에서 2014년 16,115로 감소하였다. 따라서 모든 지역에서 각각 전년대비 증가한 것은 아니다.

합격으로 가는 Tip

- 직접 해결하는 것보다는 검증하는 것이 더 좋다.
- 조금 어렵다고 생각되는 경우 반대를 보는 것이 좋다.
- 실제 수치를 보는 것보다는 % 정보를 활용하는 것이 좋다.

[정답] ①

202 다음 <그림>은 외식업체 구매담당자들의 공급업체 유형별 신선편이농산물 속성에 대한 선호도 평가 결과이다. 이를 바탕으로 작성된 <보고서>의 내용 중 옳은 것을 모두 고르면?

민경채 11년 경책형 18번

〈그림 1〉 공급업체 유형별 신선편이농산물의 가격적정성·품질 선호도 평가

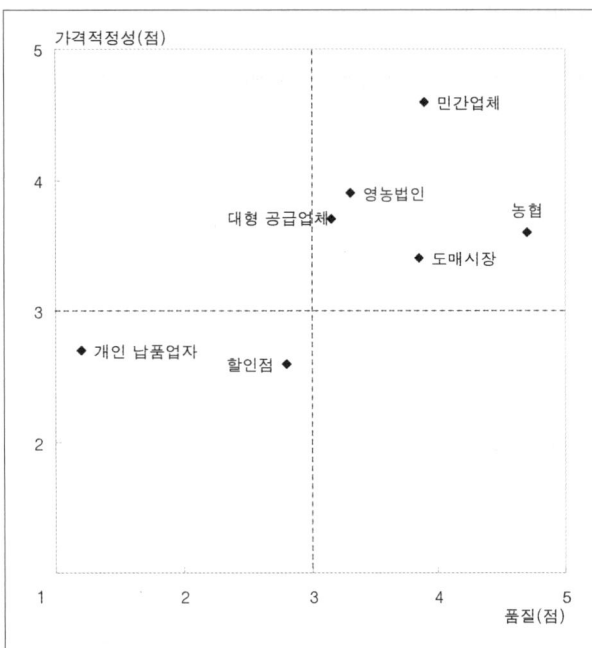

※ 1) 점선은 각 척도(1~5점)의 중간값을 표시함.
   2) 각 속성별로 축의 숫자가 클수록 선호도가 높음을 의미함.

〈그림 2〉 공급업체 유형별 신선편이농산물의 위생안전성·공급력 선호도 평가

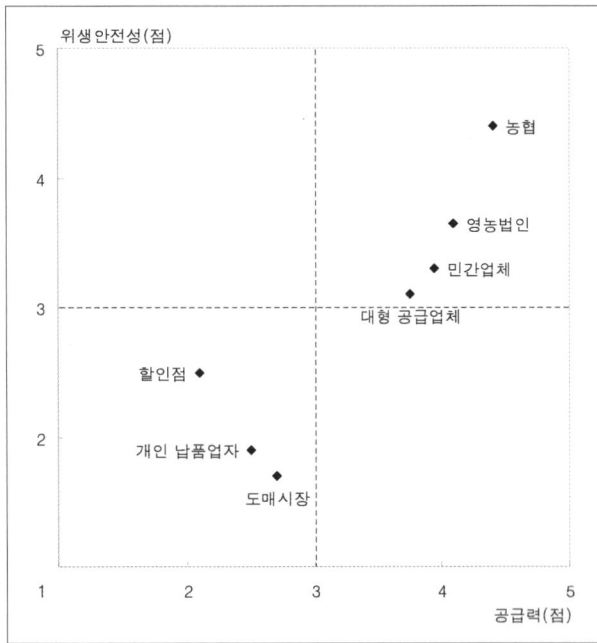

─〈보고서〉─

소비자의 제품 구입 의도는 제품에 대한 선호도에 의해 결정되므로 개별 속성에 대한 소비자의 인식을 파악하는 것이 중요하다. 신선편이농산물의 주된 소비자인 외식업체 구매담당자들을 대상으로 신선편이농산물의 네 가지 속성(가격적정성, 품질, 위생안전성, 공급력)에 의거하여 공급업체 유형별 선호도를 측정하였다. 그 결과를 바탕으로 두 가지 속성씩(가격적정성·품질, 위생안전성·공급력) 짝지어 공급업체들에 대한 선호도 분포를 2차원 좌표평면에 표시하였다.

이를 보면, ㉠ 외식업체 구매담당자들은 가격적정성과 품질 속성에서 각각 민간업체를 농협보다 선호하였다. ㉡ 네 가지 모든 속성에서 척도 중간값(3점) 이상의 평가를 받은 공급업체 유형은 총 네 개였고, ㉢ 특히 농협은 가격적정성, 품질, 공급력 속성에서 가장 선호도가 높았다. ㉣ 할인점은 공급력 속성에서 가장 낮은 선호도를 보인 공급업체 유형으로 나타났다. ㉤ 개인 납품업자는 네 가지 속성 각각에서 가장 낮은 선호도를 보였다.

① ㄱ, ㄷ
② ㄴ, ㄹ
③ ㄱ, ㄷ, ㅁ
④ ㄴ, ㄷ, ㄹ
⑤ ㄴ, ㄹ, ㅁ

해설

ㄱ. (×) 〈그림 1〉에서 확인해 보면 민간업체 위치를 기준으로 농협은 우하방에 위치한다. 가격적정성과 품질 속성에서 각각 민간업체를 농협보다 선호하였다면 더 선호할수록 가로축과 세로축의 값이 더 크므로 민간업체가 농협보다 우상방에 위치해 있었어야 한다.

ㄴ. (○) 〈그림 1〉과 〈그림 2〉에서 3점을 기준으로 한 가로·세로 점선을 기준으로 사분면을 생각했을 때 가로축이 3보다 크면 더 오른쪽에, 세로축이 3보다 크면 더 위쪽에 있어야 한다. 네 가지 모든 속성에서 3점 이상의 평가를 받았다면, 〈그림 1〉에서도, 〈그림 2〉에서도 사분면 기준 1사분면에 위치해야 한다. 〈그림 1〉에서는 민간업체, 농협, 영농법인, 도매시장, 대형 공급업체 5개 유형이 해당하고, 〈그림 2〉에서는 도매시장을 제외한 나머지 4개 유형이 1사분면에 위치한다.

ㄷ. (×) 〈그림 1〉에서 보면 농협이 가장 오른쪽에 위치하므로 품질에서는 가장 선호도가 높지만, 가장 위쪽에 위치한 것은 아니므로 가격적정성에서는 선호도가 가장 높은 것은 아니다. 〈그림 2〉에서 보면 농협이 가장 오른쪽에 위치하므로 공급력에서는 선호도가 가장 높다.

ㄹ. (○) 〈그림 2〉에서 가로축 값을 확인해야 한다. 할인점이 가장 왼쪽에 위치하므로, 할인점이 공급력 속성에서 가장 낮은 선호도를 보인 공급업체 유형이다.

ㅁ. (×) 〈그림 1〉에서 보면 세로축인 가격적정성에서 개인 납품업자보다 더 낮은 할인점이 있고, 〈그림 2〉에서 보면, 세로축인 위생안정성에서 개인 납품업자보다 더 낮은 도매시장이 있고, 가로축인 공급력에서는 더 낮은 할인점이 있다. 따라서 네 가지 속성 각각에서 가장 낮은 선호도를 보인 것은 아니다.

[정답] ②

203 다음 자료는 2020~2023년 우리나라 시도 행정심판위원회 사건 처리 현황이다. 이에 대한 <보고서>의 설명 중 옳은 것만을 모두 고르면?

7급 공채 24년 사책형 24번

〈표〉 2020~2022년 시도 행정심판위원회 인용률

(단위: %)

연도 시도	2020	2021	2022
서울	18.4	15.9	16.3
부산	22.6	15.9	12.8
대구	35.9	39.9	38.4
인천	33.3	36.0	38.1
광주	22.2	30.6	36.0
대전	28.1	47.7	35.8
울산	33.0	38.1	50.9
세종	7.7	16.7	0.0
경기	23.3	19.6	22.3
강원	21.4	14.1	18.2
충북	23.6	28.5	24.3
충남	26.7	19.9	23.1
전북	31.7	34.0	22.1
전남	36.2	34.5	23.8
경북	10.6	23.3	22.9
경남	18.5	25.7	12.4
제주	31.6	25.3	26.2

※ 인용률(%) = 인용 건수 / 처리 건수 × 100

〈그림〉 2022년과 2023년 시도 행정심판위원회 처리 건수 상위 5개 시도 현황

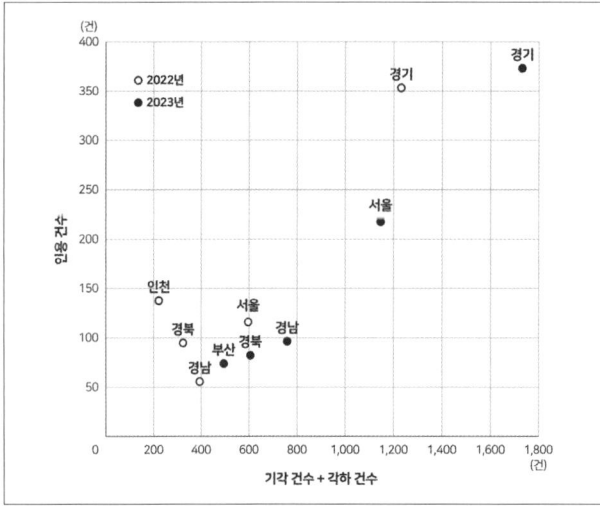

※ 처리 건수 = 인용 건수 + 기각 건수 + 각하 건수

─〈보고서〉─

2023년 우리나라 시도 행정심판위원회 처리 건수 상위 5개 시도는 경기, 서울, 경남, 경북, 부산이었다. 2022년에는 인천이 처리 건수 362건으로 상위 5개 시도에 속했으나, 2023년 부산에 자리를 넘겨주었다. 또한, ㉠ 2023년 처리 건수 상위 5개 시도의 처리 건수는 각각 전년 대비 증가하였다. 인용 건수를 살펴보면, ㉡ 2023년 처리 건수가 가장 많은 시도의 2023년 인용 건수는 2022년 인용률이 가장 높은 시도의 2022년 인용 건수의 1.5배 이상이다. 인용률을 살펴보면, ㉢ 2020년부터 2023년까지 인용률이 매년 감소한 시도는 3개이다.

① ㄱ   ② ㄴ   ③ ㄷ
④ ㄱ, ㄴ   ⑤ ㄱ, ㄴ, ㄷ

해설

ㄱ. (○) 〈그림〉의 각주에 따르면 처리 건수는 '인용 건수 + 기각 건수 + 각하 건수'이고 '기각 건수 + 각하 건수'는 그래프의 가로축, '인용 건수'는 그래프의 세로축에 해당한다. 가로축 값과 세로축 값의 합은 다음과 같이 대각선을 그어 판단한다. 가로축, 세로축 각 눈금 한 칸의 단위가 다르다는 것에 유의한다.

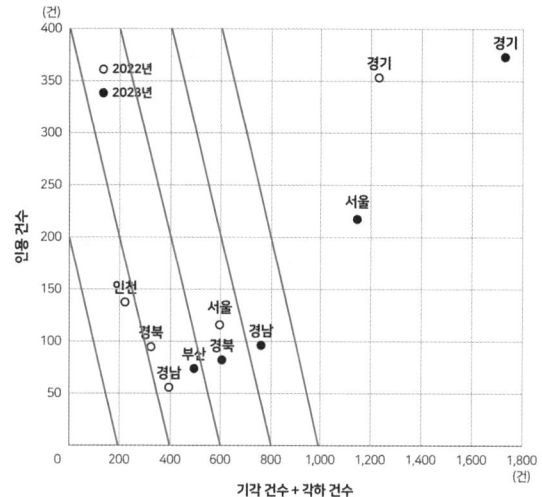

부산을 제외한 나머지 4개 시도는 2023년의 점이 2022년의 점보다 원점을 기준으로 멀리 있다. 부산만 2022년 처리 건수가 〈그림〉에 주어져 있지 않은데, 2022년에 보이는 점들보다 처리 건수가 작았기 때문에 상위 5개 시도에 들지 못했던 것이다. 따라서 부산도 2022년 대비 2023년에 처리 건수가 증가했고, 2023년 처리 건수 상위 5개 시도의 처리 건수는 각각 전년 대비 증가하였음을 확인할 수 있다.

ㄴ. (○) 보기 ㄱ에서 확인한 바와 같이 2023년 처리 건수가 가장 많은 시도는 경기이고, 경기의 2023년 인용 건수는 350건 이상이다. 〈표〉에서 2022년 인용률이 가장 높은 시도는 50.9%의 울산이다. 울산의 2022년 처리 건수는 〈그림〉에 주어져 있지 않다. 다만 상위 5개의 시도의 현황만 주어졌다는 점에서, 최대가 5위 값에 매우 근사한 값이라는 것은 알 수 있다. 그렇다면 2022년 인천의 처리 건수 약 350을 기준으로 하고, 처리 건수 중 울산의 인용률이 50.9%임을 고려하면 울산의 2022년 인용 건수는 대략 175건 안팎이 될 것이다. 매우 넉넉하게 200건 미만이라 생각하더라도 1.5배는 300건이 되므로, 옳은 보기이다.

ㄷ. (×) 우선 〈표〉에 따르면 2020년부터 2022년까지 인용률이 매년 감소한 시도는 부산, 전남 2개이다. 표에 주어진 인용률은 2020년부터 2022년까지의 값이고, 〈보고서〉에서 확인해야 하는 것은 2020년부터 2023년까지의 값이라서 연도 범위에 차이가 있기는 하지만, 주어진 시도 중 부산, 전남 외에는 2020년부터 2023년까지 매년 인용률이 감소하는 것이 불가능하므로 2개를 초과할 수 없다.

합격으로 가는 Tip

상위 5개만 주어진 경우, 주어지지 않아서 확인할 수 없는 정보는 최대 5위 값 이하라고 생각해서 해결해야 한다.

[정답] ④

204 다음 <그림>과 <표>는 2011~2014년 소셜네트워크 서비스 이용자 및 소셜광고 시장에 관한 자료이다. 이를 바탕으로 작성한 <보고서>의 내용 중 옳지 않은 것은?

<그림 1> 세계 소셜네트워크 서비스 이용자 현황 및 전망

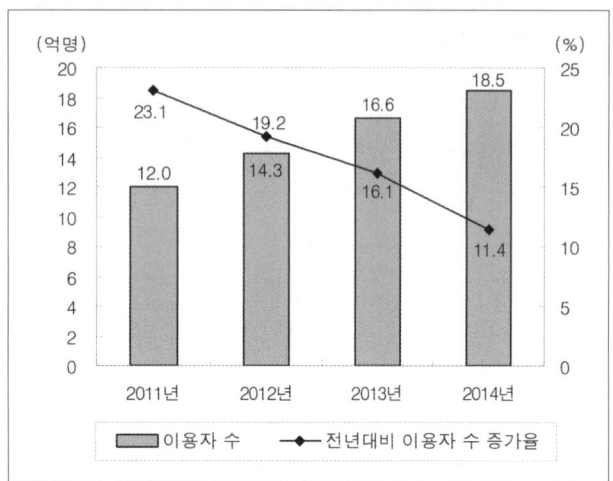

<그림 2> 세계 소셜광고 시장 현황 및 전망

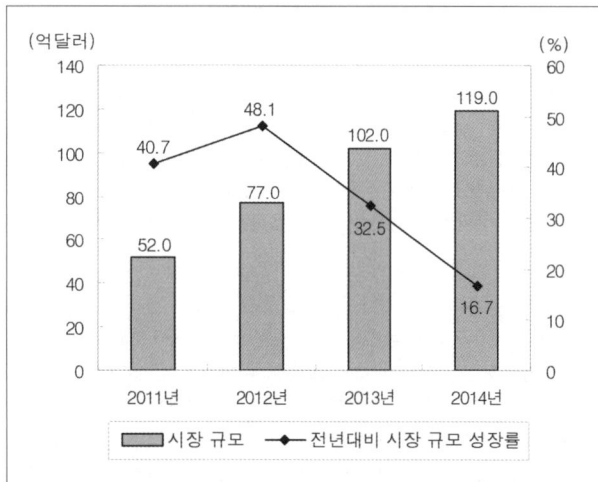

<표> 미국 소셜광고 사업자별 시장 현황 및 전망

(단위: 억달러, %)

구분	연도	2011	2012	2013	2014
시장 규모		25.4	36.3	47.3	55.9
시장점유율	페이스북	67	71	70	67
	소셜게임	8	7	6	6
	트위터	5	6	7	8
	링크드인	4	4	4	4
	기타	16	12	13	15
	합계	100	100	100	100

※ 기타는 시장점유율 3% 미만 업체의 시장점유율을 모두 합한 수치임.

─── <보고서> ───

㉠ 세계 소셜네트워크 서비스 이용자는 2011년의 12.0억 명에서 2014년에는 18.5억 명으로 50% 이상 증가할 것으로 전망된다. 소셜네트워크 서비스가 새로운 미디어 매체로 대두되면서 소셜광고 시장 또한 급성장하고 있다. ㉡ 세계 소셜광고 시장 규모는 2012년에 전년대비 48.1%의 성장률을 보이면서 77.0억 달러에 이를 것으로 예측되며, 이후에도 계속 성장하여 2014년에는 119.0억 달러를 기록할 것으로 전망된다. ㉢ 미국 소셜광고 시장 규모는 2011년 25.4억 달러에서 2014년에는 55.9억 달러로 성장하여 세계 소셜광고 시장의 50% 이상을 차지할 것으로 전망된다. 미국 소셜광고 사업자별 시장 현황 및 전망을 살펴보면 ㉣ 2011년 기준으로 페이스북이 67%로 가장 높은 시장 점유율을 나타내고 있으며, 소셜게임, 트위터, 링크드인이 그 뒤를 잇고 있다. ㉤ 2014년에는 페이스북의 시장 점유율이 2012년 대비 4%p 감소할 전망이나 여전히 높은 시장 점유율을 유지할 것으로 예측된다.

① ㉠ ② ㉡ ③ ㉢
④ ㉣ ⑤ ㉤

205 다음 <표>와 <그림>은 2000~2010년 3개국(한국, 일본, 미국)의 3D 입체영상 및 CG 분야 특허출원에 관한 자료이다. 이를 바탕으로 작성된 <보고서>의 내용 중 옳은 것만을 모두 고르면?

민경채 15년 인책형 3번

<표> 2000~2010년 3개국 3D 입체영상 및 CG 분야 특허출원 현황

(단위: 건)

국가 \ 분야	3D 입체영상	CG
한국	1,155	785
일본	3,620	2,380
미국	880	820
3개국 전체	5,655	3,985

<그림 1> 연도별 3D 입체영상 분야 3개국 특허출원 추이

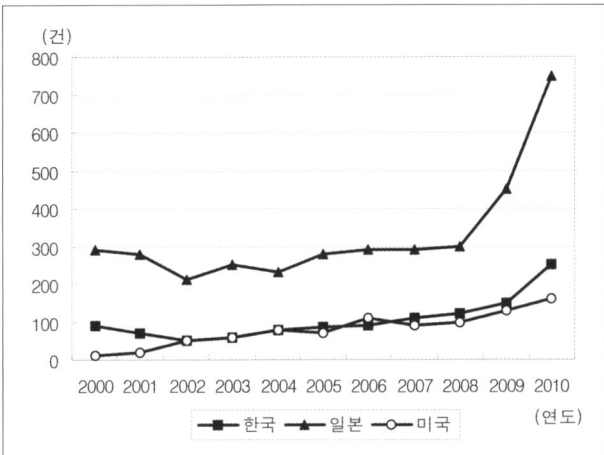

<그림 2> 연도별 CG 분야 3개국 특허출원 추이

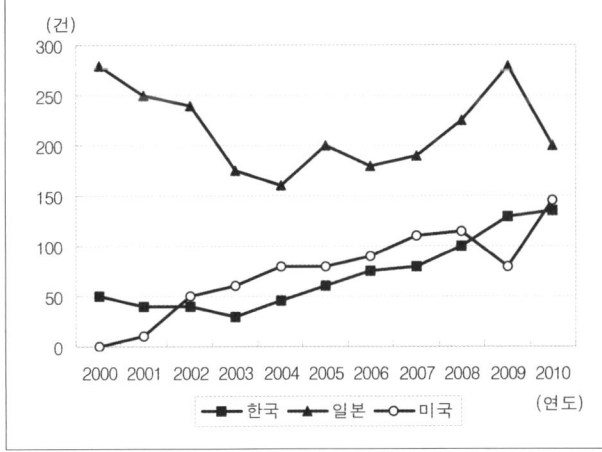

─<보고서>─

3D 입체영상 및 CG 분야에 대한 특허출원 경쟁은 한국, 일본, 미국을 중심으로 전개되고 있다. 일본이 기술개발을 선도하고 있는 ㉠ 3D 입체영상 분야의 경우 2000~2010년 일본 특허출원 건수는 3개국 전체 특허출원 건수의 60% 이상을 차지하였다. 하지만 2006년 이후부터 한국에서 관련 기술에 대한 연구가 활발히 진행되어 특허출원 건수가 증가하고 있다. 그 결과 ㉡ 3D 입체영상 분야에서 2007~2010년 동안 한국 특허출원 건수는 매년 미국 특허출원 건수를 초과하였다.

CG 분야에서도, 2000~2010년 3개국 전체 특허출원 건수 대비 일본 특허출원 건수가 차지하는 비중이 가장 높았으며, 그 다음으로 미국, 한국 순으로 나타났다. 이를 연도별로 살펴보면 ㉢ 2003년 이후 CG 분야에서 한국 특허출원 건수는 매년 미국 특허출원 건수보다 적지만, 관련 기술의 특허출원이 매년 증가하는 추세를 보이고 있다. 한편, ㉣ 2000~2010년 동안 한국과 일본의 CG 분야 특허출원 건수의 차이는 2010년에 가장 작았다.

① ㄱ, ㄴ
② ㄱ, ㄷ
③ ㄷ, ㄹ
④ ㄱ, ㄴ, ㄹ
⑤ ㄴ, ㄷ, ㄹ

해설

<표>와 <그림 1>, <그림 2>가 주어져 있다. 필요한 정보를 빠르고 정확하게 찾아갈 수 있어야 한다.

ㄱ. (○) <표>에서 보면 3D 입체영상 분야의 3개국 전체 특허출원 건수는 5,655건이고, 일본은 3,620건이다. 검증식을 써보면 5,655×60% ≤ 3,620이다. 유효자리를 안전하게 잡기 위해서 5,655의 10%를 570으로 잡아보면, 60%는 3,000+420=3,420 정도이다. 따라서 3D 입체영상 분야의 경우 2000~2010년 일본 특허출원 건수는 3개국 전체 특허출원 건수의 60% 이상이다.

ㄴ. (○) <그림 1>에서 확인 가능하다. 2007년부터 2010년 사이에는 네모(한국)가 동그라미(미국)보다 계속 위에 있다.

ㄷ. (×) <그림 2>에서 확인 가능하다. 2003년 이후 다른 모든 해는 동그라미(미국)가 네모(한국)보다 위에 있지만, 2009년은 반대로 네모(한국)가 동그라미(미국)보다 위에 있다.

ㄹ. (○) <그림 2>에서 네모(한국)와 세모(일본)의 차이 간격을 보아야 한다. 보기에 있는 2010년을 기준을 먼저 보면, 대략 한 칸 정도의 간격이다. 다른 연도의 경우 한 칸보다 더 넉넉하게 차이가 난다.

합격으로 가는 Tip

- 보기 ㄱ에서 일본의 특허출원 건수가 3,600이 넘으므로, 6×6=36을 이용하여 3개국 전체의 특허출원 건수가 6,000건이더라도 60%가 넘는다고 생각할 수도 있다. 하지만 매번 이렇게 넉넉하게 차이 나는 것은 아니므로, 보기 ㄱ에서 연습한 것처럼, 유효자리를 잡을 때 안전하게 잡는 방법은 연습해 두어야 한다.
- 보기 ㄷ에서 매년 한 쪽이 다른 한 쪽보다 더 많다면 두 꺾은선은 서로 교차하지 않아야 한다. 그런데 2008년과 2010년 사이에 위아래가 서로 바뀌는 교차가 일어난다. 따라서 누가 한국이고 누가 미국인지 확인하지 않더라도 틀린 보기임을 알아낼 수 있다.
- <그림 2>는 50 간격으로 표시되어 있을 뿐이다. 이러한 경우 매우 엄밀한 계산까지 요구하기는 어렵다. 보기 ㄹ은 어렵지 않게 해결 가능하다.

[정답] ④

206 사무관 A는 다음 <표>와 <전문가 자문회의>를 바탕으로 <업무보고 자료>를 작성하였다. <업무보고 자료>의 ㉠~㉣ 중 <표>와 <전문가 자문회의> 내용에 부합하는 것만을 모두 고르면?

민경채 16년 5책형 16번

<표> 산업단지별 유해물질 배출 현황

(단위: kg/톤, 톤/일)

구분 산업단지	배출농도	배출유량
가	1.5	10
나	2.4	5
다	3.0	8
라	1.0	11

─────── <전문가 자문회의> ───────

사무관 A: 지금까지 산업단지별 유해물질 배출 현황을 말씀드렸습니다. 향후 환경오염 방지를 위하여 유해물질 배출농도 허용기준을 강화하고자 합니다. 배출농도 허용기준을 현행보다 20% 낮추어 '2.0 kg/톤 이하'로 하면 어떨까 합니다.

전문가 1: 현재보다 20% 낮추어 배출농도 허용기준을 강화하면 허용기준을 만족하지 못하는 산업단지가 추가로 생기게 됩니다.

전문가 2: 배출농도 허용기준 강화로 자칫 산업 활동에 위축을 가져오지 않을까 우려됩니다.

전문가 3: 배출 규제 방식을 바꾸면 어떨까 합니다. 허용기준을 정할 때 배출농도 대신, 배출농도와 배출유량을 곱한 총 배출량을 사용하면 어떨까요?

전문가 1: 배출농도가 높더라도 배출유량이 극히 적다면 유해물질 하루 총 배출량은 적을 수도 있고, 반대로 배출농도는 낮지만 배출유량이 매우 많다면 총 배출량도 많아지겠군요.

전문가 3: 그렇습니다. 배출되는 유해물질의 농도와 양을 종합적으로 고려하자는 것이죠. 유해물질 배출 규제를 개선하려면 총 배출량 허용기준을 '12 kg/일 이하'로 정하면 될 것 같습니다.

사무관 A: 제안하신 방식에 대한 문제점은 없을까요?

전문가 2: 배출유량의 정확한 측정이 어렵고 작은 오차라도 결과값에는 매우 큰 차이를 가져올 수 있습니다.

사무관 A: 전문가 분들의 소중한 의견 감사드립니다.

─────── <업무보고 자료> ───────

Ⅰ. 현황 및 추진배경
  □ ㉠ 현행 유해물질 배출농도 허용기준 적용 시 총 4개 산업단지 중 2곳만 허용기준을 만족함
  □ 유해물질 배출 규제 개선을 통해 환경오염을 미연에 방지하고 생태계 건강성을 유지하고자 함

Ⅱ. 유해물질 배출 규제 개선(안)
  □ 배출농도 허용기준 강화
    ○ 현행 허용기준보다 20% 낮추는 방안
      - ㉡ 현행 대비 20%를 낮출 경우 배출농도 허용기준은 '2.0kg/톤 이하'로 강화됨
      - ㉢ 강화된 기준 적용 시 총 4개 산업단지 중 1곳만 배출농도 허용기준을 만족함
    ○ 문제점
      - 배출농도 허용기준 강화로 산업 활동 위축이 우려됨
  □ 배출 규제 방식 변경
    ○ 총 배출량을 기준으로 유해물질 배출 규제
      - 총 배출량 = 배출농도×배출유량
      - 총 배출량 허용기준: 12kg/일 이하
      - ㉣ 새로운 배출 규제 방식 적용 시 총 4개 산업단지 중 2곳만 허용기준을 만족함
    ○ 문제점
      - 배출유량의 정확한 측정이 어렵고 작은 오차라도 결과값에 큰 영향을 줄 수 있음

① ㉠, ㉡
② ㉠, ㉢
③ ㉡, ㉣
④ ㉠, ㉢, ㉣
⑤ ㉡, ㉢, ㉣

해설

㉠ (×) 사무관 A의 첫 번째 발언에 따르면 배출농도 허용기준을 현행보다 20% 낮추면 '2.0kg/톤 이하'가 된다. 현행 허용기준을 구하는 식은 '현행 허용기준×0.8=2.0'이므로, 이를 계산해 보면 현행 허용기준은 2.5kg/톤 이하가 된다. 따라서 현행 허용기준을 만족하는 산업단지는 배출농도가 3.0인 다 산업단지를 제외한 나머지 3곳이다.

㉡ (○) 보기 ㉠에서 살펴본 사무관 A의 발언 내용과 부합한다.

㉢ (×) 강화된 기준인 '2.0kg/톤 이하'를 적용 시, 4개 산업단지 중 가와 라 2곳만 허용기준을 만족한다.

㉣ (○) 새로운 배출 규제 방식은 배출농도×배출유량=총 배출량이 '12 kg/일 이하'이다.

구분 산업단지	배출농도	배출유량	총 배출량
가	1.5	10	15
나	2.4	5	12
다	3.0	8	24
라	1.0	11	11

따라서 새로운 배출 규제 방식 적용 시, 허용기준을 만족하는 산업단지는 나와 라 2곳이다.

합격으로 가는 Tip

계산을 빠르게 하기 위해서는 소수와 분수를 빠르게 넘나들 수 있는 것이 좋다.

[정답] ③

PSAT 교육 1위, 해커스PSAT
psat.Hackers.com

Ⅱ. 표·차트로 부합

주어진 줄글 형식의 보고서의 내용과 부합하지 않는 표 또는 차트를 확인해야 하는 유형이다. 민경채에서는 11년부터 22년까지 12개년 300문제 중 총 3문제밖에 출제되지 않았는데, 7급에서는 21년부터 24년까지 4개년 100문제 중 총 6문제가 출제된, 7급 기출에서 비중이 갑자기 높아진 유형이다. 22년에는 7급과 민경채 기출에서 15문제를 공유했는데, 그 중 한 문제가 민경채 기출로도 7급 기출로도 중복 카운트 되어 총 8문제 중 주어진 보고서의 내용과 부합하지 않는 표·차트를 선택하는 문제가 6문제, 반대로 부합하는 표·차트를 선택하는 문제가 2문제 출제되었다.

207 다음은 2007~2010년 우리나라 국민건강영양조사 결과에 관한 <보고서>이다. <보고서>에 제시된 내용과 부합하지 않는 것은?

민경채 12년 인책형 2번

─〈보고서〉─
○ 2010년 19세 이상 성인의 비만율은 남성 36.3%, 여성 24.8%였고, 30세 이상 성인 중 남성의 경우 30대의 비만율이 가장 높았으며, 여성의 경우 60대의 비만율이 가장 높았다.
○ 2007~2010년 동안 19세 이상 성인 남성의 현재흡연율과 월평균음주율은 각각 매년 증가하였다. 같은 기간 동안 19세 이상 성인 남성과 여성의 간접흡연노출률도 각각 매년 증가하였다.

① 19세 이상 성인의 현재흡연율

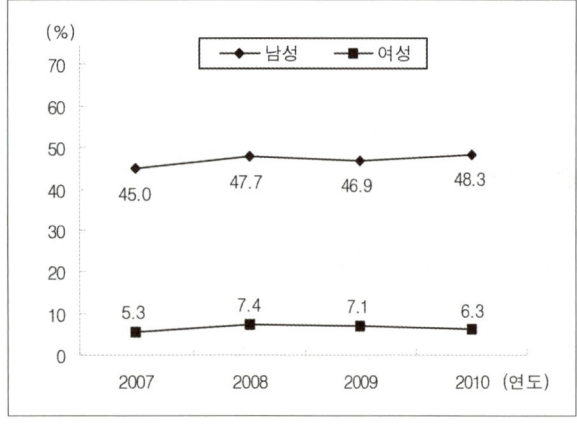

② 30세 이상 성인의 연령대별 비만율(2010년)

(단위:%)

30대		40대		50대		60대		70대 이상	
남성	여성	남성	여성	남성	여성	남성	여성	남성	여성
42.3	19.0	41.2	26.7	36.8	33.8	37.8	43.3	24.5	34.4

③ 19세 이상 성인의 월평균음주율

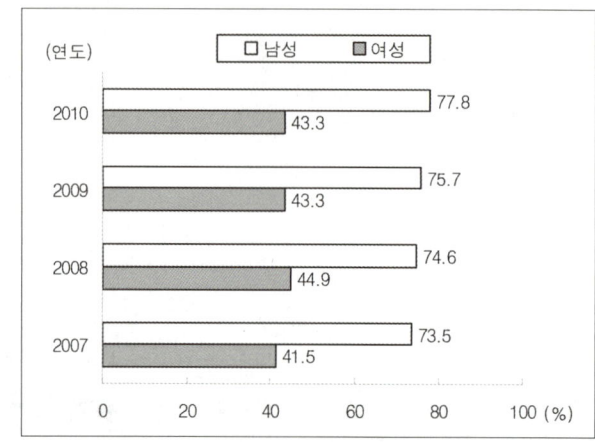

④ 19세 이상 성인의 비만율

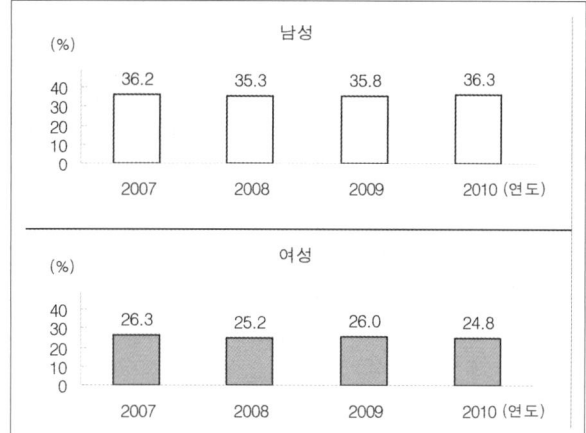

⑤ 19세 이상 성인의 간접흡연노출률

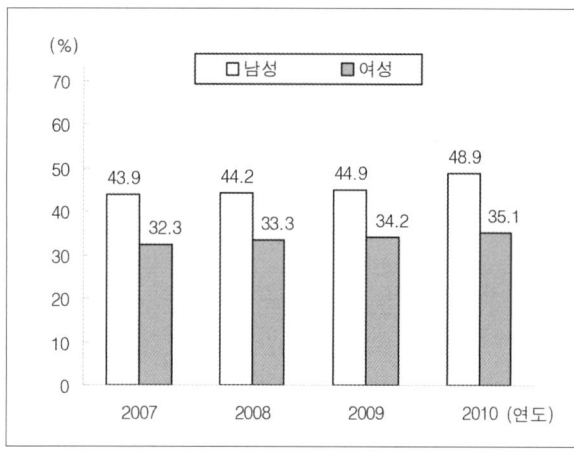

해설

① (×) 〈보고서〉 두 번째 동그라미에 따를 때, 2007~2010년 동안 19세 이상 성인 남성의 현재흡연율과 월평균음주율은 각각 매년 증가하였다고 진술하고 있다. 그런데 선지 ① 남성의 현재흡연율을 의미하는 마름모꼴의 추세를 보면 2008년 대비 2009년 값이 감소하였다.

합격으로 가는 Tip

매년 증가 또는 매년 감소처럼 '매년 ○○'이라는 진술은 하나라도 예외가 있으면 안되기 때문에 틀릴 가능성이 높은 선지이다. 이 때 반례는 앞쪽 보다는 뒤쪽에서 발견될 가능성이 높다. 마찬가지로 보고서 형식의 줄글에서는 수험생들이 대체로 위에서부터 순서대로 글을 읽어가기 때문에, 정답이 글의 후반부에서 나오는 경우가 많다. 그런데 이러한 출제경향은 매우 오래되어 왔기 때문에 이런 출제경향을 역으로 이용하여 출제하는 경우가 생길수도 있다. 기출분석을 통해 나만 아는게 많을수록 유리하다.

[정답] ①

208 다음은 1995년과 2007년 도시근로자가구당 월평균 소비지출액 및 교통비지출액 현황에 대한 <보고서>이다. <보고서>의 내용과 부합하지 않는 자료는?

민경채 13년 인책형 21번

─────<보고서>─────
○ 도시근로자가구당 월평균 소비지출액은 1995년 1,231천원에서 2007년 2,349천원으로 증가하였다.
○ 도시근로자가구당 월평균 교통비지출액은 1995년 120.3천원에서 2007년 282.4천원으로 증가하였다.
○ 도시근로자가구당 월평균 교통비지출액 비중이 큰 세부항목부터 순서대로 나열하면, 1995년에는 자동차구입(29.9%), 연료비(21.9%), 버스(18.3%), 보험료(7.9%), 택시(7.1%)의 순이었으나, 2007년에는 연료비(39.0%), 자동차구입(23.3%), 버스(12.0%), 보험료(6.2%), 정비 및 수리비(3.7%)의 순으로 변동되었다.
○ 사무직 도시근로자가구당 월평균 교통비지출액은 1995년 151.8천원에서 2007년 341.4천원으로 증가하였으며, 생산직 도시근로자가구당 월평균 교통비지출액은 1995년 96.3천원에서 2007년 233.1천원으로 증가하였다.
○ 1995년과 2007년 도시근로자가구당 월평균 교통비지출액 비중의 차이는 소득 10분위가 소득 1분위보다 작았다.

① 소득분위별 도시근로자가구당 월평균 교통비지출액 현황

(단위: 천원, %)

소득분위	소비지출액 (A)		교통비지출액 (B)		교통비지출액 비중 ($\frac{B}{A} \times 100$)	
	1995년	2007년	1995년	2007년	1995년	2007년
1분위	655.5	1,124.8	46.1	97.6	7.0	8.7
2분위	827.3	1,450.6	64.8	149.2	7.8	10.3
3분위	931.1	1,703.2	81.4	195.8	8.7	11.5
4분위	1,028.0	1,878.7	91.8	210.0	8.9	11.2
5분위	1,107.7	2,203.2	108.4	285.0	9.8	12.9
6분위	1,191.8	2,357.9	114.3	279.3	9.6	11.8
7분위	1,275.0	2,567.6	121.6	289.1	9.5	11.3
8분위	1,441.4	2,768.8	166.1	328.8	11.5	11.9
9분위	1,640.0	3,167.2	181.4	366.4	11.1	11.6
10분위	2,207.0	4,263.7	226.7	622.5	10.3	14.6

② 도시근로자가구당 월평균 교통비지출액 현황

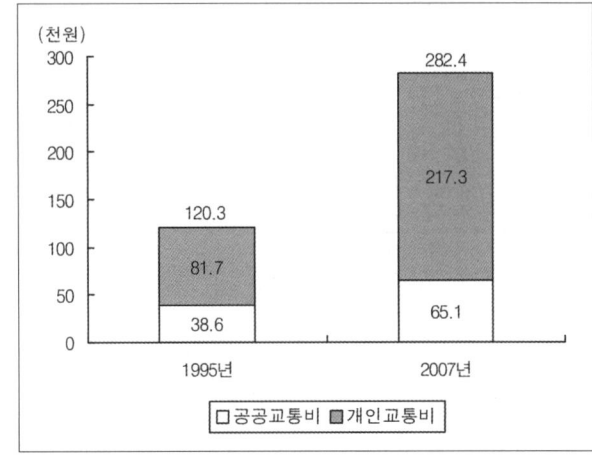

③ 세부항목별 도시근로자가구당 월평균 교통비지출액 현황

(단위: 원, %)

세부항목	1995년		2007년	
	지출액	비중	지출액	비중
버스	22,031	18.3	33,945	12.0
지하철 및 전철	3,101	2.6	9,859	3.5
택시	8,562	7.1	9,419	3.3
기차	2,195	1.8	2,989	1.1
자동차임차료	212	0.2	346	0.1
화물운송료	1,013	0.8	3,951	1.4
항공	1,410	1.2	4,212	1.5
기타공공교통	97	0.1	419	0.1
자동차구입	35,923	29.9	65,895	23.3
오토바이구입	581	0.5	569	0.2
자전거구입	431	0.4	697	0.3
부품 및 관련용품구입	1,033	0.9	4,417	1.6
연료비	26,338	21.9	110,150	39.0
정비 및 수리비	5,745	4.8	10,478	3.7
보험료	9,560	7.9	17,357	6.2
주차료	863	0.7	1,764	0.6
통행료	868	0.7	4,025	1.4
기타개인교통	310	0.2	1,902	0.7

④ 직업형태별 도시근로자가구당 월평균 교통비지출액 현황

(단위: 천원)

직업형태	교통비	1995년	2000년	2005년	2006년	2007년
사무직	공공	39.8	54.1	62.5	64.4	67.0
	개인	112.0	190.5	240.9	254.1	274.4
	소계	151.8	244.6	303.4	318.5	341.4
생산직	공공	37.7	52.3	61.5	61.7	63.6
	개인	58.6	98.6	124.1	147.2	169.5
	소계	96.3	150.9	185.6	208.9	233.1

⑤ 연도별 도시근로자가구당 월평균 소비지출액 현황

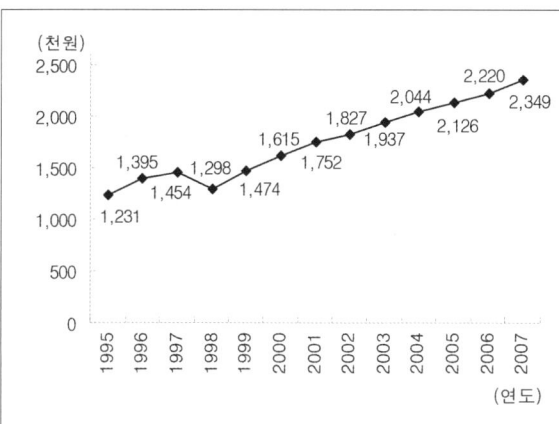

해설

① (×) 〈보고서〉 중 마지막 동그라미를 보면 1995년과 2007년 도시근로자가구당 월평균 교통비지출액 비중의 차이는 소득 10분위가 소득 1분위보다 작았다고 한다.

소득분위	소비지출액 (A)		교통비지출액 (B)		교통비지출액 비중($\frac{B}{A} \times 100$)	
	1995년	2007년	1995년	2007년	1995년	2007년
1분위	655.5	1,124.8	46.1	97.6	7.0	8.7
⋮	⋮	⋮	⋮	⋮	⋮	⋮
10분위	2,207.0	4,263.7	226.7	622.5	10.3	14.6

1분위의 월평균 교통비지출액 비중의 차이는 8.7-7.0=1.7%p이고, 10분위는 14.6-10.3=4.3%p이다. 1995년과 2007년 도시근로자가구당 월평균 교통비지출액 비중의 차이는 소득 10분위(4.3%p)가 소득 1분위(1.7%p)보다 크다.

[정답] ①

209 다음 <보고서>는 2019년 '갑'시의 5대 축제(A~E)에 관한 조사 결과이다. 이에 부합하지 않는 자료는?

〈보고서〉

'갑'시의 5대 축제를 분석·평가한 결과, 우수축제로 선정된 A 축제는 관람객 수, 인지도, 콘텐츠 영역에서 B 축제보다 높은 점수를 받았으나 경제적 효과 영역에서는 B 축제보다 낮은 점수를 받았다. 한편, 5대 축제의 관람객 만족도를 보면, 먹거리 만족도가 매년 떨어지고 있고 2019년에는 살거리 만족도도 2018년보다 낮아져 대책 마련이 시급하다는 평가도 있다.

설문조사에 따르면 축제 관련 정보 획득 매체는 연령대별로 차이를 보였다. 20대 이하와 30~40대는 각각 인터넷을 통해 정보를 획득한 관람객 수가 가장 많았다. 반면, 50대 이상은 현수막을 통해 정보를 획득한 관람객 수가 가장 많아 관람객의 연령대별 맞춤형 홍보 전략이 필요하다는 것을 보여준다.

축제로 인한 경제적 효과도 중요한 분석 대상이다. D 축제의 경우 취업자 수와 고용인 수 모두 가장 적지만, 고용인 1인당 취업자 수는 가장 많았다. 관람객 1인당 총지출액에서 숙박비의 비중이 가장 높은 축제는 C 축제이고 먹거리 비용의 비중이 가장 높은 축제는 E 축제이다.

① 5대 축제별 취업자 수와 고용인 수

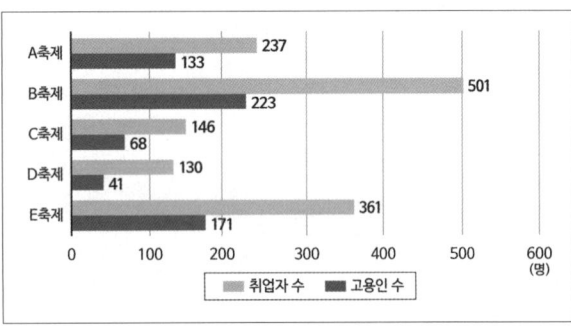

② 5대 축제의 관람객 만족도

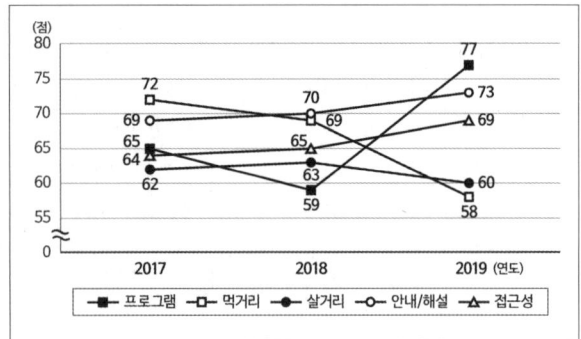

③ 5대 축제별 관람객 1인당 지출액

(단위: 원)

구분	A	B	C	D	E
숙박비	22,514	9,100	27,462	3,240	4,953
먹거리 비용	18,241	19,697	15,303	8,882	20,716
왕복교통비	846	1,651	9,807	1,448	810
상품구입비	17,659	4,094	6,340	3,340	411
기타	9	48	102	255	1,117
총지출액	59,269	34,590	59,014	17,165	28,007

④ A, B 축제의 영역별 평가점수

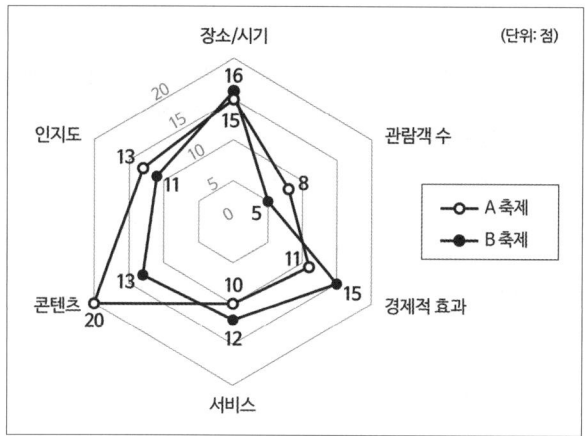

⑤ 관람객의 연령대별 5대 축제 관련 정보 획득 매체

(단위: %)

매체 연령대	TV	인터넷	신문	현수막	기타
20대 이하	22.0	58.6	10.8	17.5	11.5
30~40대	25.4	35.0	16.5	18.0	9.0
50대 이상	35.0	20.2	21.0	29.5	8.0
전체	26.0	41.5	15.1	20.1	9.8

※ 중복응답 가능함.

해설

〈보고서〉의 첫 번째 문단부터 각각 문단 ⅰ)~ⅲ)이라고 한다.

① (○) 문단 ⅲ) 두 번째 문장에 따르면 D 축제의 경우 취업자 수와 고용인 수 모두 가장 적지만, 고용인 1인당 취업자 수는 가장 많았다고 한다. 선지의 '5대 축제별 취업자 수와 고용인 수' 그래프에 따르면 D 축제가 취업자 수와 고용인 수 모두 가장 적다. 그리고 D 축제의 고용인 수는 41명, 취업자 수는 130명이므로 고용인 1인당 취업자 수는 3 이상이다. 나머지 모든 축제는 고용인 1인당 취업자 수는 3 미만이므로 해당 그래프는 〈보고서〉의 내용과 부합한다.

② (○) 문단 ⅰ) 두 번째 문장에 따르면 5대 축제의 관람객 만족도 중 먹거리 만족도는 매년 떨어지고 있고 2019년에는 살거리 만족도도 2018년보다 낮아졌다고 한다. 선지의 '5대 축제의 관람객 만족도' 그래프에 따르면 먹거리 만족도는 2017년 72점에서 2018년 69점, 2019년 58점으로 매년 떨어졌고, 2019년 살거리 만족도는 60점으로 2018면 63점보다 낮아졌다. 해당 그래프는 〈보고서〉의 내용과 부합한다.

③ (○) 문단 ⅲ) 세 번째 문장에 따르면 관람객 1인당 총지출액에서 숙박비의 비중이 가장 높은 축제는 C 축제이고 먹거리 비용의 비중이 가장 높은 축제는 E 축제라고 한다. 선지의 '5대 축제별 관람객 1인당 지출액' 표에 따르면 C 축제의 관람객 1인당 숙박비 지출액은 27,462원이고 총지출액은 59,014원이다. 관람객 1인당 총지출액에서 숙박비의 비중은 40% 이상이다. 나머지 모든 축제는 40% 미만이다. E 축제의 관람객 1인당 먹거리 비용은 20,716원이고 총지출액은 28,007원이다. 관람객 1인당 총지출액에서 먹거리 비용의 비중은 70% 이상이다. 나머지 모든 축제는 70% 미만이다.

구분 \ 축제	A	B	C	D	E
숙박비	22,514	9,100	27,462	3,240	4,953
먹거리 비용	18,241	19,697	15,303	8,882	20,716
⋮			40%=23.6xx		70%=19.6xx
총지출액	59,269	34,590	59,014	17,165	28,007

해당 표는 〈보고서〉의 내용과 부합한다.

④ (○) 문단 ⅰ) 첫 번째 문장에 따르면 A 축제는 관람객 수, 인지도, 콘텐츠 영역에서 B 축제보다 높은 점수를 받았으나 경제적 효과 영역에서는 B 축제보다 낮은 점수를 받았다고 한다. 선지의 'A, B 축제의 영역별 평가점수' 그래프에 따르면 A 축제는 관람객 수, 인지도, 콘텐츠 영역에서 각각 8점, 13점, 20점으로 B 축제의 5점, 11점, 13점보다 점수가 높고, 경제적 효과 영역에서는 11점으로 B 축제의 15점보다 점수가 낮다. 해당 그래프는 〈보고서〉의 내용과 부합한다.

⑤ (×) 문단 ⅱ) 두 번째, 세 번째 문장에 따르면 20대 이하와 30~40대는 각각 인터넷을 통해 정보를 획득한 관람객 수가 가장 많았고, 50대 이상은 현수막을 통해 정보를 획득한 관람객 수가 가장 많았다고 한다. 선지의 '관람객의 연령대별 5대 축제 관련 정보 획득 매체' 표에 따르면 20대 이하와 30~40대는 각각 인터넷을 통해 정보를 획득한 관람객 비율이 가장 높다. 그러나 50대 이상은 현수막이 아니라 TV를 통해 정보를 획득한 관람객 비율이 가장 높다.

매체 연령대	TV	인터넷	신문	현수막	기타
20대 이하	22.0	58.6	10.8	17.5	11.5
30~40대	25.4	35.0	16.5	18.0	9.0
50대 이상	35.0	20.2	21.0	29.5	8.0
전체	26.0	41.5	15.1	20.1	9.8

해당 표는 〈보고서〉의 내용과 부합하지 않는다.

[정답] ⑤

210 다음 <보고서>는 2018~2021년 '갑'국의 생활밀접업종 현황에 대한 자료이다. <보고서>의 내용과 부합하지 않는 자료는?

─ <보고서> ─

생활밀접업종은 소매, 음식, 숙박, 서비스 등과 같이 일상생활과 밀접하게 관련된 재화 또는 용역을 공급하는 업종이다. 생활밀접업종 사업자 수는 2021년 현재 2,215천 명으로 2018년 대비 10% 이상 증가하였다. 2018년 대비 2021년 생활밀접업종 중 73개 업종에서 사업자 수가 증가하였는데, 이 중 스포츠시설운영업이 가장 높은 증가율을 기록하였고 펜션·게스트하우스, 애완용품점이 그 뒤를 이었다.

그러나 혼인건수와 출생아 수가 줄어드는 사회적 현상은 관련 업종에도 직접 영향을 미친 것으로 나타났다. 산부인과 병·의원 사업자 수는 2018년 이후 매년 감소하였다. 또한, 2018년 이후 예식장과 결혼상담소의 사업자 수도 각각 매년 감소하는 것으로 나타났다.

한편 복잡한 현대사회에서 전문직에 대한 수요는 꾸준히 증가하고 있다. 생활밀접업종을 소매, 음식, 숙박, 병·의원, 전문직, 교육, 서비스의 7개 그룹으로 분류했을 때 전문직 그룹의 2018년 대비 2021년 사업자 수 증가율이 17.6%로 가장 높았다.

① 생활밀접업종 사업자 수

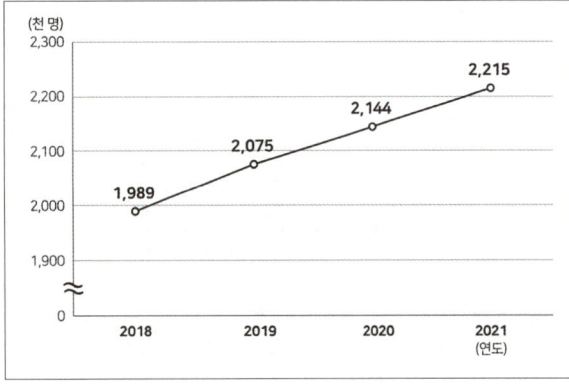

② 2018년 대비 2021년 생활밀접업종 사업자 수 증가율 상위 10개 업종

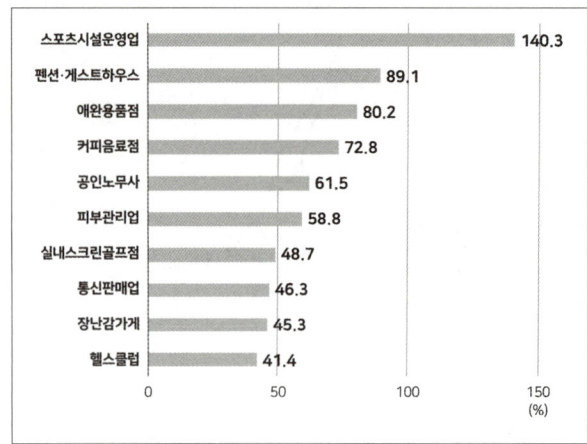

③ 주요 진료과목별 병·의원 사업자 수

(단위: 명)

연도 진료과목	2018	2019	2020	2021
신경정신과	1,270	1,317	1,392	1,488
가정의학과	2,699	2,812	2,952	3,057
피부과·비뇨의학과	3,267	3,393	3,521	3,639
이비인후과	2,259	2,305	2,380	2,461
안과	1,485	1,519	1,573	1,603
치과	16,424	16,879	17,217	17,621
일반외과	4,282	4,369	4,474	4,566
성형외과	1,332	1,349	1,372	1,414
내과·소아과	10,677	10,861	10,975	11,130
산부인과	1,726	1,713	1,686	1,663

④ 예식장 및 결혼상담소 사업자 수

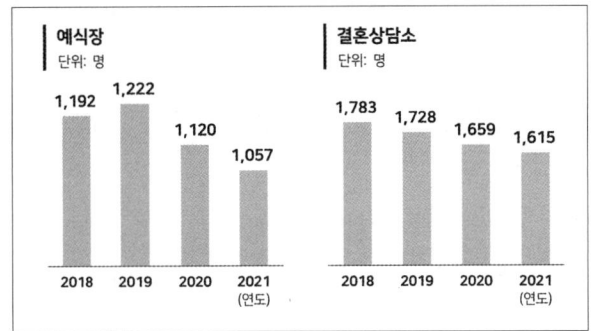

⑤ 2018년 대비 2021년 생활밀접업종의 7개 그룹별 사업자 수 증가율

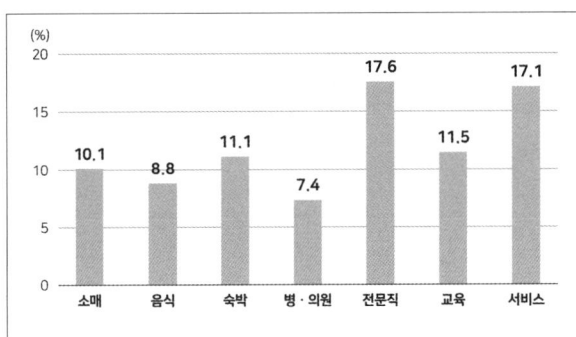

해설

<보고서>의 첫 번째 문단부터 각각 문단 ⅰ)~ⅲ)이라고 한다.

① (○) 문단 ⅰ) 두 번째 문장에 따르면 생활밀접업종 사업자 수는 2021년 현재 2,215천 명으로 2018년 대비 10% 이상 증가하였다고 한다. 선지의 '생활밀접업종 사업자 수' 그래프에 따르면 2018년 생활밀접업종 사업자 수는 1,989(천 명)이고 10%는 200 미만이다. 2021년 생활밀접업종 사업자 수는 2,215(천 명)으로 2018년 대비 200 이상 증가하였으므로, 2018년 대비 10% 이상 증가하였음을 알 수 있다.

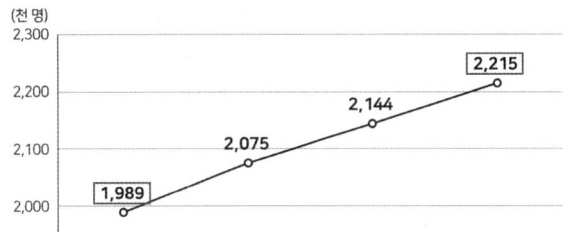

② (○) 문단 ⅰ) 세 번째 문장에 따르면 2018년 대비 2021년 생활밀접업종 사업자 수의 증가율은 스포츠시설운영업이 가장 높고 펜션·게스트하우스, 애완용품점이 그 뒤를 이었다고 한다. 선지의 '2018년 대비 2021년 생활밀접업종 사업자 수 증가율 상위 10개 업종' 그래프에 따르면 증가율이 가장 높은 업종은 스포츠시설운영업이고 두 번째는 펜션·게스트하우스, 세 번째는 애완용품점이다.

③ (○) 문단 ⅱ) 두 번째 문장에 따르면 산부인과 병·의원 사업자 수는 2018년 이후 매년 감소하였다고 한다. 선지의 '주요 진료과목별 병·의원 사업자 수' 표에 따르면 산부인과 병·의원 사업자 수는 2018년부터 각각 1,726, 1,713, 1,686, 1,663명으로 매년 감소하였다.

④ (×) 문단 ⅱ) 세 번째 문장에 따르면 2018년 이후 예식장과 결혼상담소의 사업자 수가 각각 매년 감소하였다고 한다. 선지의 '예식장 및 결혼상담소 사업자 수' 그래프에 따르면 2019년 예식장 수는 1,222로 2018년 1,192 대비 증가하였다.

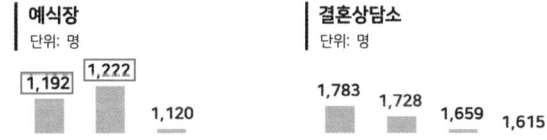

해당 자료는 <보고서>의 내용과 부합하지 않는다.

⑤ (○) 문단 ⅲ) 두 번째 문장에 따르면 생활밀접업종을 소매, 음식, 숙박, 병·의원, 전문직, 교육, 서비스의 7개 그룹으로 분류했을 때 전문직 그룹의 2018년 대비 2021년 사업자 수 증가율이 17.6%로 가장 높았다고 한다. 선지의 '2018년 대비 2021년 생활밀접업종의 7개 그룹별 사업자 수 증가율' 그래프에 따르면 7개 그룹 중 전문직 그룹의 2018년 대비 2021년 사업자 수 증가율이 17.6%로 가장 높다.

[정답] ④

211 다음 <보고서>는 2021년 '갑'국 사교육비 조사결과에 대한 자료이다. <보고서>의 내용과 부합하지 않는 자료는?

7급 공채 22년 가책형 14번

─────〈보고서〉─────

2021년 전체 학생 수는 532만 명으로 전년보다 감소하였지만, 사교육비 총액은 23조 4천억 원으로 전년 대비 20% 이상 증가하였다. 또한, 사교육의 참여율과 주당 참여시간도 전년 대비 증가한 것으로 나타났다.

2021년 전체 학생의 1인당 월평균 사교육비는 전년 대비 20% 이상 증가하였고, 사교육 참여학생의 1인당 월평균 사교육비 또한 전년 대비 6% 이상 증가하였다. 2021년 전체 학생 중 월평균 사교육비를 20만 원 미만 지출한 학생의 비중은 전년 대비 감소하였으나, 60만 원 이상 지출한 학생의 비중은 전년 대비 증가한 것으로 나타났다.

한편, 2021년 방과후학교 지출 총액은 4,434억 원으로 2019년 대비 50% 이상 감소하였으며, 방과후학교 참여율 또한 28.9%로 2019년 대비 15.0%p 이상 감소하였다.

① 전체 학생 수와 사교육비 총액

(단위: 만 명, 조 원)

구분 \ 연도	2020	2021
전체 학생 수	535	532
사교육비 총액	19.4	23.4

② 사교육의 참여율과 주당 참여시간

(단위: %, 시간)

구분 \ 연도	2020	2021
참여율	67.1	75.5
주당 참여시간	5.3	6.7

③ 학생 1인당 월평균 사교육비

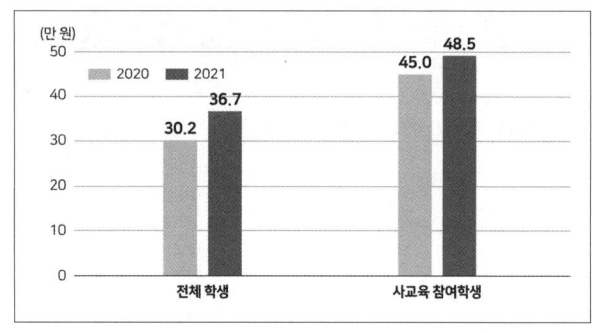

④ 전체 학생의 월평균 사교육비 지출 수준에 따른 분포

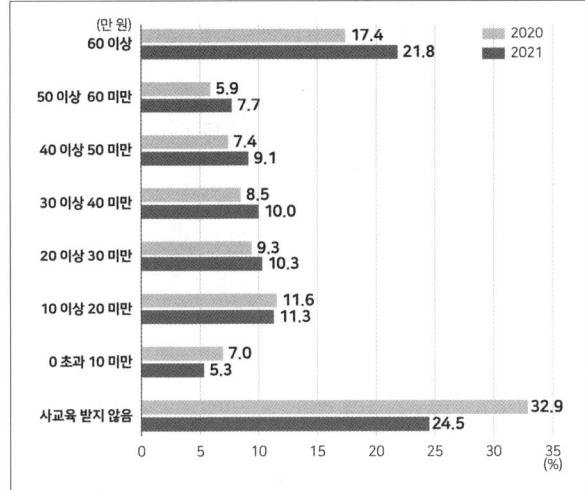

⑤ 방과후학교의 지출 총액과 참여율

(단위: 억 원, %)

구분 \ 연도	2019	2021
지출 총액	8,250	4,434
참여율	48.4	28.9

해설

〈보고서〉의 첫 번째 문단부터 각각 문단 ⅰ)~ⅲ)이라고 한다.

① (○) 문단 ⅰ) 첫 번째 문장에 따르면 2021년 전체 학생 수는 532만 명으로 전년보다 감소하였지만, 사교육비 총액은 23조 4천억 원으로 전년 대비 20% 이상 증가하였다고 한다. 선지의 '전체 학생 수와 사교육비 총액' 표에 따르면 2021년 전체 학생 수는 532만 명이고, 사교육비 총액은 23.4조 원이다. 그리고 2020년의 사교육비 총액은 19.4조 원으로 20%는 3.88이므로, 2021년 사교육비 총액 23.4조 원은 2020년 대비 20% 이상 증가하였음을 알 수 있다.

② (○) 문단 ⅰ) 두 번째 문장에 따르면 2021년 사교육의 참여율과 주당 참여시간은 전년 대비 증가하였다고 한다. 선지의 '사교육의 참여율과 주당 참여시간' 표에 따르면 2021년 사교육 참여율과 주당 참여시간 모두 2020년 대비 증가하였음을 확인할 수 있다.

③ (○) 문단 ⅱ) 첫 번째 문장에 따르면 2021년 전체 학생의 1인당 월평균 사교육비는 전년 대비 20% 이상 증가하였고, 사교육 참여학생의 1인당 월평균 사교육비 또한 전년 대비 6% 이상 증가하였다고 한다. 선지의 '학생 1인당 월평균 사교육비' 그래프에 따르면 2021년 전체 학생의 1인당 월평균 사교육비는 36.7만 원, 2020년은 30.2만 원이다. 30.2만 원의 20%는 약 6.00이므로, 2021년에는 2020년 대비 20% 이상 증가하였다. 그리고 2021년 사교육 참여학생 1인당 월평균 사교육비는 48.5만 원이고, 2020년은 45.0만 원이다. 45.0만 원의 6%는 2.70이므로, 2021년에는 2020년 대비 6% 이상 증가하였음을 알 수 있다.

④ (○) 문단 ⅱ) 두 번째 문장에 따르면 2021년 전체 학생 중 월평균 사교육비를 20만 원 미만 지출한 학생의 비중은 전년 대비 감소하였으나, 60만 원 이상 지출한 학생의 비중은 전년 대비 증가한 것으로 나타났다고 한다. 선지의 '전체 학생의 월평균 사교육비 지출 수준에 따른 분포' 그래프에 따르면 2021년의 월평균 사교육비를 20만 원 미만 지출한 구간인 '사교육 받지 않음', '0 초과 10 미만', '10 이상 20 미만'의 비율은 모두 2020년 대비 감소하였고, 60만 원 이상 지출한 학생의 비율은 증가하였다.

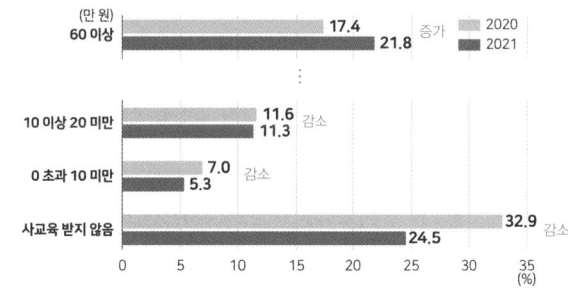

⑤ (×) 문단 ⅲ)에 따르면 2021년 방과후학교 지출 총액은 4,434억 원으로 2019년 대비 50% 이상 감소하였으며, 방과후학교 참여율 또한 28.9%로 2019년 대비 15.0%p 이상 감소하였다고 한다. 선지의 '방과후학교의 지출 총액과 참여율' 표에 따르면 2021년 방과후학교 지출 총액은 4,434억 원이고, 2019년은 8,250억 원이다. 8,250은 4,434의 2배 미만이므로 2021년은 2019년 대비 50% 미만 감소하였다. 해당 자료는 〈보고서〉의 내용과 부합하지 않는다. 방과후학교 참여율은 2019년 48.4%에서 2021년 28.9%로 15.0%p 이상 감소하였다.

[정답] ⑤

212 다음은 국내 광고산업에 관한 문화체육관광부의 보도자료이다. 이에 부합하지 않는 자료는?

7급 공채 21년 나책형 15번

문화체육관	보도자료	사람이 있는 문화
보도일시	배포 즉시 보도해 주시기 바랍니다.	
배포일시	2020. 2. XX.	담당부서	□□□□국
담당과장	○○○ (044-203-○○○)	담당자	사무관 △△△ (044-203-○○○○)

2018년 국내 광고산업 성장세 지속

○ 문화체육관광부는 국내 광고사업체의 현황과 동향을 조사한 '2019년 광고산업조사(2018년 기준)' 결과를 발표했다.

○ 이번 조사 결과에 따르면 2018년 기준 광고산업 규모는 17조 2,119억 원(광고사업체 취급액* 기준)으로, 전년 대비 4.5% 이상 증가했고, 광고사업체당 취급액 역시 증가했다.

  * 광고사업체 취급액은 광고주가 매체(방송국, 신문사 등)와 매체 외 서비스에 지불하는 비용 전체(수수료 포함)임.

  – 업종별로 살펴보면 광고대행업이 6조 6,239억 원으로 전체 취급액의 38% 이상을 차지했으나, 취급액의 전년 대비 증가율은 온라인광고대행업이 16% 이상으로 가장 높다.

○ 2018년 기준 광고사업체의 매체 광고비* 규모는 11조 362억 원(64.1%), 매체 외 서비스 취급액은 6조 1,757억 원(35.9%)으로 조사됐다.

  * 매체 광고비는 방송매체, 인터넷매체, 옥외광고매체, 인쇄매체 취급액의 합임.

  – 매체 광고비 중 방송매체 취급액은 4조 266억 원으로 가장 큰 비중을 차지하고 있으며, 그 다음으로 인터넷매체, 옥외광고매체, 인쇄매체 순으로 나타났다.

  – 인터넷매체 취급액은 3조 8,804억 원으로 전년 대비 6% 이상 증가했다. 특히, 모바일 취급액은 전년 대비 20% 이상 증가하여 인터넷 광고시장의 성장세를 이끌었다.

  – 한편, 간접광고(PPL) 취급액은 전년 대비 14% 이상 증가하여 1,270억 원으로 나타났으며, 그 중 지상파TV와 케이블TV 간 비중의 격차는 5%p 이하로 조사됐다.

① 광고사업체 취급액 현황(2018년 기준)

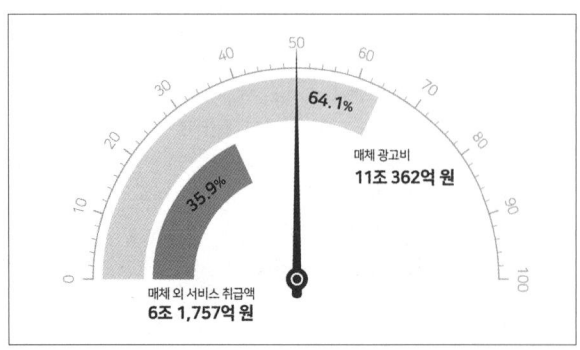

② 인터넷매체(PC, 모바일) 취급액 현황

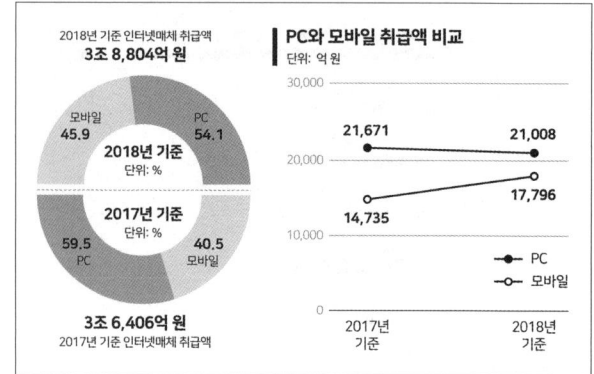

③ 간접광고(PPL) 취급액 현황

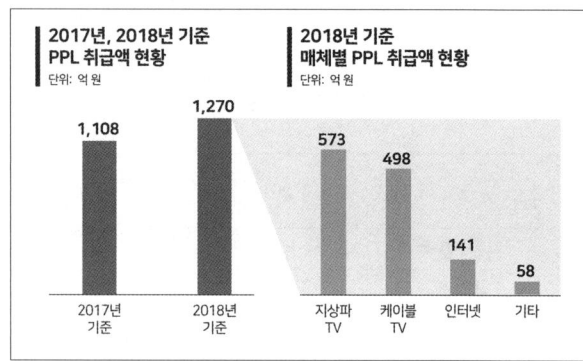

④ 업종별 광고사업체 취급액 현황

(단위: 개소, 억 원)

구분 업종	2018년 조사 (2017년 기준)		2019년 조사 (2018년 기준)	
	사업체 수	취급액	사업체 수	취급액
전체	7,234	164,133	7,256	172,119
광고대행업	1,910	64,050	1,887	66,239
광고제작업	1,374	20,102	1,388	20,434
광고전문서비스업	1,558	31,535	1,553	33,267
인쇄업	921	7,374	921	8,057
온라인광고대행업	780	27,335	900	31,953
옥외광고업	691	13,737	607	12,169

⑤ 매체별 광고사업체 취급액 현황(2018년 기준)

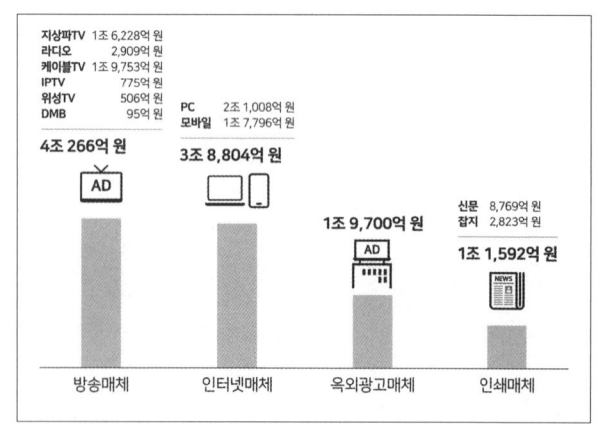

해설

보도자료의 첫 번째 동그라미부터 각각 ⅰ)~ⅲ)이라고 한다.

① (○) ⅲ)에 따르면 2018년 기준 광고사업체의 매체 광고비 규모는 11조 362억 원(64.1%), 매체 외 서비스 취급액은 6조 1,757억 원(35.9%)이라고 한다. 선지의 '광고사업체 취급액 현황(2018년 기준)' 그래프의 값은 보도자료의 내용과 부합함을 확인할 수 있다.

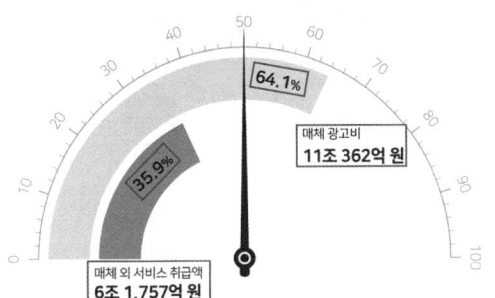

② (○) ⅲ)의 두 번째 -(하이픈)에 따르면 인터넷매체 취급액은 3조 8,804억 원으로 전년 대비 6% 이상 증가했고, 모바일 취급액은 전년 대비 20% 이상 증가했다고 한다. 선지의 '인터넷매체(PC, 모바일) 취급액 현황' 그래프에 따르면 2017년 인터넷매체 취급액은 3조 6,406억 원이고, 2018년은 3조 8,804억 원이다. 3조 6,406억 원의 6%는 약 2,18x억 원이므로 2018년의 인터넷매체 취급액은 2017년 대비 6% 이상 증가했다. 그리고 2017년 모바일 취급액은 14,735(억 원), 2018년은 17,796(억 원)이다. 14,735의 20%는 3,000 미만이므로, 모바일 취급액은 전년 대비 20% 이상 증가했다.

③ (×) ⅲ)의 세 번째 -(하이픈)에 따르면 2018년 간접광고(PPL) 취급액은 전년 대비 14% 이상 증가하여 1,270억 원이고, 그 중 지상파TV와 케이블TV 간 비중의 격차는 5%p 이하라고 한다. 선지의 '간접광고(PPL) 취급액 현황' 그래프에 따르면 2017년 기준 PPL 취급액 현황은 1,108(억 원), 2018년은 1,270(억 원)이다. 1,108의 14%는 약 155이므로 2018년은 2017년 대비 14% 이상 증가하였다.

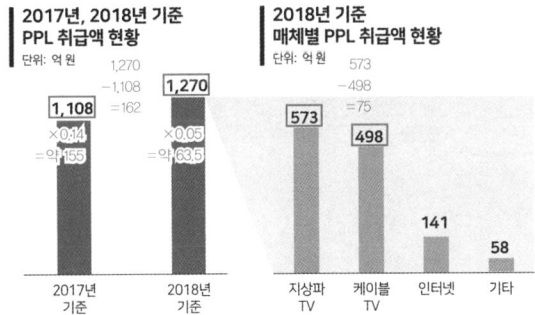

그러나 지상파TV PPL 취급액은 573(억 원), 케이블 TV는 498억 원으로 그 차이는 75인데, 2018년 PPL 취급액 1,270의 5%는 63.5이므로 지상파TV와 케이블TV 간 비중의 격차는 5%p를 초과한다는 것을 알 수 있다.

④ (○) ⅱ)에 따르면 2018년 기준 광고산업 규모는 17조 2,119억 원으로, 전년 대비 4.5% 이상 증가했고, 광고사업체당 취급액 역시 증가했다고 한다. 그리고 업종별로 광고대행업이 6조 6,239억 원으로 전체 취급액의 38% 이상을 차지했으나, 취급액의 전년 대비 증가율은 온라인광고대행업이 16% 이상으로 가장 높다고 한다. 선지의 '업종별 광고사업체 취급액 현황' 표에 따르면 2018년 기준 광고사업체 취급액은 172,119(억 원)으로 17조 2,119억 원이고, 2017년은 164,133(억 원)이다. 2018년은 2017년 대비 약 4.9% 증가했다. 그리고 2018년 기준 광고대행업 취급액은 66,239(억 원)로 전체 취급액 172,119(억 원) 대비 약 38.5%이다. 2018년 취급액의 2017년 대비 증가율은 온라인광고대행업이 27,335에서 31,953으로 증가하여 약 16.9% 증가하였으며, 나머지 업종의 증가율은 모두 10% 미만이므로 취급액의 전년 대비 증가율은 온라인광고대행업이 가장 높다는 것을 알 수 있다.

⑤ (○) ⅲ)에 따르면 2018년 기준 광고사업체의 매체 광고비 규모는 11조 362억 원이라고 한다. 그리고 첫 번째 -(하이픈)에 따르면 매체 광고비 중 방송매체 취급액은 4조 266억 원으로 가장 큰 비중을 차지하고 있으며, 그 다음으로 인터넷매체, 옥외광고매체, 인쇄매체 순이라고 한다. 또한 두 번째 -(하이픈)에 따르면 인터넷매체 취급액은 3조 8,804억 원이다. 선지의 '매체별 광고사업체 취급액 현황(2018년 기준)' 그래프에 따르면 2018년 기준 광고사업체의 매체 광고비 규모는 4조 266억 원+3조 8,804억 원+1조 9,700억 원+1조 1,592억 원=11조 362억 원이다. 그리고 방송매체 취급액은 4조 266억 원이고 인터넷매체, 옥외광고매체, 인쇄매체 순으로 취급액이 많다. 따라서 매체 광고비 대비 비중도 방송매체, 인터넷매체, 옥외광고매체, 인쇄매체 순임을 알 수 있다. 인터넷매체 취급액은 3조 8,804억 원인 것도 확인할 수 있다.

합격으로 가는 Tip

④는 다른 선지에 비해 검토해야 할 자료의 양이 매우 많다. 실전에서는 다른 선지를 우선 검토한다.

[정답] ③

213 다음 <표>는 '갑' 회사 구내식당의 월별 이용자 수 및 매출액에 관한 자료이고, <보고서>는 '갑' 회사 구내식당 가격인상에 관한 내부검토 자료이다. '2019년 1월의 이용자 수 예측'에 대한 그래프로 <표>와 <보고서>의 내용에 부합하는 것은?

7급 공채 20년 모의평가 7번

<표> 2018년 '갑' 회사 구내식당의 월별 이용자 수 및 매출액

(단위: 명, 천 원)

구분 월	특선식		일반식		총매출액
	이용자 수	매출액	이용자 수	매출액	
7	901	5,406	1,292	5,168	10,574
8	885	5,310	1,324	5,296	10,606
9	914	5,484	1,284	5,136	10,620
10	979	5,874	1,244	4,976	10,850
11	974	5,844	1,196	4,784	10,628
12	952	5,712	1,210	4,840	10,552

※ 총매출액은 특선식 매출액과 일반식 매출액의 합임.

<보고서>

2018년 12월 현재 회사 구내식당은 특선식(6,000원)과 일반식(4,000원)의 두 가지 메뉴를 판매하고 있다. 2018년 11월부터 구내식당 총매출액이 감소하고 있어 지난 2년 동안 동결되었던 특선식과 일반식 중 한 가지 메뉴의 가격을 2019년 1월부터 1,000원 인상할지를 검토하였다.

메뉴 가격에 변동이 없을 경우, 일반식 이용자와 특선식 이용자의 수가 모두 2018년 12월에 비해 감소하여 2019년 1월의 총매출액은 2018년 12월보다 감소할 것으로 예측된다.

특선식 가격만을 1,000원 인상하여 7,000원으로 할 경우, 특선식 이용자 수는 2018년 7월 이후 최저치 이하로 감소하지만, 가격 인상의 영향 등으로 총매출액은 2018년 10월 이상으로 증가할 것으로 예측된다.

일반식 가격만을 1,000원 인상하여 5,000원으로 할 경우, 일반식 이용자 수는 2018년 12월 대비 10% 이상 감소하며, 특선식 이용자 수는 2018년 10월보다 증가하지는 않으리라 예측된다.

①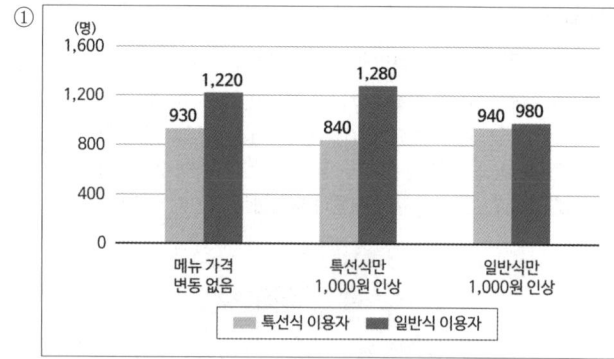

②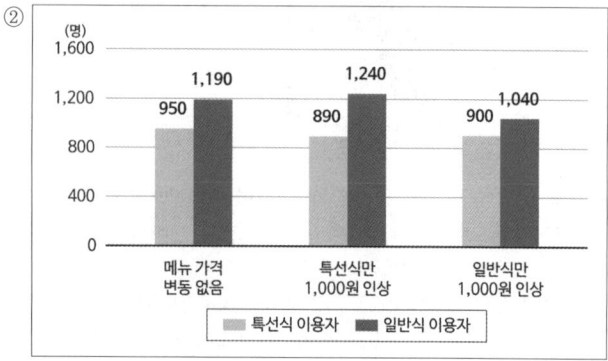

③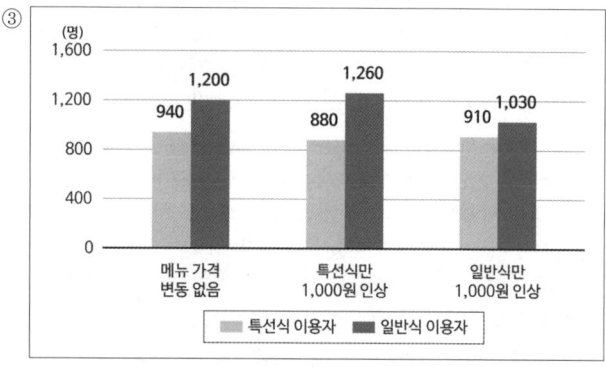

④
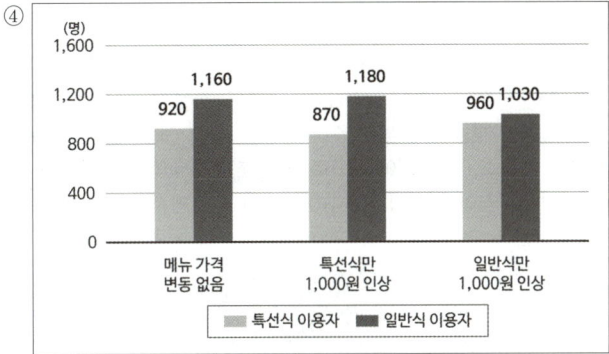

⑤
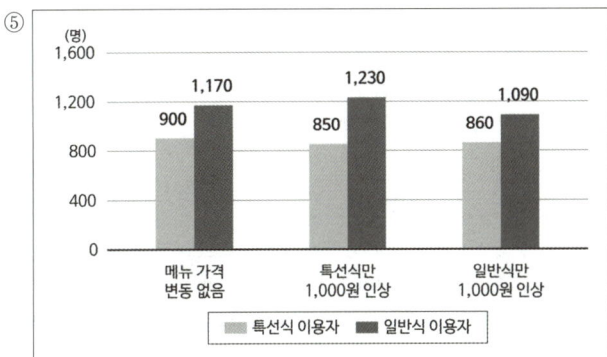

📝 해설

〈보고서〉의 첫 번째 문단부터 각각 문단 ⅰ)~ⅳ)라고 한다. 문단 ⅱ) 첫 번째 문장에 따르면 메뉴 가격에 변동이 없을 경우, 일반식 이용자와 특선식 이용자의 수가 모두 2018년 12월에 비해 감소할 것으로 예측된다고 한다. 가격 변동이 없을 경우이므로 이용자의 수가 감소하면 총 매출액도 감소한다. 〈표〉에 따르면 2018년 12월의 특선식 이용자 수는 952명, 일반식 이용자 수는 1,210명이다. 선지 ①의 그래프는 일반식 이용자 수가 1,220명으로 증가할 것으로 예측하였으므로, 선지 ①은 제거된다.

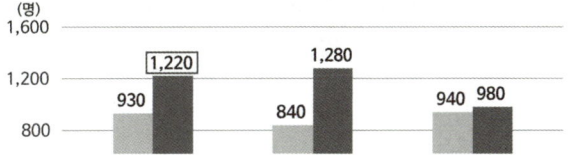

문단 ⅲ)에 따르면 특선식 가격만 1,000원 인상하여 7,000원으로 할 경우, 특선식 이용자 수는 2018년 7월 이후 최저치 이하로 감소할 것으로 예측된다고 한다. 〈표〉에 따르면 2018년 7월 이후 특선식 이용자 수의 최저치는 8월의 885명이다. 선지 ②의 그래프는 특선식만 1,000원 인상할 경우, 특선식 이용자 수가 890명일 것으로 예측하였으므로 선지 ②는 제거된다.

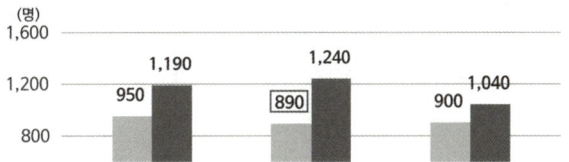

그리고 특선식 가격만 1,000원 인상할 경우 총매출액은 2018년 10월 이상으로 증가할 것으로 예측된다고 한다. 선지 ③ 그래프는 특선식 가격만 1,000원 인상할 경우 특선식 이용자와 일반식 이용자 모두 ④, ⑤의 그래프보다 많으므로 ③, ④, ⑤ 중에서는 총매출액이 가장 많다. 정답이 여러 개일 수는 없으므로, ③과 ④, ③과 ⑤와 같이 2개의 선지만 남은 경우에는 총매출액이 2018년 10월 이상인 선지는 ③이어야 한다. 문단 ⅲ)의 내용을 검토하여 1) 선지 ④ 또는 ⑤가 제거되면 정답은 ③이고, 2) 선지 ③이 제거되면 ④와 ⑤의 총매출액을 비교한다.

문단 ⅳ)에 따르면 일반식 가격만을 1,000원 인상하여 5,000원으로 할 경우, 일반식 이용자 수는 2018년 12월 대비 10% 이상 감소하며, 특선식 이용자 수는 2018년 10월보다 증가하지는 않으리라 예측된다고 한다. 〈표〉에 따르면 2018년 12월 일반식 이용자 수는 1,210명이므로, 10% 이상 감소하면 1,210 − 121 = 1,089명 이하이어야 한다. 선지 ⑤의 그래프는 일반식만 1,000원 인상할 경우 일반식 이용자 수가 1,090명으로 증가할 것으로 예측하였으므로 선지 ⑤는 제거된다.

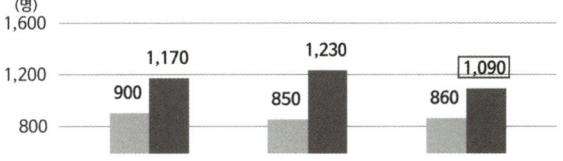

이상에서 검토한 바와 같이 남은 선지 ③과 ④ 중에서 정답은 ③이다.

합격으로 가는 Tip
매출액을 직접 계산하지 않도록 의도한 문제이다. 제거할 수 있는 선지를 최대한 먼저 제거한다.

[정답] ③

214 다음은 '갑'군의 농촌관광 사업에 관한 <방송뉴스>이다. <방송뉴스>의 내용과 부합하는 자료는? 7급 공채 23년 인책형 8번

― <방송뉴스> ―

앵커: 농촌경제 활성화를 위하여 ○○부가 추진해오고 있는 농촌관광 사업이 있습니다. 최근 감염병으로 인해 농촌관광 사업도 큰 어려움을 겪고 있다고 합니다. □□□ 기자가 어려움을 겪고 있는 농촌관광 사업에 대해 보도합니다.

기자: … (중략) … '갑'군은 농촌의 소득 다변화를 위하여 다양한 농촌관광 사업을 추진했습니다. 하지만 감염병 확산으로 2020년 '갑'군의 농촌관광 방문객 수와 매출액이 크게 줄었습니다. 농촌체험마을은 2020년 방문객 수와 매출액이 2019년에 비해 75% 이상 감소하였습니다. 농촌민박도 2020년 방문객 수와 매출액이 전년과 비교하여 30% 이상 줄어들었습니다. 다만, 농촌융복합사업장은 2020년 방문객 수와 매출액이 전년과 비교해 줄어든 비율이 농촌체험마을보다는 작았습니다.

① (단위: 명, 천 원)

구분 연도	농촌체험마을 방문객 수	매출액	농촌민박 방문객 수	매출액	농촌융복합사업장 방문객 수	매출액
2019	1,118	12,280	2,968	98,932	395	6,109
2020	266	3,030	2,035	67,832	199	1,827

② (단위: 명, 천 원)

구분 연도	농촌체험마을 방문객 수	매출액	농촌민박 방문객 수	매출액	농촌융복합사업장 방문객 수	매출액
2019	1,118	12,320	2,968	98,932	395	6,109
2020	266	3,180	2,035	67,832	199	1,827

③ (단위: 명, 천 원)

구분 연도	농촌체험마을 방문객 수	매출액	농촌민박 방문객 수	매출액	농촌융복합사업장 방문객 수	매출액
2019	1,118	12,280	2,968	98,932	395	6,309
2020	266	3,030	2,035	67,832	199	1,290

④ (단위: 명, 천 원)

구분 연도	농촌체험마을 방문객 수	매출액	농촌민박 방문객 수	매출액	농촌융복합사업장 방문객 수	매출액
2019	1,118	12,320	2,968	96,932	395	6,309
2020	266	3,180	2,035	70,069	199	1,290

⑤ (단위: 명, 천 원)

구분 연도	농촌체험마을 방문객 수	매출액	농촌민박 방문객 수	매출액	농촌융복합사업장 방문객 수	매출액
2019	1,118	12,280	2,968	96,932	395	6,109
2020	266	3,030	2,035	70,069	199	1,827

해설

<방송뉴스>에 따르면 농촌체험마을은 2020년 방문객 수와 매출액이 2019년에 비해 75% 이상 감소하였다고 한다. 선지 ①~⑤에서 2019년, 2020년 농촌체험마을의 방문객수는 모두 같으므로 매출액을 비교해본다. 75%를 기준으로 비교해야 하므로 2020년 매출액의 4배가 2019년의 매출액보다 작아야 한다. 선지 ①~⑤의 농촌체험마을의 매출액을 비교해보면

①, ③, ⑤:

구분 연도	농촌체험마을 방문객 수	매출액
2019	1,118	12,280
2020	266	3,030

②, ④:

구분 연도	농촌체험마을 방문객 수	매출액
2019	1,118	12,320
2020	266	3,180

인데 선지 ①, ③, ⑤는 2019년의 매출액도 12,280(천 원)으로 같으므로 2020년의 매출액만 비교한다. 만약 3,030의 4배가 12,280보다 크다면 3,180의 4배도 12,280보다 클 것이므로 3,030의 4배는 12,280보다 작다는 것을 알 수 있다. 직접 계산해봐도 3,030×4=12,120, 3,180×4=12,720이다. 선지 ②, ④는 제거된다.

그리고 <방송뉴스>에 따르면 농촌민박도 2020년 방문객 수와 매출액이 전년과 비교하여 30% 이상 줄어들었다고 한다. 선지 ①, ③, ⑤의 농촌민박 방문객 수와 매출액은 다음과 같다.

①, ③:

농촌민박 방문객 수	매출액
2,968	98,932
2,035	67,832

⑤:

농촌민박 방문객 수	매출액
2,968	96,932
2,035	70,069

이상에서 확인한 것과 마찬가지 방법으로 매출액 70,069(천 원)가 96,932(천 원) 대비 30% 이상 감소한 것이라면 67,832(천 원)도 30% 이상 감소한 것이다. 따라서 70,069는 96,932 대비 30% 미만 감소한 것이다. 선지 ⑤는 제거된다.

<방송뉴스>에 따르면 농촌융복합사업장은 2020년 방문객 수와 매출액이 전년과 비교해 줄어든 비율이 농촌체험마을보다는 작다고 한다. 이상에서 확인한 것과 마찬가지 방법으로 선지 ①, ③의 농촌융복합사업장 매출액을 비교해보면 선지 ①의 매출액은 1,827(천 원), ③의 매출액은 1,290(천 원)이므로 선지 ③은 제거된다. 정답은 ①이다.

[정답] ①

PSAT 교육 1위, 해커스PSAT

psat.Hackers.com

Ⅲ. 추가

대부분의 문제가 보기형으로 출제되고, 보고서를 작성하기 위해서 추가로 필요하지 않은 자료를 또는 추가로 필요한 자료를 확인해야 하는 유형이다. 각 보기에 자료의 제목만 주어져 있기도 하고, 제목에 더해 실제 자료가 주어지는 경우도 있는데, 각 보기의 자료 제목을 확인하고 그 내용이 보고서에 언급이 되어 있는가만 확인하더라도 쉽게 해결되는 문제도 많다. 그런데 7급·민경채 기출 14문제 중 기존에 주어진 자료를 가공하면 도출이 가능한 정보를 추가로 자료가 필요한 것처럼 함정을 판 문제도 6문제가 출제되었고, 그 중 대부분의 문제가 7급 기출문제라는 점에서 주어진 자료를 정리하고 가공하는 능력이 요구되는 유형이다.

215 윤 사무관은 <표>를 비롯한 몇 가지 자료를 이용하여 세계 에너지 수요에 관한 <보고서>를 작성하였다. 제시된 <표> 이외에 추가로 이용한 자료를 <보기>에서 모두 고르면?

민경채 11년 경책형 19번

〈표〉 세계 에너지 수요 현황 및 전망

(단위: QBtu, %)

지역	구분 연도	현황			전망			연평균 증가율 (2015~2035)
		1990	2000	2010	2015	2025	2035	
OECD	북미	101	120	121	126	138	149	0.9
	유럽	70	81	81	84	89	92	0.5
	아시아/ 오세아니아	27	37	38	39	43	45	0.8
		198	238	240	249	270	286	0.7
비OECD	유럽	67	50	51	55	63	69	1.3
	아시아/ 오세아니아	58	122	133	163	222	277	3.5
	아프리카	10	14	14	17	21	24	2.1
	중남미	15	23	23	28	33	38	1.8
		150	209	221	263	339	408	2.8
전체		348	447	461	512	609	694	1.8

─〈보고서〉─

전 세계 에너지 수요는 2010년 461 QBtu(Quadrillion British thermal units)에서 2035년 694 QBtu로 50% 이상 증가할 것으로 전망된다. 이 기간 동안 국제 유가와 천연가스 가격상승이 예측되어 장기적으로 에너지 수요를 다소 둔화시키는 요인으로 작용하겠으나, 비OECD 국가들의 높은 경제성장률과 인구증가율로 인해 세계 에너지 수요 증가율은 높은 수준을 유지할 것이다.

OECD 국가들의 에너지 수요는 2015~2035년 기간 중 연평균 0.7%씩 증가할 것으로 전망되어 2035년에는 2010년 수준에 비해 19.2% 늘어날 것으로 예상된다. 반면, 같은 기간 비OECD 국가들의 에너지 수요는 연평균 2.8%씩 증가하여 2035년에는 2010년 수준에 비해 84.6%나 늘어날 것으로 예상된다.

비OECD 국가들 중에서도 중국과 인도의 경제성장률이 가장 높게 전망되고 있으며, 두 국가의 2035년 에너지 수요는 2010년 수준보다 두 배 이상으로 증가하여 전 세계 에너지 수요의 25%를 점유할 것으로 예측되고 있다. 한편 전 세계에서 미국의 에너지 수요가 차지하는 비중은 2010년 22%에서 2035년 17%로 줄어들 것으로 보인다.

─〈보기〉─

ㄱ. 1990~2035년 국제 유가와 천연가스 가격 현황 및 전망
ㄴ. 1990~2035년 국가별 경제성장률 현황 및 전망
ㄷ. 1990~2035년 국가별 인구증가율 현황 및 전망
ㄹ. 1990~2035년 국가별 에너지 생산 현황 및 전망

① ㄱ, ㄴ
② ㄱ, ㄹ
③ ㄷ, ㄹ
④ ㄱ, ㄴ, ㄷ
⑤ ㄴ, ㄷ, ㄹ

해설

이 유형은 <보고서>를 작성하기 위해 각 보기의 자료가 추가로 더 필요한지만 보면 되는 것이지, <보고서>의 내용이 옳은지 여부는 판단하는 것이 아니다. 보고서의 내용이 주어진 자료만으로도 확인할 수 있거나 도출할 수 있다면 정답에서 지우고, 추가로 자료가 필요하다면 정답에 포함시키면 된다.

─〈보고서〉─

전 세계 에너지 수요는 2010년 461 QBtu(Quadrillion British thermal units)에서 2035년 694 QBtu로 50% 이상 증가할 것으로 전망된다. 이 기간 동안 국제 유가와 천연가스 가격상승이 예측되어 장기적으로 에너지 수요를 다소 → ㄱ. 필요
요인으로 작용하겠으나, 비OECD 국가들의 높은 경제성장률과 → ㄴ. 필요
인구증가율로 인해 세계 에너지 수요 증가율은 높은 수준을 → ㄷ. 필요
유지할 것이다.

OECD 국가들의 에너지 수요는 2015~2035년 기간 중 연평균 0.7%씩 증가할 것으로 전망되어 2035년에는 2010년 수준에 비해 19.2% 늘어날 것으로 예상된다. 반면, 같은 기간 비OECD 국가들의 에너지 수요는 연평균 2.8%씩 증가하여 2035년에는 2010년 수준에 비해 84.6%나 늘어날 것으로 예상된다.

비OECD 국가들 중에서도 중국과 인도의 경제성장률이 가장 높게 전망 → ㄴ. 필요
되고 있으며, 두 국가의 2035년 에너지 수요는
2010년 수준보다 두 배 이상으로 증가하여 전 세계 에너지 수요의 25%를 점유할 것으로 예측되고 있다. 한편 전 세계에서 미국의 에너지 수요가 차지하는 비중은 2010년 22%에서 2035년 17%로 줄어들 것으로 보인다.

ㄹ. (×) 보고서 중에 국가별 에너지 생산 현황 및 전망을 언급하고 있지 않으므로 추가로 필요한 자료는 아니다.

[정답] ④

216 다음 <표>는 A~D국의 연구개발비에 대한 자료이다. 다음 <보고서>를 작성하기 위해 <표> 이외에 추가로 필요한 자료만을 <보기>에서 모두 고르면?

민경채 18년 가책형 22번

<표> A~D국의 연구개발비

연도	국가 구분	A	B	C	D
2016	연구개발비(억 달러)	605	4,569	1,709	1,064
	GDP 대비(%)	4.29	2.73	3.47	2.85
2015	민간연구개발비 : 정부연구개발비	24:76	35:65	25:75	30:70

※ 연구개발비 = 정부연구개발비 + 민간연구개발비

─〈보고서〉─

A~D국 모두 2015년에 비하여 2016년 연구개발비가 증가하였지만, A국은 약 3% 증가에 불과하여 A~D국 평균 증가율인 6% 수준에도 미치지 못했다. 특히, 2016년에 A국은 정부연구개발비 대비 민간연구개발비 비율이 가장 작다. 이는 2014~2016년 동안, A국 민간연구개발에 대한 정부의 지원금액이 매년 감소한 데 따른 것으로 분석된다.

─〈보기〉─

ㄱ. 2013~2015년 A~D국 전년대비 GDP 증가율
ㄴ. 2015~2016년 연도별 A~D국 민간연구개발비
ㄷ. 2013~2016년 연도별 A국 민간연구개발에 대한 정부의 지원금액
ㄹ. 2014~2015년 A~D국 전년대비 연구개발비 증가율

① ㄱ, ㄴ
② ㄱ, ㄹ
③ ㄴ, ㄷ
④ ㄴ, ㄹ
⑤ ㄷ, ㄹ

217 사무관 A는 다음 <표>와 추가적인 자료를 이용하여 과학기술 논문 발표현황에 관한 <보고서>를 작성하였다. 추가로 필요한 자료만을 <보기>에서 모두 고르면?

민경채 15년 인책형 12번

<표> 우리나라 SCI 과학기술 논문 발표현황

(단위: 편,%)

연도	2007	2008	2009	2010	2011	2012	2013
발표수	29,565	34,353	37,742	41,481	45,588	49,374	51,051
세계 점유율	2.23	2.40	2.50	2.62	2.68	2.75	2.77

─〈보고서〉─

최근 우리나라는 과학기술 분야의 연구에 많은 투자를 하고 있다. 2013년도 우리나라 SCI 과학기술 논문 발표수는 51,051편으로 전년대비 약 3.40% 증가했다. 우리나라 SCI 과학기술 논문 발표수의 세계 점유율은 2007년 2.23%에서 매년 증가하여 2013년 2.77%가 되었다. 이는 2007년 이후 기초·원천기술연구에 대한 투자규모의 지속적인 확대로 SCI 과학기술 논문 발표수가 꾸준히 증가하고 있는 것으로 분석된다. 2013년의 논문 1편당 평균 피인용횟수는 4.55회로 SCI 과학기술 논문 발표수 상위 50개 국가 중 32위를 기록했다.

─〈보기〉─

ㄱ. 2007년 이후 우리나라 기초·원천기술연구 투자규모 현황
ㄴ. 2009~2013년 연도별 SCI 과학기술 논문 발표수 상위 50개 국가의 논문 1편당 평균 피인용횟수
ㄷ. 2007년 이후 세계 총 SCI 과학기술 학술지 수
ㄹ. 2009~2013년 우리나라 SCI 과학기술 논문 발표수의 전년대비 증가율

① ㄱ, ㄴ
② ㄱ, ㄷ
③ ㄴ, ㄷ
④ ㄴ, ㄹ
⑤ ㄷ, ㄹ

218 다음 <표>와 <보고서>는 A 시 청년의 희망직업 취업 여부에 관한 조사 결과이다. 제시된 <표> 이외에 <보고서>를 작성하기 위해 추가로 이용한 자료만을 <보기>에서 모두 고르면?

민경채 21년 나책형 6번

〈표〉 전공계열별 희망직업 취업 현황

(단위: 명, %)

구분 \ 전공계열	전체	인문사회계열	이공계열	의약/교육/예체능계열
취업자 수	2,988	1,090	1,054	844
희망직업 취업률	52.3	52.4	43.0	63.7
희망직업 외 취업률	47.7	47.6	57.0	36.3

─〈보고서〉─

A 시의 취업한 청년 2,988명을 대상으로 조사한 결과 52.3%가 희망직업에 취업했다고 응답하였다. 전공계열별로 살펴보면 의약/교육/예체능계열, 인문사회계열, 이공계열 순으로 희망직업 취업률이 높게 나타났다.

전공계열별로 희망직업을 선택한 동기를 살펴보면 이공계열과 의약/교육/예체능계열의 경우 '전공분야'라고 응답한 비율이 각각 50.3%와 49.9%였고, 인문사회계열은 그 비율이 33.3%였다. 전공계열별 희망직업의 선호도 분포를 분석한 결과, 인문사회계열은 '경영', 이공계열은 '연구직', 그리고 의약/교육/예체능계열은 '보건·의료·교육'에 대한 선호도가 가장 높았다.

한편, 전공계열별로 희망직업에 취업한 청년과 희망직업 외에 취업한 청년의 직장만족도를 살펴보면 차이가 가장 큰 계열은 이공계열로 0.41점이었다.

─〈보기〉─

ㄱ. 구인·구직 추이

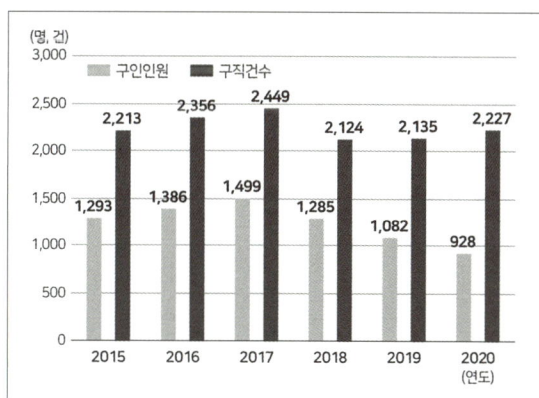

ㄴ. 전공계열별 희망직업 선호도 분포

(단위:%)

희망직업 \ 전공계열	전체	인문사회계열	이공계열	의약/교육/예체능계열
경영	24.2	47.7	15.4	5.1
연구직	19.8	1.9	52.8	1.8
보건·의료·교육	33.2	28.6	14.6	62.2
예술·스포츠	10.7	8.9	4.2	21.2
여행·요식	8.7	12.2	5.5	8.0
생산·농림어업	3.4	0.7	7.5	1.7

ㄷ. 전공계열별 희망직업 선택 동기 구성비

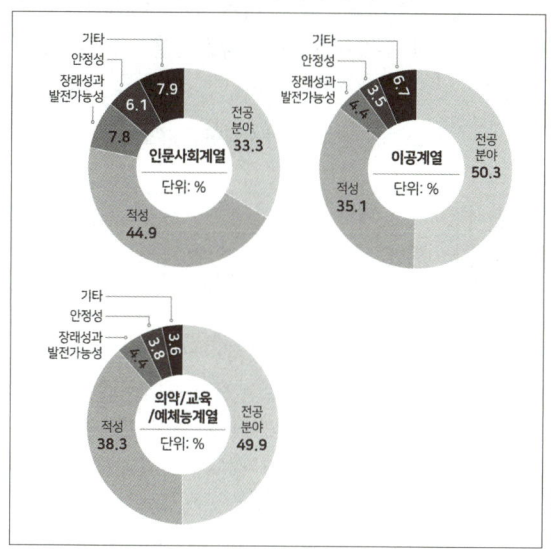

ㄹ. 희망직업 취업여부에 따른 항목별 직장 만족도(5점 만점)

(단위: 점)

희망직업 취업여부 \ 항목	업무내용	소득	고용안정
전체	3.72	3.57	3.28
희망직업 취업	3.83	3.70	3.35
희망직업 외 취업	3.59	3.42	3.21

① ㄱ, ㄷ
② ㄱ, ㄹ
③ ㄴ, ㄷ
④ ㄱ, ㄴ, ㄹ
⑤ ㄴ, ㄷ, ㄹ

219 다음 <표>와 <보고서>는 2019년 전국 안전체험관과 생활안전에 관한 자료이다. 제시된 <표> 이외에 <보고서>를 작성하기 위해 추가로 이용한 자료만을 <보기>에서 모두 고르면?

7급 공채 21년 나책형 1번

<표> 2019년 전국 안전체험관 규모별 현황

(단위: 개소)

전체	대형		중형		소형
	일반	특성화	일반	특성화	
473	25	7	5	2	434

─〈보고서〉─

2019년 생활안전 통계에 따르면 전국 473개소의 안전체험관이 운영 중인 것으로 확인되었다. 전국 안전체험관을 규모별로 살펴보면, 대형이 32개소, 중형이 7개소, 소형이 434개소였다. 이 중 대형 안전체험관은 서울이 가장 많고 경북, 충남이 그 뒤를 이었다.

전국 안전사고 사망자 수는 2015년 이후 매년 감소하다가 2018년에는 증가하였다. 교통사고 사망자 수는 2015년 이후 매년 줄어들었고, 특히 2018년에 전년 대비 11.2% 감소하였다.

2019년 분야별 지역안전지수 1등급 지역을 살펴보면 교통사고 분야는 서울, 경기, 화재 분야는 광주, 생활안전 분야는 경기, 부산으로 나타났다.

─〈보기〉─

ㄱ. 연도별 전국 교통사고 사망자 수

(단위: 명)

연도	2015	2016	2017	2018
사망자 수	4,380	4,019	3,973	3,529

ㄴ. 분야별 지역안전지수 4년 연속(2015~2018년) 1등급, 5등급 지역(시·도)

분야 등급	교통 사고	화재	범죄	생활 안전	자살
1등급	서울, 경기	–	세종	경기	경기
5등급	전남	세종	제주	제주	부산

ㄷ. 연도별 전국 안전사고 사망자 수

(단위: 명)

연도	2015	2016	2017	2018
사망자 수	31,582	30,944	29,545	31,111

ㄹ. 2018년 지역별 안전체험관 수

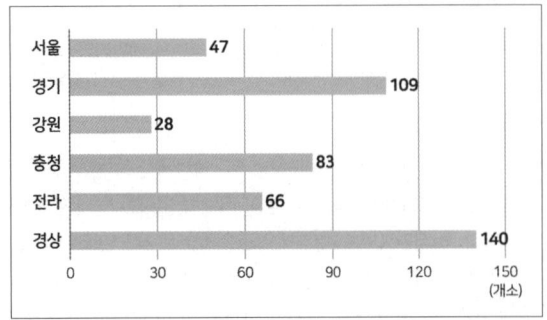

① ㄱ, ㄴ ② ㄱ, ㄷ ③ ㄴ, ㄹ
④ ㄱ, ㄷ, ㄹ ⑤ ㄴ, ㄷ, ㄹ

220 다음은 2013~2022년 '갑'국 국방연구소가 출원한 지식재산권에 관한 자료이다. 제시된 <표> 이외에 <보고서>를 작성하기 위해 추가로 필요한 자료만을 <보기>에서 모두 고르면?

7급 공채 23년 인책형 5번

<표> 2013~2022년 '갑'국 국방연구소의 특허 출원 건수

(단위: 건)

구분\연도	2013	2014	2015	2016	2017	2018	2019	2020	2021	2022
국내 출원	287	368	385	458	514	481	555	441	189	77
국외 출원	34	17	9	26	21	13	21	16	2	3

─── <보고서> ───

'갑'국 국방연구소는 국방에 필요한 무기와 국방과학기술을 연구·개발하면서 특허, 상표권, 실용신안 등 관련 지식재산권을 출원하고 있다.

2013~2022년 '갑'국 국방연구소가 출원한 연도별 특허 건수는 2017년까지 매년 증가하였고, 2019년 이후에는 매년 감소하였다. 2013~2022년 국외 출원 특허 건수를 대상 국가별로 살펴보면, 미국에 출원한 특허가 매년 가장 많았다.

2013~2022년 '갑'국 국방연구소는 2015년에만 상표권을 출원하였으며, 그중 국외 출원은 없었다. 또한, 2016년부터 2년마다 1건씩 총 4건의 실용신안을 국내 출원하였다.

─── <보기> ───

ㄱ. '갑'국 국방연구소의 연도별 전체 특허 출원 건수

(단위: 건)

연도	2013	2014	2015	2016	2017	2018	2019	2020	2021	2022
전체	321	385	394	484	535	494	576	457	191	80

ㄴ. '갑'국 국방연구소의 국외 출원 대상 국가별 특허 출원 건수

(단위: 건)

대상 국가\연도	2013	2014	2015	2016	2017	2018	2019	2020	2021	2022
독일	1	1	1	0	0	0	0	0	0	0
미국	26	15	8	18	20	11	16	15	2	3
일본	0	1	0	2	0	0	1	1	0	0
영국	0	0	0	5	1	1	0	0	0	0
프랑스	7	0	0	0	0	0	0	0	0	0
호주	0	0	0	0	0	0	3	0	0	0
기타	0	0	0	1	0	1	1	0	0	0
계	34	17	9	26	21	13	21	16	2	3

ㄷ. '갑'국 국방연구소의 연도별 상표권 출원 건수

(단위: 건)

구분\연도	2013	2014	2015	2016	2017	2018	2019	2020	2021	2022
국내 출원	0	0	2	0	0	0	0	0	0	0
국외 출원	0	0	0	0	0	0	0	0	0	0

ㄹ. '갑'국 국방연구소의 연도별 실용신안 출원 건수

(단위: 건)

구분\연도	2013	2014	2015	2016	2017	2018	2019	2020	2021	2022
국내 출원	0	0	0	1	0	1	0	1	0	1
국외 출원	0	0	0	0	0	0	0	0	0	0

① ㄱ, ㄴ
② ㄱ, ㄷ
③ ㄴ, ㄷ
④ ㄷ, ㄹ
⑤ ㄴ, ㄷ, ㄹ

221 다음 <표>와 <보고서>는 '갑'국 13~19대 국회 의원입법안 발의 및 처리 현황에 대한 자료이다. <보고서>를 작성하기 위해 <표> 이외에 추가로 필요한 자료만을 <보기>에서 모두 고르면?

민경채 19년 나책형 1번

<표> 국회 의원입법안 발의 및 처리 법안수 현황

(단위: 건)

국회 구분	13대	14대	15대	16대	17대	18대	19대
발의 법안수	570	321	1,144	1,912	6,387	12,220	16,728
처리 법안수	352	167	687	1,028	2,893	4,890	6,626

※ 1) 법안 반영률(%) = $\frac{처리 법안수}{발의 법안수} \times 100$

2) 각 국회별로 국회의원 임기는 4년이고, 해당 국회에서 처리되지 않은 법안은 폐기됨.

─────<보고서>─────

19대 국회의 의원입법안을 분석한 결과 16,728건이 발의되었고 이는 19대 국회 동안 월평균 340건 이상, 국회의원 1인당 50건 이상의 법안이 제출된 셈이다.

국회 상임위원회 활동으로 보면 상임위원회당 처리 법안수가 13대 20.7건에서 19대 414.1건으로 20배 이상이 되었다. 하지만 국회 상임위원회 법안소위에도 오르지 않은 법안의 증가로 인해 13대 국회에서 61.8%에 달했던 법안 반영률은 19대에 39.6%까지 낮아졌다.

이처럼 국회 본연의 임무인 입법 기능이 저하되는 가운데 국회 국민청원건수는 16대 이후로 감소하고 있다. 구체적으로는 13대 503건에서 지속적으로 증가해 16대에 765건으로 정점을 찍은 후 급감하였고, 19대 들어 227건에 그쳐 13대 이후 최저 수준을 기록하였다.

─────<보기>─────

ㄱ. 국회 국민청원건수

국회	13대	14대	15대	16대	17대	18대	19대
건수(건)	503	534	595	765	432	272	227

ㄴ. 국회 국민청원 중 본회의 처리건수

국회	13대	14대	15대	16대	17대	18대	19대
건수(건)	13	11	3	4	4	3	2

ㄷ. 국회 상임위원회수

국회	13대	14대	15대	16대	17대	18대	19대
상임위원회수(개)	17	16	16	17	17	16	16

ㄹ. 국회의원수

국회	13대	14대	15대	16대	17대	18대	19대
의원수(명)	299	299	299	273	299	299	300

① ㄱ, ㄴ
② ㄱ, ㄹ
③ ㄱ, ㄴ, ㄷ
④ ㄱ, ㄷ, ㄹ
⑤ ㄴ, ㄷ, ㄹ

222 다음은 2022년과 2023년 '갑'국 주택소유통계에 관한 자료이다. 제시된 <표>와 <정보> 이외에 <보고서>를 작성하기 위해 추가로 필요한 자료만을 <보기>에서 모두 고르면?

7급 공채 24년 사책형 5번

<표> 2022년과 2023년 주택소유 가구 수

(단위: 만 가구)

연도	2022	2023
주택소유 가구 수	1,146	1,173

─ <정보> ─

가구 주택소유율(%) = $\frac{\text{주택소유 가구 수}}{\text{가구 수}} \times 100$

─ <보고서> ─

'갑'국의 주택 수는 2022년 1,813만 호에서 2023년 1,853만 호로 2.2% 증가하였다. 개인소유 주택 수는 2022년 1,569만 호에서 2023년 1,597만 호로 1.8% 증가하였다. 주택소유 가구 수는 2022년 1,146만 가구에서 2023년 1,173만 가구로 2.4% 증가하였지만, 가구 주택소유율은 2022년 56.3%에서 2023년 56.0%로 감소하였다. 2023년 지역별 가구 주택소유율을 살펴보면, 상위 3개 지역은 A(64.4%), B(63.0%), C(61.0%)로 나타났다.

─ <보기> ─

ㄱ. 2019~2023년 '갑'국 주택 수 및 개인소유 주택 수

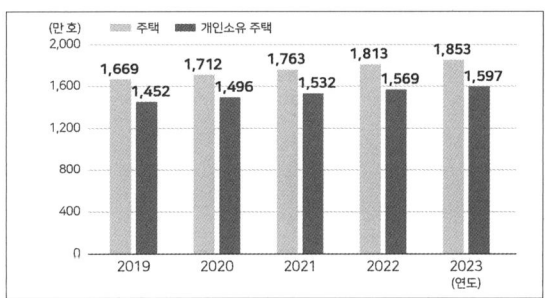

ㄴ. 2022년과 2023년 '갑'국 가구 수

(단위: 만 가구)

연도	2022	2023
가구 수	2,034	2,093

ㄷ. 2023년 '갑'국 지역별 가구 주택소유율 상위 3개 지역

(단위: %)

지역	A	B	C
가구 주택소유율	64.4	63.0	61.0

ㄹ. 2023년 '갑'국 가구주 연령대별 가구 주택소유율

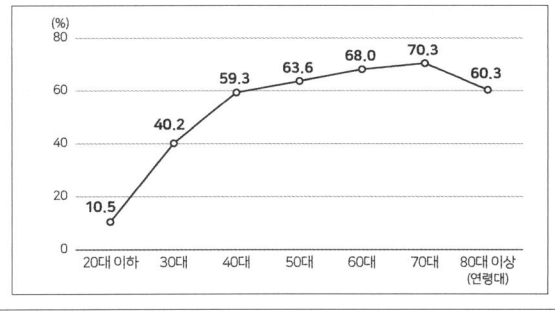

① ㄱ, ㄴ ② ㄱ, ㄹ ③ ㄴ, ㄷ ④ ㄴ, ㄹ ⑤ ㄱ, ㄴ, ㄷ

해설

─ <보고서> ─

'갑'국의 주택 수는 2022년 1,813만 호에서 2023년 1,853만 호로 2.2% 증가하였다. 개인소유 주택 수는 2022년 1,569만 호에서 2023년 1,597만 호로 1.8% 증가하였다. 주택소유 가구 수는 2022년 1,146만 가구에서 2023년 1,173만 가구로 2.4% 증가하였지만, 가구 주택소유율은 2022년 56.3%에서 2023년 56.0%로 감소하였다. 2023년 지역별 가구 주택소유율을 살펴보면, 상위 3개 지역은 A(64.4%), B(63.0%), C(61.0%)로 나타났다.

<표>에는 2022년과 2023년 주택소유 가구 수가 주어져 있고 <정보>에는 가구 주택소유율에 관한 식이 주어져 있으나, <표>와 정보만으로는 가구 주택소유율이나 가구 수를 알 수 없다는 것을 확인한다.

ㄱ. (○) <보고서> 첫 번째, 두 번째 문장의 2022년, 2023년 주택 수와 개인소유 주택 수는 <표>와 <정보>만으로 알 수 없다. 보기의 '2019~2023년 '갑'국 주택 수 및 개인소유 주택 수'와 같은 그래프가 필요하다.

ㄴ. (○) <보고서> 세 번째 문장의 2022년, 2023년 가구 주택소유율은 2022년과 2023년의 가구 수가 주어질 경우 <표>와 정보로부터 알아낼 수 있다. 보기의 '2022년과 2023년 '갑'국 가구 수'과 같은 표가 있다면 가구 주택소유율을 알 수 있다.

ㄷ. (○) <보고서> 네 번째 문장의 2023년 지역별 가구 주택소유율은 <표>와 <정보>만으로 알 수 없다. 보기의 '2023년 '갑'국 지역별 가구 주택소유율 상위 3개 지역'과 같은 표가 필요하다.

ㄹ. (×) <보고서>에서는 '갑'국 가구주 연령대별 가구 주택소유율에 관하여 언급한 바 없다. 보기의 '2023년 '갑'국 가구주 연령대별 가구 주택소유율'과 같은 그래프는 <보고서>를 작성하기 위해 추가로 필요하지 않다.

[정답] ⑤

223 다음 <표>를 이용하여 <보고서>를 작성하였다. 제시된 <표> 이외에 <보고서>를 작성하기 위해 추가로 필요한 자료만을 <보기>에서 모두 고르면?

민경채 13년 인책형 20번

<표 1> 연도별 세수 상위 세무서

(단위: 억원)

구분	1위		2위		3위	
	세무서	세수	세무서	세수	세무서	세수
2005년	남대문	70,314	울산	70,017	영등포	62,982
2006년	남대문	83,158	영등포	74,291	울산	62,414
2007년	남대문	105,637	영등포	104,562	울산	70,281
2008년	남대문	107,933	영등포	88,417	울산	70,332
2009년	남대문	104,169	영등포	86,193	울산	64,911

<표 2> 연도별 세수 하위 세무서

(단위: 억원)

구분	1위		2위		3위	
	세무서	세수	세무서	세수	세무서	세수
2005년	영주	346	영덕	354	홍성	369
2006년	영주	343	영덕	385	홍성	477
2007년	영주	194	영덕	416	거창	549
2008년	영주	13	해남	136	영덕	429
2009년	해남	166	영덕	508	홍성	540

─〈보고서〉─

2009년 세수 1위 세무서는 10조 4,169억원(국세청 세입의 약 7%)을 거두어들인 남대문세무서이다. 한편, 2위와 3위는 각각 영등포세무서(8조 6,193억원), 울산세무서(6조 4,911억원)로 2006년 이후 순위변동이 없었다.

2009년 세수 최하위 세무서는 해남세무서(166억원)로 남대문세무서 세수 규모의 0.2%에도 못 미치는 수준인 것으로 나타났다. 서울지역에서는 도봉세무서의 세수 규모가 2,862억원으로 가장 적은 것으로 나타났다.

국세청 세입은 1966년 국세청 개청 당시 700억원에서 2009년 154조 3,305억원으로 약 2,200배 증가하였으며, 전국 세무서 수는 1966년 77개에서 1997년 136개로 증가하였다가 2009년 107개로 감소하였다.

─〈보기〉─

ㄱ. 1966~2009년 연도별 국세청 세입액
ㄴ. 2009년 국세청 세입총액의 세원별 구성비
ㄷ. 2009년 서울 소재 세무서별 세수 규모
ㄹ. 1966~2009년 연도별 전국 세무서 수

① ㄱ, ㄴ
② ㄱ, ㄹ
③ ㄴ, ㄷ
④ ㄱ, ㄷ, ㄹ
⑤ ㄴ, ㄷ, ㄹ

224 다음 <표>는 조사연도별 국세 및 국세청세수와 국세청세수 징세비 및 국세청 직원수 현황에 대한 자료이다. <보고서>를 작성하기 위해 <표> 이외에 추가로 필요한 자료만을 <보기>에서 모두 고르면?

민경채 20년 가책형 16번

〈표 1〉 국세 및 국세청세수 현황

(단위: 억 원)

구분 조사연도	국세	국세청세수	일반회계	특별회계
2002	1,039,678	966,166	876,844	89,322
2007	1,614,591	1,530,628	1,479,753	50,875
2012	2,030,149	1,920,926	1,863,469	57,457
2017	2,653,849	2,555,932	2,499,810	56,122

〈표 2〉 국세청세수 징세비 및 국세청 직원수 현황

(단위: 백만 원, 명)

구분 조사연도	징세비	국세청 직원수
2002	817,385	15,158
2007	1,081,983	18,362
2012	1,339,749	18,797
2017	1,592,674	19,131

─〈보고서〉─

2017년 국세청세수는 255.6조 원으로, 전년도보다 22.3조 원 증가하였다. 세목별로는 소득세(76.8조 원), 부가가치세(67.1조 원), 법인세(59.2조 원) 순으로 높다. 세무서별로 살펴보면 세수 1위는 남대문세무서(11.6조 원), 2위는 수영세무서(10.9조 원)이다. 2017년 기준 국세청세수에서 특별회계가 차지하는 비중은 2.2%로서, 2002년 기준 9.2%와 비교해 감소하였다. 국세는 국세청세수에 관세청 소관분과 지방자치단체 소관분을 합한 금액으로, 2002년부터 2017년까지 국세 대비 국세청세수의 비율은 매년 증가 추세를 보인다. 2002년 기준 92.9%였던 국세 대비 국세청세수의 비율은 2017년에는 96.3%로 3.0%p 이상 증가하였다.

구체적으로 살펴보면, 국세청 직원 1인당 국세청세수는 2007년 8,336백만 원, 2017년 13,360백만 원으로 큰 폭의 상승세를 보인다. 국세청세수 100원당 징세비는 2017년 기준 0.62원으로 2002년 0.85원에 비해 20% 이상 감소하였다. 2017년 현재 19,131명의 국세청 직원들이 세수확보를 위해 노력 중이며, 국세청 직원수는 2002년 대비 25% 이상 증가하였다.

─〈보기〉─

ㄱ. 2003~2016년의 국세 및 국세청세수
ㄴ. 2003~2016년의 관세청 소관분
ㄷ. 2017년의 세무서별·세목별 세수 실적
ㄹ. 2002~2017년의 국세청 직원 1인당 국세청세수

① ㄱ, ㄴ ② ㄱ, ㄷ
③ ㄴ, ㄹ ④ ㄱ, ㄷ, ㄹ
⑤ ㄴ, ㄷ, ㄹ

225 다음 <표>와 <보고서>는 2021년 '갑'국의 초등돌봄교실에 관한 자료이다. 제시된 <표> 이외에 <보고서>를 작성하기 위해 추가로 필요한 자료만을 <보기>에서 모두 고르면?

7급 공채 22년 가책형 10번

〈표 1〉 2021년 초등돌봄교실 이용학생 현황

(단위: 명, %)

구분	학년	1	2	3	4	5	6	합
오후돌봄교실	학생 수	124,000	91,166	16,421	7,708	3,399	2,609	245,303
	비율	50.5	37.2	6.7	3.1	1.4	1.1	100.0
저녁돌봄교실	학생 수	5,215	3,355	772	471	223	202	10,238
	비율	50.9	32.8	7.5	4.6	2.2	2.0	100.0

〈표 2〉 2021년 지원대상 유형별 오후돌봄교실 이용학생 현황

(단위: 명, %)

구분	지원대상 유형	우선지원대상					일반지원대상	합
		저소득층	한부모	맞벌이	기타	소계		
오후돌봄교실	학생 수	23,066	6,855	174,297	17,298	221,516	23,787	245,303
	비율	9.4	2.8	71.1	7.1	90.3	9.7	100.0

〈보고서〉

2021년 '갑'국의 초등돌봄교실 이용학생은 오후돌봄교실 245,303명, 저녁돌봄교실 10,238명이다. 오후돌봄교실의 경우 2021년 기준 전체 초등학교의 98.9%가 참여하고 있다.

오후돌봄교실의 우선지원대상은 저소득층 가정, 한부모 가정, 맞벌이 가정, 기타로 구분되며, 맞벌이 가정이 전체 오후돌봄교실 이용학생의 71.1%로 가장 많고 다음으로 저소득층 가정이 9.4%로 많다.

저녁돌봄교실의 경우 17시부터 22시까지 운영하고 있으나, 19시를 넘는 늦은 시간까지 이용하는 학생 비중은 11.2%에 불과하다. 2021년 현재 저녁돌봄교실 이용학생은 1~2학년이 8,570명으로 전체 저녁돌봄교실 이용학생의 83.7%를 차지한다.

초등돌봄교실 담당인력은 돌봄전담사, 현직교사, 민간위탁업체로 다양하다. 담당인력 구성은 돌봄전담사가 10,237명으로 가장 많고, 다음으로 현직교사 1,480명, 민간위탁업체 565명 순이다. 그중 돌봄전담사는 무기계약직이 6,830명이고 기간제가 3,407명이다.

⟨보기⟩

ㄱ. 연도별 오후돌봄교실 참여 초등학교 수 및 참여율

(단위: 개, %)

구분 \ 연도	2016	2017	2018	2019	2020	2021
학교 수	5,652	5,784	5,938	5,972	5,998	6,054
참여율	96.0	97.3	97.3	96.9	97.0	98.9

ㄴ. 2021년 저녁돌봄교실 이용학생의 이용시간별 분포

(단위: 명, %)

구분 \ 이용시간	17~18시	17~19시	17~20시	17~21시	17~22시	합
이용학생 수	6,446	2,644	1,005	143	0	10,238
비율	63.0	25.8	9.8	1.4	0.0	100.0

ㄷ. 2021년 저녁돌봄교실 이용학생의 학년별 분포

(단위: 명, %)

구분 \ 학년	1~2	3~4	5~6	합
이용학생 수	8,570	1,243	425	10,238
비율	83.7	12.1	4.2	100.0

ㄹ. 2021년 초등돌봄교실 담당인력 현황

(단위: 명, %)

구분	돌봄전담사 무기계약직	돌봄전담사 기간제	돌봄전담사 소계	현직교사	민간위탁업체	합
인력	6,830	3,407	10,237	1,480	565	12,282
비율	55.6	27.7	83.3	12.1	4.6	100.0

① ㄱ, ㄴ
② ㄱ, ㄷ
③ ㄷ, ㄹ
④ ㄱ, ㄴ, ㄹ
⑤ ㄴ, ㄷ, ㄹ

226 다음 <표>는 2023년 '갑'국에서 배달대행과 퀵서비스 업종에 종사하는 운전자 실태에 관한 자료이다. 제시된 <표> 이외에 <보고서>를 작성하기 위해 추가로 필요한 자료만을 <보기>에서 모두 고르면?

<표 1> 운전자 연령대 구성비 및 평균 연령

(단위: %, 세)

구분 업종	연령대					평균 연령
	20대 이하	30대	40대	50대	60대 이상	
배달대행	40.0	36.1	17.8	5.4	0.7	33.2
퀵서비스	0.0	3.1	14.1	36.4	46.4	57.8

<표 2> 이륜자동차 운전 경력 및 서비스 제공 경력의 평균

(단위: 년)

구분	업종	배달대행	퀵서비스
이륜자동차 운전 경력		7.4	19.8
서비스 제공 경력		2.8	13.7

<표 3> 일평균 근로시간 및 배달건수

(단위: 시간, 건)

구분	업종	배달대행	퀵서비스
근로시간		10.8	9.8
	운행시간	8.5	6.1
	운행 외 시간	2.3	3.7
배달건수		41.5	15.1

─── <보고서> ───

'갑'국에서 배달대행과 퀵서비스 업종에 종사하는 운전자 실태를 조사한 결과는 다음과 같다. 두 업종 모두 이륜자동차를 이용하여 유사한 형태의 서비스를 제공하지만, 운전자 특성에는 큰 차이가 있었다. 우선, 운전자 평균 연령은 퀵서비스가 57.8세로 배달대행 33.2세보다 높았다. 이는 배달대행은 30대 이하 운전자 비중이 전체의 70% 이상이지만 퀵서비스는 50대 이상 운전자가 전체의 80% 이상을 차지하기 때문이다. 운전자의 이륜자동차 운전 경력의 평균과 서비스 제공 경력의 평균도 각각 퀵서비스가 배달대행에 비해 10년 이상 길었다. 한편, 운전자가 배달대행이나 퀵서비스 시장에 진입하기 위해서는 이륜자동차 구입 비용이 소요되는데, 신차와 중고차 구입 각각에서 배달대행이 퀵서비스보다 평균 구입 비용이 높았다. 또한, 운행시간과 운행 외 시간을 합한 일평균 근로시간은 배달대행이 퀵서비스보다 1.0시간 길었고, 월평균 근로일수도 배달대행이 퀵서비스보다 3일 이상 많은 것으로 나타났다.

―〈보기〉―

ㄱ. 이륜자동차 운전 경력 구성비

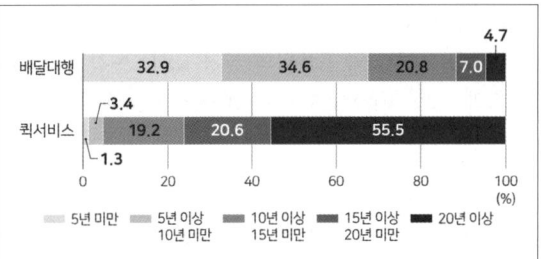

ㄴ. 서비스 제공 경력 구성비

(단위:%)

경력 업종	5년 미만	5년 이상 10년 미만	10년 이상 15년 미만	15년 이상 20년 미만	20년 이상	전체
배달대행	81.9	15.8	2.3	0.0	0.0	100
퀵서비스	14.8	11.3	26.8	14.1	33.0	100

ㄷ. 배달대행 및 퀵서비스 시장 진입을 위한 이륜자동차 평균 구입 비용

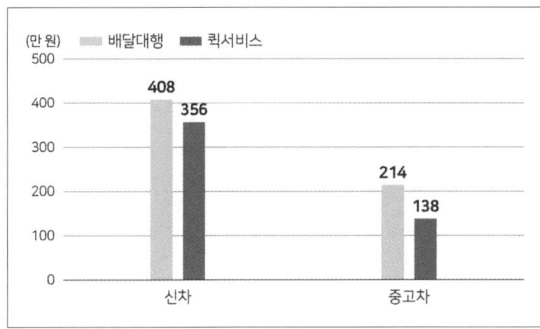

ㄹ. 월평균 근로일수

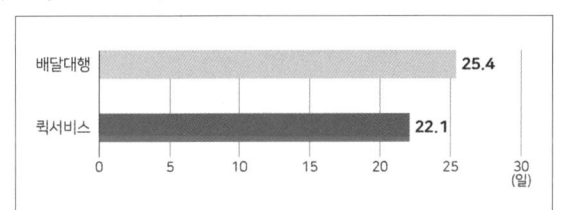

① ㄱ, ㄴ
② ㄴ, ㄷ
③ ㄷ, ㄹ
④ ㄱ, ㄴ, ㄹ
⑤ ㄱ, ㄷ, ㄹ

해설

―〈보고서〉―

'갑'국에서 배달대행과 퀵서비스 업종에 종사하는 운전자 실태를 조사한 결과는 다음과 같다. 두 업종 모두 이륜자동차를 이용하여 유사한 형태의 서비스를 제공하지만, 운전자 특성에는 큰 차이가 있었다. 우선, 운전자 평균 연령은 퀵서비스가 57.8세로 배달대행 33.2세보다 높았다. 이는 배달대행은 30대 이하 운전자 비중이 전체의 70% 이상이지만 퀵서비스는 50대 이상 운전자가 전체의 80% 이상을 차지하기 때문이다. 운전자의 이륜자동차 운전 경력의 평균과 서비스 제공 경력의 평균도 각각 퀵서비스가 배달대행에 비해 10년 이상 길었다. 한편, 운전자가 배달대행이나 퀵서비스 시장에 진입하기 위해서는 이륜자동차 구입 비용이 소요되는데, 신차와 중고차 구입 각각에서 배달대행이 퀵서비스보다 평균 구입 비용이 높았다. 또한, 운행시간과 운행 외 시간을 합한 일평균 근로시간은 배달대행이 퀵서비스보다 1.0시간 길었고, 월평균 근로일수도 배달대행이 퀵서비스보다 3일 이상 많은 것으로 나타났다.

ㄱ. (×) 〈보고서〉의 다섯 번째 문장에서는 배달대행과 퀵서비스 운전자의 이륜자동차 운전 경력에 대해서 언급하고 있으나 이는 〈표 2〉에서 알 수 있다. 보기의 그래프는 〈보고서〉를 작성하기 위해 추가로 필요하지 않다.

ㄴ. (×) 〈보고서〉의 다섯 번째 문장에서는 배달대행과 퀵서비스 운전자의 서비스 제공 경력에 대해서 언급하고 있으나 이는 〈표 2〉에서 알 수 있다. 보기의 표는 〈보고서〉를 작성하기 위해 추가로 필요하지 않다.

ㄷ. (○) 〈보고서〉의 여섯 번째 문장에서 배달대행과 퀵서비스의 신차와 중고차 평균 구입 비용에 대하여 언급하고 있으나 〈표〉의 내용만으로는 알 수 없다. 〈보고서〉를 작성하기 위해 보기의 '배달대행 및 퀵서비스 시장 진입을 위한 이륜자동차 평균 구입 비용'과 같은 그래프가 필요하다.

ㄹ. (○) 〈보고서〉의 마지막 문장에서 배달대행과 퀵서비스의 월평균 근로일수에 대해 언급하고 있으나 〈표〉의 내용만으로는 알 수 없다. 〈보고서〉를 작성하기 위해 보기의 '월평균 근로일수'와 같은 그래프가 필요하다.

[정답] ③

227 다음 <표>와 <그림>을 이용하여 환경 R&D 예산 현황에 관한 <보고서>를 작성하였다. 제시된 <표>와 <그림> 이외에 <보고서> 작성을 위하여 추가로 필요한 자료만을 <보기>에서 모두 고르면?

민경채 17년 나책형 21번

<표> 대한민국 정부 부처 전체 및 주요 부처별 환경 R&D 예산 현황

(단위: 억원)

구분 연도	정부 부처 전체	A부처	B부처	C부처	D부처	E부처
2002	61,417	14,338	18,431	1,734	1,189	1,049
2003	65,154	16,170	17,510	1,963	1,318	1,074
2004	70,827	19,851	25,730	1,949	1,544	1,301
2005	77,996	24,484	28,550	2,856	1,663	1,365
2006	89,096	27,245	31,584	3,934	1,877	1,469
2007	97,629	30,838	32,350	4,277	1,805	1,663
2008	108,423	34,970	35,927	4,730	2,265	1,840
2009	123,437	39,117	41,053	5,603	2,773	1,969
2010	137,014	43,871	44,385	5,750	3,085	2,142
2011	148,902	47,497	45,269	6,161	3,371	2,355

<그림> 2009년 OECD 주요 국가별 전체 예산 중 환경 R&D 예산의 비중

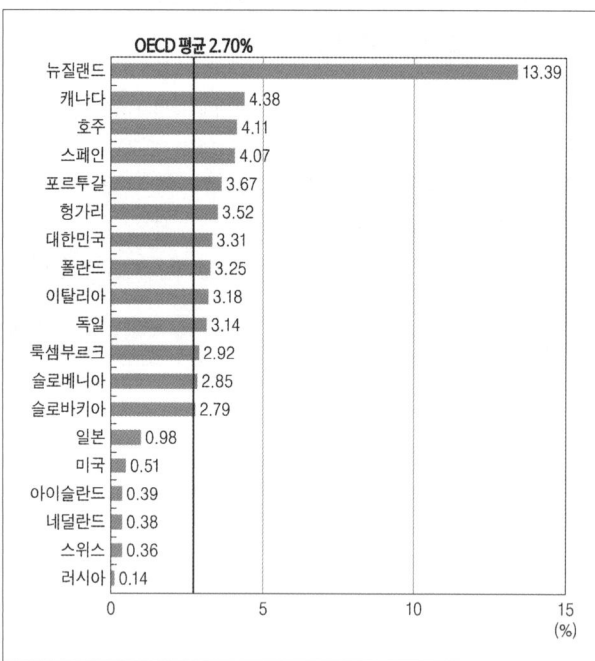

<보고서>

○ 환경에 대한 중요성이 강조됨에 따라 미국의 환경 R&D 예산은 2002년부터 2011년까지 증가 추세에 있음.
○ 대한민국의 2009년 전체 예산 중 환경 R&D 예산의 비중은 3.31%로 OECD 평균 2.70%에 비해 0.61%p 큼.
○ 미국의 2009년 전체 예산 중 환경 R&D 예산의 비중은 OECD 평균보다 작았지만, 2010년에는 환경 R&D 예산이 2009년 대비 30% 이상 증가하여 전체 예산 중 환경 R&D 예산의 비중이 커짐.
○ 2011년 대한민국 정부 부처 전체의 환경 R&D 예산은 약 14.9조원 규모로 2002년 이후 연평균 10% 이상의 증가율을 보이고 있음.
○ 2011년 대한민국 E부처의 환경 R&D 예산은 정부 부처 전체 환경 R&D 예산의 1.6% 수준으로 정부 부처 중 8위에 해당함.

<보기>

ㄱ. 2002년부터 2011년까지 미국의 전체 예산 및 환경 R&D 예산
ㄴ. 2002년부터 2011년까지 뉴질랜드의 부처별, 분야별 R&D 예산
ㄷ. 2011년 대한민국 모든 정부 부처의 부처별 환경 R&D 예산
ㄹ. 2010년 대한민국 모든 정부 부처 산하기관의 전체 R&D 예산

① ㄱ, ㄴ
② ㄱ, ㄷ
③ ㄴ, ㄹ
④ ㄱ, ㄷ, ㄹ
⑤ ㄴ, ㄷ, ㄹ

228 다음 <그림>과 <표>는 세계 및 국내 조선업 현황에 대한 자료이다. 제시된 <그림>과 <표> 이외에 <보고서>를 작성하기 위해 추가로 필요한 자료만을 <보기>에서 모두 고르면?

7급 공채 20년 모의평가 24번

<그림> 세계 조선업 수주량 추이

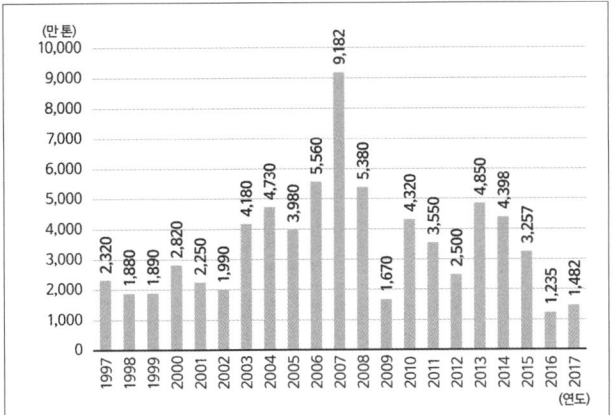

<표 1> 2014~2017년 국내 조선업 수주량 및 수주잔량

(단위: 만 톤, %)

구분 연도	수주량	전년대비 증가율	수주잔량	전년대비 증가율
2014	1,286	−30.1	3,302	−1.6
2015	1,066	( )	3,164	−4.2
2016	221	( )	2,043	( )
2017	619	( )	1,761	−13.8

※ 해당 연도 수주잔량=전년도 수주잔량 + 해당 연도 수주량 − 해당 연도 건조량

<표 2> 2014~2016년 국내 조선기자재업체 기업규모별 업체 수 및 이자보상배율이 1 미만인 업체 비율

(단위: 개, %)

기업규모	업체 수	2014	2015	2016
대형	20	15.0	20.0	25.0
중형	35	25.7	17.1	34.3
소형	96	19.8	28.1	38.5
전체	151	20.5	24.5	35.8

※ 1) 2014년 이후 기업규모별 업체 수는 변화 없음.
  2) 비율은 소수 둘째 자리에서 반올림한 값임.

─── <보고서> ───

세계 조선업 경기는 최악의 부진에서 벗어나는 모습이다. 2016년 세계 조선업의 수주량은 1997년 이후 최저치였다. 2017년 한국은 중국을 밀어내고 수주량 1위를 차지했는데, 이는 2012년 중국에 1위 자리를 내어준 이후 6년 만이다. 3대 조선강국으로 분류되는 일본은 자국 발주 확대에도 불구하고 세계 수주량의 5.8%까지 비중이 하락하였다.

2016년 국내 조선업은 전년대비 79.3% 감소한 수주량을 기록하면서 유례없는 수주절벽을 경험하였다. 그리고 수주량 급감의 영향으로 2016년 수주잔량은 2,043만 톤까지 줄어든 것으로 조사되었다. 2014~2016년 3년간 국내 조선업 평균 건조량이 약 1,295만 톤이었음을 고려하면 수주잔량은 2년치 미만 일감에 불과한 것으로 나타나 우려는 더욱 커졌다.

2017년 국내 대형 조선사는 해양플랜트 수주량 증가에 힘입어 실적이 개선되고 있다. 그러나 국내 중소형 조선사는 여전히 부진에서 벗어나지 못하고 있으며 국내 조선기자재업체의 실적 회복도 어려울 것으로 전망된다.

─── <보기> ───

ㄱ. 2010~2017년 세계 조선업 수주량의 국가별 점유율
ㄴ. 2014~2016년 국내 조선업 건조량
ㄷ. 2014~2016년 중국 조선기자재업체 실적
ㄹ. 2010~2017년 국내 조선사 규모별 해양플랜트 수주량

① ㄱ, ㄴ ② ㄱ, ㄷ
③ ㄱ, ㄹ ④ ㄴ, ㄷ
⑤ ㄴ, ㄹ

[정답] ③

Ⅳ. 사용 ✕

주어진 보고서를 작성하는데 사용되지 않은 자료를 확인하는 유형으로 역대 기출문제 9문제 중 대부분의 문제가 민경채 기출문제이고, 7급 기출문제는 1문제 뿐이다. 보고서에 언급이 되어 있지 않은 자료를 확인하는 것으로 난도가 높은 편은 아니므로 대부분의 수험생이 수월하게 해결할 수 있는 유형이기도 하다.

229 다음은 우리나라의 2011년 2월 출입국 현황에 대한 <보고서>이다. 다음 중 <보고서>의 작성에 사용되지 않은 자료는?

민경채 11년 책형 15번

〈보고서〉

연평도 포격 사건 이후 안전에 대한 불안감, 구제역 등 악재의 영향이 계속되어 2011년 2월 외국인 입국자 수는 전년 동월 대비 약 4.4%의 낮은 증가에 그쳐 667,089명을 기록하였다. 한편 2011년 2월 국내 거주 외국인의 해외 출국자 수는 전년 동월에 비해 큰 변화가 없었다.

외국인의 입국 현황을 국가별로 살펴보면 태국, 말레이시아, 베트남 등으로부터의 입국자 수는 전년 동월 대비 증가하였으나, 대만으로부터의 입국자 수는 감소했다. 목적별로 살펴보면 승무원, 유학·연수, 기타 목적이 전년 동월 대비 각각 13.5%, 19.6%, 38.3% 증가하였으나, 업무와 관광 목적은 각각 2.3%, 3.5% 감소하였다. 또한 성별로는 남성이 335,215명, 여성은 331,874명이 입국하여 남녀 입국자 수는 비슷한 수준이었다.

① 연도별 2월 외국인 입국자 수

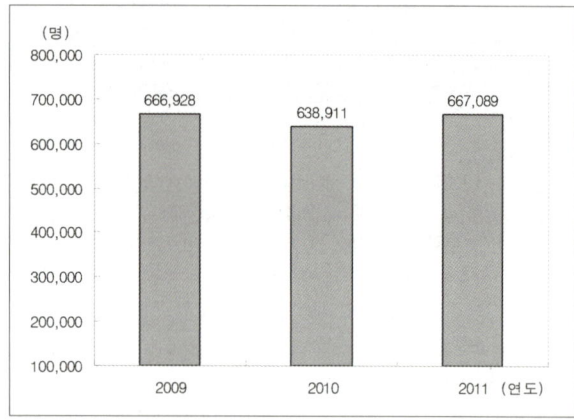

② 2011년 2월의 전년 동월 대비 국가별 외국인 입국자 수 증감률

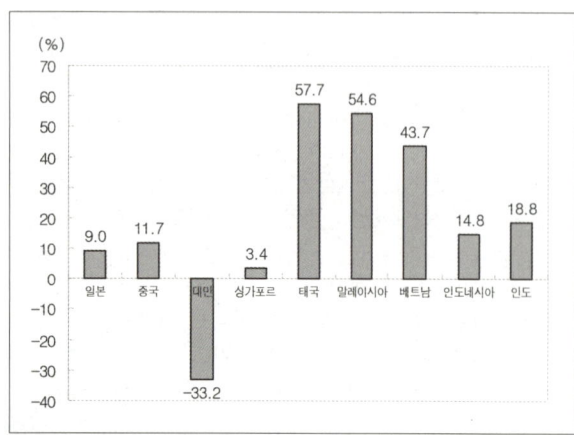

③ 2011년 2월 목적별 외국인 입국현황

입국목적	입국자(명)	전년 동월 대비 증감률(%)
관 광	430,922	-3.5
업 무	18,921	-2.3
유학·연수	42,644	19.6
승무원	70,118	13.5
기 타	104,484	38.3

④ 2011년 2월 성별 외국인 입국자 수

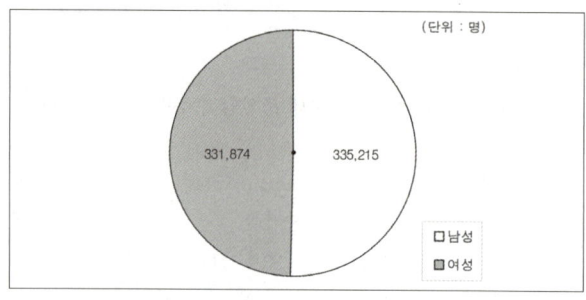

⑤ 2011년 2월 내국인의 해외 출국현황

방문국가	출국자(명)	전년 동월 대비 증감률(%)
일본	2,415,362	52.2
중국	4,076,400	27.5
대만	216,901	29.4
태국	815,970	32.0
말레이시아	264,052	16.2
싱가포르	360,652	32.6
필리핀	740,622	48.7
인도네시아	299,336	17.1
베트남	495,902	36.9

해설

자료의 사용여부만 판단하면 되는 유형이므로, 각 선지의 자료 제목을 활용하여 보고서에 언급이 되어 있는지 위주로 확인하면 빠른 해결이 가능한 유형이다.

〈보고서〉

연평도 포격 사건 이후 안전에 대한 불안감, 구제역 등 악재의 영향이 계속되어 2011년 2월 외국인 입국자 수는 전년 동월 대비 약 4.4%의 낮은 증가에 그쳐 667,089명을 기록하였다. 한편 2011년 2월 국내 거주 외국인의 해외 출국자 → ① 필요
수는 전년 동월에 비해 큰 변화가 없었다.
외국인의 입국 현황을 국가별로 살펴보면 태국, 말레이시아, 베트남 등으로부터의 입국자 수는 전년 동월 대비 증가하였으나, 대만으로부터의 입국자 수는 감소했다. → ② 필요
목적별로 살펴보면 승무원, 유학·연수, 기타 목적이 전년 동월 대비 각각 13.5%, 19.6%, 38.3% 증가하였으나, 업무와 관광 목적은 각각 2.3%, 3.5% 감소하였다. 또한 성별로는 남성이 335,215명, → ③ 필요
여성은 331,874명이 입국하여 남녀 입국자 수는 비슷한 수준이었다. → ④ 필요

⑤ (✕) <보고서>에는 내국인의 해외 출국 현황에 대해서는 언급하고 있지 않다. 첫 번째 문단 마지막 문장에서 국내 거주 외국인을 내국인으로 혼동하면 안 된다. 전년 동월 대비 증감률이라는 단어를 통해서도 혼동을 유발하려고 한 것처럼 보인다.

[정답] ⑤

230 다음 <보고서>는 방송통신정책환경에 관한 내용이다. <보고서>를 작성하는 데 직접적인 근거로 활용되지 않은 것은?

민경채 12년 인책형 13번

─────〈보고서〉─────

2009년 세계 지역별 통신서비스 시장 매출액의 합계는 1조 3,720억 달러에 달하였으며, 2012년에는 1조 4,920억 달러일 것으로 추정된다. 2010년 세계 통신서비스 형태별 가입자 수를 살펴보면, 이동전화 서비스 가입자 수는 세계 인구의 79%에 해당하는 51억 6,700만 명으로 가장 많았고, 그 다음으로는 유선전화, 인터넷, 브로드밴드 순서로 가입자가 많았다.

한편 우리나라의 경우 2008~2010년 GDP에서 정보통신기술(ICT) 산업이 차지하는 비중은 매년 증가하여 2010년에는 11.2%였다. 2010년 4사분기 국내 IPTV 서비스 가입자 수는 308만 6천명이고, Pre-IPTV와 IPTV 서비스 가입자 수의 합계는 365만 9천명이다.

① 국내 Pre-IPTV와 IPTV 서비스 가입자 수 추이

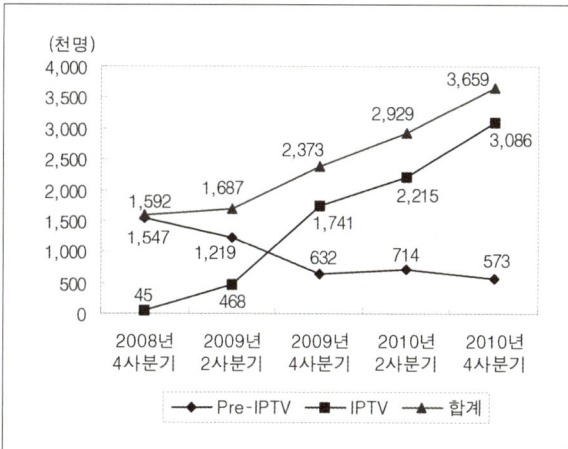

② 국내 IPTV 서비스 매출액

(단위: 억원)

구분	2009년	2010년	2011년
매출액	807	4,168	5,320

③ 2010년 세계 통신서비스 형태별 가입자 수

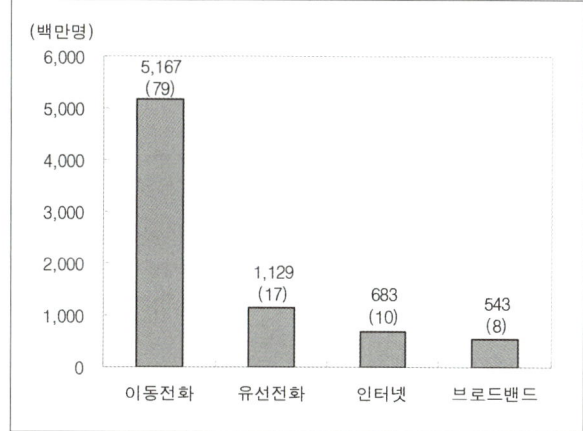

※ ( )안의 숫자는 세계 인구수 대비 비율(%)임.

④ 세계 지역별 통신서비스 시장 매출액

(단위: 십억달러)

지역\연도	2009	2010	2011	2012
북미	347	349	352	355
유럽	416	413	415	421
아시아/태평양	386	399	419	439
남미	131	141	152	163
중동/아프리카	92	99	107	114
합계	1,372	1,401	1,445	1,492

※2012년 자료는 추정치임.

⑤ 우리나라 GDP 대비 ICT산업 비중

(단위: %)

구분\연도	2008	2009	2010
GDP 성장률	2.3	0.2	6.1
ICT산업 성장률	6.8	5.3	14.0
GDP 대비 ICT산업 비중	9.9	10.4	11.2

※백분율(%)은 소수점 아래 둘째 자리에서 반올림한 값임.

231 다음 <보고서>는 자동차 오염물질 및 배출가스 관리여건에 관한 것이다. <보고서>를 작성하는 데 활용되지 않은 자료는?

민경채 14년 A책형 16번

─── <보고서> ───

우리나라는 국토면적에 비해 자동차 수가 많아 자동차 배기오염물질 관리에 많은 어려움이 있다. 국내 자동차 등록대수는 매년 꾸준히 증가하여 2008년 1,732만대를 넘어섰다. 운송수단별 수송분담률에서도 자동차가 차지하는 비중은 2008년 75% 이상이다. 한편 2008년 자동차 1대당 인구는 2.9명으로 미국에 비해 2배 이상이다.

국내 자동차 등록현황을 사용 연료별로 살펴보면 휘발유 차량이 가장 많고 다음으로 경유, LPG 차량 순이다. 최근 국내 휘발유 가격대비 경유 가격이 상승하였다. 그 여파로 국내에서 경유 차량의 신규 등록이 휘발유 차량에 비해 줄어드는 추세를 보이고 있다. 이런 추세는 OECD 선진국에서 경유 차량이 일반화되는 현상과 대비된다.

자동차 등록대수의 빠른 증가는 대기오염은 물론이고 지구온난화를 야기하는 자동차 배기가스 배출량에 큰 영향을 미치고 있다. 2007년 기준으로 국내 대기오염물질 배출량 중 자동차 배기가스가 차지하는 비중은 일산화탄소(CO) 67.5%, 질소산화물(NO_x) 41.7%, 미세먼지(PM_{10}) 23.5%이다. 특히 질소산화물은 태양광선에 의해 광화학반응을 일으켜 오존을 발생시키고 호흡기질환 등을 유발하므로 이에 대한 저감 대책이 필요하다.

① 연도별 국내 자동차 등록현황

(단위: 천대)

연도	2002	2003	2004	2005	2006	2007	2008
등록대수	14,586	14,934	15,397	15,895	16,428	16,794	17,325

② 2007년 국내 주요 대기오염물질 배출량

(단위: 천톤/년)

구분	배출량	자동차 배기가스 (비중)
일산화탄소(CO)	809	546(67.5%)
질소산화물(NO_x)	1,188	495(41.7%)
이산화황(SO_2)	403	1(0.2%)
미세먼지(PM_{10})	98	23(23.5%)
휘발성유기화합물(VOCs)	875	95(10.9%)
암모니아(NH_3)	309	10(3.2%)
계	3,682	1,170(31.8%)

③ 2008년 국내 운송수단별 수송분담률

(단위: 백만명, %)

구분	자동차	지하철	철도	항공	해운	합
수송인구	9,798	2,142	1,020	16	14	12,990
수송분담률	75.4	16.5	7.9	0.1	0.1	100.0

④ 2008년 OECD 국가의 자동차 연료별 상대가격

(휘발유 기준)

구분	휘발유	경유	LPG
OECD 회원국 전체	100	86	45
OECD 선진국	100	85	42
OECD 비선진국	100	87	54
OECD 산유국	100	86	50
OECD 비산유국	100	85	31

⑤ 2008년 국가별 자동차 1대당 인구

(단위: 명)

국가	한국	일본	미국	독일	프랑스
자동차 1대당 인구	2.9	1.7	1.2	1.9	1.7

232 다음은 2011~2014년 주택건설 인허가 실적에 대한 <보고서>이다. <보고서>의 내용을 작성하는 데 직접적인 근거로 활용되지 않은 자료는?

― <보고서> ―

○ 2014년 주택건설 인허가 실적은 전국 51.5만호(수도권 24.2만호, 지방 27.3만호)로 2013년(44.1만호) 대비 16.8% 증가하였다. 이는 당초 계획(37.4만호)에 비하여 증가한 것이지만, 2014년의 인허가 실적은 2011년 55.0만호, 2012년 58.6만호, 2013년 44.1만호 등 3년평균(2011~2013년, 52.6만호)에 미치지 못하였다.
○ 2014년 아파트의 인허가 실적(34.8만호)은 2013년 대비 24.7% 증가하였다. 아파트외 주택의 인허가 실적(16.7만호)은 2013년 대비 3.1% 증가하였으나, 2013년부터 도시형생활주택 인허가 실적이 감소하면서 3년평균(2011~2013년, 18.9만호) 대비 11.6% 감소하였다.
○ 2014년 공공부문의 인허가 실적(6.3만호)은 일부 분양물량의 수급 조절에 따라 2013년 대비 21.3% 감소하였으며, 3년평균(2011~2013년, 10.2만호) 대비로는 38.2% 감소하였다. 민간부문(45.2만호)은 2013년 대비 25.2% 증가하였으며, 3년평균(2011~2013년, 42.4만호) 대비 6.6% 증가하였다.
○ 2014년의 소형(60m²이하), 중형(60m²초과 85m²이하), 대형(85m²초과) 주택건설 인허가 실적은 2013년 대비 각각 1.2%, 36.4%, 4.9% 증가하였고, 2014년 85m²이하 주택건설 인허가 실적의 비중은 2014년 전체 주택건설 인허가 실적의 약 83.5%이었다.

① 지역별 주택건설 인허가 실적 및 증감률

(단위: 만호, %)

구분	2013년	3년평균 (2011~2013)	2014년		
				전년대비 증감률	3년평균 대비 증감률
전국	44.1	52.6	51.5	16.8	-2.1
수도권	19.3	24.5	24.2	25.4	-1.2
지방	24.8	28.1	27.3	10.1	-2.8

② 2011~2013년 지역별 주택건설 인허가 실적

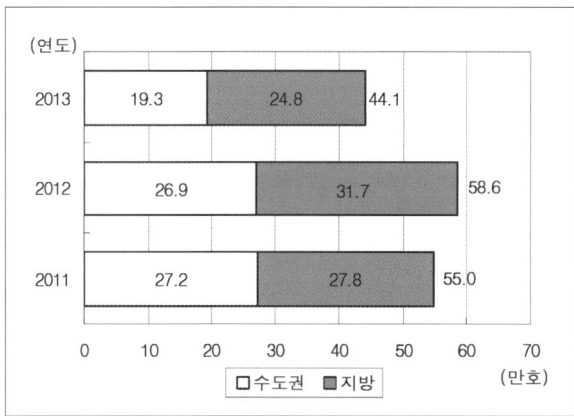

③ 공공임대주택 공급 실적 및 증감률

(단위: 만호, %)

구분	2013년	3년평균 (2011~2013)	2014년	
			전년대비 증감률	3년평균 대비 증감률
영구·국민	2.7	2.3	2.6	-3.7	13.0
공공	3.1	2.9	3.6	16.1	24.1
매입·전세	3.8	3.4	3.4	-10.5	0.0

④ 유형별 주택건설 인허가 실적 및 증감률

(단위: 만호, %)

구분	2013년	3년평균 (2011~2013)	2014년	
			전년대비 증감률	3년평균 대비 증감률
아파트	27.9	33.7	34.8	24.7	3.3
아파트외	16.2	18.9	16.7	3.1	-11.6

⑤ 건설 주체별·규모별 주택건설 인허가 실적 및 증감률

(단위: 만호, %)

구분		2013년	3년평균 (2011~2013)	2014년		
					전년대비 증감률	3년평균 대비 증감률
건설 주체	공공부문	8.0	10.2	6.3	-21.3	-38.2
	민간부문	36.1	42.4	45.2	25.2	6.6
규모	60m²이하	17.3	21.3	17.5	1.2	-17.8
	60m²초과 85m²이하	18.7	21.7	25.5	36.4	17.5
	85m²초과	8.1	9.6	8.5	4.9	-11.5

[정답] ③

233 다음 <보고서>는 2016년 A시의 생활체육 참여실태에 관한 것이다. <보고서>의 내용을 작성하는 데 직접적인 근거로 활용되지 않은 자료는?

민경채 17년 나책형 3번

―〈보고서〉―

2016년에 A시 시민을 대상으로 생활체육 참여실태에 대해 조사한 결과 생활체육을 '전혀 하지 않음'이라고 응답한 비율은 51.8%로 나타났다. 반면, 주 4회 이상 생활체육에 참여한다고 응답한 비율은 28.6%이었다.

생활체육에 참여하지 않는 이유에 대해서는 '시설부족'이라고 응답한 비율이 30.3%로 가장 높아 공공체육시설을 확충하는 정책이 필요할 것으로 보인다. 2016년 A시의 공공체육시설은 총 388개소로 B시, C시의 공공체육시설 수의 50%에도 미치지 못하는 수준이다. 그러나 A시는 초등학교 운동장을 개방하여 간이운동장으로 활용할 계획이므로 향후 체육시설에 대한 접근성이 더 높아질 것으로 기대된다.

한편, 2016년 A시 생활체육지도자를 자치구별로 살펴보면, 동구 16명, 서구 17명, 남구 16명, 북구 18명, 중구 18명으로 고르게 분포된 것처럼 보인다. 그러나 2016년 북구의 인구가 445,489명, 동구의 인구가 103,016명임을 고려할 때 생활체육지도자 일인당 인구수는 북구가 24,749명으로 동구 6,439명에 비해 현저히 많아 지역 편중 현상이 존재한다. 따라서 자치구 인구 분포를 고려한 생활체육지도자 양성 전략이 필요해 보인다.

① 연도별 A시 시민의 생활체육 미참여 이유 조사결과

(단위: %)

이유\연도	시설부족	정보부재	지도자부재	동반자부재	흥미부족	기타
2012	25.1	20.8	14.3	8.2	9.5	22.1
2013	30.7	18.6	16.4	12.8	9.2	12.3
2014	28.1	17.2	15.1	11.6	11.0	17.0
2015	31.5	18.0	17.2	10.9	12.1	10.3
2016	30.3	15.2	16.0	10.0	10.4	18.1

② 2016년 A시 시민의 생활체육 참여 빈도 조사결과

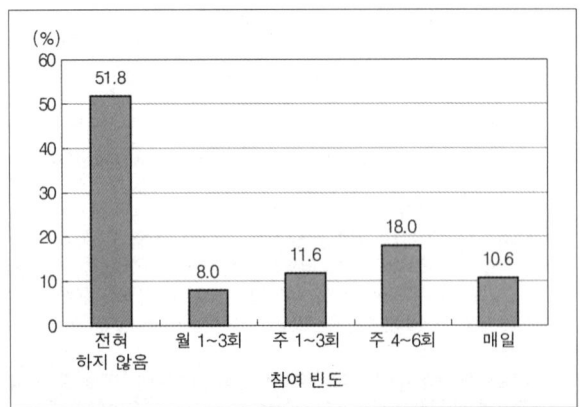

③ 2016년 A시의 자치구·성별 인구

(단위: 명)

자치구\성별	동구	서구	남구	북구	중구	합
남자	51,584	155,104	104,891	221,433	197,204	730,216
여자	51,432	160,172	111,363	224,056	195,671	742,694
계	103,016	315,276	216,254	445,489	392,875	1,472,910

④ 2016년 도시별 공공체육시설 현황

(단위: 개소)

구분\도시	A시	B시	C시	D시	E시
육상 경기장	2	3	3	19	2
간이운동장	313	2,354	751	382	685
체육관	16	112	24	15	16
수영장	9	86	15	4	11
빙상장	1	3	1	1	0
기타	47	193	95	50	59
계	388	2,751	889	471	773

⑤ 2016년 생활체육지도자의 도시별 분포

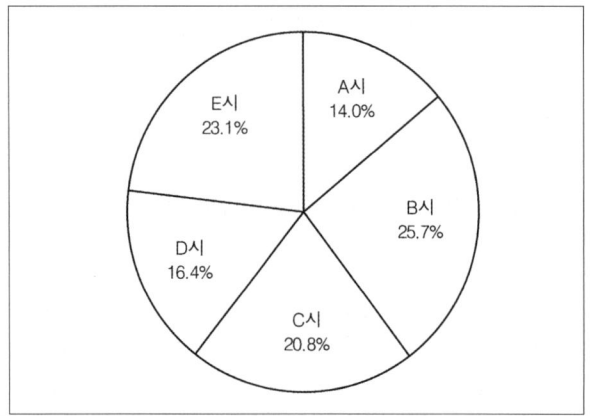

234 다음 <보고서>는 2017년 세종특별자치시의 자원봉사 현황을 요약한 자료이다. <보고서>의 내용을 작성하는 데 직접적인 근거로 활용되지 않은 자료는?

민경채 19년 나책형 11번

─ 〈보고서〉 ─

○ 자원봉사자 등록 현황
  - 세종특별자치시 인구수 대비 자원봉사자 등록률: 16.20%

○ 자원봉사단체 등록 현황

○ 연령대별 자원봉사자 등록 현황

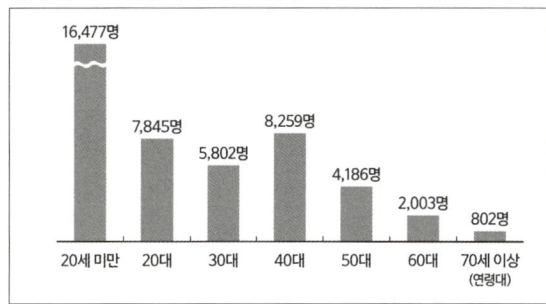

○ 자원봉사자 활동 현황

○ 자원봉사 누적시간대별 자원봉사 참여자수 현황

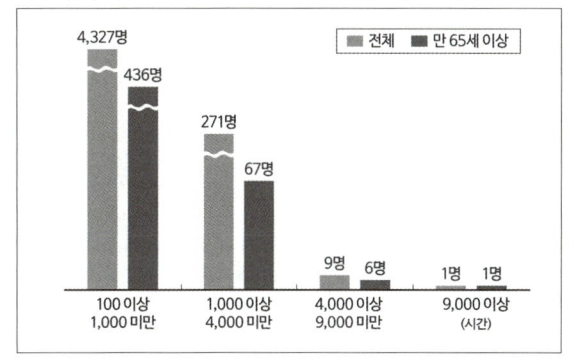

① 2017년 세종특별자치시에 등록된 자원봉사단체별 회원수 현황
② 2017년 세종특별자치시 인구 현황
③ 2017년 세종특별자치시에 등록된 성별, 연령별 자원봉사자 수 현황
④ 2017년 세종특별자치시 연간 1회 이상 활동한 자원봉사자수 현황
⑤ 2017년 세종특별자치시 연령별, 1일 시간대별 자원봉사 참여자수 현황

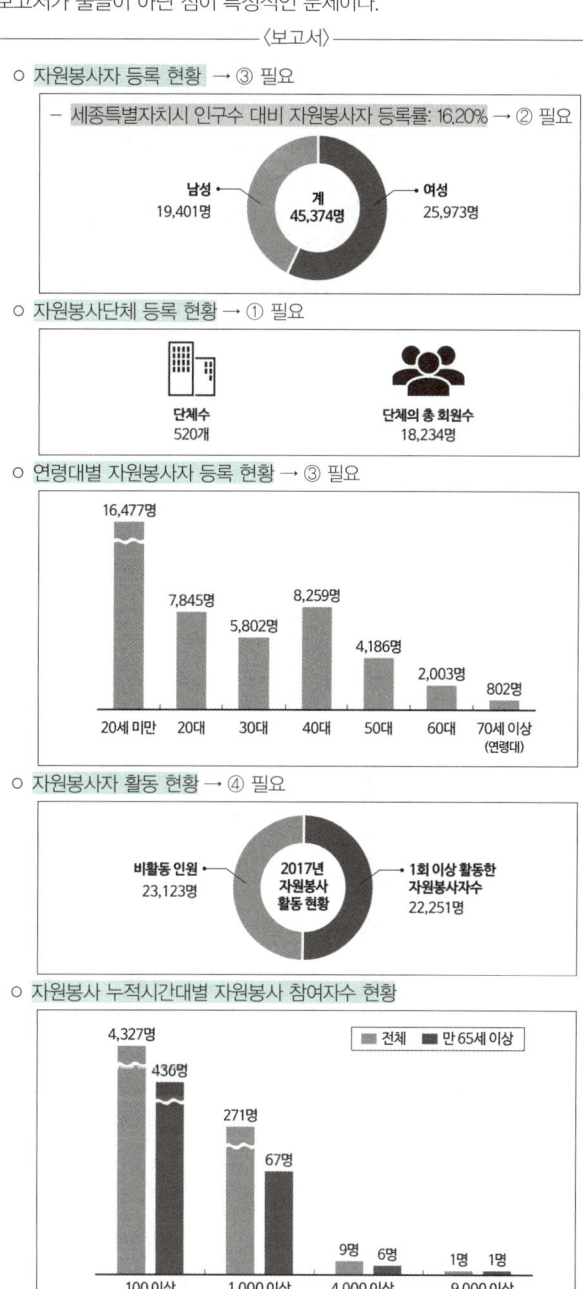

[정답] ⑤

235 다음은 세계 및 국내 드론 산업 현황에 관한 <보고서>이다. 이를 작성하기 위해 사용하지 않은 자료는?

민경채 20년 가책형 11번

─〈보고서〉─

세계의 드론 산업 시장은 주로 미국과 유럽을 중심으로 형성되어 왔으나, 2013년과 비교하여 2018년에는 유럽 시장보다 오히려 아시아·태평양 시장의 점유율이 더 높아졌다.

2017년 국내 드론 활용 분야별 사업체수를 살펴보면, 농업과 콘텐츠 제작 분야의 사업체수가 전체의 80% 이상을 차지하였고, 사업체수의 전년 대비 증가율에 있어서는 교육 분야가 농업과 콘텐츠 제작 분야보다 각각 높았다. 2017년 국내 드론 활용 산업의 주요 관리 항목을 2013년 대비 증가율이 높은 항목부터 순서대로 나열하면, 조종자격 취득자수, 장치신고 대수, 드론 활용 사업체수 순이다.

우리나라는 성장 잠재력이 큰 드론 산업 육성을 위해 다양한 정책을 추진하고 있다. 특히 세계 최고 수준과의 기술 격차를 줄이기 위해 정부 R&D 예산 비중을 꾸준히 확대하고 있다. 2015~2017년 기술 분야별로 정부 R&D 예산 비중을 살펴보면, 기반기술과 응용서비스기술의 예산 비중의 합은 매년 65% 이상이다.

① 2016~2017년 국내 드론 활용 분야별 사업체수 현황

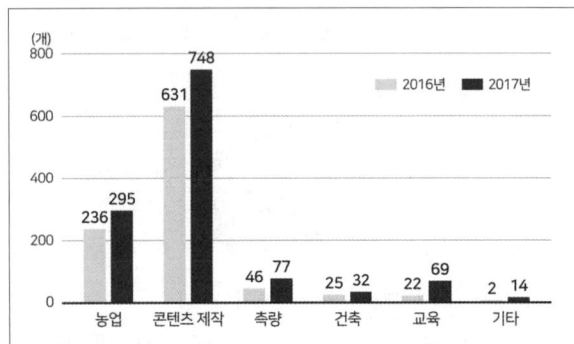

② 2013년과 2018년 세계 드론 시장 점유율 현황

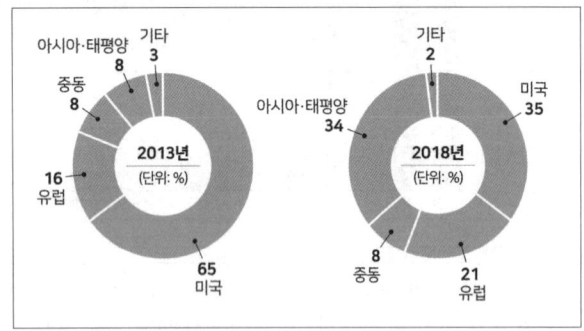

③ 2015~2017년 국내 드론 산업 관련 민간 R&D 기업규모별 투자 현황

(단위: 백만 원)

연도 구분	2015	2016	2017
대기업	2,138	10,583	11,060
중견기업	4,122	3,769	1,280
중소기업	11,500	29,477	43,312

④ 2015~2017년 국내 드론 산업 관련 기술 분야별 정부 R&D 예산 비중 현황

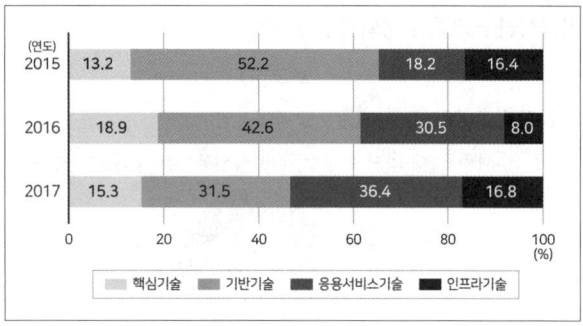

⑤ 2013~2017년 국내 드론 활용 산업의 주요 관리 항목별 현황

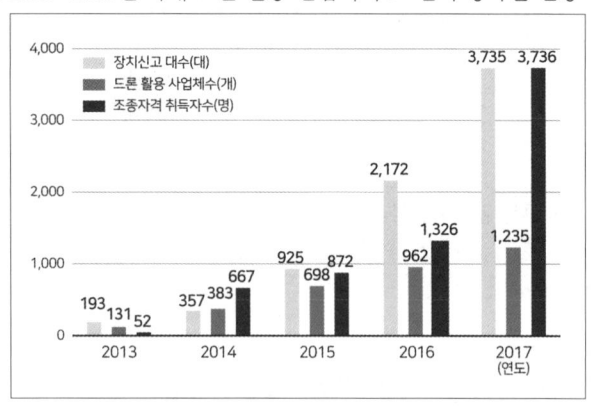

해설

─〈보고서〉─

세계의 드론 산업 시장은 주로 미국과 유럽을 중심으로 형성되어 왔으나, 2013년과 비교하여 2018년에는 유럽 시장보다 오히려 아시아·태평양 시장의 점유율이 더 높아졌다. → ② 필요

2017년 국내 드론 활용 분야별 사업체수를 살펴보면, 농업과 콘텐츠 제작 분야의 사업체수가 전체의 80% 이상을 차지하였고, 사업체수의 전년 대비 증가율에 있어서는 교육 분야가 농업과 콘텐츠 제작 분야보다 각각 높았다. → ① 필요

2017년 국내 드론 활용 산업의 주요 관리 항목을 2013년 대비 증가율이 높은 항목부터 순서대로 나열하면, 조종자격 취득자수, 장치신고 대수, 드론 활용 사업체수 순이다. → ⑤ 필요

우리나라는 성장 잠재력이 큰 드론 산업 육성을 위해 다양한 정책을 추진하고 있다. 특히 세계 최고 수준과의 기술 격차를 줄이기 위해 정부 R&D 예산 비중을 꾸준히 확대하고 있다. 2015~2017년 기술 분야별로 정부 R&D 예산 비중을 살펴보면, 기반기술과 응용서비스기술의 예산 비중의 합은 매년 65% 이상이다. → ④ 필요

③ (×) <보고서>에 R&D라는 키워드는 마지막 문단에 등장한다. 그런데 정부 R&D에 대해서만 언급하고 있을 뿐 민간 R&D에 대한 언급은 없다. 따라서 2015~2017년 국내 드론 산업 관련 민간 R&D 기업규모별 투자 현황은 사용되지 않은 자료이다.

[정답] ③

236 다음 <보고서>는 '갑'시 시민의 2023년 문화예술교육 수강 현황에 관한 자료이다. <보고서>를 작성하는 데 사용되지 않은 자료는?

7급 공채 24년 사책형 3번

─ 〈보고서〉 ─

'갑'시 시민 1,000명을 대상으로 2023년 한 해 동안의 문화예술교육 수강 현황을 조사한 결과, 316명이 수강 경험이 있다고 응답하였다. 문화예술교육 수강 경험이 있는 응답자가 가장 많이 수강한 상위 5개 분야는 기타를 제외하고 영화, 사진, 음악, 공예, 미술 순이었다. 문화예술교육 수강자의 평균 지출 비용은 38만 8천 원이었는데, 연령대별로는 40대가 48만 4천 원으로 가장 많았다. 또한 문화예술교육 수강자의 동반자 유형 구성을 살펴보면, '혼자(동반자 없음)' 수강한 비율은 50% 이상이었고, '친구 및 연인'과 함께 수강한 비율은 18.4%였다. 문화예술교육 인지 경로는 '인터넷 검색'이 33.2%로 가장 높았고, 다음으로 '주변 지인'이 19.0%였다. 수강한 문화예술교육의 교육방식은 '예술적 기량 향상을 위한 강습'이 27.5%로 가장 높았다. 문화예술교육 수강 장소별 만족도는 미술관이 가장 높았고, 그 다음으로 박물관, 공연장, 지역문화재단의 순이었다.

① 문화예술교육 수강 경험 유무 및 수강 분야 구성비

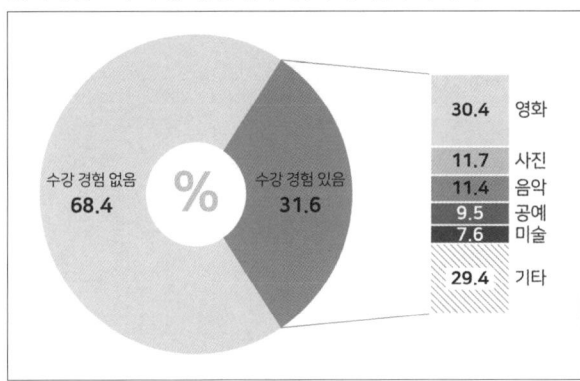

② 문화예술교육 수강자의 연령대별 평균 지출 비용

(단위: 만 원)

연령대	20대 이하	30대	40대	50대	60대 이상	전체
평균 지출 비용	36.8	46.9	48.4	39.5	19.9	38.8

③ 문화예술교육 수강자의 동반자 유형 구성비

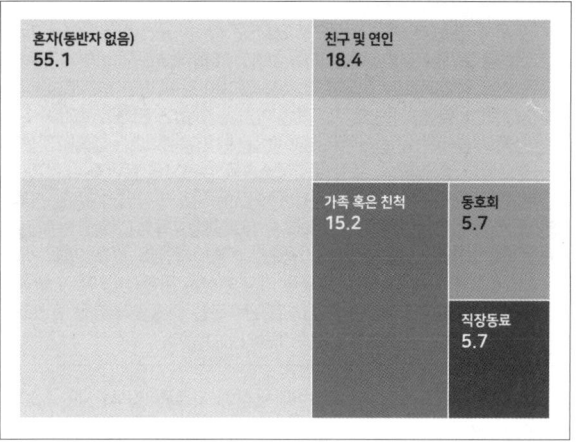

④ 문화예술교육 인지 경로 상위 5개 비율

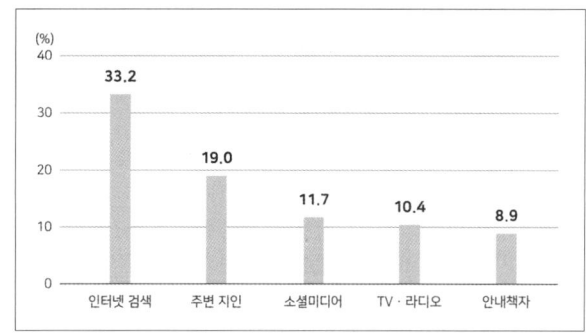

⑤ 문화예술교육 수강 이유 상위 5개 비율

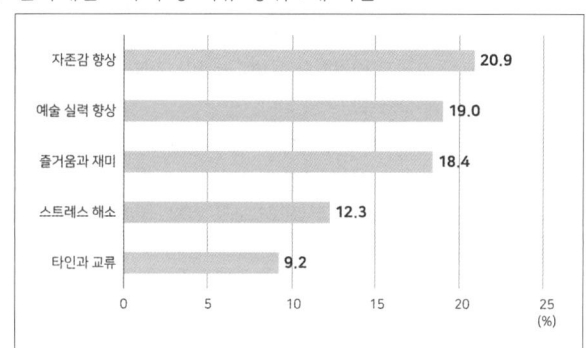

해설

<보고서>

'갑'시 시민 1,000명을 대상으로 2023년 한 해 동안의 문화예술교육 수강 현황을 조사한 결과, 316명이 수강 경험이 있다고 응답하였다. 문화예술교육 수강 경험이 있는 응답자가 가장 많이 수강한 상위 5개 분야는 기타를 제외하고 영화, 사진, 음악, 공예, 미술 순이었다. 문화예술교육 수강자의 평균 지출 비용은 38만 8천 원이었는데, 연령대별로는 40대가 48만 4천 원으로 가장 많았다. 또한 문화예술교육 수강자의 동반자 유형 구성을 살펴보면, '혼자(동반자 없음)' 수강한 비율은 50% 이상이었고, '친구 및 연인'과 함께 수강한 비율은 18.4%였다. 문화예술교육 인지 경로는 '인터넷 검색'이 33.2%로 가장 높았고, 다음으로 '주변 지인'이 19.0%였다. 수강한 문화예술교육의 교육방식은 '예술적 기량 향상을 위한 강습'이 27.5%로 가장 높았다. 문화예술교육 수강 장소별 만족도는 미술관이 가장 높았고, 그 다음으로 박물관, 공연장, 지역문화재단의 순이었다.

① (○) <보고서>의 첫 번째, 두 번째 문장에 따르면 '갑'시 시민 1,000명을 대상으로 2023년 한 해 동안의 문화예술교육 수강 현황을 조사한 결과 316명이 수강 경험이 있다고 응답하였고, 문화예술교육 수강 경험이 있는 응답자가 가장 많이 수강한 상위 5개 분야는 기타를 제외하고 영화, 사진, 음악, 공예, 미술 순이었다고 한다. 선지의 '문화예술교육 수강 경험 유무 및 수강 분야 구성비' 그래프는 해당 문장을 작성하는데 사용되었음을 알 수 있다.

② (○) <보고서>의 세 번째 문장에 따르면 문화예술교육 수강자의 평균 지출 비용은 38만 8천 원이었고, 연령대별로는 40대가 48만 4천 원으로 가장 많았다고 한다. 선지의 '문화예술교육 수강자의 연령대별 평균 지출 비용' 표는 해당 문장을 작성하는데 사용되었음을 알 수 있다.

③ (○) <보고서>의 네 번째 문장에 따르면 문화예술교육 수강자의 동반자 유형 구성이 '혼자(동반자 없음)' 수강한 비율은 50% 이상이었고, '친구 및 연인'과 함께 수강한 비율은 18.4%였다고 한다. 선지의 '문화예술교육 수강자의 동반자 유형 구성비' 그래프는 해당 문장을 작성하는데 사용되었음을 알 수 있다.

④ (○) <보고서>의 다섯 번째 문장에 따르면 문화예술교육 인지 경로는 '인터넷 검색'이 33.2%로 가장 높았고, 다음으로 '주변 지인'이 19.0%였다고 한다. 선지의 '문화예술교육 인지 경로 상위 5개 비율' 그래프는 해당 문장을 작성하는데 사용되었음을 알 수 있다.

⑤ (×) <보고서>에서는 문화예술교육 수강 이유와 관련하여 언급한 바 없다. 선지의 '문화예술교육 수강 이유 상위 5개 비율' 그래프는 <보고서>를 작성하는 데 사용되지 않았다.

[정답] ⑤

237 다음은 회계부정행위 신고 및 포상금 지급에 관한 <보고서>이다. 이를 작성하기 위해 사용된 자료만을 <보기>에서 모두 고르면?

민경채 20년 가책형 1번

<보고서>

2019년 회계부정행위 신고 건수는 모두 64건으로 2018년보다 29건 감소하였다. 회계부정행위 신고에 대한 최대 포상금 한도가 2017년 11월 규정 개정 후에는 1억 원에서 10억 원으로 상향됨에 따라 회계부정행위 신고에 대한 사회적 관심이 증가하여 2018년에는 신고 건수가 전년 대비 크게 증가(111.4%)하였다. 2019년 회계부정행위 신고 건수는 전년 대비 31.2% 감소하였지만 2013년부터 2016년까지 연간 최대 32건에 불과하였던 점을 감안하면 2017년 11월 포상금 규정 개정 전보다 여전히 높은 수준이었다.

─〈보기〉─

ㄱ. 회계부정행위 신고 현황

(단위: 건, %)

구분 \ 연도	2017	2018	2019
회계부정행위 신고 건수	44	93	64
전년 대비 증가율	–	111.4	-31.2

ㄴ. 연도별 회계부정행위 신고 건수 추이(2013~2016년)

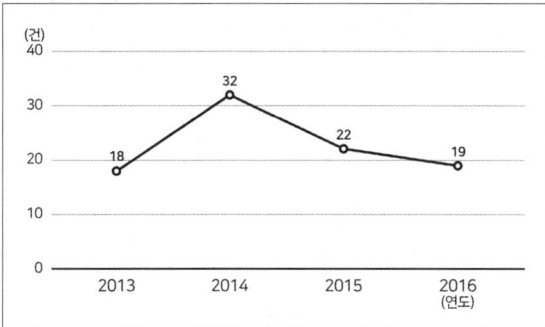

ㄷ. 회계부정행위 신고에 대한 최대 포상금 규정

(단위: 만 원)

시점	구분	최대 포상금 한도	
		자산총액 5천억 원 미만 기업	자산총액 5천억 원 이상 기업
2017년 11월 규정 개정	개정 후	50,000	100,000
	개정 전	5,000	10,000

ㄹ. 회계부정행위 신고 포상금 지급 현황

(단위: 건, 만 원)

구분 \ 연도	2008~2015	2016	2017	2018	2019	합계
지급 건수	6	2	2	1	2	13
지급액	5,010	2,740	3,610	330	11,940	23,630

① ㄱ, ㄷ
② ㄴ, ㄹ
③ ㄷ, ㄹ
④ ㄱ, ㄴ, ㄷ
⑤ ㄱ, ㄴ, ㄹ

해설

─〈보고서〉─

2019년 회계부정행위 신고 건수는 모두 64건으로 2018년 → ㄱ. 필요
보다 29건 감소하였다. 회계부정행위 신고에 대한 최대 포상금 한도가 2017년 11월 규정 개정 후에는 1억 원에서 10억 원으로 상향됨에 따라 회계부정행위 신고에 대한 → ㄷ. 필요
사회적 관심이 증가하여 2018년에는 신고 건수가 전년 대비 크게 증가(111.4%)하였다. 2019년 회계부정행위 신고 건수는 전년 대비 31.2% 감소하였지만 → ㄱ. 필요
2013년부터 2016년까지 연간 최대 32건에 불과하였던 점을 감안하면 → ㄴ. 필요
2017년 11월 포상금 규정 개정 전보다 여전히 높은 수준이었다.

ㄹ. (×) 신고 포상금의 지급건수나 지급액에 대해서는 〈보고서〉에서 언급하고 있지 않다.

[정답] ④

PSAT 교육 1위, 해커스PSAT
psat.Hackers.com

유형 5
매칭

I. 일반
II. 항목이 더
III. 일부만 매칭
IV. 항목이 더+일부

I. 일반

가장 기본이 되는 유형으로 우리가 매칭해야 할 항목과 관련된 수치만 제시되고, 그 모든 항목을 매칭해야 해결이 되는 유형이다.

238 다음 <표>는 2019년 기관 A~D 소속 퇴직예정공직자의 재취업을 위한 직무관련성 심사결과에 대한 자료이다. <표>와 <조건>을 근거로 A~D에 해당하는 기관을 바르게 나열한 것은?

7급 공채 20년 모의평가 11번

<표> 직무관련성 심사결과

(단위: 건)

기관 \ 구분	관련있음	관련없음	각하	전체
A	8	33	4	45
B	17	77	3	97
C	99	350	59	508
D	0	9	0	9

─〈조건〉─

○ 우주청의 전체 심사결과 중 '관련없음'의 비중은 혁신청의 전체 심사결과 중 '관련없음'의 비중보다 작다.
○ 기관별 전체 심사결과 중 '관련없음'의 비중은 문화청이 가장 크다.
○ '각하' 건수는 과학청이 혁신청보다 많다.
○ '관련없음' 대비 '관련있음' 건수의 비는 과학청이 우주청보다 높다.

	A	B	C	D
①	과학청	문화청	혁신청	우주청
②	과학청	혁신청	우주청	문화청
③	문화청	혁신청	우주청	과학청
④	우주청	혁신청	과학청	문화청
⑤	혁신청	우주청	과학청	문화청

해설

<조건>의 첫 번째 동그라미부터 각각 ⅰ)~ⅳ)라고 한다. 판단하기 쉬운 조건부터 확인해본다. ⅱ)에 따르면 기관별 전체 심사결과 중 '관련없음'의 비중은 문화청이 가장 크다고 한다. D의 경우 전체 심사결과가 9건이고, '관련없음'이 9건이므로 전체 심사결과 중 '관련없음'의 비중이 100%이다. 다른 기관은 모두 100%에 미치지 못하므로 D는 문화청임을 알 수 있다. 선지 ①, ③은 제거된다.

ⅰ)에 따르면 우주청의 전체 심사결과 중 '관련없음'의 비중은 혁신청의 전체 심사결과 중 '관련없음'의 비중보다 작다고 한다. <표>에서 A~C의 전체 심사결과 중 '관련없음'의 비중을 확인해보면 다음과 같다.

기관 \ 구분	관련있음	관련없음	각하	전체
A	8	33	약 73%	45
B	17	77	77% 이상	97
C	99	350	70% 미만	508

따라서 해당 비중이 77% 이상으로 가장 높은 B는 우주청이 될 수 없고, 70% 미만으로 가장 낮은 C는 혁신청이 될 수 없다. 선지 ⑤는 제거된다. 남은 선지에 따르면 B는 혁신청이다.

ⅳ)에 따르면 '관련없음' 대비 '관련있음' 건수의 비는 과학청이 우주청보다 높다고 한다. A의 '관련없음' 대비 '관련있음' 건수의 비는 8/33로 1/4 미만(8/32과 비교)이고, C는 99/350로 1/4 이상(90/360과 비교)이다. C가 과학청, A가 우주청이다. 정답은 ④이다.

합격으로 가는 Tip

만약 ⅲ)을 가장 먼저 검토했다면 다음과 같다. ⅲ)에 따르면 '각하' 건수는 과학청이 혁신청보다 많다고 한다. 따라서 '각하' 건수가 0건으로 가장 적은 D는 과학청이 될 수 없고, '각하' 건수가 59건으로 가장 많은 C는 혁신청이 될 수 없다. C가 혁신청인 선지 ①과 D가 과학청인 선지 ③은 제거된다. 선지 ①, ③을 제거하면 남은 선지에 따라 D는 문화청이다. D가 문화청임을 확인했으므로 ⅱ)를 제외한 ⅰ) 또는 ⅳ)를 검토한다.

[정답] ④

239 다음 <표>는 6개 기관(가~바)에서 제시한 2011년 경제 전망을 나타낸 자료이다. <보고서>의 설명을 바탕으로 <표>의 A~F에 해당하는 기관을 바르게 짝지은 것은? 민경채 11년 경책형 10번

<표> 기관별 2011년 경제 전망

(단위: %)

기관	경제 성장률	민간소비 증가율	설비투자 증가율	소비자물가 상승률	실업률
A	4.5	4.1	6.5	3.5	3.5
B	4.2	4.1	8.5	3.2	3.6
C	4.1	3.8	7.6	3.2	3.7
D	4.1	3.9	5.2	3.1	3.7
E	3.8	3.6	5.1	2.8	3.5
F	5.0	4.0	7.0	3.0	3.4

─〈보고서〉─

'가' 기관과 '나' 기관은 2011년 실업률을 동일하게 전망하였으나, '가' 기관이 '나' 기관보다 소비자물가 상승률을 높게 전망하였다. 한편, '마' 기관은 '나' 기관보다 민간소비 증가율이 0.5%p 더 높을 것으로 전망하였으며, '다' 기관은 경제 성장률을 6개 기관 중 가장 높게 전망하였다. 설비투자 증가율을 7% 이상으로 전망한 기관은 '다', '라', '마' 3개 기관이었다.

	A	B	C	D	E	F
①	가	라	마	나	바	다
②	가	마	다	라	나	바
③	가	마	라	바	나	다
④	다	라	나	가	바	마
⑤	마	라	가	나	바	다

해설

우선 가장 확정적인 정보부터 처리하면 '다' 기관은 경제 성장률을 6개 기관 중 '가장 높게' 전망하였으므로, '다'기관이 F 기관으로 확정된다. 선지를 활용해보면 선지 ②, ④는 제외된다.

방법 1)
<보고서> 내용 중 '0.5%p 높다'라는 확정적인 수치가 등장하므로 이 조건을 처리하면 '나'는 E로 확정되고, '마'는 A 또는 B로 추려진다. 이를 충족하는 선지는 ③뿐이다.

방법 2)
<보고서> 마지막 문장에서 7% 이상이라는 확정적인 수치가 등장하므로 이 조건을 처리하면 '라'와 '마'는 B와 C이어야 하므로 선지 ⑤가 제외된다.

남은 선지 ①, ③에서 '가'는 A로 공통이므로, <보고서> 첫 번째 문장을 참고해 '가'와 '나'의 실업률을 동일하게 전망하면 '나'는 E로 확정된다. 따라서 정답은 ③이다.

합격으로 가는 Tip

매칭형은 어떤 조건부터 처리하는가가 중요하다. '가장 ○○'이라는 표현은 확정적인 정보로 활용할 수 있는 표현이다. 그리고 매칭형을 해결하는 데 있어 선지를 활용하는 것이 반드시 필요하다.

[정답] ③

240 다음 <표>는 2017~2021년 '갑'국의 해양사고 유형별 발생 건수와 인명피해 인원 현황이다. <표>와 <조건>을 근거로 A~E에 해당하는 유형을 바르게 연결한 것은?

7급 공채 23년 인책형 22번

〈표 1〉 2017~2021년 해양사고 유형별 발생 건수

(단위: 건)

유형 연도	A	B	C	D	E
2017	258	65	29	96	160
2018	250	46	38	119	162
2019	244	110	61	132	228
2020	277	108	69	128	203
2021	246	96	54	149	174

〈표 2〉 2017~2021년 해양사고 유형별 인명피해 인원

(단위: 명)

유형 연도	A	B	C	D	E
2017	35	20	25	3	60
2018	19	25	1	0	52
2019	10	19	0	16	52
2020	8	25	2	8	79
2021	9	27	3	3	76

※ 해양사고 유형은 '안전사고', '전복', '충돌', '침몰', '화재폭발' 중 하나로만 구분됨.

〈조건〉
○ 2017~2019년 동안 '안전사고' 발생 건수는 매년 증가한다.
○ 2020년 해양사고 발생 건수 대비 인명피해 인원의 비율이 두 번째로 높은 유형은 '전복'이다.
○ 해양사고 발생 건수는 매년 '충돌'이 '전복'의 2배 이상이다.
○ 2017~2021년 동안의 해양사고 인명피해 인원 합은 '침몰'이 '안전사고'의 50% 이하이다.
○ 2020년과 2021년의 해양사고 인명피해 인원 차이가 가장 큰 유형은 '화재폭발'이다.

	A	B	C	D	E
①	충돌	전복	침몰	화재폭발	안전사고
②	충돌	전복	화재폭발	안전사고	침몰
③	충돌	침몰	전복	화재폭발	안전사고
④	침몰	전복	안전사고	화재폭발	충돌
⑤	침몰	충돌	전복	안전사고	화재폭발

241 다음 <그림>은 남미, 인도, 중국, 중동 지역의 2010년 대비 2030년 부문별 석유수요의 증감규모를 예측한 자료이다. <보기>의 설명을 참고하여 A~D에 해당하는 지역을 바르게 나열한 것은?

민경채 11년 경책형 20번

<그림> 2010년 대비 2030년 지역별, 부문별 석유수요의 증감규모

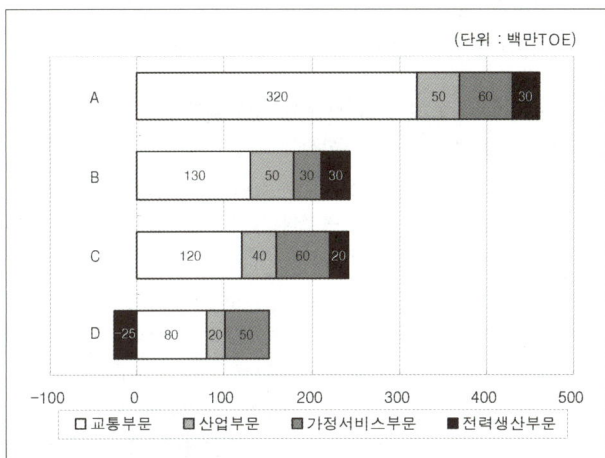

※ 주어진 네 부문 이외 석유수요의 증감은 없다.

―<보기>―
○ 인도와 중동의 2010년 대비 2030년 전체 석유수요 증가규모는 동일하다.
○ 2010년 대비 2030년에 전체 석유수요 증가규모가 가장 큰 지역은 중국이다.
○ 2010년 대비 2030년에 전력생산부문의 석유수요 규모가 감소하는 지역은 남미이다.
○ 2010년 대비 2030년에 교통부문의 석유수요 증가규모가 해당 지역 전체 석유수요 증가규모의 50%인 지역은 중동이다.

	A	B	C	D
①	중국	인도	중동	남미
②	중국	중동	인도	남미
③	중국	인도	남미	중동
④	인도	중국	중동	남미
⑤	인도	중국	남미	중동

해설

다양한 해결과정이 나올 수 있는 문제이다. 실마리로 잡을 수 있는 조건이 다양하고, 각 조건이 처리하기에 어렵지 않아 쉬운 해결이 가능한 문제이다.

○ 인도와 중동의 2010년 대비 2030년 전체 석유수요 증가규모는 동일하다.
   → 인도와 중동이 B, C 중 하나씩이 된다. 선지 ①, ②가 해당된다.
○ 2010년 대비 2030년에 전체 석유수요 증가규모가 가장 큰 지역은 중국이다.
   → 중국이 A가 된다. 선지 ①, ②, ③이 해당된다.
○ 2010년 대비 2030년에 전력생산부문의 석유수요 규모가 감소하는 지역은 남미이다.
   → 남미가 D가 된다. 선지 ①, ②, ④가 해당된다.
○ 2010년 대비 2030년에 교통부문의 석유수요 증가규모가 해당 지역 전체 석유수요 증가규모의 50%인 지역은 중동이다.
   → 전체 합이 주어져 있지 않은 경우, 부분상대비를 활용하여 교통부문과 나머지의 총합을 비교해서, '교통부문 = 나머지의 총합'인 경우를 찾아야 한다. C가 중동이 되고 선지 ①, ④가 해당한다.

만약 첫 번째 조건을 처리했다면, 중동을 확정할 수 있는 네 번째 조건을 처리하여, 선지 ①로 확정할 수 있다.
또는 '가장'이 포함되어 있어 확정적인 조건인 두 번째 조건을 처리한 후, 50%라는 특정 수치가 포함되어 있는 네 번째 조건을 처리하여, 선지 ①로 확정할 수 있다.

[정답] ①

242 다음 <그림>은 2006~2010년 A~D국의 특허 및 상표 출원 건수에 대한 자료이다. 이에 대한 <보기>의 설명을 이용하여 A~D에 해당하는 국가를 바르게 나열한 것은?

민경채 13년 인책형 2번

<그림 1> 연도별·국가별 특허출원 건수

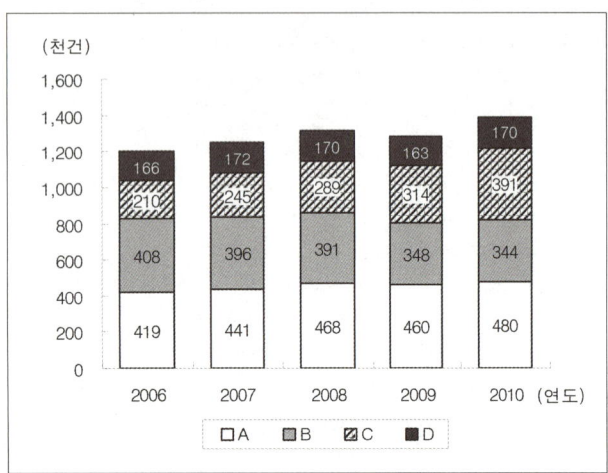

<그림 2> 연도별·국가별 상표출원 건수

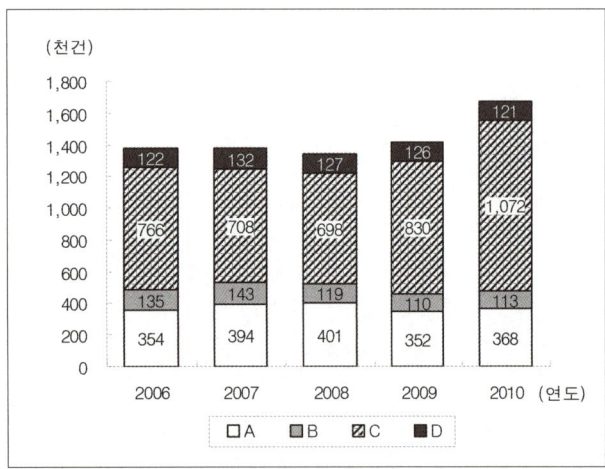

─────〈보기〉─────
○ 2006년 대비 2010년 특허출원 건수 증가율이 가장 높은 국가는 중국이다.
○ 2007년 대비 2010년 특허출원 건수가 가장 큰 폭으로 감소한 국가는 일본이다.
○ 2007년 이후 한국의 상표출원 건수는 매년 감소하였다.
○ 2010년 상표출원 건수는 미국이 일본보다 10만건 이상 많다.

	A	B	C	D
①	한국	일본	중국	미국
②	미국	일본	중국	한국
③	중국	한국	미국	일본
④	중국	미국	한국	일본
⑤	미국	중국	일본	한국

해설

○ 2006년 대비 2010년 특허출원 건수 증가율이 가장 높은 국가는 중국이다.
  → <표 1>에서 2006년 대비 2010년 특허출원 건수 증가율이 가장 높은 국가는 210이 391로 2배 가까이 증가하는 C가 중국이다. 선지 ①, ②로 추려진다.
○ 2007년 대비 2010년 특허출원 건수가 가장 큰 폭으로 감소한 국가는 일본이다.
  → <표 1>에서 2007년 대비 2010년의 감소폭을 계산하면 되므로, B가 일본이다. 선지 ①, ②로 추려진다.
○ 2007년 이후 한국의 상표출원 건수는 매년 감소하였다.
  → <표 2>에서 매년 상표출원 건수가 감소한 국가는 D이다. D가 한국이므로 ②, ⑤로 추려진다.

위 세 개 조건 중 어떠한 조건을 하나만 처리했더라도 선지는 2개씩만 남게 된다. 만약 첫 번째 조건과 세 번째 조건을 또는 두 번째 조건과 세 번째 조건을 처리했다면 조건을 모두 충족하는 선지는 ②이다.

○ 2010년 상표출원 건수는 미국이 일본보다 10만건 이상 많다.
  → <표 2>에서 단위가 (천건)이므로, 이 조건을 충족하기 위해서는 100 이상의 차이가 나야 한다. 만약 일본이 B 또는 D라면 미국은 A 또는 C일 수 있는 등 경우가 여러 가지이므로, 되도록 이 조건을 처리하지 않고 다른 조건을 처리하는 것이 바람직하다.

[정답] ②

243 다음 <그림>은 국가 A~D의 정부신뢰에 관한 자료이다. <그림>과 <조건>에 근거하여 A~D에 해당하는 국가를 바르게 나열한 것은?

〈그림 1〉 국가별 전체국민 정부신뢰율

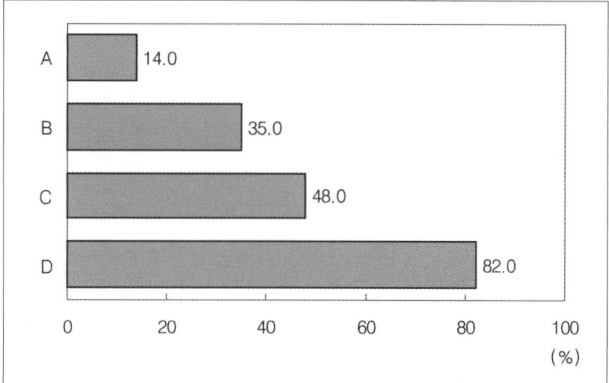

〈그림 2〉 국가별 청년층의 상대적 정부신뢰지수

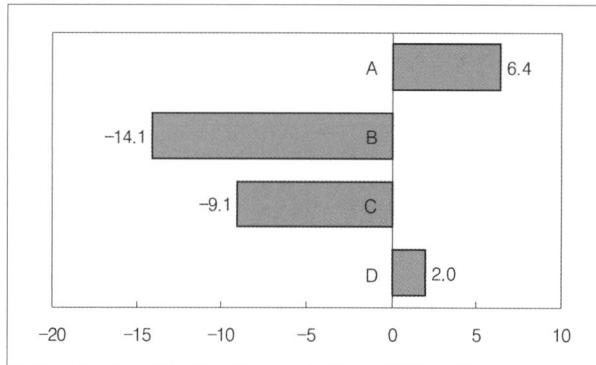

※ 1) 전체국민 정부신뢰율(%)
   = 정부를 신뢰한다고 응답한 응답자 수 / 전체응답자 수 × 100

2) 청년층 정부신뢰율(%)
   = 정부를 신뢰한다고 응답한 청년층 응답자 수 / 청년층 응답자 수 × 100

3) 청년층의 상대적 정부신뢰지수
   = 전체국민 정부신뢰율(%) − 청년층 정부신뢰율(%)

─〈조건〉─
○ 청년층 정부신뢰율은 스위스가 그리스의 10배 이상이다.
○ 영국과 미국에서는 청년층 정부신뢰율이 전체국민 정부신뢰율보다 높다.
○ 청년층 정부신뢰율은 미국이 스위스보다 30%p 이상 낮다.

	A	B	C	D
①	그리스	영국	미국	스위스
②	스위스	영국	미국	그리스
③	스위스	미국	영국	그리스
④	그리스	미국	영국	스위스
⑤	영국	그리스	미국	스위스

244 다음 <그림>은 한국, 일본, 미국, 벨기에의 2010년, 2015년, 2020년 자동차 온실가스 배출량 기준에 관한 자료이다. <그림>과 <조건>에 근거하여 A~D에 해당하는 국가를 바르게 나열한 것은?

민경채 19년 나책형 14번

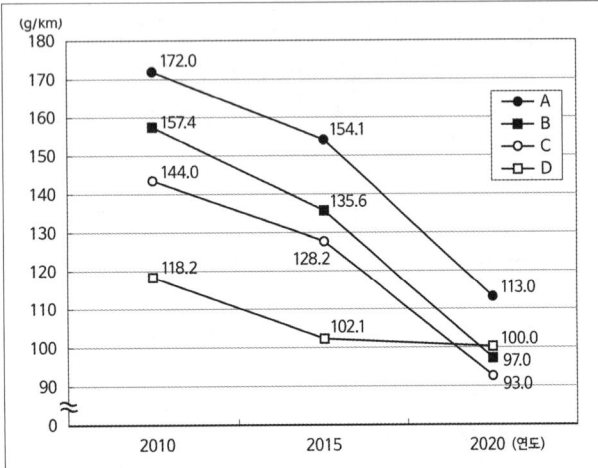

〈그림〉 자동차 온실가스 배출량 기준

─〈조건〉─
○ 2010년 대비 2020년 자동차 온실가스 배출량 기준 감소율은 한국이 일본, 미국, 벨기에보다 높다.
○ 2015년 한국과 일본의 자동차 온실가스 배출량 기준 차이는 30g/km 이상이다.
○ 2020년 자동차 온실가스 배출량 기준은 미국이 한국과 벨기에보다 높다.

	A	B	C	D
①	미국	벨기에	한국	일본
②	미국	한국	벨기에	일본
③	벨기에	한국	미국	일본
④	일본	벨기에	한국	미국
⑤	한국	일본	벨기에	미국

해설

○ 2010년 대비 2020년 자동차 온실가스 배출량 기준 감소율은 한국이 일본, 미국, 벨기에보다 높다.
→ 2010년 대비 2020년의 감소율이 가장 큰 것을 찾거나 또는 반대로 2020년 대비 2010년의 증가율이 가장 큰 것을 찾는다. A의 2010년은 2020년의 1.52배이고, B는 1.6배이고, C는 1.55배이다. 따라서 한국은 B이다.
만약 감소율을 구했다면, A는 34.3%이고, B는 38.4%이고, C는 35.4%이다. 다소 엄밀한 계산을 요구하는 조건이어서 처리가 쉽지 않은 조건이다.

○ 2015년 한국과 일본의 자동차 온실가스 배출량 기준 차이는 30g/km 이상이다.
→ 한국 또는 일본이 C일 수 없다. 따라서 선지 ①, ④가 소거된다.

○ 2020년 자동차 온실가스 배출량 기준은 미국이 한국과 벨기에보다 높다.
→ 미국이 C인 선지 ③, 벨기에가 A인 선지 ③, 한국이 A인 선지 ⑤를 소거할 수 있다.

첫 번째 동그라미를 해결하지 않고도, 두 번째 동그라미와 세 번째 동그라미를 활용하면 선지 ①, ③, ④, ⑤를 소거하여 정답 ②를 구할 수 있다.

합격으로 가는 Tip
첫 번째 동그라미를 처리할 때, A, B, C가 값이 비슷하여 어렵다고 느껴지면 바로 다른 조건으로 넘어가는 것이 좋다. '가장' 큰 것을 찾으면 하나로 확정되기는 하나, 이를 확정하기 위해서는 다소 엄밀한 계산이 요구된다.

[정답] ②

PSAT 교육 1위, 해커스PSAT

psat.Hackers.com

II. 항목이 더

수치자료의 표가 주어질 때, 우리가 매칭해야 할 항목 외에도 다른 항목의 추가자료가 제시되는 유형이다. 예를 들어 우리가 매칭해야 할 국가가 (A)~(D)라 하면, (A)~(D)국가 외에 다른 국가에 대한 정보도 제시된다. 이 경우 조건 중에 우리가 매칭해야 할 국가에 대한 조건과 이미 주어져 있는 국가에 대한 조건을 구분하는 것부터 시작해야 한다.

245 다음 <표>는 어느 나라의 세목별 징수세액에 대한 자료이다. 이에 대한 <보기>의 설명을 이용하여 A~D에 해당하는 세목을 바르게 나열한 것은?

민경채 13년 인책형 4번

<표> 세목별 징수세액

(단위: 억원)

연도 세목	1989	1999	2009
소득세	35,569	158,546	344,233
법인세	31,079	93,654	352,514
A	395	4,807	12,207
증여세	1,035	4,205	12,096
B	897	10,173	10,163
C	52,602	203,690	469,915
개별소비세	12,570	27,133	26,420
주세	8,930	20,780	20,641
전화세	2,374	11,914	11,910
D	4,155	13,537	35,339

─────<보기>─────
○ 1989년 징수세액이 5,000억원보다 적은 세목은 상속세, 자산재평가세, 전화세, 증권거래세, 증여세이다.
○ 1989년에 비해 1999년에 징수세액이 10배 이상 증가한 세목은 상속세와 자산재평가세이다.
○ 1999년에 비해 2009년에 징수세액이 증가한 세목은 법인세, 부가가치세, 상속세, 소득세, 증권거래세, 증여세이다.

	A	B	C	D
①	상속세	자산재평가세	부가가치세	증권거래세
②	상속세	증권거래세	자산재평가세	부가가치세
③	자산재평가세	상속세	부가가치세	증권거래세
④	자산재평가세	부가가치세	상속세	증권거래세
⑤	증권거래세	상속세	부가가치세	자산재평가세

해설

<보기>의 두 번째 동그라미부터 확인해 보면,
○ 1989년에 비해 1999년에 징수세액이 10배 이상 증가한 세목은 상속세와 자산재평가세이다.
→ 1989년에 비해 1999년에 징수세액이 10배 이상 증가한 세목은 A와 B이므로, 이를 충족하는 선지는 ①, ③ 두 개뿐이다.

연도 세목	1989	1999	2009
소득세	35,569	158,546	344,233
법인세	31,079	93,654	352,514
A	395	4,807	12,207
증여세	1,035	4,205	12,096
B	897	10,173	10,163
C	52,602	203,690	469,915
개별소비세	12,570	27,133	26,420
주세	8,930	20,780	20,641
전화세	2,374	11,914	11,910
D	4,155	13,537	35,339

선지 ①, ③ 중 정답을 확정하기 위해서는 상속세와 자산재평가세를 A와 B 중에서 확정해야 하므로, 이를 구분할 수 있는 조건은 세 번째 동그라미이다.

○ 1999년에 비해 2009년에 징수세액이 증가한 세목은 법인세, 부가가치세, 상속세, 소득세, 증권거래세, 증여세이다.
→ 상속세는 1999년에 비해 2009년에 징수세액이 증가해야 한다.

연도 세목	1989	1999	2009
소득세	35,569	158,546	344,233
법인세	31,079	93,654	352,514
A	395	4,807	12,207
증여세	1,035	4,205	12,096
B	897	10,173	10,163
C	52,602	203,690	469,915
개별소비세	12,570	27,133	26,420
주세	8,930	20,780	20,641
전화세	2,374	11,914	11,910
D	4,155	13,537	35,339

A와 B 중에서 1999년에 비해 2009년에 징수세액이 증가한 건 A이므로 정답은 ①이다.

첫 번째 동그라미를 적용해 본다면 다음과 같다.
○ 1989년 징수세액이 5,000억원보다 적은 세목은 상속세, 자산재평가세, 전화세, 증권거래세, 증여세이다.
→ <표>에서 1989년 징수세액이 5,000억원보다 적은 세목은 단위가 (억원)이므로 그대로 5,000보다 작은 수를 확인하면 된다. 표 위에서부터 A, 증여세, B, 전화세, D이므로, (A, B, D)가 (상속세, 자산재평가세, 증권거래세)가 된다. 선지 ②, ④가 소거된다.

[정답] ①

246 다음은 2023년 '갑'국 주요 10개 업종의 특허출원 현황에 관한 자료이다. 이를 근거로 A~C에 해당하는 업종을 바르게 연결한 것은?

7급 공채 24년 사책형 8번

〈표〉 주요 10개 업종의 기업규모별 특허출원건수 및 특허출원기업 수

(단위: 건, 개)

구분 업종	기업규모별 특허출원건수			특허출원 기업 수
	대기업	중견기업	중소기업	
A	25,234	1,575	4,730	1,725
전기장비	6,611	501	3,265	1,282
기계	1,314	1,870	5,833	2,360
출판	204	345	8,041	2,550
자동차	5,460	1,606	1,116	617
화학제품	2,978	917	2,026	995
의료	52	533	2,855	1,019
B	18	115	3,223	1,154
건축	113	167	2,129	910
C	29	7	596	370

※ 기업규모는 '대기업', '중견기업', '중소기업'으로만 구분됨.

〈정보〉

○ '중소기업' 특허출원건수가 해당 업종 전체 기업 특허출원건수의 90% 이상인 업종은 '연구개발', '전문서비스', '출판'이다.
○ '대기업' 특허출원건수가 '중견기업'과 '중소기업' 특허출원건수 합의 2배 이상인 업종은 '전자부품', '자동차'이다.
○ 특허출원기업당 특허출원건수는 '연구개발'이 '전문서비스'보다 많다.

	A	B	C
①	연구개발	전자부품	전문서비스
②	전자부품	연구개발	전문서비스
③	전자부품	전문서비스	연구개발
④	전문서비스	연구개발	전자부품
⑤	전문서비스	전자부품	연구개발

해설

〈정보〉의 첫 번째 동그라미부터 각각 ⅰ)~ⅲ)이라고 한다. 그리고 선지를 활용하여 '연구개발', '전문서비스', '전자부품'을 A~C에 매칭해야 함을 확인한다.

ⅰ)에 따르면 '연구개발', '전문서비스' 업종은 '중소기업' 특허출원 건수가 해당 업종 전체 기업 특허출원건수의 90% 이상이다.

구분 업종	기업규모별 특허출원건수			특허출원 기업 수
	대기업	중견기업	중소기업	
A	25,234	1,575	4,730	1,725
⋮	⋮	⋮	⋮	⋮
B	18	115	3,223	1,154
건축	113	167	2,129	910
C	29	7	596	370

A~C 중 '중소기업'의 특허출원건수가 '대기업'보다 많은 업종은 B, C이므로 구체적인 값을 확인할 필요 없이 A가 '전자부품'임을 알 수 있다. 선지 ①, ④, ⑤는 제거된다. A가 '전자부품'임을 확정하였으므로 ⅱ)는 검토하지 않는다.

구분 업종	기업규모별 특허출원건수			특허출원 기업 수
	대기업	중견기업	중소기업	
⋮	⋮	⋮	⋮	⋮
B	18	115	3,223	1,154
건축	113	167	2,129	910
C	29	7	596	370

ⅲ)에 따르면 특허출원기업당 특허출원건수는 '연구개발'이 '전문서비스'보다 많다. B의 특허출원기업당 특허출원건수는 (18+115+3,223)/1,154로 대략 3에 가까운 값이고 2 이상이다. C의 경우는 (29+7+596)/370으로 2 미만이다. B가 '연구개발', C가 '전문서비스'임을 알 수 있다. 정답은 ②이다.

[정답] ②

247 다음 <표>는 '갑'국의 8개국 대상 해외직구 반입동향을 나타낸 자료이다. 다음 <조건>의 설명에 근거하여 <표>의 A~D에 해당하는 국가를 바르게 나열한 것은? 민경채 15년 인책형 8번

<표> '갑'국의 8개국 대상 해외직구 반입동향

(단위: 건, 천달러)

연도	반입방법 국가	목록통관		EDI 수입		전체	
		건수	금액	건수	금액	건수	금액
2013	미국	3,254,813	305,070	5,149,901	474,807	8,404,714	779,877
	중국	119,930	6,162	1,179,373	102,315	1,299,303	108,477
	독일	71,687	3,104	418,403	37,780	490,090	40,884
	영국	82,584	4,893	123,001	24,806	205,585	29,699
	프랑스	172,448	6,385	118,721	20,646	291,169	27,031
	일본	53,055	2,755	138,034	21,028	191,089	23,783
	뉴질랜드	161	4	90,330	4,082	90,491	4,086
	호주	215	14	28,176	2,521	28,391	2,535
2014	미국	5,659,107	526,546	5,753,634	595,206	11,412,741	1,121,752
	(A)	170,683	7,798	1,526,315	156,352	1,696,998	164,150
	독일	170,475	7,662	668,993	72,509	839,468	80,171
	프랑스	231,857	8,483	336,371	47,456	568,228	55,939
	(B)	149,473	7,874	215,602	35,326	365,075	43,200
	(C)	87,396	5,429	131,993	36,963	219,389	42,392
	뉴질랜드	504	16	108,282	5,283	108,786	5,299
	(D)	2,089	92	46,330	3,772	48,419	3,864

─────<조건>─────

○ 2014년 중국 대상 해외직구 반입 전체 금액은 같은 해 독일 대상 해외직구 반입 전체 금액의 2배 이상이다.
○ 2014년 영국과 호주 대상 EDI 수입 건수 합은 같은 해 뉴질랜드 대상 EDI 수입 건수의 2배보다 작다.
○ 2014년 호주 대상 해외직구 반입 전체 금액은 2013년 호주 대상 해외직구 반입 전체 금액의 10배 미만이다.
○ 2014년 일본 대상 목록통관 금액은 2013년 일본 대상 목록통관 금액의 2배 이상이다.

	A	B	C	D
①	중국	일본	영국	호주
②	중국	일본	호주	영국
③	중국	영국	일본	호주
④	일본	영국	중국	호주
⑤	일본	중국	호주	영국

248 다음 <표>는 1991~2000년 5개국의 국가별 인구변동에 대한 자료이다. 이를 근거로 <보기>의 A~C에 해당하는 국가를 바르게 나열한 것은?

민경채 13년 인책형 15번

<표 1> 국가별 출생률

(단위: 명)

연도 국가	1991	1992	1993	1994	1995	1996	1997	1998	1999	2000
아프가니스탄	48.3	50.7	52.6	53.2	51.6	50.8	48.9	47.1	49.7	41.8
아랍에미리트	49.8	47.5	43.6	38.6	33.0	30.5	29.5	27.9	21.0	18.7
보스니아 헤르체고비나	37.1	34.7	31.1	25.1	21.3	19.6	18.2	17.1	12.6	6.5
르완다	47.3	49.6	51.2	52.4	52.9	52.8	50.4	45.2	43.9	35.8
라이베리아	48.0	49.5	50.3	49.6	48.1	47.4	47.2	47.3	49.1	47.5

<표 2> 국가별 인구자연증가율

(단위: 명)

연도 국가	1991	1992	1993	1994	1995	1996	1997	1998	1999	2000
아프가니스탄	16.6	20.3	22.7	25.2	25.6	26.8	25.9	24.4	28.0	23.8
아랍에미리트	27.0	26.8	26.3	26.3	23.1	23.1	25.5	25.1	18.3	16.1
보스니아 헤르체고비나	24.2	24.1	22.2	17.6	14.4	13.1	11.4	10.0	5.6	-9.0
르완다	24.0	27.3	29.8	31.6	32.4	32.6	31.7	27.8	-0.7	14.8
라이베리아	20.8	24.0	26.5	27.8	28.5	29.3	30.5	31.5	21.2	32.2

─〈보기〉─

1991년 이후 인구자연증가율이 매년 감소한 나라는 (A)이고, 1999년 출생률이 가장 높은 나라는 (B)이다. 1991년 이후 출생률이 매년 감소한 나라는 (C)와 보스니아 헤르체고비나이다.

	A	B	C
①	보스니아 헤르체고비나	라이베리아	아랍에미리트
②	보스니아 헤르체고비나	아프가니스탄	아랍에미리트
③	보스니아 헤르체고비나	아프가니스탄	르완다
④	아랍에미리트	라이베리아	아프가니스탄
⑤	아랍에미리트	라이베리아	르완다

Ⅲ. 일부만 매칭

우리가 매칭해야 할 항목이 (A)~(D)라고 하면 그 중 일부만 선지로 제시되어 있는 형태의 문제이다. 이 경우 (A)~(D)가 모두 주어진 선지보다 선지를 활용할 수 있는 여지가 낮아지기 때문에 우리가 직접 해결해야하는 부분이 더 많아진다는 점에서 난도가 올라가게 되는 유형이다.

249 다음 <표>는 '갑'주무관이 해양포유류 416종을 4가지 부류(A~D)로 나눈 후 2022년 기준 국제자연보전연맹(IUCN) 적색 목록 지표에 따라 분류한 자료이다. 이를 근거로 작성한 <보고서>의 A, B에 해당하는 해양포유류 부류를 바르게 연결한 것은?

7급 공채 22년 가책형 12번

〈표〉 해양포유류의 IUCN 적색 목록 지표별 분류 현황

(단위: 종)

지표 \ 해양포유류 부류	A	B	C	D	합
절멸종(EX)	3	-	2	8	13
야생절멸종(EW)	-	-	-	2	2
심각한위기종(CR)	-	-	-	15	15
멸종위기종(EN)	11	1	-	48	60
취약종(VU)	7	2	8	57	74
위기근접종(NT)	2	-	-	38	40
관심필요종(LC)	42	2	1	141	186
자료부족종(DD)	2	-	-	24	26
미평가종(NE)	-	-	-	-	0
계	67	5	11	333	416

─〈보고서〉─

국제자연보전연맹(IUCN)의 적색 목록(Red List)은 지구 동식물의 보전 상태를 나타내며, 각 동식물종의 보전 상태는 9개의 지표 중 1개로만 분류된다. 이 중 심각한위기종(CR), 멸종위기종(EN), 취약종(VU) 3개 지표 중 하나로 분류되는 동식물종을 멸종우려종(threatened species)이라 한다.

조사대상 416종의 해양포유류를 '고래류', '기각류', '해달류 및 북극곰', '해우류' 4가지 부류로 나눈 후, IUCN의 적색 목록 지표에 따라 분류해 보면 전체 조사대상의 약 36%가 멸종우려종에 속하고 있다. 특히, 멸종우려종 중 '고래류'가 차지하는 비중은 80% 이상이다. 또한 '해달류 및 북극곰'은 9개의 지표 중 멸종우려종 또는 관심필요종(LC)으로만 분류된 것으로 나타났다.

한편 해양포유류에 대한 과학적인 이해가 부족하여 26종은 자료부족종(DD)으로 분류되고 있다. 다만 '해달류 및 북극곰'과 '해우류'는 자료부족종(DD)으로 분류된 종이 없다.

	A	B
①	고래류	기각류
②	고래류	해우류
③	기각류	해달류 및 북극곰
④	기각류	해우류
⑤	해우류	해달류 및 북극곰

해설

〈보고서〉의 첫 번째 문단부터 각각 문단 ⅰ)~ⅲ)이라고 한다.

문단 ⅰ) 두 번째 문장에 따르면 심각한위기종(CR), 멸종위기종(EN), 취약종(VU) 3개 지표 중 하나로 분류되는 동식물종을 멸종우려종이라 한다. 그리고 문단 ⅱ) 두 번째 문장에 따르면 멸종우려종 중 '고래류'가 차지하는 비중은 80% 이상이라고 한다. 〈표〉에 따르면 구체적으로 계산하지 않아도 D의 심각한위기종(CR), 멸종위기종(EN), 취약종(VU) 합이 가장 크다는 것을 알 수 있다.

지표 \ 해양포유류 부류	A	B	C	D	합
심각한위기종(CR)	-	-	-	15	15
멸종위기종(EN)	11	1	-	48	60
취약종(VU)	7	2	8	57	74

따라서 D는 '고래류'이다. 선지 ①, ②는 제거된다.

문단 ⅱ) 세 번째 문장에 따르면 '해달류 및 북극곰'은 9개의 지표 중 멸종우려종 또는 관심필요종(LC)으로만 분류되었다고 한다. 〈표〉에 따르면 9개의 지표 중 멸종우려종 또는 관심필요종으로만 분류된 해양포유류 부류는 B이다. A, C, D의 경우 절멸종으로 분류된 부류가 있으므로 A, C, D가 아니라는 것을 쉽게 파악할 수 있다. B는 '해달류 및 북극곰'이다. 선지 ④는 제거된다.

문단 ⅲ) 두 번째 문장에 따르면 '해달류 및 북극곰'과 '해우류'는 자료부족종(DD)으로 분류된 종이 없다고 한다. 〈표〉를 보면 자료부족종으로 분류된 종이 없는 해양포유류 부류는 B, C이다. 따라서 C는 '해우류'이고, 나머지 A는 '기각류'임을 알 수 있다. 선지 ⑤는 제거된다. 정답은 ③이다.

[정답] ③

250 다음 <표>는 2010년과 2011년 주요 화재장소별 화재건수를 나타낸 것이다. <보기>를 이용하여 A~F를 구할 때 A, C, F에 해당하는 화재장소를 바르게 짝지은 것은?

민경채 12년 인책형 21번

<표> 주요 화재장소별 화재건수

(단위: 건)

구분	계	A	B	C	D	E	F
2011년 8월	2,200	679	1,111	394	4	4	8
2010년 8월	2,535	785	1,265	471	1	7	6
2011년 1~8월	24,879	7,140	11,355	3,699	24	49	2,612
2010년 1~8월	23,447	6,664	10,864	4,206	21	75	1,617

─<보기>─

○ 2011년 8월에 전년동월대비 화재건수가 증가한 화재장소는 위험물보관소와 임야이다.
○ 2011년 1~8월 동안 화재건수가 많은 상위 두 곳은 사무실과 주택이다.
○ 2011년 1~8월 동안 화재건수가 100건이 넘지 않는 화재장소는 위험물보관소와 선박이다.
○ 2011년 1~8월 동안 주택과 차량에서 발생한 화재건수의 합은 사무실에서 발생한 화재건수보다 적다.

	A	C	F
①	사무실	선박	위험물보관소
②	사무실	차량	임야
③	주택	선박	임야
④	주택	선박	위험물보관소
⑤	주택	차량	임야

251 다음 <표>는 2018년 A~E 기업의 영업이익, 직원 1인당 영업이익, 평균연봉을 나타낸 자료이다. <보기>의 설명을 근거로 '나', '라'에 해당하는 기업을 바르게 나열한 것은?

민경채 19년 나책형 10번

〈표〉 A~E 기업의 영업이익, 직원 1인당 영업이익, 평균연봉

(단위: 백만 원)

항목 / 기업	영업이익	직원 1인당 영업이익	평균연봉
가	83,600	34	66
나	33,900	34	34
다	21,600	18	58
라	24,600	7	66
마	50,100	30	75

〈보기〉

- A는 B, C, E에 비해 직원 수가 많다.
- C는 B, D, E에 비해 평균연봉 대비 직원 1인당 영업이익이 적다.
- A, B, C의 영업이익을 합쳐도 D의 영업이익보다 적다.
- E는 B에 비해 직원 1인당 영업이익이 적다.

	나	라
①	B	A
②	B	D
③	C	B
④	C	E
⑤	D	A

해설

첫 번째, 두 번째 동그라미를 처리하기 위해서는 상당한 계산량이 요구된다. 따라서 세 번째 동그라미와 네 번째 동그라미를 먼저 처리하는 것이 좋다.

세 번째 동그라미를 해결해 보면, A, B, C의 영업이익을 합쳐도 D의 영업이익보다 적어야 하는데,

항목 / 기업	영업이익	직원 1인당 영업이익	평균연봉
가	83,600	34	66
나	33,900	34	34
다	21,600	18	58
라	24,600	7	66
마	50,100	30	75

5개의 영업이익 중 작은 값부터 순서대로 '나~라'의 값을 더해보면 만 자리 숫자만 더하더라도 7만을 훌쩍 넘는다. 따라서 '가'는 D로 확정되고(선지 ②, ⑤ 제거), '나~라'가 A, B, C 중 하나씩으로 확정되고, '마'가 E로 확정된다(선지 ④ 제거). 남은 선지는 ①, ③ 뿐이다.

마지막 네 번째 동그라미를 적용해 보면, E는 B에 비해 직원 1인당 영업이익이 적어야 하는데, 앞서 확정된 E의 직원 1인당 영업이익이 30이므로 B는 직원 1인당 영업이익이 34인 '가' 또는 '나'일 수 있다. 그런데 앞서 '가'는 D로 확정되었으므로, B는 '나'이어야 한다.

항목 / 기업	영업이익	직원 1인당 영업이익	평균연봉
가	83,600	34	66
나	33,900	34	34
다	21,600	18	58
라	24,600	7	66
마	50,100	30	75

이 때 선지를 활용하여 'E'를 확정하면 앞선 해설보다 쉽게 해결 가능하다. 선지를 해결한다면 '라'가 B일 수 없으므로 선지 ③을 제거하여, 선지 ①로 정답을 확정할 수 있다.

연습해 보면, 첫 번째 동그라미에서는 '직원 수(ㄱ)'를 봐야하고, 두 번째 동그라미에서는 '평균연봉 대비 직원 1인당 영업이익(ㄴ)'을 봐야하는데, (ㄱ), (ㄴ) 두 개 값 모두 주어진 값은 아니므로 계산을 통해 구해야 한다.

'직원 수(ㄱ)'는 '영업이익÷직원 1인당 영업이익'으로 구할 수 있고, '평균연봉대비 직원 1인당 영업이익(ㄴ)'은 '직원 1인당 영업이익÷평균연봉'으로 구할 수 있다.

항목 / 기업	영업이익	직원 1인당 영업이익	평균연봉	(ㄱ)	(ㄴ)
가	83,600	34	66	약 2,458	약 0.515
나	33,900	34	34	약 997	1
다	21,600	18	58	1,200	약 0.31
라	24,600	7	66	약 3,514	약 0.106
마	50,100	30	75	1,670	0.4

계산한 결과값의 간격이 촘촘하지는 않으므로 대충 어림산 하더라도 계산 및 비교가 가능한 숫자이기는 하다. (ㄱ)의 결과로 선지 ③, ④가 소거 가능하고, (ㄴ)의 결과로도 역시 ③, ④가 소거 가능하다. 다만 계산량이 많이 요구되는 조건이므로, 보다 쉬운 다른 조건부터 처리하는 것이 바람직하다.

[정답] ①

252 다음 <표>와 <정보>는 2014년 1월 전국 4개 도시에 각각 위치한 '갑' 회사의 공장(A~D)별 실제 가동시간과 가능 가동시간에 관한 자료이다. 이에 근거하여 공장 A와 D가 위치한 도시를 바르게 나열한 것은?

민경채 14년 A책형 1번

<표> 공장별 실제 가동시간 및 가능 가동시간

(단위: 시간)

구분 \ 공장	A	B	C	D
실제 가동시간	300	150	250	300
가능 가동시간	400	200	300	500

※ 실가동률(%) = $\frac{\text{실제 가동시간}}{\text{가능 가동시간}} \times 100$

<정보>
○ 광주와 인천 공장의 가능 가동시간 합은 서울과 부산 공장의 가능 가동시간 합보다 크다.
○ 부산과 광주 공장의 실제 가동시간 합은 서울과 인천 공장의 실제 가동시간 합보다 작다.
○ 서울과 부산 공장의 실가동률은 같다.
○ 인천 공장의 가능 가동시간이 가장 길다.

	A가 위치한 도시	D가 위치한 도시
①	서울	부산
②	서울	인천
③	부산	인천
④	부산	광주
⑤	광주	인천

해설

확정적인 조건인 네 번째 동그라미부터 해결해 보자. 인천 공장의 가능 가동시간이 가장 길어야 하기 때문에 D가 인천으로 확정된다. 선지 ①, ④가 소거된다.

구분 \ 공장	A	B	C	D (인천)
실제 가동시간	300	150	250	300
가능 가동시간	400	200	300	500

다음으로 세 번째 동그라미를 처리해 보자.

구분 \ 공장	A	B	C	D (인천)
실제 가동시간	300	150	250	300
가능 가동시간	400	200	300	500
실가동률	75%	75%	83.3%	60%

서울과 부산이 A, B 중에서 확정되고, 나머지 C가 광주로 확정된다. 선지 ⑤가 소거된다. 다음으로 첫 번째 조건으로는 서울과 부산을 구분할 수 없으므로, 두 번째 동그라미를 활용하여 서울과 부산을 확정해야 한다.

구분 \ 공장	A	B	C (광주)	D (인천)
실제 가동시간	300	150	250	300

부산과 광주 공장의 실제 가동시간 합은 서울과 인천 공장의 실제 가동시간 합보다 작다. 이를 공식으로 쓰면 다음과 같다.

부산(300 or 150) + 250 < 서울(300 or 150) + 300

위 공식을 충족하기 위해서는 300인 A가 서울이 되어야 한다. 따라서 정답은 ②이다.

합격으로 가는 Tip

- 상황판단에서 N−1개 처리를 연습했다면, 첫 번째 동그라미와 두 번째 동그라미를 처리하는 방법을 고민해 보자.
- 계속 연습하고 있듯이 '가장 ○○'의 표현은 확정적인 표현이므로, 이 표현이 포함된 조건을 가능한 우선적으로 활용하는 것이 좋다. 그리고 '같다'는 표현도 자주 활용되는데, 아무래도 값이 같은 경우도 제한적으로 등장할 수 밖에 없기 때문에, 이 표현도 잘 활용하면 문제의 빠른 해결이 가능할 것이다.
- 마지막으로 두 번째 동그라미를 처리할 때, 부산은 당연히 150과 300 중 150이 될 수밖에 없다.

[정답] ②

253 다음 <표>와 <대화>는 4월 4일 기준 지자체별 자가 격리자 및 모니터링 요원에 관한 자료이다. <표>와 <대화>를 근거로 C와 D에 해당하는 지자체를 바르게 나열한 것은?

7급 공채 21년 나책형 10번

<표> 지자체별 자가격리자 및 모니터링 요원 현황(4월 4일 기준)

(단위: 명)

구분	지자체	A	B	C	D
내국인	자가격리자	9,778	1,287	1,147	9,263
	신규 인원	900	70	20	839
	해제 인원	560	195	7	704
외국인	자가격리자	7,796	508	141	7,626
	신규 인원	646	52	15	741
	해제 인원	600	33	5	666
모니터링 요원		10,142	710	196	8,898

※ 해당일 기준 자가격리자
  = 전일 기준 자가격리자+신규 인원-해제 인원

─────< 대화 >─────

갑: 감염병 확산에 대응하기 위한 회의를 시작합시다. 오늘은 대전, 세종, 충북, 충남의 4월 4일 기준 자가격리자 및 모니터링 요원 현황을 보기로 했는데, 각 지자체의 상황이 어떤가요?

을: 4개 지자체 중 세종을 제외한 3개 지자체에서 4월 4일 기준 자가격리자가 전일 기준 자가격리자보다 늘어났습니다.

갑: 모니터링 요원의 업무 부담과 관련한 통계 자료도 있나요?

을: 4월 4일 기준으로 대전, 세종, 충북은 모니터링 요원 대비 자가격리자의 비율이 1.8 이상입니다.

갑: 지자체에 모니터링 요원을 추가로 배치해야 할 것 같습니다. 자가격리자 중 외국인이 차지하는 비중이 4개 지자체 가운데 대전이 가장 높으니, 외국어 구사가 가능한 모니터링 요원을 대전에 우선 배치하는 방향으로 검토해 봅시다.

	C	D
①	충북	충남
②	충북	대전
③	충남	충북
④	세종	대전
⑤	대전	충북

해설

<대화>에서 갑의 첫 번째 대화에 따르면 A~D 4개 지역은 대전, 세종, 충북, 충남임을 확인한다.

을의 첫 번째 대화에 따르면 4개 지자체 중 세종을 제외한 3개 지자체에서 4월 4일 기준 자가격리자가 전일 기준 자가격리자보다 늘어났다고 한다. 각주에 따르면 4월 4일 기준 자가격리자가 4월 3일 기준 자가격리자보다 늘어나기 위해서는 4월 4일 기준 신규 인원이 해제 인원보다 많아야 한다. 각주의 해당일 기준 자가격리자를 전일 기준 자가격리자 대비 변화분으로 이해해 보면 '전일 기준 자가격리자+(신규 인원-해제 인원)'으로 생각하여, 괄호 안의 계산값이 양수가 되어야 한다고 이해한다. 이때, 직접 계산을 통해 4월 3일 자가격리자를 일일이 구하는 일이 없도록 한다. A, C, D 지자체는 내국인과 외국인 모두 신규 인원이 해제 인원보다 많으므로, B는 세종이다. 선지 ④는 제거된다. B는 어림산 해도 내국인의 해제 인원이 내국인과 외국인의 신규 인원의 합보다 많으므로 4월 4일 기준 자가격리자가 전일 기준 자가격리자보다 감소했다고 판단할 수 있다.

을의 두 번째 대화에 따르면 4월 4일 기준으로 대전, 세종, 충북은 모니터링 요원 대비 자가격리자의 비율이 1.8 이상이라고 한다. 세종으로 확정된 B를 제외하고 판단해보면 C는 모니터링 요원 196명 대비 내국인 자가격리자 1,147명의 비율만 해도 5 이상이다. A의 모니터링 요원은 10,142명이므로 모니터링 요원 대비 자가격리자의 비율이 1.8 이상이기 위해서는 내국인 자가격리자와 외국인 자가격리자의 합이 어림산 해도 18,000명 이상이어야 하는데, 9,778+7,796=17,xxx이다. A는 비율이 1.8에 못미친다. D는 모니터링 요원 대비 자가격리자의 비율은 약 1.9로 1.8을 살짝 넘는다. C와 D가 대전 또는 충북이므로, 나머지 A는 충남임을 알 수 있다. 선지 ①, ③은 제거된다.

갑의 세 번째 대화에 따르면 자가격리자 중 외국인이 차지하는 비중은 대전이 가장 높다고 한다. 자가격리자 중 외국인이 차지하는 비중은 내국인 자가격리자 대비 외국인 자가격리자의 비율로 비교할 수 있다. C와 D만 비교해보면, C는 141/1,147, D는 7,626/9,263으로 D가 더 높다는 것을 알 수 있다. C는 충북, D는 대전이다. 정답은 ②이다.

합격으로 가는 **Tip**

'가장 ○○'이 포함된 마지막 '갑'의 발언부터 먼저 처리했다면, D가 대전으로 확정되면서 선지 ②, ④ 중에 하나로 추려진다. C가 충북인지 세종인지 판단하면 되므로, '세종'과 나머지를 구분하는 을의 첫 번째 발언을 적용해 보면 선지 ④가 소거되어 ②로 정답을 찾아낼 수 있다.

[정답] ②

PSAT 교육 1위, 해커스PSAT

psat.Hackers.com

Ⅳ. 항목이 더+일부

앞서 연습한 두 가지 유형이 결합된 유형으로, 우리가 매칭해야할 항목과 관련된 조건만 구분해 내야하고, 선지를 활용할 여지도 낮아지기에 우리가 직접 해결해야 하는 부분도 더 많아지는, 매칭형에서 난도를 높이기 위해 활용되는 유형이라고 봐도 무방하다.

254 다음 <표>는 '갑'국 6개 수종의 기건비중 및 강도에 대한 자료이다. <조건>을 이용하여 A와 C에 해당하는 수종을 바르게 나열한 것은?

민경채 17년 나책형 19번

〈표〉 6개 수종의 기건비중 및 강도

수종	기건비중 (ton/m³)	강도(N/mm²)			
		압축강도	인장강도	휨강도	전단강도
A	0.53	48	52	88	10
B	0.89	64	125	118	12
C	0.61	63	69	82	9
삼나무	0.37	41	45	72	7
D	0.31	24	21	39	6
E	0.43	51	59	80	7

─〈조건〉─
○ 전단강도 대비 압축강도 비가 큰 상위 2개 수종은 낙엽송과 전나무이다.
○ 휨강도와 압축강도 차가 큰 상위 2개 수종은 소나무와 참나무이다.
○ 참나무의 기건비중은 오동나무 기건비중의 2.5배 이상이다.
○ 인장강도와 압축강도의 차가 두 번째로 큰 수종은 전나무이다.

	A	C
①	소나무	낙엽송
②	소나무	전나무
③	오동나무	낙엽송
④	참나무	소나무
⑤	참나무	전나무

해설

앞에서 연습한 바를 토대로 보면, 첫 번째 동그라미와 두 번째 동그라미를 먼저 처리하더라도 선지를 확정하는 데 큰 도움이 되지는 않을 것이다. 세 번째 동그라미를 처리해 보면,

수종	기건비중 (ton/m³)	강도(N/mm²)				기건비중×2.5
		압축강도	인장강도	휨강도	전단강도	
A	0.53	48	52	88	10	1,325
B	0.89	64	125	118	12	2,225
C	0.61	63	69	82	9	1,525
삼나무	0.37	41	45	72	7	
D	0.31	24	21	39	6	0.775
E	0.43	51	59	80	7	1,075

조건을 충족할 수 있는 건, 오동나무가 D이고, 참나무가 B일 때뿐이다. 따라서 선지 ③, ④, ⑤는 소거된다. 남은 선지 ①과 ② 중에서 정답을 확정하기 위해서는 C가 낙엽송인지 전나무인지 확정하면 되므로, 네 번째 동그라미를 적용해 본다.

수종	기건비중 (ton/m³)	강도(N/mm²)				차이
		압축강도	인장강도	휨강도	전단강도	
A	0.53	48	52	88	10	4
B	0.89	64	125	118	12	61
C	0.61	63	69	82	9	6
삼나무	0.37	41	45	72	7	4
D	0.31	24	21	39	6	3
E	0.43	51	59	80	7	8

따라서 인장강도와 압축강도의 차가 두 번째로 큰 수종인 전나무는 E이다. 정답은 ①이다.

[정답] ①

255 다음 <표>는 2015년 9개 국가의 실질세부담률에 관한 자료이다. <표>와 <조건>에 근거하여 A~D에 해당하는 국가를 바르게 나열한 것은?

민경채 17년 나책형 5번

<표> 2015년 국가별 실질세부담률

구분 국가	독신 가구 실질세부담률(%)			다자녀 가구 실질세부담률(%)	독신 가구와 다자녀 가구의 실질세부담률 차이(%p)
		2005년 대비 증감(%p)	전년대비 증감(%p)		
A	55.3	-0.20	-0.28	40.5	14.8
일본	32.2	4.49	0.26	26.8	5.4
B	39.0	-2.00	-1.27	38.1	0.9
C	42.1	5.26	0.86	30.7	11.4
한국	21.9	4.59	0.19	19.6	2.3
D	31.6	-0.23	0.05	18.8	12.8
멕시코	19.7	4.98	0.20	19.7	0.0
E	39.6	0.59	-1.16	33.8	5.8
덴마크	36.4	-2.36	0.21	26.0	10.4

─〈조건〉─

○ 2015년 독신 가구와 다자녀 가구의 실질세부담률 차이가 덴마크보다 큰 국가는 캐나다, 벨기에, 포르투갈이다.
○ 2015년 독신 가구 실질세부담률이 전년대비 감소한 국가는 벨기에, 그리스, 스페인이다.
○ 스페인의 2015년 독신 가구 실질세부담률은 그리스의 2015년 독신 가구 실질세부담률보다 높다.
○ 2005년 대비 2015년 독신 가구 실질세부담률이 가장 큰 폭으로 증가한 국가는 포르투갈이다.

	A	B	C	D
①	벨기에	그리스	포르투갈	캐나다
②	벨기에	스페인	캐나다	포르투갈
③	벨기에	스페인	포르투갈	캐나다
④	캐나다	그리스	스페인	포르투갈
⑤	캐나다	스페인	포르투갈	벨기에

해설

주어진 조건 중 네 번째 조건부터 처리해 본다.

○ 2005년 대비 2015년 독신 가구 실질세부담률이 가장 큰 폭으로 증가한 국가는 포르투갈이다.

구분 국가	독신 가구 실질세부담률(%)			다자녀 가구 실질세부담률(%)	독신 가구와 다자녀 가구의 실질세부담률 차이(%p)
		2005년 대비 증감(%p)	전년대비 증감(%p)		
A	55.3	-0.20	-0.28	40.5	14.8
일본	32.2	4.49	0.26	26.8	5.4
B	39.0	-2.00	-1.27	38.1	0.9
C	42.1	5.26	0.86	30.7	11.4
한국	21.9	4.59	0.19	19.6	2.3
D	31.6	-0.23	0.05	18.8	12.8
멕시코	19.7	4.98	0.20	19.7	0.0
E	39.6	0.59	-1.16	33.8	5.8
덴마크	36.4	-2.36	0.21	26.0	10.4

→ 2005년 대비 2015년 독신 가구 실질세부담률이 5.26%p만큼 증가한 C가 포르투갈이다. 따라서 선지 ②, ④가 소거된다.

○ 2015년 독신 가구 실질세부담률이 전년대비 감소한 국가는 벨기에, 그리스, 스페인이다.

구분 국가	독신 가구 실질세부담률(%)			다자녀 가구 실질세부담률(%)	독신 가구와 다자녀 가구의 실질세부담률 차이(%p)
		2005년 대비 증감(%p)	전년대비 증감(%p)		
A	55.3	-0.20	-0.28	40.5	14.8
일본	32.2	4.49	0.26	26.8	5.4
B	39.0	-2.00	-1.27	38.1	0.9
C	42.1	5.26	0.86	30.7	11.4
한국	21.9	4.59	0.19	19.6	2.3
D	31.6	-0.23	0.05	18.8	12.8
멕시코	19.7	4.98	0.20	19.7	0.0
E	39.6	0.59	-1.16	33.8	5.8
덴마크	36.4	-2.36	0.21	26.0	10.4

→ 따라서 벨기에, 그리스, 스페인은 A, B, E 중 하나씩이고 D일 수 없다. 선지 ⑤가 소거된다. 남은 선지인 ①과 ③ 중 정답을 확정하기 위해서는 B와 E가 그리스 또는 스페인 중에 확정되어야 한다. 이를 확정하기 위해 세 번째 동그라미를 확인한다.

○ 스페인의 2015년 독신 가구 실질세부담률은 그리스의 2015년 독신 가구 실질세부담률보다 높다.

구분 국가	독신 가구 실질세부담률(%)			다자녀 가구 실질세부담률(%)	독신 가구와 다자녀 가구의 실질세부담률 차이(%p)
		2005년 대비 증감(%p)	전년대비 증감(%p)		
⋮	⋮	⋮	⋮	⋮	⋮
B	39.0	-2.00	-1.27	38.1	0.9
⋮	⋮	⋮	⋮	⋮	⋮
E	39.6	0.59	-1.16	33.8	5.8
⋮	⋮	⋮	⋮	⋮	⋮

→ 따라서 스페인이 E로 그리스가 B로 확정된다. 정답은 ①이다.
추가적으로 첫 번째 동그라미 처리를 연습해 본다면 다음과 같다.

○ 2015년 독신 가구와 다자녀 가구의 실질세부담률 차이가 덴마크보다 큰 국가는 캐나다, 벨기에, 포르투갈이다.

구분 국가	독신 가구 실질세부담률(%)			다자녀 가구 실질세부담률(%)	독신 가구와 다자녀 가구의 실질세부담률 차이(%p)
		2005년 대비 증감(%p)	전년대비 증감(%p)		
A	55.3	-0.20	-0.28	40.5	14.8
일본	32.2	4.49	0.26	26.8	5.4
B	39.0	-2.00	-1.27	38.1	0.9
C	42.1	5.26	0.86	30.7	11.4
한국	21.9	4.59	0.19	19.6	2.3
D	31.6	-0.23	0.05	18.8	12.8
멕시코	19.7	4.98	0.20	19.7	0.0
E	39.6	0.59	-1.16	33.8	5.8
덴마크	36.4	-2.36	0.21	26.0	10.4

→ 2015년 독신 가구와 다자녀 가구의 실질세부담률 차이가 덴마크의 10.4보다 큰 국가는 A, C, D이다. 따라서 A, C, D는 캐나다, 벨기에, 포르투갈 중의 하나씩이다. 이 조건으로는 선지 ④만 소거된다.

[정답] ①

256 다음 <표>는 '갑'국의 10대 미래산업 현황에 대한 자료이다. <표>와 <조건>을 이용하여 B, C, E에 해당하는 산업을 바르게 나열한 것은?

민경채 16년 5책형 14번

<표> '갑'국의 10대 미래산업 현황

(단위: 개, 명, 억원, %)

산업	업체수	종사자수	부가가치액	부가가치율
A	403	7,500	788	33.4
기계	345	3,600	2,487	48.3
B	302	22,500	8,949	41.4
조선	103	1,100	282	37.0
에너지	51	2,300	887	27.7
C	48	2,900	4,002	42.4
안전	15	2,100	1,801	35.2
D	4	2,800	4,268	40.5
E	2	300	113	36.3
F	2	100	61	39.1
전체	1,275	45,200	23,638	40.3

※ 부가가치율(%) = $\frac{부가가치액}{매출액} \times 100$

─〈조건〉─
○ 의료 종사자수는 IT 종사자수의 3배이다.
○ 의료와 석유화학의 부가가치액 합은 10대 미래산업 전체 부가가치액의 50% 이상이다.
○ 매출액이 가장 낮은 산업은 항공우주이다.
○ 철강 업체수는 지식서비스 업체수의 2배이다.

	B	C	E
①	의료	철강	지식서비스
②	의료	석유화학	지식서비스
③	의료	철강	항공우주
④	지식서비스	석유화학	의료
⑤	지식서비스	철강	의료

해설

'가장'의 표현은 세 번째 동그라미 조건에 있으나, 그 조건을 처리하기 위해서는 분수비교(또는 배율)를 하여야 한다. 분수비교가 빠르다면 처리할 수 있지만, 그렇지 못한 수험생의 경우 이 조건을 넘어가야 하는 경우가 생길 것이다. 곱셈비교, 분수비교 등 문제에서 많이 요구되는 능력은 충분히 갖추어 두는 것이 필요하다.

매출액이 가장 낮은 산업이 항공우주라는 조건을 해결하기 위해서는 매출액을 구해야 하는데, 각주로 주어진 식을 변형하면 매출액을 구할 수 있다. '매출액 = 부가가치액 ÷ 부가가치율 × 100'으로 구할 수 있는데, 가장 낮은지만 판단하면 되므로 마지막에 '×100'은 생략할 수 있다.

산업	업체수	종사자수	부가가치액	부가가치율	매출액
A	403	7,500	788	33.4	약 2,359
B	302	22,500	8,949	41.4	약 21,615
C	48	2,900	4,002	42.4	약 9,438
D	4	2,800	4,268	40.5	약 10,538
E	2	300	113	36.3	약 311
F	2	100	61	39.1	약 156

위의 표에는 정확한 값을 계산해서 적었지만, 조건 해결을 위한 정도의 계산은, 부가가치율 대비 부가가치액의 배율이 가장 낮은 것을 찾으면 되는데 F는 2배가 안되고 나머지는 2배를 넘으므로 F가 항공우주이다. 따라서 E에 항공우주가 적혀 있는 선지 ③은 소거된다.

네 번째 동그라미에서 철강 업체수는 지식서비스 업체 수의 2배라고 한다. 정확히 2배가 되는 관계는 위에 표에서 보면 E 또는 F와 D 간의 관계인데, 방금 앞서 F가 항공우주임을 확정했으므로, D가 철강, E가 지식서비스가 된다. 이를 충족하는 선지는 ②뿐이다.

> **합격으로 가는 Tip**
> • 세 번째 동그라미 조건을 처리하기 위해서 분수비교를 할 때 A~F의 분수비교를 모두 했다면 시간을 낭비한 셈이다.
> • 2배 이상이 아니라 2배라고 적혀 있으면 경우가 많지 않은, 즉, 우리가 문제를 해결할 때 활용하기 좋은 조건이다.

[정답] ②

257 다음 <그림>은 '갑'국 6개 지방청 전체의 부동산과 자동차 압류건수의 지방청별 구성비에 관한 자료이다. <그림>과 <조건>을 근거로 B와 D에 해당하는 지방청을 바르게 나열한 것은?

민경채 20년 가책형 15번

〈그림 1〉 부동산 압류건수의 지방청별 구성비

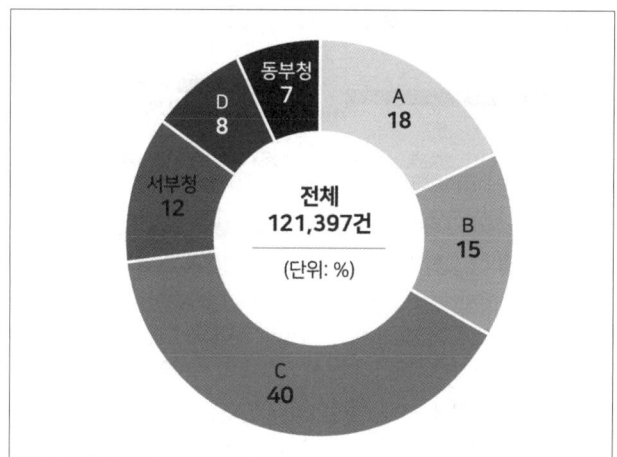

※ 지방청은 동부청, 서부청, 남부청, 북부청, 남동청, 중부청으로만 구성됨.

〈그림 2〉 자동차 압류건수의 지방청별 구성비

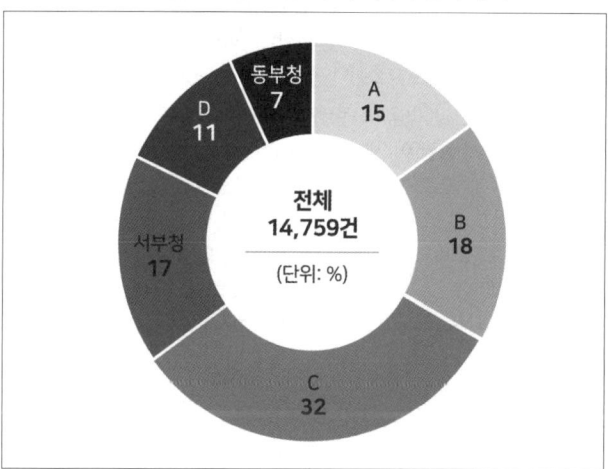

─〈조건〉─
○ 자동차 압류건수는 중부청이 남동청의 2배 이상이다.
○ 남부청과 북부청의 부동산 압류건수는 각각 2만 건 이하이다.
○ 지방청을 부동산 압류건수와 자동차 압류건수가 큰 값부터 순서대로 각각 나열할 때, 순서가 동일한 지방청은 동부청, 남부청, 중부청이다.

	B	D
①	남동청	남부청
②	남동청	북부청
③	남부청	북부청
④	북부청	남부청
⑤	중부청	남부청

258 다음 <그림>은 12개 국가의 수자원 현황에 관한 자료이며, A~H는 각각 특정 국가를 나타낸다. <그림>과 <조건>을 근거로 판단할 때, 국가명을 알 수 없는 것은? 7급 공채 21년 나책형 6번

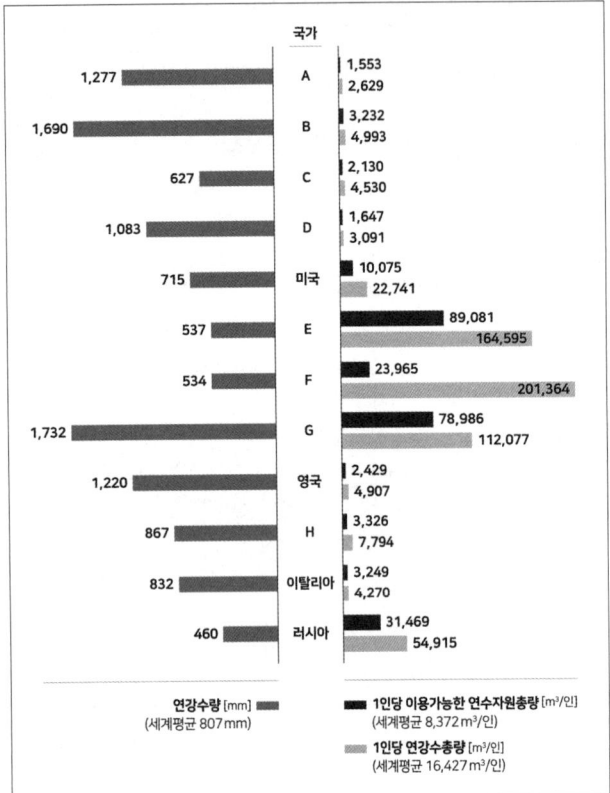

〈그림〉 12개 국가의 수자원 현황

─〈조건〉─
○ '연강수량'이 세계평균의 2배 이상인 국가는 일본과 뉴질랜드이다.
○ '연강수량'이 세계평균보다 많은 국가 중 '1인당 이용가능한 연수자원총량'이 가장 적은 국가는 대한민국이다.
○ '1인당 연강수총량'이 세계평균의 5배 이상인 국가를 '연강수량'이 많은 국가부터 나열하면 뉴질랜드, 캐나다, 호주이다.
○ '1인당 이용가능한 연수자원총량'이 영국보다 적은 국가 중 '1인당 연강수총량'이 세계평균의 25% 이상인 국가는 중국이다.
○ '1인당 이용가능한 연수자원총량'이 6번째로 많은 국가는 프랑스이다.

① B
② C
③ D
④ E
⑤ F

해설

〈조건〉의 첫 번째 동그라미부터 각각 ⅰ)~ⅴ)이라고 한다.

〈그림〉에 따르면 '연강수량'의 세계평균은 807mm이고, ⅰ)에 따르면 '연강수량'이 세계평균의 2배 이상인 국가는 일본과 뉴질랜드라고 한다. 〈그림〉에서 연 강수량이 1,614mm 이상인 국가를 확인해보면 B, G이다.

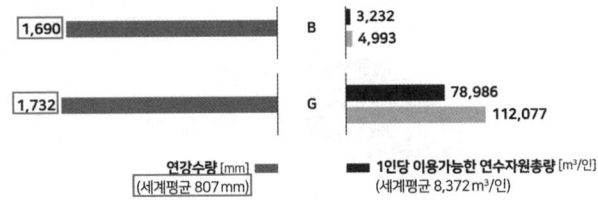

ⅱ)에 따르면 '연강수량'이 세계평균보다 많은 국가 중 '1인당 이용 가능한 연수자원총량'이 가장 적은 국가는 대한민국이라고 한다. 〈그림〉에서 A~H 중 ⅰ)에서 검토한 B, G를 제외하고 '연강수량'이 세계평균인 807mm보다 많은 국가는 A, D, H이고, 이 중 '1인당 이용가능한 연수자원총량'이 가장 적은 국가는 A(1,553mm)이다. A는 대한민국이다.

ⅲ)에 따르면 '1인당 연강수총량'이 세계평균의 5배 이상인 국가를 '연강수량'이 많은 국가부터 나열하면 뉴질랜드, 캐나다, 호주라고 한다. 〈그림〉에 따르면 '1인당 연강수총량'의 세계평균은 16,427m³/인이므로, 5배는 약 82,xxx이다. 〈그림〉에서 B~H 중 '1인당 연강수총량'이 82,xxx 이상인 국가는 E, F, G이고, 이를 '연강수량'이 많은 국가부터 나열하면 G, E, F이다. ⅰ)을 검토한 바와 조합하면, G는 뉴질랜드, B는 일본이다. 그리고 E는 캐나다, F는 호주이다. 선지 ①, ④, ⑤는 제거된다.

ⅳ)에 따르면 '1인당 이용가능한 연수자원총량'이 영국보다 적은 국가 중 '1인당 연강수총량'이 세계평균의 25% 이상인 국가는 중국이라고 한다. 〈그림〉에 따르면 영국의 '1인당 이용가능한 연수자원총량'은 2,429m³/인이고, C, D, H 중 '1인당 이용가능한 연수자원총량'이 영국보다 적은 국가는 C, D이다. 〈그림〉에 따르면 '1인당 연강수총량'의 세계평균은 16,427m³/인이므로, 25%는 약 4,1xx이다. C, D 중 '1인당 연강수총량'이 4,1xx 이상인 국가는 C이다. C는 중국이다. 선지 ②는 제거된다.

따라서 국가명을 알 수 없는 것은 선지에 주어진 것 중 ③ D이다.

[정답] ③

PSAT 교육 1위, 해커스PSAT

psat.Hackers.com

PSAT 교육 1위, 해커스PSAT
psat.Hackers.com

유형 6
개념

I. 지수
II. 상위 0개
III. A당 B
IV. 설문조사

I. 지수

주어진 자료가 절대수치의 자료인지 상대수치의 자료인지 파악하는 것은 가장 먼저 확인해야 하는 기초 중에 하나이다. 예를 들어 성적처리를 했을 때, 점수를 그대로 주는 것은 절대수치의 자료이지만 이를 등수를 매겨 상위 몇%인지로 주는 것은 상대수치의 자료이다. 절대수치의 자료가 제시된 경우 우리 반의 10등과 다른 반의 10등의 점수 중 누구의 점수가 더 높은지 비교할 수 있지만, 상대수치의 자료가 제시된 경우 이를 비교할 수 없다는 것이 이 유형의 문제에서 가장 흔하게 활용하는 함정이다.

259 다음 <그림>은 2012~2018년 동안 A제품과 B제품의 판매수량 및 평균 판매단가를 지수화하여 표시한 것이다. <그림>으로부터 알 수 없는 것은?
<small>7급 공채 예시문항 A책형 3번</small>

〈그림 1〉 A제품과 B제품의 판매수량 지수

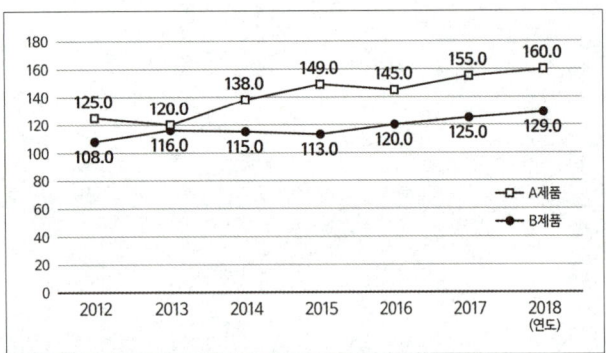

※ 판매수량 지수는 2011년의 판매수량을 100으로 하였을 때 해당연도 판매수량의 상대적 비율임.

〈그림 2〉 A제품과 B제품의 평균 판매단가 지수

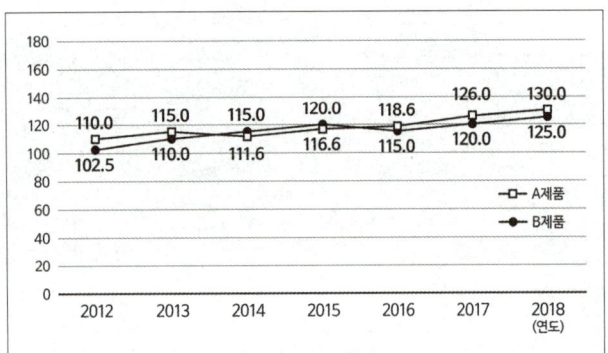

※ 1) 평균 판매단가 지수는 2011년의 평균 판매단가를 100으로 하였을 때 해당연도 평균 판매단가의 상대적 비율임.
2) 2011년 A제품의 평균 판매단가는 B제품과 동일함.
3) 매출액 = 평균 판매단가 × 판매수량

① A제품 매출액의 연평균 증가율
② 2012년 A제품 매출액 대비 B제품 매출액 비율
③ B제품 평균 판매단가의 연평균 증가율
④ 2018년 B제품 평균 판매단가 대비 A제품 평균 판매단가 비율
⑤ B제품 판매수량의 연평균 증가율

해설

〈그림 1〉의 각주에 따르면 판매수량 지수는 2011년의 판매수량을 100으로 하였을 때 해당연도 판매수량의 상대적 비율이다. 따라서 A제품의 판매수량을 연도별로 상대적으로 비교할 수 있고, B제품도 판매수량을 연도별로 상대적으로 비교할 수 있다. 그러나 A제품과 B제품의 판매수량을 비교하거나, 판매수량의 절대적인 값은 알 수 없다.

그리고 〈그림 2〉의 각주 1)에 따르면 평균 판매단가 지수는 판매수량 지수와 마찬가지로 2011년의 평균 판매단가를 100으로 하였을 때 해당연도 평균 판매단가의 상대적 비율이다. 따라서 A제품의 평균 판매단가를 연도별로 상대적으로 비교할 수 있고, B제품도 평균 판매단가를 연도별로 상대적으로 비교할 수 있다. 그리고 각주 2)에 따르면 2011년 A제품의 평균 판매단가는 B제품과 동일하다고 하므로, A제품과 B제품의 연도별 평균 판매단가도 상대적으로 비교할 수 있다. 그러나 평균 판매단가의 절대적인 값은 알 수 없다.

① (○) 〈그림 2〉의 각주 3)에 따르면 매출액은 '평균 판매단가 × 판매수량'이다. 〈그림〉에서 A제품의 연도별 판매수량과 평균 판매단가를 상대적으로 비교할 수 있으므로 A제품 매출액도 연도별로 상대적으로 비교할 수 있다.

② (×) A제품과 B제품의 평균 판매단가는 상대적으로 비교할 수 있지만, 판매수량은 비교할 수 없다. 따라서 2012년 A제품 매출액 대비 B제품 매출액 비율은 알 수 없다.

③ (○) 〈그림 2〉에서 B제품의 평균 판매단가는 연도별로 상대적으로 비교할 수 있다. 따라서 B제품 평균 판매단가의 연평균 증가율을 알 수 있다.

④ (○) 〈그림 2〉에서 A제품과 B제품의 연도별 평균 판매단가를 상대적으로 비교할 수 있다. 따라서 2018년 B제품 평균 판매단가 대비 A제품 평균 판매단가 비율을 알 수 있다.

⑤ (○) 〈그림 1〉에서 B제품의 판매수량을 연도별로 상대적으로 비교할 수 있다. 따라서 B제품 판매수량의 연평균 증가율을 알 수 있다.

[정답] ②

260 다음 <표>는 2013년 A시 '가'~'다' 지역의 아파트실거래 가격지수를 나타낸 자료이다. 이에 대한 설명으로 옳은 것은?

민경채 15년 인책형 14번

<표> 2013년 A시 '가'~'다' 지역의 아파트실거래가격지수

월\지역	가	나	다
1	100.0	100.0	100.0
2	101.1	101.6	99.9
3	101.9	103.2	100.0
4	102.6	104.5	99.8
5	103.0	105.5	99.6
6	103.8	106.1	100.6
7	104.0	106.6	100.4
8	105.1	108.3	101.3
9	106.3	110.7	101.9
10	110.0	116.9	102.4
11	113.7	123.2	103.0
12	114.8	126.3	102.6

※ N월 아파트실거래가격지수 = $\dfrac{\text{해당 지역의 N월 아파트 실거래 가격}}{\text{해당 지역의 1월 아파트 실거래 가격}} \times 100$

① '가' 지역의 12월 아파트 실거래 가격은 '다' 지역의 12월 아파트 실거래 가격보다 높다.
② '나' 지역의 아파트 실거래 가격은 다른 두 지역의 아파트 실거래 가격보다 매월 높다.
③ '다' 지역의 1월 아파트 실거래 가격과 3월 아파트 실거래 가격은 같다.
④ '가' 지역의 1월 아파트 실거래 가격이 1억원이면 '가' 지역의 7월 아파트 실거래 가격은 1억 4천만원이다.
⑤ 2013년 7~12월 동안 아파트 실거래 가격이 각 지역에서 매월 상승하였다.

해설

<표>에 주어진 2013년 A시 '가'~'다' 지역의 아파트실거래가격지수는 아래 각주의 공식에서도 알 수 있듯이 각 지역의 1월 아파트 실거래 가격을 기준으로 계산된 지수이다. 따라서 지역별로 비교하기 위해서는 지역 각 지수 간의 관계가 드러나야 한다.

① (×) 지역 간 지수 간의 관계를 알 수 없기 때문에, 다른 지역 간 실거래 가격, 즉 실제 거래 가격은 서로 비교가 불가능하다. 예를 들어 '가' 지역은 1억 기준, '다' 지역은 '가' 지역의 1.5배 기준처럼 지수 간의 관계를 알아야 지수 간의 관계를 비교할 수 있다.

② (×) 선지 ①번과 마찬가지 이유로 다른 지역 간의 실거래 가격을 비교할 수 없다.

③ (○) 지수 내, 즉 동일 지역 내에서는 해당 지역의 1월 아파트 가격을 공통적으로 기준으로 삼고 있기 때문에 서로 비교가 가능하다. 따라서 '다' 지역의 아파트실거래가격지수는 1월과 3월에 100.0으로 동일하기 때문에 실거래 가격도 동일하다.

④ (×) '가' 지역의 1월 아파트실거래가격지수는 100.00이고 7월 아파트 실거래가격지수는 104.00이다. 즉 1월 대비 7월은 4%가 더 높다. 따라서 '가' 지역의 1월 아파트 실거래 가격이 1억원이면 '가' 지역의 7월 아파트 실거래 가격은 이보다 4% 더 높은 1억 4백만원이어야 한다. 유효자리 숫자가 비슷하다고 해서 혼동하면 안 된다.

⑤ (×) 특정 기간 동안에 각 지역에서 아파트 실거래 가격이 매월 상승했는지 묻고 있으므로, 동일 지역내에서는 기준이 동일하므로 변화추이를 말할 수 있다.

월\지역	가	나	다
⋮	⋮	⋮	⋮
7	104.0	106.6	100.4
8	105.1	108.3	101.3
9	106.3	110.7	101.9
10	110.0	116.9	102.4
11	113.7	123.2	103.0
12	114.8	126.3	102.6

'다'지역의 경우 11월에서 12월로 넘어가는 시점에 전월대비 하락하였다.

[정답] ③

261 다음 <그림>과 <표>는 F 국제기구가 발표한 2014년 3월~2015년 3월 동안의 식량 가격지수와 품목별 가격지수에 대한 자료이다. 이에 대한 설명으로 옳지 않은 것은?

민경채 17년 나책형 9번

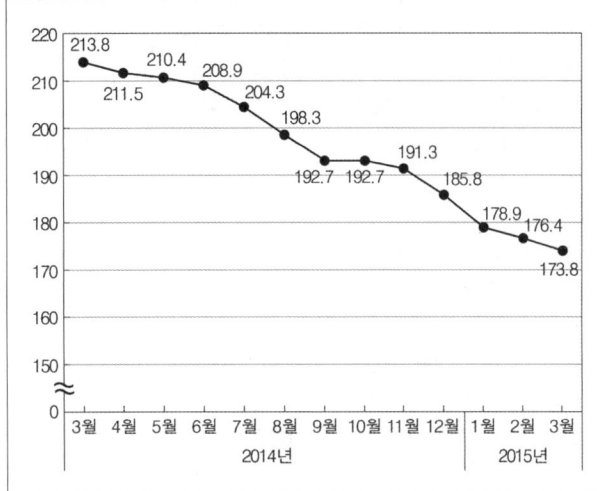

〈그림〉 식량 가격지수

〈표〉 품목별 가격지수

시기	품목	육류	낙농품	곡물	유지류	설탕
2014년	3월	185.5	268.5	208.9	204.8	254.0
	4월	190.4	251.5	209.2	199.0	249.9
	5월	194.6	238.9	207.0	195.3	259.3
	6월	202.8	236.5	196.1	188.8	258.0
	7월	205.9	226.1	185.2	181.1	259.1
	8월	212.0	200.8	182.5	166.6	244.3
	9월	211.0	187.8	178.2	162.0	228.1
	10월	210.2	184.3	178.3	163.7	237.6
	11월	206.4	178.1	183.2	164.9	229.7
	12월	196.4	174.0	183.9	160.7	217.5
2015년	1월	183.5	173.8	177.4	156.0	217.7
	2월	178.8	181.8	171.7	156.6	207.1
	3월	177.0	184.9	169.8	151.7	187.9

※ 기준년도인 2002년의 가격지수는 100임.

① 2015년 3월의 식량 가격지수는 2014년 3월에 비해 15% 이상 하락했다.
② 2014년 4월부터 2014년 9월까지 식량 가격지수는 매월 하락했다.
③ 2014년 3월에 비해 2015년 3월 가격지수가 가장 큰 폭으로 하락한 품목은 낙농품이다.
④ 육류 가격지수는 2014년 8월까지 매월 상승하다가 그 이후에는 매월 하락했다.
⑤ 2002년 가격지수 대비 2015년 3월 가격지수의 상승률이 가장 낮은 품목은 육류이다.

해설

〈그림〉에는 각 월별 식량 가격지수가 주어져 있고, 〈표〉에는 각 월의 품목별 가격지수가 주어져 있다. 지수의 기준이 되는 건 기준년도인 2002년의 가격이다.

① (○) 〈그림〉에서 보면 2014년 3월의 식량 가격지수는 213.8이고, 2015년 3월의 식량 가격지수는 173.8이다. 2014년 3월 대비 2015년 3월의 식량 가격지수의 감소율은 $\frac{213.8-173.8}{213.8} = \frac{40}{213.8}$ = 약 18.7% 이다. 따라서 2015년 3월의 식량 가격지수는 2014년 3월에 비해 15% 이상 하락했다.

② (○) 〈그림〉에서 보면 2014년 4월부터 같은 해 9월까지 식량 가격지수는 계속 하락하였다. 9월과 10월은 192.7로 같지만 선지에서 묻는 건 9월까지 이므로 매월 하락한 것이 맞다.

③ (○) 〈표〉에서 확인해 보면,

시기	품목	육류	낙농품	곡물	유지류	설탕
2014년	3월	185.5	268.5	208.9	204.8	254.0
	⋮	⋮	⋮	⋮	⋮	⋮
2015년	3월	177.0	184.9	169.8	151.7	187.9

낙농품은 2014년 3월 268.5에서 2015년 3월 184.9로 83.6이 줄어들었다. 나머지 품목에서는 감소폭의 최대가 설탕이 66.1이고, 70이상 감소한 품목은 없다.

④ (○) 〈표〉에서 단순 확인 가능하다. 육류 가격지수는 2014년 8월까지 매월 상승하다가 212.0을 가장 높은 값으로 하여 그 이후에는 매월 하락했다.

⑤ (×) 각주에서 볼 수 있듯이 2002년의 가격지수가 100이다. 따라서 100을 기준으로 할 때, 2015년 3월의 가격지수가 가장 작은 품목이 가격지수의 상승률이 가장 낮은 품목이 된다. 2015년 3월의 가격지수는 유지류가 151.7로 제일 작고, 그 다음이 곡물의 169.8이다. 따라서 2002년 가격지수 대비 2015년 3월 가격지수의 상승률이 가장 낮은 품목은 77% 상승한 육류가 아니라 51.7%가 상승한 유지류이다.

합격으로 가는 Tip

선지 ③번에서 묻는 건 2014년 3월 대비 2015년 3월 가격지수의 감소율이 아니라 감소폭임에 주의하자.

[정답] ⑤

262 다음 <표>는 조선 후기 이후 인구 현황에 대한 자료이다. 이에 대한 <보기>의 설명 중 옳은 것만을 모두 고르면?

민경채 15년 인책형 25번

<표 1> 지역별 인구분포(1648년)

(단위: 천명, %)

구분	전체	한성	경기	충청	전라	경상	강원	황해	평안	함경
인구	1,532	96	81	174	432	425	54	55	146	69
비중	100.0	6.3	5.3	11.4	28.2	27.7	3.5	3.6	9.5	4.5

<표 2> 지역별 인구지수

지역 연도	한성	경기	충청	전라	경상	강원	황해	평안	함경
1648	100	100	100	100	100	100	100	100	100
1753	181	793	535	276	391	724	982	868	722
1789	197	793	499	283	374	615	1,033	888	1,009
1837	213	812	486	253	353	589	995	584	1,000
1864	211	832	505	251	358	615	1,033	598	1,009
1904	200	831	445	216	261	559	695	557	1,087

※ 1) 인구지수 = $\dfrac{\text{해당연도 해당지역 인구}}{\text{1648년 해당지역 인구}} \times 100$

2) 조선 후기 이후 전체 인구는 9개 지역 인구의 합임.

─〈보기〉─

ㄱ. 1753년 강원 지역 인구는 1648년 전라 지역 인구보다 많다.
ㄴ. 1789년 대비 1837년 인구 감소율이 가장 큰 지역은 평안이다.
ㄷ. 1864년 인구가 가장 많은 지역은 경상이다.
ㄹ. 1904년 전체 인구 대비 경기 지역 인구의 비중은 함경 지역 인구의 비중보다 크다.

① ㄱ, ㄴ
② ㄱ, ㄹ
③ ㄴ, ㄷ
④ ㄱ, ㄷ, ㄹ
⑤ ㄴ, ㄷ, ㄹ

해설

각주 1) 공식과 <표 2>를 보면 각 지역의 1648년 인구가 지수 100으로 기준이 됨을 알 수 있다. 그런데 <표 1>에서 그 지수들 간의 관계를 알 수 있는 인구수가 제시되어 있다. 이런 경우 지수 간의 비교 등이 가능해진다.

ㄱ. (×) 각주 1) 공식의 식 변형을 통해서 해당연도의 해당지역 인구를 구하는 공식을 구할 수 있다.

해당연도 해당지역 인구 = $\dfrac{\text{1648년 해당지역 인구} \times \text{인구지수}}{100}$

1648년 전라 지역 인구는 432(천명)로 주어져 있고, 1753년 강원 지역 인구는 계산을 통해 구할 수 있다.

1753년 강원 지역 인구
= 1648년 강원 지역 인구 × 1753년 강원 지역 인구지수 ÷ 100
= 54 × 724 ÷ 100 = 54 × 7.24 = 약 390(천명)이다.

따라서 1753년 강원 지역 인구는 1648년 전라 지역 인구보다 적다.

ㄴ. (○) <표 2>에서 인구감소율을 구할 수 있다.

지역 연도	한성	경기	충청	전라	경상	강원	황해	평안	함경
⋮	⋮	⋮	⋮	⋮	⋮	⋮	⋮	⋮	⋮
1789	197	793	499	283	374	615	1,033	888	1,009
1837	213	812	486	253	353	589	995	584	1,000
⋮	⋮	⋮	⋮	⋮	⋮	⋮	⋮	⋮	⋮

먼저 평안으로 기준을 잡으면 1789년 888에서 1837년 584로 약 300정도 감소하였고, 이는 888의 10%가 88이므로 30% 좀 넘게 감소한 것이다. 이를 기준으로 30% 이상 감소한 지역이 있는지 비교해 보면, 그나마 전라가 약 10% 조금 넘게 감소한 것이 가장 크게 감소한 것이다. 따라서 1789년 대비 1837년 인구 감소율이 가장 큰 지역은 평안이다.

ㄷ. (○) <표 1>과 <표 2>를 결합해서 구할 수 있다.

구분	한성	경기	충청	전라	경상	강원	황해	평안	함경
인구	96	81	174	432	425	54	55	146	69
비중	6.3	5.3	11.4	28.2	27.7	3.5	3.6	9.5	4.5
1864	211	832	505	251	358	615	1,033	598	1,009

보기 ㄱ에서 계산한 방법과 같이 1864년의 인구지수에 100을 나눈 값을 각 지역의 1648년 인구에 곱해서 인구가 가장 많은 지역을 구할 수 있다. 먼저 경상의 1864년 인구를 구해보면, 425 × 3.58 = 약 1,520(천명)이다. 나머지 지역 중에서 1,500(천명)이 될 수 있는 지역을 훑어보면 바로 옆 전라가 대략 1,000(천명) 정도이고 나머지 지역은 훨씬 못 미친다.

ㄹ. (×) 1904년 전체 인구 대비 경기 지역 인구의 비중과 함경 지역 인구의 비중을 비교할 때 분모에 해당하는 '전체 인구 대비'는 공통이므로 분자에 해당하는 각 지역의 인구만 비교하면 된다. 앞서 보기 ㄱ, ㄷ에서 연습한 것처럼

구분	한성	경기	충청	전라	경상	강원	황해	평안	함경
인구	96	81	174	432	425	54	55	146	69
비중	6.3	5.3	11.4	28.2	27.7	3.5	3.6	9.5	4.5
1864	211	832	505	251	358	615	1,033	598	1,009

1904년의 경기 지역의 인구를 구해보면, 81 × 8.31 = 약 673(천 명)이고, 1904년의 함경 지역의 인구를 구해보면 69 × 10.87 = 약 750(천 명)이다.

따라서 분자로만 비교했을 때, 경기 지역 인구의 비중은 함경 지역 인구의 비중보다 작다.

합격으로 가는 Tip

- 보기 ㄴ 해설처럼 직접 하나하나 계산하는 것이 아니라 검증하듯이 접근해서 '평안' 지역을 기준으로 잡고 이 기준을 가지고 다른 지역을 검토해 볼 때 빠른 해결이 가능하다.
- 보기 ㄷ을 계산할 때 곱셈비교에서 경상보다 인구도 적고 인구지수도 작은 경우 곱셈결과가 절대 클 수 없는 '압살'의 장치에 해당하는 지역이 거의 대부분이므로 빠르게 곱셈비교가 가능하다.
- 상황판단의 계산형 문제에서도 연습하다시피 상대적 계산일 때는 공통인 계산을 무시하고 비교해야 한다.

[정답] ③

263 다음 <표>는 2000년 극한기후 유형별 발생일수와 발생지수에 관한 자료이다. <표>와 <산정식>에 따라 2000년 극한기후 유형별 발생지수를 산출할 때, 이에 대한 설명으로 옳은 것은?

민경채 16년 5책형 12번

<표> 2000년 극한기후 유형별 발생일수와 발생지수

유형	폭염	한파	호우	대설	강풍
발생일수(일)	16	5	3	0	1
발생지수	5.00	( )	( )	1.00	( )

※ 극한기후 유형은 폭염, 한파, 호우, 대설, 강풍만 존재함.

―〈산정식〉―

극한기후 발생지수 $= 4 \times \left(\dfrac{A-B}{C-B} \right) + 1$

A = 당해년도 해당 극한기후 유형 발생일수
B = 당해년도 폭염, 한파, 호우, 대설, 강풍의 발생일수 중 최솟값
C = 당해년도 폭염, 한파, 호우, 대설, 강풍의 발생일수 중 최댓값

① 발생지수가 가장 높은 유형은 한파이다.
② 호우의 발생지수는 2.00 이상이다.
③ 대설과 강풍의 발생지수의 합은 호우의 발생지수보다 크다.
④ 극한기후 유형별 발생지수의 평균은 3.00 이상이다.
⑤ 폭염의 발생지수는 강풍의 발생지수의 5배이다.

해설

A = 각 유형마다 당해년도 해당 극한기후 유형 발생일수는 다르다.
B = 당해년도 폭염, 한파, 호우, 대설, 강풍의 발생일수 중 최솟값으로 대설의 '0'이다.
C = 당해년도 폭염, 한파, 호우, 대설, 강풍의 발생일수 중 최댓값으로 폭염의 '16'이다.
주어진 극한기후 발생지수에 대입해 보면

$$\text{극한기후 발생지수} = 4 \times \left(\dfrac{A-0}{16-0} \right) + 1 = \left(\dfrac{A}{4} \right) + 1$$

로 식 변형해 볼 수 있다.

① (×) 발생지수가 가장 높은 유형은 발생일수가 16(일)으로 가장 큰 폭염이다.
② (×) 호우의 발생지수는 $\left(\dfrac{3}{4} \right) + 1 = 1.75$로 2.00 미만이다.
③ (○) 대설의 발생지수는 $\left(\dfrac{0}{4} \right) + 1 = 1$, 강풍의 발생지수는 $\left(\dfrac{3}{4} \right) + 1 = 1.25$로 대설과 강풍의 발생지수의 합은 2.25이다. 호우의 발생지수는 선지 ②번에서 구한 바와 같이 1.75이다. 따라서 대설과 강풍의 발생지수의 합 2.25는 호우의 발생지수 1.75 보다 크다.
④ (×) 각 극한기후 유형별 발생지수를 구해보면 다음과 같다.

유형	폭염	한파	호우	대설	강풍
발생일수(일)	16	5	3	0	1
발생지수	5.00	(2.25)	(1.75)	1.00	(1.25)

극한기후 유형별 발생지수의 평균이 3.00 이상인지 검증하기 위해서, 발생지수의 총합이 15 이상인지를 확인할 수 있다. 총합은 11.25이므로 평균은 3.00 미만이다.
또는 3.00 기준으로 편차를 구해보면 다음과 같다.

유형	폭염	한파	호우	대설	강풍
발생일수(일)	16	5	3	0	1
발생지수	5.00	(2.25)	(1.75)	1.00	(1.25)
편차	+2.00	−0.75	−1.25	−2.00	−1.75

편차의 합이 −3.75이다. 따라서 평균은 3.00 미만이다.
⑤ (×) 폭염의 발생지수는 5.00으로 주어져 있다. 강풍의 발생지수는 1.25이므로 5.00은 1.25의 5배가 아니다.

합격으로 가는 Tip

- 상황판단 계산형 문제에서도 연습하듯이 공식이 주어진 경우, 공식에서 고정항과 가변항을 구분할 수 있어야 한다.
- 평균을 구하는 방법은 기본적으로 아는 방식인 '(Σ항목값)÷항목수'도 있지만, 각 항목값과 평균과의 편차의 합이 0이 된다는 성질도 있다.

[정답] ③

264 다음 <표>는 2013년 11월 7개 도시의 아파트 전세가격 지수 및 전세수급 동향 지수에 대한 자료이다. 이에 관한 <보기>의 설명 중 옳은 것만을 모두 고르면? 민경채 14년 A책형 10번

〈표〉 아파트 전세가격 지수 및 전세수급 동향 지수

지수 도시	면적별 전세가격 지수			전세수급 동향 지수
	소형	중형	대형	
서울	115.9	112.5	113.5	114.6
부산	103.9	105.6	102.2	115.4
대구	123.0	126.7	118.2	124.0
인천	117.1	119.8	117.4	127.4
광주	104.0	104.2	101.5	101.3
대전	111.5	107.8	108.1	112.3
울산	104.3	102.7	104.1	101.0

※ 1) 2013년 11월 전세가격 지수 = $\frac{2013년\ 11월\ 평균\ 전세가격}{2012년\ 11월\ 평균\ 전세가격} \times 100$

2) 전세수급 동향 지수는 각 지역 공인중개사에게 해당 도시의 아파트 전세공급 상황에 대해 부족·적당·충분 중 하나를 선택하여 응답하게 한 후, '부족'이라고 응답한 비율에서 '충분'이라고 응답한 비율을 빼고 100을 더한 값임.
예: '부족' 응답비율 30%, '충분' 응답비율 50%인 경우 전세수급 동향 지수는 (30−50)+100=80

3) 아파트는 소형, 중형, 대형으로만 구분됨.

〈보기〉

ㄱ. 2012년 11월에 비해 2013년 11월 7개 도시 모두에서 아파트 평균 전세가격이 상승하였다.
ㄴ. 중형 아파트의 2012년 11월 대비 2013년 11월 평균 전세가격 상승액이 가장 큰 도시는 대구이다.
ㄷ. 각 도시에서 아파트 전세공급 상황에 대해 '부족'이라고 응답한 공인중개사는 '충분'이라고 응답한 공인중개사보다 많다.
ㄹ. 광주의 공인중개사 중 60% 이상이 광주의 아파트 전세공급 상황에 대해 '부족'이라고 응답하였다.

① ㄱ, ㄴ
② ㄱ, ㄷ
③ ㄴ, ㄷ
④ ㄴ, ㄹ
⑤ ㄷ, ㄹ

해설

지수는 특정 값을 100으로 설정한 후, 이와 비교하여 증가 또는 감소를 보는 것이다. 예를 들어 맨 처음 시험 본 점수를 100으로 설정한 후 이와 비교하여 점수가 어떻게 변화하는지 보는 것이다. 지수 내에서는 얼마든지 비교가 가능하지만, 다른 지수와 비교하기 위해서는 반드시 지수간의 관계가 파악되어야 한다.

ㄱ. (○) 전세가격 지수를 정의하는 분수식이 각주 1)에 주어져 있다. 2012년 11월 평균 전세가격을 기준으로 1년 뒤인 2013년 11월 평균 전세가격이 비가 어떻게 되는지를 나타내는 지수이다. 〈표〉에 제시된 7개 지역 모두에서 소형, 중형, 대형 등 모든 면적에서 지수 값이 100보다 크므로, 2012년 11월에 비해 2013년 11월 7개 도시 모두에서 아파트 평균 전세가격이 상승하였다.

ㄴ. (×) 상승률과 상승액은 다르다. 대구의 중형 아파트의 지수가 가장 크긴 하지만, 기준이 되는 전세가격이 얼마인지에 따라 상승률이 크더라도 상승액은 작을 수 있다. 예를 들어 1억 원의 1% 상승은 100만 원의 상승이지만, 1,000만 원의 5%는 50만 원의 상승이다. 즉, 상승률이 크다는 것이 상승액이 가장 크다는 것을 의미하지는 않는다.

지수 도시	면적별 전세가격 지수			전세수급 동향 지수
	소형	중형	대형	
서울	115.9	112.5	113.5	114.6
부산	103.9	105.6	102.2	115.4
대구	123.0	126.7	118.2	124.0
인천	117.1	119.8	117.4	127.4
광주	104.0	104.2	101.5	101.3
대전	111.5	107.8	108.1	112.3
울산	104.3	102.7	104.1	101.0

ㄷ. (○) 전세수급 동향 지수는 각주 2)에 주어져 있다. 줄글로 주어진 공식을 예시를 활용해서 적어보면, '전세수급 동향 지수 = (부족 응답비율−충분 응답비율)+100'이다.
'부족 응답비율=충분 응답비율'인 경우, 전세수급 동향 지수=100
'부족 응답비율>충분 응답비율'인 경우, 전세수급 동향 지수=100보다 크다.
'부족 응답비율<충분 응답비율'인 경우, 전세수급 동향 지수=100보다 작다.
7개 도시 모두에서 전세수급 동향 지수가 100보다 크기 때문에 '부족 응답비율 > 충분 응답비율'인 경우라는 것을 알 수 있다.

ㄹ. (×) 보기 ㄷ에서 찾아낸 공식에 대입해서 검증해 보면, 광주의 공인중개사 중 60% 이상이 광주의 아파트 전세공급 상황에 대해 '부족'이라고 응답하였다면, '충분'이라고 응답한 응답자는 최대 40%가 된다. 따라서 (60−최대 40)+100=최소 120 이상이 된다. 이 경우 〈표〉에 주어진 것처럼 101.3의 전세수급 동향 지수가 나올 수 없다.

합격으로 가는 Tip

- '지수' 소재의 자료가 나오면, 지수 간의 관계, 지수≠실수 등 반복적으로 묻는 것들이 있다. 잘 대비해두어야 한다.
- 보기 ㄹ을 해결하기 위해서 직접 해결하지 말고 검증하는 방법을 사용하는 것이 좋다.

[정답] ②

265 다음 <표>는 2018~2023년 짜장면 가격 및 가격지수와 짜장면 주재료 품목의 판매단위당 가격에 관한 자료이다. 이에 대한 설명으로 옳은 것은?

7급 공채 24년 사책형 9번

<표 1> 2018~2023년 짜장면 가격 및 가격지수

(단위: 원)

연도\구분	2018	2019	2020	2021	2022	2023
가격	5,011	5,201	5,276	5,438	6,025	( )
가격지수	95.0	98.6	100	103.1	114.2	120.6

※ 가격지수는 2020년 짜장면 가격을 100으로 할 때, 해당 연도 짜장면 가격의 상대적인 값임.

<표 2> 2018~2023년 짜장면 주재료 품목의 판매단위당 가격

(단위: 원)

연도\품목\판매단위		2018	2019	2020	2021	2022	2023
춘장	14kg	26,000	27,500	27,500	33,000	34,500	34,500
식용유	900mL	3,890	3,580	3,980	3,900	4,600	5,180
밀가루	1kg	1,280	1,280	1,280	1,190	1,590	1,880
설탕	1kg	1,630	1,680	1,350	1,790	1,790	1,980
양파	2kg	2,250	3,500	5,000	8,000	5,000	6,000
청오이	2kg	4,000	8,000	8,000	10,000	10,000	15,000
돼지고기	600g	10,000	10,000	10,000	13,000	15,000	13,000

※ 짜장면 주재료 품목은 제시된 7개뿐임.

① 짜장면 가격지수가 80.0이면 짜장면 가격은 4,000원 이하이다.
② 2023년 짜장면 가격은 2018년에 비해 20% 이상 상승하였다.
③ 2018년에 비해 2023년 판매단위당 가격이 2배 이상인 짜장면 주재료 품목은 1개이다.
④ 2020년에 식용유 1,800mL, 밀가루 2kg, 설탕 2kg의 가격 합계는 15,000원 이상이다.
⑤ 매년 판매단위당 가격이 상승한 짜장면 주재료 품목은 2개 이상이다.

해설

① (×) <표 1> 각주에 따르면 가격지수는 2020년 짜장면 가격을 100으로 할 때, 해당 연도 짜장면 가격의 상대적인 값이다. 따라서 가격지수가 80.0이면 짜장면 가격은 2020년 짜장면 가격 5,276원에 0.8을 곱한 5,276×0.8=약 4,2xx원이다. 4,000원을 초과한다.

② (○) 2023년 가격지수는 120.6으로 2018년의 가격지수 95.0에 비해 20% 이상 증가하였다. 95.0×1.2=114임을 계산해서도 확인할 수 있다. 따라서 2023년 짜장면 가격은 2018년에 비해 20% 이상 상승하였음을 확인할 수 있다.

③ (×) 2018년에 비해 2023년 판매단위당 가격이 2배 이상인 짜장면 주재료 품목은 양파, 청오이 2개이다.

연도\품목\판매단위		2018	2019	2020	2021	2022	2023
양파	2kg	2,250	3,500	5,000	8,000	5,000	6,000
청오이	2kg	4,000	8,000	8,000	10,000	10,000	15,000

④ (×) <표 2>에 따르면 2020년 식용유 900mL의 가격은 3,980원, 밀가루 1kg은 1,280원, 설탕 1kg은 1,350원이다.

연도\품목\판매단위		2018	2019	2020	2021	2022	2023
밀가루	1kg	1,280	1,280	1,280	1,190	1,590	1,880
설탕	1kg	1,630	1,680	1,350	1,790	1,790	1,980
양파	2kg	2,250	3,500	5,000	8,000	5,000	6,000

식용유 1,800mL, 밀가루 2kg, 설탕 2kg의 가격 합계는 3,980원×2+1,280원×2+1,350원×2=(3,980원+1,280원+1,350원)×2=6,610×2로 15,000원 미만이다.

⑤ (×) <표 2>에 따르면 매년 판매단위당 가격이 상승한 짜장면 주재료 품목은 없다.

[정답] ②

PSAT 교육 1위, 해커스PSAT

psat.Hackers.com

Ⅱ. 상위 O개

전체자료를 제시하는 것이 아니라 상위 몇 개의 자료만 제시하는 경우 주어진 자료에는 포함되어 있지 않은 생략되는 정보가 있다는 점이 활용되는 유형이다. 예를 들어 상위 5위의 값까지 주어진 경우라 하더라도 6위의 값은 그보다 낮아야 함을 알 수 있고 이를 통해 단순히 드러나지 않은 숨겨진 추론을 해야 해결되는 문제가 변별력 있게 출제되기도 하는 유형이다.

266 다음 <그림>과 <표>는 OECD국가와 한국인의 성별 기대수명에 관한 자료이다. 이에 대한 설명 중 옳은 것은?

민경채 12년 인책형 6번

<그림> 2009년 OECD국가의 성별 기대수명(상위 10개국)

(단위: 세)

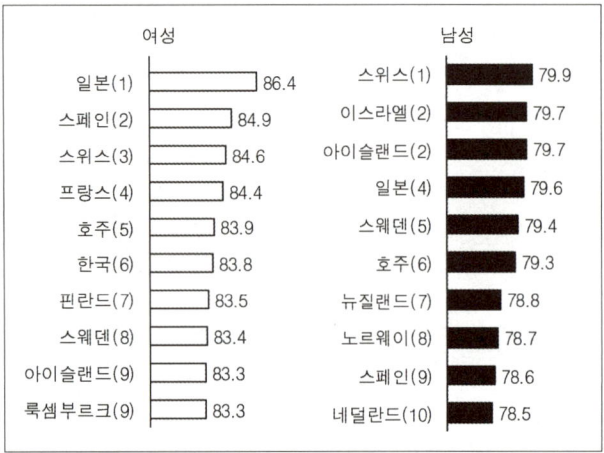

※ ( )안의 숫자는 OECD국가 중 해당 국가의 순위임.

<표> 한국인의 성별 기대수명(2003~2009년)

연도 \ 성별 구분	여성		남성	
	순위	기대수명(세)	순위	기대수명(세)
2003	19	80.8	26	73.9
2006	13	82.4	23	75.7
2009	6	83.8	20	76.8

※ 순위는 OECD국가 중 한국의 순위임.

① 2003년 대비 2009년 한국 남성의 기대수명은 5% 이상 증가하였다.
② 2009년의 경우, 일본 남성의 기대수명은 일본 여성의 기대수명의 90% 이하이다.
③ 2009년 여성과 남성의 기대수명이 모두 상위 5위 이내인 OECD국가의 수는 2개이다.
④ 2006년과 2009년 한국 남성의 기대수명 차이는 2006년과 2009년 한국 여성의 기대수명 차이보다 크다.
⑤ 2009년 스위스 여성과 스웨덴 여성의 기대수명 차이는 두 나라 남성의 기대수명 차이보다 작다.

해설

① (×) <표>에서 보면 남성의 기대수명은 2003년 73.9(세)에서 2009년 76.8(세)로 2.9(세) 상승하였다. 73.9(세)의 10%가 7.39(세)이고 5%는 약 3.7(세)이므로, 5% 이상 증가하려면 3.7(세) 이상 증가했어야 한다. 따라서 2003년 대비 2009년 한국 남성의 기대수명은 5% 미만 증가하였다.

② (×) <그림>에서 보면 2009년 일본 여성의 기대수명은 86.4(세)이고, 일본 남성의 기대수명은 79.6(세)이다. 86.4(세)×0.9=77.760이므로, 남성의 기대수명이 여성의 기대수명의 90% 이상이라고 판단할 수 있다.

또는 남성의 기대수명이 여성의 90% 이하이기 위해서는 여성의 기대수명과 남성의 기대수명의 차이가 여성의 기대수명 기준 10% 이상이면 된다. 따라서 여성의 기대수명 86.4(세)−8.64 < 79.6(세) 이므로 여성의 기대수명과 남성의 기대수명의 차이가 여성의 기대수명 기준 10%보다 작다. 따라서 남성의 기대수명이 여성의 기대수명의 90% 이상이다.

③ (○) <그림>에서 여성 기대수명 상위 5위에 포함되면서 남성 기대수명 상위 5위에도 포함되는 국가는 일본(여성 1위, 남성 4위), 스위스(여성 3위, 남성 1위) 2개이다.

④ (×) 2006년과 2009년 한국 남성의 기대수명 차이는 76.8(세)−75.7(세)=1.1(세) 차이이고, 2006년과 2009년 한국 여성의 기대수명 차이는 83.8(세)−82.4(세)=1.4(세) 차이이다. 따라서 2006년과 2009년 한국 남성의 기대수명 차이는 2006년과 2009년 한국 여성의 기대수명 차이보다 작다.

연도 \ 성별 구분	여성		남성	
	순위	기대수명(세)	순위	기대수명(세)
2003	19	80.8	26	73.9
2006	13	82.4	23	75.7
2009	6	83.8	20	76.8

⑤ (×) 2009년 스위스 여성과 스웨덴 여성의 기대수명 차이는 <그림>에서 보면 84.6(세)−83.4(세)=1.2(세) 차이이고, 스위스 남성과 스웨덴 남성의 기대수명 차이는 79.9(세)−79.4(세)=0.5(세) 차이이다. 따라서 여성의 기대수명 차이가 남성의 기대수명 차이보다 크다.

[정답] ③

267 다음 <표>는 AIIB(Asian Infrastructure Investment Bank)의 지분율 상위 10개 회원국의 지분율과 투표권 비율에 대한 자료이다. 이에 대한 <보기>의 설명 중 옳은 것만을 모두 고르면?

민경채 17년 나책형 11번

<표> 지분율 상위 10개 회원국의 지분율과 투표권 비율
(단위: %)

회원국	지역	지분율	투표권 비율
중국	A	30.34	26.06
인도	A	8.52	7.51
러시아	B	6.66	5.93
독일	B	4.57	4.15
한국	A	3.81	3.50
호주	A	3.76	3.46
프랑스	B	3.44	3.19
인도네시아	A	3.42	3.17
브라질	B	3.24	3.02
영국	B	3.11	2.91

※ 1) 회원국의 지분율(%) = $\dfrac{\text{해당 회원국이 AIIB에 출자한 자본금}}{\text{AIIB의 자본금 총액}} \times 100$

2) 지분율이 높을수록 투표권 비율이 높아짐.

<보기>

ㄱ. 지분율 상위 4개 회원국의 투표권 비율을 합하면 40% 이상이다.
ㄴ. 중국을 제외한 지분율 상위 9개 회원국 중 지분율과 투표권 비율의 차이가 가장 큰 회원국은 인도이다.
ㄷ. 지분율 상위 10개 회원국 중에서, A지역 회원국의 지분율 합은 B지역 회원국의 지분율 합의 3배 이상이다.
ㄹ. AIIB의 자본금 총액이 2,000억 달러라면, 독일과 프랑스가 AIIB에 출자한 자본금의 합은 160억 달러 이상이다.

① ㄱ, ㄴ
② ㄴ, ㄷ
③ ㄷ, ㄹ
④ ㄱ, ㄴ, ㄹ
⑤ ㄱ, ㄷ, ㄹ

268 다음 <표>는 2016~2019년 '갑'조사기관이 발표한 이미지 분야 및 실체 분야 국가브랜드 상위 10개국을 나타낸 자료이다. 이를 바탕으로 작성한 <보고서>의 A~C에 해당하는 내용을 바르게 나열한 것은?

민경채 20년 가책형 19번

<표> 2016~2019년 국가브랜드 상위 10개국

연도 순위\분야	2016 이미지	2017 이미지	2018 이미지	2019 이미지	2019 실체
1	프랑스	독일	일본	미국	미국
2	일본	캐나다	독일	독일	독일
3	스웨덴	일본	미국	영국	프랑스
4	영국	미국	캐나다	일본	영국
5	독일	영국	영국	스위스	일본
6	미국	스위스	프랑스	스웨덴	스위스
7	스위스	프랑스	스웨덴	캐나다	호주
8	캐나다	스웨덴	호주	프랑스	스웨덴
9	네덜란드	이탈리아	스위스	호주	네덜란드
10	이탈리아	호주	오스트리아	네덜란드	캐나다

※ 1) 국가브랜드는 이미지 분야와 실체 분야로 나누어 각각 순위가 결정되며 공동 순위는 없음.
2) 조사대상 국가는 매년 동일함.

─── <보고서> ───

최근 국가브랜드의 중요성이 커지면서 국가브랜드 순위에 대한 관심이 높아지고 있다. '갑'조사기관이 발표한 2016~2019년 이미지 분야 및 실체 분야 국가브랜드 순위를 살펴보면, 미국의 이미지 분야 순위는 매년 ⬚A⬚ 하고 있다. 또한, 이 기간에 연도별 이미지 분야 순위가 모두 상위 10위 이내에 든 국가는 총 8개국이다.

2019년 이미지 분야 순위가 상위 10위 이내에 든 국가는 모두 2019년 실체 분야 순위도 상위 10위 이내에 들었다. 2019년 이미지 분야 순위 상위 10개국 중 2019년 이미지 분야 순위와 실체 분야 순위의 차이가 가장 큰 국가는 ⬚B⬚ 인 것으로 나타났다. 2017년 이미지 분야 순위 상위 10개국 중 2016년에 비해 2017년 이미지 분야 순위가 상승한 국가는 총 ⬚C⬚ 개국이었고, 특히 캐나다의 높은 순위 상승이 눈에 띈다. 2019년에는 2018년과 비교하여 이미지 분야 순위가 하락한 국가가 많았으나, 네덜란드의 경우 이미지 분야 순위가 상승하여 주목받고 있다.

	A	B	C
①	상승	캐나다	6
②	상승	프랑스	5
③	상승	프랑스	6
④	하락	스웨덴	5
⑤	하락	캐나다	6

해설

A: 미국의 이미지 분야 순위는 2016년에 6위, 2017년에 4위, 2018년에 3위, 2019년에 1위로 매년 '상승'하였다. → 선지 ①, ②, ③ 해당

B: 2019년 이미지 분야 순위 상위 10개국 중 2019년 이미지 분야 순위와 실체 분야 순위의 차이가 가장 큰 국가는 '프랑스'이다. 프랑스가 이미지 순위는 8위고, 실체 순위는 3위로 차이가 5위 차이로 가장 크다. → 선지 ②, ③ 해당

C: 2017년 이미지 분야 순위 상위 10개국 중 2016년에 비해 2017년 이미지 분야 순위가 상승한 국가는 독일(5위 → 1위), 캐나다(8위 → 2위), 미국(6위 → 4위), 스위스(7위 → 6위), 이탈리아(10위 → 9위) 뿐만 아니라 호주도 포함되어 총 6개국이다. 호주는 2016년 상위 10개국에 포함되지 않았지만, 2017년에는 10위로 순위가 상승하였다. 각주 2)에서 조사대상 국가는 매년 동일하므로, 2016년의 호주의 순위는 10위보다 낮았음을 알 수 있다.

[정답] ③

269 다음 <표>는 '갑'잡지가 발표한 세계 스포츠 구단 중 2020년 가치액 기준 상위 10개 구단에 관한 자료이다. 이에 대한 <보기>의 설명 중 옳은 것만을 모두 고르면? 민경채 21년 나책형 5번

〈표〉 2020년 가치액 상위 10개 스포츠 구단

(단위: 억 달러)

순위	구단	종목	가치액
1(1)	A	미식축구	58(58)
2(2)	B	야구	50(50)
3(5)	C	농구	45(39)
4(8)	D	농구	44(36)
5(9)	E	농구	42(33)
6(3)	F	축구	41(42)
7(7)	G	미식축구	40(37)
8(4)	H	축구	39(41)
9(11)	I	미식축구	37(31)
10(6)	J	축구	36(38)

※ ( ) 안은 2019년도 값임.

〈보기〉

ㄱ. 2020년 상위 10개 스포츠 구단 중 전년보다 순위가 상승한 구단이 순위가 하락한 구단보다 많다.
ㄴ. 2020년 상위 10개 스포츠 구단 중 미식축구 구단 가치액 합은 농구 구단 가치액 합보다 크다.
ㄷ. 2020년 상위 10개 스포츠 구단 중 전년 대비 가치액 상승률이 가장 큰 구단의 종목은 미식축구이다.
ㄹ. 연도별 상위 10개 구단의 가치액 합은 2019년이 2020년보다 크다.

① ㄱ, ㄴ
② ㄱ, ㄹ
③ ㄷ, ㄹ
④ ㄱ, ㄴ, ㄷ
⑤ ㄴ, ㄷ, ㄹ

270 다음 <표>는 섬유수출액 상위 10개국과 한국의 섬유수출액 현황에 대한 자료이다. 이에 대한 <보기>의 설명 중 옳은 것만을 모두 고르면?

민경채 15년 인책형 19번

<표 1> 상위 10개국의 섬유수출액 현황(2010년)

(단위: 억달러, %)

구분 순위	국가	섬유	원단	의류	전년대비 증가율
1	중국	2,424	882	1,542	21.1
2	이탈리아	1,660	671	989	3.1
3	인도	241	129	112	14.2
4	터키	218	90	128	12.7
5	방글라데시	170	13	157	26.2
6	미국	169	122	47	19.4
7	베트남	135	27	108	28.0
8	한국	126	110	16	21.2
9	파키스탄	117	78	39	19.4
10	인도네시아	110	42	68	20.2
세계 전체		6,085	2,570	3,515	14.6

<표 2> 한국의 섬유수출액 현황(2006~2010년)

(단위: 억달러, %)

구분	연도	2006	2007	2008	2009	2010
섬유		177 (5.0)	123 (2.1)	121 (2.0)	104 (2.0)	126 (2.1)
원단		127 (8.2)	104 (4.4)	104 (4.2)	90 (4.4)	110 (4.3)
의류		50 (2.5)	19 (0.6)	17 (0.5)	14 (0.4)	16 (0.5)

※ 괄호 안의 숫자는 세계 전체의 해당분야 수출액에서 한국의 해당분야 수출액이 차지하는 비중으로, 소수점 아래 둘째자리에서 반올림한 값임.

─────<보기>─────

ㄱ. 2010년 한국과 인도의 섬유수출액 차이는 100억달러 이상이다.
ㄴ. 2010년 세계 전체의 섬유수출액은 2006년의 2배 이하이다.
ㄷ. 2010년 한국 원단수출액의 전년대비 증가율과 의류수출액의 전년대비 증가율의 차이는 10%p 이상이다.
ㄹ. 2010년 중국의 의류수출액은 세계 전체 의류수출액의 50% 이하이다.

① ㄱ, ㄴ
② ㄱ, ㄷ
③ ㄷ, ㄹ
④ ㄱ, ㄴ, ㄹ
⑤ ㄴ, ㄷ, ㄹ

271 다음 <표>는 2012~2014년 A국 농축수산물 생산액 상위 10개 품목에 대한 자료이다. 이에 대한 <보기>의 설명 중 옳은 것만을 모두 고르면?

민경채 16년 5책형 5번

<표> A국 농축수산물 생산액 상위 10개 품목

(단위: 억원)

연도 순위	2012 품목	2012 생산액	2013 품목	2013 생산액	2014 품목	2014 생산액
1	쌀	105,046	쌀	85,368	쌀	86,800
2	돼지	23,720	돼지	37,586	돼지	54,734
3	소	18,788	소	31,479	소	38,054
4	우유	13,517	우유	15,513	닭	20,229
5	고추	10,439	닭	11,132	우유	17,384
6	닭	8,208	달걀	10,853	달걀	13,590
7	달걀	6,512	수박	8,920	오리	12,323
8	감귤	6,336	고추	8,606	고추	9,913
9	수박	5,598	감귤	8,108	인삼	9,412
10	마늘	5,324	오리	6,490	감귤	9,065
농축수산물 전체		319,678		350,889		413,643

─────<보기>─────

ㄱ. 2013년에 비해 2014년에 감귤 생산액 순위는 떨어졌으나 감귤 생산액이 농축수산물 전체 생산액에서 차지하는 비중은 증가하였다.
ㄴ. 쌀 생산액이 농축수산물 전체 생산액에서 차지하는 비중은 매년 감소하였다.
ㄷ. 상위 10위 이내에 매년 포함된 품목은 7개이다.
ㄹ. 오리 생산액은 매년 증가하였다.

① ㄱ, ㄴ
② ㄱ, ㄹ
③ ㄴ, ㄷ
④ ㄴ, ㄹ
⑤ ㄷ, ㄹ

해설

ㄱ. (×) 감귤 생산액 순위는 2013년 9위에서 2014년 10위로 하락하였다. 감귤 생산액이 농축수산물 전체 생산액에서 차지하는 비중은 2013년에 $\frac{8,108}{350,889} \times 100 = $ 약 2.31%에서 2014년에 $\frac{9,065}{413,643} \times 100 = $ 약 2.19%로 비중도 감소하였다.

계산 결과가 근소한 편인데, 유효자리를 잡아서 분자, 분모의 변화율을 보면, 분모는 350 → 413으로 약 63정도 증가하여 15%~20% 정도 증가하였다. 분자는 810 → 906으로 약 96정도 증가하여 10%~15% 정도 증가하였다. 그렇다면 분자의 증가율보다 분모의 증가율이 더 크므로 비중은 줄어들었다고 판단할 수 있다.

ㄴ. (○) 쌀 생산액이 매년 농축수산물 전체 생산액에서 차지하는 비중을 계산해 보자.

연도 순위	2012 품목	2012 생산액	2013 품목	2013 생산액	2014 품목	2014 생산액
1	쌀	105,046	쌀	85,368	쌀	86,800
⋮						
농축수산물 전체		319,678		350,889		413,643

2012년과 2013년의 변화를 보면 분모는 319 → 350으로 증가하였는데, 분자는 105 → 85로 감소하였으므로 비중은 줄어든다. 2013년과 2014년의 변화를 보면 분모는 보기 ㄱ에서도 봤듯이, 350 → 413으로 약 63정도 증가하여 15%~20% 정도 증가하였다. 분자는 853 → 868로 약 15정도 증가하여 5%에도 미치지 못한다. 분모의 증가율이 분자의 증가율보다 훨씬 크기 때문에 비중은 줄어든다.

ㄷ. (×) 상위 10위 이내에 매년 포함된 품목은 쌀, 돼지, 소, 우유, 닭, 고추, 달걀, 감귤까지 총 8개이다.

ㄹ. (○) 오리의 생산액은 2012년에는 상위 10개 품목에 해당하지 않았으므로 10위인 마늘의 생산량 5,324(억원)보다 작았을 것이다. 이후 2013년은 10위로 6,490(억원), 2014년은 7위로 12,323(억원)으로 생산량은 매년 증가하였다.

[정답] ④

272 다음 <표>는 '가'국의 PC와 스마트폰 기반 웹 브라우저 이용에 대한 설문조사를 바탕으로, 2013년 10월~2014년 1월 동안 매월 이용률 상위 5종 웹 브라우저의 이용률 현황을 정리한 자료이다. 이에 대한 설명으로 옳은 것은? 민경채 15년 인책형 24번

<표 1> PC 기반 웹 브라우저

(단위: %)

조사시기 웹 브라우저 종류	2013년			2014년
	10월	11월	12월	1월
인터넷 익스플로러	58.22	58.36	57.91	58.21
파이어폭스	17.70	17.54	17.22	17.35
크롬	16.42	16.44	17.35	17.02
사파리	5.84	5.90	5.82	5.78
오페라	1.42	1.39	1.33	1.28
상위 5종 전체	99.60	99.63	99.63	99.64

※ 무응답자는 없으며, 응답자는 1종의 웹 브라우저만을 이용한 것으로 응답함.

<표 2> 스마트폰 기반 웹 브라우저

(단위: %)

조사시기 웹 브라우저 종류	2013년			2014년
	10월	11월	12월	1월
사파리	55.88	55.61	54.82	54.97
안드로이드 기본 브라우저	23.45	25.22	25.43	23.49
크롬	6.85	8.33	9.70	10.87
오페라	6.91	4.81	4.15	4.51
인터넷 익스플로러	1.30	1.56	1.58	1.63
상위 5종 전체	94.39	95.53	95.68	95.47

※ 무응답자는 없으며, 응답자는 1종의 웹 브라우저만을 이용한 것으로 응답함.

① 2013년 10월 전체 설문조사 대상 스마트폰 기반 웹 브라우저는 10종 이상이다.
② 2014년 1월 이용률 상위 5종 웹 브라우저 중 PC 기반 이용률 순위와 스마트폰 기반 이용률 순위가 일치하는 웹 브라우저는 없다.
③ PC 기반 이용률 상위 5종 웹 브라우저의 이용률 순위는 매월 동일하다.
④ 스마트폰 기반 이용률 상위 5종 웹 브라우저 중 2013년 10월과 2014년 1월 이용률의 차이가 2%p 이상인 것은 크롬뿐이다.
⑤ 스마트폰 기반 이용률 상위 3종 웹 브라우저 이용률의 합은 매월 90% 이상이다.

해설

① (○) 2013년 스마트폰 기반 웹 브라우저를 보기 위해서는 <표 2>를 봐야 한다. 상위 5개의 웹 브라우저 종류가 표에 제시되어 있는데, 이들 상위 5종의 이용률의 합은 94.39%이고, 나머지 5.61%는 상위 5종이 아닌 나머지 웹 브라우저를 이용하고 있는 셈이다. 그런데 상위 5종에 들지 못했기 때문에 6위부터는 이용률이 1.30%보다는 반드시 작다. 그렇다면 5.61÷1.30=약 4.3이므로 스마트폰 기반 웹 브라우저의 개수를 최소한으로 하기 위해 노력하더라도 상위 5종 외에 최소 5종의 스마트폰 기반 웹 브라우저가 있어야만 총 100%의 이용률이 완성된다. 따라서 2013년 10월 전체 설문조사 대상 스마트폰 기반 웹 브라우저는 최소 10종 이상이 된다.

② (×) <표 1>과 <표 2>에서 모두 가장 오른쪽 열에 있는 2014년 1월 기준으로 순위가 일치하는 웹 브라우저가 있는지 확인해야 한다. PC 기반 웹 브라우저는 인터넷 익스플로러-파이어폭스-크롬-사파리-오페라 순이고, 스마트폰 기반 웹 브라우저는 사파리-안드로이드 기본 브라우저-크롬-오페라-인터넷 익스플로러 순이다. 따라서 크롬이 양쪽에서 3위로 순위가 일치한다.

③ (×) <표 1>에서 보면, 2013년 10월과 11월, 그리고 2014년 1월의 순위는 인터넷 익스플로러-파이어폭스-크롬-사파리-오페라 순으로 일치한다. 그러나 2013년 12월의 순위는 인터넷 익스플로러-크롬-파이어폭스-사파리-오페라 순으로 크롬과 파이어폭스의 순위가 서로 바뀌어 있다.

④ (×) <표 2>에서 보면,

조사시기 웹 브라우저 종류	2013년	…	2014년	차이(%p)
	10월	…	1월	
사파리	55.88	…	54.97	0.91
안드로이드 기본 브라우저	23.45	…	23.49	0.04
크롬	6.85	…	10.87	4.02
오페라	6.91	…	4.51	2.40
인터넷 익스플로러	1.30	…	1.63	0.33
상위 5종 전체	94.39	…	95.47	

따라서 스마트폰 기반 이용률 상위 5종 웹 브라우저 중 2013년 10월과 2014년 1월 이용률의 차이가 2%p 이상인 것은 크롬과 오페라이다.

⑤ (×) <표 2>에서 스마트폰 기반 이용률 상위 3종 웹 브라우저 이용률의 합을 계산할 수 있다. 가장 일반적인 방법은 상위 3종의 이용률의 합을 구하는 것이다. 이 경우 2013년 10월의 사파리, 안드로이드 기본 브라우저, 오페라의 합이 55.88+23.45+6.91=86.24%이므로, 스마트폰 기반 이용률 상위 3종 웹 브라우저 이용률의 합은 매월 90% 이상인 것은 아니다.

> **합격으로 가는 Tip**
> - 선지 ⑤번에서 스마트폰 기반 이용률 상위 3종 웹 브라우저 이용률을 합할 때 표에 제시된 순서를 위에서부터 차례대로 3개를 더하면 잘못 더한 것이다. 세 번째 크롬보다 네 번째 오페라의 이용률이 더 높다. 사소한 실수를 하지 않도록 주의하자.
> - 선지 ⑤번에서 표에 주어진 상위 5종 전체의 이용률의 합을 이용하는 방법은 상위 5종 전체 합에서 이용률 4위와 5위의 값을 빼서 상위 3종의 웹 브라우저 이용률의 합을 구하는 것이다. 이런 방식으로 해결해 보면 <표 2>에 제시된 모든 월에서 상위 3종의 웹 브라우저 이용률의 합이 모두 90%에 미치지 못함을 확인할 수 있다.

[정답] ①

273 다음 <표>는 2015년 '갑'국 공항의 운항 현황을 나타낸 자료이다. 이에 대한 설명 중 옳은 것은? 민경채 16년 5책형 24번

<표 1> 운항 횟수 상위 5개 공항

(단위: 회)

국내선			국제선		
순위	공항	운항 횟수	순위	공항	운항 횟수
1	AJ	65,838	1	IC	273,866
2	KP	56,309	2	KH	39,235
3	KH	20,062	3	KP	18,643
4	KJ	5,638	4	AJ	13,311
5	TG	5,321	5	CJ	3,567
'갑'국 전체		167,040	'갑'국 전체		353,272

※ 일부 공항은 국내선만 운항함.

<표 2> 전년대비 운항 횟수 증가율 상위 5개 공항

(단위: %)

국내선			국제선		
순위	공항	증가율	순위	공항	증가율
1	MA	229.0	1	TG	55.8
2	CJ	23.0	2	AJ	25.3
3	KP	17.3	3	KH	15.1
4	TG	16.1	4	KP	5.6
5	AJ	11.2	5	IC	5.5

① 2015년 국제선 운항 공항 수는 7개 이상이다.
② 2015년 KP공항의 운항 횟수는 국제선이 국내선의 $\frac{1}{3}$ 이상이다.
③ 전년대비 국내선 운항 횟수가 가장 많이 증가한 공항은 MA공항이다.
④ 국내선 운항 횟수 상위 5개 공항의 국내선 운항 횟수 합은 전체 국내선 운항 횟수의 90% 미만이다.
⑤ 국내선 운항 횟수와 전년대비 국내선 운항 횟수 증가율 모두 상위 5개 안에 포함된 공항은 AJ공항이 유일하다.

해설

① (○) <표 1>에서 보면 국제선 운항 횟수 상위 5개 공항의 운항 횟수의 총합은 348,622(회)이고, '갑'국 전체의 국제선 운항 횟수는 353,272(회)이다. 즉, 상위 5개 공항이 아닌 공항에서 그 차이만큼인 4,650회의 운항을 해야 한다. 운항 횟수 상위 5개 공항에 들지 못했으므로 운항 횟수는 CJ공항의 3,567(회)보다 적어야 하므로, 최소 2개 공항이 있어야 총 운항횟수가 가능해진다. 따라서 2015년 국제선 운항 공항 수는 최소 7개 이상이다.

② (×) <표 1>에서 보면 KP공항의 국내선 운항횟수는 56,309(회)이고 국제선 운항횟수는 18,643(회)이다. 56,309회의 1/3회는 약 18,769(회)로, 국제선 운항횟수가 국내선의 1/3 미만이다.
또는 만약 국제선 운항횟수가 국내선 운항횟수의 1/3 이상 이라면, '국제선 운항횟수×3'을 한 경우 1 이상이 된다. 18,643×3=55,929으로 국내선 운항횟수 56,309(회)에 미치지 못한다. 즉, 국제선 운항횟수가 국내선의 운항횟수의 1/3 미만이다.

③ (×) <표 1>에서 보면 MA공항의 국내선 운항횟수는 상위 5개 공항에 들지 못했으므로, 5,321(회) 미만이다. <표 2>에서 보면 MA공항의 전년대비 국내선 운항 횟수의 증가율은 229.0%로 증가율이 가장 높다. 그렇다면 증가폭을 최대로 가정했을 때, 전년대비 229.0%가 증가하여 5,320(회)가 된 상황을 따져보면

MA공항의 2014년 국내선 운항 횟수×3.29=5,320(회)

MA공항의 2014년 국내선 운항 횟수=$\frac{5,320}{3.29}$=약 1,617회

이므로, 약 1,617(회) → 5,320(회)일 경우, 약 3,703(회)의 증가폭까지 가능하다.
이와 비교해서 2015년의 국내선 운항 횟수가 많은 AJ공항을 보면 전년대비 11.2% 증가하였다.

AJ공항의 2014년 국내선 운항 횟수×1.112=65,838(회)

AJ공항의 2014년 국내선 운항 횟수=$\frac{65,838}{1.112}$=약 59,207(회)

이므로, 약 59,207(회) → 65,838(회)이면 약 6,600(회) 이상의 증가폭을 보인다. 따라서 전년대비 국내선 운항 횟수가 가장 많이 증가한 공항은 MA공항이 아니다.
KP공항도 국내선 운항 횟수가 전년대비 17.3% 증가하였다.

KP공항의 2014년 국내선 운항 횟수×1.173=56,309(회)

KP공항의 2014년 국내선 운항 횟수=$\frac{56,309}{1.173}$=약 48,004(회)

이므로, 약 8,000(회) 이상의 증가폭을 보인다. 따라서 전년대비 국내선 운항 횟수가 가장 많이 증가한 공항이 MA공항이 아님을 KP공항을 통해서도 확인할 수 있다.

④ (×) <표 1>에서 보면 국내선 운항 횟수 상위 5개 공항의 국내선 운항 횟수의 총합은 153,168(회)이고 '갑'국 전체는 167,040(회)이다. '갑'국 전체의 운항 횟수를 더 올려서 17만으로 생각하더라도 90%는 153,000이고, 153,168(회)가 더 크다. 따라서 국내선 운항 횟수 상위 5개 공항의 국내선 운항 횟수 합은 전체 국내선 운항 횟수의 90% 이상이다.

⑤ (×) <표 1>의 국내선 운항 횟수와 <표 2>의 전년대비 국내선 운항 횟수 증가율과 동시에 상위 5개 공항 안에 포함된 공항은 AJ공항(운항 횟수 1회, 증가율 5위), KP공항(운항 횟수 2회, 증가율 3위), TG공항(운항 횟수 5위, 증가율 4위)까지 총 3개 공항이다.

[정답] ①

274 다음 <표>는 '갑'국의 가맹점 수 기준 상위 5개 편의점 브랜드 현황에 관한 자료이다. 이에 대한 <보기>의 설명 중 옳은 것만을 모두 고르면?

7급 공채 24년 사책형 18번

<표> 가맹점 수 기준 상위 5개 편의점 브랜드 현황

(단위: 개, 천 원/개, 천 원/m²)

순위	브랜드	가맹점 수	가맹점당 매출액	가맹점 면적당 매출액
1	A	14,737	583,999	26,089
2	B	14,593	603,529	32,543
3	C	10,294	465,042	25,483
4	D	4,082	414,841	12,557
5	E	787	559,684	15,448

※ 가맹점 면적당 매출액(천 원/m²) = $\frac{\text{해당 브랜드 전체 가맹점 매출액의 합}}{\text{해당 브랜드 전체 가맹점 면적의 합}}$

─────<보기>─────

ㄱ. '갑'국의 전체 편의점 가맹점 수가 5만 개라면 편의점 브랜드 수는 최소 14개이다.

ㄴ. A~E 중, 가맹점당 매출액이 가장 큰 브랜드가 전체 가맹점 매출액의 합도 가장 크다.

ㄷ. A~E 중, 해당 브랜드 전체 가맹점 면적의 합이 가장 작은 편의점 브랜드는 E이다.

① ㄱ
② ㄴ
③ ㄷ
④ ㄴ, ㄷ
⑤ ㄱ, ㄴ, ㄷ

해설

ㄱ. (×) 우선 <표>에 주어진 가맹점 수 기준 상위 5개 편의점 브랜드 가맹점 수의 합은 14,737 + 14,593 + 10,294 + 4,082 + 787 = 44,493개이다. 상위 5개에 포함되지 않은 편의점 브랜드의 가맹점 수가 E의 가맹점 수 787개보다 작은 786개라면 50,000개에서 44,493을 제외한 나머지 5,507개의 편의점은 5,507÷786 = 7 이상(정확하게는 7.0063)이므로 최소 8개의 브랜드일 수 있다. 따라서 상위 5개 + 나머지 8개 = 편의점 브랜드 수가 최소 13개인 경우가 가능하다.

ㄴ. (○) A~E 중 가맹점당 매출액이 가장 큰 브랜드는 B이다. 전체 가맹점 매출액의 합은 '가맹점 수 × 가맹점당 매출액'으로 구할 수 있다. A와 B를 비교해보면 A의 가맹점 수는 B보다 약 1% 가량 크지만 가맹점당 매출액은 약 3% 작으므로 B의 전체 가맹점 매출액의 합이 가장 크다고 판단할 수 있다.

ㄷ. (○) 해당 브랜드 전체 가맹점 면적의 합은

$\frac{\text{해당 브랜드 전체 가맹점 매출액의 합}}{\text{가맹점 면적당 매출액}} = \frac{\text{가맹점 수 × 가맹점당 매출액}}{\text{가맹점 면적당 매출액}}$

으로 구할 수 있다. $\frac{\text{가맹점당 매출액}}{\text{가맹점 면적당 매출액}}$ 부분은 A~E 모두 최대 2배가량밖에 차이가 나지 않으나, E의 가맹점 수는 다른 편의점 브랜드의 1/5 미만이므로 해당 브랜드 전체 가맹점 면적의 합이 가장 작은 편의점 브랜드는 E라고 판단할 수 있다.

합격으로 가는 Tip

- 보기 ㄱ을 해결할 때 위의 해결은 엄밀하게 계산한 것이고, 대략적으로 계산하여 13개인 경우를 찾아내더라도 미세하게 경합하는 것이 아니라 계산에 어느 정도 여유가 있다. 또는 나눗셈이 잘 안된다면 나머지 5,507개의 편의점을 최소한의 브랜드 수로 배분할 때 선지처럼 9개이어야 하는지 검증하는 것도 가능하다. 786×9 = 대략 700×9 = 6,300 초과로 5,507과는 매우 크게 차이가 난다. 9개까지는 필요없음을 알 수 있다.
- 보기 ㄷ을 해결할 때 나누기가 잘 안된다면 세 덩어리 곱셈비교로 변형해서 비교할 수도 있다.

[정답] ④

275 다음 <표>는 동일한 상품군을 판매하는 백화점과 TV홈쇼핑의 상품군별 2015년 판매수수료율에 대한 자료이다. 이에 대한 <보고서>의 설명 중 옳은 것만을 모두 고르면?

민경채 17년 나책형 17번

<표 1> 백화점 판매수수료율 순위

(단위: %)

판매수수료율 상위 5개			판매수수료율 하위 5개		
순위	상품군	판매수수료율	순위	상품군	판매수수료율
1	셔츠	33.9	1	디지털기기	11.0
2	레저용품	32.0	2	대형가전	14.4
3	잡화	31.8	3	소형가전	18.6
4	여성정장	31.7	4	문구	18.7
5	모피	31.1	5	신선식품	20.8

<표 2> TV홈쇼핑 판매수수료율 순위

(단위: %)

판매수수료율 상위 5개			판매수수료율 하위 5개		
순위	상품군	판매수수료율	순위	상품군	판매수수료율
1	셔츠	42.0	1	여행패키지	8.4
2	여성캐주얼	39.7	2	디지털기기	21.9
3	진	37.8	3	유아용품	28.1
4	남성정장	37.4	4	건강용품	28.2
5	화장품	36.8	5	보석	28.7

─<보기>─

 백화점과 TV홈쇼핑의 전체 상품군별 판매수수료율을 조사한 결과, ㉠ 백화점, TV홈쇼핑 모두 셔츠 상품군의 판매수수료율이 전체 상품군 중 가장 높았다. 그리고 백화점, TV홈쇼핑 모두 상위 5개 상품군의 판매수수료율이 30%를 넘어섰다. ㉡ 여성정장 상품군과 모피 상품군의 판매수수료율은 TV홈쇼핑이 백화점보다 더 낮았으며, ㉢ 디지털기기 상품군의 판매수수료율은 TV홈쇼핑이 백화점보다 더 높았다. ㉣ 여행패키지 상품군의 판매수수료율은 백화점이 TV홈쇼핑의 2배 이상이었다.

① ㄱ, ㄴ
② ㄱ, ㄷ
③ ㄴ, ㄹ
④ ㄱ, ㄷ, ㄹ
⑤ ㄴ, ㄷ, ㄹ

276 다음 <표>와 <그림>은 2009~2012년 도시폐기물량 상위 10개국의 도시폐기물량지수와 한국의 도시폐기물량을 나타낸 것이다. 이에 대한 <보기>의 설명 중 옳은 것만을 모두 고르면?

민경채 17년 나책형 20번

<표> 도시폐기물량 상위 10개국의 도시폐기물량지수

순위	2009년		2010년		2011년		2012년	
	국가	지수	국가	지수	국가	지수	국가	지수
1	미국	12.05	미국	11.94	미국	12.72	미국	12.73
2	러시아	3.40	러시아	3.60	러시아	3.87	러시아	4.51
3	독일	2.54	브라질	2.85	브라질	2.97	브라질	3.24
4	일본	2.53	독일	2.61	독일	2.81	독일	2.78
5	멕시코	1.98	일본	2.49	일본	2.54	일본	2.53
6	프랑스	1.83	멕시코	2.06	멕시코	2.30	멕시코	2.35
7	영국	1.76	프랑스	1.86	프랑스	1.96	프랑스	1.91
8	이탈리아	1.71	영국	1.75	이탈리아	1.76	터키	1.72
9	터키	1.50	이탈리아	1.73	영국	1.74	영국	1.70
10	스페인	1.33	터키	1.63	터키	1.73	이탈리아	1.40

※ 도시폐기물량지수 = 해당년도 해당 국가의 도시폐기물량 / 해당년도 한국의 도시폐기물량

<그림> 한국의 도시폐기물량

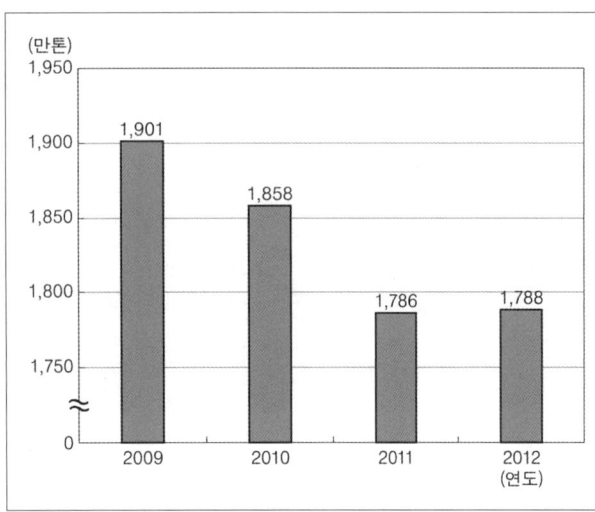

─ <보기> ─
ㄱ. 2012년 도시폐기물량은 미국이 일본의 4배 이상이다.
ㄴ. 2011년 러시아의 도시폐기물량은 8,000만톤 이상이다.
ㄷ. 2012년 스페인의 도시폐기물량은 2009년에 비해 감소하였다.
ㄹ. 영국의 도시폐기물량은 터키의 도시폐기물량보다 매년 많다.

① ㄱ, ㄷ
② ㄱ, ㄹ
③ ㄴ, ㄷ
④ ㄱ, ㄴ, ㄹ
⑤ ㄴ, ㄷ, ㄹ

277 다음 <표>는 2015년 와인 생산량 및 소비량 상위 8개국 현황에 관한 자료이다. 이에 대한 <보기>의 설명 중 옳은 것만을 모두 고르면?

7급 공채 20년 모의평가 20번

〈표 1〉 2015년 와인 생산량 상위 8개국 현황

(단위: 천 L,%)

국가 \ 구분	2015년 생산량	구성비	2013년 생산량 대비 증가율
이탈리아	4,950	17.4	−8.3
프랑스	4,750	16.7	12.8
스페인	3,720	13.1	−18.0
미국	2,975	10.4	−4.5
아르헨티나	1,340	4.7	−10.7
칠레	1,290	4.5	0.8
호주	1,190	4.2	−3.3
남아프리카공화국	1,120	3.9	22.4
계	21,335	74.9	−3.8

〈표 2〉 2015년 와인 소비량 상위 8개국 현황

(단위: 천 L,%)

국가 \ 구분	2015년 소비량	구성비	2013년 소비량 대비 증가율
미국	3,320	13.3	6.5
프랑스	2,720	10.9	−3.5
이탈리아	2,050	8.2	−5.9
독일	2,050	8.2	1.0
중국	1,600	6.4	−8.4
영국	1,290	5.2	1.6
아르헨티나	1,030	4.1	−0.4
스페인	1,000	4.0	2.0
계	15,060	60.2	−0.8

※ 1) 구성비는 세계 와인 생산(소비)량에서 각 국가 생산(소비)량이 차지하는 비율임.
2) 구성비와 증가율은 소수 둘째 자리에서 반올림한 값임.

〈보기〉

ㄱ. 2015년 와인 생산량 상위 8개국 중 와인 소비량이 생산량보다 많은 국가는 1개이다.
ㄴ. 2015년 와인 생산량 상위 8개국만 와인 생산량이 각각 10%씩 증가했다면, 2015년 세계 와인 생산량은 30,000천 L 이상이었을 것이다.
ㄷ. 2015년 중국 와인 소비량은 같은 해 세계 와인 생산량의 6% 미만이다.
ㄹ. 2013년 스페인 와인 생산량은 같은 해 영국 와인 소비량의 3배 미만이다.

① ㄱ, ㄷ
② ㄴ, ㄹ
③ ㄷ, ㄹ
④ ㄱ, ㄴ, ㄷ
⑤ ㄱ, ㄴ, ㄹ

해설

ㄱ. (○) 〈표 1〉의 8개국 중 〈표 2〉에서 소비량을 알 수 있는 국가는 이탈리아, 프랑스, 스페인, 미국, 아르헨티나 5개국이다. 이 중 미국의 2015년 와인 생산량은 2,975(천 L)이고 소비량은 3,320(천 L)이므로, 와인 소비량이 생산량보다 많다. 5개국 중 나머지 국가는 모두 와인 생산량이 소비량보다 많으므로, 와인 소비량이 생산량보다 많은 국가는 1개이다.

ㄴ. (○) 〈표 1〉에 따르면 와인 생산량 상위 8개국의 와인 생산량 합계는 21,335(천 L)이고, 각주 1)에 따르면 세계 와인 생산량에서 구성비는 74.9%이다. 상위 8개국의 와인 생산량 합계를 적게 잡아 대략 21,000, 구성비를 약 75%라고 하면, 2015년 세계 와인 생산량은 약 28,000이다. 그리고 상위 8개국의 와인 생산량 합계는 약 21,000이므로, 2015년 와인 생산량 상위 8개국만 와인 생산량이 각각 10%씩 증가했다면 와인 생산량은 약 2,100 증가하는 것이다. 2015년 세계 와인 생산량은 28,000+2,100=31,000으로, 30,000천 L 이상이다.

ㄷ. (○) 〈표 2〉에 따르면 2015년 중국 와인 소비량은 1,600(천 L)이다. 그리고 ㄴ에서 확인한 바와 같이 세계 와인 생산량은 약 28,000이다. 28,000의 6%는 1,680이므로 2015년 중국 와인 소비량은 같은 해 세계 와인 생산량의 6% 미만이라는 것을 알 수 있다.

ㄹ. (×) 〈표 1〉에 따르면 2015년 스페인 와인 생산량은 3,720(천 L), 2013년 생산량 대비 증가율은 −18.0%이다.

| 스페인 | 3,720 | 13.1 | −18.0 |

어림산 해도 2013년 스페인 와인 생산량이 4,000 이상이라는 것은 알 수 있다. 구체적으로 계산해보면 약 4,5xx이다. 그리고 〈표 2〉에 따르면 2015년 영국 와인 소비량은 1,290(천 L), 2013년 소비량 대비 증가율은 1.6%이다.

| 영국 | 1,290 | 5.2 | 1.6 |

증가율만 확인해도 2013년 영국 와인 소비량이 1,290보다 작다는 것을 알 수 있다. 따라서 2013년 스페인 와인 생산량은 같은 해 영국 와인 소비량의 3배 이상이다.

합격으로 가는 Tip

보기 ㄱ을 해결할 때, 〈표 1〉과 〈표 2〉에 언급된 모든 국가를 대상으로 판단하는 것이 아니라, '2015년 와인 생산량 상위 8개국' 즉, 〈표 1〉에 있는 국가들을 대상으로 판단하는 것임에 주의한다.

[정답] ④

Ⅲ. A당 B

기본적으로 분수식에 대한 이해로부터 출발하는 유형이다. A당 B는 분수식으로 $\frac{B}{A}$ 와 같이 쓸 수 있고, $\frac{B}{A}$ = C에서 세 개의 항 중 두 개의 항을 주고 나머지 항의 값을 계산하는 것이 가장 기본적으로 묻는 구조이다. 이 유형에 해당하는 문제를 빠르게 해결하기 위해 분수비교, 곱셈비교 등의 계산을 빠르게 할 수 있어야 한다.

278 다음 <표>는 A지역 유치원 유형별 교지면적과 교사면적에 대한 자료이다. 이에 대한 설명으로 옳지 않은 것은?

민경채 14년 A책형 3번

〈표〉 A지역 유치원 유형별 교지면적과 교사면적

(단위: m²)

구분	유치원 유형	국립	공립	사립
교지면적	유치원당	255.0	170.8	1,478.4
	원아 1인당	3.4	6.1	13.2
교사면적	유치원당	562.5	81.2	806.4
	원아 1인당	7.5	2.9	7.2

① 원아 1인당 교지면적은 사립이 공립의 2배 이상이다.
② 유치원당 교사면적이 가장 큰 유형부터 순서대로 나열하면 사립, 국립, 공립 순이다.
③ 유치원당 교지면적이 유치원당 교사면적보다 작은 유치원 유형은 국립뿐이다.
④ 유치원당 교지면적은 사립이 국립의 5.5배 이상이고 유치원당 교사면적은 사립이 국립의 1.4배 이상이다.
⑤ 유치원당 교지면적과 원아 1인당 교사면적은 국립이 사립보다 모두 작다.

해설

① (○) 원아 1인당 교지면적은 사립이 13.2로 공립 6.1의 2배 이상이다.
13.2 ≥ 6.1×2 (=12.2)

구분	유치원 유형	국립	공립	사립
교지면적	유치원당	255.0	170.8	1,478.4
	원아 1인당	3.4	6.1	13.2
교사면적	유치원당	562.5	81.2	806.4
	원아 1인당	7.5	2.9	7.2

② (○) 유치원당 교사면적이 가장 큰 유형부터 순서대로 나열하면 사립(806.4) - 국립(562.5) - 공립(81.2) 순이다.

구분	유치원 유형	국립	공립	사립
교지면적	유치원당	255.0	170.8	1,478.4
	원아 1인당	3.4	6.1	13.2
교사면적	유치원당	562.5	81.2	806.4
	원아 1인당	7.5	2.9	7.2

③ (○) 유치원 유형이 국립인 경우만 유치원당 교지면적(255.0)이 유치원당 교사면적(562.5)보다 작다.

구분	유치원 유형	국립	공립	사립
교지면적	유치원당	255.0	170.8	1,478.4
	원아 1인당	3.4	6.1	13.2
교사면적	유치원당	562.5	81.2	806.4
	원아 1인당	7.5	2.9	7.2

④ (○) 유치원당 교지면적은 사립(1478.4)이 국립(255.0)의 5.5배인지 검증해 보아야 한다. 1478.4>255.0×5.5(=1402.5) 이므로 옳은 진술이다. 그리고 유치원당 교사면적은 사립(806.4)이 국립(562.5)의 1.4배인지를 검증해야 한다. 806.4>562.5×1.4(=787.5) 이므로 유치원당 교지면적은 사립이 국립의 5.5배 이상이고 유치원당 교사면적은 사립이 국립의 1.4배 이상이다.

구분	유치원 유형	국립	공립	사립
교지면적	유치원당	255.0	170.8	1,478.4
	원아 1인당	3.4	6.1	13.2
교사면적	유치원당	562.5	81.2	806.4
	원아 1인당	7.5	2.9	7.2

⑤ (×) 유치원당 교지면적은 국립이 255.0이고 사립이 1,478.4이므로 국립이 사립보다 작다. 원아 1인당 교사면적은 국립이 7.5이고 사립이 7.2이므로 이번에는 반대로 국립이 사립보다 크다.

구분	유치원 유형	국립	공립	사립
교지면적	유치원당	255.0	170.8	1,478.4
	원아 1인당	3.4	6.1	13.2
교사면적	유치원당	562.5	81.2	806.4
	원아 1인당	7.5	2.9	7.2

합격으로 가는 Tip

- 선지 ④번 해설에서도 볼 수 있듯이 주어진 값을 검증하는 습관을 들여야 한다. 5.5배를 계산하는 빠른 방법, 1.4배를 계산하는 빠른 방법도 연습해 두어야 한다.
- 자료해석의 문제 해결시간을 전반적으로 단축시킬 수 있는 방법은 '기준잡기'와 '검증하기'이다. 물론 계산스킬은 다양하게 준비하면 준비할수록 좋다.
- '교지'면적과 '교사'면적의 용어 혼동을 하여 실수하면 안 된다.

[정답] ⑤

279 다음 <표>는 2008~2010년 동안 도로화물운송업의 분야별 에너지 효율성에 관한 자료이다. 이에 대한 <보기>의 설명 중 옳은 것을 모두 고르면?

민경채 12년 인책형 23번

<표> 도로화물운송업의 분야별 에너지 효율성

(단위: 리터, 톤·km, 톤·km/리터)

연도 \ 구분 \ 분야	일반화물			개별화물			용달화물		
	A	B	C	A	B	C	A	B	C
2008	4,541	125,153	27.6	1,722	37,642	21.9	761	3,714	4.9
2009	4,285	110,269	25.7	1,863	30,232	16.2	875	4,576	5.2
2010	3,970	107,943	27.2	1,667	18,523	11.1	683	2,790	4.1

※ 1) 도로화물운송업의 분야는 일반화물, 개별화물, 용달화물로 구분됨.
2) A: 화물차 1대당 월평균 에너지 사용량(리터)
B: 화물차 1대당 월평균 화물운송실적(톤·km)
C: 화물차 1대당 월평균 에너지 효율성(톤·km/리터)=$\frac{B}{A}$

─────〈보기〉─────

ㄱ. 2008년 화물차 1대당 월평균 에너지 사용량이 가장 적은 분야는 용달화물이다.
ㄴ. 2009년 화물운송실적이 가장 큰 분야는 일반화물이다.
ㄷ. 2010년 화물차 1대당 월평균 에너지 효율성이 큰 분야부터 나열하면 일반화물, 개별화물, 용달화물이다.
ㄹ. 각 분야의 화물차 1대당 월평균 에너지 효율성은 매년 증가하였다.

① ㄱ, ㄴ
② ㄱ, ㄷ
③ ㄱ, ㄹ
④ ㄴ, ㄷ
⑤ ㄴ, ㄹ

280 다음 <표>는 '갑'국의 2013년 11월 군인 소속별 1인당 월지급액에 대한 자료이다. 이에 대한 설명으로 옳지 않은 것은?

민경채 14년 A책형 23번

<표> 2013년 11월 군인 소속별 1인당 월지급액

(단위: 원, %)

구분 \ 소속	육군	해군	공군	해병대
1인당 월지급액	105,000	120,000	125,000	100,000
군인수 비중	30	20	30	20

※ 1) '갑'국 군인의 소속은 육군, 해군, 공군, 해병대로만 구분됨.
　2) 2013년 11월, 12월 '갑'국의 소속별 군인수는 변동 없음.

① 2013년 12월에 1인당 월지급액이 모두 동일한 액수만큼 증가한다면, 전월대비 1인당 월지급액 증가율은 해병대가 가장 높다.
② 2013년 12월에 1인당 월지급액이 해군 10%, 해병대 12% 증가한다면, 해군의 전월대비 월지급액 증가분은 해병대의 전월대비 월지급액 증가분과 같다.
③ 2013년 11월 '갑'국 전체 군인의 1인당 월지급액은 115,000원이다.
④ 2013년 11월 육군, 해군, 공군의 월지급액을 모두 합하면 해병대 월지급액의 4배 이상이다.
⑤ 2013년 11월 공군과 해병대의 월지급액 차이는 육군과 해군의 월지급액 차이의 2배 이상이다.

해설

① (○) 증가율을 구하는 공식은

$$\text{증가율}(\%) = \frac{\text{2013년 12월 1인당 월지급액} - \text{2013년 11월 1인당 월지급액}}{\text{2013년 11월 1인당 월지급액}} \times 100$$

이다. 이 때 2013년 12월에 1인당 월지급액이 모두 동일한 액수만큼 증가한다는 것은 분자가 모두 동일하다는 의미이므로, 전월대비 1인당 월지급액 증가율이 가장 높기 위해서는 '2013년 11월 1인당 월지급액'이 가장 작으면 된다. 해병대가 100,000(원)으로 가장 작으므로 해병대의 증가율이 가장 높다.

② (○) 2013년 12월에 1인당 월지급액이 해군의 경우 10% 증가한다면 120,000×0.1=12,000(원) 증가하는 것이고, 해병대의 경우 12% 증가한다면, 100,000×0.12=12,000(원) 증가하는 것이다. 둘 다 12,000(원)씩 증가하여 해군의 전월대비 월지급액 증가분은 해병대의 전월대비 월지급액 증가분과 같다.

③ (×) 2013년 11월 '갑'국 전체 군인의 1인당 월지급액을 구하는 가장 기본적인 공식은 (105,000×0.3)+(120,000×0.2)+(125,000×0.3)+(100,000×0.2)=113,000(원)으로 구하는 것이다.

상황판단에서 가중치 문제를 풀 듯이 해결하면 보다 빠른 해결이 가능한데, 육군과 공군의 군인수 비중이 30%로 동일하고, 해군과 해병대의 비중이 20%로 동일하다는 점을 활용하는 것이다. 육군과 공군만 먼저 평균을 내보면 육군 30% + 공군 30% = 전체 군인의 60%는 1인당 월지급액이 115,000(원)이 된다. 육군과 공군은 비중이 동일하기 때문에 가중평균이 아닌 산술평균을 하여 1인당 월지급액을 구할 수 있다. 마찬가지로 비중이 동일한 해군과 해병대를 산술평균을 내보면 해군 20% + 해병대 20% = 전체 군인의 40%는 1인당 월지급액이 110,000원이다. 그렇다면 전체 군인의 60%는 1인당 월지급액이 115,000(원)이고 전체 군인의 40%는 1인당 월지급액이 110,000(원)이기 때문에 비중에 따라 가중평균한 값이 115,000(원)은 절대 아닐 것임을 빠르게 판단할 수 있다.

④ (○) 4배 이상이라는 것을 판단해야 하는데, 이는 상대적인 비교만 하면 되기 때문에 임의로 100% → 10명으로 가정하고 해결하는 것이 가능하다. 육군 3명, 해군 2명, 공군 3명, 해병 2명이라고 가정하고, 육군, 해군, 공군의 월지급액을 모두 합하면 해병대 월지급액의 4배 이상이 되는지 판단해 보면,

(10.5만×3)+(12만×2)+(12.5만×3) ≥ 10만×2명×4
93만 ≥ 80만

이므로 옳은 선지이다.

⑤ (○) 선지 ④번에서 했던 것처럼 10명으로 가정하고 상대적인 계산을 통해 2배 이상인지 확인할 수 있다. 2013년 11월 공군과 해병대의 월지급액 차이는 공군이 12.5만×3명 = 37.5만이고, 해병대가 10만×2명 = 20만이므로 17.5만의 차이이다. 육군의 월지급액은 10.5만×3명=31.5만이고, 해군의 월지급액은 12만×2명=24만이므로, 7.5만의 차이이다. 17.5만은 7.5만의 2배 이상이고, 따라서 2013년 11월 공군과 해병대의 월지급액 차이는 육군과 해군의 월지급액 차이의 2배 이상이다.

> **합격으로 가는 Tip**
> - 선지 ②번을 해결할 때, 유효자리 위주로 인식한다면, 증가분이 같음을 보다 빠르게 확인할 수 있을 것이다.
> - 선지 ③번을 빠르게 해결할 수 있는 방법은 여러 가지로 준비해 두는 것이 좋다.

[정답] ③

281 다음 <표>는 2013~2017년 '갑'국의 사회간접자본(SOC) 투자규모에 관한 자료이다. 이에 대한 설명으로 옳지 않은 것은?

민경채 18년 가책형 8번

<표> '갑'국의 사회간접자본(SOC) 투자규모

(단위: 조 원, %)

연도 구분	2013	2014	2015	2016	2017
SOC 투자규모	20.5	25.4	25.1	24.4	23.1
총지출 대비 SOC 투자규모 비중	7.8	8.4	8.6	7.9	6.9

① 2017년 총지출은 300조 원 이상이다.
② 2014년 'SOC 투자규모'의 전년대비 증가율은 30% 이하이다.
③ 2014~2017년 동안 'SOC 투자규모'가 전년에 비해 가장 큰 비율로 감소한 해는 2017년이다.
④ 2014~2017년 동안 'SOC 투자규모'와 '총지출 대비 SOC 투자규모 비중'의 전년대비 증감방향은 동일하다.
⑤ 2018년 'SOC 투자규모'의 전년대비 감소율이 2017년과 동일하다면, 2018년 'SOC 투자규모'는 20조 원 이상이다.

해설

표에 주어진 항목을 통해 공식을 도출해 보면 다음과 같다.

$$\text{총지출 대비 SOC 투자규모 비중}(\%) = \frac{\text{SOC 투자규모}}{\text{총지출}} \times 100$$

① (○) 총지출 = $\frac{\text{SOC 투자규모}}{\text{총지출 대비 SOC 투자규모 비중}(\%)} \times 100$ 으로 구할 수 있다.

2017년에 주어진 값을 여기에 대입해 보면, $\frac{23.1}{6.9} \times 100$ (조 원)이므로 계산값은 300조 원 이상이다.

② (○) 2013년 SOC 투자규모는 20.5이고, 2014년은 25.4이다. 따라서 2014년 'SOC 투자규모'의 전년대비 증가율은 $\frac{25.4-20.5}{20.5} \times 100 = \frac{4.9}{20.5} \times 100 =$ 약 24%로 증가율은 30% 이하이다.

③ (○) 2016년에서 2017년을 넘어갈 때 감소폭이 가장 크다. 즉, 감소율 공식의 분자가 가장 크고 분모가 되는 전년도의 SOC의 투자규모는 가장 작다. 따라서 감소율을 하나하나 다 구하지 않고도 쉽게 2014~2017년 동안 'SOC 투자규모'가 전년에 비해 가장 큰 비율로 감소한 해는 2017년임을 판단할 수 있을 것이다.

④ (×) 2015년에는 'SOC 투자규모'의 전년대비 증감방향은 감소이나, '총지출 대비 SOC 투자규모 비중'의 전년대비 증감방향은 증가로 동일하지 않다.

⑤ (○) 2017년의 'SOC 투자규모'의 전년대비 감소율을 계산해보면 약 5~6% 정도이다. 따라서 감소율이 2018년에도 동일하다면 23.1의 5~6%가 감소한다고 하면, 23.1의 1%는 0.231이고 5~6%는 대략 1.1~1.4 정도이고 23.1에서 이 값을 빼더라도 2018년 'SOC 투자규모'는 20조 원 이상이다.

합격으로 가는 Tip

- 쉬운 수를 떠올릴 수 있는 수험생이라면 선지 ①번에서는 300의 7%가 21임을 활용하여 해결이 가능할 것이고, 선지 ②에서는 20에서 30%가 증가하면 26이 됨을 떠올려서 보다 쉽게 해결할 수도 있을 것이다.
- 선지 ③번에서 2017년 'SOC 투자규모'의 전년대비 감소율을 구하지 않았기 때문에, 이 경우에 선지 ⑤번을 풀 때는 역시 검증하듯이 해결하면 보다 쉽다. 즉, 2018년 'SOC 투자규모'가 20조 원 미만이기 위해서는 23.1에서 3.1을 초과하게 감소하여야 한다. 즉 감소율이 10%가 넘는다. 그런데 2017년의 전년대비 감소율은 24.4에서 23.1로 10%를 넘지 않는다. 따라서 2018년 'SOC 투자규모'는 20조 원 미만일 수 없음을 판단할 수 있다.

[정답] ④

282 다음 <표>는 2001~2012년 '갑'국 식품산업 매출액 및 생산액 추이에 대한 자료이다. 이에 대한 <보기>의 설명 중 옳은 것만을 모두 고르면?

민경채 14년 A책형 9번

<표> '갑'국 식품산업 매출액 및 생산액 추이

(단위: 십억원, %)

구분 연도	식품산업 매출액	식품산업 생산액	제조업 생산액 대비 식품산업 생산액 비중	GDP 대비 식품산업 생산액 비중
2001	30,781	27,685	17.98	4.25
2002	36,388	35,388	21.17	4.91
2003	23,909	21,046	11.96	2.74
2004	33,181	30,045	14.60	3.63
2005	33,335	29,579	13.84	3.42
2006	35,699	32,695	14.80	3.60
2007	37,366	33,148	13.89	3.40
2008	39,299	36,650	14.30	3.57
2009	44,441	40,408	15.16	3.79
2010	38,791	34,548	10.82	2.94
2011	44,448	40,318	11.58	3.26
2012	47,328	43,478	12.22	3.42

─────<보기>─────

ㄱ. 2012년 제조업 생산액은 2001년 제조업 생산액의 4배 이상이다.
ㄴ. 2005년 이후 식품산업 매출액의 전년대비 증가율이 가장 큰 해는 2009년이다.
ㄷ. GDP 대비 제조업 생산액 비중은 2012년이 2007년보다 크다.
ㄹ. 2008년 '갑'국 GDP는 1,000조원 이상이다.

① ㄱ, ㄴ
② ㄱ, ㄷ
③ ㄱ, ㄹ
④ ㄴ, ㄹ
⑤ ㄷ, ㄹ

해설

구분 연도	식품산업 매출액	식품산업 생산액 (A)	제조업 생산액 (B) 대비 식품산업 생산액 (A) 비중(C)	GDP (D) 대비 식품산업 생산액 (A) 비중(E)

표에 주어진 항목들을 정리하면 다음과 같다.

제조업 생산액 대비 식품산업 생산액 비중 (C) = $\frac{식품산업\ 생산액\ (A)}{제조업\ 생산액\ (B)}$

GDP 대비 식품산업 생산액 비중 (E) = $\frac{식품산업\ 생산액\ (A)}{GDP\ (D)}$

ㄱ. (×) 제조업 생산액(B)을 구해야 하므로, A÷C를 해서 구해야 한다. 2012년 제조업 생산액 = $\frac{43,478}{12.22}$ = 약 355이고, 2001년 제조업 생산액 = $\frac{27,685}{17.98}$ = 약 155이다. 따라서 약 355는 약 155의 4배 미만이다.

ㄴ. (×) 먼저 2005년 이후로 연도범위가 <표> 전체가 아님에 주의하자. 2005년 이후 식품산업 매출액의 전년대비 증가율이 가장 큰 해는 전년대비 증가폭이 큰 해 위주로 살펴보면 좋다. 2009년에 전년대비 39,299에서 시작하여 5,100~5,200 정도 증가하였고, 2011년에 전년대비 38,791에서 시작하여 5,600~5,700 정도 증가하였다. 더 작은 값에서 출발해서 더 큰 폭으로 증가했다면 증가율은 높을 수밖에 없다. 따라서 2005년 이후 식품산업 매출액의 전년대비 증가율이 가장 큰 해는 2011년이다.

ㄷ. (○) 위에서 정리한 식에서 표에 주어진 값을 통해 GDP (D) 대비 제조업 생산액 (B) 비중을 구하기 위해서는

$\frac{(E)}{(C)} = \frac{\frac{식품산업\ 생산액\ (A)}{GDP\ (D)}}{\frac{식품산업\ 생산액\ (A)}{제조업\ 생산액\ (B)}} = \frac{(A) \times (B)}{(A) \times (D)} = \frac{(B)}{(D)}$로 구할 수 있다.

2012년의 $\frac{(E)}{(C)} = \frac{3.42}{12.22}$이고, 2007년의 $\frac{(E)}{(C)} = \frac{3.40}{13.89}$이다. 2012년에서 2007년의 분수비교를 해보면, 분모는 증가하였고, 분자는 감소하였기 때문에 2007년의 분수값이 더 작다. 따라서 GDP 대비 제조업 생산액 비중은 2012년이 2007년보다 크다.

ㄹ. (○) 위에서 정리한 식에서 GDP (D)를 구하기 위해서는

GDP (D) = $\frac{식품산업\ 생산액\ (A)}{GDP\ 대비\ 식품산업\ 생산액\ 비중\ (E)}$로 구할 수 있다. 2008년 '갑'국 GDP = $\frac{36,650\ (십억원)}{3.57\%} = \frac{36,650\ (조)}{3.57} \times 100$ 이므로, 2008년 '갑'국 GDP는 1,000조원 이상이다.

합격으로 가는 Tip

• A = $\frac{B}{C}$ 의 공식에서 세 개 항 중 두 개 항을 주고 나머지 하나의 항을 묻는 문제는 공식이 활용된 문제에서는 매우 기본인 문제이다.
  B, C의 값이 주어진 경우 A는 B÷C로 구할 수 있고,
  A, C의 값이 주어진 경우 B는 A×C로 구할 수 있고,
  A, B의 값이 주어진 경우 C는 B÷A로 구할 수 있다.
• 보기 ㄱ을 해결할 때 유효자리를 잡아서 분수비교로 해결할 수도 있다.
• 보기 ㄹ을 해결할 때 2008년 '갑'국 GDP는 1,000조원 이상인지 검증하는 식을 세워 해결할 수도 있다.
• 생산액≠매출액의 용어를 혼동하지 않도록 주의하자.

[정답] ⑤

283 다음 <표>는 2022년 A~E 국의 연구개발 세액감면 현황에 관한 자료이다. 이에 대한 <보기>의 설명 중 옳은 것만을 모두 고르면?

7급 공채 23년 인책형 6번

〈표〉 2022년 A~E 국의 연구개발 세액감면 현황

(단위: 백만 달러, %)

구분 국가	연구개발 세액감면액	GDP 대비 연구개발 세액감면액 비율	연구개발 총지출액 대비 연구개발 세액감면액 비율
A	3,613	0.20	4.97
B	12,567	0.07	2.85
C	2,104	0.13	8.15
D	4,316	0.16	10.62
E	6,547	0.13	4.14

─────〈보기〉─────

ㄱ. GDP는 C 국이 E 국보다 크다.
ㄴ. 연구개발 총지출액이 가장 큰 국가는 B 국이다.
ㄷ. GDP 대비 연구개발 총지출액 비율은 A 국이 B 국보다 높다.

① ㄱ
② ㄴ
③ ㄷ
④ ㄴ, ㄷ
⑤ ㄱ, ㄴ, ㄷ

해설

ㄱ. (×) <표>에 '연구개발 세액감면액'과 'GDP 대비 연구개발 세액감면액 비율'이 주어져 있으므로 GDP는 '연구개발 세액감면액÷GDP 대비 연구개발 세액감면액 비율'로 구할 수 있다. 보기는 C 국과 E 국만 비교하면 되는데, C 국과 E 국의 GDP 대비 연구개발 세액감면액 비율은 0.13%로 같고, 연구개발 세액감면액은 C 국(2,104 백만 달러)이 E 국(6,547 백만 달러)보다 적다.

구분 국가	연구개발 세액감면액	GDP 대비 연구개발 세액감면액 비율	연구개발 총지출액 대비 연구개발 세액감면액 비율
⋮			
C	2,104	0.13	8.15
	∨	=	
E	6,547	0.13	4.14

따라서 연구개발 세액감면액이 더 작은 C 국이 E 국보다 GDP도 더 작다.

ㄴ. (○) <표>에 '연구개발 세액감면액'과 '연구개발 총지출액 대비 연구개발 세액감면액 비율'이 주어져 있으므로 연구개발 총지출액은 '연구개발 세액감면액÷연구개발 총지출액 대비 연구개발 세액감면액 비율'로 구할 수 있다. <표>에 따르면 '연구개발 세액감면액'은 B 국이 12,567 백만 달러로 가장 크고 '연구개발 총지출액 대비 연구개발 세액감면액 비율'은 2.85%로 가장 낮으므로, A~E 국 중 B 국의 연구개발 총지출액이 가장 크다는 것을 알 수 있다.

ㄷ. (○) <표>에 'GDP 대비 연구개발 세액감면액 비율'과 '연구개발 총지출액 대비 연구개발 세액감면액 비율'이 주어져 있으므로 GDP 대비 연구개발 총지출액 비율은 'GDP 대비 연구개발 세액감면액 비율÷연구개발 총지출액 대비 연구개발 세액감면액 비율'로 구할 수 있다. A 국은 '0.20/4.97'로, B 국은 '0.07/2.85'로 비교해보면 A 국의 분자는 B 국의 2배 이상인데 분모는 2배 미만이다. 따라서 GDP 대비 연구개발 총지출액 비율은 A 국이 B 국보다 높다는 것을 알 수 있다.

[정답] ④

Ⅳ. 설문조사

설문조사형에 속하는 문제는 여러 문항에 대한 응답에 대한 수치를 토대로 분석해야 하는 유형이다. 무응답이나 복수응답이 있는 경우에 난도가 높아지나 7급·민경채의 경우는 단순한 문제가 출제되어왔다. 복수의 문항을 동시에 해당하는 최소교집합이 출제될 수 있고, 이는 수험생들이 다소 까다로워하는 부분이기도 하기 때문에 5급 기출문제를 통해서 보다 복잡한 문제까지도 대비하는 것이 필요한 유형이다.

284 다음 <조사개요>와 <표>는 A 기관 5개 지방청에 대한 외부고객 만족도 조사 결과이다. 이에 대한 설명으로 옳지 않은 것은?

민경채 20년 가책형 22번

〈조사개요〉
- 조사기간: 2019년 7월 28일~2019년 8월 8일
- 조사방법: 전화 조사
- 조사목적: A 기관 5개 지방청 외부고객의 주소지 관할 지방청에 대한 만족도 조사
- 응답자 수: 총 101명(조사항목별 무응답은 없음)
- 조사항목: 업무 만족도, 인적 만족도, 시설 만족도

〈표〉 A 기관 5개 지방청 외부고객 만족도 조사 결과

(단위: 점)

구분	조사항목	업무 만족도	인적 만족도	시설 만족도
	전체	4.12	4.29	4.20
성별	남자	4.07	4.33	4.19
	여자	4.15	4.27	4.20
연령대	30세 미만	3.82	3.83	3.70
	30세 이상 40세 미만	3.97	4.18	4.25
	40세 이상 50세 미만	4.17	4.39	4.19
	50세 이상	4.48	4.56	4.37
지방청	경인청	4.35	4.48	4.30
	동북청	4.20	4.39	4.28
	호남청	4.00	4.03	4.04
	동남청	4.19	4.39	4.30
	충청청	3.73	4.16	4.00

※ 1) 주어진 점수는 응답자의 조사항목별 만족도의 평균이며, 점수가 높을수록 만족도가 높음(5점 만점).
2) 점수는 소수점 아래 셋째 자리에서 반올림한 값임.

① 모든 연령대에서 '업무 만족도'보다 '인적 만족도'가 높다.
② '업무 만족도'가 높은 지방청일수록 '인적 만족도'도 높다.
③ 응답자의 연령대가 높을수록 '업무 만족도'와 '인적 만족도'가 모두 높다.
④ '업무 만족도', '인적 만족도', '시설 만족도'의 합이 가장 큰 지방청은 경인청이다.
⑤ 남자 응답자보다 여자 응답자가 많다.

해설

① (○) 〈표〉에서 모든 연령대에서 '업무 만족도'보다 '인적 만족도'의 점수가 더 높다.

구분	조사항목	업무 만족도	인적 만족도	시설 만족도
	⋮	⋮	⋮	⋮
연령대	30세 미만	3.82	3.83	3.70
	30세 이상 40세 미만	3.97	4.18	4.25
	40세 이상 50세 미만	4.17	4.39	4.19
	50세 이상	4.48	4.56	4.37
	⋮	⋮	⋮	⋮

② (×) 〈표〉에서 보면 업무만족도는 충청청이 가장 낮은데, 인적만족도는 호남청이 가장 낮다. 따라서 '업무 만족도'가 높은 지방청일수록 '인적 만족도'도 높은 것은 아니다. 모두 확인해 본다면, 업무만족도는 경인청 – 동북청 – 동남청 – 호남청 – 충청청 순이고, 인적만족도는 경인청 – (동남청 = 동북청) – 충청청 – 호남청 순이다.

구분	조사항목	업무 만족도	인적 만족도	시설 만족도
	⋮	⋮	⋮	⋮
지방청	경인청	4.35	4.48	4.30
	동북청	4.20	4.39	4.28
	호남청	4.00	4.03	4.04
	동남청	4.19	4.39	4.30
	충청청	3.73	4.16	4.00

③ (○) 응답자의 연령대가 높을수록, 즉, 표에서 아래 방향일수록 업무 만족도와 인적 만족도 모두 숫자가 커진다.

구분	조사항목	업무 만족도	인적 만족도	시설 만족도
	⋮	⋮	⋮	⋮
연령대	30세 미만	3.82	3.83	3.70
	30세 이상 40세 미만	3.97	4.18	4.25
	40세 이상 50세 미만	4.17	4.39	4.19
	50세 이상	4.48	4.56	4.37
	⋮	⋮	⋮	⋮

④ (○) 업무 만족도, 인적 만족도, 시설만족도에서 각각 경인청의 점수가 가장 높다. 따라서 세 숫자를 더한 결과도 경인청이 가장 크다.

구분	조사항목	업무 만족도	인적 만족도	시설 만족도
지방청	경인청	4.35	4.48	4.30
	동북청	4.20	4.39	4.28
	호남청	4.00	4.03	4.04
	동남청	4.19	4.39	4.30
	충청청	3.73	4.16	4.00

⑤ (○) 남자의 업무 만족도는 4.07점이고 여자의 업무 만족도는 4.15점이다. 그런데 남자와 여자를 통틀어 구한 전체의 업무만족도가 4.07점과 4.15점 사이의 한 가운데서 나온 것이 아니고, 즉, 4.11점이 아니고 다른 점수가 평균으로 나온다면 이는 남자와 여자의 비중이 다른 것이고, 그 비중에 따른 가중평균의 결과인 셈이다. 가중평균을 구하는 방식을 모른다 하더라도, 더 많은 쪽으로 평균은 끌려갈 것이다. 예를 들어 80점을 받은 6명과 90점을 받은 4명의 점수를 가중평균한다면, 80점과 90점이 서로 각각 비중이 같았다면 정확하게 가운데인 85점이 평균이었겠지만, 80점을 받은 사람이 6명으로, 90점을 받은 4명보다 많다면 가중평균의 결과는 85점이 아니라 85점에서 보다 80점으로 끌려간 쪽에서 가중평균의 결과값이 나올 것이다 마찬가지로, 4.07점과 4.15점 사이의 한가운데인 4.11점이 아니라 4.12점의 평균값이 나왔다는 것은 '남자 응답자 < 여자 응답자'임을 의미한다.

구분	조사항목	업무 만족도	인적 만족도	시설 만족도
	전체	4.12	4.29	4.20
성별	남자	4.07	4.33	4.19
	여자	4.15	4.27	4.20

합격으로 가는 Tip

가중평균을 구하는 방식은 '비중의 간단한 정수비'와 '간격의 거리비'는 서로 교차해서 구하는 것이다. 예를 들어 80점을 받은 6명과 90점을 받은 4명의 점수를 가중평균하면 (80점 : 90점 = 6명 : 4명)이므로 80점과 90점의 간격을 4 : 6으로 나누는 84점이 가중평균한 결과가 된다.

[정답] ②

285 다음 <표>는 지난 1개월간 패밀리레스토랑 방문경험이 있는 20~35세 여성 113명을 대상으로 연령대별 방문횟수와 직업을 조사한 자료이다. 이에 대한 설명으로 옳은 것은?

민경채 14년 A책형 13번

〈표 1〉 응답자의 연령대별 방문횟수 조사결과

(단위: 명)

방문횟수 \ 연령대	20~25세	26~30세	31~35세	합
1회	19	12	3	34
2~3회	27	32	4	63
4~5회	6	5	2	13
6회 이상	1	2	0	3
계	53	51	9	113

〈표 2〉 응답자의 직업 조사결과

(단위: 명)

직업	응답자
학생	49
회사원	43
공무원	2
전문직	7
자영업	9
가정주부	3
계	113

※ 복수응답과 무응답은 없음.

① 전체 응답자 중 20~25세 응답자가 차지하는 비율은 50% 이상이다.
② 26~30세 응답자 중 4회 이상 방문한 응답자 비율은 15% 미만이다.
③ 31~35세 응답자의 1인당 평균 방문횟수는 2회 미만이다.
④ 전체 응답자 중 직업이 학생 또는 공무원인 응답자 비율은 50% 이상이다.
⑤ 전체 응답자 중 20~25세인 전문직 응답자 비율은 5% 미만이다.

해설

① (×) 〈표 1〉에서 보면 전체 응답자 113명 중 20~25세 응답자 수는 53명이다. 113명의 50%(=1/2)은 56.5명이므로 53명은 50% 미만이다. 또는 53명 × 2 < 113명이므로 53명은 50%에 못 미친다고 판단할 수도 있다. 또는 20~25세의 53명은 나머지 연령대의 51+9=60명보다 작으므로 50% 미만임을 확인할 수 있다.

② (○) 〈표 1〉에서 보면 26~30세 응답자는 총 51명이고 그 중 4회 이상 방문한 응답자는 방문횟수를 4~5회와 6회 이상이라고 응답한 응답자이므로 5+2=7명이다. 7/51×100 은 15% 미만이다. 51명 보다 작은 50명 기준으로도 15%는 10% 5명 + 5% 2.5명 = 7.5명이므로 51명의 15%는 이보다 크다. 따라서 7은 51의 15% 미만이다. 또는 7/51=14/102 라고 생각하면 15/100 (=15%)에 비해 분모는 크고 분자는 작으므로 15% 미만이다.

③ (×) 〈표 1〉에서 보면 31~35세 응답자 총 9명의 평균 방문횟수를 구하되, 방문횟수가 범위로 나온 구간이 있어, 평균 방문횟수도 범위로 나오게 된다.

방문횟수 \ 연령대	31~35세	최소 방문횟수(회)	최대 방문횟수(회)
1회	3	3회	3회
2~3회	4	8회	12회
4~5회	2	8회	10회
6회 이상	0	–	–
계	9		

따라서 9명이 방문한 횟수는 최소 총 19회에서 최대 25회까지 가능하다. 따라서 31~35세 응답자 9명의 1인당 평균 방문횟수는 19/9~25/9 이므로 범위 내 어떤 값이 되더라도 2회를 초과한다.

④ (×) 〈표 2〉에서 보면, 전체 응답자 113명 중 직업이 학생인 응답자는 49명, 공무원인 응답자는 2명으로 총 51명이다. 선지 ①번에서 53명의 비율보다 더 낮을 것이다. 50% 이상인지 확인하는 방법은 선지 ①의 방법과 동일하다.

⑤ (×) 전체 응답자 중에서 20~25세인 응답자는 총 53명이고, 전문직인 응답자는 7명이다. 이 두 속성은 서로 같이 결합될 수도 있고, 즉 전문직인 응답자 7명이 모두 20~25세일수도 있고, 반대로 20~25세 경우가 한명도 없을 수도 있다. 즉 20~25세인 전문직 응답자는 최소 0명부터 최대 7명까지 가능하다. 그렇기 때문에 전체 응답자 중 20~25세인 전문직 응답자 비율은 최소 0%에서부터 최대 7/53×100 = 약 13.2%까지 가능하다. 따라서 전체 응답자 중 20~25세인 전문직 응답자 비율은 5% 미만이라고 단정적으로 말할 수 없다.

> **합격으로 가는 Tip**
> 선지 ③번에서 상황판단에서 규칙 정오판단형을 해결하는 방법을 적용하고 만약 6회 이상 방문한 사람이 1명이라도 있었다면 바로 틀린 선지라고 쉽게 판단 가능했을 것이다.

[정답] ②

286 다음 <표>는 성인 남녀 1,500명을 대상으로 탈모 증상 경험 여부와 탈모 증상 경험자의 탈모 증상 완화 시도 방법에 관해 설문조사한 결과이다. 이에 대한 설명으로 옳지 않은 것은?

민경채 20년 가책형 9번

<표 1> 탈모 증상 경험 여부

구분		응답자 수 (명)	탈모 증상 경험 여부(%)	
			있음	없음
성별	남성	743	28.8	71.2
	여성	757	15.2	84.8
연령대	20대	259	4.6	95.4
	30대	253	12.6	87.4
	40대	295	21.4	78.6
	50대	301	25.6	74.4
	60대	392	37.0	63.0
성별·연령대	남성 20대	136	5.1	94.9
	남성 30대	130	16.2	83.8
	남성 40대	150	30.0	70.0
	남성 50대	151	35.8	64.2
	남성 60대	176	49.4	50.6
	여성 20대	123	4.1	95.9
	여성 30대	123	8.9	91.1
	여성 40대	145	12.4	87.6
	여성 50대	150	15.3	84.7
	여성 60대	216	26.9	73.1

※ 1) 무응답과 복수응답은 없음.
　2) 소수점 아래 둘째 자리에서 반올림한 값임.

<표 2> 탈모 증상 경험자의 탈모 증상 완화 시도 여부 및 방법

구분		응답자 수 (명)	탈모 증상 완화 시도 방법(%)					시도하지 않음 (%)
			모발 관리 제품 사용	민간 요법	치료제 구입	병원 진료	미용실 탈모 관리	
성별	남성	214	38.8	14.0	9.8	8.9	4.2	49.1
	여성	115	45.2	7.0	2.6	4.3	11.3	44.3
연령대	20대	12	50.0	0.0	16.7	16.7	16.7	0.0
	30대	32	62.5	12.5	6.3	9.4	9.4	25.0
	40대	63	52.4	7.9	6.3	12.7	7.9	36.5
	50대	77	46.8	15.6	10.4	5.2	10.4	39.0
	60대	145	26.2	11.7	6.2	4.1	2.8	62.8
부모의 탈모경험 여부	있음	236	47.0	14.8	8.1	7.2	8.9	41.1
	없음	93	24.7	4.3	7.5	7.5	1.1	62.4
탈모 증상의 심각성	심각함	150	45.3	16.0	13.3	13.3	10.0	34.0
	심각하지 않음	179	36.9	7.8	2.8	2.2	2.8	58.1

※ 1) 무응답은 없으며, 탈모 증상 완화 시도 방법에 대한 복수응답을 허용함.
　2) 소수점 아래 둘째 자리에서 반올림한 값임.

① 남녀 각각 연령대가 높을수록 탈모 증상 경험자의 비율도 높다.
② 탈모 증상 경험자 중 탈모 증상 완화 시도 방법으로 미용실 탈모 관리를 받았다고 한 응답자의 수는 남성이 여성보다 많다.
③ 탈모 증상 경험자의 연령대가 낮을수록 탈모 증상 완화를 시도한 응답자의 비율이 높다.
④ 탈모 증상 경험자 중 부모의 탈모 경험이 있다고 한 응답자의 비율은 70% 이상이다.
⑤ 탈모 증상이 심각하다고 한 응답자 중 부모의 탈모 경험이 있다고 한 응답자는 57명 이상이다.

해설

① (○) 〈표 1〉에서 성별·연령대에서 연령대가 높아질수록, 아래 방향으로 확인해보면, 탈모 증상 경험자의 비율이 높아짐을 쉽게 확인할 수 있다.

② (×) 〈표 2〉에서 보면 탈모 증상 경험자 중 남성은 214명이고 이들 중 4.2%가 미용실 탈모 관리를 받았다. 여성은 115명 중 11.3%가 미용실 탈모 관리를 받았다. 응답자의 수를 비교해 보면, 214명×4.2=약 9명, 115명×11.3%=약 13명으로, 탈모 증상 경험자 중 탈모 증상 완화 시도 방법으로 미용실 탈모 관리를 받았다고 한 응답자의 수는 남성이 여성보다 적다.

③ (○) 〈표 2〉에서 보면 탈모증상 완화를 시도한 비율을 구하려면 여러 탈모 증상 완화 시도 방법을 한 비율을 더해서 구해야 하는 불편함이 있다. 그리고 각주를 보면 탈모 증상 완화 시도 방법에 대한 복수응답을 허용하기 때문에 복수응답이 있다면 여러 탈모 증상 완화 시도 방법을 한 비율을 더한 값은 탈모증상 완화를 시도한 비율보다 클 수 있다. 따라서 반대로 인식하는 것이 필요한데, 탈모 증상 완화를 시도한 응답자의 비율이 높다는 것은 반대로 탈모 증상 완화를 시도하지 않은 응답자의 비율이 낮다는 것을 의미한다. 따라서 탈모 증상 경험자의 연령대가 낮을수록 탈모 증상 완화를 시도하지 않은 응답자의 비율이 낮은지를 확인한다.

구분		응답자 수(명)	탈모 증상 완화 시도 방법(%)					시도 하지 않음(%)
			모발 관리 제품 사용	민간 요법	치료제 구입	병원 진료	미용실 탈모 관리	
연령대	20대	12	50.0	0.0	16.7	16.7	16.7	0.0
	30대	32	62.5	12.5	6.3	9.4	9.4	25.0
	40대	63	52.4	7.9	6.3	12.7	7.9	36.5
	50대	77	46.8	15.6	10.4	5.2	10.4	39.0
	60대	145	26.2	11.7	6.2	4.1	2.8	62.8

④ (○) 탈모 증상 경험자는 〈표 2〉에서 성별에서 더하든, 부모의 탈모경험에서 더하든 탈모 증상의 심각성에서 더하든 총 329명이다. 236 / 329×100=약 71.73%이므로 탈모 증상 경험자 중 부모의 탈모 경험이 있다고 한 응답자의 비율은 70% 이상이다.

또는 탈모 증상 경험자 중 부모의 탈모 경험이 있다고 한 응답자의 비율은 70% 이상이라는 것은 탈모 증상 경험자 중 부모의 탈모 경험이 없다고 한 응답자의 비율이 30% 이하임을 의미하기도 하므로, 93 / 329×100을 한 비율이 30% 이하인지 보는 것도 가능하다. 329의 10%는 32.9 약 33명이고, 30%는 99명보다 살짝 작기 때문에 비율은 30% 이하이다.

⑤ (○) 탈모 증상이 심각하다고 한 응답자 중 부모의 탈모 경험이 있다고 한 응답자는 57명 이상이라고 하기 때문에 반박하기 위해서 탈모 증상이 심각하다고 한 응답자와 부모의 탈모 경험이 있다고 한 응답자를 최대한 겹치지 않게 만들어 보아야 한다. 두 속성의 최소 교집합을 따져보면, 탈모 증상이 심각하다고 한 응답자는 150명이고, 부모의 탈모 경험이 있다고 한 응답자는 236명이다. 이 두 속성이 하나도 겹치지 않는다면 150명+236명=386명, 전체 응답자 수가 386명 이상이면 이 두 속성이 하나도 겹치지 않을 수 있다. 하지만 전체 응답자 수는 선지 ④번에서 구했듯 329명이기 때문에 전체 329를 넘어서는 386명−329명=최소 57명은 두 속성이 겹칠 수밖에 없다.

다른 방식으로 접근해 보면, 두 속성이 겹치지 않으려면 탈모 증상이 심각하다고 응답한 150명이 모두 부모님의 탈모경험이 없으면 된다. 부모님의 탈모경험이 없으신 경우는 93명 뿐이므로 150명을 93명에 몰아넣고 싶어도 57명은 부모님의 탈모경험이 있는 쪽으로 넘어오게 된다. 따라서 최소 57명은 두 속성을 모두 가지게 된다.

> **합격으로 가는 Tip**
> - 선지 ②번을 해결할 때 곱셈비교를 하여, 양쪽의 증가율과 감소율을 활용하여 비교하는 방법도 가능하고, 5%나 10% 등 쉬운 수를 활용하여 비교하는 방법도 가능하다.
> - 선지 ④번에서 탈모 증상 경험자의 총합이 주어져 있지 않은 경우, 부분상대비를 사용하는 것도 좋다. 부모의 탈모 경험이 있다고 한 응답자의 비율이 70% 이상이라는 것은 반대쪽을 생각해 보면, 부모의 탈모 경험이 없다고 한 응답자의 비율이 30% 이하라는 것을 의미한다. 그렇다면 30 대비 70은 2.33배이므로 30 이하 대비 70 이상의 배율은 2.33배 이상이 된다. 따라서 93×2.33=약 217명<236명이므로 236명은 93명의 2.33배 이상이다.
> - 선지 ⑤번은 최소교집합을 따지는 것으로 변별력 있는 선지가 되므로 반드시 잘 연습해 두어야 한다.

[정답] ②

PSAT 교육 1위, 해커스PSAT

psat.Hackers.com

PSAT 교육 1위, 해커스PSAT
psat.Hackers.com

해커스PSAT 길규범 자료해석 기출유형공략 1

유형 7
기타

I. 해당하는
II. 플로우차트
III. 인포형
IV. 기타

I. 해당하는

민경채에서는 출제된 적 없는 유형으로 7급 공채에서 22년과 24년에 각각 2문항씩 출제된 유형이다. 주로 수치자료가 포함된 표와 줄글 형식의 보고서가 주어진 후 발문에서 요구하는 것에 해당하는(부합하는) 항목을 정답으로 고르는 유형이다. 보고서의 내용에 해당하는 항목을 고르는 문제도 있고, 보고서에 여러 항목이 언급된 후 그 중 특정 하나의 항목을 선택하는 문제도 있다.

287 다음 <표>는 1990년대 이후 A~E 도시의 시기별 및 자본금액별 창업 건수에 관한 자료이고, <보고서>는 A~E 중 한 도시의 창업 건수에 관한 설명이다. 이를 근거로 판단할 때, <보고서>의 내용에 부합하는 도시는?

7급 공채 22년 가책형 5번

<표> A~E 도시의 시기별 및 자본금액별 창업 건수

(단위: 건)

도시 \ 시기 \ 자본금액	1990년대		2000년대		2010년대		2020년 이후	
	1천만 원 미만	1천만 원 이상	1천만 원 미만	1천만 원 이상	1천만 원 미만	1천만 원 이상	1천만 원 미만	1천만 원 이상
A	198	11	206	32	461	26	788	101
B	46	0	101	5	233	4	458	16
C	12	2	19	17	16	17	76	14
D	27	3	73	34	101	24	225	27
E	4	0	25	0	53	3	246	7

─<보고서>─

이 도시의 시기별 및 자본금액별 창업 건수는 다음과 같은 특징이 있다. 첫째, 1990년대 이후 모든 시기에서 자본금액 1천만 원 미만 창업 건수가 자본금액 1천만 원 이상 창업 건수보다 많다. 둘째, 자본금액 1천만 원 미만 창업 건수와 1천만 원 이상 창업 건수의 차이는 2010년대가 2000년대의 2배 이상이다. 셋째, 2020년 이후 전체 창업 건수는 1990년대 전체 창업 건수의 10배 이상이다. 넷째, 2020년 이후 전체 창업 건수 중 자본금액 1천만 원 이상 창업 건수의 비중은 3% 이상이다.

① A
② B
③ C
④ D
⑤ E

해설

<표>의 A~E 중 <보고서>의 두 번째 문장부터 언급하는 첫째~넷째 특징에 해당하지 않는 도시를 삭제한다. 첫째 특징에 따르면 이 도시는 1990년대 이후 모든 시기에서 자본금액 1천만 원 미만 창업 건수가 자본금액 1천만 원 이상 창업 건수보다 많다고 한다. <표>에 따르면 C는 2010년대에 자본금액 1천만 원 미만 창업 건수가 자본금액 1천만 원 이상 창업 건수보다 적다.

도시 \ 시기 \ 자본금액	1990년대		2000년대		2010년대		2020년 이후	
	1천만 원 미만	1천만 원 이상	1천만 원 미만	1천만 원 이상	1천만 원 미만	1천만 원 이상	1천만 원 미만	1천만 원 이상
C	12	2	19	17	16 < 17		76	14

선지 ③은 제거된다.

둘째 특징에 따르면 이 도시는 자본금액 1천만 원 미만 창업 건수와 1천만 원 이상 창업 건수의 차이는 2010년대가 2000년대의 2배 이상이라고 한다.

도시 \ 시기 \ 자본금액	1990년대		2000년대		2010년대		2020년 이후	
	1천만 원 미만	1천만 원 이상	1천만 원 미만	1천만 원 이상	1천만 원 미만	1천만 원 이상	1천만 원 미만	1천만 원 이상
A	198	11	206 — 32 =174		461 — 26 =435		788	101
B	46	0	101 — 5 =96		233 — 4 =229		458	16
C	12	2	19	17	16	17	76	14
D	27	3	73 — 34 =39		101 — 24 =77		225	27
E	4	0	25 — 0 =25		53 — 3 =50		246	7

<표>에 따르면 D는 2010년대의 자본금액 1천만 원 미만 창업 건수와 1천만 원 이상 창업 건수의 차이가 101−24=77건으로, 2000년대 73−34=39건의 2배 미만이다. 선지 ④는 제거된다.

셋째 특징에 따르면 이 도시는 2020년 이후 전체 창업 건수는 1990년대 전체 창업 건수의 10배 이상이라고 한다.

도시 \ 시기 \ 자본금액	1990년대		2000년대		2010년대		2020년 이후	
	1천만 원 미만	1천만 원 이상	1천만 원 미만	1천만 원 이상	1천만 원 미만	1천만 원 이상	1천만 원 미만	1천만 원 이상
A	198 + 11 =209		206	32	461	26	788	101
B	46 + 0 =46		101	5	233	4	458	16
C	12	2	19	17	16	17	76	14
D	27	3	73	34	101	24	225	27
E	4 + 0 =4		25	0	53	3	246	7

A의 경우 2020년 이후 전체 창업 건수는 1,000건 미만으로 1990년대 전체 창업 건수 198+11=209건의 10배 미만이다. 선지 ①은 제거된다.

넷째 특징에 따르면 이 도시는 2020년 이후 전체 창업 건수 중 자본금액 1천만 원 이상 창업 건수의 비중이 3% 이상이라고 한다. <표>에 따르면 E의 2020년 이후 전체 창업 건수는 246+7=253건이고 자본금액 1천만 원 이상 창업 건수는 7건이므로, 2020년 이후 전체 창업 건수 중 자본금액 1천만 원 이상 창업 건수의 비중은 3% 미만이다. 선지 ⑤는 제거된다. 정답은 ②이다.

[정답] ②

288 다음 <표>는 도지사 선거 후보자 A와 B의 TV 토론회 전후 '가'~'마'지역 유권자의 지지율에 대한 자료이고, <보고서>는 이 중 한 지역의 지지율 변화를 분석한 자료이다. <보고서>의 내용에 해당하는 지역을 '가'~'마' 중에서 고르면?

7급 공채 22년 가책형 16번

<표> 도지사 선거 후보자 TV 토론회 전후 지지율

(단위: %)

지역\후보자	TV 토론회 전		TV 토론회 후	
	A	B	A	B
가	38	52	50	46
나	28	40	39	41
다	31	59	37	36
라	35	49	31	57
마	29	36	43	41

※ 1) 도지사 선거 후보자는 A와 B뿐임.
  2) 응답자는 '후보자 A 지지', '후보자 B 지지', '지지 후보자 없음' 중 하나만 응답하고, 무응답은 없음.

─〈보고서〉─

도지사 선거 후보자 TV 토론회를 진행하기 전과 후에 실시한 이 지역의 여론조사 결과, 도지사 후보자 지지율 변화는 다음과 같다. TV 토론회 전에는 B 후보자에 대한 지지율이 A 후보자보다 10%p 이상 높게 집계되어 B 후보자가 선거에 유리한 것으로 보였으나, TV 토론회 후에는 지지율 양상에 변화가 있는 것으로 분석된다.

TV 토론회 후 '지지 후보자 없음'으로 응답한 비율이 줄어 TV 토론회가 그동안 어떤 후보자에 투표할지 고민하던 유권자의 선택에 영향을 미친 것으로 판단된다. 또한, A 후보자에 대한 지지율 증가폭이 B 후보자보다 큰 것으로 나타나 TV 토론회를 통해 A 후보자의 강점이 더 잘 드러났던 것으로 분석된다. 그러나 TV 토론회 후 두 후보자간 지지율 차이가 3%p 이내에 불과하여 이 지역에서 선거의 결과는 예측하기 어렵다.

① 가
② 나
③ 다
④ 라
⑤ 마

해설

<보고서>의 첫 번째 문단부터 각각 문단 ⅰ), ⅱ)라고 한다. 문단 ⅰ) 두 번째 문장에 따르면 이 지역은 TV 토론회 전에는 B 후보자에 대한 지지율이 A 후보자보다 10%p 이상 높게 집계되어 B 후보자가 선거에 유리한 것으로 보였으나, TV 토론회 후에는 지지율 양상에 변화가 있다고 한다. <표>에 따르면 '마'지역은 TV 토론회 전에 B 후보자에 대한 지지율이 36%로, A 후보자에 대한 지지율 29%보다 10%p 미만 높다. '마'지역은 제외된다.

마	29	7%p 차이 36	43	41

문단 ⅱ) 첫 번째 문장에 따르면 이 지역은 TV 토론회 후 '지지 후보자 없음'으로 응답한 비율이 줄었다고 한다. 각주 2)에 따라 <표>에서 '지지 후보자 없음'의 비율을 확인해보면 다음과 같다.

지역\후보자	TV 토론회 전		TV 토론회 후	
	A	B	A	B
가	100−(38 +	52)=10	100−(50 +	46)=4
나	100−(28 +	40)=32	100−(39 +	41)=20
다	100−(31 +	59)=10	100−(37 +	36)=27
라	100−(35 +	49)=16	100−(31 +	57)=12
~~마~~	~~29~~	~~36~~	43	41

'다'지역은 TV 토론회 후 '지지 후보자 없음'으로 응답한 비율이 증가하였으므로 '다'지역은 제외된다.

문단 ⅱ) 두 번째 문장에 따르면 이 지역은 A 후보자에 대한 지지율 증가폭이 B 후보자보다 큰 것으로 나타났다고 한다. '라'지역은 TV 토론회 전 A 후보자에 대한 지지율이 35%에서 TV 토론회 후 31%로 감소하였으므로, '라'지역은 제외된다.

문단 ⅱ) 세 번째 문장에 따르면 이 지역은 TV 토론회 후 두 후보자간 지지율 차이가 3%p 이내에 불과하다고 한다. 남은 '가', '나'지역 중 TV 토론회 후 두 후보자간 지지율 차이가 3%p 이내인 지역은 A, B 후보자의 지지율이 각각 39%, 41%로 2%p인 '나'지역이다. 정답은 ②이다.

[정답] ②

289 다음은 2019~2022년 우리나라의 원산지별 목재펠릿 수입량에 관한 자료이다. 이를 근거로 A~E 국 중 우리나라에 해당하는 국가를 고르면?

7급 공채 24년 사책형 15번

〈보고서〉

목재펠릿은 작은 원통형으로 성형한 목재 연료로, 재생 가능한 청정에너지원이며 바이오매스 발전에 사용되고 있다. 2022년 기준 국내 목재펠릿 이용량의 84%가 수입산으로, 전체 수입량은 전년 대비 10% 이상 증가하였다. 매년 전체 목재펠릿 수입량의 절반 이상이 베트남산으로, 베트남에 대한 과도한 의존이 지속되고 있다. 2021년부터 충청남도 서산과 당진에 있는 바이오매스 발전소에 캐나다산 목재펠릿을 공급하면서 캐나다산 목재펠릿 수입이 증가하여 2022년 캐나다산 목재펠릿 수입량은 2019년 대비 30배 이상이 되었다. 또한, 2022년에는 유럽 시장에 수출길이 막힌 러시아산 목재펠릿의 수입량이 크게 증가하여 2022년 기준 러시아산이 우리나라 목재펠릿 수입량 2위를 차지하였다. 인도네시아산 목재펠릿 수입량은 2019년 이후 꾸준히 증가해 2022년에는 말레이시아산 목재펠릿 수입량을 추월하였다.

〈표 1〉 2019~2021년 우리나라의 원산지별 목재펠릿 수입량

(단위: 천 톤)

원산지 연도	베트남	말레이시아	캐나다	인도네시아	러시아	기타	전체
2019	1,941	520	11	239	99	191	3,001
2020	1,912	508	52	303	165	64	3,004
2021	2,102	406	329	315	167	39	3,358

〈표 2〉 2022년 A~E 국의 원산지별 목재펠릿 수입량

(단위: 천 톤)

원산지 연도	베트남	말레이시아	캐나다	인도네시아	러시아	기타	전체
A	2,201	400	348	416	453	102	3,920
B	2,245	453	346	400	416	120	3,980
C	2,264	416	400	346	453	106	3,985
D	2,022	322	346	416	400	40	3,546
E	2,010	346	322	400	416	142	3,636

① A
② B
③ C
④ D
⑤ E

290 다음 <표>는 2018~2020년 '갑'국 방위산업의 매출액 및 종사자 수에 관한 자료이다. <표>와 <보고서>를 근거로 '항공유도'에 해당하는 방위산업 분야를 <표 2>의 A~E 중에서 고르면?

7급 공채 22년 가책형 23번

〈표 1〉 2018~2020년 '갑'국 방위산업의 분야별 매출액

(단위: 억 원)

연도 분야	2018	2019	2020
항공유도	41,984	45,412	49,024
탄약	24,742	21,243	25,351
화력	20,140	20,191	21,031
함정	18,862	25,679	20,619
기동	14,027	14,877	18,270
통신전자	14,898	15,055	16,892
화생방	726	517	749
기타	1,114	1,547	1,931
전체	136,493	144,521	153,867

〈표 2〉 2018~2020년 '갑'국 방위산업의 분야별 종사자 수

(단위: 명)

연도 분야	2018	2019	2020
A	9,651	10,133	10,108
B	6,969	6,948	6,680
C	3,996	4,537	4,523
D	3,781	3,852	4,053
E	3,988	4,016	3,543
화력	3,312	3,228	3,295
화생방	329	282	228
기타	583	726	674
전체	32,609	33,722	33,104

※ '갑'국 방위산업 분야는 기타를 제외하고 항공유도, 탄약, 화력, 함정, 기동, 통신전자, 화생방으로만 구분함.

─〈보고서〉─

2018년 대비 2020년 '갑'국 방위산업의 총매출액은 약 12.7% 증가하였으나 방위산업 전체 종사자 수는 약 1.5% 증가하는 데 그쳤다. '기타'를 제외한 7개 분야에 대해 이를 구체적으로 분석하면 다음과 같다.

2018년 대비 2020년 방위산업 분야별 매출액은 모두 증가하였으나 종사자 수는 '통신전자', '함정', '항공유도' 분야만 증가하고 나머지 분야는 감소한 것으로 나타났다. 2018~2020년 동안 매출액과 종사자 수 모두 매년 증가한 방위산업 분야는 '통신전자'뿐이고, '탄약'과 '화생방' 분야는 종사자 수가 매년 감소하였다. 특히, '기동' 분야는 2018년 대비 2020년 매출액 증가율이 방위산업 분야 중 가장 높았지만 종사자 수는 가장 많이 감소하였다. 2018년 대비 2020년 '함정' 분야 매출액 증가율은 방위산업 전체 매출액 증가율보다 낮았으나 종사자 수는 방위산업 분야 중 가장 많이 증가하였다. 이에 따라 방위산업의 분야별 종사자당 매출액 순위에도 변동이 있었다. 2018년에는 '화력' 분야의 종사자당 매출액이 가장 컸고, 다음으로 '함정', '항공유도' 순으로 컸다. 한편, 2020년에는 '화력' 분야의 종사자당 매출액이 가장 컸고, 다음으로 '기동', '항공유도' 순으로 컸다.

① A
② B
③ C
④ D
⑤ E

Ⅱ. 플로우차트

5급 공채에서는 도입 초창기에 자료해석과 상황판단에서 출제되었던 유형이기도 한데, 그동안 민경채에서는 11년부터 12년까지 260문제 중 한 문제만 출제되어 거의 출제되지 않다가, 7급 공채에서는 20년 모의평가에서 한 문제가 출제된 이후 21년에도 출제되었다. 플로우차트의 흐름을 잘 쫓아가면서 다양한 경로를 파악하여 계산하는 것이 핵심이다.

291 다음 <그림>은 A 사 플라스틱 제품의 제조공정도이다. 1,000kg의 재료가 '혼합' 공정에 투입되는 경우, '폐기처리' 공정에 전달되어 투입되는 재료의 총량은 몇 kg인가?

7급 공채 21년 나책형 5번

<그림> A 사 플라스틱 제품의 제조공정도

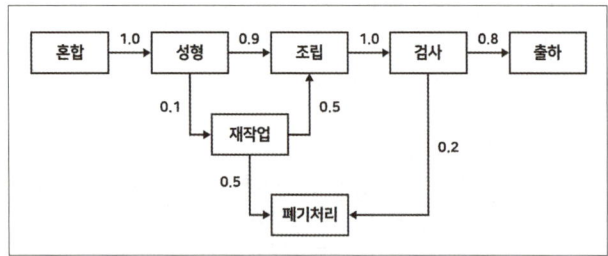

※ 제조공정도 내 수치는 직진율 $\left(=\dfrac{\text{다음 공정에 전달되는 재료의 양}}{\text{해당 공정에 투입되는 재료의 양}}\right)$ 을 의미함.
예를 들어, 가 → 0.2 → 나 는 해당 공정 '가'에 100kg의 재료가 투입되면 이 중 20kg(=100kg×0.2)의 재료가 다음 공정 '나'에 전달되어 투입됨을 의미함.

① 50
② 190
③ 230
④ 240
⑤ 280

해설

각주의 직진율 의미를 확인한다. <그림>의 공정에 따라 재료의 양을 확인해본다. 1,000kg의 재료가 '혼합' 공정에 투입되면 '성형' 공정에는 1,000kg의 재료가 전달된다.

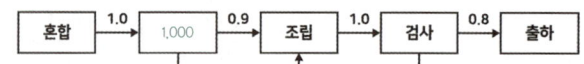

'성형' 공정에서 '조립' 공정으로는 900kg, '재작업' 공정으로는 100kg의 재료가 전달된다.

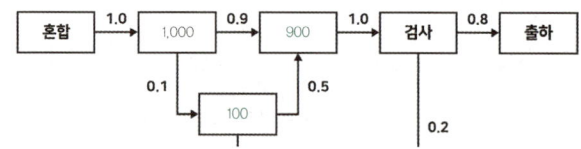

'재작업' 공정에서 '폐기처리' 공정으로 50kg의 재료가 전달되고, '조립' 공정으로 50kg의 재료가 전달된다.

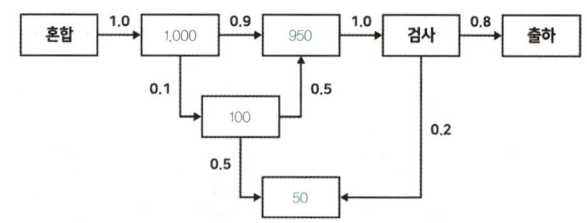

'조립' 공정에서 '검사' 공정으로 950kg의 재료가 전달되고,

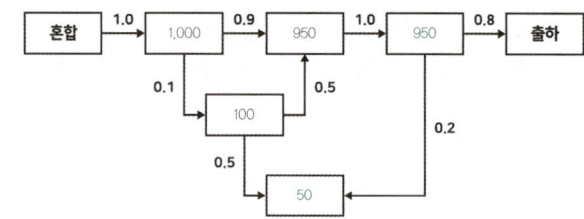

'검사' 공정에서 '폐기처리'공정으로 190kg의 재료가 전달된다.

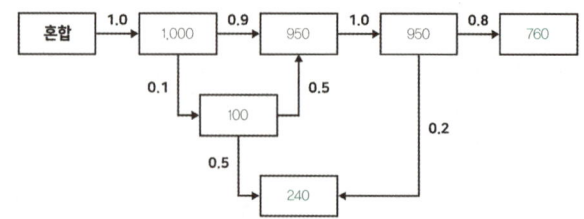

'폐기처리' 공정에 전달되어 투입되는 재료의 총량은 240kg이다. 정답은 ④이다.

[정답] ④

292 다음 <그림>은 2011년 국내 원목 벌채와 이용의 흐름에 대한 자료이다. 이에 대한 설명으로 옳은 것은? 민경채 13년 인책형 18번

〈그림〉 2011년 국내 원목 벌채와 이용의 흐름

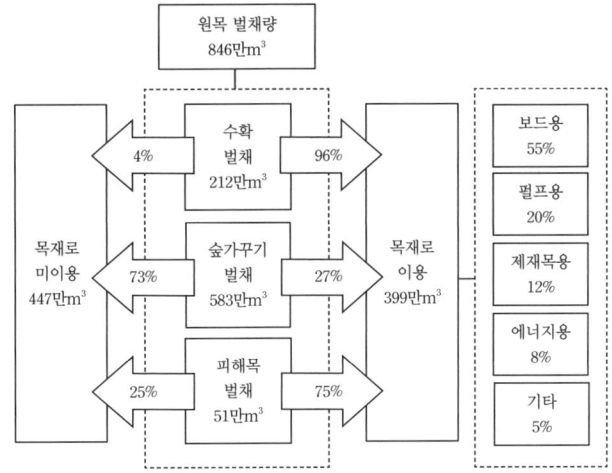

① 원목 벌채량 중 목재로 이용된 양이 목재로 미이용된 양보다 많았다.
② '숲가꾸기 벌채'로 얻은 원목이 목재로 이용된 원목에서 차지하는 비율이 가장 높았다.
③ 보드용으로 이용된 원목의 양은 200만m³보다 적었다.
④ '수확 벌채'로 얻은 원목 중 적어도 일부는 보드용으로 이용되었다.
⑤ '피해목 벌채'로 얻은 원목 중 목재로 미이용된 양은 10만m³보다 적었다.

해설

① (×) 〈그림〉에 따르면 2011년 전체 원목 벌채량은 846만m³이고, 그 중 목재로 이용된 양은 399만m³, 미이용된 양은 447만m³이다.

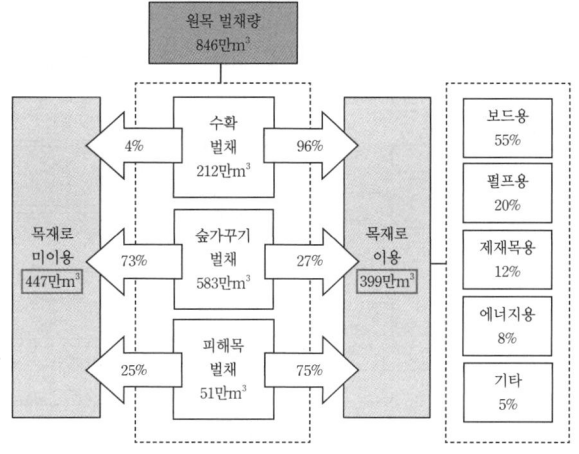

원목 벌채량 중 목재로 이용된 양이 목재로 미이용된 양보다 적었다.

② (×) 〈그림〉에 따르면 '숲가꾸기 벌채'로 얻은 원목이 목재로 이용된 양은 583m³×27%이고, 어림산해보면 600의 1/3에 미치지 못하므로 200m³ 미만이라는 것을 알 수 있다. 그러나 '수확 벌채'로 얻은 원목이 목재로 이용된 양은 212만m³×96%이고, 어림산해보면 212에서 약 4%에 해당하는 8 가량이 감소해도 여전히 200m³ 이상이다. 아래 그림에는 정확하게 계산하여 소수점 첫 번째 자리에서 반올림 한 값을 표시해놓았고, '피해목 벌채'로 얻은 원목이 목재로 이용된 양은 '수확 벌채'나 '숲가꾸기 벌채'에 비해 확실히 작으므로 별도로 고려하지 않았다.

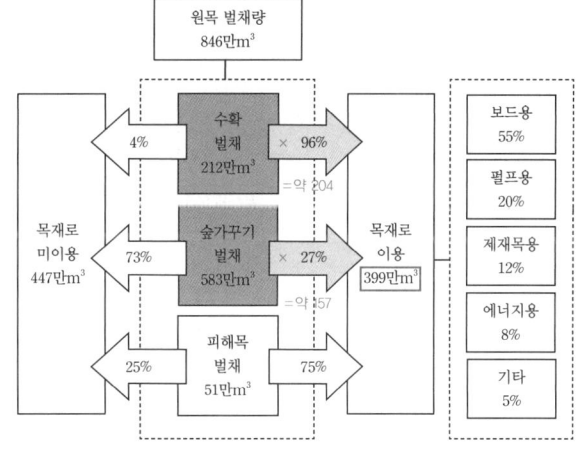

그러므로 '숲가꾸기 벌채'로 얻은 원목이 아니라 '수확 벌채'로 얻은 원목이 목재로 이용된 원목에서 차지하는 비율이 가장 높았다.
또는 목재로 이용된 원목의 양이 399만m³이므로, '수확 벌채'로 얻은 원목의 양이 200m³ 이상이라는 것만 확인한다면, '수확 벌채'로 얻은 원목이 목재로 이용된 원목에서 차지하는 비율이 50% 이상이라는 것을 알 수 있다. 그렇다면 '숲가꾸기 벌채'로 얻은 원목은 목재로 이용된 원목에서 차지하는 비율이 가장 높을 수 없다.

③ (×) 〈그림〉에 따르면 보드용으로 이용된 원목의 양은 목재로 이용된 원목의 양 399만m³의 55%이다. 아래 그림에는 정확하게 계산하여 소수점 첫 번째 자리에서 반올림한 값을 표시해놓았다.

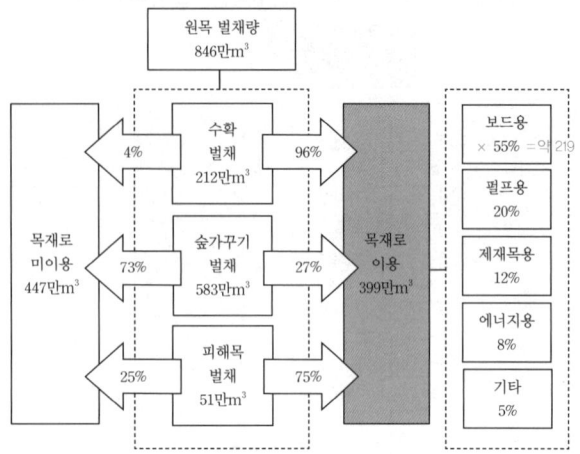

목재로 이용된 원목의 양을 400으로 생각해 어림산해보아도 약 220만m³으로 200만m³보다 많았음을 알 수 있다.

④ (○) 선지 ②에서 확인한 바와 같이 '수확 벌채'로 얻은 원목 중 목재로 이용된 원목의 양은 어림산해도 200만m³ 이상이고, 선지 ③에서 확인한 바와 같이 보드용으로 이용된 원목의 양은 어림산해도 약 220만m³이다. 그리고 목재로 이용된 원목의 양은 399만m³으로 이를 약 400만m³으로 어림산할 수 있다.

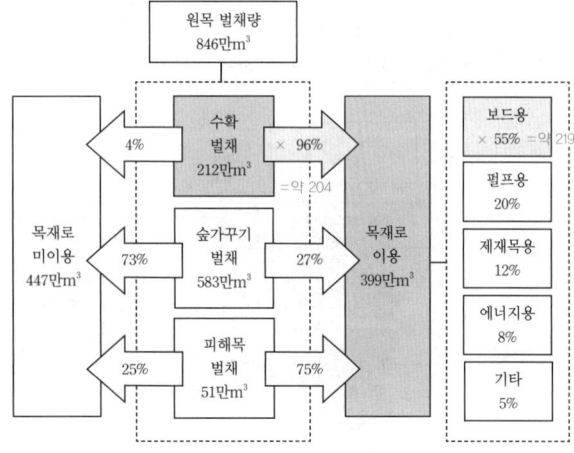

'수확 벌채'로 얻은 원목 중 목재로 이용된 원목의 양(200만m³ 이상)과 보드용으로 이용된 원목의 양(약 220만m³)을 더해보면 200+220=420(만m³) 이상으로, 목재로 이용된 원목의 양 약 400을 20 가량 초과한다. 따라서 '수확 벌채'로 얻은 원목 중 적어도 20 만m³ 가량은 보드용으로 이용되었다는 것을 알 수 있다.

⑤ (×) 〈그림〉에 따르면 '피해목 벌채'로 얻은 원목 중 목재로 미이용된 양은 51만m³×25%이다.

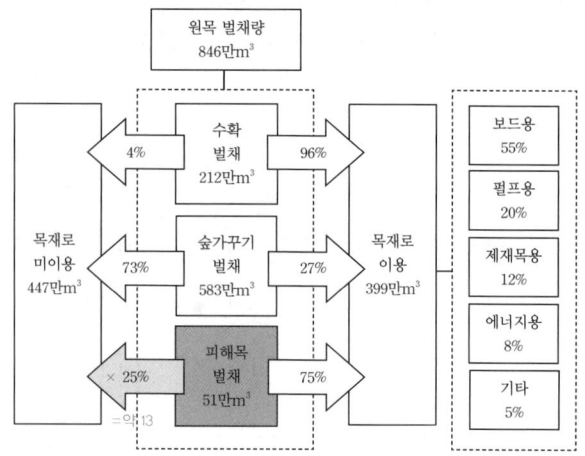

'피해목 벌채'로 얻은 원목의 양을 50만m³으로 어림산해보아도 50(만m³)×25%=약 12.5만m³이므로, '피해목 벌채'로 얻은 원목 중 목재로 미이용된 양은 10만m³보다 많다는 것을 알 수 있다.

[정답] ④

293 다음 <표>는 제품 A~E의 회수 시점의 평가 항목별 품질 상태를 나타낸 자료이다. <정보>에 근거하여 재사용 또는 폐기까지의 측정 및 가공 작업에 소요되는 비용이 가장 적은 제품과 가장 많은 제품을 바르게 나열한 것은?

7급 공채 20년 모의평가 22번

〈표〉 제품 A~E의 회수 시점의 평가 항목별 품질 상태

평가 항목 제품	오염도	강도	치수
A	12	11	12
B	6	8	8
C	5	11	7
D	5	3	8
E	10	9	12

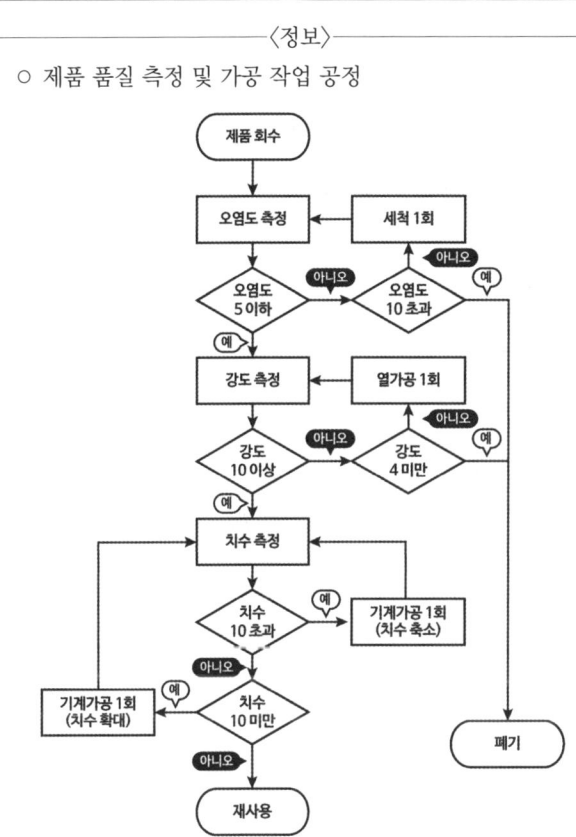

※ 세척 1회시 오염도 1 감소, 열가공 1회시 강도 1 증가, 기계가공 1회시 치수 1만큼 확대 또는 축소됨.

	비용이 가장 적은 제품	비용이 가장 많은 제품
①	A	B
②	A	C
③	C	E
④	D	B
⑤	D	C

📝 해설

발문에서는 재사용 또는 폐기까지의 측정 및 가공 작업에 소요되는 비용이 가장 적은 제품과 가장 많은 제품을 묻고 있다. 〈정보〉의 첫 번째 동그라미부터 각각 ⅰ), ⅱ)라고 한다. ⅱ)에 따르면 각 측정과 가공에는 비용이 필요하고, ⅱ)의 각주에 세척 1회시 오염도 1 감소, 열가공 1회시 강도 1 증가, 기계가공 1회시 치수 1만큼 확대 또는 축소된다는 것을 확인한다. 제품 A~E의 비용을 ⅰ)의 공정에 따라 일일이 검토하기보다는, 비용이 가장 적은 제품 또는 비용이 가장 많은 제품이 되기 위해서는 어떠한 공정을 거쳐야 하는지 이해해본다.

ⅰ)에 따르면 재사용까지 소요되는 비용이 가장 적기 위해서는 '오염도 측정', '강도 측정', '치수 측정'만 거치고 가공을 거치지 않아야 한다. 그리고 폐기까지 소요되는 비용이 가장 적기 위해서는 '오염도 측정'만 거치고 폐기되어야 한다. 둘 중에는 폐기되는 경우가 비용이 더 적게 소요되므로, '오염도 측정'만 거치고 폐기되는 제품이 있는지 확인한다.

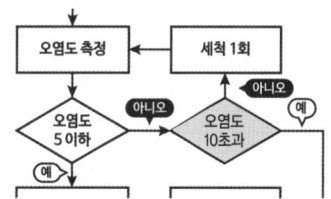

ⅰ)에 따르면 오염도를 측정하여 오염도가 10을 초과하는 제품은 폐기되는데, 〈표〉에 따르면 A는 오염도가 12로 10을 초과한다. 재사용 또는 폐기까지의 측정 및 가공 작업에 소요되는 비용이 가장 적은 제품은 A이다. 선지 ③, ④, ⑤는 제거된다.

남은 선지 ①, ②에서 비용이 가장 많은 제품인 B, C의 비용만 비교해본다.

1) B의 경우
우선 오염도 측정(5)을 거치면 오염도가 6이므로 세척 1회(5)를 거친다. 세척 1회시 오염도가 1 감소하므로 오염도는 5가 되고, 다시 오염도 측정(5)을 거친다. 오염도가 5 이하이므로 강도 측정(10)을 거치고, 강도가 10 미만 4 이상이므로 열가공 1회(50)를 거친다. 열가공 1회 시 강도가 1 증가하므로 강도는 9가 되고, 다시 강도 측정(10), 열가공 1회(50)를 거치면 강도는 10이 된다. 강도 측정(10)을 거치고 치수 측정(2)을 거치면 치수가 8이므로 치수 확대(20), 치수 측정(2), 치수 확대(20), 치수 측정(2)을 거쳐 치수가 10이 되면 재사용된다.

2) C의 경우
우선 오염도 측정(5)을 거치면 오염도가 5이므로 강도 측정(10)을 거친다. 그리고 강도는 11로 10 이상이므로 치수 측정(2)을 거친다. 치수가 7이므로 치수 확대(20), 치수 측정(2), 치수 확대(20), 치수 측정(2), 치수 확대(20), 치수 측정(2)을 거쳐 치수가 10이 되면 재사용된다.

직접 더해서 비교하지 않아도 B에 소요되는 비용이 C보다 크다는 것을 알 수 있다. 정답은 ①이다. 직접 계산해보면 B에 소요되는 비용은 191천 원, C는 83천 원이다.

[정답] ①

III. 인포형

그동안 민경채에서는 출제된 문제가 없으나, 7급 공채 기출에서는 표와 차트같은 자료의 전통적인 형식을 벗어난 인포그래픽이 활용된 문제가 출제되고 있다. 실무에 가서도 다양한 자료를 접하게 되는 상황을 고려한 유형이 아닐까 예상되는데, 처음 본 자료의 형식에 당황하는 수험생도 적지 않기 때문에 대비가 필요한 유형이다.

294 다음 <그림>은 오이와 고추의 재배방식별 파종, 정식, 수확 가능 시기에 관한 자료이다. 이에 대한 설명으로 옳지 않은 것은?

7급 공채 24년 사책형 13번

<그림> 오이와 고추의 재배방식별 파종, 정식, 수확 가능 시기

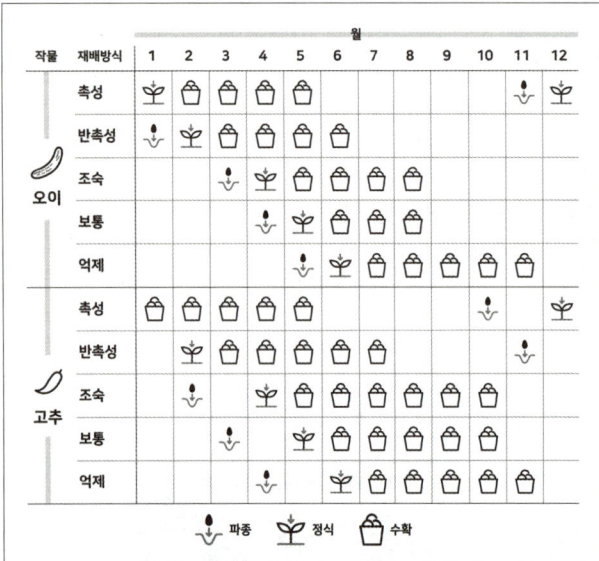

① '촉성' 재배방식에서 정식이 가능한 달의 수는 오이가 고추보다 많다.
② 고추의 각 재배방식에서 파종 가능 시기와 정식 가능 시기의 차이는 1개월 이상이다.
③ 오이는 고추보다 정식과 수확이 모두 가능한 달의 수가 더 많다.
④ 고추의 경우, 수확이 가능한 재배방식의 수는 7월이 가장 많다.
⑤ 오이의 재배방식 중 수확이 가능한 달의 수가 가장 적은 것은 '보통'이다.

해설

① (○) '촉성' 재배방식에서 정식이 가능한 달의 수는 오이가 2달, 고추가 1달이다. 오이가 고추보다 많다.

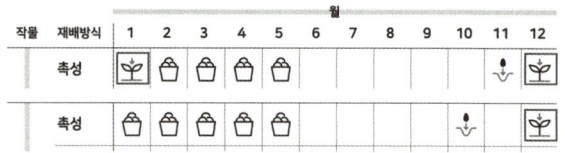

② (○) 고추의 각 재배방식에서 파종 가능 시기와 정식 가능 시기의 차이는 1개월 이상임을 <그림>에서 확인할 수 있다.

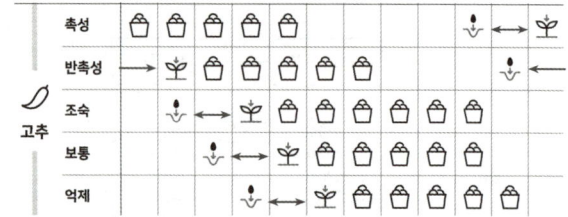

③ (×) 오이의 경우 정식과 수확이 모두 가능한 달의 수는 2, 4, 5, 6월로 4개이다. 그리고 고추의 경우도 2, 4, 5, 6월로 4개이다. 오이와 고추는 정식과 수확이 모두 가능한 달의 수가 같다.

④ (○) 고추의 경우, 수확이 가능한 재배방식의 수는 7월이 4개로 가장 많다.

⑤ (○) 오이의 재배방식 중 수확이 가능한 달의 수가 가장 적은 것은 '보통'으로 6, 7, 8월 3개월만 수확이 가능하다.

[정답] ③

295 다음 <그림>은 '갑' 지역의 리조트 개발 후보지 A~E의 지리정보 조사 결과이다. 이를 근거로 A~E 중 <입지조건>을 모두 만족하는 리조트 개발 후보지를 고르면? 7급 공채 23년 인책형 1번

<그림> 리조트 개발 후보지 A~E의 지리정보 조사 결과

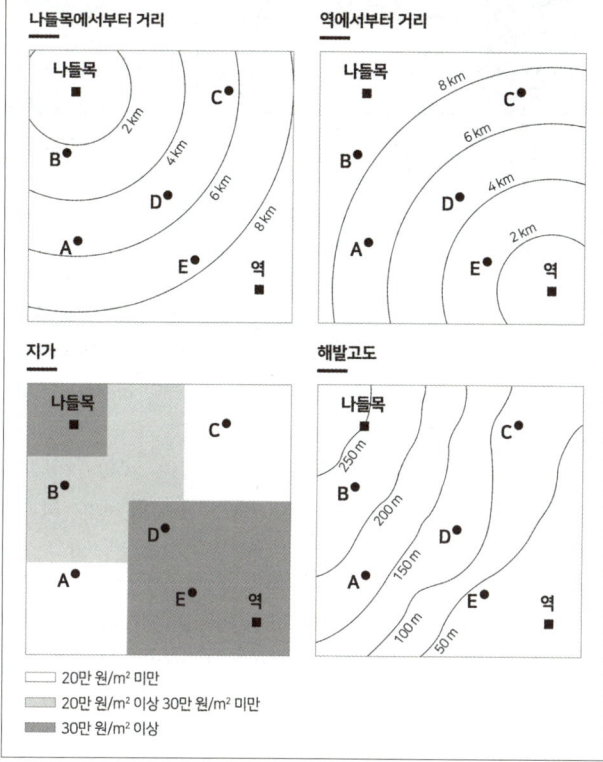

─────<입지조건>─────
○ 나들목에서부터 거리가 6 km 이내인 장소
○ 역에서부터 거리가 8 km 이내인 장소
○ 지가가 30만 원/m² 미만인 장소
○ 해발고도가 100m 이상인 장소

① A
② B
③ C
④ D
⑤ E

해설

<입지조건>의 첫 번째 동그라미부터 각각 ⅰ)~ⅳ)라고 한다. ⅰ)에 따르면 리조트 개발 후보지는 나들목에서부터 거리가 6 km 이내인 장소이어야 한다. <그림>의 '나들목에서부터의 거리'에 따르면 E는 나들목에서부터 거리가 6 km를 초과한다. 선지 ⑤는 제거된다. ⅱ)에 따르면 리조트 개발 후보지는 역에서부터 거리가 8 km 이내인 장소이어야 한다. <그림>의 '역에서부터 거리'에 따르면 B는 역으로부터 거리가 8 km를 초과한다. 선지 ②는 제거된다.

ⅲ)에 따르면 리조트 개발 후보지는 지가가 30만 원/m² 미만인 장소이어야 한다. <그림>의 '지가'에 따르면 D, E의 지가는 30만 원/m² 이상이다. 선지 ④, ⑤는 제거된다. ⅳ)에 따르면 리조트 개발 후보지는 해발고도가 100m 이상인 장소이어야 한다. <그림>의 '해발고도'에 따르면 C, E는 해발고도가 100m 미만이다. 선지 ③, ⑤는 제거된다. 정답은 ①이다.

[정답] ①

296 다음 <표>는 '갑'국 하수처리장의 1일 하수처리용량 및 지역등급별 방류수 기준이고, <그림>은 지역등급 및 36개 하수처리장 분포이다. 이에 근거한 <보기>의 설명 중 옳은 것만을 모두 고르면?

7급 공채 21년 나책형 20번

<표> 하수처리장 1일 하수처리용량 및 지역등급별 방류수 기준

(단위: mg/L)

1일 하수처리용량	항목 지역등급	생물학적 산소요구량	화학적 산소요구량	총질소	총인
500m³ 이상	I	5 이하	20 이하	20 이하	0.2 이하
	II	5 이하	20 이하	20 이하	0.3 이하
	III	10 이하	40 이하	20 이하	0.5 이하
	IV	10 이하	40 이하	20 이하	2.0 이하
50m³ 이상 500m³ 미만	I~IV	10 이하	40 이하	20 이하	2.0 이하
50m³ 미만	I~IV	10 이하	40 이하	40 이하	4.0 이하

<그림> 지역등급 및 하수처리장 분포

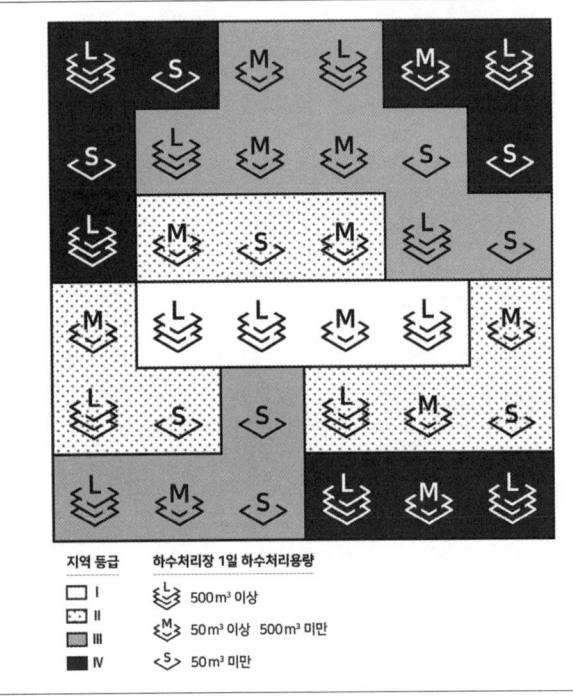

─────<보기>─────

ㄱ. 방류수의 생물학적 산소요구량 기준이 '5mg/L 이하'인 하수처리장 수는 5개이다.

ㄴ. 1일 하수처리용량 500m³ 이상인 하수처리장 수는 1일 하수처리용량 50m³ 미만인 하수처리장 수의 1.5배 이상이다.

ㄷ. II등급 지역에서 방류수의 총인 기준이 '0.3mg/L 이하'인 하수처리장의 1일 하수처리용량 합은 최소 1,000m³이다.

ㄹ. 방류수의 총질소 기준이 '20mg/L 이하'인 하수처리장 수는 방류수의 화학적 산소요구량 기준이 '20mg/L 이하'인 하수처리장 수의 5배 이상이다.

① ㄱ, ㄴ
② ㄱ, ㄷ
③ ㄴ, ㄹ
④ ㄱ, ㄷ, ㄹ
⑤ ㄴ, ㄷ, ㄹ

해설

ㄱ. (○) <표>에 따르면 방류수의 생물학적 산소요구량 기준이 '5mg/L 이하'인 하수처리장은 1일 하수처리용량이 500m³ 이상이면서 지역등급이 I 또는 II이어야 한다.

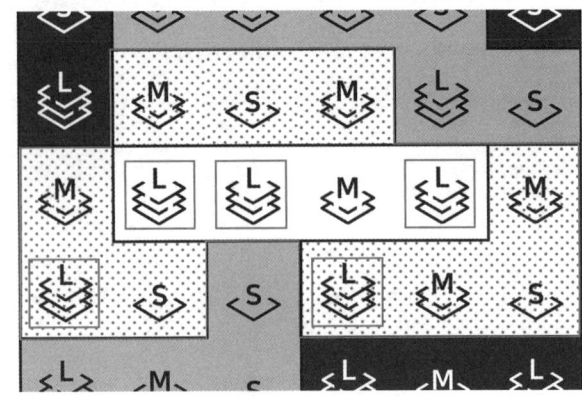

지역등급이 I 또는 II인 14개 하수처리장 중 1일 하수처리용량이 500m³ 이상인 하수처리장(🔽)은 5개이다.

ㄴ. (×) <그림>에 따르면 1일 하수처리용량이 500m³ 이상인 하수처리장(🔽)은 14개이고 1일 하수처리용량이 50m³ 미만인 하수처리장(🔽)은 10개이다. 1.5배 미만이다.

ㄷ. (○) <표>에 따르면 II등급 지역에서 1일 하수처리용량이 500m³ 이상인 경우(🔽), 방류수의 총인 기준이 '0.3mg/L 이하'이다. <그림>에 따르면 II등급 지역에 🔽는 2개가 있으므로 1일 하수처리용량 합은 최소 1,000m³이다.

해당 보기의 정오는 이미 판단하였지만, II등급 지역에서 1일 하수처리용량이 50m³ 이상 500m³ 미만인 경우(🔽)에 해당하는 5개의 하수처리장도 방류수의 총인 기준이 '0.3mg/L 이하'인 하수처리장이다.

ㄹ. (○) <표>에 따르면 1일 하수처리용량이 50m³ 미만인 하수처리장을 제외한 나머지 모든 하수처리장은 방류수의 총질소 기준이 '20mg/L 이하'이다. <그림>의 36개 하수처리장 중 🔽 10개를 제외하면 총 26개이다. 그리고 방류수의 화학적 산소요구량 기준이 '20mg/L 이하'인 하수처리장은 1일 하수처리용량이 500m³ 이상이면서 지역등급이 I 또는 II이어야 한다. ㄱ에서 확인한 바와 같이 5개이다. 따라서 방류수의 총질소 기준이 '20mg/L 이하'인 하수처리장 수는 방류수의 화학적 산소요구량 기준이 '20mg/L 이하'인 하수처리장 수의 5배 이상이라는 것을 알 수 있다.

[정답] ④

297 다음 <표>는 '갑'국의 2020년 3월 1~15일 기상상황과 드론 비행 및 촬영 허가신청 결과에 관한 자료이다. <표>와 <조건>에 근거한 <보기>의 설명으로 옳은 것만을 모두 고르면?

7급 공채 20년 모의평가 14번

<표> 기상상황과 드론 비행 및 촬영 허가신청 결과

날짜 \ 구분 항목	기상상황 지자기지수	풍속(m/s)	날씨	허가신청 결과 비행	촬영
3월 1일	1	3	🌧	불허	불허
3월 2일	2	2	☀	불허	불허
3월 3일	3	3	☁	허가	허가
3월 4일	4	1	🌧	허가	허가
3월 5일	5	7	☁	허가	허가
3월 6일	5	12	☁	허가	허가
3월 7일	5	5	☀	허가	허가
3월 8일	4	3	☀	허가	허가
3월 9일	6	6	☀	허가	허가
3월 10일	3	4	☁	허가	불허
3월 11일	4	3	☁	허가	불허
3월 12일	2	2	☀	허가	허가
3월 13일	2	13	☀	허가	허가
3월 14일	3	5	🌧	허가	허가
3월 15일	1	3	☀	허가	허가

─────────────< 조건 >─────────────

○ 기상상황 항목별 드론 비행 및 촬영 기준

항목 \ 구분	비행	촬영
지자기지수	5 미만	10 미만
풍속(m/s)	10 미만	5 미만
날씨	☀ 또는 ☁	☀ 또는 ☁

○ 기상상황 항목별 비행 기준을 모두 충족하고 비행 허가신청 결과가 '허가'일 때, 비행에 적합함.
○ 기상상황 항목별 촬영 기준을 모두 충족하고 촬영 허가신청 결과가 '허가'일 때, 촬영에 적합함.
○ 기상상황 항목별 비행 및 촬영 기준을 모두 충족하고 비행 및 촬영 허가신청 결과가 모두 '허가'일 때, 항공촬영에 적합함.

─────────────< 보기 >─────────────

ㄱ. 비행에 적합한 날은 총 6일이다.
ㄴ. 촬영에 적합한 날은 총 5일이다.
ㄷ. 항공촬영에 적합한 날은 총 4일이다.

① ㄱ ② ㄷ ③ ㄱ, ㄴ
④ ㄱ, ㄷ ⑤ ㄴ, ㄷ

298 다음 <그림>은 2021년 7월 '갑'지역의 15세 이상 인구를 대상으로 한 경제활동인구조사 결과를 정리한 자료이다. <그림>의 A, B에 해당하는 값을 바르게 나열한 것은?

7급 공채 22년 가책형 1번

<그림> 2021년 7월 경제활동인구조사 결과

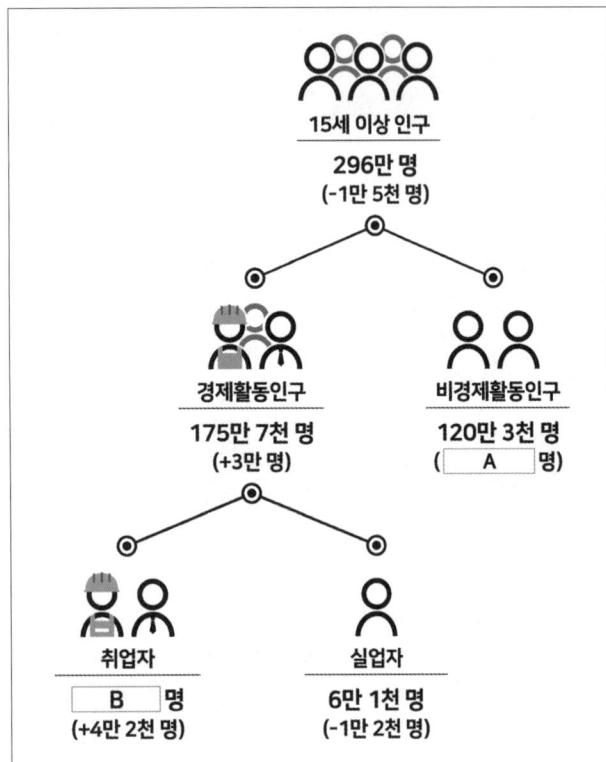

※ ( )는 2020년 7월 대비 증감 인구수임.

	A	B
①	-4만 5천	169만 6천
②	-4만 5천	165만 4천
③	-1만 2천	172만 7천
④	-1만 2천	169만 6천
⑤	+4만 2천	172만 7천

해설

<그림>을 이해해보면 '15세 이상 인구 = 경제활동인구 + 비경제활동인구'이고, '경제활동인구 = 취업자 + 실업자'이다. 그리고 각주에 따르면 괄호 안은 2020년 7월 대비 증감 인구수이다. A를 먼저 확인해본다. 2021년 7월의 경제활동인구가 2020년 7월에 비해 3만 명 증가했음에도 15세 이상 인구가 1만 5천 명 감소했다면 비경제활동인구가 4만 5천 명 감소한 것이다. A에 해당하는 값은 -4만 5천이다. 선지 ③, ④, ⑤는 제거된다. A를 2020년 7월 15세 이상 인구, 2020년 7월 경제활동인구를 구해서 2020년 7월 비경제활동인구를 직접 구하고 2021년 7월 비경제활동인구와 비교하는 방법으로 확인하기 보다는 위와 같은 방법으로 빠르게 확인한다.

'취업자 = 경제활동인구 − 실업자'이므로 바로 계산한다. '175만 7천 명 − 6만 1천 명'은 천의 자리만 계산하면 B에 해당하는 값의 천의 자리는 6이어야 한다. 선지 ②, ③, ⑤는 제거된다. 정답은 ①이다. 정확히 계산해보면 169만 6천이다.

[정답] ①

PSAT 교육 1위, 해커스PSAT

psat.Hackers.com

Ⅳ. 기타

앞서 다양한 유형분류에 해당하지 않는 문제를 분류한 유형이다. 주로 자료나 보고서의 빈칸에 들어갈 내용을 채워넣는 문제가 여기에 분류된다. 선지의 외형으로만 보면 매칭형과 유사하다고 볼 수 있는 유형이다. 자료해석 문제로도 다양한 문제가 출제될 수 있는 만큼 분류의 완결성을 위해 기타형으로 분류하였다.

299 다음은 <그림>과 <표>를 참고하여 작성한 외국인 관광객의 우리나라 지역축제 만족도와 이미지에 관한 <보고서>이다. <보고서>의 A~D에 들어갈 내용을 바르게 짝지은 것은?

민경채 12년 인책형 3번

─〈보고서〉─

우리나라 지역축제를 방문한 외국인 관광객을 대상으로 축제 만족도와 이미지를 5점 척도로 설문조사하였다.

외국인 관광객의 우리나라 지역축제에 대한 '전반적 만족도'는 평균 4.61점으로 만족 수준이 높았다. 우리나라 지역축제에 대해 '만족'('매우 만족'+'약간 만족')한다는 응답이 전체의 96.1%로 나타났으며, '보통'은 3.0%, '불만족'('매우 불만족'+'약간 불만족')은 (A)에 불과하였다.

외국인 관광객의 부문별 만족도를 성별로 살펴보면, (B) 부문만이 여성의 만족도가 남성의 만족도보다 높게 나타났으며, 그 외 부문은 남성의 만족도가 더 높은 것으로 나타났다.

연령대별로 살펴보면, '전반적 만족도'는 '50대 이상', '40대', '20대', '10대', '30대' 순으로 높았고, '음식', '쇼핑', '안내정보서비스' 부문에서는 (C) 연령대가 모든 연령대 중 가장 높은 만족도를 보였다.

외국인 관광객의 우리나라 지역축제에 대한 항목별 이미지를 성별로 분석해 본 결과, 남성은 여성에 비해 '다양하다'와 '역동적이다'는 이미지를 더 강하게 인식하는 반면, 여성은 남성에 비해 (D)의 이미지를 더 강하게 인식하고 있는 것으로 나타났다.

※ 5점 척도 값이 클수록 만족도가 높거나 이미지가 강한 것을 나타냄.

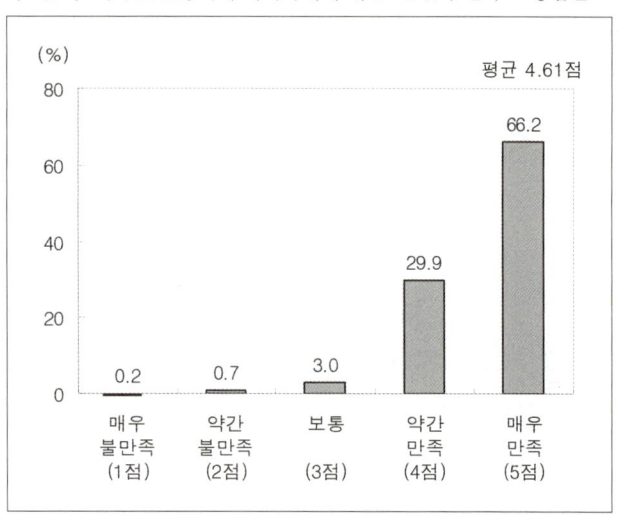

〈그림 1〉 외국인 관광객의 지역축제에 대한 '전반적 만족도' 응답분포

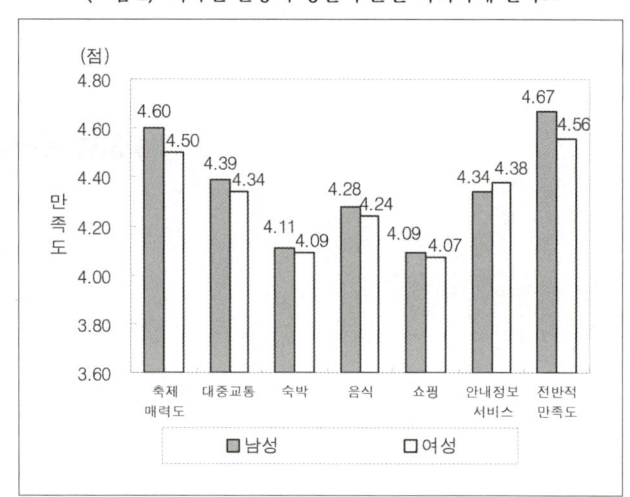

〈그림 2〉 외국인 관광객 성별 부문별 지역축제 만족도

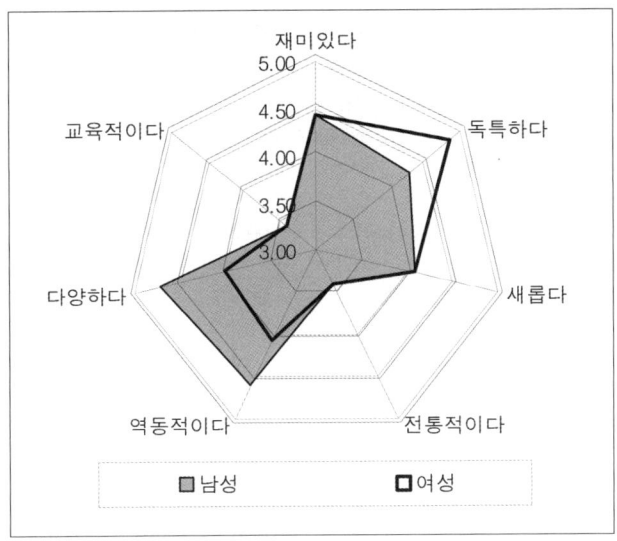

〈그림 3〉 외국인 관광객 성별 지역축제에 대한 이미지

〈표〉 외국인 관광객 연령대별 부문별 지역축제 만족도

(단위: 점)

연령대 부문	10대	20대	30대	40대	50대 이상	평균
축제 매력도	4.45	4.56	4.45	4.78	4.58	4.55
대중교통	4.37	4.34	4.41	4.65	4.60	4.36
숙박	4.42	4.07	4.09	4.45	4.43	4.10
음식	4.39	4.26	4.16	4.41	4.63	4.26
쇼핑	4.33	4.03	4.15	4.20	4.43	4.08
안내정보서비스	4.56	4.38	4.15	4.32	4.62	4.36
전반적 만족도	4.45	4.64	4.44	4.70	4.83	4.61

	A	B	C	D
①	0.7%	대중교통	40대	재미있다
②	0.7%	숙박	20대	새롭다
③	0.9%	안내정보서비스	20대	독특하다
④	0.9%	안내정보서비스	50대 이상	독특하다
⑤	0.9%	대중교통	50대 이상	재미있다

해설

A: 외국인 관광객의 우리나라 지역축제에 대한 '전반적 만족도'에서 '불만족'('매우 불만족' + '약간 불만족')의 비율을 구해야 하므로, 〈그림 1〉에서 보면 0.2+0.7=0.9%이다. → 선지 ③, ④, ⑤ 해당

B: 외국인 관광객의 부문별 만족도에서 유일하게 여성의 만족도가 남성의 만족도보다 높게 나타난 부문을 찾기 위해 〈그림 2〉에서 보면, '안내정보서비스'에서만 흰색 막대그래프가 더 높게 나타난다. → 선지 ③, ④ 해당

C: '음식', '쇼핑', '안내정보서비스' 부문에서 가장 높은 만족도를 보인 연령대를 찾기 위해 〈표〉를 보면,

연령대 부문	10대	20대	30대	40대	50대 이상	평균
축제 매력도	4.45	4.56	4.45	4.78	4.58	4.55
대중교통	4.37	4.34	4.41	4.65	4.60	4.36
숙박	4.42	4.07	4.09	4.45	4.43	4.10
음식	4.39	4.26	4.16	4.41	4.63	4.26
쇼핑	4.33	4.03	4.15	4.20	4.43	4.08
안내정보서비스	4.56	4.38	4.15	4.32	4.62	4.36
전반적 만족도	4.45	4.64	4.44	4.70	4.83	4.61

'음식', '쇼핑', '안내정보서비스' 중 어느 부문을 보더라도, 50대 이상의 만족도가 가장 높음은 쉽게 확인 가능하다. → 선지 ④ 해당. 따라서 선지 ④번이 정답이고, D는 확인할 필요가 없다.

D: 〈그림 3〉에서 보면, 여성의 진한 선이 남성의 회색 면적의 외곽선보다 더 넓은 항목을 찾으면 된다. '재미있다'와 '새롭다'는 동일한 값이고, '독특하다'의 항목의 값이 여성이 더 크다. → 선지 ③, ④ 해당

> **합격으로 가는 Tip**
> A부터 B, C순으로 순차적으로 해결했다면, D를 보지 않고 정답을 구했을 것이다. 반대로 D부터 먼저 확인을 했다면, 한번에 선지 ③번과 ④번의 경합으로 선지를 추릴 수 있었을 것이다.

[정답] ④

300 다음 <표>는 국민 삶의 질을 평가하는 다양한 개별지표와 종합지수이다. <표>의 종합 지수를 아래의 <대화>에 근거하여 재작성할 경우, '환산된 2014년 주관적 웰빙 영역 지수'(A)와 '2015년 기존의 종합 지수 대비 재작성된 종합 지수의 변화'(B)를 바르게 나열한 것은?

7급 공채 예시문항 A책형 4번

<표> 영역별 지수 및 종합 지수

영역\연도	2006	2007	2008	2009	2010	2011	2012	2013	2014	2015
소득·소비	100.0	99.4	103.9	109.0	109.6	108.7	111.9	113.4	114.4	116.5
고용·임금	100.0	102.1	103.0	100.3	99.8	101.8	103.6	105.2	103.6	103.2
사회복지	100.0	101.3	103.2	108.4	107.8	107.8	110.0	112.8	115.4	116.1
주거	100.0	100.3	100.5	101.3	102.0	101.9	102.1	103.6	105.2	105.2
건강	100.0	112.7	114.2	110.6	107.1	108.5	105.6	105.7	108.9	107.2
교육	100.0	104.5	107.7	114.3	116.7	119.7	124.4	119.7	122.5	123.9
문화·여가	100.0	99.9	98.9	98.9	99.5	95.4	104.4	111.0	111.4	112.7
가족·공동체	100.0	98.3	98.2	94.9	95.6	96.6	98.5	98.5	98.2	98.6
시민참여	100.0	103.1	111.5	116.1	114.8	114.1	116.9	116.3	113.4	111.1
안전	100.0	96.9	97.5	101.3	108.9	113.2	114.5	116.3	121.4	122.2
환경	100.0	102.7	109.5	103.9	103.8	105.3	109.4	107.1	108.5	111.9
종합	100.0	101.9	104.4	105.4	106.0	106.6	109.2	110.0	111.2	111.7

―<대화>―

사무관: 2013년부터 '주관적 웰빙' 영역의 개별지표값이 처음으로 측정되어 이 영역이 추가됩니다. '주관적 웰빙' 영역의 개별지표값은 정리되었나요?

주무관: 네. '주관적 웰빙' 영역의 개별지표값은 다음과 같습니다.

영역	개별지표\연도	2013	2014	2015
주관적 웰빙	삶에 대한 만족도	5.0	5.0	5.7
	긍정정서	6.0	5.7	6.6

사무관: '주관적 웰빙' 영역까지 포함한 종합 지수를 재작성해야 합니다. 작성방법은 다음과 같습니다.

□ 영역 지수는 기준년도(2006년) 대비 당해연도 영역별 '개별지표 비율'의 산술평균임. (단, '주관적 웰빙' 영역의 기준년도는 2013년임)
○ 개별지표 비율 = $\dfrac{\text{당해연도 지표값}}{\text{기준년도 지표값}} \times 100$
□ 종합 지수는 모든 영역 지수의 산술평균임.

주무관: 영역 지수에 '주관적 웰빙' 영역을 추가하고, 종합 지수를 재작성 하겠습니다.

사무관: 아! 그런데, 2013년 '주관적 웰빙' 영역 지수는 2013년 기존 종합 지수 값인 110.0을 사용하고, 이 값을 기준으로 2014년과 2015년의 '주관적 웰빙' 영역 지수를 환산해주세요.

※ 지수는 소수점 둘째자리에서 반올림함.

	A	B		A	B
①	97.5	감소	②	97.5	증가
③	107.3	감소	④	107.3	증가
⑤	107.3	없음			

해설

사무관의 두 번째 대화에 따르면 '주관적 웰빙' 영역의 기준년도는 2013년이고, 개별지표 비율은 '당해연도 지표값/기준년도 지표값×100'이라고 한다. 주무관의 첫 번째 대화에 따라 '주관적 웰빙' 영역의 연도별 개별지표 비율을 정리해보면 다음과 같다.

	2013	2014	2015
삶에 대한 만족도	$\dfrac{5.0}{5.0} \times 100 = 100.0$	$\dfrac{5.0}{5.0} \times 100 = 100.0$	$\dfrac{5.7}{5.0} \times 100 = 114.0$
긍정정서	$\dfrac{6.0}{6.0} \times 100 = 100.0$	$\dfrac{5.7}{6.0} \times 100 = 95.0$	$\dfrac{6.6}{6.0} \times 100 = 110.0$

영역 지수는 기준년도 대비 당해연도 영역별 '개별지표 비율'의 산술평균이므로 '주관적 웰빙' 영역 지수는 2013년이 100.0, 2014년이 97.5, 2015년이 112.0이다.

이상에서 '주관적 웰빙' 영역 지수를 산출하였으나, 사무관의 세 번째 대화에 따르면 2013년 '주관적 웰빙' 영역 지수는 2013년 기존 종합 지수 값인 110.0을 사용하고, 이 값을 기준으로 2014년과 2015년의 '주관적 웰빙' 영역 지수를 환산하여야 한다. 따라서 이상에서 산출한 '주관적 웰빙' 영역 지수에 모두 1.1을 곱해야한다. 2013년이 {(100.0+100.0)/2}×1.1=110.0, 2014년이 {(100.0+95.0)/2}×1.1=107.25, 2015년이 {(114.0+110.0)/2}×1.1=123.20이다. <대화>의 각주에 따르면 지수는 소수점 둘째자리에서 반올림하므로 '환산된 2014년 주관적 웰빙 영역 지수'(A)는 107.25를 소수점 둘째자리에서 반올림한 107.30이다. 선지 ①, ②는 제거된다.

사무관의 두 번째 대화에 따르면 종합 지수는 모든 영역 지수의 산술평균이다. 따라서 재작성된 종합 지수는 '환산된 2015년의 주관적 웰빙 영역 지수'를 포함한 산술평균이어야 한다. '환산된 2015년 주관적 웰빙 영역 지수'는 123.2로 기존의 2015년 111.7보다 높으므로, 2015년 재작성된 종합 지수는 기존 종합지수보다 증가한다는 것을 알 수 있다. 선지 ③, ⑤는 제거된다. 정답은 ④이다.

[정답] ④

301 다음 <표>는 2017~2023년 '갑'국의 '어린이 안전 체험 교실' 사업 운영 현황에 관한 자료이다. 이를 바탕으로 작성한 <보고서>의 A~C에 해당하는 내용을 바르게 연결한 것은?

7급 공채 24년 사책형 10번

<표> 2017~2023년 '어린이 안전 체험 교실' 사업 운영 현황
(단위: 개, 회, 명)

연도\구분	참여 자치 단체 수	운영 횟수	교육 참여 어린이 수	교육 참여 학부모 수	자원 봉사자 수
2017	9	11	10,265	6,700	2,083
2018	15	30	73,060	19,465	1,600
2019	14	38	55,780	15,785	2,989
2020	18	35	58,680	13,006	2,144
2021	19	39	61,380	11,660	2,568
2022	17	38	59,559	9,071	2,406
2023	18	40	72,261	8,619	2,071

─ <보고서> ─

안전 체험 시설이 없는 지역으로 찾아가는 '어린이 안전 체험 교실' 사업이 2017년부터 2023년까지 운영되었다. 해당 기간 동안 참여 자치 단체 수, 운영 횟수 등이 변화하였는데 그중 참여 자치 단체 수와 교육 참여 ──A── 수의 전년 대비 증감 방향은 매년 같았다.

2021년은 사업 기간 중 참여 자치 단체 수가 가장 많았던 해로 2020년보다 운영 횟수와 교육 참여 어린이 수가 늘었다. 운영 횟수당 교육 참여 어린이 수는 2021년이 2020년보다 ──B──.

본 사업에 자원봉사자도 꾸준히 참여하였다. 2019년에는 사업 기간 중 가장 많은 자원봉사자가 참여하였다. 자원봉사자당 교육 참여 어린이 수는 2019년이 2017년보다 ──C──.

	A	B	C
①	어린이	많았다	많았다
②	어린이	적었다	많았다
③	어린이	적었다	적었다
④	학부모	많았다	적었다
⑤	학부모	적었다	적었다

해설

<보고서>의 두 번째 문장에 따르면 참여 자치 단체 수와 교육 참여 어린이 수 또는 학부모 수의 증감 방향이 매년 같았다고 한다. <표>에서 확인해보면 다음과 같다.

연도\구분	참여 자치 단체 수	운영 횟수	교육 참여 어린이 수	교육 참여 학부모 수	자원 봉사자 수
2017	9	11	10,265	6,700	2,083
2018	15 (증가)	30	73,060 (증가)	19,465 (증가)	1,600
2019	14 (감소)	38	55,780 (감소)	15,785 (감소)	2,989
2020	18 (증가)	35	58,680 (증가)	13,006 (감소)	2,144
2021	19 (증가)	39	61,380 (증가)	11,660 (감소)	2,568
2022	17 (감소)	38	59,559 (감소)	9,071 (감소)	2,406
2023	18 (증가)	40	72,261 (증가)	8,619 (감소)	2,071

참여 자치 단체 수와 증감 방향이 매년 같은 것은 교육 참여 어린이 수이다. A는 '어린이'이다. 선지 ④, ⑤는 제거된다.

운영 횟수당 교육 참여 어린이 수는 2021년이 61,380/39이고 2020년이 58,680/35이다. 614/39와 587/35로 어림산해보면 전자는 16 미만, 후자는 16 이상임을 알 수 있다. 운영 횟수당 교육 참여 어린이 수는 2021년이 2020년보다 작다. B는 '적었다'이다. 선지 ①은 제거된다.

자원봉사자당 교육 참여 어린이 수는 2019년이 55,780/2,989로 10 이상이고, 2017년이 10,265/2,083으로 10 미만이다. C는 '많았다'이다. 정답은 ②이다.

[정답] ②

302 다음 <표>는 2017년 부산항 해운항만산업 사업실적에 관한 자료이다. 이에 대한 <보고서>의 내용 중 업종 A~D에 해당하는 사업체 수의 합은?

7급 공채 20년 모의평가 21번

<표> 2017년 부산항 해운항만산업 사업실적

(단위: 억 원, 개)

구분 업종	매출액	영업비용	영업이익	사업체 수
여객운송업	957	901	56	18
화물운송업	58,279	56,839	1,440	359
대리중개업	62,276	59,618	2,658	1,689
창고업	14,480	13,574	906	166
하역업	15,298	12,856	2,442	65
항만부대업	14,225	13,251	974	323
선용품공급업	58,329	54,858	3,471	1,413
수리업	8,275	7,493	782	478
전체	232,119	219,390	12,729	4,511

※ 영업이익률(%) = $\dfrac{\text{영업이익}}{\text{매출액}} \times 100$

― <보고서> ―

2017년 부산항 해운항만산업 전체 매출액은 232,119억 원이다. 업종별로 보면, 매출액은 대리중개업이 가장 많고, 영업이익은 ☐ A ☐이 가장 많다.

2017년 부산항 해운항만산업 전체의 영업이익률은 약 5.5%이다. ☐ B ☐을 제외한 모든 업종이 10% 이하의 영업이익률을 기록하여 해운항만산업 고도화를 통한 부가가치 증대의 필요성을 보여준다.

2017년 부산항 해운항만산업 전체의 사업체당 매출액은 51억 원 이상이다. ☐ C ☐은 사업체당 매출액이 부산항 해운항만산업 전체의 사업체당 매출액보다 적지만, 사업체당 영업이익이 3억 원을 초과한다. 반면, ☐ D ☐은 부산항 해운항만산업 업종 중 사업체당 영업비용과 사업체당 매출액이 모두 가장 적다.

① 1,032
② 1,967
③ 2,232
④ 2,279
⑤ 3,333

303 다음 <표>는 콘크리트 유형별 기준강도 및 시험체 강도 판정결과에 관한 자료이다. <표>와 <판정기준>에 근거하여 (가), (나), (다)에 해당하는 강도판정결과를 바르게 나열한 것은?

민경채 19년 나책형 20번

<표> 콘크리트 유형별 기준강도 및 시험체 강도판정결과

(단위: MPa)

구분 콘크리트 유형	기준 강도	시험체 강도				강도 판정결과
		시험체 1	시험체 2	시험체 3	평균	
A	24	22.8	29.0	20.8	( )	(가)
B	27	26.1	25.0	28.1	( )	불합격
C	35	36.9	36.8	31.6	( )	(나)
D	40	36.4	36.3	47.6	40.1	합격
E	45	40.3	49.4	46.8	( )	(다)

※ 강도판정결과는 '합격'과 '불합격'으로 구분됨.

―<판정기준>―

○ 아래 조건을 모두 만족하는 경우에만 강도판정결과가 '합격'이다.
 - 시험체 강도의 평균은 기준강도 이상이어야 한다.
 - 기준강도가 35MPa 초과인 경우에는 각 시험체 강도가 모두 기준강도의 90% 이상이어야 한다.
 - 기준강도가 35MPa 이하인 경우에는 각 시험체 강도가 모두 기준강도에서 3.5MPa을 뺀 값 이상이어야 한다.

	(가)	(나)	(다)
①	합격	합격	합격
②	합격	합격	불합격
③	합격	불합격	불합격
④	불합격	합격	합격
⑤	불합격	합격	불합격

해설

구분 콘크리트 유형	기준 강도	시험체 강도				강도 판정결과
		시험체 1	시험체 2	시험체 3	평균	
A	24	22.8	29.0	20.8	( )	(가)
C	35	36.9	36.8	31.6	( )	(나)
E	45	40.3	49.4	46.8	( )	(다)

모든 조건을 만족해야 하므로, 어떤 조건부터 적용하더라도 모든 조건을 통과해야 한다.

두 번째 기준부터 적용해 보면, 기준강도가 35MPa 초과인 경우에는 각 시험체 강도가 모두 기준강도의 90% 이상이어야 한다. 따라서 E의 경우는 각 시험체 강도가 모두 기준강도의 90%인 40.5 이상이어야 하지만, 시험체 1은 40.3으로 이에 못 미친다. → (다)는 불합격

세 번째 기준을 적용해보면, 기준강도가 35MPa 이하인 경우에는 각 시험체 강도가 모두 기준강도에서 3.5MPa을 뺀 값 이상이어야 한다. A와 C가 해당하고 A는 모두 20.5 이상이어야 하는데 모든 시험체가 이를 충족하고, C는 모두 31.5 이상이어야 하는데 모든 시험체가 이를 충족한다.

첫 번째 기준을 적용해 보면 시험체 강도의 평균은 기준강도 이상이어야 한다.

A: 총합을 이용하는 경우는 3개의 시험체 강도의 총합이 72 이상인지를 확인한다. 22.8+29.0+20.8=72.6이므로 충족한다.

편차를 이용하는 경우는 24와의 편차를 구해서 그 합이 0 이상인지 확인한다. -1.2+5.0-3.2=+0.6이므로 충족한다.

C: 총합을 이용하는 경우는 3개의 시험체 강도의 총합이 105 이상인지를 확인한다. 36.9+36.8+31.6=105.3으로 충족한다.

편차를 이용하는 경우는 35와의 편차를 구해서 그 합이 0 이상인지 확인한다. +1.9+1.8-3.4=+0.3으로 충족한다.

따라서 A와 C는 합격이다. 정답은 선지 ②번이다.

[정답] ②

304 다음 <표>는 세계 38개 국가의 공적연금 체계를 비교한 자료이다. 이에 대한 설명 중 옳지 않은 것은? 민경채 12년 인책형 7번

〈표〉 세계 38개 국가의 공적연금 체계 비교

체계	본인부담 여부	부담 방식			비부담 방식		해당국가
	사회기여 방식	사회 보험식	퇴직 준비금식	강제 가입식	사회 수당식	사회 부조식	
	급여방식	정액 급여	소득 비례 급여	기여 비례 급여	기여 비례 급여	정액 급여	보충 급여	
일원체계		○						네덜란드, 아이슬란드
			○					독일, 오스트리아, 미국, 스페인, 포르투갈, 중국, 한국
						○		뉴질랜드, 브루나이
							○	호주, 남아프리카공화국
				○				싱가포르, 말레이시아, 인도, 인도네시아
이원체계		○	○					일본, 영국, 노르웨이, 핀란드
		○					○	아일랜드
				○				이탈리아, 스웨덴, 프랑스, 벨기에, 불가리아, 루마니아, 스위스
				○	○			칠레, 멕시코, 아르헨티나, 페루, 콜롬비아
삼원체계		○	○				○	이스라엘, 라트비아
		○				○	○	덴마크
			○			○	○	캐나다

※ '○'은 해당 국가에서 해당 방식을 도입한 것을 의미함.

① 기여비례급여를 도입한 국가는 모두 9개이다.
② 삼원체계로 분류된 국가 중 비부담 방식을 도입한 국가는 4개이다.
③ 일원체계로 분류된 국가의 수와 이원체계로 분류된 국가의 수는 같다.
④ 보충급여를 도입한 국가의 수는 소득비례급여를 도입한 국가의 수보다 많다.
⑤ 정액급여를 도입한 국가의 경우, 일원체계로 분류된 국가의 수는 이원체계로 분류된 국가의 수보다 적다.

③ (○) 총 17개씩으로 동일하다.

체계						해당국가
일원체계		○				네덜란드, 아이슬랜드
			○			독일, 오스트리아, 미국, 스페인, 포르투갈, 중국, 한국
				○		뉴질랜드, 브루나이
					○	호주, 남아프리카공화국
		○				싱가포르, 말레이시아, 인도, 인도네시아
이원체계	○	○				일본, 영국, 노르웨이, 핀란드
	○				○	아일랜드
		○			○	이탈리아, 스웨덴, 프랑스, 벨기에, 불가리아, 루마니아, 스위스
		○	○			칠레, 멕시코, 아르헨티나, 페루, 콜롬비아
삼원체계	○	○			○	이스라엘, 라트비아
	○			○	○	덴마크
		○		○	○	캐나다

④ (×)

체계	본인부담 여부	부담 방식			비부담 방식		해당국가
	사회기여 방식	사회 보험식	퇴직 준비금식	강제 가입식	사회 수당식	사회 부조식	
	급여방식	정액 급여 / 소득 비례 급여	기여 비례 급여	기여 비례 급여	정액 급여	보충 급여	
일원체계		○					네덜란드, 아이슬랜드
		○					독일, 오스트리아, 미국, 스페인, 포르투갈, 중국, 한국
					○		뉴질랜드, 브루나이
						○	호주, 남아프리카공화국
				○			싱가포르, 말레이시아, 인도, 인도네시아
이원체계		○ ○					일본, 영국, 노르웨이, 핀란드
		○				○	아일랜드
		○				○	이탈리아, 스웨덴, 프랑스, 벨기에, 불가리아, 루마니아, 스위스
		○		○			칠레, 멕시코, 아르헨티나, 페루, 콜롬비아
삼원체계		○ ○				○	이스라엘, 라트비아
		○			○	○	덴마크
		○			○	○	캐나다

위의 표에서 진한 선의 박스와 음영 처리된 박스가 서로 겹치지 않는 영역에서 차이값을 보면 좋다. 진한 선의 박스 기준으로 위에서부터 +7-2+4-1+5-1=+12개가 더 많다. 따라서 보충급여를 도입한 국가의 수(음영 처리된 박스)는 소득비례급여를 도입한 국가의 수(진한 선의 박스)보다 적다.

⑤ (○)

체계	본인부담 여부	부담 방식			비부담 방식		해당국가
	사회기여 방식	사회 보험식	퇴직 준비금식	강제 가입식	사회 수당식	사회 부조식	
	급여방식	정액 급여 / 소득 비례 급여	기여 비례 급여	기여 비례 급여	정액 급여	보충 급여	
일원체계		○					네덜란드, 아이슬랜드
		○					독일, 오스트리아, 미국, 스페인, 포르투갈, 중국, 한국
					○		뉴질랜드, 브루나이
						○	호주, 남아프리카공화국
				○			싱가포르, 말레이시아, 인도, 인도네시아
이원체계		○ ○					일본, 영국, 노르웨이, 핀란드
		○				○	아일랜드
		○				○	이탈리아, 스웨덴, 프랑스, 벨기에, 불가리아, 루마니아, 스위스
		○		○			칠레, 멕시코, 아르헨티나, 페루, 콜롬비아

정액급여를 도입한 국가의 경우, 일원체계로 분류된 국가의 수는 2개로 이원체계로 분류된 국가의 수 5개보다 적다.

합격으로 가는 Tip
표에 항목이 많아서 표의 틀에 대한 확인이 잘 되었어야 보다 쉽게 해결할 수 있는 문제이다. 표에서 '급여방식'에는 다른 칸이지만 같은 급여방식이 존재함을 확인할 수 있어야 한다.

[정답] ④

Note

Note

Note

2026 대비 최신판

해커스PSAT
길규범
자료해석
기출유형공략 1

초판 1쇄 발행 2025년 9월 22일

지은이	길규범
펴낸곳	해커스패스
펴낸이	해커스PSAT 출판팀
주소	서울특별시 강남구 강남대로 428 해커스PSAT
고객센터	1588-4055
교재 관련 문의	gosi@hackerspass.com
	해커스PSAT 사이트(psat.Hackers.com) 1:1 문의 게시판
학원 강의 및 동영상강의	psat.Hackers.com
ISBN	979-11-7404-469-3 (13320)
Serial Number	01-01-01

저작권자 ⓒ 2025, 길규범

이 책의 모든 내용, 이미지, 디자인, 편집 형태는 저작권법에 의해 보호받고 있습니다.
서면에 의한 저자와 출판사의 허락 없이 내용의 일부 혹은 전부를 인용, 발췌하거나 복제, 배포할 수 없습니다.

PSAT 교육 1위,
해커스PSAT psat.Hackers.com

해커스PSAT

· 해커스PSAT 학원 및 인강(교재 내 인강 할인쿠폰 수록)

한경비즈니스 2024 한국품질만족도 교육(온·오프라인 PSAT학원) 1위

한국사능력검정시험 1위* 해커스!
해커스 한국사능력검정시험 교재 시리즈

* 주간동아 선정 2022 올해의 교육 브랜드 파워 온·오프라인 한국사능력검정시험 부문 1위

빈출 개념과 기출 분석으로
기초부터 문제 해결력까지
꽉 잡는 기본서

해커스 한국사능력검정시험
한권합격 심화 [1·2·3급]

스토리와 마인드맵으로 개념잡고!
기출문제로 점수잡고!

해커스 한국사능력검정시험
2주 합격 심화 [1·2·3급]   기본 [4·5·6급]

시대별/회차별 기출문제로
한 번에 합격 달성!

해커스 한국사능력검정시험
시대별/회차별 기출문제집 심화 [1·2·3급]

개념 정리부터 실전까지!
한권완성 기출문제집

해커스 한국사능력검정시험
한권완성 기출 500제 기본 [4·5·6급]

빈출 개념과 기출 선택지로
빠르게 합격 달성!

해커스 한국사능력검정시험
초단기 5일 합격 심화 [1·2·3급]
기선제압 막판 3일 합격 심화 [1·2·3급]